KB182153

감정
평가사 1차

경제학원론 기본서

시대에듀

Always **with you**

사람의 인연은 길에서 우연하게 만나거나 함께 살아가는 것만을 의미하지는 않습니다.
책을 펴내는 출판사와 그 책을 읽는 독자의 만남도 소중한 인연입니다.
시대에듀는 항상 독자의 마음을 헤아리기 위해 노력하고 있습니다.
늘 독자와 함께하겠습니다.

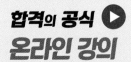

보다 깊이 있는 학습을 원하는 수험생들을 위한
시대에듀의 동영상 강의가 준비되어 있습니다.
www.sdedu.co.kr ➜ 회원가입(로그인) ➜ 강의 살펴보기이 책은 감정평가사 자격시험을 준비하는 수험생들이 1차 시험과목인 「경제학원론」에 좀 더 쉽게 접근하고 합격에 필요한 점수를 얻을 수 있도록 하기 위해 만든 책입니다.

경제학은 과거에도 사법시험·행정고시 및 공무원 공채시험 등 여러 시험에서 시험과목으로 채택되어 시행되어 왔고, 또 현재도 감정평가사·공인회계사(CPA)·보험계리사 및 공인노무사 등 자격시험이나 공무원 공채, 공기업 입사시험에서 시험과목으로 채택되어 시행되고 있습니다. 그런데 자격시험이나 입사시험을 준비하는 많은 수험생들이 '경제학은 가장 어려운 과목'이라는 생각을 하고 있고, 따라서 합격을 위해 '경제학은 과락만 면하자'는 수험전략을 채택하고 있습니다. 그러나 경제학은 결코 어려운 학문이 아닙니다. 경제학을 처음 공부할 때 접근방법이 잘못되어 어렵게 느껴지는 것이지, 처음부터 올바르게만 접근해간다면 어렵지 않게 경제학을 학습할 수 있고 또 시험에서도 고득점을 할 수 있습니다.

저는 여러 해 동안 대학과 대학원, 교육기관 등에서 경제학을 가르쳐왔습니다. 이 책은 그동안 작성하고 사용해 온 강의노트와 여러 시험에서 출제된 내용들을 바탕으로 감정평가사와 각종 시험을 준비하시는 수험생들이 경제학에 쉽게 접근하고 또 시험에서 필요한 점수를 얻을 수 있도록 많은 고민을 하면서 만들었습니다.

이 책의 특징을 몇 가지 제시하면 다음과 같습니다.

도서의 특징

❶ 경제학의 전체 내용을 미시경제학, 거시경제학, 국제경제학으로 구분하여 논리의 흐름에 따라 일관되게 학습할 수 있도록 하였습니다. 각 장의 배열도 이러한 논리의 흐름을 잘 따라갈 수 있도록 하였습니다.

❷ 추가적인 설명이 필요한 부분은 주석(footnote)으로 처리했습니다. 본문에 일일이 보충설명을 추가하는 것은 논리의 전개를 막을 뿐만 아니라 자칫 산만해질 우려가 있기 때문입니다. 시중의 많은 수험서들이 내용을 지나치게 축약하여 마치 요약집처럼 내용을 정리하여 제시하고 있는데 경제학의 특성상, 그리고 그동안의 강의 경험에서 볼 때 바람직하지 못하다고 생각합니다.

❸ 각 장마다 주요 시험에서 자주 출제되었던 문제들을 선별하여 자세한 해설과 함께 제시하였습니다. 문제를 해결할 때는 요령도 중요합니다. 질문의 기초가 되는 이론을 자세히 몰라도 풀 수 있는 문제도 꽤 많이 있으므로 쉽게 접근할 수 있는 방법도 제시하였습니다.

❹ 이미 여러 시험에 출제된 적은 있지만 다시 출제되기 어렵고, 또 이해하기 위하여 많은 노력이 필요한 부분은 과감하게 생략하였습니다. 이 책은 경제학원론에서 80점을 얻는 것을 목표로 합니다. 몇 점 더 얻기 위하여 많은 시간을 낭비할 필요는 없다는 생각입니다.

이 책을 선택하여 감정평가사 시험을 준비하시는 수험생들께 감사드립니다. 수험생 여러분들께 합격의 기쁨이 있기를 기원합니다.

황사빈 드림

감정평가사 자격시험 안내

⊘ 감정평가

감정평가란 부동산, 동산을 포함하여 토지, 건물, 기계기구, 항공기, 선박, 유가증권, 영업권과 같은 유 · 무형의 재산에 대한 경제적 가치를 판정하여 그 결과를 가액으로 표시하는 것

⊘ 수행직무

❶ 정부에서 매년 고시하는 공시지가와 관련된 표준지의 조사 · 평가
❷ 기업체 등의 의뢰와 관련된 자산의 재평가
❸ 금융기관, 보험회사, 신탁회사의 의뢰와 관련된 토지 및 동산에 대한 평가
❹ 주택단지나 공업단지 조성 및 도로개설 등과 같은 공공사업 수행

⊘ 응시자격

감정평가 및 감정평가사에 관한 법률 제12조의 다음 각호 중 어느 하나에 해당하는 결격사유가 없는 사람

1. 삭제 〈2021.07.20〉
2. 파산선고를 받은 사람으로서 복권되지 아니한 사람
3. 금고 이상의 실형을 선고받고 그 집행이 종료(집행이 종료된 것으로 보는 경우를 포함한다)되거나 그 집행이 면제된 날부터 3년이 지나지 아니한 사람
4. 금고 이상의 형의 집행유예를 받고 그 유예기간이 만료된 날부터 1년이 지나지 아니한 사람
5. 금고 이상의 형의 선고유예를 받고 그 선고유예기간 중에 있는 사람
6. 제13조에 따라 감정평가사 자격이 취소된 후 3년이 지나지 아니한 사람. 다만, 제7호에 해당하는 사람은 제외한다.
7. 제39조 제1항 제11호 및 제12호에 따라 자격이 취소된 후 5년이 지나지 아니한 사람

※ 결격사유 기준일은 해당연도 최종합격자 발표일 기준

⊘ 시험일정(2024년)

구 분	원서접수기간	시험장소	시행지역	시험일자	합격자발표
제1차 시험	2024.02.19.(월) 09:00 ~02.23.(금) 18:00	원서접수 시 수험자 직접 선택	서울, 부산, 대구, 광주, 대전	2024.04.06.(토)	2024.05.08.(수)
제2차 시험	2024.05.20.(월) 09:00 ~05.24.(금) 18:00		서울, 부산	2024.07.13.(토)	2024.10.16.(수)

※ 원서 접수기간 중에는 24시간 접수 가능(단, 원서접수 마감일은 18:00까지 접수 가능)하며, 접수기간 종료 후에는 응시원서 접수가 불가합니다.
※ 시험일정은 변경될 수 있으므로 최신 시험일정을 큐넷 홈페이지(www.q-net.or.kr)에서 반드시 확인하시기 바랍니다.

⊘ 시험과목

구 분	시험과목

제1차
시험
	❶ 「민법」 중 총칙, 물권에 관한 규정
	❷ 경제학원론
	❸ 부동산학원론
	❹ 감정평가관계법규
	   ⋯▸ 「국토의 계획 및 이용에 관한 법률」, 「건축법」, 「공간정보의 구축 및 관리 등에 관한 법률」 중 지적에
	      관한 규정, 「국유재산법」, 「도시 및 주거환경정비법」, 「부동산등기법」, 「감정평가 및 감정평가사에 관한
	      법률」, 「부동산 가격공시에 관한 법률」 및 「동산·채권 등의 담보에 관한 법률」
	❺ 회계학
	❻ 영어(영어시험성적 제출로 대체)

제2차
시험
	❶ 감정평가실무
	❷ 감정평가이론
	❸ 감정평가 및 보상 법규
	   ⋯▸ 「감정평가 및 감정평가사에 관한 법률」, 「공익사업을 위한 토지 등의 취득 및 보상에 관한 법률」, 「부동산
	      가격공시에 관한 법률」

⊘ 과목별 시험시간

구 분	교 시	시험과목	입실완료	시험시간	시험방법
제1차 시험	1교시	❶ 민법 (총칙, 물권) ❷ 경제학원론 ❸ 부동산학원론	09:00	09:30~11:30(120분)	객관식 5지 택일형
	2교시	❹ 감정평가관계법규 ❺ 회계학	11:50	12:00~13:20(80분)	
제2차 시험	1교시	감정평가실무	09:00	09:30~11:10(100분)	과목별 4문항 (주관식)
	중식시간 11:10~12:10(60분)				
	2교시	감정평가이론	12:10	12:30~14:10(100분)	
	휴식시간 14:10~14:30(20분)				
	3교시	감정평가 및 보상법규	14:30	14:40~16:20(100분)	

※ 장애인 등 응시 편의 제공으로 시험시간 연장 시 수험인원과 효율적인 시험 집행을 고려하여 시행기관에서 휴식 및 중식 시간을 조정할 수 있습니다.

※ 시험과 관련하여 법률, 회계처리기준 등을 적용하여 정답을 구하여야 하는 문제는 시험시행일 현재 시행 중인 법률, 회계처리 기준 등을 적용하여 그 정답을 구하여야 합니다.

※ 회계학 과목의 경우 한국채택국제회계기준(K-IFRS)만 적용하여 출제됩니다.

감정평가사 자격시험 안내

⊘ 합격자 결정

구 분	내 용
제1차 시험	영어 과목을 제외한 나머지 시험과목에서 과목당 100점을 만점으로 하여 모든 과목 40점 이상이고, 전 과목 평균 60점 이상인 사람
제2차 시험	❶ 과목당 100점을 만점으로 하여 모든 과목 40점 이상, 전 과목 평균 60점 이상을 득점한 사람 ❷ 최소합격인원에 미달하는 경우 최소합격인원의 범위에서 모든 과목 40점 이상을 득점한 사람 중에서 전 과목 평균점수가 높은 순으로 합격자를 결정

※ 동점자로 인하여 최소합격인원을 초과하는 경우에는 동점자 모두를 합격자로 결정. 이 경우 동점자의 점수는 소수점 이하 둘째 자리까지만 계산하며, 반올림은 하지 아니함

⊘ 수험인원 및 합격자현황

구 분		2020년 (31회)	2021년 (32회)	2022년 (33회)	2023년 (34회)	2024년 (35회)
제1차	대상	2,535명	4,019명	4,509명	6,484명	6,746명
	응시	2,028명	3,176명	3,642명	5,515명	5,755명
	응시율	80%	79.02%	80.77%	85.06%	85.31%
	합격	472명	1,171명	877명	1,773명	1,340명
	합격률	23.27%	36.87%	24.08%	32.15%	23.28%
제2차	대상	1,419명	1,905명	2,227명	2,655명	24.07.13. 실시 (하반기 공고 예정)
	응시	1,124명	1,531명	1,803명	2,377명	
	응시율	79.21%	80.37%	80.96%	89.53%	
	합격	184명	203명	202명	204명	
	합격률	16.37%	13.26%	11.20%	8.58%	

⊘ 경제학원론 출제리포트

구 분		31회	32회	33회	34회	35회	전체 통계	
							합계	비율
미시경제학	수요 · 공급이론	4	4	4	3	3	18	9%
	소비자선택이론	4	1	3	2	4	14	7%
	생산과 비용	4	5	3	1	5	18	9%
	완전경쟁시장	3	1	2	1	3	10	5%
	독점시장	2	1	2	3	2	10	5%
	과점시장, 독점적 경쟁시장	1	2	3	3	–	9	4.5%
	소득분배	1	–	1	1	–	3	1.5%
	임금, 이자, 지대	–	–	2	1	–	3	1.5%
	일반균형, 후생경제학	3	2	1	1	2	9	4.5%
	시장실패	–	4	1	4	1	10	5%
	소계	22	20	22	20	20	104	52%
거시경제학	거시경제학과 거시경제지표	2	2	–	2	1	7	3.5%
	균형국민소득의 결정	1	3	1	2	3	10	5%
	소비 · 투자	1	–	2	1	1	5	2.5%
	재정과 재정정책	1	1	–	–	–	2	1%
	화폐와 금융	1	4	1	1	2	9	4.5%
	총수요 · 총공급이론	4	2	4	7	4	21	10.5%
	실업과 인플레이션	–	5	2	3	2	12	6%
	경기변동, 안정화정책	1	–	2	–	2	5	2.5%
	경제성장	3	1	3	2	2	11	5.5%
	소계	14	18	15	18	17	82	41%
국제경제학	국제무역론	1	–	1	1	–	3	1.5%
	국제수지와 환율	3	2	2	1	3	11	5.5%
	소계	4	2	3	2	3	14	7%
총 계		40	40	40	40	40	200	100%

이 책의 **구성과 특징**

기출 부분 표시

이론과 문제의 기출 표시를 통해 출제 가능성이 높은 부분을 한 눈에 파악할 수 있습니다.

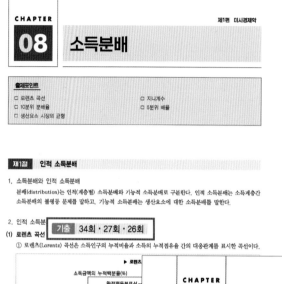

CHAPTER 08 소득분배 제1편 미시경제학

출제포인트
- 로렌츠 곡선
- 10분위 분배율
- 생산요소 시장의 균형
- 지니계수
- 5분위 배율

제1절 인적 소득분배

1. 소득분배와 인적 소득분배

분배(distribution)는 인적(계층별) 소득분배와 기능적 소득분배로 구분한다. 인적 소득분배는 소득계층간 소득분배의 불평등 문제를 말하고, 기능적 소득분배는 생산요소에 대한 소득분배를 말한다.

2. 인적 소득분

(1) 로렌츠 곡선 **기출 34회·27회·26회**

① 로렌츠(Lorentz) 곡선은 소득인구의 누적비율과 소득의 누적점유율 간의 대응관계를 표시한 곡선이다.

▶ 로렌츠

소득금액의 누적백분율(%)

완전평등분포선

40%

20%

불평등면적

G

C

0   40%

② 로렌츠 곡선이 대각선에 가까이 접근할수록 소득분배

배의 국가별, 연도별, 직업별 단순한 비교가 가능하며

하는 경우에는 비교가 어렵다는 문제점이 있다.

CHAPTER 02 확인학습문제 수요·공급 이론

01 X재의 수요곡선이 $Q = 10 - 2P$일 때, 수요의 가격탄력성이 1이 되는 가격은? (단, Q는 수요량, P는 가격) [31회 기출]

① 1
② 1.5
③ 2
④ 2.5
⑤ 5

답 ④

정답해설

수요곡선에서 수요의 가격탄력성이 1이 되는 곳은 수요곡선의 가운데 점이다. 주어진 수요함수에서 역수요함수를 구하면 $P = 5 - \frac{1}{2}Q$이다. 수요의 가격탄력성이 1이 되는 위치는 가격축 절편의 $\frac{1}{2}$ 지점이므로 가격 2.5에서 수요의 가격탄력성은 1이 된다.

02 X재에 대한 시장수요함수, 시장공급함수가 각각 $Q_D = -4P + 1,600$, $Q_S = 8P - 800$일 때, 균형가격 (P^*)과 균형거래량(Q^*)은? (단, Q_D는 수요량, Q_S는 공급량, P는 가격이다.) [29회 기출]

① $P^* = 190$, $Q^* = 840$
② $P^* = 195$, $Q^* = 820$
③ $P^* = 200$, $Q^* = 800$
④ $P^* = 205$, $Q^* = 780$
⑤ $P^* = 210$, $Q^* = 760$

답 ③

정답해설

균형에서는 수요량 $Q_D =$ 공급량 Q_S이므로 $-4P + 1,600 = 8P - 800$이다. $12P = 2,400$이므로 $P^* = 200$이다. 이를 수요함수나 공급함수에 대입하면 $Q^* = 800$이다.

확인학습문제

매 CHAPTER별로 수록한 단원별 기출문제를 통해 문제해결능력을 기를 수 있습니다.

핵심을 파악하는 서술

경제학 이론을 일목요연하게 서술하였고, 예시문제와 심화 학습 더 알아보기를 통해 학습의 능률을 높일 수 있습니다.

CHAPTER 02 수요 · 공급 이론

제1편 미시경제학

출제포인트

- □ 조세부과의 효과
- □ 상한가격제와 하한가격제
- □ 수요의 가격탄력성과 총수입(총지출액)
- □ 수요의 소득탄력성
- □ 수요의 교차탄력성
- □ 수요와 공급의 가격탄력성 계산
- □ 조세부담의 귀착
- □ 소비자 잉여와 생산자 잉여 계산
- □ 시장수요곡선의 이동
- □ 탄력성과 변화율

제1절 수요

1. 수요의 개념과 결정요인

(1) 수요의 개념

① 수요와 수요량 : 소비자가 일정기간 동안 가격을 비롯한 여러 가지 요인에 따라 재화와 서비스를 구매하려는 욕구를 수요(demand)라 하고, 일정기간 동안 일정한 가격으로 구매하려는 재화와 서비스의 양을 수요량(quantity demanded)이라고 한다.

② 수요량의 특징

㉠ 수요량은 실제로 구매한 수량이 아니고 구매하려는 ...

㉡ 수요량은 유량(flow), 즉 일정 기간 동안 계속되는 ...

더 알아보기 유량과 저량 기출 26회

- 유량(flow)은 일정한 기간을 기준으로 측정하는 변수를 말한다. ... 등이 유량개념이다.
- 저량(stock)은 일정한 시점을 기준으로 측정하는 변수를 말한다. ... 개념이다.

(2) 수요의 결정요인(시장 수요) 기출 31회

① 그 재화의 시장가격(P_a) : 그 재화의 시장가격이 높으... 격이 낮으면 그 재화에 대한 수요량은 많다(수요법...

② 다른 재화의 가격($P_1 \cdots P_{n-1}$) : 대체재의 가격이 오... 면 재화의 수요는 감소한다.

예시문제

두 재화 X, Y를 소비하는

... XY^a이고, X재의 가격은 1, Y재의 가격은 2, 소득은 900이다. 효용함수와 ... 경우, 갑의 효용이 극대화되는 X재와 Y재의 구매량의 변화는?

갑의 효용함수가 $U=XY$인 경우 효용을 극대화하는 구매량은 $X^* = \frac{1}{3} \times \frac{90}{1} = 30$이고, $Y^* = \frac{2}{3} \times \frac{90}{2} = 30$이다.

갑의 효용함수 $U = \sqrt{XY}$로 변경되면 효용을 극대화하는 구매량은 $X^* = \frac{1}{2} \times \frac{100}{1} = 50$이고, $Y^* = \frac{1}{2} \times \frac{100}{2} = 25$이다. 따라서 X재는 20 증가, Y재는 5 감소하였다.

(3) 한계효용 균등의 법칙이 성립하지 않는 경우의 해

① 두 재화가 완전대체재인 경우 : 효용함수가 선형효용함수인 $U = aX + bY$라면 한계대체율은 $MRS_{XY} = \frac{a}{b}$로 일정하다. 이런 경우 코너해(모서리해, corner solution)가 성립한다. 즉 $\frac{a}{b} > \frac{P_X}{P_Y}$이면 주어진 소득으로 X재만 $\frac{M}{P_X}$만큼 구입하고, $\frac{a}{b} < \frac{P_X}{P_Y}$이면 Y재만 $\frac{M}{P_Y}$만큼 구입한다.

② 두 재화가 완전보완재인 경우 : 효용함수가 $U = \min(\frac{X}{a}, \frac{Y}{b})$인 레온티에프 효용함수라면 소비자의 선택은 항상 $Y = \frac{b}{a}X$선 위에서만 이루어진다.

(4) 소득효과와 소득소비곡선

① 소득효과

㉠ 소득의 변화 → 예산선의 평행이동 → 균형점의 이동 → X, Y 두 재화의 소비량이 변화하는데 이를 소득효과(income effect)라고 한다. 즉 소득효과는 소득의 변화에 따른 각 상품의 소비량 변화를 의미한다.

㉡ 〈그림〉에서 소득이 증가하면, 예산선이 AB에서 $A'B'$으로 이동한다. 따라서 균형점은 E_0에서 E_1으로 이동하고 이에 따라 X, Y 두 재화의 구입량이 증가하는 효과가 소득효과이다.

▶ 소득효과와 소득소비곡선

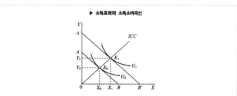

이 책의 차례

이 책의 차례

시대에듀 감정평가사 1차 경제학원론 기본서

제1편

미시경제학

출제경향 및 수험대책

미시경제학에서는 약 50%가 출제되고 있다. 수요·공급이론, 소비이론, 생산이론, 시장이론 및 후생경제학 등 미시경제학 전 분야에 걸쳐 골고루 출제되고 있다. 최근의 추세는 기본이론에서 도출되는 다양한 함수를 제시하고 계산하는 문제가 주류를 이루고 있다. 그러나 한 번씩만 풀어보면 다 해결할 수 있다. 수요함수와 공급함수, 여러 유형의 효용함수와 생산함수, 비용함수 등의 특징을 학습해두어야 한다. 최근에 가장 많이 출제되는 내용은 독점기업의 행동, 게임이론(내쉬균형과 우월전략균형), 외부효과, 소비자의 효용극대화, 기업의 이윤극대화, 콥-더글러스 함수, 독점적 경쟁, 여가-소득의 선택모형, 조세부과의 효과 등이다.

경제학의 기초

출제포인트

☐ 생산가능곡선(PPC)의 특징

☐ 기회비용

☐ 실증경제학과 규범경제학의 구분

☐ 기펜재

☐ 고전학파와 케인즈 경제학

☐ 구성의 오류와 저축의 역설

☐ 미시경제학과 거시경제학의 연구분야

☐ 대체재와 보완재

☐ 정상재와 열등재

☐ 경제문제의 내용

제1절 경제문제와 경제학, 경제활동

1. 희소성과 경제문제

(1) 희소성의 원리

인간의 무한한 욕망에 비해 욕망의 충족수단인 자원은 제한적이라는 사실을 희소성(scarcity)의 원리라고 하며, 이로 인해 경제문제가 발생한다.

(2) 경제학

경제학(Economics)은 경제문제를 해결하는데 유용한 지식과 정보를 제공하는 학문이다. 본질적으로는 희소성과 선택(choice)에 관한 학문이다.

(3) 경제문제

① 경제문제는 제한된 자원의 효율적 배분문제(즉 자원배분 문제)로 새뮤얼슨(P. A. Samuelson)은 이를 3가지로 분류한 바 있으나, 근래에는 또 하나의 문제를 추가하고 있다.

    ㉠ 무엇을 얼마나 생산할 것인가(what, how much to produce) : 생산물의 종류와 수량을 결정하는 문제, 즉 생산물의 배합문제이다. 소비자의 수요에 의해 해결된다(소비자 주권의 원리).

    ㉡ 어떻게 생산할 것인가(how to produce) : 생산방법(또는 생산기술)의 선택문제, 즉 생산요소의 결합문제이다. 생산비를 최소화하는 방법으로 해결된다.

    ㉢ 누구를 위하여 생산할 것인가(for whom to produce) : 생산물의 분배, 즉 소득의 분배문제이다. 시장경제에서는 생산요소의 기여도, 즉 한계생산에 따라 분배가 이루어진다.

    ㉣ 언제 생산할 것인가(when to produce) : 생산의 시기를 선택하는 문제이다. 인류가 지닌 자원이 고갈됨에 따라 새로 제시된 경제문제이다.

② 결국 경제문제는 희소성의 원리로 인해 발생하는 선택의 문제로 이때 선택의 기준이 되는 것을 경제원칙(경제원리)이라고 한다. 그리고 합리적 선택을 위해서는 기회비용(opportunity cost)을 고려해야 한다.

(4) 경제원칙

① 경제원칙은 최소희생(비용)의 원칙과 최대효과(만족)의 원칙으로 구분된다. 따라서 경제원칙은 최소의 희생(비용)으로 최대의 효과(만족)를 추구하는 행동원리로 이는 경제문제의 해결에서 가장 중요한 판단기준인 효율성을 의미한다.

② 경제원칙(economic principles) 또는 경제원리는 경제문제의 해결기준, 즉 자원배분의 기준이 된다.

③ 결국 경제문제 중 첫 번째와 두 번째 문제의 해결기준은 효율성(efficiency)이고, 세 번째의 분배문제에는 효율성과 함께 형평성(equity)이 고려된다.

(5) 기회비용 `기출` 29회 · 28회

① **합리적인 선택** : 합리적인 인간이라면 여러 가지 선택가능한 대안 중에서 가장 큰 만족을 주는 최선의 가능성을 선택한다. 그러나 이 경우 다른 대안은 포기해야 하는데, 이때 포기된 것의 가치 중에서 가장 큰 것을 기회비용(opportunity cost)이라고 한다. 기회비용은 포기한 것의 가치를 모두 합한 것이 아니다.

② **기회비용** : 기회비용은 선택의 문제에서 발생하는 비용 개념으로 경제학에서의 비용(경제학적 비용)은 기회비용의 개념이다. 즉 기업의 생산비는 생산요소의 기회비용을 의미한다. 모든 경제적 선택은 기회비용을 고려해야 합리적 선택이 된다. [제4장 참조]

2. 경제활동

(1) 뜻

① 경제학은 인간의 경제활동을 연구대상으로 한다. 경제활동(economic activity)은 재화와 서비스를 생산, 분배, 소비하는데 관련된 인간의 모든 행위를 의미한다. 따라서 경제활동은 생산활동, 분배활동, 소비활동(또는 지출활동)으로 구분한다.

② 경제활동의 대상이 되는 것을 경제의 객체라고 하는데 여기에는 재화와 서비스(goods & services)가 있다. 한편 경제활동을 담당하는 경제의 주체에는 가계와 기업, 정부, 외국 등이 있다.

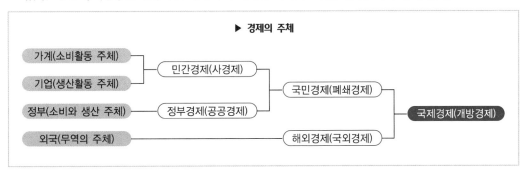

▶ 경제의 주체

가계(소비활동 주체)
기업(생산활동 주체) ── 민간경제(사경제)
정부(소비와 생산 주체) ── 정부경제(공공경제) ── 국민경제(폐쇄경제)
외국(무역의 주체) ── 해외경제(국외경제) ── 국제경제(개방경제)

(2) 경제의 순환

가계, 기업, 정부, 외국 등 경제주체 간에 이루어지는 생산물과 생산요소, 화폐의 흐름을 경제의 순환이라고 한다.

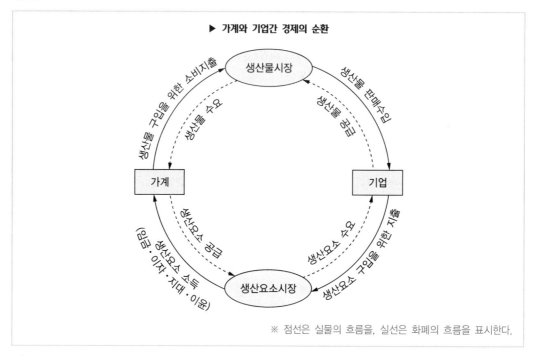

① **가계(household)** : 가계는 생산물의 수요자인 동시에 생산요소의 공급자이다. 가계는 생산요소를 제공한 대가로 소득(income)을 얻는데, 이 소득을 소비하거나 저축한다. 가계의 소비는 기업의 수입(revenue)이 된다.

② **기업(firm)** : 기업은 생산요소의 수요자인 동시에 생산물의 공급자가 된다. 기업은 생산물을 판매하고 수입(revenue)을 얻는데, 수입의 일부는 생산요소에 대한 대가로 가계에 제공되어 가계의 소득이 되고, 나머지는 기업의 이윤이 된다.

③ **정부(government)** : 정부는 소비와 생산의 주체가 된다. 또한 시장의 법질서를 형성하고 유지하며, 정부 지출을 통해 사회간접자본의 건설 등 공공재를 생산한다. 그리고 독과점문제, 공해문제, 불황 등 시장기구의 결함을 조정하기 위한 활동을 한다.

④ **외국(foreign)** : 외국은 다른 나라의 가계와 기업 및 정부를 합한 경제단위로 무역(trade)의 주체가 된다. 국가 간에는 상품과 서비스 및 자본거래가 이루어진다.

3. 재화의 종류

(1) 재화의 사용목적(용도)에 따른 분류

① 생산재 : 다른 재화의 생산을 위한 수단이 되는 재화로, ㉠ 토지와 노동 등 재생산이 불가능한 생산재인 본원적 생산재, ㉡ 기계와 도구 등 인위적인 생산재(즉 생산된 생산재)인 자본재로 구분한다.

② 소비재 : 최종적으로 소비목적에 사용되는 재화이다. 동일한 재화라도 생산과정에 투입되면 생산재이지만 최종소비에 이용되면 소비재이다.

(2) 두 재화 간의 연관관계에 따른 분류 `기출` 28회 · 27회 · 26회

① 대체재(substitute goods)

㉠ 두 재화가 서로 대체관계에 있는 경우를 말한다. 대체재는 한 재화의 가격이 변화하는 방향과 대체관계에 있는 다른 재화의 수요가 변화하는 방향이 같다.

㉡ 즉 한 재화의 가격이 상승하면 대체관계에 있는 다른 재화의 수요는 증가한다.

㉢ 따라서 대체재는 수요의 교차탄력성이 양(+)인 재화이다. 예 사과와 배, 아파트와 단독주택 등

② 보완재(complementary goods)

㉠ 두 재화가 서로 보완관계에 있는 경우를 말한다. 보완재는 한 재화의 가격과 다른 재화의 수요가 반대방향으로 변화한다.

㉡ 즉 한 재화의 가격이 상승하면 보완관계에 있는 다른 재화의 수요는 감소한다.

㉢ 따라서 보완재는 수요의 교차탄력성이 음(−)인 재화이다. 예 자동차와 휘발유, 커피와 설탕 등

(3) 소비자의 소득이 증가할 때 수요가 변화하는 방향에 따른 분류 `기출` 35회

① 정상재(normal goods) : 소득이 증가할 때 수요가 증가하는 재화를 말한다. 따라서 정상재는 수요의 소득탄력성이 양(+)인 재화이다.

② 열등재(inferior goods) : 소득이 증가할 때 수요가 감소하는 재화를 말한다. 따라서 수요의 소득탄력성이 음(−)인 재화이다. 정상재와 열등재의 분류는 상대적이라는데 주의해야 한다.

> **더 알아보기** 기펜재(Giffen's goods) `기출` 34회 · 32회 · 29회 · 28회 · 27회 · 26회
> • 가격이 하락할 때 수요량이 감소하는 재화로 수요곡선이 우상향한다. 즉 수요법칙의 예외현상에 해당하는 재화로, 이러한 현상을 기펜의 역설(Giffen's paradox)이라고 한다.
> • 기펜재는 항상 열등재(절대적 열등재)이다. 그러나 열등재가 기펜재인 것은 아니다. 따라서 기펜재의 가격효과는 양(+)이다. 음(−)의 대체효과보다 양(+)의 소득효과가 더 크기 때문이다. [제3장 참조]

(4) 사용재와 공공재

① 사용재(private goods) : 배제성(excludability), 경합성(rivalry) 등의 특성을 지닌 보통의 재화로 시장에서 자유롭게 거래된다. 사유재, 사적재라고도 한다.

② 공공재(public goods) : 국방, 치안, 사회간접자본 등 정부(또는 공공기관)에 의해 공급되는 재화를 말한다. 공공재는 ㉠ 소비에서의 비배제성(non-excludability), ㉡ 소비에서의 비경합성(non-rivalry)으로 인해 무임승차 문제를 야기하고, 그로 인해 시장의 실패(market failure)를 유발한다.

③ 가치재(merit goods) : 사용재의 성격을 갖고 있지만 국민들이 고루 소비할 수 있게 만들어 주는 것이 바람직하다는 판단 하에 정부가 생산·공급하는 재화나 서비스를 말한다. 의료서비스나 주택서비스, 의무교육의 제공 등이 가치재에 해당한다.

1. 미시경제학과 거시경제학

(1) 미시경제학(microeconomics)

① 가계, 기업 등 개별 경제주체의 행동원리를 주로 연구하는 분야이다. 그 내용은 가계의 효용 극대화 원리(소비이론), 기업의 이윤 극대화 원리(생산이론), 시장에서의 가격결정 원리(시장이론), 생산요소의 가격결정 원리(분배이론), 자원배분의 효율성 문제 등 후생경제학 등이다.

② 가격론(price theory)이라고도 하며 고전학파에서 신고전학파에 이르는 전통적인 경제학(즉 케인즈 이전의 경제학)의 주요 관심대상이다.

(2) 거시경제학(macroeconomics)

① 개별경제주체가 모여 형성하는 국민경제의 총체적인 운동원리를 연구하는 분야이다. 주요 연구내용은 한 국가의 국민소득의 결정원리 및 고용, 실업, 물가, 경기변동, 경제성장, 경제발전 등이다.

② 국민소득론(income theory)이라고도 하며, 케인즈(J.M. Keynes)의 『고용, 이자 및 화폐에 관한 일반이론』(1936) 이후 보편화된 관심분야이다.

> **더 알아보기 구성(합성)의 오류와 절약의 역설**
>
> • 논리학의 구성의 오류(fallacy of composition, 합성의 오류)는 부분에 타당한 결론을 전체에 적용하려고 할 때 오류가 발생할 수 있다는 것이다. 따라서 개별 경제주체에 적용되는 미시경제학에서 타당한 결론이 국민경제 전체에 그대로 적용될 경우 오류를 범할 수도 있다는 것이다.
> • 연역법(deduction)을 사용하는 경우 구성의 오류가 발생할 가능성이 있다.
> • 구성의 오류의 예로는 절약의 역설(paradox of thrift, 저축의 역설)을 들 수 있다. 즉 저축은 개인적으로는 소득이 없는 미래에 대비하기 위한 행위이므로 꼭 필요한 행위이지만, 국가적으로는 저축의 증가가 소비를 감소시켜 총수요를 감소시키므로 국민소득의 감소, 저축의 감소를 유발하므로 바람직하지 못할 수도 있다는 것이다.
> • 그러나 절약의 역설은 저축이 투자로 연결되어 총수요를 증가시키고 국민소득을 증가시킨다는 점을 고려하고 있지 못하고 있다는 비판을 받는다.
> • 인과의 오류(post hoc fallacy)는 A 현상이 B현상보다 시간적으로 먼저 발생했다고 해서 A 현상을 B현상의 원인이라고 단정하는 오류를 말한다. 귀납법(induction)을 사용하는 경우 인과의 오류가 발생할 가능성이 있다.

2. 경제정책

경제이론을 현실의 경제문제에 적용하여 국민경제를 바람직한 방향으로 이끌기 위해 취하는 조치를 경제정책(economic policy)이라고 한다.

(1) 경제정책의 목표

① 단기적 목표로는 완전고용, 물가안정, 국제수지의 개선 등이 있고, 장기적 목표로는 생산의 확대(경제성장), 자원의 적정배분, 소득과 부의 분배개선, 사회적 수요(social needs)의 충족, 특정지역(산업)의 보호 육성 등이 있다. 이들 목표 중 앞의 4가지는 거시적 목표이고, 나머지는 미시적 목표이다.

② 정책목표 간의 상충(경합)문제 **기출** 28회

ⓐ 국제수지 개선과 완전고용 간의 상충 : 국제수지 개선을 위해 긴축정책(총수요의 억제를 통한 수입 감소)을 실시하면 고용이 감소(즉 실업이 증가)하고, 경제성장은 저해된다.

ⓑ 물가안정과 완전고용 간의 상충 : 실업을 줄이려면 물가를 희생해야 하고, 물가를 안정시키면 실업이 증가한다(필립스 곡선).

(2) 경제정책의 수단

① 정책목표를 달성하기 위한 수단

㉠ 정부지출(정부투자), 조세 등의 재정수단

㉡ 통화량, 이자율 등의 금융수단

㉢ 환율 등 외환수단

② 기타 정부가 직접적으로 경제의 각 부문을 통제하는 직접통제, 국민경제의 주요 변수에 대해 가이드라인을 정하면 민간부문이 이에 따라 행동하게 되는 유도적 개입, 제도의 변경 등이 있다.

3. 실증경제학과 규범경제학

(1) 실증경제학(positive economics)

경제현상을 객관적 사실(what is) 그대로 기술하고 분석하는 분야로, 경제변수 간의 인과관계(경제법칙)의 발견에 목적이 있다.

(2) 규범경제학(normative economics)

어떠한 경제현상이나 정책의 결과가 바람직한가, 그렇지 않은가하는 가치판단의 문제를 다루는 분야이다. 이론을 정책에 반영시키는 과정에서 필요(정책의 우선순위)하므로 후생경제학과 동일시하기도 한다.

제3절 경제학의 발달

1. 자본주의의 성립과 고전학파 경제학

(1) 중상주의

① 중상주의(mercantilism)는 15~16세기 이후 자본주의로 이행하는 과정에서 등장한 사상이다. 국부(national wealth)의 원천은 금이나 은과 같은 귀금속에 있다고 보고 수출을 장려하여 무역에서 흑자를 유지하도록 보호무역정책을 펴야 한다는 것이 중상주의의 주요 내용이다.

② 중상주의 사상가로는 영국의 토머스 먼(T. Mun), 윌리엄 페티(W. Petty), 프랑스의 쟝 콜베르(J.B. Colbert) 등이 있다.

(2) 중농주의

① 중농주의(physiocracy)는 18세기 후반 프랑스에서 등장한 사상으로 국부의 원천을 토지라고 보고 농업을 중시하였다. 중농주의 학파는 스미스를 비롯한 고전학파에도 큰 영향을 미쳤다.

② 중농주의는 케네(F. Quesnay)가 창시하고 튀르고(A. Turgot) 등에 의해 이어졌다. 특히 케네는 『경제표』(1758)에서 국민경제를 전체적인 측면에서 고찰하여 상품이 생산·유통·분배·소비되어 재생산되는 과정을 밝힘으로써 오늘날 국민소득의 순환이라는 개념의 기초를 제시하였고, 레온티에프(W. Leontief)에 의해 확립된 산업연관분석의 선구가 되었다.

(3) 고전학파

① 고전학파(classical school)는 자본주의 체제의 성립시기에 등장하여 자본주의의 이론적 기초를 제공하였다. 자유방임주의에 기초하여 국가의 경제에 대한 간섭에 반대하는 입장을 보이고, 무역에 있어서도 자유무역을 옹호하는 입장을 보였다.

② 스미스(A. Smith)는 『국부론』(1776)을 통해 경제학을 하나의 독립된 사회과학으로 만들었다. 스미스의 사상은 리카도(D. Ricardo), 맬더스(T.R. Malthus), 밀(J.S. Mill)에 의해 계승되었다.

2. 신고전학파의 등장

(1) 한계효용학파

① 1860년대 이후 자본의 축적과 집중현상이 두드러지면서 자본주의가 발전하는 과정에서 경제학에서도 큰 변화가 일어났다. 즉 한계효용학파가 등장하여 고전학파 경제학을 대체하였다.

② 이 학파는 그때까지 지배적이었던 객관적 가치설을 부정하고 상품의 가치는 한계효용에 의하여 결정된다는 주관적 가치설을 주장하였다. 또한 경제분석에 한계원리를 도입하여 경제학의 발전에 큰 계기를 제공함으로써 이들의 등장을 경제학에서는 한계혁명(marginal revolution)이라고 부른다.

③ 한계혁명은 영국의 제본스(W.S. Jevons), 오스트리아의 멩거(C. Menger), 프랑스의 왈라스(L. Walras)에 의해 주도되었고 파레토(V. Pareto) 등에 의해 계승되었다.

(2) 케임브리지 학파

① 케임브리지 대학의 마셜(A. Marshall)은 고전학파의 객관적 가치설과 한계효용학파의 주관적 가치설을 종합하여 수요와 공급이론을 완성하였다.

② 마셜의 경제학은 피구(A. Pigou)에 의해 이어져, 피구는 파레토의 연구를 이어받아 후생경제학(welfare economics)을 개척하였다.

3. 세계 대공황과 케인즈의 등장

(1) 세계 대공황

1930년대 들어 자본주의 체제는 역사상 유례가 없는 대공황에 직면하게 되었다. 수요부족으로 인한 공급과잉과 이로 인한 대량실업에 직면하여 보이지 않는 손에 기초하여 균형과 완전고용을 기반으로 하는 고전학파 경제학은 설득력을 잃게 되었다. 이러한 상황을 계기로 케인즈(J.M. Keynes)가 등장하였다.

(2) 케인즈 경제학의 등장

① 케인즈는 『고용, 이자 및 화폐에 관한 일반이론』(1936)에서 고전학파의 자유주의 경제사상을 비판하고 대량실업과 경기침체 등의 문제를 해결하기 위해서는 정부가 적극적으로 민간경제에 대하여 개입을 해야 한다고 주장하였다.

② 즉 경기침체에서 벗어나기 위해서는 정부지출을 늘려 수요를 창출해야 한다고 주장하였다. 이러한 케인즈의 사상을 반영한 자본주의 시장경제를 혼합경제(mixed economy)라고 한다.

4. 경제학의 위기와 새로운 경제학의 등장

(1) 케인즈 경제학의 위기

① 제2차 세계대전 이후 자본주의 국가에서는 경기변동을 조절하기 위하여 케인즈 경제학의 정책처방에 따라 재정정책과 통화정책을 적극적으로 펴게 되었고 이로 인해 자본주의 경제는 장기적인 번영을 이어 갔다.

② 그러나 1970년대 접어들어 자본주의 경제는 케인즈 경제학으로는 설명하기 어려운, 경기침체와 물가상승이 함께 진행되는 스태그플레이션(stagflation)이라는 새로운 상황에 직면하게 되었고, 이러한 상황에서 케인즈 경제학은 위기를 맞이하게 되었다.

(2) 새로운 경제학의 등장

① 케인즈 경제학이 경제학의 흐름을 주도해 나가고 있는 중에도 고전학파(또는 신고전학파)의 비전과 사상을 중시하는 통화주의(monetarism)가 등장하여 케인즈학파(Keynesian)와의 치열한 논쟁을 전개하는 과정에서 경제학은 큰 발전을 보였다.

② 그러다가 1970년대 이후에는 ㉠ 고전학파와 통화주의 경제학의 맥을 잇는 새고전학파(new classical school)와 공급측 경제학(SSE), ㉡ 케인즈 경제학의 전통을 잇는 새케인즈학파(new Keynesian) 등이 등장하였다.

제4절 생산가능곡선

1. 생산가능곡선의 의의

(1) PPC의 뜻

생산가능곡선(production possibility curve, PPC)은 기술과 자원이 주어진 수준에서 한 경제에 주어진 자원(생산요소)을 완전히, 효율적으로 생산에 투입할 경우 생산할 수 있는 최대한 가능한 두 재화의 배합점을 연결한 곡선이다. 생산가능경계(production possibility frontier, PPF)라고도 한다.

(2) PPC의 의의

2가지 생산물(예컨대 X, Y재)만을 생산한다고 가정하면 일반적으로 PPC는 원점에 대해 오목하고 우하향하는 곡선의 형태를 보인다.

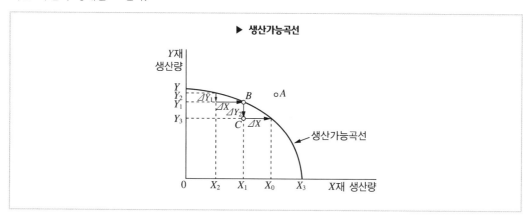

▶ 생산가능곡선

2. 생산가능곡선의 특징 [기출] 32회·28회·27회

(1) 기술적 효율성

① PPC는 한 경제에 주어진 모든 자원이 완전히(완전고용), 효율적으로 사용되었을 때 최대한 생산가능한 두 재화의 배합점이므로 기술적 효율(technical efficiency)이 있는 점이다.

② 따라서 PPC 밖의 A는 생산 불가능한 점, 즉 주어진 기술수준으로는 도달할 수 없는 점을 나타내고, PPC 상의 B는 기술적 효율이 있는 점을 나타낸다.

③ PPC 내부의 C는 비효율적인 생산이 이루어지고 있거나, 또는 생산요소가 유휴(실업)상태에 있음을 나타낸다.

(2) PPC는 우하향

① 일반적인 경우 PPC는 우하향한다. 즉 PPC의 접선의 기울기는 항상 음(−)이다. 이는 어느 한 가지 생산물(X)의 생산을 늘리기 위해서는 다른 생산물(Y)의 생산을 줄여야 함을 의미한다.

② 이는 기회비용(opportunity cost)이 있음을 의미하고 여기서의 기회비용은 X재 1단위를 더 얻기 위해 포기해야 하는 Y재의 양, 즉 $\Delta Y/\Delta X$이다.

③ PPC의 접선의 기울기를 한계변환율(Marginal Rate of Transformation, MRT), 또는 한계전환율이라고 하는데 다음과 같이 정의된다.

$$MRT_{XY} = \frac{\Delta Y}{\Delta X} = \frac{MC_X}{MC_Y}$$

(3) 원점에 대해 오목

① 현실적으로 PPC는 원점에 대해 오목(concave to origin)한 형태이다. 이는 한계변환율(MRT)의 체증, 즉 기회비용의 증가를 의미하는데, 이를 (기회)비용체증의 법칙이라고 한다.

② 기회비용은 체증은 전통적인 생산을 지배하는 법칙인 수확체감의 법칙으로 인해 나타나는 현상이다.

(4) PPC의 이동

PPC의 우상방 이동은 실질 GDP의 증대, 즉 경제성장을 의미한다. 실질 GDP가 증대하는 것은 완전고용 상태에서 ㉠ 새로운 기술의 개발, ㉡ 새로운 자원의 개발, ㉢ 경영의 합리화 등에 기인한다.

확인학습문제

01 甲과 乙만으로 구성된 A국에서 두 사람이 각각 하루 10시간 일하며, X재와 Y재만을 생산한다. 甲은 시간당 X재 2단위 또는 Y재 1단위를 생산할 수 있으며, 乙은 시간당 X재 1단위 또는 Y재 2단위를 생산할 수 있다. 다음 설명 중 옳지 **않은** 것은? **[27회 기출]**

① A국의 X재 하루 최대 생산량은 30이다.

② A국의 Y재 하루 최대 생산량은 30이다.

③ A국의 생산가능곡선은 기울기가 −1인 직선형태를 지닌다.

④ 두 사람 모두 하루에 5시간씩 X재와 Y재를 생산하는 것은 비효율적이다.

⑤ 甲은 X재 생산에, 乙은 Y재 생산에 비교우위가 있다.

 ③

▮ **정답해설** ▮

③ 주어진 조건에 따라 생산가능곡선(PPF)을 그려보면 X, Y재 (20, 20)의 배합점으로부터 Y절편(0, 30)과 X절편(30, 0)이 직선으로 이어진다. 따라서 X, Y재 (20, 20)의 배합점까지 기울기는 $-\dfrac{10}{20}=-\dfrac{1}{2}$이고, X절편까지의 기울기는 $-\dfrac{20}{10}=-2$인 직선형태이다.

①, ② 갑과 을이 모두 X재만 생산하면 10시간×2단위+10시간×1단위=30단위, 모두 Y재만 생산하면 10시간×1단위+10시간×2단위=30단위를 생산할 수 있다.

④ 두 사람 모두 하루에 5시간씩 X재와 Y재를 생산하면 (15, 15) 단위가 생산되므로 생산가능곡선 내부에 있게 되므로 비효율적이다.

⑤ 갑은 시간당 X재 2단위를 생산할 수 있고, 을은 시간당 Y재 2단위를 생산할 수 있으므로 갑은 X재 생산에, 乙은 Y재 생산에 비교우위가 있다.

02 어떤 감정평가사가 자신의 업무용 컴퓨터 작업을 위해서 시간당 만 원을 지급하는 조건으로 사무원을 채용하였다. 이 감정평가사는 평가업무로 시간당 10만 원을 번다. 이 감정평가사는 사무원의 컴퓨터 처리 능력이 자신보다 못한 것을 발견하고 사무원을 해고한 후, 그가 하던 컴퓨터 작업을 자신이 하고 있다. 이 감정평가사의 행동을 경제학적으로 가장 옳게 해석한 것은?

① 감정평가사의 컴퓨터 작업에 대한 기회비용은 자신의 평가업무의 가치와 같다.
② 감정평가사의 컴퓨터 작업에 대한 기회비용은 사무원의 컴퓨터 작업에 대한 기회비용보다 작다.
③ 감정평가사가 사무원이 하던 컴퓨터 작업을 일과 시간 후에 하면 경제적 비용이 발생하지 않는다.
④ 감정평가사는 시간당 9만 원을 절약할 수 있다.
⑤ 감정평가사의 사무원 해고는 합리적 행동이었다.

답 ①

┃정답해설┃

① 감정평가사가 변호업무를 하는 것을 포기하고 컴퓨터 작업 등 다른 것을 하는 경우 기회비용은 (변호업무를 함으로써 벌어들이는 소득에 해당하는) 시간당 10만 원이다.
② 감정평가사의 컴퓨터 작업에 대한 기회비용은 10만 원이고, 사무원의 컴퓨터 작업에 대한 기회비용은 1만 원이다.
③ 감정평가사가 사무원이 하던 컴퓨터 작업을 일과 시간 후에 하면 여가(leisure)가 주는 효용을 포기한 것이므로 경제적 비용이 발생한다.
④ 감정평가사는 시간당 9만 원을 손해보는 것이다.
⑤ 감정평가사의 사무원 해고는 합리적이지 못한 행동이다.

---

03 다음 중 규범경제학(normative economics) 범주에 포함되는 내용은?

① 통화량이 늘면 물가가 상승한다.
② 생산요소의 고용을 늘리면 한계수확이 점차 줄어든다.
③ 정부의 확대재정정책은 이자율을 상승시켜 민간투자를 감소시킨다.
④ 유치산업을 보호하기 위해서 수입관세를 인상해야 한다.
⑤ 완전경쟁기업이 독점화되면 사회적 순후생손실이 발생한다.

답 ④

┃정답해설┃

수입관세를 인상해야 한다는 주장은 가치판단이 포함된 것으로 규범경제학의 범주에 해당한다. 대부분의 경제이론(실증경제학, positive economics)이 가치판단을 배제하고 경제적 상황을 있는 그대로 설명하는 반면, 규범경제학은 당위성에 기초하여 옳고 그름에 대한 가치판단을 포함하고 있다.

04 경제학에서 말하는 '구성의 오류'의 예로서 가장 적당한 것은?

① 개별 가계의 입장에서는 저축이 미덕이지만 경제전체에 있어서는 저축이 미덕이 아닐 수도 있다.

② 우리 생활에 절대적으로 필요한 물의 가격보다 다이아몬드의 가격이 훨씬 높다.

③ 어떤 재화의 가격이 상승하니 오히려 그 재화의 수요량이 증가하였다.

④ 생산자에게 세금을 부과하였으나 실질적으로는 소비자가 그 세금의 일부를 부담하는 결과가 되었다.

⑤ 어떤 개별 경제주체의 경제행위가 본의 아니게 다른 개별 경제주체의 경제행위에 불리한 영향을 미쳤다.

답 ①

▌정답해설▌

① 절약의 역설(paradox of thrift)에 대한 내용으로 '구성의 오류'(fallacy of composition)의 대표적인 사례로 제시되고 있다.

② 가치의 역설(paradox of value, Smith's paradox)에 대한 설명이다.

③ 베블렌 효과(Veblen effect, 과시효과)에 대한 설명이다.

④ 조세의 귀착(incidence)에 대한 설명이다.

⑤ 부정적 외부효과(외부불경제, 해로운 외부효과, 음의 외부성)에 대한 설명이다.

05 클래식 매니아인 A는 뉴욕 필하모닉 오케스트라의 연주회를 가려고 마음먹고 있다. 입장권의 가격은 25만 원인데 A는 오랫동안 기다렸던 이 연주회에 가기 위해 40만 원까지 기꺼이 지불할 의사가 있다. 그런데 친구로부터 입장권 가격이 10만 원인 BTS의 공연을 무료로 볼 수 있는 티켓을 얻었다. 이 티켓은 남에게 양도하거나 팔 수 없다. A가 BTS의 공연을 보러가기로 결정했다면 이 선택의 기회비용은?

① 10만 원

② 15만 원

③ 25만 원

④ 30만 원

⑤ 40만 원

답 ②

▌정답해설▌

A가 뉴욕 필하모닉 연주회를 간다면 A의 이득＝40만 원－25만 원＝15만 원이다. 따라서 A가 BTS의 공연을 보러가기로 결정했다면 뉴욕 필의 연주에서 얻을 수 있는 이득 15만 원을 포기하는 것이다. 기회비용은 15만 원이다.

06 재화 X와 재화 Y는 서로 수요측면의 대체재이며, 재화 Y와 재화 Z는 서로 수요측면의 보완재이다. Y재의 공급이 감소하였을 때 다음 중 옳은 것은?

① 재화 X의 가격 상승, 거래량 증가
② 재화 X의 가격 하락, 거래량 증가
③ 재화 Z의 가격 하락, 거래량 증가
④ 재화 Z의 가격 상승, 거래량 증가
⑤ 재화 Z의 가격 상승, 거래량 감소

답 ①

┃ 정답해설 ┃

Y재 가격이 상승하고 소비량이 감소함에 따라 대체재인 X재의 수요는 증가(X재 가격 상승, 거래량 증가)하고, 보완재인 Z재의 수요는 감소(Z재 가격 하락, 거래량 감소)한다.

---

07 다음 중 생산가능곡선을 우상향으로 이동시키는 요인이 될 수 없는 것은?

① 생산의 효율성을 제고한다.
② 공장설비를 확충한다.
③ 생산기술을 발전시킨다.
④ 재교육을 통해 노동자의 기술을 향상시킨다.
⑤ 노동자를 확충한다.

답 ①

┃ 정답해설 ┃

생산의 효율성이 높아지면 생산가능곡선(PPF)의 내부의 배합점에서 생산가능곡선 상의 배합점으로 이동해간다. 노동, 자본, 자원 등 새로운 자원이 주어지거나 기술발전이 이루어지면 생산가능곡선이 확장된다.

08 X재와 Y재를 생산하는 K국가의 생산가능곡선 상에는 두 개의 재화생산 조합점$(x_1,\ y_1)=(200,\ 300)$과 $(x_2,\ y_2)=(240,\ 290)$이 있다. 다음 중 기회비용 체증의 법칙이 성립하기 위한 이 생산가능곡선 상의 재화생산 조합점 $(x_3,\ y_3)$은? (단, $x_1,\ x_2,\ x_3$는 각각 X재의 생산량, $y_1,\ y_2,\ y_3$는 각각 Y재의 생산량)

① (160, 310)

② (160, 315)

③ (280, 270)

④ (280, 280)

⑤ (280, 285)

답 ③

┃정답해설┃

기회비용 체증의 법칙이 성립하면 생산가능곡선(PPF)은 원점에 대해 오목한 형태이고 PPF의 기울기($\frac{\Delta Y}{\Delta X}$)는 점점 커진다. X재가 40단위 증가할 때 Y재는 10단위 감소하였으므로 X재의 기회비용은 $\frac{1}{4}$이다. 이보다 기회비용은 큰 경우는 ③ (280, 270)이고, 이 경우 기회비용은 $\frac{20}{40}=\frac{1}{2}$이다. 나머지 사례의 경우를 계산하면 기회비용은 모두 $\frac{1}{4}$보다 작거나 같다.

---

09 저축의 역설(paradox of saving)에 관한 설명으로 옳은 것은?

① 소득이 증가하면 저축이 감소한다는 가설이다.

② 투자가 GDP와 정(+)의 상관관계를 가질 때에는 저축이 증가하면 소득이 증가한다는 가설이다.

③ 고전학파(Classical School)의 이론에서는 성립되지 않는 가설이다.

④ 저축의 증가는 투자를 증가시킴으로써 경제성장을 촉진시킨다는 가설이다.

⑤ 명목이자율의 상승이 인플레이션을 하락시킨다는 가설이다.

답 ③

┃정답해설┃

저축의 역설은 케인즈(J. M. Keynes)의 국민소득 결정이론에 기초한 주장으로 경제전체적으로 저축 증가 → 소비 감소 → 총수요 감소 → 국민소득 감소 → 저축 감소를 가져온다는 것으로 투자에 미치는 영향을 고려하지 않은 주장이다. 고전학파 경제학에서는 저축과 투자가 항상 일치하므로 성립될 수 없는 주장이다.

10 원점에 대해 오목한 생산가능곡선에 관한 설명으로 옳지 <u>않은</u> 것은? [32회 기출]

① X축 상품생산이 늘어나면 기울기가 더 가팔라진다.
② 생산기술이 향상되면 생산가능곡선이 원점에서 더 멀어진다.
③ 기회비용 체증의 법칙이 성립한다.
④ 생산가능곡선 기울기의 절댓값이 한계변환율이다.
⑤ 생산가능곡선 상의 점에서 파레토 개선이 가능하다.

답 ⑤

▌정답해설 ▐

생산가능곡선은 주어진 자원과 기술수준 하에서 최대로 생산가능한 재화나 서비스의 조합을 나타내는 곡선이므로 생산가능곡선 상의 점들은 이미 파레토 효율적이고, 따라서 더 이상의 파레토 개선이 불가하다.

11 케인즈(J.M. Keynes)의 '절약의 역설(paradox of thrift)'에 대해서 가장 잘 설명한 것은?

① 모든 개인이 저축을 늘리는 경우, 늘어난 저축이 투자로 이어져 국민소득이 증가하고, 결국은 개인의 저축을 더 늘릴 수 있는 상황
② 모든 개인이 저축을 줄이는 경우, 늘어나 소비로 국민소득이 감소하고, 결국은 개인의 저축을 더 늘릴 수 없는 상황
③ 모든 개인이 저축을 늘리는 경우, 늘어난 저축이 소비와 국민소득의 증가를 가져오고, 결국은 개인의 저축을 더 늘릴 수 있는 상황
④ 모든 개인이 저축을 늘리는 경우, 총수요의 감소로 국민소득이 감소하고, 결국은 개인의 저축을 늘릴 수 없는 상황
⑤ 케인즈의 거시모형에서, 소비는 미덕이므로 저축할 필요가 없고, 따라서 저축은행의 설립을 불허해야 하는 상황

답 ④

▌정답해설 ▐

절약의 역설(paradox of thrift) 또는 저축의 역설은, 저축은 개인적으로는 소득이 없는 미래에 대비하기 위한 행위이므로 꼭 필요한 행위이지만, 국가적으로는 저축의 증가가 소비를 감소시켜 총수요를 감소시키므로 국민소득의 감소, 저축의 감소를 유발한다는 주장이다.

CHAPTER

수요 · 공급 이론

출제포인트

□ 조세부과의 효과
□ 상한가격제와 하한가격제
□ 수요의 가격탄력성과 총수입(총지출액)
□ 수요의 소득탄력성
□ 수요의 교차탄력성

□ 수요와 공급의 가격탄력성 계산
□ 조세부담의 귀착
□ 소비자 잉여와 생산자 잉여 계산
□ 시장수요곡선의 이동
□ 탄력성과 변화율

제1절 수요

1. 수요의 개념과 결정요인

(1) 수요의 개념

① 수요와 수요량 : 소비자가 일정기간 동안 가격을 비롯한 여러가지 요인에 따라 재화와 서비스를 구매하려는 욕구를 수요(demand)라 하고, 일정기간 동안 일정한 가격으로 구매하려는 재화와 서비스의 양을 수요량(quantity demanded)이라고 한다.

② 수요량의 특징

㉠ 수요량은 실제로 구매한 수량이 아니고 구매하려고 의도하는 양, 즉 사전적(ex-ante) 개념이다.

㉡ 수요량은 유량(flow), 즉 일정 기간 동안 계속되는 구매의 흐름을 의미한다.

㉢ 수요량은 일정한 가격 수준에서 구매하고자 하는 최대의 수량을 의미한다.

㉣ 수요량은 각 개인의 개별 수요량과 개별 수요량의 수평적 합계인 시장 수요량으로 구분한다.

> **더 알아보기** 유량과 저량 [기출] 26회
>
> • 유량(flow)은 일정한 기간을 기준으로 측정하는 변수를 말한다. 수요량 및 공급량, 효용함수, 생산함수, 국내총생산(GDP) 등이 유량개념이다.
> • 저량(stock)은 일정한 시점을 기준으로 측정하는 변수를 말한다. 부(재산), 통화량, 통화수요(화폐수요), 실업자수 등이 저량 개념이다.

(2) 수요의 결정요인(시장 수요) [기출] 31회

① 그 재화의 시장가격(P_n) : 그 재화의 시장가격이 높으면 그 재화에 대한 수요량은 적고, 그 재화의 시장가격이 낮으면 그 재화에 대한 수요량은 많다(수요법칙).

② 다른 재화의 가격($P_1 \cdots P_{n-1}$) : 대체재의 가격이 오르면 재화의 수요는 증가하고, 보완재의 가격이 오르면 재화의 수요는 감소한다.

③ 소비자의 소득수준(I) : 정상재는 소득이 증가할 때 재화의 수요가 증가하고, 열등재는 소득이 증가할 때 재화의 수요가 감소한다.

④ 소비자의 기호, 선호의 변화(T) : 예컨대 건강에 대한 관심이 높아지면 무공해 식품에 대한 수요가 증가하고, 테니스 붐이 일면 테니스 관련 재화의 수요가 증가한다.

> **더 알아보기** 소비자 주권(consumer's sovereignty)
>
> - 전통적인 경제이론에서는 소비자 주권이 강조된다. 즉 소비자의 기호가 변화하면 수요가 변화하고 그에 따라 생산이 결정(변화)된다.
> - 그러나 오늘날에는 많은 경우 생산자의 광고 · 선전활동에 의해 소비자의 기호가 결정되어 생산자 주권이 강조된다. 이러한 현상을 갈브레이스(J. K. Galbraith)는 의존효과(dependence effect)라고 하였다.

⑤ 인구의 크기, 인구 구성의 변화(P) : 인구가 증가하면 거의 모든 재화의 수요가 증가하고, 또한 예컨대 노령 인구 비율이 증가하면 의료 서비스에 대한 수요가 증가한다.

⑥ 소비자들 간의 소득 분포(A) : 소득 분포가 평등한 사회와 불평등한 사회의 수요 패턴에는 차이가 있다. 예컨대 불평등한 경우 고소득층과 저소득층이 수요하는 재화의 종류에 차이가 있다. 또한 소득분배가 개선되어 빈부의 격차가 줄어들면 사치재의 수요는 감소하고, 대중소비재의 수요는 증가한다.

⑦ 소비자의 예상(E) : 어떤 상품의 가격 상승을 예상하면 수요가 증가하고, 반면에 가격 하락을 예상하면 수요가 감소한다.

⑧ 재산(W) : 수요자의 재산(또는 부)이 증가하면 재산소득 또한 증가하므로 수요가 증가한다.

2. 수요함수와 수요곡선

(1) 수요함수(demand function)

① 수요에 영향을 미치는 요인과 수요량 간의 관계를 수요함수로 나타낼 수 있다. 즉, 어떤 재화(n)에 대한 수요량 D_n은 $D_n = f(P_n, \ P_1, \ \cdots \ P_{n-1}, \ I, \ T, \ P, \ A, \ E, \ W)$와 같은 수요함수로 표시된다.

② 여기서 D_n에 영향을 미치는 요인 중 내생변수(endogenous variable)인 P_n이 미치는 영향(수요량의 변화)과 외생변수(exogenous variable)인 다른 요인이 미치는 영향(수요의 변화)을 구분해야 한다.

③ 따라서 n재화의 수요량(D_n)과 n재화의 가격(P_n) 간의 관계를 분명히 하기 위해 P_n을 제외한 다른 요인은 일정 불변(ceteris paribus, other things being equal)이라고 가정하면 수요함수는 $D_n = f(P_n)$으로 단순화된다. 즉 다른 요인들이 일정 불변이라면 D_n은 P_n의 함수이다.

④ 결국 수요함수는 P_n과 D_n 간의 함수관계로, 각각의 가격수준에 대해 소비자가 일정 기간동안 구매하려는 재화의 수량을 나타낸다.

(2) 수요곡선 [기출] 32회 · 26회

① 수요함수 $D_n = f(P_n)$을 그래프에 표시하면 수요곡선(demand curve)이 도출된다. 수요곡선은 우하향(또는 좌상향)하는데 이는 가격(P)과 수요량(Q)이 역($-$)관계에 있음을 의미한다.

② 즉 가격(P)이 상승하면 수요량(Q)이 감소하고, 가격(P)이 하락하면 수요량(Q)이 증가하는 수요의 법칙(law of demand)을 나타낸다.

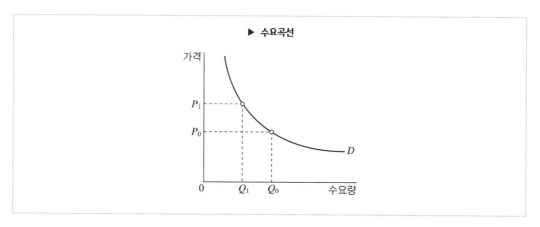

▶ 수요곡선

③ **가격과 수요량이 역(−)관계인 이유** : 가격과 수요량이 역관계인 이유(즉 수요곡선이 우하향하는 이유)는 한계효용 체감의 법칙으로 설명할 수 있다. 그리고 대체효과와 소득효과로 설명할 수 있다.

ㄱ 한계효용체감의 법칙 : 한계효용학파의 주장에 의하면 소비자는 가격(P)=한계효용(MU)에서 재화의 소비량을 결정하면 총효용을 극대화할 수 있다. 따라서 한계효용(MU)곡선=수요곡선이므로 수요곡선이 우하향하는 이유는 한계효용이 체감하기 때문이다.

ㄴ 대체효과와 소득효과 : 한 재화의 가격이 하락하면 다른 재화(대체재)에 비해 그 재화의 가격이 상대적으로 싸지므로 수요량이 증가한다(대체효과). 한편 한 재화의 가격이 하락하면 실질소득의 증가 효과로 수요량이 증가한다(소득효과). 따라서 수요곡선이 우하향하는 이유는 대체효과와 소득효과가 작용하기 때문이다.

ㄷ 보통수요곡선 : 이처럼 대체효과와 소득효과가 반영된 수요곡선을 보통수요곡선(ordinary demand curve, Marshall의 수요곡선)이라고 한다.

ㄹ 보상수요곡선 : 한편 대체효과만을 반영하는 수요곡선을 유도할 수 있는데 이러한 수요곡선은 보상수요곡선(compensating demand curve, Hicks의 수요곡선)이라고 한다. [제3장 참조]

더 알아보기 **특이한 형태의 수요곡선(수요법칙의 예외현상)**

기펜(Giffen)재 : 기펜재는 가격이 하락함에도 불구하고 수요량이 감소하는 재화이다. 가격과 수요량이 양(+)의 관계에 있으므로 수요곡선은 우상향한다.

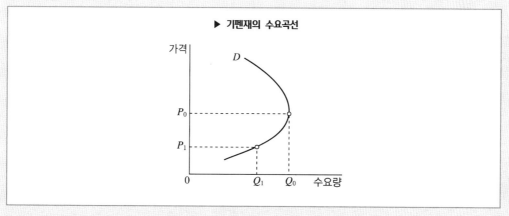

▶ **기펜재의 수요곡선**

---

④ **시장수요곡선** : 시장수요곡선은 개별수요자의 수요곡선을 수평적으로 합계하여 구해진다.

3. 수요의 변화와 수요량의 변화

(1) 수요의 변화 `기출` 32회

① 앞의 수요함수 $D_n = f(P_n, P_1, \cdots P_{n-1}, I, T, P, A, E, W)$에서 단순한 수요함수 $D_n = f(P_n)$을 유도하기 위해 P_n을 제외한 다른 요인은 일정불변(ceteris paribus)이라고 가정했다.

② 여기서 일정하다고 가정했던 요인들(외생변수)이 변화하면 수요곡선(수요함수) 자체가 이동하게 되는데 이를 수요의 변화라고 한다.

③ 즉 수요의 변화는 일정한 가격수준(P_0)에서의 수요량의 변화($Q_0 \rightarrow Q_1$)를 의미한다.

(2) 수요량의 변화

① 수요량의 변화는 수요함수는 불변인 상태에서 내생변수인 그 재화의 가격(P_n)의 변화에 따른 수요량의 증감을 의미한다.

② 즉 주어진 수요곡선 위에서의 수요점의 이동(A에서 B로)을 의미한다.

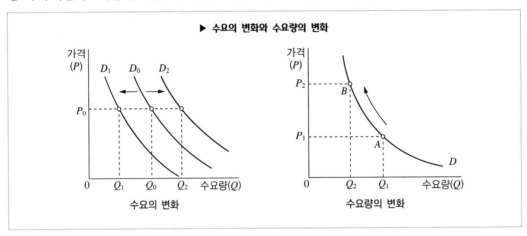

▶ 수요의 변화와 수요량의 변화

더 알아보기 **수요의 증가요인** `기출` 25회

수요의 증가요인, 즉 수요곡선의 우측이동 요인은 다음과 같다.
- 소득과 부(wealth)의 증가
- 대체재 가격의 상승
- 보완재 가격의 하락
- 인구, 또는 수요자의 수 증가
- 가격상승 예상
- 소비자의 선호도 증대 등이다.

4. 수요의 가격탄력성(elasticity)

(1) 탄력성의 뜻

① 수요의 가격탄력성(elasticity)은 물리학에서 사용되는 개념을 마셜(A. Marshall)이 경제학에 도입한 것으로, 가격의 변화에 대한 수요량의 변화 정도를 측정하는 개념이다.

② 탄력성은 독립변수가 1%p 변화할 때 종속변수는 몇 %p나 변화할 것인가를 나타내는 개념으로 모든 함수관계에서 포괄적으로 사용되는 개념이다. 즉 탄력성=종속변수의 변화율(%)/독립변수의 변화율(%)이다.

(2) 수요의 가격탄력성 `기출` 33회·32회·28회·27회·25회

① 수요의 가격탄력성

　㉠ 수요의 가격탄력성은 가격변화에 대한 수요량의 변화 정도, 즉 수요량 변화의 민감도를 나타낸다. 수요량이 크게(민감하게) 변화하면 탄력성은 크다고 한다.

$$e = -\frac{\text{수요량의 변화율\%}}{\text{가격의 변화율\%}} = -\frac{\dfrac{\Delta Q}{Q}}{\dfrac{\Delta P}{P}} = -\frac{\Delta Q}{\Delta P}\frac{P}{Q}$$

　㉡ 이 식은 호탄력성(arc elasticity), 즉 수요곡선상의 두 점 사이의 탄력성을 나타낸다.

　㉢ 그러나 호탄력성의 값은 어느 점을 기준으로 하느냐에 따라, 즉 가격이 상승하는 경우와 하락하는 경우 탄력성 값에 차이가 있고 이를 해결하기 위해 점탄력성을 이용하거나, 중간 값을 이용하여 탄력성을 계산한다.

② 점탄력성(point elasticity)

$$e = -\frac{dQ}{dP}\frac{P}{Q}$$

즉 호탄력성에서 ΔP가 근사적으로 0에 접근하여(즉, 구간의 간격이 거의 0에 접근하여) 극한값을 취하면 점탄력성이 된다. 따라서 수요함수를 가격에 대해 미분한 후, $\dfrac{P}{Q}$를 곱하여 구한다.

③ 수요함수를 모르고 가격과 수요량에 대한 데이터만 있는 경우 호탄력성을 측정할 때는 두 점의 중간값을 이용하여 구한다.

$$e = -\frac{\text{수요량의 변화율\%}}{\text{가격의 변화율\%}} = -\frac{\left(\dfrac{\Delta Q}{Q_1 + Q_2}\right)}{\left(\dfrac{\Delta P}{P_1 + P_2}\right)} = -\frac{\Delta Q}{\Delta P} \times \frac{P_1 + P_2}{Q_1 + Q_2}$$

(3) 탄력성의 크기 `기출` 35회 · 34회

① 수요의 가격탄력성(e)의 크기는 영(0)에서 무한대(∞) 사이의 값을 갖는다. 즉 수요의 가격탄력성은 크기만 고려하고 부호는 따지지 않는다.

- $e = 0$ (완전비탄력적)   수요곡선이 수직
- $0 < e < 1$ (비탄력적)   가격 변화율 > 수요량 변화율
- $e = 1$ (단위탄력적)   가격 변화율 = 수요량 변화율
- $1 < e < \infty$ (탄력적)   가격 변화율 < 수요량 변화율
- $e = \infty$ (완전탄력적)   수요곡선이 수평

② 수요탄력성(e)은 수요곡선의 형태에 따라 크기가 다르고, 동일한 수요곡선위에서도 측정하려는 점의 위치에 따라 크기에 차이가 있다.

③ 그러나 수요곡선이 직각쌍곡선의 형태인 경우에는 어느 점에서나 수요의 가격탄력성은 1이다. 또한 수요곡선이 수직인 경우에는 어느 점에서 측정해도 수요의 가격탄력성은 0이고, 수평인 경우에는 어느 점에서 측정해도 수요의 가격탄력성은 무한대(∞)이다.

(4) 탄력성의 측정 `기출` 31회 · 27회 · 25회

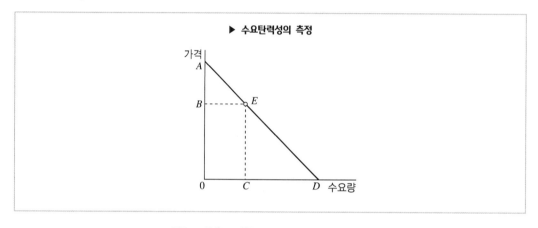

▶ **수요탄력성의 측정**

① E에서의 수요탄력성은 $e = \dfrac{ED}{AE} = \dfrac{BO}{AB} = \dfrac{CD}{OC}$ 이다. 수요곡선이 곡선인 경우에는 접선을 그어 접선의 탄력성을 측정한다.

② 따라서 수요곡선의 가운데 점에서는 $e = 1$이고, 그 윗부분에서는 $e > 1$, 아랫부분에서는 $e < 1$이다.

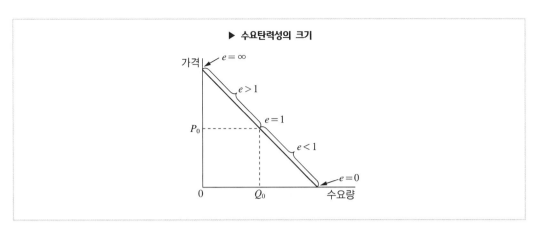

▶ 수요탄력성의 크기

(5) 수요의 가격탄력성의 크기를 결정하는 요인 기출 35회 · 30회

① 상호밀접한 대체재의 존재여부 : 대체재가 많이 존재하면 수요탄력성은 크다.

② 재화에 대한 지출액이 소비자의 소득에서 차지하는 비중 : 비중이 클수록 가격이 상승할 때 구매를 연기하므로 수요탄력성은 크다. 예 가전제품, 승용차 등

③ 재화의 성질 : 일반적으로 사치품은 탄력성이 크고, 생활 필수품은 탄력성이 작다.

④ 용도의 다양성 : 재화의 용도가 다양할수록 수요탄력성이 크다.

⑤ 기간의 차이 : 수요량은 유량(flow)이므로 단기보다 장기인 경우 수요탄력성은 크다.

(6) 탄력성과 소비자의 총지출액(기업의 총수입) 기출 35회 · 33회 · 30회

① 소비자의 총지출액, 즉 기업의 총수입은 재화의 가격(P)에 판매량(Q)을 곱한 것이다($TR = PQ$). 따라서 재화의 가격(P)이 변화하면 수요량(Q)이 변화하고, 이에 따라 소비자의 총지출액이 변화하는데, 이때 변화의 방향은 수요의 가격탄력성에 의존한다.

② 가격이 하락하면 가격하락으로 인해 총지출액은 감소한다(가격변화의 효과). 그러나 수요량의 증가로 총지출액은 증가한다(수요량 변화의 효과). 따라서 총지출액의 변화방향은 두 효과의 상대적 크기에 의해 결정된다.

> 즉, $e > 1$ (수요량 변화율 > 가격변화율)이면 총지출액 증가
> $e = 1$ (수요량 변화율 = 가격변화율)이면 총지출액 불변
> $e < 1$ (수요량 변화율 < 가격변화율)이면 총지출액 감소

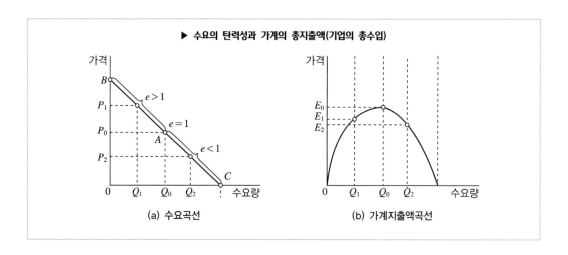

▶ 수요의 탄력성과 가계의 총지출액(기업의 총수입)

(a) 수요곡선

(b) 가계지출액곡선

5. 수요의 소득탄력성과 교차탄력성

(1) 수요의 소득탄력성(income elasticity of demand) `기출` 34회·32회·31회·28회

① 수요의 소득탄력성(e_I)은 소득(I)의 변화에 따른 수요량(Q)의 반응 정도를 표시하는 개념이다.

$$e_I = \frac{수요량의 \ 변화율\%}{소득의 \ 변화율\%} = \frac{\dfrac{\Delta Q}{Q}}{\dfrac{\Delta I}{I}} = \frac{\Delta Q}{\Delta I} \times \frac{I}{Q}$$

② 수요함수 식이 주어지면 수요함수를 소득 I에 대하여 미분(편미분)한 후, $\dfrac{I}{Q}$를 계산하여 곱해주면 수요의 소득탄력성을 구할 수 있다.

③ 정상재(normal goods)는 소득이 증가할 때 수요가 증가하므로 수요의 소득탄력성이 양(+)의 값을 갖는다. 반면 열등재는 소득이 증가할 때 수요가 감소하므로 수요의 소득탄력성이 음(−)의 값을 갖는다. 또한 정상재로서 수요의 소득탄력성이 1보다 크면 사치품, 1보다 작으면 필수품으로 볼 수 있다.

(2) 수요의 교차탄력성(cross elasticity) `기출` 34회·32회·31회·28회·25회

① 다른 재화의 가격이 변화할 때 어떤 재화의 수요량이 나타내는 반응의 정도를 나타내는 개념이다(대체재나 보완재의 경우). 간접탄력성이라고도 한다. X재 수요의 Y재 가격에 대한 교차탄력성은 다음과 같다.

$$e_{XY} = \frac{X재 \ 수요량의 \ 변화율\%}{Y재 \ 가격의 \ 변화율\%} = \frac{\dfrac{\Delta Q_X}{Q_X}}{\dfrac{\Delta P_Y}{P_Y}} = \frac{\Delta Q_X}{\Delta P_Y} \frac{P_Y}{Q_X}$$

② X재의 수요함수가 주어지면 X재 수요함수(Q_X)를 Y재 가격 P_Y에 대하여 편미분 한 후 $\dfrac{P_Y}{Q_X}$를 계산하여 곱해 주면 수요의 교차탄력성을 구할 수 있다.

③ 수요의 교차탄력성은 대체재의 경우에는 양(+)이고, 보완재의 경우에는 음(−)이다. 또한 두 재화가 독립재인 경우 교차탄력성은 0이다.

1. 공급의 개념과 결정요인

(1) 공급의 개념

① **공급과 공급량** : 생산자(기업)가 일정기간 동안 가격을 비롯한 여러 가지 요인에 따라 재화와 서비스를 판매하려는 욕구를 공급(supply)이라고 한다. 공급량(quantity demanded)은 생산자가 일정기간 동안 일정한 가격으로 판매하려고 의도하는 양을 말한다.

② **공급량의 특징**

　㉠ 일정기간동안 판매하려는 양이므로 유량(flow) 개념이다.

　㉡ 공급량은 실제 판매한 양은 아니고, 판매하려고 의도하는 양이므로 사전적(ex-ante) 개념이다.

　㉢ 공급량은 일정한 가격수준에서 판매하려는 최대의 수량이다.

　㉣ 개별 공급자의 개별 공급량을 수평적으로 합하면 시장 공급량이 된다.

(2) 공급의 결정요인

① **그 재화(n)의 시장가격(P_n)** : 그 재화의 가격이 상승하면 그 재화의 공급량은 증가하고, 그 재화의 가격이 하락하면 그 재화의 공급량은 감소한다(공급법칙).

② **다른 재화의 가격($P_1 \cdots P_{n-1}$)** : 다른 재화의 가격이 상승하면 상대적으로 가격이 상승하지 않은 n재화의 공급은 감소한다.

③ **생산요소의 가격($F_1 \cdots F_m$)** : 노동, 자본 등 생산요소의 가격이 상승하면 생산비가 상승하므로 공급은 감소한다. 또한 임금이 상승하면 노동을 주로 사용하는 재화의 생산비는 상승하고, 따라서 이 재화의 공급은 감소한다.

④ **기술수준(T)** : 기술진보는 생산성을 향상시키고, 생산비 감소시켜 공급을 증가시킨다.

⑤ **기업의 목표(G)** : 기업의 목표에 따라 공급의 크기가 달라진다.

⑥ **공급자의 예상(E)** : 공급자가 가격 상승을 예상하면 가격이 오른 후에 공급을 하기 위해 공급을 감소시킨다. 반면 가격 하락을 예상하면 공급이 증가한다.

2. 공급함수와 공급곡선

(1) 공급함수

① 공급에 영향을 주는 요인과 공급량 간의 관계를 공급함수(supply function)로 나타낼 수 있다.

② 어떤 재화(n)에 대한 공급량 S_n은 $S_n = f(P_n, \ P_1 \cdots P_{n-1}, \ F_1 \cdots F_m, \ T, \ G, \ E)$와 같은 공급함수로 표시할 수 있다.

③ S_n에 미치는 P_n의 영향을 분석하기 위해 P_n을 제외한 다른 요인은 일정불변(ceteris paribus)이라고 가정하면 공급함수는 $S_n = f(P_n)$으로 단순화된다. 즉 다른 요인들이 일정불변이라면 S_n은 P_n의 함수이다.

④ 결국 공급함수는 P_n과 S_n 간의 함수관계로, 각각의 가격수준에 대해 생산자가 일정 기간동안 판매하려는 재화의 수량을 표시한다.

(2) 공급곡선

① 공급함수 $S_n = f(P_n)$을 그래프에 표시하면 공급곡선이 그려진다. 공급곡선은 우상향(또는 좌하향)하는데 이는 가격과 공급량이 정(+)의 관계에 있음을 의미한다.

② 즉 가격(P)이 상승하면 공급량(Q)은 증가하고, 가격(P)이 하락하면 공급량(Q)은 감소하는 공급의 법칙을 나타낸다.

③ 공급곡선이 우상향하는 이유는 한계비용 체증의 법칙이 작용하기 때문이다. 완전경쟁시장에서는 조업중단점(shut down point, 평균가변비용곡선 AVC의 최저점) 윗부분의 우상향하는 한계비용곡선이 개별기업의 공급곡선이 된다.

④ 완전경쟁시장에서 시장공급곡선은 개별기업의 공급곡선(MC곡선)을 수평적으로 합하여 구해진다.

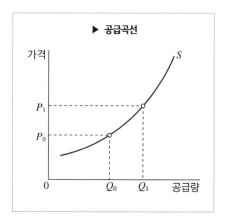

3. 공급의 변화와 공급량의 변화

(1) 공급의 변화

① 앞의 공급함수에서 일정불변이라고 가정했던 요인(그 재화의 가격을 제외한 다른 요인)들, 즉 외생변수가 변화하면 공급곡선(공급함수) 자체가 이동하는데 이를 공급의 변화라고 한다.

② 즉 공급의 변화는 일정한 가격수준(P_0)에서의 공급량의 변화($Q_0 \rightarrow Q_1$)를 의미한다.

(2) 공급량의 변화

① 공급량의 변화는 주어진 공급곡선상에서의 공급점의 이동(A에서 B로)을 의미한다.

② 내생변수인 그 재화의 가격(P_n)이 변화할 때 공급량의 변화가 나타난다.

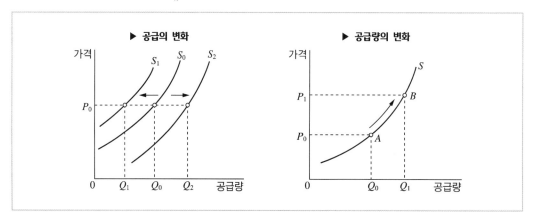

더 알아보기 공급의 증가 요인

공급의 증가 요인, 즉 공급곡선의 우측이동요인은 다음과 같다.
• 생산요소 가격의 하락으로 인한 생산비의 하락
• 기술 진보
• 다른 재화의 가격 하락
• 공급자의 가격 하락 예상 등

4. 공급의 탄력성

(1) 뜻

공급의 가격탄력성은 가격의 변화에 대한 공급량의 변화 정도를 측정하는 개념이다. 공급곡선의 기울기와 관련이 있다.

(2) 공급의 가격탄력성 기출 27회

① 공급의 가격탄력성 : 호탄력성

$$e_S = \frac{공급량의\ 변화율\%}{가격의\ 변화율\%} = \frac{\frac{\Delta Q}{Q}}{\frac{\Delta P}{P}} = \frac{\Delta Q}{\Delta P} \frac{P}{Q}$$

이 식은 호탄력성(arc elasticity), 즉 공급 곡선상의 두 점 사이의 탄력성을 나타낸다. 그러나 호탄력성의 값은 어느 점을 기준으로 하느냐에 따라, 즉 가격이 상승하는 경우와 하락하는 경우 탄력성 값에 차이가 있다. 이를 해결하기 위해 점탄력성을 이용하거나, 중간 값을 이용하여 탄력성을 계산한다.

② 점탄력성(point elasticity)

$$e_S = \frac{dQ}{dP} \frac{P}{Q}$$

즉 호탄력성에서 ΔP가 근사적으로 0에 접근하여(즉, 구간의 간격이 거의 0에 접근하여) 어느 한 점에서 극한값을 취하면 점탄력성이 된다. 공급함수를 미분한 후 $\frac{P}{Q}$를 곱하여 구한다.

③ 공급함수를 모르고 가격과 공급량에 관한 데이터가 주어지면 두 점의 중간값을 이용하여 구한다.

$$e_S = \frac{\frac{\Delta Q}{(\frac{Q_1 + Q_2}{2})}}{\frac{\Delta P}{(\frac{P_1 + P_2}{2})}} = \frac{\Delta Q}{\Delta P} \frac{(P_1 + P_2)}{(Q_1 + Q_2)}$$

(3) 탄력성의 크기

① 공급의 가격탄력성(e)의 크기는 영(0)에서 무한대(∞) 사이의 값을 갖는다. 즉 공급의 가격탄력성은 크기만 고려한다.

- $e = 0$ (완전비탄력적) 공급곡선이 수직
- $0 < e < 1$ (비탄력적) 가격 변화율 > 공급량 변화율
- $e = 1$ (단위탄력적) 가격 변화율 = 공급량 변화율
- $1 < e < \infty$ (탄력적) 가격 변화율 < 공급량 변화율
- $e = \infty$ (완전탄력적) 공급곡선이 수평

② 공급의 가격탄력성(e)은 공급곡선의 형태에 따라 크기가 다르고, 동일한 공급곡선위에서도 측정하려는 점의 위치에 따라 크기에 차이가 있다. 또한 공급곡선이 원점을 지나는 직선인 경우에는 어느 점에서나 탄력성은 1이다.

(4) 탄력성의 측정 `기출` 35회·34회·32회·25회

① **가격축을 자르는 경우** : 공급곡선이 가격축(세로축)을 자르는 경우에는 공급의 가격탄력성이 1보다 크다 (탄력적).

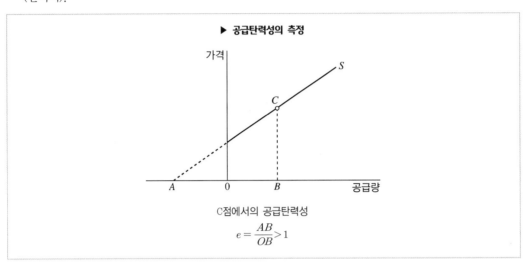

▶ 공급탄력성의 측정

C점에서의 공급탄력성

$$e = \frac{AB}{OB} > 1$$

② **수량축을 자르는 경우** : 공급곡선이 수량축(가로축)을 자르는 경우에는 공급의 가격탄력성이 1보다 작다 (비탄력적).

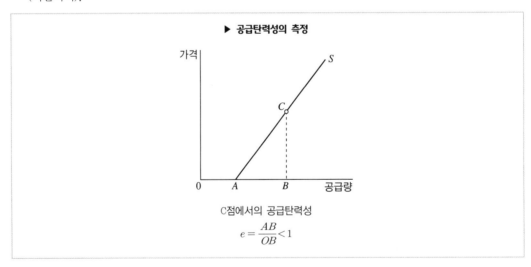

▶ 공급탄력성의 측정

C점에서의 공급탄력성

$$e = \frac{AB}{OB} < 1$$

③ 공급곡선이 원점을 지나는 경우에는 기울기의 정도를 막론하고 공급의 가격탄력성은 항상 1이다.

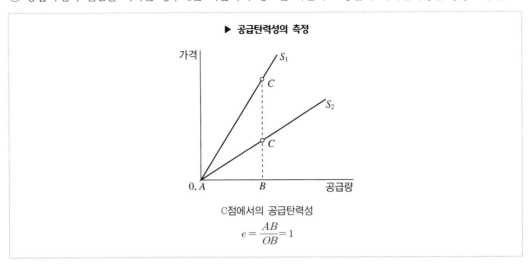

▶ 공급탄력성의 측정

C점에서의 공급탄력성

$$e = \frac{AB}{OB} = 1$$

(5) 공급탄력성의 크기를 결정하는 요인 기출 30회

① **생산량의 증가에 따른 생산비의 변화 정도**

ⓒ 생산량의 증가에 따라 생산비가 급격히 상승하면, 가격이 상승해도 생산량은 약간만 증가하므로 공급탄력성은 작다.

ⓒ 생산량의 증가에 따라 생산비가 완만하게 상승하면, 가격이 상승할 때 생산량은 크게 증가하므로 공급탄력성은 크다.

② **기간의 차이** : 장기에는 생산설비의 확대로 공급이 크게 증가할 수 있다. 따라서 단기보다는 장기에 공급탄력성이 더 크다. 즉 단기 공급곡선보다 장기 공급곡선이 더 완만하다.

③ **유휴자원의 존재 여부** : 유휴자원이 많이 존재할수록 공급량을 쉽게 증가시킬 수 있으므로 공급탄력성은 커진다.

④ **새로운 기업의 진입의 자유 정도** : 새로운 기업의 진입이 자유로울수록 공급 탄력성은 커진다. 즉 시장이 경쟁적일수록 공급탄력성은 크다.

⑤ **재화의 성질에 따라** : 농산물이나 축산물, 건축물은 생산량 조절에 시간이 많이 걸리므로 공급탄력성은 작고, 공산품은 생산량 조절이 용이하므로 공급탄력성이 크다.

1. 균형가격의 결정과 변동

(1) 균형가격의 결정 기출 33회

균형은 수요곡선과 공급곡선이 교차하는 점에서 이루어진다. 즉 수요량과 공급량이 일치하는 곳에서 균형가격과 균형거래량이 결정된다.

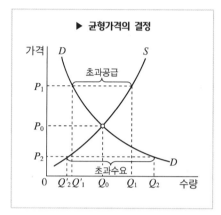

▶ 균형가격의 결정

① P_1의 가격에서는 공급량이 수요량을 초과하므로 초과공급량이 존재하고, 가격은 공급자들 간의 경쟁으로 인해 하락한다.

② P_2의 가격에서는 수요량이 공급량을 초과하므로 초과수요량(공급부족량)이 존재하고, 가격은 소비자들 간의 경쟁으로 인해 상승한다.

③ P_0의 가격에서는 수요량과 공급량이 일치한다. 따라서 초과수요량과 초과공급량이 존재하지 않고 가격은 P_0에서 고정되어 균형상태에 있게 된다.

> **더 알아보기** 균형(equilibrium)
>
> 물리학에서 나온 개념으로 두 개의 상반된 힘이 일치될 때 이루어지며 일단 성립되면 그로부터 이탈하려는 경향이 없는 상태를 의미한다. 즉 균형상태에서 이탈해도 다시 균형으로 복귀하려는 힘이 작용한다(균형의 안정성).

> **더 알아보기** 균형가격 결정의 특수한 경우
>
> • 최고수요가격 : 골동품이나 미술품처럼 공급이 제한적인 경우에는 공급자가 받으려는 가격과는 관계없이 수요자가 내려고 하는 최고의 가격수준에서 가격이 결정된다.
> • 최저수요가격 : 공급과잉인 경우, 그 상품을 전부 판매하려면 가격은 수요자가 내려고 하는 최저의 가격수준에서 결정된다.

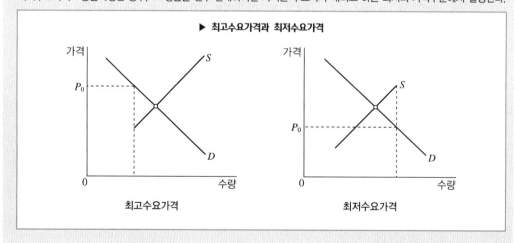

▶ 최고수요가격과 최저수요가격

최고수요가격 　　　　　　　　　 최저수요가격

(2) **균형가격의 변동** 기출 29회 · 26회

수요의 변화 또는 공급의 변화에 의해 수요곡선과 공급곡선이 이동하면 균형가격과 균형거래량이 변화한다.

① **수요의 증가** : 소득의 증가, 대체재 가격의 상승 등으로 인해 수요의 증가가 발생하면 수요곡선이 우측으로 이동하므로 균형가격은 상승하고, 균형거래량은 증가한다.

② **공급의 증가** : 생산요소 가격의 하락, 기술진보 등으로 인해 공급의 증가가 발생하면 공급곡선이 우측으로 이동하므로 균형가격은 하락하고, 균형거래량은 증가한다.

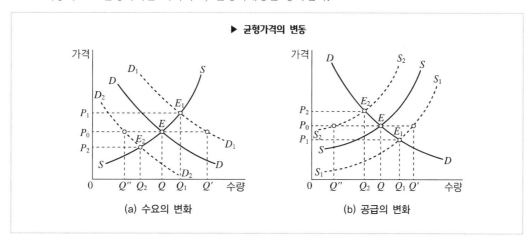

▶ **균형가격의 변동**

(a) 수요의 변화   (b) 공급의 변화

③ **수요와 공급의 동시 증가** : 이 경우 균형거래량은 증가한다. 그러나 가격의 변화방향은 불확실하다. 즉 수요의 증가 > 공급의 증가이면 가격은 상승하지만 수요의 증가 < 공급의 증가이면 가격은 하락한다.

④ **수요의 증가와 공급의 감소** : 이 경우 균형가격은 상승한다. 그러나 균형거래량의 변화방향은 불확실하다. 즉 수요의 증가 > 공급의 감소이면 균형거래량은 증가하지만 수요의 증가 < 공급의 감소이면 균형거래량은 감소한다.

(3) **균형가격과 균형거래량, 수요의 가격탄력성 계산** 기출 34회 · 29회 · 28회

① 수요함수와 공급함수가 주어지면 두 함수를 연립하여 풀면 균형가격과 균형거래량을 구할 수 있다.

② 예를 들어, X재의 수요함수와 공급함수가 각각 $Q_D = 200 - 2P$, $Q_S = 100 + 3P$으로 주어진 경우 균형가격과 균형거래량을 구하고, 시장균형에서 X재에 대한 수요의 가격탄력성을 구해보자.

③ 균형에서는 수요량과 공급량이 같으므로 $200 - 2P = 100 + 3P$이다. $100 = 5P$이므로 균형가격 $P^* = 20$이다. 이를 두 함수 중 어느 하나에 대입하면 균형거래량(Q^*)을 구할 수 있다. $Q^* = 200 - 2(20) = 160$이다. 이를 대입하면 수요의 가격탄력성 $e_D = -\dfrac{dQ}{dP} \times \dfrac{P}{Q} = -(-2)\dfrac{20}{160} = 0.25$이다.

2. 소비자잉여와 생산자잉여

(1) 소비자잉여의 뜻 [기출] 34회·33회·30회·28회·27회

① 소비자잉여(consumer's surplus)란 소비자가 높은 가격을 지급하고라도 얻고 싶은 재화를 그보다 낮은 가격으로 구매한 경우 얻는 순이득을 의미한다. 즉 재화를 구입하기 위해 기꺼이 지급하고자 했던 금액(지급용의 금액, willingness to pay)과 실제 지급한 금액의 차이를 말한다.

② 아래 〈그림〉에서 수요곡선과 공급곡선이 교차하는 점에서 가격은 P_0, 거래량은 Q_0이다. 이 경우 수요곡선 아랫부분의 면적이 소비자가 얻는 총효용(한계효용의 합계)이다. 그러나 소비자는 OP_0EQ_0 만큼만 대가를 치르므로 수요곡선과 가격수준 사이의 면적 A는 대가를 지급하지 않고 얻는 이득이다. 이 부분이 소비자잉여이다.

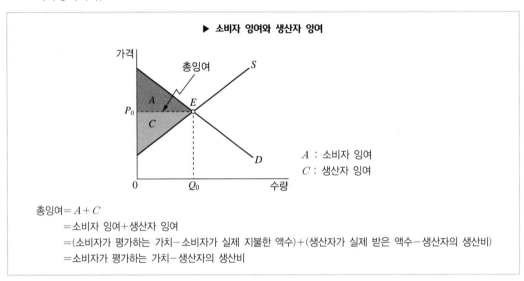

▶ 소비자 잉여와 생산자 잉여

A : 소비자 잉여
C : 생산자 잉여

총잉여 $= A + C$
　　 $=$ 소비자 잉여 $+$ 생산자 잉여
　　 $=$ (소비자가 평가하는 가치 $-$ 소비자가 실제 지불한 액수) $+$ (생산자가 실제 받은 액수 $-$ 생산자의 생산비)
　　 $=$ 소비자가 평가하는 가치 $-$ 생산자의 생산비

(2) 소비자잉여의 크기

① 소비자잉여의 크기는 수요의 가격탄력성의 크기에 따라 달라진다. 즉 수요의 가격탄력성이 크고, 따라서 수요곡선이 완만할수록 소비자잉여는 작아진다.

② 그리고 수요의 가격탄력성이 완전 탄력적이면(수요곡선 수평) 소비자잉여는 영(0)이 되고 수요의 가격탄력성이 완전 비탄력적이면(수요곡선 수직) 소비자잉여는 무한대가 된다.

(3) 생산자잉여의 뜻

① 생산자잉여(producer's surplus)는 생산자가 어떤 상품을 판매하여 얻는 실제의 수입(총수입)이 생산자가 그 상품을 생산할 때 소요되는 총가변비용(한계비용의 합계)을 초과하는 부분을 의미한다.

② 〈그림〉에서 가격수준과 공급곡선 사이의 면적에 해당하는 C가 생산자잉여이다.

(4) 생산자잉여의 크기

① 생산자잉여의 크기는 공급의 가격탄력성의 크기에 따라 달라진다. 즉 공급의 가격탄력성이 크고, 따라서 공급곡선이 완만할수록 생산자잉여는 작아진다.

② 그리고 공급의 가격탄력성이 완전 탄력적이면(공급곡선 수평) 생산자잉여는 영(0)이 되고 공급의 가격탄력성이 완전 비탄력적이면(공급곡선 수직) 생산자잉여는 무한대가 된다.

(5) 생산자잉여와 이윤

① 기업의 이윤(총이윤)=총수입(TR)-총비용(TC)이고, 생산자잉여=TR-총가변비용(TVC)이다. TC =총고정비용(TFC)+TVC이므로 생산자잉여 > 총이윤이다. 즉 생산자잉여=총이윤+TFC이다.

② 장기에는 고정비용이 존재하지 않으므로 생산자잉여=총이윤이 성립한다.

(6) 총잉여

소비자잉여와 생산자잉여를 합하여 총잉여(total surplus) 또는 사회후생(social welfare)이라고 한다. 시장의 균형상태에서는 총잉여가 극대가 되고, 이 경우 자원의 효율적 배분이 이루어진다.

제4절 수요·공급이론의 적용

1. 가격 및 임금의 통제(가격정책)

(1) 최고가격제(상한가격제) 기출 35회·26회·25회

① **상한가격제의 의의** : 전시이거나 농산물의 흉작이 발생하여 생활필수품의 공급이 부족한 경우에는 가격이 급등하여 물가상승이 유발되고 소비자 부담이 증가한다. 이런 경우 정부가 개입하여 일정한 가격 이상으로는 판매할 수 없도록 하는 상한가격제(maximum price, ceiling price)를 실시한다. 최고가격제라고도 한다.

② **상한가격제의 효과**

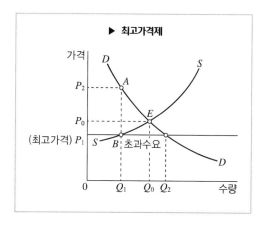

▶ 최고가격제

㉠ 가격통제 이전의 균형가격은 P_0, 균형거래량은 Q_0이다. 그러나 이 균형가격이 너무 높으므로 P_0 보다 낮은 P_1에서 최고가격을 설정한다. 그러면 Q_0Q_2만큼 수요량이 증가하고 Q_1Q_0만큼 공급량이 감소하므로 Q_1Q_2의 공급부족(shortage, 초과수요)이 발생한다.

㉡ 초과수요량이 있게 되면 가격이 상승해야 하지만 정부가 가격을 통제하므로 암시장이 형성된다. 이때 암시장 가격은 원래의 시장가격보다 높은 P_2에서 결정되므로 수요자의 부담은 더 커지고, 상품을 구입하기가 더 어려워진다.

③ **자원배분 방법** : 이처럼 정부가 가격을 규제하면, 가격기구는 자원배분의 기능을 상실하므로 따라서 다른 배분방법이 채택되어야 하는데 그 방법으로는,

㉠ 선착순(first come first served) 판매

㉡ 판매자 선호(seller's preference)에 의한 배분

㉢ 배급제 등 중앙정부의 선호에 따른 배분

㉣ 추첨제 등 운에 의한 배분 등이 제시될 수 있다.

④ **상한가격제 사례** : 최고가격제의 예로는 ㉠ 전시 가격통제, ㉡ 임대료 상한제, ㉢ 최고 이자율 규제 및 ㉣ 아파트 분양가 상한제 등이 있다.

(2) 최저가격제(하한가격제) [기출] 35회

① **하한가격제의 의의** : 특정한 재화나 서비스를 일정한 가격수준 이하로는 판매할 수 없도록 정부가 최저가격(minimum price, floor price)을 설정하는 것으로, 생산자(특히 농민)나 노동자를 보호하기 위한 정책이다. 최저가격제라고도 한다.

② **하한가격제의 효과**

⊙ 가격통제가 없는 경우 균형가격은 P_0, 균형거래량은 Q_0이다. 균형가격이 생산비에도 미치지 못할 정도로 너무 낮은 경우, 정부가 개입하여 P_0보다 높은 P_m에서 최저가격을 설정한다. 그러면 공급량은 $Q_0 Q_2$만큼 증가하고, 수요량은 $Q_1 Q_0$만큼 감소하여 $Q_1 Q_2$만큼의 초과공급량이 발생한다.

⊙ 초과공급량은 생산자들 간의 경쟁을 야기하여 정부의 후속대책이 없는 한 가격은 원래의 시장가격인 P_0로 다시 하락한다.

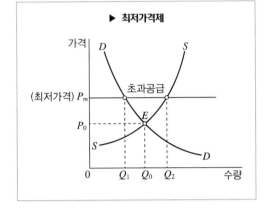

▶ 최저가격제

③ **하한가격제의 사례** : 최저가격제의 예를 들면 과거에 시행했던 농산물 가격 지지정책, 최저임금제 등을 들 수 있다.

(3) 최저임금제 [기출] 35회

① **최저임금제의 의의** : 최저가격제는 노동에 대해서도 일반적으로 실시되는데 이를 최저임금제(minimum wage)라고 한다. 최저임금제는 시장임금이 최저 생계비 수준에 미치지 못하는 경우에 시장임금보다 높은 수준에서 최저임금을 설정하여 노동자의 최저생활을 보장하려는데 목적이 있다.

② **최저임금제의 효과** [기출] 29회

⊙ 자유로운 노동시장의 균형에서 균형임금은 W_0, 균형 고용량은 L_0이다. 균형임금 W_0가 생계비에도 미치지 못하는 경우 정부가 최저임금을 W_m에서 설정하면 노동공급은 $L_0 L_2$만큼 증가하고, 노동수요는 $L_1 L_0$만큼 감소한다.

⊙ 이에 따라 고용량은 L_1으로 감소하고, $L_1 L_2$의 노동에 대한 초과공급, 즉 실업이 발생한다.

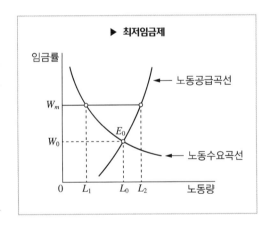

▶ 최저임금제

③ **최저임금제의 부정적 기능**

⊙ 최저임금제는 실업을 증가시키는 결과를 가져온다. 그리고 이 경우 노동의 수요탄력성이 탄력적인 경우 실업은 더 크게 증가한다.

⊙ 또한 이 경우 실업자들은 W_m보다 낮은 임금을 받더라도 고용되기를 원하므로 임금덤핑 등 최저임금제의 역기능이 발생할 수 있고, 고용주의 입장에서는 W_m에서 가능한 한 유능한 노동자를 고용하므로 미숙련 노동자가 실업자가 된다.

2. 조세부담의 귀착

(1) 의의

정부가 판매세를 부과할 때 '누가 조세를 부담하는가'하는 문제를 조세부담의 귀착(incidence)이라고 한다. 정부가 생산자에게 조세를 부과하면 생산지는 그 조세의 일부를 소비자에게 떠넘기는데 이를 전가(shift)라고 하고, 최종적으로 조세를 부담하는 측에 조세가 떠넘겨질 때 이를 귀착이라고 한다.

> **더 알아보기** 종량세와 종가세
> - 수량을 기준으로 상품 1단위 마다 일정한 액수의 조세를 부과할 때 이를 종량세(specific tax)라고 한다. 종량세가 부과되면 조세액만큼 생산자의 한계비용 곡선, 즉 공급곡선이 상방으로 이동한다.
> - 반면 판매가격의 일정비율만큼 조세를 부과할 때 이를 종가세(ad valorem tax)라고 한다.

(2) 조세부과의 효과 `기출` 33회·31회

① 판매세가 종량세로 부과되면 조세액만큼 공급곡선이 상방으로 이동하므로(즉 공급의 감소), 균형가격은 상승하고 균형거래량은 감소한다.

② 이때 균형가격의 상승분은 소비자가 부담하고, 나머지는 생산자가 부담한다.

(3) 조세부담의 귀착 `기출` 32회·28회

① 정부가 공급자에게 조세를 부과(tax imposition)하면 조세의 일부는 수요자에게 떠넘겨지는데 이를 조세의 전가(shifting)라고 한다. 이 경우 최종적으로 조세를 부담하는 측에 조세가 전가되면 조세부담의 귀착(incidence)이라고 한다.

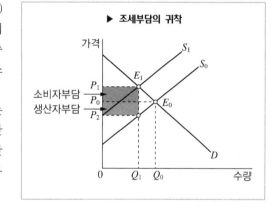

② 수요자와 공급자에게 조세가 어느 정도 배분되는가 하는 것은 수요의 가격탄력성과 공급의 가격탄력성의 상대적 크기에 따라 달라진다. 이 경우 탄력성이 클수록, 즉 탄력적일수록 조세를 적게 부담한다.

  ㉠ 공급탄력성 > 수요탄력성이면 소비자부담 > 생산자부담

  ㉡ 공급탄력성 < 수요탄력성이면 소비자부담 < 생산자부담

  ㉢ 수요탄력성=0이면 전부 소비자부담, 공급탄력성=0이면 전부 생산자부담

  ㉣ 수요탄력성이 무한대이면 전부 생산자 부담, 공급탄력성이 무한대이면 전부 수요자 부담

(4) 조세부과가 균형가격과 균형거래량에 미치는 영향

① 조세가 부과되면 공급곡선을 상방으로 이동시키므로 균형가격은 상승하고 균형거래량은 감소한다. 이 경우 가격상승폭과 거래량 감소폭의 상대적인 크기는 수요와 공급의 가격탄력성에 따라 달라진다.

② 농산물처럼 수요탄력성과 공급탄력성이 모두 비탄력적인 경우에는 가격 상승폭이 더 크다. 고급 승용차처럼 수요탄력성과 공급탄력성이 모두 탄력적인 경우에는 거래량 감소폭이 더 크다.

③ 또한 조세가 부과되면 균형거래량은 감소하므로 자중손실(deadweight loss)이 발생하여 자원의 비효율적 배분을 초래한다. 이 경우 수요나 공급의 탄력성이 탄력적이면 자중손실이 크게 발생하고, 비탄력적이면 자중손실이 적게 발생한다.

확인학습문제

01 X재의 수요곡선이 $Q = 10 - 2P$일 때, 수요의 가격탄력성이 1이 되는 가격은? (단, Q는 수요량, P는 가격) **[31회 기출]**

① 1

② 1.5

③ 2

④ 2.5

⑤ 5

답 ④

▌정답해설▌

수요곡선에서 수요의 가격탄력성이 1이 되는 곳은 수요곡선의 가운데 점이다. 주어진 수요함수에서 역수요함수를 구하면 $P = 5 - \dfrac{1}{2}Q$이다. 수요의 가격탄력성이 1이 되는 위치는 가격축 절편의 $\dfrac{1}{2}$ 지점이므로 가격 2.5에서 수요의 가격탄력성은 1이 된다.

02 X재에 대한 시장수요함수, 시장공급함수가 각각 $Q_D = -4P + 1,600$, $Q_S = 8P - 800$일 때, 균형가격 (P^*)과 균형거래량(Q^*)은? (단, Q_D는 수요량, Q_S는 공급량, P는 가격이다.) **[29회 기출]**

① $P^* = 190$, $Q^* = 840$

② $P^* = 195$, $Q^* = 820$

③ $P^* = 200$, $Q^* = 800$

④ $P^* = 205$, $Q^* = 780$

⑤ $P^* = 210$, $Q^* = 760$

답 ③

▌정답해설▌

균형에서는 수요량 Q_D＝공급량 Q_S이므로 $-4P + 1,600 = 8P - 800$이다. $12P = 2,400$이므로 $P^* = 200$이다. 이를 수요함수나 공급함수에 대입하면 $Q^* = 800$이다.

03 수요와 공급의 가격탄력성에 관한 설명으로 옳은 것을 모두 고른 것은? **[30회 기출]**

> ㄱ. 대체재를 쉽게 찾을 수 있을수록 수요의 가격탄력성은 작아진다.
> ㄴ. 동일한 수요곡선 상에서 가격이 높을수록 수요의 가격탄력성은 항상 커진다.
> ㄷ. 상품의 저장에 드는 비용이 클수록 공급의 가격탄력성은 작아진다.
> ㄹ. 공급곡선이 원점을 지나고 우상향하는 직선형태일 경우, 공급의 가격탄력성은 항상 1이다.

① ㄱ, ㄴ   ② ㄱ, ㄷ
③ ㄴ, ㄷ   ④ ㄴ, ㄹ
⑤ ㄷ, ㄹ

답 ⑤

▎**정답해설** ▎

ㄱ. 대체재를 쉽게 찾을 수 있으면 가격이 상승하는 경우 수요량이 크게 감소하므로 수요의 가격탄력성은 커진다.
ㄴ. 수요곡선이 우하향하면 동일한 수요곡선 상에서 가격이 높을수록 수요의 가격탄력성은 항상 커진다. 그러나 수요곡선이 수직이라면 가격과 관계없이 수요의 가격탄력성은 항상 0이 되고, 수요곡선이 직각쌍곡선 형태라면 가격과 관계없이 수요의 가격탄력성은 항상 1이 된다.

04 맥주시장의 수요함수가 $Q_D = 100 - 4P - P_C + 0.2I$일 때, 옳은 것을 모두 고른 것은? (단, Q_D는 맥주 수요량, P는 맥주 가격, P_C는 치킨 가격, I는 소득) **[31회 기출]**

> ㄱ. 맥주는 열등재이다.
> ㄴ. 맥주는 치킨의 보완재이다.
> ㄷ. 치킨 가격이 인상되면 맥주 수요는 감소한다.

① ㄱ   ② ㄷ
③ ㄱ, ㄴ   ④ ㄴ, ㄷ
⑤ ㄱ, ㄴ, ㄷ

답 ④

▎**정답해설** ▎

수요함수를 편미분하여 수요의 소득탄력성을 구하면(I 앞의 계수만 확인하면 된다) 양(+)의 값을 가지므로 맥주는 정상재이다. 수요의 교차탄력성은 음(−)이므로 두 재화는 보완재이다(P_C 앞의 계수만 확인하면 된다). 치킨과 맥주는 보완재이므로 치킨 가격이 인상되면 맥주 수요는 감소한다.

05 밑줄 친 변화에 따라 2018년 Y재 시장에서 예상되는 현상으로 옳지 <u>않은</u> 것은? (단, 수요곡선은 우하향, 공급곡선은 우상향하며, 다른 조건은 일정하다.)　　　　　　　**[29회 기출]**

> 2017년 Y재 시장의 균형가격은 70만 원이며, 균형거래량은 500만이다.
> 2018년에 <u>Y재 생산에 필요한 부품가격이 상승</u>하였다.

① 공급곡선은 왼쪽으로 이동한다.
② 균형가격은 낮아진다.
③ 균형거래량은 줄어든다.
④ 소비자잉여는 감소한다.
⑤ 사회적 후생은 감소한다.

답 ②

▌정답해설▐

Y재 생산에 필요한 부품 가격, 즉 생산요소 가격이 상승하면 Y재 공급의 감소로 공급곡선이 왼쪽으로 이동한다. 그 결과 균형가격은 상승하고, 균형거래량은 감소한다. 가격이 상승하므로 소비자잉여는 감소하고, 거래량이 감소하므로 사회적 후생이 감소하여 자중손실(deadweight loss)이 발생한다.

06 주유소에서 휘발유를 구입하는 모든 소비자들은 항상 "5만 원어치 넣어주세요"라고 하는 반면, 경유를 구입하는 모든 소비자들은 항상 "40리터 넣어주세요"라고 한다. 현재의 균형상태에서 휘발유의 공급은 감소하고, 경유의 공급이 증가한다면, 휘발유 시장과 경유 시장에 나타나는 균형가격의 변화는? (단, 휘발유 시장과 경유 시장은 완전경쟁시장이며, 각 시장의 공급곡선은 우상향하고, 다른 조건은 일정하다.)　　　　　　　**[29회 기출]**

	휘발유 시장	경유 시장
①	상승	상승
②	상승	하락
③	하락	불변
④	하락	하락
⑤	불변	불변

답 ②

▌정답해설▐

휘발유 시장의 수요자들은 일정 금액의 휘발유를 구입하므로 수요곡선은 우하향하는 직각쌍곡선 형태이다. 휘발유의 공급이 감소하면 휘발유 가격은 상승한다.
경유 시장의 수요자들은 가격과 관계없이 일정한 양을 구입하므로 수요곡선은 수직선의 형태가 되고, 공급이 증가하면 경유의 가격은 하락한다.

07 사과수요의 가격탄력성은 1.4, 사과수요의 감귤 가격에 대한 교차탄력성은 0.9, 사과수요의 배 가격에 대한 교차탄력성은 -1.5, 사과수요의 소득탄력성은 1.2이다. 다음 설명 중 옳은 것을 모두 고른 것은? (단, 수요의 가격탄력성은 절댓값으로 표시한다.) **[28회 기출]**

> ㄱ. 사과는 정상재이다.
> ㄴ. 사과는 배와 대체재이다.
> ㄷ. 사과는 감귤과 보완재이다.
> ㄹ. 다른 조건이 불변일 때 사과 가격이 상승하면 사과 판매자의 총수입은 감소한다.

① ㄱ, ㄴ   ② ㄱ, ㄷ

③ ㄱ, ㄹ   ④ ㄴ, ㄹ

⑤ ㄷ, ㄹ

답 ③

┃ 정답해설 ┃

ㄱ. 사과수요의 소득탄력성이 양(+)의 값을 가지면 사과는 정상재이다.

ㄴ. 사과수요의 배 가격에 대한 교차탄력성이 음(-)의 값을 가지면 두 재화는 보완재이다. 사과수요의 소득탄력성이 양(+)이고 1보다 크면 정상재이고 사치재의 성격이 있다.

ㄷ. 사과수요의 감귤 가격에 대한 교차탄력성이 양(+)의 값을 가지면 두 재화는 대체재이다.

ㄹ. 사과수요의 가격탄력성이 1.4이므로 사과가격이 상승하면 수요량은 더 크게 감소하므로 사과 판매자의 총수입은 감소한다.

08 X재에 부과되던 물품세가 단위당 t에서 $2t$로 증가하였다. X재에 대한 수요곡선은 우하향하는 직선이며, 공급곡선은 수평일 때 설명으로 옳은 것은? **[28회 기출]**

① 조세수입이 2배 증가한다.

② 조세수입이 2배보다 더 증가한다.

③ 자중손실(deadweight loss)의 크기가 2배 증가한다.

④ 자중손실의 크기가 2배보다 더 증가한다.

⑤ 새로운 균형에서 수요의 가격탄력성은 작아진다.

답 ④

┃ 정답해설 ┃

물품세가 부과되면 단위당 조세액만큼 공급곡선은 상방으로 평행이동한다. 그래프를 그려 확인하는 것이 가장 쉬운 방법이다.

①, ② 물품세가 단위당 t에서 $2t$로 증가하면 거래량이 감소하므로 조세수입은 2배보다 적게 증가한다.

③ 자중손실(deadweight loss)의 크기가 4배 증가한다.

⑤ 새로운 균형은 수요곡선상에서 볼 때 이전보다 위에서 이루어지므로 수요의 가격탄력성은 커진다.

09 X재 시장의 수요곡선은 $Q_D = 500 - 4P$이고, 공급곡선은 $Q_S = -100 + 2P$이다. 시장 균형에서 정부가 $P = 80$의 가격 상한을 설정할 때, (ㄱ)소비자잉여의 변화와 (ㄴ)생산자잉여의 변화는? (단, Q_D는 수요량, Q_S는 공급량, P는 가격) **[31회 기출]**

	ㄱ	ㄴ
①	증가	증가
②	증가	감소
③	불변	불변
④	감소	증가
⑤	감소	감소

답 ②

▌정답해설▐

가격상한제는 시장의 균형가격보다 낮은 수준에서 가격의 상한을 정부가 통제하는 것이다. 시장가격보다 가격이 낮아지므로 소비자잉여는 증가하고 생산자잉여는 감소한다.

10 甲기업의 공급함수는 $Q = 100 + 2P$이다. $P > 0$일 때 甲의 공급에 대한 가격탄력성 e는? (단, P는 가격, Q는 수량이다.) **[27회 기출]**

① $e = 0$ ② $0 < e < 1$

③ $e = 1$ ④ $1 < e < 2$

⑤ $e = 2$

답 ②

▌정답해설▐

공급함수를 P를 중심으로 정리하면 $P = -50 + \frac{1}{2}Q$이다. 이 공급곡선은 가로축(수량축)을 통과하는 우상향하는 직선이다. 따라서 공급의 가격탄력성(e)은 $0 < e < 1$이다.

공급곡선이 원점을 통과하는 직선이라면 기울기와 관계없이 $e = 1$이고, 세로축(가격축)을 통과하는 경우에는 $e > 1$이다.

11 수요의 법칙과 공급의 법칙이 성립하는 선풍기 시장에서 선풍기 균형가격의 상승을 유발하는 요인이 <u>아닌</u> 것은? (단, 선풍기는 열등재이다.) **[23회 기출]**

① 대체재인 에어컨 생산기술의 발전으로 좀 더 저렴한 비용으로 에어컨을 생산할 수 있게 되었다.
② 대체재인 에어컨 가격이 상승했다.
③ 여름 날씨가 무척 더워진다는 예보가 있다.
④ 선풍기 물품세가 인상되었다.
⑤ 최근 불황으로 인해 소득이 하락하였다.

답 ①

┃정답해설┃

선풍기에 대한 수요의 증가나 공급의 감소가 있는 경우 균형가격은 상승한다. 에어컨 생산기술이 발전하여 에어컨 생산비용이 하락하여 에어컨 가격이 하락하면 에어컨의 수요가 증가하므로 선풍기에 대한 수요는 감소하고 선풍기의 가격은 하락한다.

12 단위당 동일한 종량세율로 생산자 또는 소비자에게 부과하는 조세에 관한 설명으로 옳지 <u>않은</u> 것은? **[23회 기출]**

① 생산자에게 부과할 때와 소비자에게 부과할 때의 경제적 순손실(deadweight loss)은 같다.
② 조세부담의 귀착(tax incidence)은 조세당국과 생산자 및 소비자 간의 협상능력에 의존한다.
③ 수요의 가격탄력성이 클수록 생산자의 조세부담이 커진다.
④ 수요의 가격탄력성이 공급의 가격탄력성보다 클수록 생산자의 조세부담분이 커진다.
⑤ 수요의 가격탄력성이 0인 재화에 조세를 부과해도 사회후생은 감소하지 않는다.

답 ②

┃정답해설┃

② 조세부담의 귀착(tax incidence)은 생산자의 공급의 가격탄력성과 수요자의 수요의 가격탄력성에 의존한다. 가격 탄력성이 클수록 조세부담을 회피하여 조세를 적게 부담한다. 가격탄력성이 ∞이면 부담은 0이고, 가격탄력성이 0이면 전부 부담한다.
① 종량세를 생산자에게 부과하건 소비자에게 부과하건 경제적 순손실은 동일하다.
⑤ 수요의 가격탄력성이 0인, 즉 수요곡선이 수직선 형태인 재화에 조세를 부과하면 거래량은 변화하지 않으므로 사회후생은 변화가 없다.

13 베이글과 크림치즈는 서로 보완재이고, 베이글과 베이컨은 서로 대체재이다. 베이글의 원료인 밀가루 가격의 급등에 따라 베이글의 생산비용이 상승하였을 때 각 시장의 변화로 옳지 <u>않은</u> 것은? (단, 베이글 크림치즈 베이컨 모두 수요와 공급의 법칙을 따르며 다른 조건은 일정하다.)　　　**[27회 기출]**

① 베이글의 가격은 상승한다.
② 크림치즈의 거래량은 감소한다.
③ 크림치즈 시장의 생산자잉여는 감소한다.
④ 베이컨의 판매수입은 증가한다.
⑤ 베이컨 시장의 총잉여는 변함이 없다.

답 ⑤

▌정답해설▐

베이글의 생산비용이 상승하면 베이글의 공급이 감소하여 베이글의 공급곡선이 왼쪽으로 이동한다. 이로 인해 베이글의 가격이 상승하고 거래량은 감소한다. 반면 대체재인 베이컨의 수요는 증가하여 균형가격이 상승하고, 균형거래량은 증가한다. 따라서 베이컨 시장의 총잉여도 변화한다. 변화의 정도는 베이컨의 수요곡선과 공급곡선의 기울기에 따라 다르게 나타난다.

---

14 X재만 판매하는 A기업이 가격을 20% 인상하였더니 매출액이 10% 감소하였다. 다음 설명 중 옳은 것은?　　　**[22회 기출]**

① 판매량이 10% 감소하였다.
② 판매량이 50% 감소하였다.
③ 수요의 가격탄력성은 0.1이다.
④ 수요의 가격탄력성은 0.5이다.
⑤ 수요의 가격탄력성은 1보다 크다.

답 ⑤

▌정답해설▐

매출액은 총수입 $TR = PQ$이다. 가격을 인상했는데 매출액이 감소한다면 가격 인상보다 수요량(=판매량)이 더 크게 감소하였기 때문이다. 따라서 이런 경우 수요의 가격탄력성은 탄력적이다(1보다 크다).

15 다음과 같이 시장수요곡선(D)과 시장공급곡선(S)이 주어졌을 때 정부가 생산자에게 세금을 부과하여 공급곡선이 S에서 S'로 이동하였다. 다음 중 옳은 것은? (단, 시장수요곡선은 완전탄력적이며 시장공급 곡선은 우상향한다.)　　　　　　　　　　　　　　　　　　　　　　　　　　　**[26회 기출]**

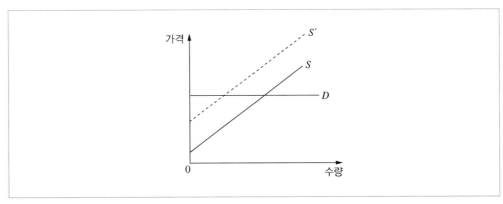

① 모든 세금은 소비자가 부담한다.
② 균형거래량은 변화가 없다.
③ 생산자잉여는 감소한다.
④ 소비자잉여는 증가한다.
⑤ 정부의 조세수입은 발생하지 않는다.

 ③

▎**정답해설**▎
③, ④ 생산자 잉여는 감소하지만, 수요곡선이 수평이므로 소비자잉여는 0이고 변화가 없다.
① 수요탄력성이 ∞이므로 수요자는 세금부담을 완전히 회피하고 따라서 전부 생산자(공급자)가 부담한다.
② 조세가 부과되면 균형거래량은 감소한다. 또 이로 인해 자중손실(deadweight loss)가 발생한다.
⑤ 조세를 부과해도 거래량이 0이 되는 것은 아니므로 정부의 조세수입은 발생한다.

16 시장수요함수와 시장공급함수가 각각 $Q_D = 36 - 4P$, $Q_S = -4 + 4P$일 때, 시장균형에서 (ㄱ)생산자잉여와 (ㄴ)소비자잉여는? (단, Q_D는 수요량, Q_S는 공급량, P는 가격이다) **[34회 기출]**

	ㄱ	ㄴ
①	32	32
②	25	25
③	25	32
④	32	25
⑤	0	64

답 ①

▌정답해설▐

$Q_D = 36 - 4P$에서 $P = -\frac{1}{4}Q_D + 9$이고, $Q_s = -4 + 4P$에서 $P = \frac{1}{4}Q_s + 1$이다.

두 식을 연립하면 $-\frac{1}{4}Q + 9 = \frac{1}{4}Q + 1$, $\therefore$ $P^* = 5$, $Q^* = 16$

생산자잉여는 공급곡선의 윗부분과 균형가격수준 아랫부분의 면적이고, 소비자잉여는 수요곡선의 아래부분과 균형가격수준 윗부분의 면적이다. 따라서 (ㄱ) 생산자잉여$= 16 \times (5-1) \times \frac{1}{2} = 32$, (ㄴ) 소비자잉여$= 16 \times (9-5) \times \frac{1}{2} = 32$가 된다.

17 수요와 공급의 가격탄력성에 관한 설명으로 옳은 것을 모두 고른 것은? **[35회 기출]**

> ㄱ. 수요곡선이 수직선인 경우, 수요의 가격탄력성은 수요곡선 상의 모든 점에서 동일하다.
> ㄴ. 수요곡선이 직각쌍곡선 형태인 경우, 수요의 가격탄력성은 수요곡선 상의 모든 점에서 동일하다.
> ㄷ. 공급곡선이 원점을 지나는 직선인 경우, 공급의 가격탄력성은 기울기와 관계없이 동일하다.
> ㄹ. 수요곡선이 우하향하는 직선인 경우, 수요의 가격탄력성은 수요곡선 상의 모든 점에서 동일하다.

① ㄱ
② ㄱ, ㄴ
③ ㄱ, ㄴ, ㄷ
④ ㄴ, ㄷ, ㄹ
⑤ ㄱ, ㄴ, ㄷ, ㄹ

▌정답해설▐

ㄱ. 수요곡선이 수직선인 경우, 수요의 가격탄력성은 수요곡선 상의 모든 점에서 0이다.

ㄴ. 수요곡선이 직각쌍곡선의 형태인 경우, 수요곡선 상의 모든 점에서 수요의 가격탄력성은 1이다.

ㄷ. 공급곡선이 원점을 지나는 직선인 경우, 공급의 가격탄력성은 모든 점에서 1이다.

ㄹ. 수요곡선이 우하향하는 직선인 경우, 수요의 가격탄력성은 중점에서 1이고, 중점보다 가격이 높으면 탄력적, 중점보다 가격이 낮으면 비탄력적이다.

18 X재의 시장수요함수와 시장공급함수가 각각 $Q_D = 3,600 - 2P$, $Q_S = 300$이다. 정부가 X재 한 단위당 100원의 세금을 소비자에게 부과할 때 자중손실(deadweight loss)은? (단, Q_D는 수요량, Q_S는 공급량, P는 가격이다.)   **[27회 기출]**

① 0원

② 10,000원

③ 20,000원

④ 30,000원

⑤ 40,000원

▌정답해설▐

공급함수가 $Q_S = 300$이라는 것은 공급곡선이 거래량 300에서 수직이라는 것을 의미한다. 조세가 부과되면 조세액만큼 공급곡선이 상방으로 이동하는데, 공급곡선이 수직인 경우에는 공급곡선이 불변이고 따라서 균형거래량이 변화하지 않으므로 자중손실(deadweight loss)은 발생하지 않는다. 즉 자중손실은 0원이다.

19 소비자 甲은 담배 가격의 변화에 관계없이 담배 구매에 일정한 금액을 지출한다. 甲의 담배에 대한 수요의 가격탄력성 e는? (단, 담배에 대한 수요의 법칙이 성립하고, 수요의 가격탄력성 e는 절댓값으로 표시한다.)   **[27회 기출]**

① $e = 0$

② $0 < e < 1$

③ $e = 1$

④ $1 < e < \infty$

⑤ $e = \infty$

▌정답해설▐

담배가격(P)의 변화에 관계없이 담배구매금액(PQ)이 일정하다면 수요곡선은 직각쌍곡선(rectangula hyperbola)이라는 것을 의미한다. 수요곡선이 직각쌍곡선인 경우 수요곡선상의 어떤 점에서 수요의 가격탄력성을 측정해도 항상 1이 된다.

20 X재 시장에 소비자는 甲과 乙만이 존재하고, X재에 대한 甲과 乙의 개별 수요함수가 각각 $Q_D = 10 - 2P$, $Q_D = 15 - 3P$이다. X재의 가격이 2.5일 때, 시장수요의 가격탄력성은? (단, Q_D는 수요량, P는 가격이고, 수요의 가격탄력성은 절댓값으로 표시한다.) **[27회 기출]**

① 0.5

② 0.75

③ 1

④ 1.25

⑤ 1.5

답 ③

▌정답해설▐

두 사람의 수요함수를 수평으로 합계하면(절편과 기울기를 각각 더하여) $Q = 25 - 5P$이다. 가격(P)이 2.5이면 수요량(Q)는 12.5이다. 수요의 가격탄력성 $e_D = -\dfrac{dQ}{dP} \times \dfrac{P}{Q} = -(-5) \times \dfrac{2.5}{12.5} = 1$이 된다.

21 수요 및 공급의 탄력성에 관한 설명으로 옳은 것은? **[34회 기출]**

① 수요의 교차탄력성이 양(+)이면 두 재화는 보완관계이다.

② 수요의 소득탄력성이 0보다 큰 상품은 사치재이다.

③ 수요곡선이 수평이면 수요곡선의 모든 점에서 가격탄력성은 0이다.

④ 공급곡선의 가격축 절편이 양(+)의 값을 갖는 경우에는 공급의 가격탄력성이 언제나 1보다 작다.

⑤ 원점에서 출발하는 우상향 직선의 공급의 가격탄력성은 언제나 1의 값을 갖는다.

답 ⑤

▌정답해설▐

① 수요의 교차탄력성이 양(+)이면 두 재화는 대체관계이다.

② 수요의 소득탄력성이 0보다 큰 상품은 정상재이다. 사치재는 수요의 소득탄력성이 1보다 커야 한다.

③ 수요곡선이 수평이면 수요곡선의 모든 점에서 가격탄력성은 무한대이다. 수요곡선이 수직선일 때, 수요곡선의 모든 점에서 가격탄력성은 0이다.

④ 공급곡선의 가격축 절편이 양(+)의 값을 갖는 경우에는 공급의 가격탄력성이 언제나 1보다 크다.

22 아래의 변화들 중에 국산 영화에 대한 수요곡선을 이동시킨다고 볼 수 <u>없는</u> 것은?

① 국산 영화에 대한 사람들의 기호 변화
② 영화를 즐기는 계층의 꾸준한 증가
③ 전반적인 소득 증대
④ 국산 영화가격(관람가격)의 하락
⑤ 여가의 증가

답 ④

▌정답해설▐
수요함수에서 그 재화의 가격은 내생변수이다. 내생변수가 변하면 수요곡선 상에서의 수요점의 이동이 이루어진다. 반면 그 재화의 가격을 제외한 외생변수가 변화면 수요곡선 자체가 이동한다.

23 이상기후현상으로 인해 오징어 어획량이 감소하고, 오징어를 사용한 음식이 건강에 좋다는 인식이 확산되었다. 이 현상이 오징어 거래량과 오징어 가격에 미치는 영향은?

① 오징어 거래량이 증가하지만 오징어 가격의 변화는 불확정적이다.
② 오징어 거래량의 변화는 불확정적이지만 오징어 가격은 상승한다.
③ 오징어 거래량이 증가하고 오징어 가격은 상승한다.
④ 오징어 거래량이 감소하고 오징어 가격은 상승한다.
⑤ 오징어 거래량이 증가하고 오징어 가격은 하락한다.

답 ②

▌정답해설▐
오징어 어획량이 감소하면 공급곡선은 왼쪽으로 이동한다. 반면에 오징어에 대한 긍정적 인식은 수요곡선을 오른쪽으로 이동시킨다. 그 결과 가격은 분명히 상승하지만 거래량의 변화는 확실하게 알 수 없다. 거래량의 변화는 공급의 감소와 수요의 증가 크기에 따라 다르게 다르게 나타난다.

24 정부의 가격통제에 관한 설명으로 옳지 <u>않은</u> 것은?

① 최고가격제를 실시할 경우 암시장이 발생할 수 있고 암시장에서의 거래가격이 최고가격제 실시 전의 시장거래가격보다 더 높아질 수 있다.

② 자원배분의 왜곡을 초래한다.

③ 최고가격제를 실시하면 시장거래가격이 낮아지고 공급되는 제품의 질이 저하될 수 있다.

④ 최고가격제는 저소득층에게 공평한 기회를 제공하며 사회적 후생을 증대시킨다.

⑤ 실효성 있는 최저임금제는 비자발적 실업을 발생시킨다.

답 ④

▌**정답해설**▌

최고가격제를 실시하면 가격이 낮아져서 저소득층의 가격부담을 덜어줄 수는 있지만 거래량이 감소하므로 사회적으로는 사회후생의 손실(deadweight loss)이 발생한다.

25 다음 설명 중 옳지 <u>않은</u> 것은?

① 수요곡선이 공급곡선보다 더 탄력적인 경우에 세금이 부과되면 소비자가 생산자보다 세금을 적게 부담하게 된다.

② 수요곡선과 공급곡선의 탄력성이 낮을수록 세금 부과 시 사회적 후생손실(deadweight loss)의 발생이 작아진다.

③ 이론적으로는 세율이 너무 높아지면 오히려 정부의 세수입이 줄어들 수 있다.

④ 석유에 대해 세금을 새로 부과하는 경우 단기보다 장기에 사회적 후생손실(deadweight loss)이 더 크다.

⑤ 최저임금제의 효과는 노동의 수요곡선보다는 노동의 공급곡선의 탄력성의 크기에 달려있다.

답 ⑤

▌**정답해설**▌

최저임금제의 효과는 노동의 수요곡선의 탄력성의 크기에 달려있다. 즉 (최저임금제를 실시하여) 임금이 오를 때 노동수요가 탄력적이면 노동수요량이 크게 감소하여 노동소득이 감소하므로 최저임금제가 비효과적이다.

26 어떤 재화에 대한 시장수요곡선은 우하향하고, 시장공급곡선은 우상향한다. 정부는 이 재화에 단위당 t원의 세금을 부과하려 한다. 옳은 것은?

① t원의 세금을 공급자에게 부과하면 소비자에게 부과하는 경우보다 정부의 조세 수입은 더 증가한다.

② 수요가 탄력적이고 공급이 비탄력적인 경우에, 소비자가 부담하는 세금은 생산자가 부담하는 세금보다 적다.

③ t원의 세금을 생산자에게 부과하면 소비자가 지불하는 가격은 세금 부과 전보다 낮고, 생산자가 실질적으로 받게 되는 가격은 세금 부과 전보다 높다.

④ t원의 세금을 소비자에게 부과하면 소비자가 지불하는 가격과 생산자가 실질적으로 받게 되는 가격은 세금 부과 전보다 더 높다.

⑤ 세금의 부과로 소비자 잉여는 감소하는 반면에 생산자 잉여는 증가한다.

답 ②

┃ 정답해설 ┃

단위당 t원의 세금은 종량세를 뜻한다. 종량세가 부과될 때 조세부담은 수요와 공급의 가격탄력성에 반비례한다. 즉 수요가 탄력적이면 수요자의 부담이 작고, 공급이 비탄력적이면 공급자의 부담이 크다. 탄력성이 크면 민감하게 반응하므로 조세부담이 작아지고, 탄력성이 작으면 조세를 많이 부담한다.

27 시립동물원은 적자폭이 커지자 수입증대를 위해서 입장료를 10% 할인하였다. 반면에 지하철공사는 늘어나는 적자폭을 줄이기 위하여 지하철 요금을 10% 인상하였다. 이 두 기관이 서로 반대방향의 요금전략으로 적자폭 축소라는 동일한 목표를 달성할 수 있으려면 각 수요가 어떤 경우라야 되겠는가?

① 시립동물원과 지하철 모두 가격탄력적

② 시립동물원은 가격탄력적, 지하철은 가격비탄력적

③ 시립동물원은 가격비탄력적, 지하철은 가격탄력적

④ 시립동물원과 지하철 모두 가격비탄력적

⑤ 적자폭 축소와 가격탄력성과는 무관

답 ②

┃ 정답해설 ┃

시립동물원이 가격을 낮춰서 수입을 증대시키는 것은 수요가 가격탄력적이기 때문이고, 지하철공사가 가격을 올려서 수입을 증대시키는 것은 수요가 가격비탄력적이기 때문이다.

28 다음은 수요의 탄력성에 대한 설명이다. 이 중 옳은 것은?

① 수요의 가격탄력성이 무한대일 때(즉 가격에 대하여 완전탄력적인 수요) 수요곡선의 모양은 수직이 된다.

② 수요의 가격탄력성이 1보다 클 때, 가격상승은 총수입의 상승을 가져오게 된다.

③ 수요의 가격탄력성이 단위탄력적일 때, 가격의 변화는 총수입의 변화를 유도하지 못한다.

④ 정상재의 경우 수요의 소득탄력성은 일반적으로 부(-)의 값을 가지게 된다.

⑤ 두 재화의 교차탄력성(한 재화의 가격변화에 따른 다른 재화의 수요량의 변화)이 정(+)의 값을 가질 때, 두 재화는 서로 보완재이다.

답 ③

▌정답해설▌

③ 수요가 단위탄력적(수요의 가격탄력성이 1)이면 상품의 가격이 어떻게 변하든 상관없이 소비자의 지출액은 항상 일정하다. 다시 말하면 공급자의 총수입은 불변한다.

① 수요의 가격탄력성이 무한대일 때 수요곡선은 수평이다.

② 수요의 가격탄력성이 1보다 클 때, 가격이 오르면 수요량이 탄력적으로 감소하므로 총수입은 감소한다.

④ 정상재의 경우 수요의 소득탄력성은 일반적으로 양(+)의 값을 가지게 된다.

⑤ 두 재화의 교차탄력성이 정(+)의 값을 가질 때, 두 재화는 서로 대체재이다.

29 완전경쟁시장에서 공급곡선은 완전 비탄력적이고 수요곡선은 우하향한다. 현재 시장균형가격이 20일 때, 정부가 판매되는 제품 1단위당 4만큼 세금을 부과할 경우 (ㄱ)판매자가 받는 가격과 (ㄴ)구입자가 내는 가격은? **[31회 기출]**

	ㄱ	ㄴ
①	16	16
②	16	20
③	18	22
④	20	20
⑤	20	24

답 ②

▌정답해설▌

공급곡선이 수직이므로 정부가 세금을 부과해도 균형가격은 불변이므로 구입자(수요자)가 내는 가격은 20이다. 공급자는 이 중 4원을 세금으로 내야 하므로 판매자(공급자)가 받는 가격은 16이다.

30 발전회사들이 석탄이나 천연가스를 사용하여 전력을 생산하고 있다. 석탄보다 발전비용 측면에서 저렴한 셰일가스(shale gas : 퇴적암층에 있는 천연가스)를 채굴할 수 있는 기술이 개발되어 공급된다면 석탄의 시장가격과 생산량의 변화는? (단, 다른 조건은 일정하며, 석탄시장의 수요곡선은 우하향, 공급곡선은 우상향한다.) 　　　　　　　　　　　　　　　　　　　　　　　　　　　　　**[24회 기출]**

	가격	생산량
①	하락	증가
②	하락	감소
③	상승	증가
④	상승	감소
⑤	불변	증가

답 ②

▌정답해설▐

석탄과 대체관계에 있으면서 발전비용이 저렴한 셰일가스의 공급이 증가하면 석탄수요는 감소한다. 석탄수요가 감소하면 석탄가격은 하락하고, 따라서 석탄 생산량은 감소한다.

---

31 사과 수요의 가격탄력성은 0.4이고, 배 가격에 대한 교차탄력성은 0.2이다. 사과와 배 가격이 각각 5% 하락한다면 사과의 수요는 얼마만큼 변화하는가? (단, 사과는 정상재이고, 가격탄력성은 절댓값으로 표시한다.) 　　　　　　　　　　　　　　　　　　　　　　　　　　　　　**[25회 기출]**

① 불변　　　　　　　　　　　　　　　② 0.5% 증가

③ 1% 증가　　　　　　　　　　　　　　④ 1.5% 증가

⑤ 2% 증가

답 ③

▌정답해설▐

사과 수요의 가격탄력성 $= \dfrac{\text{사과 수요량 변화율\%}}{\text{사과가격 변화율\%}} = 0.4$ 이므로 사과가격이 5% 하락하면 사과수요량은 2% 증가한다.

사과수요의 배 가격에 대한 교차 탄력성 $= \dfrac{\text{사과 수요량의 변화율\%}}{\text{배 가격의 변화율\%}} = 0.2$ 이므로 배 가격이 5% 하락하면 사과수요량은 1% 감소한다.

따라서 사과와 배의 가격이 모두 5% 하락하면 사과수요량은 2%−1%=1% 증가한다.

32 다음 그림은 X재에 대한 수요곡선이다. 다음 설명 중 옳은 것을 모두 고른 것은? (단, X재는 정상재이다.)

[25회 기출]

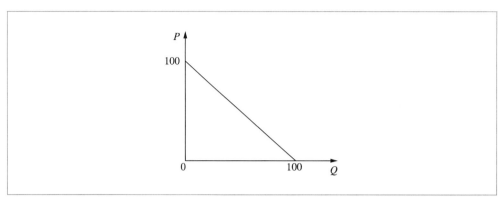

ㄱ. 가격이 30원이면 X재의 수요량은 70이다.

ㄴ. 가격에 상관없이 가격탄력성의 크기는 일정하다.

ㄷ. X재의 시장이 독점시장이라면 독점기업이 이윤극대화를 할 때 설정하는 가격은 50원 이상이다.

ㄹ. 소득이 증가하는 경우 수요곡선은 좌측으로 이동한다.

① ㄱ, ㄴ

② ㄱ, ㄷ

③ ㄴ, ㄷ

④ ㄴ, ㄹ

⑤ ㄷ, ㄹ

답 ②

▌정답해설▐

ㄱ. 주어진 그래프에서 수요함수는 $P = 100 - Q$이다. 따라서 가격이 30원이면 X재의 수요량은 70이다.

ㄴ. 가격에 따라 수요곡선의 각 위치에서 수요의 가격탄력성은 달라진다.

ㄷ. X재의 시장이 독점시장이라면 독점기업의 이윤이 극대화되는 생산량은 총수입(TR)이 극대가 되는 생산량(수요곡선의 가운데 점에 대응)보다 적다. 따라서 이윤이 극대화되는 가격은 50원 이상이다.

ㄹ. 소득이 증가하는 경우 수요곡선은 오른쪽(우측)으로 이동한다.

33 X재의 시장수요함수가 $P = 200 - Q$이고 시장공급함수가 $P = -40 + 2Q$이다. 정부가 가격상한을 100으로 책정하는 경우 수요를 충족시키기 위하여 생산자에게 지급해야 하는 X재 1단위당 보조 금액은?

① 40

② 60

③ 80

④ 100

⑤ 120

답 ②

──────────────────────────────────────

▌정답해설▐

$P = 100$을 수요함수에 대입하면 수요량은 100이고, 공급함수에 대입하면 공급량은 70이다. 따라서 $P = 100$을 가격상한으로 설정하면 30단위의 초과수요가 발생한다.

정부가 S원의 보조금을 지급하면 공급곡선이 S원 만큼 하방으로 이동하므로 공급곡선은 $P = -(40 + S) + 2Q$가 된다. 여기에 $P = 100$, $Q = 100$을 대입하면 $S = 60$이 된다.

소비자선택이론

출제포인트

□ 소비자의 효용극대화 조건
□ 기대효용이론
□ 무차별곡선의 특징
□ 현시선호의 강공리와 약공리
□ 예산선의 기울기와 특징

□ 콥-더글러스 효용함수
□ 완전보완재와 완전대체재의 최적소비
□ 보상변화와 동등변화
□ 효용함수의 유형별 특징

제1절   한계효용이론(기수적 효용이론)

1. 소비자선택의 의의와 접근방법

(1) 소비자선택이론의 의의

① 소비자선택이론은 소비자의 합리적인 소비, 즉 일정한 예산제약 하에서 효용의 극대화를 추구하는 소비자의 선택 원리를 연구한다.

② 따라서 수요곡선이 우하향하는 원리를 설명하는 이론인데 여기에는 전통적으로 3가지 접근방법이 있다. 이와 함께 불확실성 하에서의 소비자선택이론이 있다.

(2) 소비자선택의 전통적인 접근방법

① 한계효용이론(기수적 효용이론)

   ㉠ 1870년대 한계효용학파에 의해 '한계'(marginal)개념이 도입되고 이 개념을 이용하여 소비자의 효용극대화를 위한 행동원리를 설명하는 이론이다. 효용의 절대적인 크기인 기수적 효용(cardinal utility)을 측정할 수 있다는 가정(measurability, 효용 가측성)을 전제로 한다. 기수적 효용이론이라고도 한다.

   ㉡ 제번스(S. Jevons), 멩거(K. Menger), 왈라스(L. Walras), 마셜(A. Marshall) 등에 의해 전개되었다.

② 무차별곡선이론(서수적 효용이론)

   ㉠ 한계효용학파의 효용 가측성 전제에 대한 비판에서 출발하여, 이러한 전제가 없이도 선호의 순서(즉 서수적 효용)만 알면 소비자행동의 설명이 가능하다는 인식에서 출발하였다. 서수적 효용이론이라고도 한다.

   ㉡ 예산선과 무차별곡선을 이용하여 소비자의 효용이 극대화되는 소비자 균형점을 도출한다.

   ㉢ 파레토(V. Pareto), 힉스(J.R. Hicks), 알렌과 슬루츠키(R.G.D. Allen & E. Slutsky)에 의해 이론화되었다.

③ 현시선호이론(revealed preference theory) : 시장에서의 소비지출 행동에 소비자의 선호가 현시(revealed)된다는 전제하에 소비자의 행동을 설명하는 이론이다. 새뮤얼슨(P.A. Samuelson), 하우태커(H.S. Houthakker)에 의해 이론화되었다.

2. 총효용과 한계효용

(1) 총효용

① 소비자가 일정기간 동안 일정량의 재화 소비로부터 얻는 주관적, 심리적인 만족을 효용(utility)이라고 한다. 이는 효용의 절대적인 크기를 의미하는 기수적(cardinal) 효용으로, 측정이 가능하다고 전제한다.

② 소비자가 일정기간동안 일정량의 재화를 소비했을 때 얻을 수 있는 주관적인 효용의 총량을 총효용(total utility)이라고 한다. 총효용은 한계효용의 합계와 같다.

(2) 한계효용 `기출` 29회 · 27회

1단위의 재화를 추가로 소비할 때 추가적인 소비에 의한 총효용의 증가분을 한계효용(marginal utility)이라고 한다.

$$MU = \frac{\Delta TU}{\Delta Q} = \frac{dU}{dQ}$$

즉 한계효용은 총효용 곡선의 접선의 기울기로, 총효용 함수의 미분값이다.

(3) 한계효용 체감의 법칙

① 재화의 소비량이 증가하면 총효용은 증가하지만 총효용의 증가분, 즉 한계효용은 체감한다. 그리고 총효용이 극대일 때 한계효용은 영(0)이고, 총효용이 감소하면 한계효용은 음(−)이 되는데 이를 한계효용 체감의 법칙이라고 한다.

② 욕망포화의 법칙, 고센(H. Gossen)의 제1법칙이라고도 한다.

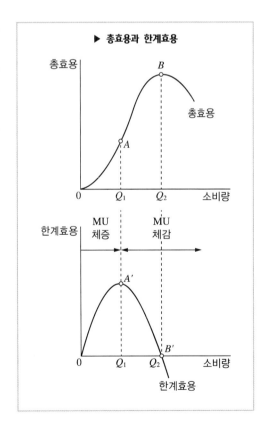

▶ 총효용과 한계효용

총 개념이 증가하면 한계 개념은 양(+)이고, 총 개념이 극대이면 한계 개념은 영(0)이다. 총 개념이 감소하면 한계 개념은 음(-)이 된다. 이는 개념상의 관계로 그 역(reverse)도 성립된다.

3. 효용극대화와 그 조건

(1) 한계효용 균등의 법칙 **기출** 27회

① 소비자가 일정한 소득으로 X, Y 두 재화를 구입하여 소비할 때 효용을 극대화하려면 각 재화의 화폐 1단위당 한계효용이 같아지도록 각 재화의 구입량을 결정한다. 즉

$$\frac{MU_X}{P_X} = \frac{MU_Y}{P_Y}$$

이 되도록 두 재화의 구입량을 결정하면 일정한 소득(지출액)으로 총효용을 극대화함으로써 합리적 소비가 이루어진다.

② 이를 한계효용 균등의 법칙, 또는 극대만족의 법칙, 고센(H. Gossen)의 제2법칙이라고 한다.

(2) 소비자 행동의 조정

만일 $\frac{MU_X}{P_X} > \frac{MU_Y}{P_Y}$ 이라면 X재 1원어치의 한계효용이 더 크므로 소비자는 X재의 소비량을 늘리고 Y재의 소비량을 줄임으로써 효용을 극대화할 수 있다. 그 이유는 한계효용 체감의 법칙이 작용하기 때문이다.

(3) 수요곡선의 도출 **기출** 32회

① X재의 가격(P_X)이 상승하면 $\frac{MU_X}{P_X} < \frac{MU_Y}{P_Y}$ 가 되어 Y재 1원어치의 한계효용이 더 커지므로 소비자는 Y재의 소비량을 늘리고 X재의 소비량을 줄여 총효용을 극대화한다.

② 즉 X재의 가격이 상승한 경우 효용의 극대화를 위해 X재의 소비량을 줄이는 수요법칙이 도출된다. 이 수요법칙을 그래프로 그리면 우하향하는 수요곡선이 도출된다.

③ 따라서 X재의 수요곡선은 X재의 한계효용(MU_X)이고, 수요곡선이 우하향하는 이유는 한계효용 체감의 법칙 때문이다.

4. 가치의 역설(스미스의 역설)

(1) 가치의 역설

① 애덤 스미스(A. Smith)는 가치를 교환가치와 사용가치로 분류하였다. 교환가치(exchange value)는 가격을 의미하고, 사용가치(use value)는 재화를 소비함으로써 얻는 만족, 또는 재화를 이용하여 얻는 수익을 의미한다.

② 스미스는, 물은 사용가치는 큰 반면 교환가치는 작고, 다이아몬드는 사용가치는 작은 반면 교환가치는 크다고 보았는데, 이처럼 사용가치와 교환가치가 일치하지 않는 것을 가치의 역설(paradox of value)이라고 한다.

(2) 한계효용학파의 해명

① 가치의 역설이 발생하는 것은 스미스가 사용가치를 총
효용으로 보았기 때문이다. 그러나 한계효용학파는 재
화의 가격을 결정하는 것은 한계효용이라고 보고 이 문
제를 설명한다.

② 즉 물은 존재량이 많으므로 한계효용이 작고 따라서 가
격이 낮으며 다이아몬드는 존재량이 적으므로 한계효
용이 크고 따라서 가격이 높다는 것이다.

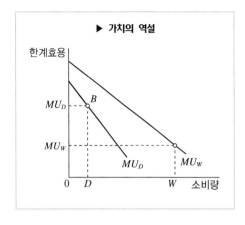

5. 한계효용이론의 평가

(1) 비현실적인 가정

한계효용이론은 비현실적인 가정인 효용의 가측성, 즉 주관적인 만족의 크기를 구체적으로 측정할 수 있다는
가정에 기초하고 있다.

(2) 새로운 이론의 등장 [기출] 34회

① 따라서 이에 대한 비판으로 기수적 효용개념 대신, 재화들 간에 효용의 순서를 나타내는 서수적 효용
(ordinal utility) 개념에 기초한 무차별곡선 이론이 등장하였다.

② 무차별곡선 이론은 한계효용 이론의 기수적 효용의 가측성 가정을 배격하고, 기수적 효용 대신 상품묶음
(commodity bundle)들 간의 효용의 서열관계를 나타내는 서수적 효용 개념에 기초하고 있다.

③ 즉 서수적 효용의 비교 가능성(comparability)을 전제로 무차별곡선과 예산선을 이용하여 소비자의 효용
이 극대화되는 소비자 균형점을 도출한다.

제2절   무차별곡선 이론

1. 선호서열과 선호서열의 공리

(1) 선호서열

① 소비자의 소비행위를 분석하기 위해서는 먼저 소비자들이 직면한 다양한 상품묶음(또는 소비계획)들이
어떻게 평가되고 서열(ordering)이 정해지는지 알아야 한다.

② 소비가능한 모든 상품묶음들에 대해서 소비자가 가지고 있는 우선순위, 즉 소비자가 좋아하는 정도에
따라 소비계획에 서열을 설정해 주는 관계를 선호서열(preference ordering) 또는 선호순서, 선호관계
(preference relation), 선호체계(preference system)라고 한다.

③ 합리적인 소비자라면 선호서열을 형성할 때 반드시 충족할 것으로 예상하는 몇 가지 조건이 있다. 이를 선호서열의 공리(axiom) 또는 선호관계의 공리라고 한다.

④ 소비자의 선호서열을 수치로 나타낸 것이 효용함수이고, 효용함수를 그래프로 나타낸 것이 무차별곡선이다. 이 경우 선호서열의 공리가 충족되어야 선호서열을 효용함수(utility function)로 나타낼 수 있다.

⑤ 선호서열의 공리에는 완비성, 이행성, 연속성, 볼록성, 단조성 및 반사성 등이 있다.

(2) 선호서열의 공리

① 완비성(completeness)

㉠ 완비성은 소비자가 모든 상품묶음에 대해 선호관계를 설정할 수 있다는 것이다. 즉 소비집합 내의 모든 상품묶음들은 서로 비교가 가능하다는 것을 의미하는 것으로 비교성(comparison)의 공리라고도 한다.

㉡ 소비집합 내의 임의의 두 상품묶음 a, b를 비교하는 경우, a는 b보다 더 선호되거나 아니면 덜 선호되거나 또는 무차별(indifference)하다는 것을 의미한다.

② 이행성(transitivity)

㉠ 이행성은 어떤 세 가지의 상품묶음 a, b, c가 있을 때 a를 b보다 선호하고, b를 c보다 선호하면 직접 비교하지 않아도 a를 c보다 선호한다는 것이다. 또한 a와 b가 무차별하고, b와 c가 무차별하면 a와 c도 무차별하다는 것이다.

㉡ 따라서 이행성은 소비자의 선호서열이 항상 일관성(consistency)을 유지해야 한다는 것을 의미한다.

③ 연속성(continuity)

㉠ 연속성은 상품묶음의 내용이 조금씩 변화하는 경우 그로부터 얻는 소비자의 효용도 조금씩 변화한다는 것을 의미한다.

㉡ 연속성은 선호서열이 갑자기 변하는 경우를 배제함으로써 무차별곡선이 잘 정의될 수 있도록 하기 위한 가정이다.

④ 볼록성(convexity)

㉠ 볼록성은 일반적으로 소비자는 어떤 한 가지 재화만 극단적으로 많이 소비하는 소비집합(소비계획)보다는 여러 가지 상품을 골고루 소비할 수 있는 소비집합을 더 선호한다는 것이다.

㉡ 볼록성은 소비행위의 다양성을 수용하기 위한 가정으로 강볼록성(strong convexity)이라고도 한다.

⑤ 단조성(monotonicity) : 단조성은 소비를 더 많이 할수록 효용은 계속 증가한다는 것(more is better)을 의미한다. 따라서 소비자는 어떤 경우에도 만족의 포화상태(saturation point)에 도달하지 않는다는 것으로, 불포화성(non-saturation)이라고도 한다.

⑥ 반사성(reflexiveness) : 반사성은 어느 상품묶음(소비계획)은 그 자체보다 약하게 선호된다는 것, 즉 $X^a \geq X^a$로 나타낼 수 있다.

2. 무차별곡선의 개념과 특성 [기출] 34회 · 32회

(1) 무차별곡선의 뜻

① 소비자에게 동일한 만족을 주는 두 재화(X재, Y 재)의 수량적 배합점을 연결한 선을 무차별곡선 (indifference curve)이라고 한다. 등효용선(iso utility curve)이라고도 한다.

② 즉 하나의 무차별곡선 위에서는 어느 점에서의 재화의 배합이라도 소비자의 만족은 동일하다(A, B, C의 배합).

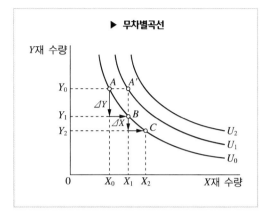

▶ 무차별곡선

(2) 무차별곡선의 성질 [기출] 32회

① 원점에서 멀어질수록 더 높은 만족수준

　㉠ 이 공간에는 무수히 많은 무차별곡선이 존재하는데 이를 무차별 지도(indifference map)라고 한다. 무차별 지도상에서 각각의 무차별곡선은 서로 다른 만족수준을 나타낸다.

　㉡ 이 경우 원점에서 멀어질수록 더 높은 수준의 만족을 표시하는데 이는 다다익선(more is better), 즉 소비량이 많으면 많을수록 만족이 크다는 것을 의미하는데 이를 강단조성(strong monotonicity)이라고 한다.

② 무차별곡선은 우하향

　㉠ 이는 X, Y 두 재화는 대체가 가능하다는 것을 의미한다. 즉 동일한 만족수준을 유지하면서 어느 한 재화(X재)의 소비를 증가시키려면 반드시 다른 재화(Y재)의 소비를 감소시켜야 함을 의미한다. 다시 말하면 Y재를 X재로 대체해도 만족수준은 동일하다는 것이다.

　㉡ 이때 소비자가 동일한 만족을 유지하면서 X재 한 단위(ΔX)를 더 소비하기 위해 포기해야 하는 Y재의 단위 수(ΔY)를 한계대체율(marginal rate of substitution)이라고 한다. 한계대체율은 MRS_{XY} 로 표기하는데 $MRS_{XY} = \dfrac{MU_X}{MU_Y}$ 이고 무차별곡선의 기울기를 나타낸다. 한계대체율은 소비자의 두 재화에 대한 주관적인 교환비율을 나타낸다.

③ 무차별곡선은 원점에 대해 볼록

　㉠ 무차별곡선은 일반적으로 원점에 대해 볼록(convex to origin)한 형태를 취하는데 이는 X, Y 두 재화는 대체는 가능하지만 완전대체는 아니라는 것을 의미한다. 즉 한계대체율이 체감한다는 것을 의미한다.

　㉡ 한계대체율이 체감한다는 것은 X재의 소비가 증가함에 따라 X재에 대한 소비자의 주관적 평가가 점점 낮아진다는 것을 의미한다. 또한 소비자는 극단적인 상품묶음 보다 다양한 상품묶음을 선호한다는 것을 의미한다. 한계대체율이 체감하는 것은 무차별곡선에서 오른쪽으로 갈수록 무차별곡선이 완만해지는 것으로 나타난다.

　㉢ 만일 두 재화가 완전대체라면 무차별곡선은 우하향하는 직선의 형태가 된다.

④ **무차별곡선은 서로 교차할 수 없음** : 무차별곡선이 서로 교차한다면 이행성(transitivity)의 공리가 성립될 수 없으므로, 무차별곡선은 교차할 수 없다.

(3) 무차별곡선의 형태와 효용함수 `기출` 35회 · 34회 · 33회 · 32회 · 31회 · 29회 · 27회

① 두 재화가 완전대체가 아닌 경우

  ㉠ 콥–더글러스 효용함수 $U = X^a Y^b$(일반형), 또는 $U = \sqrt{XY} = X^{\frac{1}{2}} Y^{\frac{1}{2}}$(기본형)이다. 원점에 대해 볼록하고 원점에서 직선을 그리면 무차별곡선과 만나는 점들의 접선의 기울기는 동일하다.

  ㉡ 한계대체율은 $MRS_{XY} = \dfrac{MU_X}{MU_Y} = \dfrac{aY}{bX}$이다. 원점에 대해 볼록하기 때문에 X재의 소비량을 증가시키면 한계대체율은 체감한다.

  ㉢ 수요함수를 도출하면 일반형은 $x = \dfrac{a}{a+b} \dfrac{M}{P_X}$, $y = \dfrac{b}{a+b} \dfrac{M}{P_Y}$이다. 기본형인 경우(즉 $a = b = 1$인 경우) 수요함수는 $x = \dfrac{M}{2P_X}$, $y = \dfrac{M}{2P_Y}$이다.

② 두 재화가 완전대체관계인 경우

  ㉠ 예컨대 밥 1공기와 빵 1개가 소비자에게 주는 만족이 동일하다면 두 재화가 완전대체관계에 있다고 할 수 있다.

  ㉡ 이 경우 효용함수는 선형(linear) 효용함수 $U = aX + bY$로 표시되고 무차별곡선은 우하향하는 직선의 형태가 되며 한계대체율은 $MRS_{XY} = \dfrac{a}{b}$로 일정하다. 만일 효용함수가 $U = \dfrac{X}{a} + \dfrac{Y}{b}$라면 한계대체율 $MRS_{XY} = \dfrac{b}{a}$로 일정하다.

  ㉢ 소비자는 코너해(corner solution)에서 두 재화 중 어느 한 재화만 소비하게 된다.

③ 두 재화가 완전보완관계인 경우

  ㉠ 예컨대 오른쪽 신발과 왼쪽 신발의 경우처럼 두 재화가 완전보완관계에 있는 경우에는 두 재화 중에서 양이 적은 것에 의해 효용이 결정된다.

  ㉡ 이 경우에 효용함수는 레온티에프 효용함수 $U = \min(x, y)$로 표시되는데 무차별곡선은 L자형이 되고 한계대체율은 0이거나 무한대(∞)가 된다(또는 미분이 불가능하므로 정의되지 않는다). 또한 레온티에프 효용함수에서 수요의 소득탄력성은 1이다.

  ㉢ 만일 효용함수가 $U = \min(\dfrac{X}{a}, \dfrac{Y}{b})$이라면 원점에서 꼭지점을 통과하는 선은 $Y = \dfrac{b}{a} X$가 되어 최적 소비비율은 $\dfrac{b}{a}$로 일정하다.

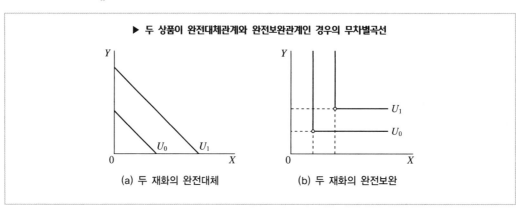

▶ 두 상품이 완전대체관계와 완전보완관계인 경우의 무차별곡선

(a) 두 재화의 완전대체   (b) 두 재화의 완전보완

④ 두 재화 중 한 재화가 비재화인 경우 기출 34회
　　㉠ 만일 어린이가 한약(어린이에게는 고통을 주는 비재화)과 사탕(어린이에게는 만족을 주는 재화)을 함께 소비하는 경우처럼 두 재화 중 한 재화가 비재화(또는 악재, bads)인 경우 무차별곡선은 우상향한다.
　　㉡ 우상향하는 무차별곡선이 원점에 대해 오목한 경우는 Y재가 비재화, 우상향하는 무차별곡선이 원점에 대해 볼록한 경우는 X재가 비재화이다.
⑤ 우하향하는 무차별곡선이 원점에 대해 오목한 경우 : 우하향하는 무차별곡선이 원점에 오목한 경우에는 두 재화 모두 비재화이다. 이 경우 원점에 가까운 무차별곡선이 더 큰 효용을 준다.

3. 예산선의 의의와 특성

(1) 예산선의 뜻 기출 28회
① 예산선(budget line)은 주어진 가격 하에서 일정한 소득으로 최대한 구입할 수 있는 두 재화의 배합점들로 이루어진 직선으로, 소비행위에 있어서의 제약조건을 표시한다.
② 즉 예산선은 소비자의 소득제약(예산제약)을 나타내는 선으로, 가격선(price line) 또는 기회비용선이라고도 한다.
③ 소비자의 소득을 M, X재의 가격을 P_X, Y재의 가격을 P_Y라고 하고, 소득을 전부 X재와 Y재 구입에 지출한다고 가정하면 예산선은

$$M = P_X X + P_Y Y$$

$$Y = \frac{M}{P_Y} - \frac{P_X}{P_Y} X$$

이 된다. $P_X X$는 X재에 대한 지출액, $P_Y Y$는 Y재에 대한 지출액이다.
④ 이 식을 그래프에 표시하면 예산선은 우하향하는 직선이 된다.

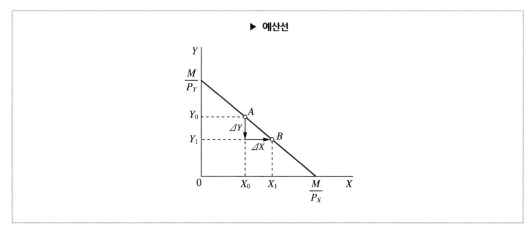

▶ 예산선

⑤ 여기서 예산선을 포함한 예산선 내부의 배합점들은 주어진 소득으로 구입이 가능한 배합점들이고, 반면 예산선 외부의 배합점들은 주어진 소득으로는 구입이 불가능한 배합점들이다.

⑥ 예산선의 기울기인 두 재화의 가격비율 $-\dfrac{P_X}{P_Y}$는 두 재화의 상대가격일 뿐만 아니라 Y재로 표시한 X재의 기회비용을 의미한다. 즉 주어진 소득으로 X재를 더 구입하기 위해서는 일정량의 Y재를 포기해야 하기 때문이다.

(2) 예산선의 이동 [기출] 35회

예산선은 소비자의 소득 M, X재의 가격 P_X, Y재의 가격 P_Y가 변화하면 이동한다.

① 소득의 증가 : 두 재화의 가격은 변화가 없으므로 예산선의 기울기는 불변이다. 반면 소득이 증가하면 구입할 수 있는 두 재화의 양은 증가하므로 예산선은 오른쪽으로 평행하게 이동한다.

② 두 재화의 가격이 비례적으로 상승

⊙ 두 재화의 가격이 같은 비율로 상승하면 예산선의 기울기는 불변이고, 구입가능한 두 재화의 양이 모두 감소하므로 소득의 감소효과가 있다. 따라서 예산선은 왼쪽으로 평행하게 이동한다.

ⓛ 만일 소득의 증가율과 두 재화의 가격 상승률이 동일하다면 예산선은 불변이다. 즉 이 경우 소비자의 예산선은 0차 동차함수(homogeneous function of degree 0)이므로 소비자의 선택에는 영향을 미치지 않는다.

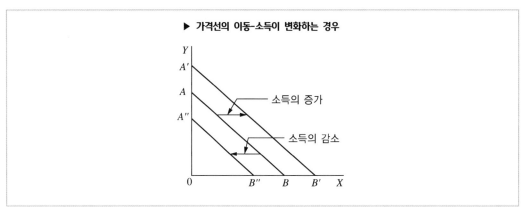

③ 두 재화의 상대가격 변화 : 두 재화의 상대가격이 변화하면 예산선의 기울기가 변화한다.

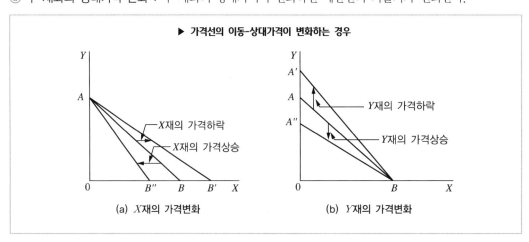

4. 소비자 균형점 : 합리적 소비

(1) 소비자 균형점의 의의와 조건 `기출` 35회 · 34회 · 33회 · 31회 · 30회 · 29회 · 28회 · 27회

① 소비자의 균형은 예산선과 무차별곡선이 접하는 점 E에서 성립, 즉 E점은 주어진 소득과 재화가격의 제약 하에서 소비자에게 극대만족을 주는 X재와 Y재의 배합점이다.

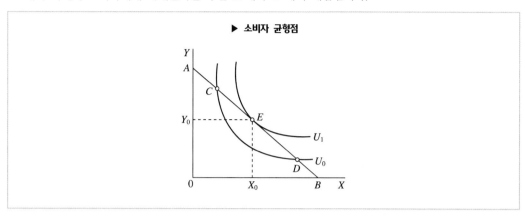

▶ 소비자 균형점

② 소비자 균형점 E는 무차별곡선과 예산선이 접하는 점으로 양자의 기울기가 같다. 따라서 소비자 균형점의 조건은 다음과 같다.

$$MRS_{XY} = \frac{MU_X}{MU_Y} = \frac{P_X}{P_Y}$$

즉 소비자 균형점에서는 두 재화의 한계대체율과 상대가격, 즉 기회비용이 같다.

③ C점의 경우에는 한계대체율 MRS_{XY}가 상대가격 $\frac{P_X}{P_Y}$보다 크므로 X재의 소비량을 늘리고, Y재의 소비량을 줄여야 소비자의 만족을 극대화할 수 있다.

> **더 알아보기** 한계효용이론의 효용극대화 조건
>
> 한계효용이론에서의 효용극대화 조건과 무차별곡선이론에서의 소비자 균형의 조건은 본질적으로 동일하다. 즉 한계효용이론에서의 효용극대화 조건 $\frac{MU_X}{P_X} = \frac{MU_Y}{P_Y}$ 를 변형시키면 $\frac{MU_X}{MU_Y} = \frac{P_X}{P_Y}$ 가 되는데 여기서 $\frac{MU_X}{MU_Y} = MRS_{XY}$ 이므로 무차별곡선 이론의 소비자 균형의 조건과 일치한다.

(2) 콥-더글러스 효용함수의 효용극대화 `기출` 34회

① 효용함수가 $U = X^\alpha Y^\beta$ 인 콥-더글러스 효용함수인 경우 한계대체율은 $MRS_{XY} = \frac{\alpha}{\beta} \frac{Y}{X}$ 이다.

② 소득이 M으로 주어지면 효용극대화를 위한 X재의 소비량은 $X^* = \frac{\alpha}{(\alpha + \beta)} \frac{M}{P_X}$, Y재의 소비량은 $Y^* = \frac{\beta}{(\alpha + \beta)} \frac{M}{P_Y}$ 이다.

예시문제

두 재화 X, Y를 소비하는 갑의 효용함수가 $U= XY^2$이고, X재의 가격은 1, Y재의 가격은 2, 소득은 90이다. 효용함수와 소득이 각각 $U= \sqrt{XY}$, 100으로 변경되었을 경우, 갑의 효용이 극대화되는 X재와 Y재의 구매량의 변화는?

갑의 효용함수가 $U= XY^2$인 경우 효용을 극대화하는 구매량은 $X^* = \dfrac{1}{3} \times \dfrac{90}{1} = 30$이고, $Y^* = \dfrac{2}{3} \times \dfrac{90}{2} = 30$이다.

갑의 효용함수가 $U= \sqrt{XY}$로 변경되면 효용을 극대화하는 구매량은 $X^* = \dfrac{1}{2} \times \dfrac{100}{1} = 50$이고, $Y^* = \dfrac{1}{2} \times \dfrac{100}{2} = 25$이다. 따라서 X재는 20 증가, Y재는 5 감소하였다.

(3) 한계효용 균등의 법칙이 성립하지 않는 경우의 해

① 두 재화가 완전대체재인 경우 : 효용함수가 선형효용함수인 $U= aX+ bY$라면 한계대체율은 $MRS_{XY}= \dfrac{a}{b}$ 로 일정하다. 이런 경우 코너해(모서리해, corner solution)가 성립한다. 즉 $\dfrac{a}{b} > \dfrac{P_X}{P_Y}$이면 주어진 소득으로 X재만 $\dfrac{M}{P_X}$만큼 구입하고, $\dfrac{a}{b} < \dfrac{P_X}{P_Y}$이면 Y재만 $\dfrac{M}{P_Y}$만큼 구입한다.

② 두 재화가 완전보완재인 경우 : 효용함수가 $U= \min \left(\dfrac{X}{a}, \dfrac{Y}{b} \right)$인 레온티에프 효용함수라면 소비자의 선택은 항상 $Y= \dfrac{b}{a} X$선 위에서만 이루어진다.

(4) 소득효과와 소득소비곡선

① 소득효과

㉠ 소득의 변화 → 예산선의 평행이동 → 균형점의 이동 → X, Y 두 재화의 소비량이 변화하는데 이를 소득효과(income effect)라고 한다. 즉 소득효과는 소득의 변화에 따른 각 상품의 소비량 변화를 의미한다.

㉡ 〈그림〉에서 소득이 증가하면, 예산선이 AB에서 $A'B'$으로 이동한다. 따라서 균형점은 E_0에서 E_1으로 이동하고 이에 따라 X, Y 두 재화의 구입량이 증가하는 효과가 소득효과이다.

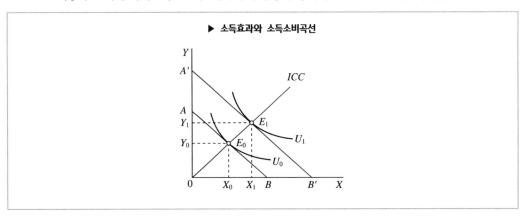

▶ 소득효과와 소득소비곡선

② 소득소비곡선(ICC)
  ㉠ 소득의 변화에 따라 이동하는 소비자 균형점을 연결한 선을 소득소비곡선(income consumption curve, ICC)이라고 한다. 소득소비곡선은 반드시 원점을 지나는데, 3가지 형태가 나타날 수 있다.
  ㉡ ICC가 우상향하는 형태를 취하면 소득의 증가에 따라 두 재화의 소비량이 모두 증가한다는 것을 의미하므로 X, Y 두 재화 모두 정상재(정상재)인 경우이다.
  ㉢ ICC가 X축을 향해 구부러지면 소득의 증가에 따라 Y재의 소비량이 감소하는 것이므로 X재는 정상재, Y재는 열등재인 경우이다. ICC가 Y축을 향해 구부러지면 Y재는 정상재, X재는 열등재인 경우이다.

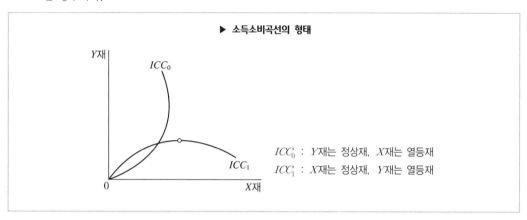

▶ 소득소비곡선의 형태

ICC_0 : Y재는 정상재, X재는 열등재
ICC_1 : X재는 정상재, Y재는 열등재

③ 엥겔곡선(Engel's curve)
  ㉠ 소비자의 소득증가에 따른 소비자 균형점의 이동, 즉 소득소비곡선(ICC)을 소득(M)과 재화 소비량(X재)의 배합점으로 표시한 곡선을 엥겔곡선이라고 한다. 재화(X재)의 종류에 따라 엥겔곡선의 형태는 달라진다.
  ㉡ X재가 생활필수품인 경우 소득증가에 따라 생활필수품의 구입량은 증가한다. 그러나 소득 증가분에서 차지하는 비중은 점차 감소한다. 즉 수요의 소득탄력성 < 1이다.
  ㉢ X재가 사치품인 경우 소득증가에 따라 사치품의 구입량은 증가한다. 그러나 소득 증가분에서 차지하는 비중은 점차 증가한다. 즉 수요의 소득탄력성 > 1이다.
  ㉣ X재가 열등재인 경우 열등재는 소득의 증가에 따라 구입량이 감소하는 재화이다. 따라서 엥겔곡선은 음($-$)의 기울기를 갖고 수요의 소득탄력성 < 0이 된다.

더 알아보기 엥겔의 법칙(Engel's Law)

엥겔(C.L.E. Engel)은 독일의 통계학자로 가계의 생계비를 조사하여 음식물비, 주거비, 광열비, 피복비 등으로 구분하고, 소득이 증가함에 따라 생계비에서 차지하는 음식물비의 비중(즉 엥겔계수)이 낮아지는 현상을 발견하였는데 이를 엥겔의 법칙이라고 한다.

$$\text{엥겔계수} = \frac{\text{식료품비(음식물비)}}{\text{가계의 생계비(저축 제외)}} \times 100(\%)$$

선진국의 엥겔계수는 후진국보다 낮고, 도시의 엥겔계수는 농촌보다 낮은 것이 일반적이다.

(5) 가격효과와 가격소비곡선

① 가격효과(price effect)

    ⊙ 소비자의 기호와 소득, Y재의 가격이 일정불변일 때, X재의 가격(P_X)이 변화하면 소비자 균형점이 이동하고, 그에 따라 X재의 구입량이 변화하는데 이를 가격효과(price effect)라고 한다.

    ⊙ 〈그림〉에서 X재의 가격이 P_0에서 P_1으로 하락하면 예산선이 AB에서 AB'으로 이동하고, 소비자 균형점은 E_0에서 E_1으로 이동한다. 이때 X재의 구입량은 X_0에서 X_1으로 증가하는데 이것이 가격효과이다.

    ⊙ 반면 Y재의 구입량이 변화하는 현상은 교차효과(cross effect)라고 한다. 교차효과는 두 재화가 대체재인지 보완재인지에 따라 다르게 나타난다. 〈그림〉에서처럼 Y재 구입량이 감소하면 X, Y 두 재화는 대체재이다.

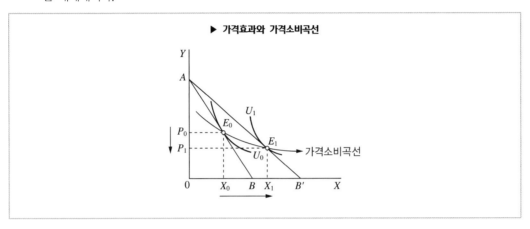

▶ **가격효과와 가격소비곡선**

② 가격소비곡선(PCC)

    ⊙ 다른 조건이 일정불변일 때 어느 한 상품의 가격변화에 따른 소비자 균형점의 이동을 연결한 선을 가격소비곡선(price consumption curve, PCC)이라고 한다. 즉 위 〈그림〉에서 소비자 균형점 E_0와 E_1을 연결한 선이 가격소비곡선이다.

    ⊙ 〈그림〉에서처럼 가격소비곡선이 우하향하면 P_X가 하락할 때 Y재 구입량이 감소하므로 X재와 Y재는 대체재이고 수요의 교차탄력성은 양(+)이다. 반면 가격소비곡선이 우상향하면 X재와 Y재는 보완재이고 수요의 교차탄력성은 음(−)이다. 가격소비곡선이 수평이면 X재와 Y재는 아무 관련이 없는 독립재이다.

③ 소득효과와 대체효과 **기출** 33회·31회·27회

가격효과는 이론상 소득효과와 대체효과로 구분된다. 즉 X재 가격(P_X)의 하락에 따른 X재 구입량의 증가에는 2가지 요인이 작용한다.

    ⊙ 하나는 X재의 가격 하락 → 소비자의 실질소득 증가 → X재 구입량 증가효과로 이를 소득효과(income effect)라고 한다.

    ⊙ 다른 하나는 X재의 가격 하락 → 상대가격의 변화 → X재 구입량의 증가, 즉 상대적으로 가격이 비싸진 Y재를 상대적으로 가격이 싼 X재로 대체하는 효과로 이를 대체효과(substitution effect)라고 한다.

    ⊙ 따라서 가격효과＝소득효과＋대체효과이다.

④ 소득효과와 대체효과의 크기(부호) 기출 35회 · 34회 · 32회

여기서 부호가 음(−)이라는 것은 가격과 수요량이 반대방향으로 움직인다는 것을 의미하고, 양(+)은 가격과 수요량이 같은 방향으로 움직인다는 것을 의미한다.

㉠ 대체효과는 항상 음(−)이다. 즉 어떤 상품의 가격이 하락할 때 상대적으로 가격이 싸진 그 상품에 대한 수요량은 언제나 증가하고, 어떤 상품의 가격이 상승할 때 상대적으로 가격이 비싸진 그 상품에 대한 수요량은 언제나 감소한다.

㉡ 소득효과는 정상재와 열등재에 따라 차이가 있다. 정상재인 경우 가격 상승 → 소득 감소 → 수요량 감소, 따라서 가격과 수요량의 변화방향이 다르므로 소득효과는 음(−)이다. 열등재인 경우 가격 상승 → 소득 감소 → 수요량 증가, 따라서 가격과 수요량의 변화방향이 같으므로 소득효과는 양(+)이다.

㉢ 이를 요약하면 다음과 같다. 여기서 양(+)은 가격과 구입량이 같은 방향으로 변화하는 것을 의미하고, 음(−)는 반대방향으로 변화하는 것을 의미한다.

	대체효과	+	소득효과	=	가격효과
정상재	−		−		−
기펜재가 아닌 열등재	−	>	+		−
기펜재	−	<	+		+

⑤ 수요곡선의 도출 : X재의 가격변화에 따른 소비자 균형점의 이동을 추적하면 이로부터 수요곡선이 도출된다. 즉 가격소비곡선(PCC)으로부터 수요곡선이 도출된다.

(6) 보상수요곡선

① 보상수요곡선의 의미

㉠ 위에서 본 수요곡선은 소득효과와 대체효과를 모두 고려한 것으로 보통수요곡선(ordinary demand curve) 또는 통상적 수요곡선이라고 한다. 마셜(A. Marshall)에 의해 체계화되어 마셜의 수요곡선이라고도 한다.

㉡ 보통수요곡선은 주어진 제약하에서 효용을 극대화하는 효용극대화의 수요함수이다.

㉢ 이에 대해 보상수요곡선(compensation demand cirve)은 가격효과에서 소득효과를 제외한 순수한 상대가격 변화의 효과만을 나타낸 수요곡선이다. 여기서 보상(compensation)은 가격변화에도 불구하고 실질소득을 일정하게 유지시켜 주는 것을 의미한다.

㉣ 보상수요곡선은 일정한 효용을 달성하기 위한 지출극소화에서 도출되므로 지출극소화의 수요함수이고, 보상수요곡선 상의 모든 점에서는 소비자의 효용이 동일하다.

㉤ 보상수요곡선은 힉스(J.R. Hicks)에 의해 주장되어 힉스의 수요곡선이라고 한다. 그러나 현실적으로는 관찰될 수 없는 가상의 수요곡선이다.

② 보상의 종류

㉠ 힉스(Hicks)의 보상은 효용보상으로 가격변화 이전과 동일한 효용을 유지시켜주는 보상이다.

㉡ 슬러츠키(Slutsky) 보상은 구매력보상으로 가격변화 이전과 동일한 소비점을 유지시켜주는 보상이다.

③ 보상수요곡선의 특징

   ㉠ 보상수요곡선은 대체효과만을 고려하여 도출된 수요곡선이므로 소득효과가 0이라면 보통수요곡선과
      일치한다.

   ㉡ 콥-더글러스(Cobb-Douglas) 효용함수의 무차별곡선이 원점에 대해 볼록하고 우하향하는 일반적인
      형태라면 보상수요곡선은 항상 우하향하므로 기펜재(Giffen's goods)의 보상수요곡선도 우하향한다.

   ㉢ 그러나 레온티에프(Leontief) 효용함수의 무차별곡선(완전보완관계)처럼 L자형인 경우에는 대체효
      과가 0이므로 보상수요곡선은 수직선 형태가 된다.

   ㉣ 보상수요곡선 상의 모든 점은 소비자의 효용이 동일하므로 보상수요곡선 아랫부분의 면적은 소비자가
      동일한 효용을 유지하기 위해 지급할 용의가 있는 최대의 금액을 의미한다. 그러므로 소비자 잉여는
      보상수요곡선을 이용해야 정확한 측정이 가능하다.

제3절 현시선호이론(theory of revealed preference)

1. 현시선호의 의의

(1) 의의

① 한계효용 이론과 무차별곡선 이론의 비현실적인 가정에 대
   한 비판으로 새뮤얼슨(P. A. Samuelson)과 하우태커(H. S.
   Houthakker)에 의해 전개된 이론으로 시장에서의 수요지
   출행동에 소비자의 선호가 현시된다는(revealed) 이론이다.

② 상대가격($\frac{P_X}{P_Y}$)과 소득(M)이 주어져 있을 때 최적화를 위한
   소비자의 합리적 선택이 이루어진다면(가정) 소비자의 지출
   행동에 선호최적화 행동이 반드시 드러난다는 이론이다.

(2) 소비자의 선택

① 따라서 소비자의 선호는 시장에서 주어지는 가격(P)과 수
   요량(Q)에 관한 자료를 관찰하면 확인할 수 있다.

② 주어진 P_A의 가격체계에서 A의 소비점이 소비자에 의해
   실제로 선택되었다면, A는 예산선 상의 어떤 점(내부의
   점을 포함하여)보다도 선호되는 점이라는 것이 현시된 것
   이다.

③ 따라서 〈그림〉 (a)에서 삼각형 부분(A를 제외한 예산선 상
   의 점을 포함한)은 A보다 덜 선호되고, A를 기준으로 상
   한은 A보다는 더 선호되지만 주어진 소득으로는 구입 불
   가능하다.

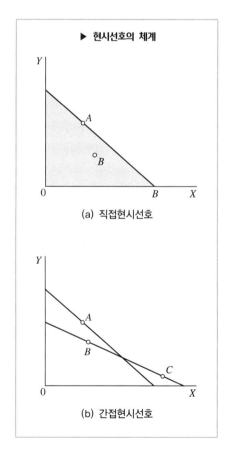

▶ 현시선호의 체계

(a) 직접현시선호

(b) 간접현시선호

2. 기본 가정

(1) 현시선호의 약공리(weak axiom)

① 소비자의 무모순적 행동의 가정, 즉 소비행위의 일관성에 대한 가정으로, A, B를 두 상품조합이라고 할 때, A가 B보다 선호됨이 현시되었으면 (어떠한 상황에서도) B는 A보다 선호되는 것으로 현시될 수 없다는 가정을 현시선호의 약공리라고 한다.

② 현시선호의 약공리는 직접현시선호에서의 일관성 조건으로 소비자의 시장행동을 관찰함으로써 검증할 수 있다.

(2) 현시선호의 강공리(strong axiom)

① 소비자가 $A > B$이고, $B > C$이면 C는 결코 A보다 선호될 수 없다는, 즉 A를 C보다 선호해야한다는 가정이다. 이는 간접현시선호에서의 일관성 조건이다.

② 현시선호의 강공리가 성립하면 약공리는 자동으로 성립하고, 약공리가 위반되면 강공리도 자동으로 위반된다.

제4절   소비자 간의 상호영향이 주는 효과 : 네트워크 효과

1. 네트워크 효과의 의의

① 라이벤스타인(H. Leibenstein)은 수요를 전통적인 소비자이론에서 다루는 수요인 기능적 수요와 전통적인 소비자 선택원리를 벗어나는 비기능적 수요(nonfunctional demand)로 구분하였다. 여기서 비기능적 수요에는 밴드웨건효과, 속물효과, 베블렌효과, 유명인효과(celebrity effect) 등이 있다.

② 이 중 밴드웨건효과와 속물효과는 한 사람의 효용이 다른 사람의 소비행위에 의해 영향을 받는 것으로 네트워크 효과(network effect)라고 한다. 이는 소비에 있어 외부성이 존재하는 경우이므로 이라고도 한다.

2. 밴드웨건효과(bandwagon effect) 기출 34회

① 많은 소비자들이 소비하는 재화를 보고 질이 좋은 재화일 것이라고 생각하고 따라서 구입하는 현상으로, 편승효과, 동행효과, 유행효과 또는 악대차효과라고도 한다.

② 스마트폰처럼 어떤 상품을 사용하는 사람의 수가 증가할수록 그 상품의 유용성이 높아지는 경우를 의미하기도 하여 네트워크 외부효과(network externalities)라고도 한다.

③ 밴드웨건효과는 소비에 있어 정(+)의 외부성 또는 수요측면에서의 규모의 경제가 존재하는 것으로 이해할 수 있다. 따라서 밴드웨건효과가 있는 경우의 수요곡선은 그 효과가 없는 경우의 수요곡선보다 완만한 형태를 보인다.

3. 속물효과(snob effect)

① 다른 사람과 다르다는 점을 과시하기 위해 다른 사람이 많이 구입하는 재화를 구입하지 않는(구입량을 줄이는) 현상을 말한다. 역행효과 또는 백로효과라고도 한다.

② 속물효과가 있는 경우의 수요곡선은 그 효과가 없는 경우의 정상적인 수요곡선보다 가파르다.

4. 과시효과(Veblen effect)

① 상류층 소비자들이 자신의 부를 과시하거나 허영심을 채우기 위해 어떤 재화의 가격이 상승함에도 그 상품의 구입량을 늘리는 현상을 가리킨다.

② 미국의 제도학파 경제학자인 베블렌(T. Veblen)의 『유한계급론』(The Leisure Class)에서 연유하여 베블렌 효과라고도 한다.

확인학습문제

01 소비자 甲이 두 재화 X, Y를 소비하고 효용함수는 $U(x, y) = xy$이다. X, Y의 가격이 각각 5원, 10원이다. 소비자 甲의 소득이 1,000원일 때, 효용극대화 소비량은? (단, x는 X의 소비량, y는 Y의 소비량이다.) **[29회 기출]**

① $x = 90$, $y = 55$

② $x = 100$, $y = 50$

③ $x = 110$, $y = 45$

④ $x = 120$, $y = 40$

⑤ $x = 130$, $y = 35$

답 ②

┃정답해설┃

콥-더글라스 효용함수 $U = Ax^\alpha y^\beta$에서 $A = \alpha = \beta = 1$인 경우, 무차별곡선이 원점에 대해 강볼록한 경우의 효용함수이다. 효용함수가 $U(x, y) = xy$이면 X재의 수요함수는 $x = \dfrac{M}{2P_X}$, Y재의 수요함수는 $y = \dfrac{M}{2P_Y}$이다. 주어진 데이터를 대입하면 ② $x = 100$, $y = 50$이다.

┃정리┃

CD효용함수 $U = X^\alpha Y^\beta$에서 한계대체율 $MRS_{XY} = \dfrac{\alpha}{\beta} \dfrac{Y}{X}$이다. X재의 소비량은 $x = \dfrac{\alpha}{\alpha+\beta} \dfrac{M}{P_X}$, Y재의 소비량은 $y = \dfrac{\beta}{\alpha+\beta} \dfrac{M}{P_Y}$이다.

02 소비자 甲이 두 재화 X, Y를 소비하고 효용함수는 $U(x, y) = \min\{x + 2y, 2x + y\}$이다. 소비점 (3, 3)을 지나는 무차별곡선의 형태는? (단, x는 X의 소비량, y는 Y의 소비량이다.) **[29회 기출]**

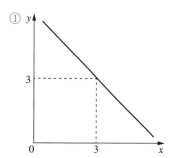

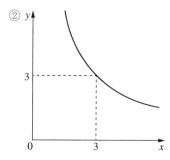

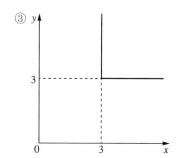

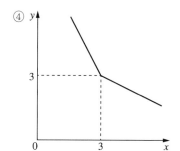

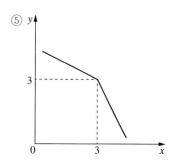

답 ④

▎정답해설▎

주어진 효용함수는 레온티에프(Leontief) 효용함수이므로 꼭짓점에서 꺾여지는 형태이다. 꼭짓점을 찾기 위해 $x + 2y = 2x + y$에서 $x = y$이므로, 무차별곡선의 꼭짓점은 45° 선상에 위치한다.

$x + 2y > 2x + y$, $y > x$이면 $U = 2x + y$이다. 이를 y에 대해 정리하면 $y = -2x + U$이므로 $y > x$인 꼭짓점 위 영역에서는 무차별곡선의 기울기가 -2인 우하향의 직선이다.

한편 $x + 2y < 2x + y$, $y < x$이면 $U = x + 2y$이다. 이를 y에 대해 정리하면 $y = -\frac{1}{2}x + \frac{1}{2}U$이므로 꼭짓점 아래 영역에서는 무차별곡선의 기울기가 $-\frac{1}{2}$인 우하향의 직선이다. 따라서 무차별곡선은 ④의 형태가 된다.

03

( )에 들어갈 내용으로 옳은 것은?

> 위험자산에 대한 투자자의 무차별곡선을 그리고자 한다. 위험자산의 수익률 평균은 수직축, 수익률 표준편차
> 는 수평축에 나타낼 때, 투자자의 무차별곡선 형태는 위험 기피적인 경우 (ㄱ)하고, 위험 애호적인 경우
> (ㄴ)하며, 위험 중립적인 경우에는 (ㄷ)이다.

	ㄱ	ㄴ	ㄷ
①	우상향	우상향	수평
②	우상향	우하향	수평
③	우상향	우하향	수직
④	우하향	우상향	수평
⑤	우하향	우상향	수직

답 ②

▌정답해설▌

ㄱ. 위험 기피적인 투자자(risk averter)에게 위험(수익률 표준편차)은 비재화(bads)이다. 두 재화 중 한 재화가
   비재화이면 무차별곡선은 우상향한다.

ㄴ. 위험 애호적인 투자자(risk lover)에게 위험은 효용을 주는 재화(goods)이다. 두 재화 모두 효용을 주면 무차별곡선
   은 우하향한다.

ㄷ. 위험 중립적인 투자자(risk neutral)에게 위험은 중립재이다. 이 경우 수평축에 표시한 위험이 높건 낮건 효용에
   영향을 주지 못하므로 무차별곡선은 수평이다.

04 주어진 소득으로 X재, Y재 두 재화만을 소비하는 甲의 효용함수가 $U = x^{1/3} y^{2/3}$일 때, 설명으로 옳지 **않은** 것은? (단, x는 X재 소비량, y는 Y재 소비량이며, 소득과 두 재화의 가격은 0보다 크다.)

[28회 기출]

① X재는 정상재이다.

② Y재는 정상재이다.

③ 甲의 무차별곡선은 원점에 대해 볼록하다.

④ 두 재화의 가격비율에 따라 어느 한 재화만 소비하는 결정이 甲에게 최적이다.

⑤ 두 재화의 가격이 동일하다면 Y재를 X재보다 많이 소비하는 것이 항상 甲에게 최적이다.

답 ④

▌**정답해설**▌

주어진 효용함수는 콥-더글러스 효용함수이므로 무차별곡선은 원점에 대해 강볼록한 형태이다. 이 경우 소비자선택점은 내부해(interior solution)로 나타나므로 어느 한 재화만 소비하는 경우는 있을 수 없다. 그리고 함수에서 유추해 보면 두 재화의 가격이 동일한 경우 Y재를 X재의 2배 만큼 구입하게 된다.

$U = x^{1/3} y^{2/3}$일 때 한계대체율 $MRS_{XY} = \dfrac{y}{2x}$ 이다. X재의 소비량은 $x = \dfrac{1}{3} \dfrac{M}{P_X}$ 이고, Y재의 소비량은 $y = \dfrac{2}{3} \dfrac{M}{P_Y}$ 이다.

▌**정리**▌

CD효용함수 $U = X^\alpha Y^\beta$에서 한계대체율 $MRS_{XY} = \dfrac{\alpha}{\beta} \dfrac{Y}{X}$ 이다. X재의 소비량은 $x = \dfrac{\alpha}{\alpha + \beta} \dfrac{M}{P_X}$, Y재의 소비량은 $y = \dfrac{\beta}{\alpha + \beta} \dfrac{M}{P_Y}$ 이다.

05 소비자 이론에 관한 설명으로 옳은 것은? (단, 소비자는 X재와 Y재만 소비한다.) [27회 기출]

① 소비자의 효용함수가 $U = 2XY$일 때, 한계대체율은 체감한다.

② 소비자의 효용함수가 $U = \sqrt{XY}$일 때, X재의 한계효용은 체증한다.

③ 소비자의 효용함수가 $U = \min(X, Y)$일 때, 수요의 교차탄력성은 0이다.

④ 소비자의 효용함수가 $U = \min(X, Y)$일 때, 소득소비곡선의 기울기는 음(−)이다.

⑤ 소비자의 효용함수가 $U = X + Y$일 때, X재의 가격이 Y재의 가격보다 크더라도 X재와 Y재를 동일 비율로 소비한다.

정답해설

① 소비자의 효용함수가 $U = 2XY$이면 콥-더글러스 효용함수이고 무차별곡선은 원점에 대해 강볼록하므로 한계대체율은 체감한다. $MRS_{XY} = \dfrac{MU_X}{MU_Y} = \dfrac{2Y}{2X}$ 이므로 X재의 소비량을 증가시키면 한계대체율은 체감한다.

② 소비자의 효용함수가 $U = \sqrt{XY}$, 즉 $U = X^{\frac{1}{2}} Y^{\frac{1}{2}}$이면 콥-더글러스 효용함수이다. X재의 한계효용은 $MU_X = \dfrac{dU}{dX} = \dfrac{1}{2} X^{-\frac{1}{2}} Y^{\frac{1}{2}} = \dfrac{1}{2} \sqrt{\dfrac{Y}{X}}$ 이다. X재의 소비량을 증가시키면 X재의 한계효용은 체감한다.

③ 소비자의 효용함수가 $U = \min(X, Y)$, 즉 레온티에프 효용함수인 경우 두 재화는 완전보완관계이므로, 수요의 교차탄력성은 음($-$)이다.

④ 소비자의 효용함수가 $U = \min(X, Y)$이면 소비자는 두 재화를 $1:1$로 소비하므로 무차별곡선은 L자 형태이고, 소득소비곡선은 원점을 통과하는 45도의 직선이다. 따라서 기울기는 1이다.

⑤ 소비자의 효용함수가 $U = X + Y$이면 두 재화는 완전대체관계에 있다. 무차별곡선은 기울기가 -1인 우하향의 직선이다. 완전대체관계이므로 X재의 가격이 Y재의 가격보다 크면 소비자는 Y재만 구입할 것이다.

06 소득이 600인 소비자 甲은 X재와 Y재만을 소비하며 효용함수는 $U = x + y$이다. $P_X = 20$, $P_Y = 15$이던 두 재화의 가격이 $P_X = 20$, $P_Y = 25$로 변할 때 최적 소비에 관한 설명으로 옳은 것은? (단, x는 X재 소비량, y는 Y재 소비량이다.) **[28회 기출]**

① X재 소비를 30단위 증가시킨다.
② X재 소비를 40단위 증가시킨다.
③ Y재 소비를 30단위 증가시킨다.
④ Y재 소비를 40단위 증가시킨다.
⑤ Y재 소비를 30단위 감소시킨다.

답 ①

정답해설

효용함수 $U = x + y$는 $y = -x + U$이므로 무차별곡선은 기울기의 절댓값이 1인 우하향의 직선이다. 최초 예산선의 기울기는 $\dfrac{P_X}{P_Y} = \dfrac{20}{15} = \dfrac{4}{3}$ 이므로 예산선보다 무차별곡선이 더 완만하여 코너해에서 Y재만 $\dfrac{600}{15} = 40$단위를 구입하고 X재의 구입량은 0이다.

이제 Y재 가격이 변화하여 예산선의 기울기가 $\dfrac{P_X}{P_Y} = \dfrac{20}{25} = \dfrac{4}{5}$로 변하면 예산선의 기울기가 완만하게 되고 새로운 코너해에서 X재만 $\dfrac{600}{20} = 30$단위 구입하여 효용을 극대화한다.

07 소비자 甲의 효용함수가 $U = \min\{X+2Y, 2X+Y\}$ 이다. 甲의 소득은 150, X재의 가격은 30, Y재의 가격은 10일 때, 효용을 극대화하는 甲의 Y재 소비량은? (단, 甲은 X재와 Y재만 소비한다.)

[30회 기출]

① 0

② 2.5

③ 5

④ 7.5

⑤ 15

답 ⑤

┃**정답해설**┃

효용함수 $U = \min\{X+2Y, 2X+Y\}$ 는 레온티에프 효용함수로 무차별곡선이 꺾인 형태이다. 꺾이는 점의 위치는 $X+2Y = 2X+Y$에서 $X = Y$이므로 원점을 통과하는 45°선상이다.

$X+2Y < 2X+Y$, 즉 $X > Y$이면 효용함수는 $U = X+2Y$이다. 이를 Y에 대해 정리하면 $Y = -\frac{1}{2}X + \frac{1}{2}U$이고, 이는 기울기가 $-\frac{1}{2}$인 우하향의 직선이다.

한편 $X+2Y > 2X+Y$, 즉 $X < Y$이면 효용함수는 $U = 2X+Y$이다. 이를 Y에 대해 정리하면 $Y = -2X + U$이고, 이는 기울기가 -2인 우하향의 직선이다.

이를 통해 무차별곡선의 왼쪽 부분은 기울기 2, 오른쪽은 기울기 $\frac{1}{2}$인 우하향의 직선임을 알 수 있다. 예산선의 기울기 $\frac{P_X}{P_Y} = 3$이므로 무차별곡선의 기울기보다 가파른 형태이다. 이는 Y축에서 코너해(corner solution)가 성립하고, 소비자 甲은 Y재만 소비한다는 것을 의미한다. Y재 소비량은 소득/ Y재 가격=150/10=15단위이다.

08 보상수요(compensated demand)에 관한 설명으로 옳지 <u>않은</u> 것은? **[30회 기출]**

① 가격변화에서 대체효과만 고려한 수요개념이다.

② 기펜재의 보상수요곡선은 우하향하지 않는다.

③ 소비자잉여를 측정하는 데 적절한 수요개념이다.

④ 수직선형태 보상수요곡선의 대체효과는 항상 0이다.

⑤ 소득효과가 0이면 통상적 수요(ordinary demand)와 일치한다.

답 ②

▌정답해설▌

② 콥-더글러스(Cobb-Douglas) 효용함수의 무차별곡선이 원점에 대해 볼록하고 우하향하는 일반적인 형태라면 보상수요곡선은 항상 우하향하므로 기펜재(Giffen's goods)의 보상수요곡선도 우하향한다.

①, ⑤ 보상수요곡선(compensated demand curve)은 대체효과만을 고려하여 도출된 수요곡선이다. 따라서 소득효과가 0이라면 통상적 수요곡선(ordinary demand curve)과 일치한다.

③ 통상의 수요곡선이 효용극대화의 수요함수라면 보상수요곡선은 일정한 효용을 얻기 위한 지출극소화의 수요함수이다. 따라서 보상수요곡선 상의 모든 점은 소비자의 효용이 동일하므로 보상수요곡선 아랫부분의 면적은 소비자가 동일한 효용을 유지하기 위해 지급할 용의가 있는 최대의 금액을 의미한다. 그러므로 소비자잉여는 보상수요곡선을 이용해야 정확한 측정이 가능하다.

④ 레온티에프(Leontief) 효용함수의 무차별곡선(완전보완관계)처럼 L자형인 경우에는 대체효과가 0이므로 보상수요곡선은 수직선 형태가 된다.

09 정상재 A, B의 가격이 각각 2% 상승할 때 A재의 소비지출액은 변화가 없었지만, B재의 소비지출액은 1% 감소하였다. 이때 두 재화에 대한 수요의 가격탄력성 ϵ_A, ϵ_B에 대한 설명으로 옳은 것은? (단, ϵ_A, ϵ_B는 절댓값으로 표시한다.) **[30회 기출]**

① $\epsilon_A > 1$, $\epsilon_B > 1$

② $\epsilon_A = 1$, $\epsilon_B > 1$

③ $\epsilon_A = 0$, $\epsilon_B < 1$

④ $\epsilon_A = 1$, $\epsilon_B < 1$

⑤ $\epsilon_A < 1$, $\epsilon_B < 1$

답 ②

▌정답해설▌

소비지출액= PQ이다. A재의 P가 2% 상승했는데 소비지출액 변화가 없다는 것은 Q가 같은 비율로 감소한 것이므로 $\epsilon_A = 1$이다. B재의 경우 소비지출액은 1% 감소했다는 것은 P가 2% 상승한 경우 Q는 3% 감소했다는 것을 의미하므로 $\epsilon_B > 1$이 된다.

10 현재 소비자 甲은 주어진 소득 3,000원을 모두 사용하여 가격이 60원인 X재 20단위와 가격이 100원인 Y재 18단위를 소비하려고 한다. 이때 X재와 Y재의 한계효용이 각각 20으로 동일하다면 효용극대화를 위한 甲의 선택으로 옳은 것은? (단, 소비자 甲의 X재와 Y재에 대한 무차별곡선은 우하향하고 원점에 대하여 볼록하다.) **[27회 기출]**

① 현재 계획하고 있는 소비조합을 선택한다.

② X재 18단위와 Y재 18단위를 소비한다.

③ X재 20단위와 Y재 20단위를 소비한다.

④ X재의 소비량은 감소시키고 Y재의 소비량은 증가시켜야 한다.

⑤ X재의 소비량은 증가시키고 Y재의 소비량은 감소시켜야 한다.

답 ⑤

┃정답해설┃

한계효용균등의 법칙에 관한 문제이다. 따라서 $\frac{MU_X}{P_X} = \frac{MU_Y}{P_Y}$ 에서 두 재화의 소비량을 결정할 때 효용극대화가 이루어진다. 현재 $\frac{MU_X}{P_X} = \frac{20}{60} > \frac{MU_Y}{P_Y} = \frac{20}{100}$ 이다. 효용극대화를 위해서는 X재의 소비량은 증가시키고, Y재의 소비량을 감소시켜야 한다. 또는 $(MRS_{XY} = \frac{MU_X}{MU_Y} = 1) > (\frac{P_X}{P_Y} = \frac{60}{100} = 0.6)$ 이므로 효용극대화를 위해서는 X재의 소비량은 증가시키고, Y재의 소비량을 감소시켜야 한다.

11 甲의 효용함수는 $U(x,\ y) = xy$ 이고, X재와 Y재의 가격이 각각 2,000원과 8,000원이며, 소득은 100,000원이다. 예산제약 하에서 甲의 효용이 극대화되는 소비점에서 한계대체율($MRS_{XY} = -\Delta Y/\Delta X$)은? (단, 甲은 X재와 Y재만 소비하고, x는 X재의 소비량, y는 Y재의 소비량이다.) **[27회 기출]**

① 0.25

② 0.5

③ 0.75

④ 2.0

⑤ 2.5

답 ①

┃정답해설┃

콥–더글러스 효용함수는 원점에 대해 볼록한 무차별곡선의 형태이다. 효용극대화가 이루어지는 소비자균형점은 무차별곡선과 예산선이 접하는 점이다. 따라서 무차별곡선의 기울기 MRS_{XY}와 예산선의 기울기가 일치한다.

$MRS_{XY} = \frac{MU_X}{MU_Y} = \frac{P_X}{P_Y}$ 이다. 문제에서 $\frac{P_X}{P_Y} = \frac{2,000원}{8,000원} = 0.25$ 이므로 한계대체율도 0.25이다.

12 甲은 X재와 Y재 두 재화를 1 : 1 비율로 묶어서 소비한다. X재의 가격과 수요량을 각각 P_X와 Q_X라 한다. 소득이 1,000이고 Y재의 가격이 10일 때 甲의 X재 수요함수로 옳은 것은? (단, 소비자는 효용을 극대화하고 소득을 X재와 Y재 소비에 모두 지출한다.) **[27회 기출]**

① $Q_X = 1,000/(10+P_X)$

② $Q_X = 990 - P_X$

③ $Q_X = 500 - P_X$

④ $Q_X = 1,000 - P_X$

⑤ $Q_X = 500/P_X$

달 ①

▍**정답해설**▍
두 재화를 1 : 1 비율로 묶어서 소비하면 두 재화는 완전보완재이고 효용함수는 $U = \min(Q_X, Q_Y)$이다. 무차별곡선은 L자형이다. 예산선은 $P_X Q_X + 10 Q_Y = 1,000$이고 $Q_X = Q_Y$이므로 $(P_X + 10) Q_X = 1,000$에서 $Q_X = 1,000/(10+P_X)$이다.

---

13 X재와 Y재 소비에 대한 乙의 효용함수는 $U = 12x + 10y$이고, 소득은 1,500이다. X재의 가격이 15일 때 乙은 효용극대화를 위해 X재만 소비한다. 만약 乙이 Y재를 공동구매하는 클럽에 가입하면 Y재를 단위당 10에 구매할 수 있다. 乙이 클럽에 가입하기 위해 지불할 용의가 있는 최대금액은? (단, x는 X재 소비량, y는 Y재 소비량이다.) **[28회 기출]**

① 120   ② 200

③ 300   ④ 400

⑤ 600

달 ③

▍**정답해설**▍
선형 효용함수인 경우 무차별곡선은 우하향의 직선이므로 코너해(corner solution)를 얻게 된다. 소득은 1,500이고 X재의 가격이 15일 때 효용극대화를 위해 X재만 소비한다면 X재 소비량은 $\dfrac{1,500}{15} = 100$단위이다. 그리고 X재만 소비할 때의 효용은 $U = 12 \times 100 = 1,200$이다.

이제 Y재를 10에 구매할 수 있으면 $\dfrac{P_X}{P_Y} = \dfrac{15}{10} > MRS_{XY} = \dfrac{12}{10}$이므로 X재의 소비량을 줄이고 Y재의 소비량을 늘려야 한다. 이 경우에는 코너해이므로 Y재만 구입하여야 한다. Y재 소비량은 $\dfrac{1,500}{10} = 150$단위이고, 효용은 $U = 10 \times 150 = 1,500$이다.

클럽에 가입하기 위해 지불할 용의가 있는 최대금액은 효용의 증가분이다. 따라서 $1,500 - 1,200 = 300$이다.

14 甲의 효용함수는 $U = \sqrt{LF}$ 이며 하루 24시간을 여가(L)와 노동($24-L$)에 배분한다. 甲은 노동을 통해서만 소득을 얻으며, 소득은 모두 식품(F)을 구매하는 데 사용한다. 시간당 임금은 10,000원, 식품의 가격은 2,500원이다. 甲이 예산제약 하에서 효용을 극대화할 때, 여가시간과 구매하는 식품의 양은?

[29회 기출]

① $L = 8$, $F = 64$

② $L = 10$, $F = 56$

③ $L = 12$, $F = 48$

④ $L = 14$, $F = 40$

⑤ $L = 16$, $F = 32$

답 ③

┃정답해설┃

예산제약 하에서 효용을 극대화하려면 예산선과 무차별곡선이 접하는 점에서 선택을 해야 하고, 이때 무차별곡선의 기울기(한계대체율 MRS_{LF})와 예산선의 기울기가 같아진다.

효용함수가 $U = \sqrt{LF}$ 이므로 한계대체율 $MRS_{LF} = \dfrac{MU_L}{MU_F} = \dfrac{F}{L}$ 이다. 소비자는 노동을 통해 얻은 소득을 모두 식품(F)을 구매하는 데 사용하므로 예산제약은 $2,500F = 10,000(24-L)$ 이고, 따라서 $F = 4(24-L)$ 이고 예산선의 기울기는 4가 된다.

$\dfrac{F}{L} = 4$ 와 $F = 4(24-L)$ 를 풀면 $4L = 4(24-L)$ 에서 $L = 12$, $F = 48$ 이 계산된다.

15 甲의 효용함수는 $U(x, y) = xy$ 이고, X재와 Y재의 가격이 각각 1과 2이며 甲의 소득은 100이다. 예산제약 하에서 甲의 효용을 극대화시키는 X재와 Y재의 소비량은? (단, 甲은 X재와 Y재만 소비하고 x는 X재의 소비량, y는 Y재의 소비량이다.)

[27회 기출]

① $x = 20$, $y = 40$

② $x = 30$, $y = 35$

③ $x = 40$, $y = 30$

④ $x = 50$, $y = 25$

⑤ $x = 60$, $y = 20$

답 ④

┃정답해설┃

예산제약식 $M = P_X x + P_Y y$ 에 $P_X = 1$, $P_Y = 2$ 를 대입하면 $x + 2y = 100$ 이다. 한계효용균등의 법칙에 의해 효용극대화 조건 $\dfrac{MU_X}{P_X} = \dfrac{MU_Y}{P_Y}$ 이고, $MU_X = y$, $MU_Y = x$ 와 가격을 대입하면 $\dfrac{y}{1} = \dfrac{x}{2}$ 이다. 여기서 $2y = x$ 와 예산제약식 $x + 2y = 100$ 를 연립하여 계산하면 $x = 50$, $y = 25$ 이다.

16 두 재화 X, Y를 소비하는 갑의 효용함수가 $U = XY^2$이고, X재의 가격은 1, Y재의 가격은 2, 소득은 90이다. 효용함수와 소득이 각각 $U = \sqrt{XY}$, 100으로 변경되었을 경우, 갑의 효용이 극대화되는 X재와 Y재의 구매량의 변화로 옳은 것은? **[34회 기출]**

	X재	Y재
①	10 증가	5 감소
②	10 증가	5 증가
③	20 증가	5 감소
④	20 증가	10 감소
⑤	20 증가	10 증가

답 ③

▌**정답해설**▌

콥-더글러스 효용함수 $U = X^\alpha Y^\beta$(일반형)에서 효용이 극대화되는 소비자균형점은(M은 소득이라 가정) $X^* = \dfrac{\alpha}{\alpha+\beta}\dfrac{M}{P_X}$, $Y^* = \dfrac{\beta}{\alpha+\beta}\dfrac{M}{P_Y}$이므로 첫번째 효용함수와 소득에서의 소비자 균형점은 $X^* = \dfrac{1}{3} \times \dfrac{90}{1} = 30$, $Y^* = \dfrac{2}{3} \times \dfrac{90}{2} = 30$이다.

그리고 두번째 효용함수와 소득에서의 소비자 균형점은 $X^* = \dfrac{1}{2} \times \dfrac{100}{1} = 50$, $Y^* = \dfrac{1}{2} \times \dfrac{100}{2} = 25$이다.

따라서 효용을 극대화시키는 구매량으로 X재는 20 증가하며 Y재는 5 감소하게 된다.

17 효용극대화를 추구하는 소비자 甲의 효용함수는 $U(x, y) = x + y$이다. 甲의 무차별곡선에 관한 설명으로 옳지 <u>않은</u> 것은? (단, 甲은 X재와 Y재만 소비하고, x는 X재의 소비량, y는 Y재의 소비량이며, x, y는 양수이다.)

① 원점에서 멀리 있는 무차별곡선은 원점에서 가까이 있는 무차별곡선보다 선호된다.

② 무차별곡선은 우하향한다.

③ 무차별곡선들은 서로 교차하지 않는다.

④ 동일한 무차별곡선 상에서 한계대체율은 체감한다.

⑤ 무차별곡선의 기울기는 모든 소비조합(consumption bundle)에서 동일하다.

답 ④

▌**정답해설**▌

효용함수가 $U(x, y) = x + y$이면 무차별곡선은 우하향하는 형태의 직선이다. 따라서 동일한 무차별곡선 상에서 무차별곡선의 기울기인 한계대체율(MRS_{XY})은 일정하다.

18 소비자 갑의 효용함수는 $U = 3X^2 + Y^2$이며 X재 가격은 6, Y재 가격은 2, 소득은 120이다. 효용을 극대화하는 갑의 최적소비조합(X, Y)은? **[33회 기출]**

① $(0, 60)$
② $(6, 42)$
③ $(10, 30)$
④ $(15, 15)$
⑤ $(20, 0)$

답 ①

❚ 정답해설 ❚

갑의 효용함수는 원점에 대하여 오목한 형태인 타원형으로서 효용극대화는 내부해가 아니라 모서리부분에서 달성된다. 따라서 예산선의 X축 절편과 Y축 절편에서의 효용을 구한 후 이를 비교하여 효용극대화지점을 파악할 수 있다. 예산선은 $6X + 2Y = 120$이고,

1) $X = 20$, $Y = 0$ 에서의 효용 $U = 3 \times 20^2 + 0 = 1200$
2) $X = 0$, $Y = 60$ 에서의 효용 $U = 0 + 3600 = 3600$

따라서, 효용을 극대화하는 갑의 최적소비조합(X, Y)은 $(0, 60)$ 이다.

---

19 대출기간이 동일할 때 은행이 담보대출보다 신용대출에 더 높은 이자율을 적용하는 이유는?

① 담보대출시 담보권 설정 등의 제비용을 고객이 부담하기 때문이다.
② 신용대출을 위한 은행의 자금조달비용이 담보대출의 경우보다 낮기 때문이다.
③ 정부가 담보대출시보다 신용대출시에 더 높은 세율(稅率)을 부과하기 때문이다.
④ 신용대출시 은행이 부담하는 채무불이행 위험이 담보대출시보다 크기 때문이다.
⑤ 은행이 신용대출에 적용되는 이자율이 하락할 것으로 전망하여 은행 이윤을 안정적으로 관리하기 위해서이다.

답 ④

❚ 정답해설 ❚

대출이자율에는 위험프리미엄이 반영된다. 신용대출 이자율이 더 높은 이유는 담보대출보다 채무상환 불이행 위험이 더 크기 때문이다.

20 '다이아몬드와 물의 역설'은 다음 중 어느 것과 관련이 있나?

① 사실상 소비자들은 비합리적이다.
② 가격은 총효용보다 한계효용에 더 밀접하게 관련되어 있다.
③ 물은 열등재이다.
④ 다이아몬드에 대한 수요는 매우 탄력적이다.
⑤ 한계효용체감의 법칙

답 ②

❚ 정답해설 ❚

한계효용이론에 의하면 어떤 재화의 가격은 재화를 소비하여 얻는 총효용이 아니라 한계효용에 의해서 결정된다. 즉, 물보다 다이아몬드 가격이 높은 이유는 물의 한계효용보다 다이아몬드의 한계효용이 높기 때문이다.

21 기펜재(Giffen goods)의 수요에 관한 설명으로 옳은 것을 모두 고른 것은?　　　　**[27회 기출]**

> ㄱ. 가격이 하락할 때 수요량은 증가한다.
> ㄴ. 보상수요곡선은 우하향한다.
> ㄷ. 수요의 소득탄력성은 0보다 작다.

① ㄱ
② ㄴ
③ ㄱ, ㄷ
④ ㄴ, ㄷ
⑤ ㄱ, ㄴ, ㄷ

답 ④

❚ 정답해설 ❚

ㄱ. 기펜재(Giffen goods)는 수요법칙의 예외현상으로 가격이 하락함에도 수요량이 감소하는 재화이다.
ㄴ. 기펜재의 경우에도 대체효과에 의해 상대적으로 가격이 하락한 재화의 수요량은 증가하므로 보상수요곡선은 우하향한다. 보상수요곡선은 대체효과만 고려한다.
ㄷ. 기펜재는 절대적 열등재이므로 수요의 소득탄력성은 0보다 작다.

22 영미의 선호는 효용함수 $U=\min(X,\ Y)$로 표현된다. X재의 가격이 하락할 때, 효용을 극대화하는 영미의 소비변화에 대한 설명 중 옳은 것은?

① X재의 소비를 증가시킬 것이다. 이때 대체효과만 존재한다.

② X재의 소비를 증가시킬 것이다. 이때 소득효과만 존재한다.

③ X재의 소비를 증가시킬 것이다. 이때 대체효과와 소득효과는 같은 방향으로 작용한다.

④ X재의 소비를 증가시킬 것이다. 이때 대체효과와 소득효과는 반대 방향으로 작용한다.

⑤ X재의 소비를 변화시키지 않을 것이다. 이때 대체효과와 소득효과는 완전히 상쇄된다.

답 ②

┃정답해설┃

주어진 효용함수에 의하면 X재와 Y재는 완전보완재이므로 가격비율이 바뀌더라도 대체효과가 발생하지 않는다. 따라서 X재의 가격이 하락하면 X재에 대한 가격효과가 발생하여 X재 소비가 증가하는데 이때 가격효과는 오로지 소득효과로만 구성된다.

---

23 소비자 선호체계와 소비자 선택에 관한 설명으로 옳지 <u>않은</u> 것은? **[22회 기출]**

① 효용함수가 $U=X+Y$이고, X재의 가격이 Y재의 가격보다 높을 때 X재만을 소비한다.

② 효용함수가 $U=\min\{X,\ Y\}$이라면 항상 동일한 양의 X재와 Y재를 소비한다.

③ 한계대체율은 무차별곡선 기울기의 절댓값을 나타낸다.

④ 두 무차별곡선이 교차할 수 없다는 성질은 선호체계의 이행성으로부터 도출된다.

⑤ 효용함수가 $U=(X+Y)^2$이면, 무차별곡선은 직선이다.

답 ①

┃정답해설┃

효용함수가 $U=X+Y$이면 선형효용함수로 무차별곡선은 우하향의 직선이다. 이 경우 코너해(corner solution)가 성립되어 두 재화 중 어느 한 재화만을 소비한다. X재의 가격이 Y재의 가격보다 높다면 Y재만을 소비한다.

24 X재의 가격이 150원이고, Y재의 가격이 100원이다. 소비자 甲의 Y재에 대한 한계효용이 300이고 효용이 극대화된 상태라면, 甲의 X재에 대한 한계효용은? (단, $X > 0$, $Y > 0$이다.) **[23회 기출]**

① 150

② 200

③ 300

④ 450

⑤ 550

답 ④

▌**정답해설**▌

효용극대화는 무차별곡선과 예산선이 접하는 점에서 이루어진다. 따라서 무차별곡선의 기울기와 예산선의 기울기가 같아야 한다. $MRS_{XY} = \dfrac{MU_X}{MU_Y} = \dfrac{P_X}{P_Y}$ 가 성립해야 한다.

$\dfrac{P_X}{P_Y} = \dfrac{150}{100} = 1.5$이므로 $\dfrac{MU_X}{300} = 1.5$이다. 따라서 $MU_X = 450$이다.

25 효용극대화를 추구하는 소비자 甲의 효용함수는 $U(x,\ y) = \min(x,\ y)$이다. 甲의 수요에 관한 설명으로 옳은 것은? (단, 甲은 X재와 Y재만 소비하고, x는 X재 소비량, y는 Y재 소비량을 나타낸다.)

① 수요의 가격탄력성이 0이다.

② 수요의 가격탄력성이 1이다.

③ 수요의 교차탄력성이 0이다.

④ 수요의 교차탄력성이 −1이다.

⑤ 수요의 소득탄력성이 1이다.

답 ⑤

▌**정답해설**▌

레온티에프 효용함수 $U(x,\ y) = \min(x,\ y)$는 X재와 Y재화 중 적은 것에 의해 효용이 결정된다는 것으로 두 재화는 완전보완관계에 있고 무차별곡선은 L자형이다. 레온티에프 효용함수에서 수요의 소득탄력성은 1이고, 이는 소득과 수요량의 관계가 일정하다는 것을 의미한다.

26 동전을 던져 앞면이 나오면 9,000원을 따고 뒷면이 나오면 10,000원을 잃는 도박이 있다. 甲은 위험기피자, 乙은 위험애호자, 丙은 위험중립자인 경우 다음 설명으로 옳은 것은?

① 甲의 도박에의 참여 여부는 위험 기피도에 따라 결정될 것이다.

② 도박에 참여하는 대가로 500원을 준다 해도, 甲은 도박에 참여하지 않을 것이다.

③ 丙은 이 도박에 반드시 참여할 것이다.

④ 乙은 이 도박에 반드시 참여할 것이다.

⑤ 앞면이 나올 때 따는 금액을 1,000원 올려 10,000원으로 하고, 뒷면이 나올 때 잃는 금액을 1,000원 내려 9,000원으로 하면 甲, 乙, 丙 모두 이 도박에 반드시 참여할 것이다.

답 ②

┃정답해설┃

② 앞면이 나오면 9,000원을 따고 뒷면이 나오면 10,000원을 잃는 도박이므로 이 도박의 기대소득은 −500원이다. 따라서 도박에 참여하는 대가로 500원을 주는 도박은 공정한 도박이다. 위험기피자는 공정한 도박에 참여하지 않는다.

① 甲은 위험기피자이므로 공정한 도박과 불리한 도박에는 참여하지 않고, 유리한 도박에는 참여할 수도 있다.

③ 丙은 위험중립자이므로 기대소득이 −500원인 불리한 도박에는 참여하지 않는다.

④ 乙은 애호자이므로 불리한 도박에 참여할 수도 있고, 참여하지 않을 수도 있다.

⑤ 이 경우 기대소득은 $E(X) = \dfrac{10,000 + (-9,000)}{2} = 500$원으로 유리한 도박이다. 유리한 도박에는 위험애호자와 위험중립자는 반드시 참여한다. 그러나 위험기피자는 유리한 도박에 참여할 수도 있고, 참여하지 않을 수도 있다.

27 X재와 Y재만을 소비하는 甲의 효용함수는 $U=-\sqrt{X}+Y$이며, 예산제약식은 $3X+2Y=10$이다. 효용을 극대화하는 甲의 Y재에 대한 수요량은? (단, U는 효용, $X \geq 0$, $Y \geq 0$)

① 0

② 2/3

③ 1.5

④ 5

⑤ 10

답 ④

▌정답해설▐

$U=-\sqrt{X}+Y$에서 X재의 소비량이 증가하면 효용이 감소하므로 X재는 비재화(bads)이다. X재가 비재화인 경우 무차별곡선은 원점에 대해 오목하며 우상향하는 형태이다. X재가 비재화이므로 X재의 소비량이 0일 때 효용극대화가 이루어진다. 예산제약식에 $X=0$을 대입하면 $Y=5$가 된다.

28 어떤 소비자는 부드럽고 원점에 대해 볼록한 무차별곡선을 가진다. 이 소비자는 100만 원을 X재와 Y재의 소비에 사용한다. X재 가격이 5만 원, Y재 가격이 10만 원일 때, 이 소비자가 선택한 조합은 X재 12단위와 Y재 4단위이다. Y재 가격이 5만 원으로 하락하였을 때, 이 소비자가 선택한 조합은 X재 14단위와 Y재 6단위이다. 이로부터 유추할 수 있는 내용이 <u>아닌</u> 것은? (단, 개별수요곡선은 직선이라고 가정한다.)

① Y재에 대한 개별수요곡선을 도출할 수 있다.

② Y재로 표시한 X재의 한계대체율(MRS_{XY})은 증가한다.

③ 예산집합은 확대된다.

④ 대체효과는 음수이다.

⑤ X재는 열등재이다.

답 ⑤

▌정답해설▐

상품가격이 하락하면 소득의 실질가치는 증가한다. 이 경우 소비량이 증가하는 상품은 정상재, 감소하는 상품은 열등재이다. Y재 가격이 하락하는 경우 Y재에 대해서는 대체효과와 소득효과가 발생하는 반면, X재에 대해서는 소득효과만 발생한다. Y재의 가격이 하락하면 실질소득이 증가하고 그 결과 X재 소비량이 증가하였다면 X재는 정상재에 속한다.

29 소비자이론에 관한 설명으로 옳은 것을 모두 고른 것은? [34회 기출]

ㄱ. 무차별곡선은 효용을 구체적인 수치로 표현할 수 있다는 가정 하에 같은 만족을 주는 점들을 연결한 것이다.
ㄴ. 상품의 특성에 따라 무차별곡선은 우상향 할 수도 있다.
ㄷ. 열등재이면서 대체효과보다 소득효과의 절대적 크기가 매우 클 경우 그 재화는 기펜재(Giffen goods)이다.
ㄹ. 유행효과(bandwagon effect)가 존재하면 독자적으로 결정한 개별수요의 수평적 합은 시장수요이다.

① ㄱ, ㄴ　　　　　　　　　　　　　　　　② ㄱ, ㄷ
③ ㄱ, ㄹ　　　　　　　　　　　　　　　　④ ㄴ, ㄷ
⑤ ㄴ, ㄹ

답 ④

┃정답해설┃

ㄱ. 효용의 절대적인 크기인 기수적 효용의 가측성을 전제로 하는 개념은 무차별곡선이론이 아니라 한계효용이론이다. 무차별곡선이론은 효용을 구체적인 수치로 표현할 수 있다는 전제를 배격하고 선호의 순서(즉 서수적 효용)만 알면 소비자행동의 설명이 가능하다는 인식에서 출발한다.

ㄴ. 두 재화 중 한 재화가 비재화(bads, 소비를 할수록 효용이 감소하는 재화)인 경우 무차별곡선은 우상향한다.

ㄷ. 기펜재는 가격이 하락할 때 수요량이 감소하는 재화로서, 수요곡선이 우상향한다. 기펜재는 소득이 증가할 때 수요가 감소하는 열등재이며 대체효과는 음(−)의 부호를 가지지만 소득효과가 양(+)의 부호를 가지며 그 효과가 더 크기 때문에 전체적으로 가격효과가 양(+)을 가지게 된다(가격변화방향과 구입량변화 방향이 동일하면 +, 가격변화방향과 구입량변화 방향이 반대인 경우 −로 할 경우).

ㄹ. 유행효과는 많은 소비자들이 소비하는 재화를 보고 질이 좋은 재화일 것이라고 생각하고 따라서 구입하는 현상으로, 동행효과 또는 악대차효과라고도 한다. 유행효과가 있을 경우 수요곡선은 정상적인 수요곡선보다 더 완만한 형태를 보인다.

30 甲은 열등재인 X재와 정상재인 Y재만을 소비한다. 소득과 Y재의 가격이 일정할 때, X재의 가격이 하락하자 X재의 소비량이 감소하였다. 이 경우 옳은 설명을 모두 고른 것은?

> ㄱ. X재는 기펜재이다.
> ㄴ. 가격소비곡선은 우상향한다.
> ㄷ. X재에 대한 대체효과의 절댓값이 소득효과의 절댓값보다 작다.
> ㄹ. X재에 대한 대체효과와 소득효과는 같은 방향이다.

① ㄱ, ㄴ   ② ㄱ, ㄷ

③ ㄴ, ㄹ   ④ ㄱ, ㄴ, ㄷ

⑤ ㄴ, ㄷ, ㄹ

답 ②

▌정답해설▐

ㄱ. 소득과 Y재의 가격이 일정할 때, X재의 가격이 하락하자 X재의 소비량이 감소하였다는 것은 수요곡선이 우상향한다는 것으로 X재는 기펜재이다.

ㄴ. 가격소비곡선(PCC)의 우하향 및 우상향 여부는 X재와 Y재의 관계에 따라 달라지므로 알 수 없다.

ㄷ, ㄹ. 가격과 수요량 변화의 방향을 기준으로 부호(+, −)를 표시하면 기펜재는 음(−)의 대체효과< 양(+)의 소득효과이므로 가격효과는 양(+)이다.

31 현시선호의 약공리를 바르게 설명한 것은?

① A를 선택할 때 B가 선택가능하였다면 B를 선택할 때에는 A가 선택불가능하여야 한다.

② A를 선택할 때 B가 선택가능하였다면 B를 선택할 때에는 A가 선택가능하여야 한다.

③ A, B, C가 선택가능할 때 A를 선택하였다면 A, B만이 선택가능할 때에도 A를 선택하여야 한다.

④ A를 선택할 때 B가 선택가능하였고 B를 선택할 때 C가 선택가능하였다면 A를 선택할 때 C도 선택가능하여야 한다.

⑤ A를 선택할 때 B가 선택가능하였고 B를 선택할 때 C가 선택가능하였다면 C를 선택할 때 A는 선택불가능하여야 한다.

답 ③

▌정답해설▐

소비자가 동일한 예산집합에 속한 A, B, C 중에서 A를 선택하고 약공리가 성립하면 A와 B 또는 A와 C 중에서는 반드시 A를 선택한다.

32 X재 가격이 하락할 때 아래의 설명 중 옳은 것을 모두 고른 것은? (단, X재와 Y재만 존재하며 주어진 소득을 두 재화에 모두 소비한다.) **[33회 기출]**

> ㄱ. X재가 정상재인 경우 보상수요곡선은 보통수요곡선보다 더 가파르게 우하향하는 기울기를 가진다.
> ㄴ. X재가 열등재인 경우 보상수요곡선은 우상향한다.
> ㄷ. X재가 기펜재인 경우 보통수요곡선은 우상향하고 보상수요곡선은 우하향한다.

① ㄱ
② ㄴ
③ ㄱ, ㄷ
④ ㄴ, ㄷ
⑤ ㄱ, ㄴ, ㄷ

답 ③

┃정답해설┃

콥-더글러스(Cobb-Douglas) 효용함수의 무차별곡선이 원점에 대해 볼록하고 우하향하는 일반적인 형태라면 보상수요곡선은 항상 우하향하므로 열등재와 기펜재(Giffen's goods)의 보상수요곡선도 우하향한다.

보상수요곡선(compensation demand curve)은 가격효과에서 소득효과를 제외한 순수한 상대가격 변화의 효과만을 나타낸 수요곡선이다. 보상수요곡선은 대체효과만을 고려하여 도출된 수요곡선이므로 소득효과가 0이라면 보통수요곡선과 일치한다.

33 ( )에 들어갈 내용을 순서대로 옳게 연결한 것은? **[24회 기출]**

> 위험애호적(risk-loving)인 사람의 폰 노이만-모겐스턴 효용함수(von Neumann Morgenstern utility function) 는 (ㄱ)함수이며, (ㄴ)이(가) 기대소득보다 크므로 위험 프리미엄이 0보다 (ㄷ).

	ㄱ	ㄴ	ㄷ
①	오목	기대효용	크다
②	볼록	기대효용	작다
③	오목	기대효용	작다
④	오목	확실성등가	크다
⑤	볼록	확실성등가	작다

답 ⑤

┃정답해설┃

위험애호적인 사람의 효용함수는 아래쪽에서 볼록한 형태이므로 확실성등가가 기대소득보다 크다. 따라서 기대치에서 확실성등가를 뺀 위험 프리미엄은 마이너스(−) 값을 갖는다. 즉 0보다 작다.

CHAPTER 04

생산과 생산함수, 생산비

출제포인트

☐ 생산함수의 여러 가지 유형별 의미와 특징
☐ 기회비용과 매몰비용
☐ 완전보완요소와 완전대체요소인 경우 최적생산
☐ 여러 비용(AC, MC, AVC, AFC) 간의 관계
☐ 규모에 대한 수익과 규모의 경제
☐ 생산의 비용극소화

제1절 생산과 생산함수

1. 생산의 의의

(1) 생산의 뜻

넓은 의미로 생산은 인간의 효용을 증가시키는 모든 행위를 말한다. 따라서 재화를 만들어내는 활동(좁은 의미의 생산)은 물론 재화를 운반, 저장하는 활동인 서비스도 생산에 포함된다.

(2) 생산의 주체

생산의 주체는 기업(firm)으로, 기업은 가계가 제공한 생산요소를 결합하여 생산물(재화, 서비스)를 생산한다. 기업은 어떤 한 가지 제품, 또는 상호 밀접하게 연관되어 있는 제품을 생산하는 기업의 집합인 산업(industry)과는 구별된다.

(3) 생산의 동기

전통적으로 자본주의 경제체제에서 생산의 동기와 목표는 이윤의 극대화에 있다고 가정한다. 그러나 오늘날에는 기업의 생산활동의 목표로 총수입(판매액)의 극대화, 기업 성장의 극대화, 기업의 사회적 책임 등이 강조되기도 한다.

2. 생산함수와 생산방법

(1) 생산함수의 뜻

① 생산함수(production function)는 일정 기간에 투입하는 생산요소의 수량과 그 결합으로부터 얻을 수 있는 최대 산출량 간의 일정한 기술적 관계를 나타낸다.

② 따라서 생산함수는 유량(flow) 개념이고, 주어진 생산요소를 가장 효율적인 기술을 이용하여 투입할 경우 생산할 수 있는 최대의 산출량, 또는 주어진 생산량을 생산할 수 있는 최소의 요소투입량을 의미한다.

(2) 일반적인 형태의 생산함수

① L의 노동량과 K의 자본량을 투입하여 Q의 생산량을 생산한다면 생산함수는

$$Q = f(L, K)$$

로 표시되는데, 노동량(L)과 자본량(K)이 증가하면 산출량(Q)은 증가한다.

② 이 생산함수를 이용하여 ㉠ 자본은 고정되어 있고, 노동만이 가변적인 단기 생산함수를 이용하여 수확체감의 법칙과 생산의 3단계를 설명할 수 있고, ㉡ 노동과 자본 모두 가변적인 장기 생산함수를 이용하여 규모에 대한 수익, 기술적 효율과 경제적 효율, 등량곡선과 등비용선을 이용한 생산자 선택점을 설명할 수 있다.

제2절 특수한 생산함수 기출 31회 · 30회 · 29회 · 28회 · 27회

1. 규모에 대한 수익

(1) 규모에 대한 수익의 뜻

규모에 대한 수익(returns to scale)는 장기에 생산요소가 같은 비율로 증가했을 때 생산량이 어떻게 변화하는가를 보여주는 개념이다.

(2) 규모에 대한 수익의 유형 기출 35회 · 29회 · 27회

① 예컨대 생산요소(노동과 자본)가 모두 2배 증가한 경우 생산량도 2배 증가하면 규모에 대한 수익불변(CRS)이라고 하고, 이 경우 장기 평균비용은 불변이다.

② 생산량이 2배를 초과하여 증가하면 규모에 대한 수익증가(IRS)이라고 하고, 이 경우 장기평균비용은 체감한다. 규모의 경제(economies to scale)라고도 한다.

③ 생산량이 2배 미만으로 증가하면 규모에 대한 수익감소(DRS)이라고 하고, 이 경우 장기평균비용은 체증한다. 규모의 불경제(diseconomies to scale)라고도 한다.

> **더 알아보기** 규모의 경제가 나타나는 이유
>
> 규모의 경제가 발생하는 것은 생산규모의 확대에 따라,
> ㉠ 분업과 전문화의 이익
> ㉡ 생산의 물리적 법칙 작용
> ㉢ 경영의 효율성
> ㉣ 금전상의 이득이 작용하기 때문이다.
> 그리고 생산규모가 아주 커지면 ㉠, ㉡, ㉢의 요인이 반대로 나타나 ㉣의 금전상의 이득을 압도하여 규모의 불경제가 발생한다.

2. 동차 생산함수(homogeneous production function)

(1) 의미

생산함수가

$$f(tL,\ tK) = t^k f(L,\ K)$$
$$(k는\ 상수,\ t > 0인\ 상수)$$

일 때 이를 k차 동차생산함수라고 한다. 예컨대 $t = 1.1$이고 $k = 2$라면 $t^k = 1.21$이므로 따라서 노동과 자본을 모두 10%씩 증가시켰을 때 생산량은 21%가 증가했음을 의미한다.

(2) 1차 동차 생산함수

① k차 동차생산함수에서 $k = 1$인 경우 이를 1차 동차생산함수라고 한다. 즉 $f(tL,\ tK) = tf(L,\ K)$이므로 1차 동차생산함수는 규모에 대한 수익이 불변인 생산함수이다.

② 따라서 k차 동차생산함수에서

    ㉠ $k = 1$이면 규모에 대한 수익불변

    ㉡ $k > 1$이면 규모에 대한 수익체증

    ㉢ $k < 1$이면 규모에 대한 수익체감이다.

(3) 0차 동차 생산함수

k차 동차 생산함수 $f(tL,\ tK) = t^k f(L,\ K)$에서 $k = 0$인 경우를 0차 동차 생산함수라고 한다. 0차 동차 생산함수에서는 생산요소의 투입량을 증가시켜도 생산량은 불변이다.

3. 생산요소의 완전보완관계, 완전대체관계 [기출] 33회 · 31회 · 29회 · 28회 · 27회

(1) 생산요소 간의 완전보완관계

① 예컨대 타이피스트(L)와 타자기(K) 간의 관계처럼 생산요소 간에 완전보완관계가 있는 경우에는 생산요소의 투입비율이 고정된다. 이 경우 생산함수는

$$Q = \min(K,\ L)$$

로 표시한다.

② 즉 생산량 Q는 노동량(L)과 자본량(K) 중에서 요소의 양이 작은 것에 의해 결정된다는 뜻이다. 고정계수 생산함수라고도 하고 대표적인 예로 레온티에프(W. Leontief) 생산함수가 있다.

③ 고정계수 생산함수는 생산요소의 투입비율이 고정된 생산함수이다. a, b를 고정된 자본과 노동의 투입계수라고 하면 고정계수 생산함수는

$$Q = \min\left(\frac{K}{a},\ \frac{L}{b}\right)$$

로 표시된다. 이것이 갖는 의미는, 생산량 Q는 노동을 L, 자본을 K만큼 투입할 때 K/a와 L/b 중에서 작은 것에 의해 결정된다는 것이다.

(2) 생산요소 간의 완전대체관계

노동과 자본 두 생산요소가 완전대체관계에 있는 경우 생산함수는

$$Q = K + L$$

로 표시된다. 예컨대 기계 1대의 생산량과 노동 10단위의 생산량이 동일하다면 이런 경우 노동과 자본은 완전대체관계가 된다.

4. 콥-더글러스(Cobb-Douglas) 생산함수 기출 35회·31회·30회·29회·28회·27회

(1) 의의

콥(Charles W. Cobb)과 더글러스(Paul H. Douglas)가 노동과 자본에 대한 대체탄력성의 정의로부터 도출해 낸 장기 생산함수로 CES생산함수(요소의 대체탄력성이 불변인 생산함수)와 함께 규모에 대한 수익불변인 1차 동차생산함수의 대표적인 예($\alpha + \beta = 1$인 경우)가 된다.

(2) 형태

콥-더글러스 생산함수의 형태는 다음과 같다.

$$Q = AK^{\alpha}L^{\beta}$$
단, $0 \leq \alpha \leq 1$, $0 \leq \beta \leq 1(\alpha + \beta = 1)$, $A > 0$인 상수

여기서 α와 β는 생산에 있어서 자본과 노동의 기여도를 의미한다. 즉 $\alpha = 0.75$, $\beta = 0.25$라면 생산물(Q) 1단위 생산에 있어서 K는 75%, L은 25%의 기여를 했음을 의미한다. 또한 이 생산함수에서

$\alpha + \beta = 1$이면 규모에 대한 수익불변
$\alpha + \beta > 1$이면 규모에 대한 수익체증
$\alpha + \beta < 1$이면 규모에 대한 수익체감

을 의미한다.

(3) 성질

① 규모에 대한 수익불변인 경우 각 생산요소의 평균 생산물(AP)과 한계 생산물(MP)은 생산요소의 결합비율(즉 K/L)에 의해 결정된다. 또한 생산요소의 결합비율(K/L)이 일정하면 AP와 MP도 일정하다.

② α는 생산의 자본 탄력성, β는 생산의 노동 탄력성을 의미한다.

③ 오일러(Euler)의 정리가 성립한다. 즉 생산물은 생산요소의 공급자에게 완전 분배된다(완전분배의 정리).

④ 한 경제의 각 생산요소가 그 생산요소의 한계생산물만큼 분배를 받는다면 α는 자본소득 분배율, β는 노동소득 분배율을 표시한다.

⑤ Cobb-Douglas 생산함수 $Q = AL^{\alpha}K^{\beta}$에서 노동과 자본의 한계생산은 체감한다. 즉 $MP_L = \alpha L^{\alpha-1}K^{\beta}$ 이고, $MP_K = \beta L^{\alpha}K^{\beta-1}$이므로 다른 생산요소를 일정하게 두고 어느 한 생산요소의 투입을 증가시키면 한계생산은 체감한다(수확체감의 법칙). 그리고 한계생산이 체감해도 규모에 대한 수익체증일 수 있다는 것을 알 수 있다.

더 알아보기 오일러(Euler)의 정리

1. $Q = f(L, K)$가 k차 동차함수이면 $Lf_L + Kf_K = kf(L, K)$가 성립한다. 여기서 f_L은 생산함수를 노동으로 미분한 값, 즉 노동의 한계생산이고 f_K는 자본의 한계생산이다.

2. 따라서 f가 1차 동차함수이면 $Lf_L + Kf_K = f(L, K) = Q$이고, 각 생산요소의 보수가 그들의 한계생산물 f_L, f_K에 의해 결정되면 총생산량은 생산요소의 총보수와 동일하다. 여기서 Lf_L은 노동에 지급된 총보수, Kf_K는 자본에 지급된 총보수를 의미한다.

   ① $k < 1$ 이면 $Lf_L + Kf_K < f(L, K) = Q$, 즉 총생산량이 각 생산요소의 한계생산물에 의한 총보수보다 크다.

   ② $k > 1$ 이면 $Lf_L + Kf_K > f(L, K) = Q$, 즉 총생산량이 각 생산요소의 한계생산물에 의한 총보수보다 작다.

5. 생산요소의 대체탄력성 `기출` 29회

(1) 생산요소의 대체탄력성의 의미

① 생산요소의 대체탄력성(elasticity of factor substitution)은 생산과정에서 한 생산요소가 다른 생산요소로 얼마나 쉽게 대체될 수 있는가의 정도를 나타내는 개념이다.

② 노동과 자본 사이의 대체탄력성(σ)은 생산량을 일정하게 유지하는 상황에서 한계기술대체율($MRTS_{LK}$)이 1% 변화할 때 생산요소 결합비율($\frac{K}{L}$)이 몇 % 변화하는지를 나타낸다.

$$\sigma = \frac{\frac{K}{L}\text{의 변화율}}{MRTS_{LK}\text{의 변화율}} = \frac{\frac{\Delta(K/L)}{(K/L)}}{\frac{\Delta MRTS_{LK}}{MRTS_{LK}}}$$

③ 또는 $MRTS_{LK} = \frac{w}{r}$ 이므로 생산요소 가격비율($\frac{w}{r}$)이 1% 변화할 때 생산요소 결합비율($\frac{K}{L}$)이 몇 % 변화하는지를 나타낸다.

$$\sigma = \frac{\frac{\Delta(K/L)}{(K/L)}}{\frac{\Delta(w/r)}{(w/r)}}$$

(2) 생산요소의 대체탄력성의 크기

① 생산함수가 규모에 대한 수확불변인 Cobb-Douglas 생산함수인 경우 $\sigma = 1$이다. 그리고 $\sigma = 1$인 경우 상대적으로 $MP_K > MP_L$이다.

② 등량곡선이 원점에 대해 볼록한 정도가 클수록 대체탄력성은 작아지고, 극단적으로 등량곡선이 L자형인 고정계수 생산함수(또는 Leontief 생산함수)인 경우 $\sigma = 0$이 된다.

③ 선형생산함수의 경우 두 생산요소가 완전대체에 있으므로 대체탄력성 $\sigma = \infty$가 된다.

(3) 생산요소의 대체탄력성의 특징

① $\sigma = 1$일 때 이자율이 임금에 비하여 상대적으로 올라도 국민소득 가운데서 노동자가 차지하는 몫은 일정하다.

② $\sigma > 1$일 때 임금이 이자율에 비하여 상대적으로 오르면 (노동이 자본으로 대체되는 폭이 크게 나타나므로) 국민소득 가운데서 노동자의 몫이 감소한다.

제3절 | 단기와 장기 생산함수

1. 단기 생산함수

(1) 의의

어느 한 가지 생산요소가 고정되어 있는 경우의 생산함수를 단기 생산함수라고 한다. 즉, $Q = f(L, K)$에서 단기에 자본(K)은 고정되어 있다. 따라서 단기에 생산량(Q)의 증가를 위해서는 노동(L)의 투입량을 증가시켜야 한다.

(2) 평균생산(AP) 기출 27회

① 노동의 평균생산(average products, AP)은 노동 1단위당 생산량을 의미한다. 총생산(TP)을 노동의 투입량(L)으로 나누어 계산한다. 즉

$$\text{노동의 평균생산}(AP) = \frac{\text{총생산}(TP)}{\text{노동투입량}(L)}$$

이다.

② 노동의 평균생산은 기하학적으로 각각의 노동량에 대응하는 총생산(TP)곡선상의 한 점과 원점을 연결한 선의 기울기이다.

③ 따라서 노동투입량을 증가시키면 노동의 평균생산은 증가하다가 일정 한도를 지나면 감소한다. 노동의 평균생산은 후생(welfare)수준과 밀접한 관계가 있다.

(3) 한계생산(MP)

① 노동의 한계생산(marginal products, MP)은 노동 1단위를 추가로 투입할 때 그로 인한 총생산량의 증가분(ΔTP)을 말한다. 즉

$$\text{노동의 한계생산}(MP) = \frac{\text{총생산의 증가분}(\Delta TP)}{\text{노동투입량의 증가분}(\Delta L)}$$

이다.

② 노동의 한계생산은 수학적으로 총생산 함수의 미분값이고, 따라서 총생산(TP) 곡선의 접선의 기울기이다.

(4) 한계생산 체감의 법칙(수확체감의 법칙) [기출] 32회

① 한 가지 생산요소(K)의 투입을 고정시키고, 다른 생산요소(L)의 투입을 증가시키면 총생산(TP)은 증가하지만 그 증가분(ΔTP), 즉 한계생산(MP)은 처음에는 증가하다가 일정 한도를 지난 후부터는 감소하는데 이러한 현상을 한계생산 체감의 법칙, 또는 수확체감의 법칙(law of diminishing returns)이라고 한다.

② 한계생산은 자원배분의 효율성과 밀접한 관련이 있다. 또한 한계생산과 관련하여 단기에 기업의 노동 고용량에 대한 한 가지 기준을 제시할 수 있다. 그 기준은 기업은 노동의 한계생산이 0이거나 음($-$)인 수준까지 노동을 고용하지는 않는다는 것이다. 정확한 고용량 결정은 생산물의 시장가격과 시장임금률에 따라 달라진다.

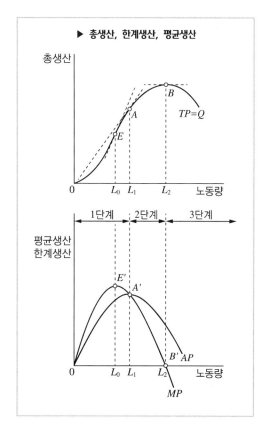

(5) 평균생산과 한계생산의 관계(평균과 한계의 관계)

〈그림〉에서 본 노동의 평균생산 곡선과 노동의 한계생산 곡선은 다음과 같은 특징을 가지고 있다.

① 한계생산과 평균생산은 처음에는 증가하다가 극대점에 도달하고 그 이후에는 감소한다.

② 평균생산이 증가할 때 한계생산은 평균생산보다 많고, 평균생산이 최대일 때 한계생산과 평균생산은 같으며, 평균생산이 감소할 때 한계생산은 평균생산보다 적다.

③ 즉 한계생산 곡선이 증가하든지 감소하든지 관계없이 한계생산 곡선이 평균생산 곡선의 위에 있는 한 평균생산은 증가한다는 것이다.

④ 이와 같은 관계는 한계(marginal)와 평균(average)개념 간의 당연한 결과이며 경제적인 사실이라기보다는 수학적인 사실이다.

⑤ 이상의 설명을 요약하면 다음과 같다. 그리고 그 역(reverse)도 성립한다.

$MP > AP$이면 AP는 증가
$MP = AP$이면 AP는 극대
$MP < AP$이면 AP는 감소

2. 장기 생산함수

(1) 장기 생산함수의 의의 `기출` 32회

장기에는 노동은 물론 자본까지 포함하여 모든 생산요소가 가변적이고 이 경우의 생산함수를 장기 생산함수라고 한다. 장기 생산함수를 이용한 분석으로 기술적 효율과 경제적 효율이 있다.

(2) 기술적 효율과 경제적 효율

① 기술적 효율

　⊙ 두 가지 생산요소(L, K)가 모두 가변적일 때 노동과 자본의 여러가지 결합으로 최대의 생산량을 얻을 수 있는 생산방법을 기술적 효율(technical efficiency)이 있는 생산방법이라고 한다.

　ⓒ 이는 노동과 자본 간에 대체가 가능하다는 생산요소의 상호 대체성(substitution) 가정하에서 성립되는 개념이다.

　ⓒ 앞에서 보았던 생산가능곡선(PPC)과 뒤에서 보게 될 등량곡선 상의 모든 점은 기술적 효율이 있는 생산방법을 나타낸다.

② 경제적 효율 : 기술적 효율이 있는 여러 가지 생산방법 중 생산비가 최소인 생산방법을 경제적 효율(economic efficiency)이 있는 생산방법이라고 한다. 뒤에서 보게 될 생산자 균형점은 경제적 효율이 있는 생산방법을 나타낸다.

제4절　생산자의 균형

1. 생산자 균형의 의의

생산자의 균형은 합리적 생산, 즉 생산요소의 최적결합방법을 등량곡선과 등비용선을 이용하여 설명한다. 생산요소의 최적결합은 ⊙ 일정한 비용으로 최대의 생산량을 얻을 수 있는 생산요소의 결합 또는 ⓒ 일정한 생산량을 최소의 비용으로 얻을 수 있는 생산요소의 결합방법을 의미한다.

2. 등량곡선

(1) 등량곡선의 의미

① 동일한 양의 생산을 할 수 있는 두 생산요소(L, K)의 여러 가지 배합점을 연결한 선을 등량곡선(iso-quant curve), 또는 등생산량 곡선이라고 한다. 등량곡선은 노동과 자본이 모두 가변적인 장기 생산함수를 그래프로 표시한 것이다.

② 등량곡선 위의 모든 점은 최소의 생산요소 배합점이므로 기술적 효율(technical efficiency)이 있는 생산방법을 나타낸다. 등량곡선도 무차별곡선과 마찬가지로, 생산량의 크기에 따라 무수히 많은 등량곡선이 그려진다.

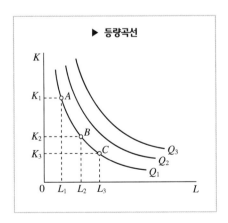

③ 〈그림〉에서 Q_1을 생산하기 위한 노동(L)과 자본(K)의 결합방법은 A, B, C 3가지가 있고, 이 3점을 연결한 선이 생산량 Q_1을 나타내는 등량곡선이다.

④ 따라서 한 등량곡선 위의 모든 점은 동일한 생산량을 표시하고, 원점에서 멀리 위치한 등량곡선일수록 더 높은 생산량을 나타낸다.

(2) 등량곡선의 특징 `기출` 34회 · 32회 · 30회 · 28회 · 27회 · 25회

① 등량곡선은 우하향
　㉠ 등량곡선은 우하향한다. 이는 어느 한 생산요소의 투입을 줄이면서 동일한 양을 생산하기 위해서는 다른 생산요소의 투입을 증가시켜야 한다는 것을 의미한다. 즉 생산요소 간에 대체가 가능하다는 것을 의미한다.
　㉡ 여기서 동일한 생산량을 유지하면서 노동 1단위를 더 투입하기 위해 줄여야 하는 자본량의 비율을 한계기술적대체율(marginal rate of technical substitution, $MRTS_{LK}$), 또는 기술적한계대체율이라고 한다. 한계기술적대체율은 등량곡선의 기울기를 나타낸다. 한계기술적대체율은 다음과 같이 정의된다.

$$MRTS_{LK} = \frac{\Delta K}{\Delta L} = \frac{MP_L}{MP_K}$$

② 원점에 대해 볼록
　㉠ 등량곡선은 원점에 대해 볼록(convex to origin)하다. 이는 노동과 자본은 대체가 가능하지만 완전대체는 아니라는 것을 의미한다.
　㉡ 즉 자본을 노동으로 대체해 감에 따라 노동과 자본 간의 한계기술적대체율($MRTS_{LK}$)이 감소한다는 것을 의미하는데 이러한 현상을 한계기술적 대체율 체감의 법칙이라고 한다.
　㉢ 이 경우 생산함수는 콥–더글러스 생산함수 $Q = AK^\alpha L^\beta$로 대체탄력성은 항상 1이다.

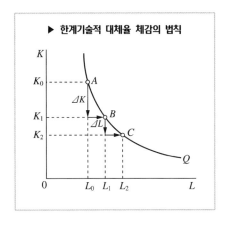

▶ 한계기술적 대체율 체감의 법칙

③ 서로 교차하지 않음 : 등량곡선 지도(iso quant map)에서 원점에서 멀리 위치한 등량곡선은 더 많은 생산량을 나타내고, 두 개 이상의 등량곡선은 서로 교차할 수 없다.

(3) 등량곡선의 형태 `기출` 35회 · 34회 · 33회 · 31회 · 30회 · 28회 · 27회 · 26회

① 생산요소간 완전보완관계
　㉠ 레온티에프(Leontief) 생산함수 $Q = A\min[K, L]$에서 처럼 생산요소가 완전보완관계에 있는 경우에는 두 요소 중에서 양이 작은 요소에 의해 생산량이 결정된다.
　㉡ 이 경우 등량곡선은 L자형으로 표시된다. 또한 이 경우 한계기술적대체율($MRTS_{LK}$)은 등량곡선이 수직인 부분에서는 무한대(∞)이고, 수평인 부분에서는 0이 된다. 또는 $MRTS_{LK}$은 정의되지 않는다고 한다.
　㉢ 요소 간의 대체가 불가능하므로 대체탄력성은 0이다.

② 생산요소간 완전대체관계

　　㉠ 생산요소의 완전대체라는 것은 어느 한 요소 대신에 다른 요소를 사용해도 생산량에는 전혀 변화가 없는 경우를 말한다.

　　㉡ 이런 경우에는 등량곡선이 우하향하는 직선의 형태로 나타난다. $Q = aK + bL$으로 등량곡선이 직선이므로 한계기술적 대체율은 일정불변인 상수(constant) 값을 갖는다.

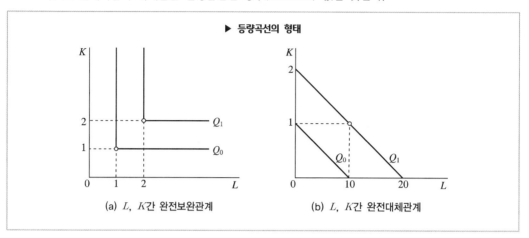

▶ 등량곡선의 형태

(a) L, K간 완전보완관계　　　　(b) L, K간 완전대체관계

3. 등비용선

(1) 등비용선의 의미　기출 29회·27회·26회

① 등비용선(iso-cost line)은 소비자 선택이론에서의 예산선(budget line)에 대응하는 개념으로 일정한 비용으로 구입할 수 있는 노동(L)과 자본(K)의 결합점을 연결한 선이다. 즉 한 등비용선 위의 모든 점은 생산요소의 결합비율은 다르지만 동일한 총비용(TC)을 나타낸다.

② 총비용이 TC, 노동의 가격(임금률)을 w, 자본의 가격(이자율)을 r이라고 하면 등비용선은

$$TC = rK + wL$$

로 표시된다. rK는 자본에 대한 비용, wL은 노동에 대한 비용이다.

③ 등비용선의 기울기($\frac{w}{r}$)는 노동 1단위와 자본 1단위의 가격비율, 즉 노동과 자본의 상대가격으로 기회비용을 나타낸다.

④ 등비용선은 무수히 많이 존재하는데 원점에서 멀어질수록 높은 비용을 나타낸다.

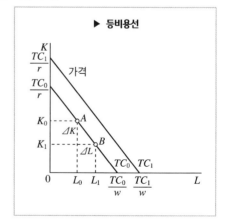

▶ 등비용선

(2) 등비용선의 이동

노동(L)과 자본(K)의 가격비율이 변화하면 등비용선의 기울기가 변화한다.

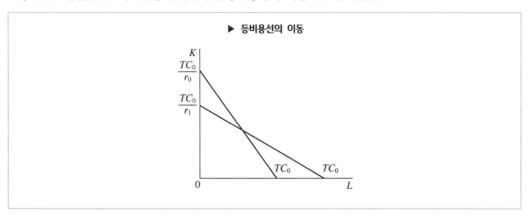

▶ 등비용선의 이동

4. 생산자 균형의 결정

(1) 생산요소의 최적결합

생산자 균형은 생산요소의 최적결합 방법을 찾아내는 것이다. 생산요소의 최적결합은 일정한 생산량을 최소의 비용으로 생산할 수 있는 생산요소의 결합방법, 또는 일정한 비용으로 최대의 생산량을 생산할 수 있는 생산요소의 결합방법을 의미하므로 생산자 균형을 찾는 것은 두 가지 방법으로 접근할 수 있다.

(2) 생산자 균형의 결정

주어진 총비용(TC_1)으로 생산량을 극대화하는 노동과 자본의 결합은 TC_1의 등비용선과 등량곡선이 접하는 E에서 결정된다.

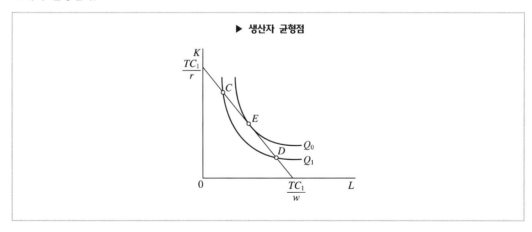

▶ 생산자 균형점

(3) 생산자 균형점의 조건 `기출` 33회·30회·29회·27회·26회

① 생산자 균형점에서는 등량곡선과 등비용선이 접하므로 양자의 기울기가 같고 따라서 다음의 조건이 성립한다.

$$MRTS_{LK} = \frac{MP_L}{MP_K} = \frac{w}{r}$$

이 조건은 다음과 같이 바꾸어 쓸 수도 있다.

$$\frac{MP_L}{w} = \frac{MP_K}{r}$$

이 식의 조건에 따라 생산요소를 결합하면 생산요소의 최적결합이 이루어진다는 것을 한계생산 균등의 법칙이라고 한다.

② 따라서 생산자 균형점은 ㉠ 주어진 생산량을 최소의 비용으로 생산할 수 있는 노동과 자본의 결합점(최소비용의 원칙), ㉡ 주어진 생산비로 최대의 생산량을 생산할 수 있게 하는 노동과 자본의 결합점(최대생산의 원칙)이고 따라서 ㉢ 기술적 효율이 있는 생산방법 중 경제적 효율(economic efficiency)이 있는 생산방법을 나타낸다.

> **더 알아보기** MC, P_L, MP_L 간의 관계(단기)
>
> 생산자 균형점의 조건을 이용하여 단기에 있어서의 한계비용 MC와 P_L 및 MP_L 간의 관계를 정리해 볼 수 있다. 즉 MP_L은 생산량의 증가분(ΔQ), P_L은 노동의 가격이므로 노동 1단위를 추가로 투입하는 경우 총비용의 증가분(ΔTC)이다. 한계비용은 $MC = \frac{\Delta TC}{\Delta Q}$이므로, 단기적으로 $MC = \frac{P_L(=w)}{MP_L}$의 관계가 성립한다.

5. 생산자 균형점의 이동

(1) 확장경로

① 노동과 자본의 가격은 변화가 없는 상태에서 다양한 생산량이 주어질 때 우리는 주어진 생산량을 최소의 비용으로 생산할 수 있는 다양한 생산자 균형점을 얻을 수 있다.

② 아래 〈그림〉에서 요소가격이 일정할 때 Q_0를 생산하기 위한 최소비용은 TC_0, Q_1을 생산하기 위한 최소비용은 TC_1, Q_2를 생산하기 위한 최소비용은 TC_2이다. 각각의 경우 생산자 균형점, 즉 최소비용점 A, B, C를 연결하면 확장경로(expansion path)를 얻을 수 있다.

(2) 장기총비용함수의 도출

① 장기총비용함수(LTC)는 기업은 생산량이 얼마이든 항상 생산비를 최소로 하는 생산방법을 택한다는 가정하에 생산량의 변화에 따른 생산비의 변화를 나타내는 함수로, 확장경로로부터 도출된다.

② 〈그림〉에서 A, B, C 각 점은 각각의 생산량 Q_0, Q_1, Q_2를 생산하는 데 있어서의 최소비용점(생산자 균형점)이고, 이를 연결한 것이 확장경로(expansion path)로 이를 통해 장기총비용곡선을 도출할 수 있다.

③ 즉 최소비용점을 공간을 바꾸어 표시한 것이 장기총비용곡선이다. 즉 장기총비용곡선(LTC)은 주어진 생산량을 생산하기 위한 최소비용점을 연결한 선이다.

④ 장기총비용곡선의 윗부분은 생산은 가능하지만 최소비용은 아니므로 비효율적인 영역이고, 반면 장기총비용곡선의 아랫부분은 생산이 불가능한 영역이다.

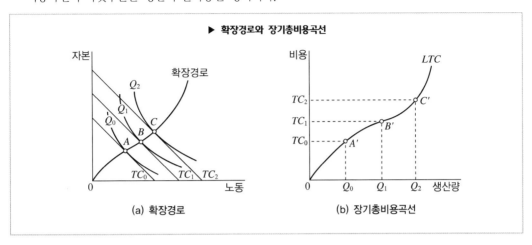

▶ 확장경로와 장기총비용곡선

(a) 확장경로 (b) 장기총비용곡선

(3) 범위의 경제

① 범위의 경제의 의의

㉠ 앞에서는 기업이 한 가지 상품만을 생산한다고 가정하여 논의를 전개해왔다. 그러나 현실적으로 기업들은 두 가지 이상의 제품을 생산한다. 그 이유는 한 상품의 생산이 다른 상품의 생산에 영향을 미치기 때문이다.

㉡ 기업들이 서로 영향을 미치는 상품을 따로따로 생산하는 것보다 같이 생산할 때 비용을 절약할 수 있는 경우 범위의 경제(economies of scope)가 있다고 한다.

㉢ 예컨대 에어컨과 냉장고는 두 기업이 각자 생산하는 것보다는 한 기업이 같이 생산하는 것이 비용이 적게 든다. 즉 기업 1과 기업 2의 비용함수가 다음과 같은 경우이다.

$$C(q_1,\ q_2) < C(q_1,\ 0) + C(0,\ q_2)$$

㉣ 이와는 반대로 $C(q_1,\ q_2) > C(q_1,\ 0) + C(0,\ q_2)$인 경우에는 범위의 불경제(diseconomies of scope)가 있다고 한다.

② 범위의 경제도

㉠ 범위의 경제가 존재하는가 그렇지 않은가, 또 범위의 경제가 어느 정도 존재하는가를 파악하기 위해 다음과 같은 범위의 경제도(degree of economies of scope), S_C를 계산해 볼 수 있다.

$$S_C = \frac{C(q_1) + C(q_2) - C(q_1,\ q_2)}{C(q_1,\ q_2)}$$

㉡ 여기서 $S_C > 0$인 경우에는 범위의 경제가 존재하고, $S_C < 0$인 경우에는 범위의 불경제가 존재한다.

6. 기술진보와 생산자 균형점의 이동

(1) 기술진보의 개념

① 기술진보(technological progress)는 종전보다 적은 생산요소의 투입으로 종전과 동일한 양의 생산을 가능하게 해주는, 또는 종전과 동일한 생산요소의 투입으로 종전보다 많은 양의 생산을 가능하게 해주는 기술의 향상을 의미한다.

② 기술진보의 원인으로는
   ㉠ 과학기술의 발달
   ㉡ 생산방법 및 경영방식의 개선
   ㉢ 새로운 자원의 개발 등을 들 수 있다.

(2) 기술진보의 영향

기술진보는 생산비의 절감을 통해 기업의 이윤을 증대시킨다. 슘페터(J.A. Schumpeter)는 기술진보를 포함한 혁신(innovation)은 기업이윤의 원천일 뿐만 아니라 자본주의 경제발전의 원동력이라고 하였다.

(3) 기술진보와 생산자 균형점의 이동 기출 30회

① 기술진보가 이루어지면 전과 동일한 생산량을 전보다 적은 양의 노동과 자본을 투입해서 생산할 수 있다. 기술진보가 있게 되면 등량선은 원점을 향해 이동한다.

② 중립적(neutral) 기술진보는 노동과 자본의 절약비율이 같은 경우이다.

③ 노동 절약적(labor-saving) 기술진보는 노동의 절약비율이 자본의 절약비율보다 큰 경우로, 자본 집약적(capital intensity) 기술진보라고도 한다.

④ 자본 절약적(capital-saving) 기술진보는 자본의 절약비율이 더 큰 경우로, 노동 집약적(labor intensity) 기술진보라고도 한다.

제5절 단기비용함수

1. 생산비, 기회비용, 매몰비용

(1) 생산비의 의의

① 기업의 생산비는 생산의 기술적 여건, 생산요소의 가격, 생산량의 크기에 의해 결정된다.

② 생산이론과 동전의 앞뒷면 관계에 있는 비용이론에서는 생산의 기술적 여건과 생산요소의 가격이 일정하고, 생산비를 최소로 하는 생산이 이루어질 때 생산량과 생산비의 관계를 분석한다. 즉 생산비는 생산량의 함수 $C = f(Q)$이다.

(2) 기회비용 기출 28회

① 어떤 생산요소를 한 가지 용도에 사용할 때의 기회비용(opportunity cost)은, 그 생산요소를 다른 용도에 사용함으로써 생산할 수 있는(그러나 포기한) 재화의 가치를 말한다.

② 생산비는 경제적 비용과 회계적 비용으로 구분된다. 경제적 비용은 기회비용 개념이고, 회계적 비용은 통상의 비용 개념이다. 양자에는 차이가 존재하는데 그 이유는 귀속비용과 감가상각 때문이다.

③ 귀속비용(imputed cost) 또는 암묵적 비용(implicit cost)은 자기 소유의 생산요소(자기 자신의 노동이나 자본)와 관련하여 포기되는 수입으로 이는 실제 지불되는 비용이 아니므로 회계적 비용에는 포함되지 않고, 경제적 비용에는 포함된다. 반면 실제로 지불되는 비용을 명시적 비용(explicit cost)이라고 하는데 회계적 비용은 명시적 비용으로만 구성된다.

> **더 알아보기 정상이윤과 암묵적 비용**
>
> • 기업의 생산비에 포함되는 이윤으로 정상이윤(normal profit)이 있다. 정상이윤은 기업으로 하여금 동일한 상품을 계속 생산하게 하는 유인으로서 충분할 정도의 이윤을 말하는데 이는 암묵적 비용이다.
> • 한편 기업이 극대화하려는 이윤은 초과이윤(excess profit)으로 이는 생산물의 판매액인 총수입(TR)에서 총비용(TC)을 뺀 것이다. 여기서 총비용에 정상이윤이 포함되어 있다.

④ 감가상각(depreciation)은 회계적 비용에는 포함되지만 경제적 비용에는 포함되지 않는다.
⑤ 요약하면 다음과 같다.

> 회계적 비용=명시적 비용
> 경제적 비용=명시적 비용+암묵적 비용

⑥ 경제적 이윤과 회계적 이윤 : 경제적 비용과 회계적 비용의 이러한 차이 때문에 이윤 개념도 경제적 이윤(economic profit)과 회계적 이윤(accounting profit)을 구분해야 한다.

> 경제적 이윤=총수입−명시적 비용−암묵적 비용
> 회계적 이윤=총수입−명시적 비용

따라서 일반적인 경우 회계적 이윤이 경제적 이윤보다 크다.

(3) 매몰비용 `기출` 28회

① 매몰비용(sunk cost)은 한번 지출되고 난 뒤에는 회수할 수 없는 비용을 말한다. 한번 비용이 매몰되면 회수할 수 없기 때문에 여러 가지 상황을 놓고 의사결정을 하는 경우 매몰비용은 고려해서는 안 된다.
② 단기에 기업의 조업중단(또는 생산폐쇄) 조건은 매몰비용이 의사결정에 아무 관계가 없음을 보여주는 사례이다.

> **예시문제 기회비용과 매몰비용 사례**
>
> 甲은 영화를 관람하는데 20,000원의 가치를 느낀다. 영화관람권을 5,000원에 구입하였지만 영화관에 들어가기 전에 분실하였다. 영화관람권을 5,000원에 다시 구입하고자 한다. 이 시점에서의 매몰비용과 영화관람권 재구입에 따른 기회비용은 각각 얼마인가? (단, 분실된 영화관람권의 재발급이나 환불은 불가능하다.)
>
> 분실한 영화관람권 5,000원은 회수할 수 없으므로 매몰비용은 5,000원이다. 영화관람권을 재구입하는 경우 포기된 가치는 5,000원이므로 기회비용은 5,000원이다. 만일 영화관람권을 재구매하지 않는다면 기회비용은 20,000원이다.

2. 단기 비용함수 [기출] 35회 · 31회 · 30회 · 29회 · 28회 · 27회

(1) 기간과 기업의 의사결정 : 단기와 장기

① 앞에서 단기(short run)는 투입량을 변화시킬 수 없는 고정 생산요소(자본, 기술 등)가 존재하는 기간으로 정의하였다. 따라서 단기에 생산량의 증대를 위해서는 가변요소(노동, 원료 등)의 투입을 증대시켜야 한다.

② 따라서 단기에는 생산규모는 불변인 상태에서 기존의 생산시설을 어떻게 하면 가장 효율적으로 이용할 것인가에 대한 의사결정을 해야 한다.

③ 장기(long run)에는 생산기술을 제외한 모든 생산요소가 가변적이므로, 장기에는 주어진 기술수준에서 생산설비의 확대에 관한 의사결정을 해야 한다.

(2) 단기총비용(total cost)

① 단기에는 고정생산요소가 존재하므로 생산비도 고정비용과 가변비용으로 구분한다.

② 고정비용(fixed cost, FC)은 자본, 토지 등 고정 생산요소에 의한 비용으로, 생산량의 크기에 관계없이 일정하다, 고정비용은 생산을 중단해도 일정하게 지출되는 비용이다. 예를 들면 공장건설비용, 자본에 대한 이자, 감가상가비, 임대료 등이다.

③ 가변비용(variable cost, VC)은 노동, 원료 등 가변투입요소에 의한 비용이다. 예를 들면 임금, 원료비, 전력비 등으로 가변비용은 생산량을 증가시키면 증가되는 비용이다. 가변비용은 생산을 중단하면 지출되지 않는다.

④ 단기총비용(TC)은 총고정비용(TFC)과 총가변비용(TVC)을 수직적으로 합한 것이다. 즉 $TC = TFC + TVC$ 이다.

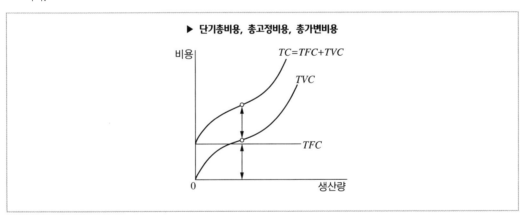

▶ 단기총비용, 총고정비용, 총가변비용

(3) 평균비용

① 평균비용(average cost, AC)은 생산물 1단위당 비용을 말한다. 따라서 총비용을 생산량으로 나누어 구한다. 즉

$$AC = \frac{TC}{Q} = \frac{TFC}{Q} + \frac{TVC}{Q} = AFC + AVC$$

이다. 즉 평균비용은 평균고정비용(average fixed cost, AFC)과 평균가변비용(average variable cost, AVC)을 수직적으로 합한 것이다.

② 평균비용

　㉠ 총비용(TC)이 최소 총비용이므로 평균비용도 최소 평균비용이다.

　㉡ AC와 AVC는 U자형이고, AFC는 생산량 증가에 따라 계속 감소하는 직각쌍곡선의 형태이다.

　㉢ 평균비용은 일정한 생산량에 대응하는 TC곡선 상의 한 점과 원점을 연결한 선의 기울기이다.

(4) 한계비용

① 한계비용(marginal cost, MC)은 생산물 1단위를 추가로 생산할 때 그로 인해 증가되는 총비용의 증가분을 말한다. 따라서 한계비용은 총비용함수를 미분한 값, 즉 총비용함수의 접선의 기울기이다.

$$MC = \frac{\Delta TC}{\Delta Q} = \frac{dTC}{dQ}$$

② 한계비용은 총비용(TC)이 최소 총비용이므로 이로부터 도출되는 한계비용도 최소 한계비용이다.

③ 한계비용 곡선은 처음에는 감소하다가 AVC와 AC의 최저점을 아래에서 위로 자르고 증가하는데 이를 한계비용 체증의 법칙이라고 한다. 여기서 한계비용이 증가하는 이유는 수확체감의 법칙이 작용하기 때문($MC = \frac{\Delta TC}{MP_L}$)이다.

④ 한계비용이 존재하는 것은 고정비용과는 무관하고 가변비용 때문이다. 즉 한계고정비용(MFC)=0이고, 따라서 한계비용(MC)=한계가변비용(MVC)이다.

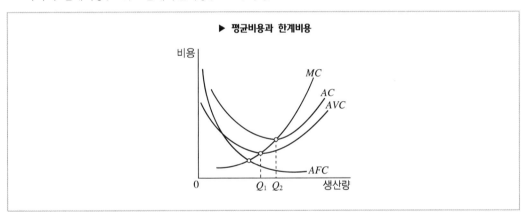

▶ 평균비용과 한계비용

(5) 평균비용과 한계비용의 관계

① 〈그림〉에서 보는 것처럼 평균비용(또는 평균가변비용)과 한계비용은 일정한 관계를 맺고 있는데 이는 「한계」와 「평균」 개념간의 관계이므로 다른 경우(즉, 생산, 수입, 이윤 등)에도 동일하게 적용된다.

② 즉 다음의 관계가 성립한다. 그리고 역(reverse)도 성립한다.

평균비용(또는 평균가변비용) 감소 ↔ 평균비용 > 한계비용
평균비용(또는 평균가변비용) 일정 ↔ 평균비용 = 한계비용
평균비용(또는 평균가변비용) 증가 ↔ 평균비용 < 한계비용

1. 장기비용함수의 의미 기출 31회·30회·29회·28회

(1) 장기비용함수

① 장기(long run)에는 고정투입요소는 없고 가변투입요소만 존재하므로 모든 비용이 가변비용이다.

② 장기비용함수는 생산규모(또는 시설)를 임의로 변경시킬 수 있다는 전제하에 주어진 생산량을 최소의 비용으로 생산할 경우, 생산량과 생산비 간의 관계를 나타낸다.

(2) 장기총비용 곡선

앞에서 우리는 확장경로(expansion)로부터 장기총비용 곡선(LTC)을 도출한바 있다. 이 경우 장기총비용 곡선은 수많은 단기총비용(STC) 곡선의 포락선(envelop curve)이다.

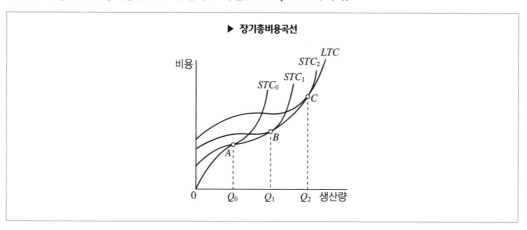

▶ 장기총비용곡선

(3) 장기평균비용 곡선, 장기 한계비용 곡선

① 장기평균비용(LAC)은 단기평균비용(SAC)의 포락선이고, 장기한계비용(LMC) 곡선은 LAC의 최저점을 통과하여 증가한다.

② 주의할 것은 장기한계비용(LMC) 곡선은 단기한계비용(SMC) 곡선의 포락선이 아니라는 것이다.

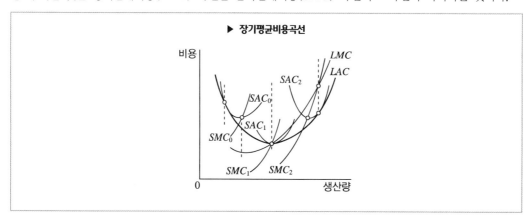

▶ 장기평균비용곡선

2. 장기평균비용 곡선의 형태 [기출] 35회 · 32회

(1) 규모에 대한 수익 증가

규모에 대한 수익이 증가하는 경우, 즉 규모의 경제(economies to scale)가 있는 경우에는 LAC가 감소한다.

(2) 규모에 대한 수익 감소

규모에 대한 수익이 감소하는 경우, 즉 규모의 불경제(diseconomies to scale)가 있는 경우에는 LAC가 증가한다.

(3) 규모에 대한 수익 불변

규모에 대한 수익이 불변인 경우에는 LAC는 불변이므로 LAC곡선은 수평선의 형태이다.

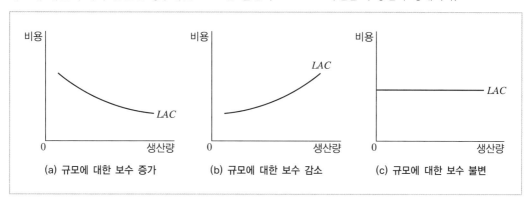

(a) 규모에 대한 보수 증가 (b) 규모에 대한 보수 감소 (c) 규모에 대한 보수 불변

확인학습문제

01 현재 A기업에서 자본의 한계생산은 노동의 한계생산보다 2배 크고, 노동가격이 8, 자본가격이 4이다. 이 기업이 동일한 양의 최종생산물을 산출하면서도 비용을 줄이는 방법은? (단, A기업은 노동과 자본만 을 사용하고, 한계생산은 체감한다.)　　　　　　　　　　　　　　　　　　　　**[31회 기출]**

① 자본투입을 늘리고 노동투입을 줄인다.

② 노동투입을 늘리고 자본투입을 줄인다.

③ 비용을 더 이상 줄일 수 없다.

④ 자본투입과 노동투입을 모두 늘린다.

⑤ 자본투입과 노동투입을 모두 줄인다.

답 ①

┃ 정답해설 ┃

한계생산균등의 법칙에 따르면 생산자선택점에서 $\dfrac{MP_L}{P_L} = \dfrac{MP_K}{P_K}$ 이다.

주어진 조건을 대입하면 $\dfrac{MP_L}{8} < \dfrac{MP_K(=2MP_L)}{4}$ 이 되어 자본 1원어치의 한계생산이 노동 1원어치의 한계생산보다 크다. 따라서 이를 같게 만들기 위해서는 자본(K) 투입은 늘리고 노동(L) 투입은 줄여야 한다.

02 기업 A의 생산함수는 $Q = L + 3K$이다. 생산량이 일정할 때, 기업 A의 한계기술대체율에 관한 설명으로 옳은 것은? (단, Q는 생산량, L은 노동량, K는 자본량, $Q > 0$, $L > 0$, $K > 0$이다.)

[30회 기출]

① 노동과 자본의 투입량과 관계없이 일정하다.
② 노동 투입량이 증가하면 한계기술대체율은 증가한다.
③ 노동 투입량이 증가하면 한계기술대체율은 감소한다.
④ 자본 투입량이 증가하면 한계기술대체율은 증가한다.
⑤ 자본 투입량이 증가하면 한계기술대체율은 감소한다.

답 ①

ㅣ 정답해설 ㅣ

$Q = L + 3K$와 같은 선형생산함수에서 한계기술대체율($MRTS_{LK}$)은 노동과 자본의 투입량과 관계없이 일정하다.

주어진 생산함수에서 $MP_L = 1$, $MP_K = 3$이므로 $MRTS_{LK} = \dfrac{MP_L}{MP_K} = \dfrac{1}{3}$로 일정하다.

03 기업 A의 생산함수가 $Q = \min\{L, 3K\}$이다. 생산요소 조합 $(L = 10, K = 5)$에서 노동과 자본의 한계생산은 각각 얼마인가? (단, Q는 생산량, L은 노동량, K는 자본량이다.)

[30회 기출]

① 0, 1
② 1, 0
③ 1, 3
④ 3, 1
⑤ 10, 5

답 ②

ㅣ 정답해설 ㅣ

생산함수 $Q = \min\{L, 3K\}$에 생산요소 조합 $(L = 10, K = 5)$을 대입하면 $Q = \min\{10, 15\} = 10$이다. 이 경우 노동 1단위를 더 투입하면 생산량은 1단위 증가하므로 $MP_L = 1$이고, 자본 1단위를 더 투입해도 생산량은 변화하지 않으므로 $MP_K = 0$이다.

04 기업의 생산기술이 진보하는 경우에 관한 설명으로 옳은 것을 모두 고른 것은? [30회 기출]

> ㄱ. 자본절약적 기술진보가 일어나면 평균비용곡선이 하방 이동한다.
> ㄴ. 자본절약적 기술진보가 일어나면 등량곡선이 원점에서 멀어진다.
> ㄷ. 노동절약적 기술진보가 일어나면 한계비용곡선이 하방 이동한다.
> ㄹ. 중립적 기술진보가 일어나면 노동의 한계생산 대비 자본의 한계생산은 작아진다.

① ㄱ, ㄴ
② ㄱ, ㄷ
③ ㄴ, ㄷ
④ ㄴ, ㄹ
⑤ ㄷ, ㄹ

답 ②

┃ 정답해설 ┃

ㄴ. 노동절약적 기술진보이건 자본절약적 기술진보이건 기술진보가 이루어지면 TC, AC, MC곡선 모두 하방 이동하고, 등량곡선은 원점에 가까워진다.

ㄹ. 중립적 기술진보가 이루어지면 노동과 자본의 한계생산은 같은 비율로 증가한다.

05 총가변비용과 평균가변비용과의 관계를 설명한 것으로 다음 중 옳은 것은?

① 원점을 지나는 직선이 총가변비용곡선과 접하는 점의 산출량에서 평균가변비용은 극소이다.
② 원점을 지나는 직선이 총가변비용곡선과 접하는 점은 둘 이상이다.
③ 원점을 지나는 직선은 총가변비용곡선과 한 점에서만 만나고, 이 점에 대응하는 산출량에서 평균가변비용은 극소가 된다.
④ 원점을 지나는 직선은 총가변비용곡선과 두 점에서 만나는데 이 가운데 한 점은 최소평균비용과 다른 한 점은 최대평균가변비용과 일치한다.
⑤ 원점을 지나는 직선은 총가변비용곡선과 만나지도 않고 접하지도 않는다.

답 ①

┃ 정답해설 ┃

평균가변비용(AVC) 곡선은 총가변비용(TVC) 곡선상의 한 점과 원점을 연결한 선의 기울기를 추적하여 연결한 선의 기울기이다.

TVC 곡선이 3차함수 형태라면 생산량 증가에 따라 AVC는 감소하다가 원점을 지나는 직선이 총가변비용곡선과 접하는 점의 산출량에서 평균가변비용은 최소가 되고, 그 이후 AVC는 계속 증가한다. 따라서 AVC는 U자 형태가 된다.

06 기업 A의 생산함수는 $Q = \min\{L, K\}$이다. 이에 관한 설명으로 옳은 것을 모두 고른 것은? (단, Q는 산출량, w는 노동 L의 가격, r은 자본 K의 가격이다.) **[29회 기출]**

> ㄱ. 생산요소 L과 K의 대체탄력성은 0이다.
> ㄴ. 생산함수는 1차 동차함수이다.
> ㄷ. 비용함수는 $C(w, r, Q) = Q^{w+r}$로 표시된다.

① ㄱ

② ㄴ

③ ㄱ, ㄴ

④ ㄴ, ㄷ

⑤ ㄱ, ㄴ, ㄷ

답 ③

┃ 정답해설 ┃

레온티에프 생산함수 $Q = \min\{L, K\}$는 1차 동차 생산함수로 두 생산요소가 완전보완관계에 있어 대체가 불가능하므로 대체탄력성은 0이다. 무차별곡선은 L자 형태이고 생산자균형점에서는 $Q = K = L$이 성립한다. 따라서 비용함수는 $C = wL + rK = wQ + rQ = (w + r)Q$이다.

07 甲기업의 단기 총비용함수가 $C = 100 + 10Q$일 때 甲기업의 비용에 관한 설명으로 옳지 <u>않은</u> 것은? (단, Q는 양(+)의 생산량이다.) **[28회 기출]**

① 고정비용은 100이다.

② 모든 생산량 수준에서 한계비용은 10이다.

③ 생산량이 증가함에 따라 총비용은 증가한다.

④ 생산량이 증가함에 따라 평균비용은 감소한다.

⑤ 모든 생산량 수준에서 한계비용은 평균비용보다 크다.

답 ⑤

┃ 정답해설 ┃

⑤ $MC = \dfrac{dC}{dQ} = 10$이고 $AC = \dfrac{C}{Q} = \dfrac{100}{Q} + 10$이므로 모든 생산량 수준에서 $MC < AC$이다.

① 단기 총비용함수 $C = 100 + 10Q$에서 세로축 절편 100이 고정비용(FC)이다.

② 모든 생산량 수준에서 $MC = \dfrac{dC}{dQ} = 10$으로 일정하다.

③ 단기 총비용함수 $C = 100 + 10Q$에서 생산량 Q가 증가하면 총비용 C는 증가한다.

④ 생산량이 증가함에 따라 평균비용 $AC = \dfrac{C}{Q} = \dfrac{100}{Q} + 10$은 감소한다.

08 단기 비용곡선에 관한 설명으로 옳은 것을 모두 고른 것은? (단, 양(+)의 고정비용과 가변비용이 소요된다.)

[30회 기출]

> ㄱ. 평균비용은 총비용곡선 위의 각 점에서의 기울기다.
> ㄴ. 한계비용곡선은 고정비용 수준에 영향을 받지 않는다.
> ㄷ. 생산량이 증가함에 따라 평균비용과 평균가변비용 곡선 간의 차이는 커진다.
> ㄹ. 생산량이 증가함에 따라 평균비용이 증가할 때 평균가변비용도 증가한다.

① ㄱ, ㄴ   ② ㄱ, ㄹ

③ ㄴ, ㄷ   ④ ㄴ, ㄹ

⑤ ㄷ, ㄹ

답 ④

▌정답해설▐

ㄱ. 평균비용(AC)은 총비용(TC)곡선 위의 각 점과 원점을 연결한 선의 기울기이다. 총비용곡선 위의 각 점에서의 접선의 기울기는 한계비용(MC)이다.

ㄴ. 한계비용(MC)은 총비용의 증가분($\frac{\Delta TC}{\Delta Q}$)이고, 총비용을 구성하는 고정비용은 생산량과 관계없이 일정하므로 한계비용은 고정비용과는 관계없다. 한계비용은 가변비용으로 인해 발생한다.

ㄷ. 평균비용(AC)과 평균가변비용(AVC)의 차이는 평균고정비용(AFC)이다. 일반적인 경우 생산량이 증가하면 AFC는 계속 감소하므로 AC와 AVC의 차이는 작아진다.

ㄹ. 생산량이 증가함에 따라 평균비용(AC)이 증가할 때 평균가변비용(AVC)은 감소하다가 최저점을 지난 후 증가한다. AC의 최저점이 AVC의 최저점보다 오른쪽에 위치한다.

09 제품의 가격이 10원이고, 노동 한 단위의 가격은 5원, 자본 한 단위의 가격은 15원이다. 기업 A의 노동의 한계생산이 3이고, 자본의 한계생산은 1일 때, 현재 생산수준에서 비용극소화를 위한 방법으로 옳은 것은? (단, 모든 시장은 완전경쟁시장이고, 노동과 자본의 한계생산은 체감한다.)

① 노동의 투입량은 늘리고, 자본의 투입량은 줄일 것이다.
② 노동의 투입량은 줄이고, 자본의 투입량은 늘릴 것이다.
③ 노동과 자본 모두 투입량을 늘릴 것이다.
④ 노동과 자본 모두 투입량을 줄일 것이다.
⑤ 노동과 자본의 투입량을 그대로 유지할 것이다.

답 ①

▌정답해설▐

생산극대화 또는 비용극소화의 조건은 $MRTS_{LK} = \dfrac{MP_L}{MP_K} = \dfrac{w}{r}$ 이다. $\dfrac{MP_L}{MP_K} = \dfrac{3}{1} = 3$ 이고 $\dfrac{w}{r} = \dfrac{5}{15} = \dfrac{1}{3}$ 이므로

$\dfrac{MP_L}{MP_K} > \dfrac{w}{r}$ 이다. 이 경우 합리적 생산을 위해서는 노동투입량은 늘리고($MP_L \downarrow$) 자본투입량은 줄여야($MP_K \uparrow$) 한다.

---

10 노동과 자본 사이의 대체탄력성(σ)의 설명 중 틀린 것은?

① $\sigma = 1$일 때 이자율이 임금에 비하여 상대적으로 올라도 국민소득 가운데서 노동자가 차지하는 몫은 일정하다.
② 생산함수가 규모에 대한 수확불변인 Cobb-Douglas 생산함수인 경우 σ는 1이다.
③ 생산요소가격 1%의 변화에 따른 요소결합비율 1%의 변화를 나타낸다.
④ Leontief생산함수의 요소간 대체탄력성(σ)는 0이다.
⑤ $\sigma > 1$일 때 임금이 이자율에 비하여 상대적으로 오르면 국민소득 가운데서 노동자의 몫이 증가한다.

답 ⑤

▌정답해설▐

$\sigma > 1$일 때 임금이 이자율에 비하여 상대적으로 오르면 (노동이 자본으로 대체되는 폭이 크게 나타나므로) 국민소득 가운데서 노동자의 몫이 감소한다.
노동과 자본 사이의 대체탄력성(σ)은 생산량을 일정하게 유지하는 상황에서 한계기술대체율($MRTS_{LK}$)이 1% 변화할 때 생산요소 결합비율($\dfrac{K}{L}$)이 몇 % 변화하는지를 나타낸다. 요소의 대체탄력성이 크다는 것은 생산성 관계가 달라짐에 따라 어떤 생산요소가 다른 생산요소로 쉽게 대체될 수 있음을 나타낸다.

11 두 생산요소 x_1, x_2로 구성된 기업 A의 생산함수가 $Q = \max\{2x_1,\ x_2\}$이다. 생산요소의 가격이 각각 w_1과 w_2일 때, 비용함수는? **[29회 기출]**

① $(2w_1 + w_2)Q$

② $(2w_1 + w_2)/Q$

③ $(w_1 + 2w_2)Q$

④ $\min\left\{\dfrac{w_1}{2},\ w_2\right\}Q$

⑤ $\max\left\{\dfrac{w_1}{2},\ w_2\right\}Q$

답 ④

▌정답해설 ▌

생산함수가 $Q = \max\{2x_1,\ x_2\}$이므로 생산량은 $2x_1$과 x_2 중 큰 값에 의해서 결정된다.

이 기업은 x_1의 가격이 x_2 가격의 2배 이상이면 x_2만 투입할 것이고, x_2가 n단위 투입되면 생산량은 n단위이므로 그때의 단위당 생산비용은 w_2가 된다.

반면 x_1의 가격이 x_2 가격의 2배 미만이면 x_1만 투입할 것이고, x_1이 n단위 투입되면 생산량은 $2n$단위이므로 그때의 단위당 생산비용은 $\dfrac{1}{2}w_1$이 된다.

이 기업은 두 가지 방법 중에서 비용이 적게 소요되는 생산방법을 선택할 것이므로 비용함수는 $\min\left\{\dfrac{w_1}{2},\ w_2\right\}Q$가 된다.

---

12 등량곡선에 관한 설명으로 옳은 것을 모두 고른 것은? (단, 한계기술대체율은 절댓값으로 나타낸다.) **[35회 기출]**

> ㄱ. 한계기술대체율은 두 생산요소의 한계생산 비율과 같다.
> ㄴ. 두 생산요소 사이에 완전 대체가 가능하다면 등량곡선은 직선이다.
> ㄷ. 등량곡선이 원점에 대해 볼록한 모양이면 한계기술대체율체감의 법칙이 성립한다.
> ㄹ. 콥-더글러스(Cobb-Douglas) 생산함수의 한계기술대체율은 0이다.

① ㄱ, ㄴ

② ㄴ, ㄷ

③ ㄷ, ㄹ

④ ㄱ, ㄴ, ㄷ

⑤ ㄱ, ㄴ, ㄷ, ㄹ

┃ 정답해설 ┃

ㄱ. $MRTS_{LK} = \dfrac{MP_L}{MP_K}$ 이므로 옳다.

ㄴ. 무차별곡선과 등량곡선 모두 완전 대체가 가능하면 우하향의 직선이 된다($Q = aL + bK$).

ㄷ. 등량곡선이 원점에 대해 볼록하다는 것은 한계기술대체율(| 등량곡선의 기울기 |)이 체감한다는 것이므로 옳다.

ㄹ. 콥-더글러스(Cobb-Douglas) 생산함수의 한계기술대체율은 오른쪽으로 이동함에 따라 체감하는 것이지, 0이 아니다.

---

13 비용에 관한 설명으로 옳은 것을 모두 고른 것은? **[28회 기출]**

> ㄱ. 기회비용은 어떤 선택을 함에 따라 포기해야 하는 여러 대안들 중에 가치가 가장 큰 것이다.
> ㄴ. 생산이 증가할수록 기회비용이 체감하는 경우에는 두 재화의 생산가능곡선이 원점에 대해 볼록한 형태이다.
> ㄷ. 모든 고정비용은 매몰비용이다.
> ㄹ. 동일한 수입이 기대되는 경우, 기회비용이 가장 작은 대안을 선택하는 것이 합리적이다.

① ㄱ, ㄴ ② ㄱ, ㄹ
③ ㄴ, ㄷ ④ ㄱ, ㄴ, ㄹ
⑤ ㄴ, ㄷ, ㄹ

┃ 정답해설 ┃

ㄷ. 고정비용은 생산량과는 관계없이 일정한 비용으로 주로 생산설비나 기계 등 자본투입으로 인해 발생하는 비용이다. 고정비용(fixed cost)은 대부분 매몰비용(sunk cost)의 성격이 있지만 그렇다고 해서 모든 고정비용이 매몰비용인 것은 아니다. 생산을 중단해도 일부 생산설비는 판매하여 비용의 일부를 회수할 수 있다. 매몰비용은 이미 지출되었으나 회수할 수 없는 비용만을 의미한다.

14 기업 A의 총비용곡선에 관한 설명으로 옳지 <u>않은</u> 것은? (단, 생산요소는 한 종류이며, 요소가격은 변하지 않는다.)

[29회 기출]

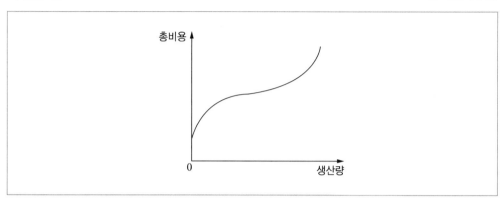

① 총평균비용곡선은 U자 모양을 가진다.

② 총평균비용이 하락할 때 한계비용이 총평균비용보다 크다.

③ 평균고정비용곡선은 직각 쌍곡선의 모양을 가진다.

④ 생산량이 증가함에 따라 한계비용곡선은 평균가변비용곡선의 최저점을 아래에서 위로 통과한다.

⑤ 생산량이 증가함에 따라 총비용곡선의 기울기가 급해지는 것은 한계생산이 체감하기 때문이다.

답 ②

▌정답해설▌

총비용곡선이 세로축에 절편이 있고, 3차 함수 형태이므로 단기총비용곡선($SRTC$)이다. 이 경우 평균고정비용(AFC)은 우하향하는 직각쌍곡선의 형태를 보이고, AVC와 AC는 U자 형태가 된다.

② 생산량을 증가시키면 한계비용(MC)은 감소하다가 증가하는데 증가할 때는 AVC와 AC의 최저점을 아래에서 위로 통과하며 계속 증가한다. 따라서 총평균비용(AC)이 하락할 때 한계비용이 총평균비용보다 작다.

15 고정비용이 존재하고 노동만이 가변요소인 기업의 단기비용에 관한 설명으로 옳지 <u>않은</u> 것은?

① 단기평균고정비용 곡선은 언제나 우하향한다.

② 단기총평균비용은 단기평균가변비용과 단기평균고정비용의 합이다.

③ 노동의 한계생산이 체감하면 단기한계비용 곡선은 우상향한다.

④ 노동의 한계생산이 불변이면 단기총평균비용곡선은 수평이다.

⑤ 단기한계비용이 단기총평균비용보다 큰 경우 단기총평균비용은 증가한다.

답 ④

▌정답해설▐

④ $MC = \dfrac{w}{MP_L}$ 이므로 MP_L 이 불변이면 MC 도 불변이다. 즉 MC 는 하락하다가 상승하는 최저점이다. MC 가 최저일 때 ATC 와 AVC 는 하락(우하향)한다.

① $AFC = \dfrac{FC}{Q}$ 이다. FC 가 일정하므로 생산량을 증가시키면 AFC 는 계속 감소한다. 직각쌍곡선 형태이므로 언제나 우하향한다.

② $ATC = AVC + AFC$ 이다.

③ $MC = \dfrac{W}{MP_L}$ 이다. 따라서 MP_L 이 체감하면 MC 는 우상향한다.

⑤ MC 가 ATC 보다 큰 것은 ATC 의 최저점을 지난 이후이므로 ATC 는 증가한다.

16 기업 A의 비용함수는 $C = \sqrt{Q} + 50$이다. 이 기업이 100개를 생산할 경우, 이윤이 0이 되는 가격은? (단, C는 총비용, Q는 생산량이다.) **[23회 기출]**

① 1   ② 0.6

③ 0.5   ④ 0.2

⑤ 0.1

답 ②

▌정답해설▐

경제적 이윤(초과이윤)이 0이 되는 것은 $TR = TC$, 또는 $P = AC$ 인 경우이다. $AC = \dfrac{C}{Q} = \dfrac{\sqrt{Q}}{Q} + \dfrac{50}{Q}$ 이다. 이 기업의 $Q = 100$인 경우 $AC = 0.6$이다.

17 기업 A의 노동과 자본의 투입량과 산출량 수준을 관찰한 결과 다음과 같은 표를 얻었다. 이 표에서 발견할 수 <u>없는</u> 현상은? (단, 생산에 투입되는 요소는 노동과 자본 뿐이다.) **[23회 기출]**

노동투입	자본투입	총생산
1	4	20
2	2	20
3	2	28
4	1	20
4	2	35
4	3	38
4	4	40

① 규모의 경제

② 규모수익 불변

③ 노동의 한계생산 체감

④ 자본의 한계생산 체감

⑤ 노동에 대한 자본의 한계대체율 체감

답 ①

┃ 정답해설 ┃

(노동 2, 자본 2) 투입할 때 총생산은 20이고, (노동 4, 자본 4) 투입할 때 총생산은 40이다. 노동과 자본의 투입량을 모두 2배 증가시킬 때 생산량도 2배가 증가하였으므로 규모에 대한 수익불변(CRS)이다. 규모에 대한 수익 증가, 즉 규모의 경제는 발견할 수 없다.

18 기업 A의 생산함수는 $Q = LK$이다. 노동과 자본의 가격이 각각 1원일 때, 다음 설명으로 옳지 <u>않은</u> 것은? (단, Q는 생산량, L은 노동, K는 자본이다.) **[23회 기출]**

① 규모에 대한 수익이 체증한다.

② 노동의 한계생산은 체감한다.

③ 자본의 양이 단기적으로 1로 고정되어 있는 경우 100개를 생산하는데 드는 총비용은 101원이다.

④ 자본의 양이 단기적으로 1로 고정되어 있는 경우 단기총평균비용은 생산량이 늘어나면 하락한다.

⑤ 자본의 양이 단기적으로 1로 고정되어 있는 경우 한계비용은 불변이다.

답 ②

┃정답해설┃

콥-더글러스 생산함수 $Q = AK^{\alpha}L^{\beta}$ 에서 $\alpha + \beta = 1$이면 규모에 대한 수익 불변(CRS), $\alpha + \beta > 1$이면 규모에 대한 수익 증가(IRS)이다. 또한 $\alpha < 1$이면 자본에 대한 수확체감, $\beta < 1$이면 노동에 대한 수확체감이 성립한다.

② $\beta = 1$이므로 노동의 한계생산은 체감하지 않는다.

① $Q = LK$에서 $\alpha + \beta = 2$이므로 규모에 대한 수익이 체증한다.

③ 자본의 양이 단기적으로 1로 고정되어 있는 경우 $K = 1$, $w = 1$, $r = 1$이므로 $Q = L$, $TC = wL + rK = L + 1$이다. $Q = L$이므로 $TC = Q + 1$이고 $Q = 100$을 대입하면 $TC = 100 + 1 = 101$이다.

④ $ATC = \dfrac{TC}{Q} = \dfrac{Q+1}{Q} = 1 + \dfrac{1}{Q}$ 이므로 Q가 증가하면 ATC는 하락한다.

⑤ $MC = \dfrac{dTC}{dQ} = 1$이므로 MC는 불변이다.

19 생산함수가 $Q = 5L^{0.4}K^{0.6}$일 때, 다음 설명 중 옳은 것은? (단, Q, L, K는 각각 생산량, 노동 투입량, 자본 투입량, $Q > 0$, $L > 0$, $K > 0$)

① $L = K$일 경우 노동의 한계생산은 일정하다.

② 노동과 자본 간의 대체탄력성은 L, K값의 크기에 따라 변한다.

③ 등량곡선은 우하향하는 직선 모양을 갖는다.

④ 규모에 대한 수익이 체감한다.

⑤ 한계기술대체율은 L, K값의 크기와 관계없이 항상 일정하다.

답 ①

┃정답해설┃

생산함수 $Q = 5L^{0.4}K^{0.6}$는 1차 동차의 콥-더글러스 생산함수이다. $\alpha + \beta = 1$이므로 규모에 대한 수익불변(CRS)이고, 등량곡선은 원점에 대해 볼록한 형태이므로 노동투입량을 증가시키면 $MRTS_{LK}$는 체감한다. 노동과 자본 간의 대체탄력성은 항상 1이다.

① 노동의 한계생산은 $MP_L = 0.4 \times 5L^{-0.6}K^{0.6} = 2(\dfrac{K}{L})^{0.6}$이다. 따라서 $L = K$일 경우 $MP_L = 2$로 일정하다.

20 A기업의 생산함수는 $Y = L - 100$이고, 노동 1단위당 임금은 1이다. 다음 설명 중 옳은 것은? (단, L은 노동, Y는 생산량, $Y > 0$이다.)

① 노동의 한계생산이 체감한다.

② 노동의 평균생산은 일정하다.

③ 생산량이 늘어남에 따라 평균비용은 처음에는 감소하나 생산량이 일정 수준을 넘어서면 점차 증가한다.

④ 생산량이 일정 수준을 넘어서면 한계비용이 평균비용 보다 더 커진다.

⑤ 규모의 경제가 나타난다.

답 ⑤

┃정답해설┃

⑤ 규모의 경제는 장기평균비용이 하락하는 현상이고, 이 경우 장기평균비용은 장기한계비용보다 크다. 주어진 생산함수에서 $AP_L = \dfrac{Y}{L} = 1 - \dfrac{100}{L}$이므로 노동투입량이 증가하면 AP_L은 계속 증가한다. 따라서 $AC = \dfrac{w}{AP_L}$는 계속 감소하므로 규모의 경제가 존재한다.

① 생산함수 $Y = L - 100$에서 한계생산 $MP_L = \dfrac{dY}{dL} = 1$로 일정하다.

② 노동의 평균생산 $AP_L = \dfrac{Y}{L} = 1 - \dfrac{100}{L}$은 L이 증가하면 증가한다.

③ 평균비용 $AC = \dfrac{w}{AP_L}$는 계속 감소한다.

④ AC가 계속 하락하므로 $AC > MC$이다.

21 A기업의 총비용함수는 $TC = 50 + 10Q$이다. 이에 관한 설명으로 옳지 <u>않은</u> 것은? (단, TC는 총비용이고, Q는 생산량이다.)

① 생산량이 5일 때 평균고정비용은 10이다.
② 생산량이 5일 때 평균가변비용은 10이다.
③ 생산량이 5일 때 한계비용은 10이다.
④ 생산량이 증가할수록 한계비용이 상승한다.
⑤ 생산량이 증가할수록 평균총비용이 하락한다.

답 ④

▮ 정답해설 ▮

④ 한계비용 $MC = \dfrac{dTC}{dQ} = 10$으로 생산량과 관계없이 일정하다.

①, ② 총비용함수 $TC = 50 + 10Q$에서 $Q = 5$이면 평균고정비용 $AFC = \dfrac{50}{5} = 10$이다.

평균가변비용 $AVC = \dfrac{10Q}{Q} = 10$이다.

22 기업 A의 생산함수는 $Q = \min\{L, 2K\}$이다. 노동가격은 3이고, 자본가격은 5일 때, 최소 비용으로 110을 생산하기 위한 생산요소 묶음은? (단, Q는 생산량, L은 노동, K는 자본이다.)

[33회 기출]

① $L = 55$, $K = 55$
② $L = 55$, $K = 110$
③ $L = 110$, $K = 55$
④ $L = 110$, $K = 70$
⑤ $L = 110$, $K = 110$

답 ③

▮ 정답해설 ▮

레온티에프 생산함수인 경우 비용을 극소화하려면 $Q = L = 2K$의 조건이 충족되어야 한다. $L = 2K$이면 $K = \dfrac{1}{2}L$이어야 하고 $110 = L = 2K$이다. 따라서 최소비용으로 110을 생산하기 위한 생산요소 묶음은 $L = 110$, $K = 55$이다.

23 생산함수가 $Q = 2L + 3K$일 때 노동과 자본 간의 대체탄력성(elasticity of substitution)은? (단, Q, L, K는 각각 생산량, 노동 투입량, 자본 투입량, $Q > 0$, $L < 0$, $K < 0$)

① 0

② 1

③ $\dfrac{2}{3}$

④ 1.5

⑤ 무한대(∞)

답 ⑤

┃ 정답해설 ┃

문제에 주어진 생산함수는 선형 생산함수로 등량곡선이 우하향하는 직선이다. $MRTS_{LK} = \dfrac{2}{3}$ 로 일정하다. 선형생산 함수의 대체탄력성은 무한대(∞)이다.

24 어떤 산업에서 노동과 자본의 투입량을 2배로 늘리면 산출량은 3배로 늘어난다고 하자. 다음 중 옳은 진술은?

> ㉠ 범위의 경제가 존재한다.
> ㉡ 자연독점이 형성된다.
> ㉢ 규모의 경제가 존재한다.
> ㉣ 외부경제가 존재한다.

① ㉠, ㉡

② ㉠, ㉢

③ ㉡, ㉢

④ ㉡, ㉣

⑤ ㉢, ㉣

답 ③

┃ 정답해설 ┃

노동과 자본투입량을 2배로 늘릴 때 산출량이 3배로 늘어나면 규모에 대한 수익이 증가한다고 한다. 즉 규모의 경제(economy of scale)가 발생한다. 규모의 경제가 존재하는 경우 시장이 독점시장이 될 수 있는데 이를 자연독점(natural monopoly)이라고 한다.

25 다음 중 옳은 설명을 모두 고른 것은?

> ㉠ 장기평균비용곡선과 장기한계비용곡선은 각각 단기평균비용곡선과 단기한계비용곡선의 포락선(envelope curve)이다.
> ㉡ 규모에 대한 수익증가(increasing returns to scale)의 특성을 가지는 생산기술이 단기에는 수확체감의 현상을 보일 수 있다.
> ㉢ 한계비용이 생산량과 관계없이 일정하면 반드시 평균비용도 일정하다.

① ㉡

② ㉡, ㉢

③ ㉠, ㉢

④ ㉠, ㉡, ㉢

⑤ 옳은 설명이 없다.

답 ①

▌정답해설▐

㉠ 장기평균비용곡선은 단기평균비용곡선의 포락선이지만 장기한계비용곡선은 단기한계비용곡선의 포락선이 아니다.

㉡ 규모에 대한 수익이 증가하면 장기평균비용곡선이 우하향한다. 이때에도 단기평균비용곡선은 U자형이 되는데 이는 수확체감현상에서 비롯된다.

㉢ 단기적으로는 한계비용이 일정하면 평균가변비용이 일정하다.

26 어느 기업의 평균비용곡선과 한계비용곡선은 U자형이라고 한다. 옳지 <u>않은</u> 것은?

① 장기평균비용곡선의 최저점에서 단기평균비용, 단기한계비용, 장기한계비용이 모두 같다.

② 장기평균비용곡선의 최저점이 되는 생산량보다 많은 생산량 수준에서는 장기한계비용 곡선은 항상 단기평균비용곡선보다 높은 곳에서 단기한계비용곡선과 만난다.

③ 단기한계비용곡선은 장기한계비용곡선보다 항상 가파른 기울기를 가진다.

④ 단기한계비용곡선은 항상 단기평균비용곡선이 최저가 되는 생산량 수준에서 장기한계비용곡선과 만난다.

⑤ 단기평균비용곡선은 주어진 자본량이 최적 자본량과 일치하는 경우에만 장기평균비용곡선과 접한다.

답 ④

▌정답해설▐

단기한계비용곡선(SMC)은 단기평균비용곡선(SAC)이 (최저가 되는 생산량 수준이 아니라) 장기평균비용곡선(LAC)과 접하는 점에서 한계비용곡선(LMC)과 만난다.

27 생산자이론에 관한 설명으로 옳지 <u>않은</u> 것은? **[34회 기출]**

① 한계기술대체율은 등량곡선의 기울기를 의미한다.

② 등량곡선이 직선일 경우 대체탄력성은 무한대의 값을 가진다.

③ 0차 동차생산함수는 규모수익불변의 성격을 갖는다.

④ 등량곡선이 원점에 대해 볼록하다는 것은 한계기술대체율이 체감하는 것을 의미한다.

⑤ 규모수익의 개념은 장기에 적용되는 개념이다.

답 ③

┃정답해설┃

③ 0차 동차생산함수는 규모수익체감의 성격을 갖는다. 1차 동차생산함수가 규모에 대한 수익이 불변인 생산함수이다.

① 등량곡선에서 동일한 생산량을 유지하면서 노동 1단위를 더 투입하기 위해 줄여야 하는 자본의 수량을 한계기술대체율($MRTS$)이라고 한다. 한계기술대체율은 등량곡선의 기울기를 의미한다.

② 등량곡선이 직선일 경우, 생산요소간 완전대체관계이며 이것은 어느 한 요소 대신에 다른 요소를 사용해도 생산량에는 전혀 변화가 없는 경우를 말한다. 따라서 대체탄력성은 무한대이며 한계기술대체율은 일정불변인 상수값을 갖는다.

④ 등량곡선이 원점에 대해 볼록한 경우에는 두 생산요소 간 대체의 비율이 점차로 줄어듦을 의미하며 이를 한계기술대체율 체감의 법칙이라고 한다.

⑤ 규모수익은 생산요소 투입을 동일한 비율로 변화시킬 때, 생산량이 어떻게 변화하는지를 보여주는 개념으로 모든 요소 투입량이 변하는 것을 전제하므로 장기에 성립하는 개념이다.

28 모든 시장이 완전경쟁적인 甲국에서 대표적인 기업 A의 생산함수가 $Y = 4L^{0.5}K^{0.5}$ 이다. 단기적으로 A의 자본량은 1로 고정되어 있다. 생산물 가격이 2이고 명목임금이 4일 경우, 이윤을 극대화하는 A의 단기 생산량은? (단, Y는 생산량, L은 노동량, K는 자본량이며, 모든 생산물은 동일한 상품이다.)

[30회 기출]

① 1 ② 2

③ 4 ④ 8

⑤ 16

답 ③

┃정답해설┃

생산함수 $Y = 4L^{0.5}K^{0.5} = Y = 4\sqrt{LK}$ 이고 $K = 1$을 대입하면 $Y = 4\sqrt{L}$ 이 된다. 여기에서 $L = \frac{1}{16}Y^2$ 이다.

명목임금 $w = 4$로 주어져 있고 자본의 이자는 주어져 있지 않으므로 단기비용함수 $C = wL + rK = \frac{1}{4}Y^2 + r$ 이 된다.

MC를 구하기 위해 C를 미분하면 $MC = \frac{1}{2}Y$가 된다. 이윤극대화 조건은 $P = MC$이므로 $2 = \frac{1}{2}Y$에서 $Y = 4$이다.

29 고정비용과 가변비용이 존재할 때 생산비용에 대한 다음 설명 중 옳지 <u>않은</u> 것은?

① 평균고정비용은 생산량이 증가함에 따라 감소한다.
② 평균가변비용이 최저가 되는 생산량에서 평균가변비용은 한계비용과 일치한다.
③ 평균총비용이 감소하는 영역에서는 한계비용이 평균총비용보다 작다.
④ 한계비용이 생산량과 상관없이 일정하면 평균총비용도 마찬가지로 일정하다.
⑤ 한계비용이 증가하더라도 평균총비용은 감소할 수 있다.

답 ④

┃ 정답해설 ┃
한계비용이 일정하면 (가변비용이 일정한 것을 뜻하므로) 평균가변비용곡선이 수평선이다. 그러나 평균총비용은 평균가변비용과 평균고정비용의 합이며 평균고정비용은 체감하므로 평균총비용도 체감한다.

30 다음 중 평균비용(AC)과 한계비용(MC)에 관한 설명으로 옳지 <u>않은</u> 것은?

① 평균비용곡선이 수평이면 그 곡선자체가 한계비용곡선이 된다.
② 한계비용곡선은 평균비용곡선의 최저점을 통과한다.
③ 평균비용이 감소하면 한계비용곡선은 평균비용곡선 아래에 위치한다.
④ 총비용곡선이 수평이면 평균비용곡선과 한계비용곡선은 다같이 수평의 형태를 보이게 된다.
⑤ 평균비용곡선과 한계비용곡선은 등량곡선의 변화에 의하여 영향을 받을 수 있다.

답 ④

┃ 정답해설 ┃
총비용곡선이 수평이면 가변비용은 0이고 총비용=총고정비용이 성립한다. 따라서 한계비용곡선은 가로축과 일치하고 평균비용곡선(평균고정비용곡선)은 우하향하는 직각쌍곡선이다.

CHAPTER 05 완전경쟁시장

□ 완전경쟁기업의 이윤극대화 조건   □ 이윤극대화 생산량 계산
□ 완전경쟁시장의 장기균형   □ 조업중단점
□ 손익분기점   □ 완전경쟁시장의 조건

제1절   완전경쟁시장의 가격과 산출량

1. 완전경쟁 시장의 조건

(1) 완전경쟁시장의 조건

① **공급자(기업)와 수요자가 모두 다수** : 공급자가 다수이면 공급자와 수요자는 모두 가격순응자(price taker)가 된다. 즉 시장전체의 수요와 공급에 의해 결정된 가격을 그대로 받아들이고, 그 가격하에서 이윤을 극대화하는 산출량만을 결정할 수 있다.

② **상품의 동질성** : 완전경쟁 시장은 상품의 품질, 디자인, 포장방법 등에 있어서 완전히 동질적인 상품을 공급한다. 따라서 상품 간의 완전대체가 가능하다. 또한 완전경쟁시장과 독점적 경쟁시장을 구분하는 가장 중요한 기준이다.

③ **진입과 퇴출의 완전 자유** : 경쟁시장에서는 초과이윤(excess profit)이 있으면 어느 기업이라도 자유롭게 진입이 가능하다.

④ **완전한 정보** : 완전경쟁시장은 완전한 시장정보를 전제로 성립한다.

⑤ **생산요소의 완전 이동성(mobility)** : 생산요소의 이동이 완전히 자유롭다는 것은 진입과 퇴출이 완전히 자유롭다는 조건과 유사하다.

(2) 완전경쟁 시장의 개별기업이 직면하는 수요곡선 `기출` 27회

① 완전경쟁시장에서는 다수의 공급자가 동질적인 제품을 공급하므로 수요자, 공급자 모두 가격에는 영향을 미칠 수 없는 가격순응자(price taker)이다.

② 따라서 개별기업은 시장수요와 시장공급에 의해 결정된 가격을 그대로 수용하므로 완전경쟁 시장의 기업은 수평선 형태의 수요곡선(수요의 가격탄력성은 ∞)에 직면하게 된다. 그리고 수요곡선이 수평이면 $P = MR = AR = D$가 된다.

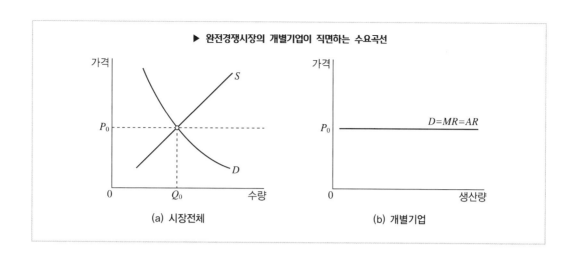

▶ 완전경쟁시장의 개별기업이 직면하는 수요곡선

(a) 시장전체

(b) 개별기업

2. 완전경쟁 기업의 단기균형 [기출] 35회·33회·30회·28회·26회·25회

(1) 이윤극대화 조건

① 완전경쟁시장의 개별기업은 주어진 가격은 수용하고 총이윤을 극대화하는 수준에서 산출량을 결정한다.

> 총이윤＝총수입(TR)－총비용(TC)
> 한계이윤＝한계수입(MR)－한계비용(MC)

② 여기서 총이윤을 극대화하려면 한계이윤을 0으로 만들면 되므로 따라서 이윤극대화 조건은 $MR = MC$이다. 이 조건은 모든 시장에 공통적으로 적용될 수 있다.

③ 단 완전경쟁의 경우에는 $P = MR$이므로 $P(= MR) = MC$에서 산출량을 결정하면 총이윤이 극대화된다.

(2) 산출량 결정(단기 균형)

① Q_0에서는 총수입(TR) 곡선과 총비용(TC) 곡선의 접선의 기울기가 같다. 즉 $MR = MC$이다. 따라서 여기에서 산출량을 결정하면 총이윤이 극대가 된다. E를 단기균형점이라고 한다.

② 산출량이 Q_0일 때 총수입(OP_0EQ_0)＝총비용(OP_1CQ_0)＋총이윤(P_1P_0EC)이다. 이 〈그림〉에서는 평균비용보다 가격이 높으므로 초과이윤이 존재한다.

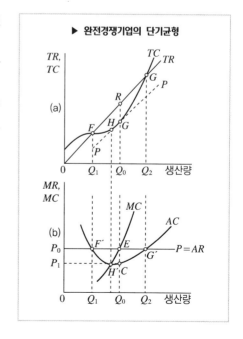

▶ 완전경쟁기업의 단기균형

(3) 손익분기점과 조업중단점 `기출` 33회·28회·26회

① 한계수입(MR)과 한계비용(MC)이 일치하는 수준에서 산출량을 결정하면 초과이윤이 있을 수 있지만 평균비용(AC) 곡선의 위치에 따라 손실을 볼 수도 있다. 즉 평균비용이 가격보다 높으면 손실을 보게 된다. 그러나 손실을 보는 경우에도 이윤극대화 조건에 따라 산출량을 결정하면 손실을 극소화할 수 있다.

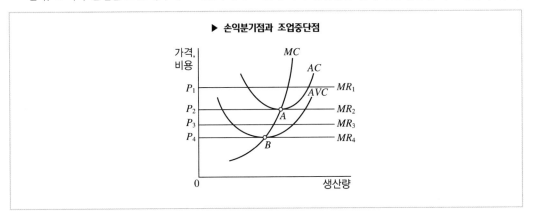

▶ 손익분기점과 조업중단점

② 〈그림〉에서 가격이 P_1인 경우에는 가격이 평균비용보다 높으므로 총수입 > 총비용이 되어 초과이윤이 존재한다.

③ 그러나 가격이 P_2인 경우에는 가격과 평균비용이 같으므로 총수입＝총비용이 되고, 따라서 초과이윤은 0이 되고 손실 또한 발생하지 않는다. 평균비용이 최소인 A점을 손익분기점(break-even point)이라고 한다.

④ 한편 가격이 P_3인 경우에는 가격이 평균비용보다 낮으므로 총수입 < 총비용이 되어 손실이 발생한다. 이런 경우 기업은 생산을 계속할 것인가 여부를 결정해야 하는데 생산을 중단해도 고정비용은 지출되므로 고정비용은 고려하지 않고(매몰비용의 성격이 있음) 가변비용만을 고려하는 것이 합리적이다.

⑤ 즉 가격이 평균비용보다 낮아도 평균가변비용보다 높다면 인건비나 원료비 등은 건질 수 있으므로 생산을 계속하는 것이 유리하다.

⑥ 그러나 B점에서와 같이 가격이 평균가변비용과 같다면 더 이상 생산을 계속할 이유가 없다. 따라서 평균 가변비용이 최소인 B점을 조업중단점, 또는 생산폐쇄점(shutdown point)이라고 한다.

(4) 완전경쟁 기업의 단기공급곡선

① 완전경쟁 시장의 개별기업은 $P = MC$에서 생산량(즉 공급량)을 결정하므로 한계비용 곡선이 개별기업의 공급곡선이 된다.

② 그러나 가격이 평균가변비용보다 높아야만 생산을 하므로 정확하게는 평균가변비용(AVC) 곡선 이상(또는 조업중단점 이상)의 우상향하는 한계비용(MC) 곡선이 개별기업의 공급곡선이 된다.

3. 완전경쟁 시장의 장기균형 [기출] 35회·34회·29회·28회·26회

(1) 단기에서 장기로

① 단기에 완전경쟁 기업에 초과이윤이 존재하면 장기에는 새로운 기업의 진입이 증가하고 기존의 기업은 신규투자를 통해 생산시설을 확장한다.

② 이로 인해 장기에는 시장전체의 공급이 증가하여 시장공급곡선이 오른쪽으로 이동하고 가격은 하락한다.

③ 또한 새로운 기술을 적용한 생산시설이 확장됨에 따라 규모의 경제가 작용하여 단기평균비용(SAC)은 하락하고 이에 따라 장기평균비용(LAC)도 하락한다.

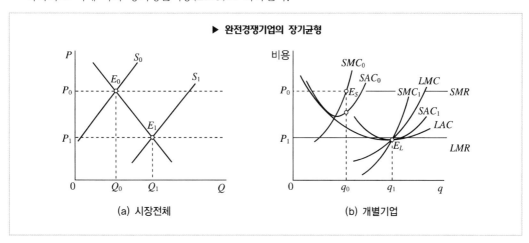

▶ **완전경쟁기업의 장기균형**

(a) 시장전체

(b) 개별기업

(2) 장기균형

① 장기균형은 이윤극대화 조건인 $LMR = LMC$(또는 $P = LMC$)에서 성립한다. 즉 장기에는 LAC의 최소점에서 균형이 이루어지고 이때 초과이윤은 0이 된다.

② 따라서 장기균형은 SAC와 LAC의 최소점에서 이루어지고, 장기균형에서는 $P = LMR = LMC = LAC = SAC = SMC$가 성립된다.

확인학습문제

01 완전경쟁하의 개별기업의 단기균형과 단기공급곡선에 대한 설명으로 **틀린** 것은?

① 경쟁기업의 이윤극대화 공급량은 가격과 한계생산비가 일치하는 수준에서 결정된다.

② 가격이 평균가변비용보다 낮은 경우, 경쟁기업의 공급량은 0이다.

③ 경쟁기업의 초과이윤은 0이 된다.

④ 가격이 평균가변비용 이상인 경우, 경쟁기업의 단기 공급곡선은 한계비용곡선과 일치한다.

⑤ 시장공급곡선은 개별기업의 단기공급곡선의 수평합으로 주어진다.

답 ③

▌정답해설▐

완전경쟁시장의 단기균형은 $P = MC$에서 성립한다. 이때 가격은 평균비용보다 높을 수도 있고 낮을 수도 있으므로 초과이윤은 0보다 클 수도 있고 작을 수도 있다.

02 단기 완전경쟁시장에서 이윤극대화하는 A기업의 현재 생산량에서 한계비용은 50, 평균가변비용은 45, 평균비용은 55이다. 시장가격이 50일 때, 옳은 것을 모두 고른 것은? **[31회 기출]**

ㄱ. 손실이 발생하고 있다.

ㄴ. 조업중단(shut-down)을 해야 한다.

ㄷ. 총수입으로 가변비용을 모두 충당하고 있다.

ㄹ. 총수입으로 고정비용을 모두 충당하고 있다.

① ㄱ, ㄴ

② ㄱ, ㄷ

③ ㄴ, ㄷ

④ ㄴ, ㄹ

⑤ ㄷ, ㄹ

정답해설

ㄱ. $P < AC(= TR < TC)$ 이므로 손실이 발생하고 있다.

ㄴ, ㄷ. 손실이 발생하고 있으나 $P > AVC(= TR > TVC)$ 이므로 가변비용을 충당할 수 있고 따라서 생산을 계속하는 것이 유리하다.

ㄹ. $AVC < P$ 이므로 $TVC < TR$ 인 것은 알 수 있지만 총수입 TR 이 총고정비용 TFC 보다 큰 지 여부는 주어진 자료로는 알 수 없다.

03 완전경쟁시장에서 개별기업은 U자형 평균비용곡선과 평균가변비용곡선을 가진다. 시장가격이 350일 때, 생산량 50 수준에서 한계비용은 350, 평균비용은 400, 평균 가변비용은 200이다. 다음 중 옳은 것을 모두 고른 것은? **[30회 기출]**

> ㄱ. 평균비용곡선이 우상향하는 구간에 생산량 50이 존재한다.
> ㄴ. 평균가변비용곡선이 우상향하는 구간에 생산량 50이 존재한다.
> ㄷ. 생산량 50에서 음($-$)의 이윤을 얻고 있다.
> ㄹ. 개별기업은 단기에 조업을 중단해야 한다.

① ㄱ, ㄴ
② ㄱ, ㄷ
③ ㄱ, ㄹ
④ ㄴ, ㄷ
⑤ ㄴ, ㄹ

답 ④

정답해설

완전경쟁시장의 개별기업은 $P = MC$ 에서 생산량을 정하면 이윤극대화가 이루어진다. $P = AC$ 이면 손익분기점, $P = AVC$ 이면 생산폐쇄점이다.

주어진 조건에서는 $AVC < P(= MC) < AC$ 이므로 음($-$)의 이윤, 즉 손실을 보고 있지만 생산을 계속하는 것이 유리한 상황이다. 그리고 이 상황에서 AC 는 우하향하지만 AVC 는 우상향한다.

04 완전경쟁시장의 시장수요함수는 $Q = 1700 - 10P$이고, 이윤극대화를 추구하는 개별기업의 장기평균비용함수는 $LAC(q) = (q - 20)^2 + 30$으로 모두 동일하다. 장기균형에서 기업의 수는? (단, Q는 시장 거래량, q는 개별 기업의 생산량, P는 가격이다.) **[29회 기출]**

① 100

② 90

③ 80

④ 70

⑤ 60

답 ④

▌정답해설▐

완전경쟁시장의 장기균형은 LAC의 최저점에서 이루어지고, $P = LAC = LMC$가 성립한다. 개별기업의 장기평균비용함수가 $LAC(q) = (q - 20)^2 + 30$이므로 $q = 20$일 때 최소 LAC는 30이다. 따라서 장기균형에서 개별기업은 20단위를 생산하며, 장기균형가격 $P = 30$이다.

$P = 30$을 시장수요함수에 대입하면 시장전체의 거래량 $Q = 1,400$이다. 따라서 개별기업의 수 $= 1,400/20 = 70$개다.

05 완전경쟁시장의 장기균형에 관한 설명으로 옳은 것은? **[29회 기출]**

① 균형가격은 개별기업의 한계수입보다 크다.

② 개별기업의 한계수입은 평균총비용보다 크다.

③ 개별기업의 한계비용은 평균총비용보다 작다.

④ 개별기업은 장기평균비용의 최저점에서 생산한다.

⑤ 개별기업은 0보다 큰 초과이윤을 얻는다.

답 ④

▌정답해설▐

완전경쟁시장에서는 가격이 일정하므로 $P = MR$이며 일정하다. 장기균형은 SAC와 LAC의 최저점에서 이루어지고, $P = SMC = LMC = SAC = LAC$가 성립한다. 따라서 장기에 초과이윤(excess profit)은 존재하지 않는다.

06 완전경쟁시장에서 개별 기업의 단기 총비용곡선이 $STC = a + \dfrac{q^2}{100}$ 일 때 단기 공급곡선 q_S는? (단, a는 고정자본비용, q는 수량, p는 가격이다.) **[28회 기출]**

① $q_S = 50p$

② $q_S = 60p$

③ $q_S = 200p$

④ $q_S = 300p$

⑤ $q_S = 400p$

답 ①

▌정답해설▐

완전경쟁시장에서 개별 기업의 단기 공급곡선은 조업중단점(생산폐쇄점) 이상의 단기 한계비용곡선이다.

$STC = a + \dfrac{q^2}{100}$ 를 미분하면 $MC = \dfrac{1}{50}q$이다. $p = MC$에서 균형이 이루어지므로 $p = \dfrac{1}{50}q$이고 $q_S = 50p$이다.

07 완전경쟁시장에서 이윤극대화를 추구하는 기업들의 장기비용함수는 $C = 0.5q^2 + 8$로 모두 동일하다. 시장수요함수가 $Q_D = 1,000 - 10P$일 때, 장기균형에서 시장 참여기업의 수는? (단, C는 개별기업 총비용, q는 개별기업 생산량, Q_D는 시장 수요량, P는 가격을 나타낸다.) **[28회 기출]**

① 150

② 210

③ 240

④ 270

⑤ 300

답 ③

▌정답해설▐

장기비용함수는 $C = 0.5q^2 + 8$에서 장기평균비용함수 $LAC = 0.5q + \dfrac{8}{q}$이다. LAC의 최저점에서 장기균형이 성립하는데 LAC의 최저점에서는 접선의 기울기가 0이 되므로 LAC를 미분한 후 0으로 하여 q를 구한다.

$\dfrac{dLAC}{dq} = 0.5 - \dfrac{8}{q^2} = 0$이고 $q = 4$이다.

이를 LAC함수에 대입하면 $LAC = 4$이고, 이는 P와도 같다.(장기균형에서는 $P = LAC = LMC$이다.)

이제 $P = 4$를 시장수요함수에 대입하면 $Q_D = 1,000 - 10P = 960$이 된다. 따라서 개별기업의 수 $= \dfrac{960}{4} = 240$이다.

08 완전경쟁시장에서 이윤을 극대화하는 개별기업의 장기비용함수가 $C = Q^3 - 4Q^2 + 8Q$이다. 완전경쟁시장의 장기균형가격(P)과 개별기업의 장기균형생산량(Q)은? (단, 모든 개별기업의 장기비용함수는 동일하다.) **[27회 기출]**

① $P = 1$, $Q = 1$

② $P = 1$, $Q = 2$

③ $P = 2$, $Q = 4$

④ $P = 4$, $Q = 2$

⑤ $P = 4$, $Q = 4$

🖝 ④

▌정답해설▐

완전경쟁시장의 장기균형은 LAC의 최저점에서 이루어지고 $P = LAC = LMC$가 성립한다. $LAC = \dfrac{C}{Q} = Q^2 - 4Q + 8$

이다. LAC의 최저점에서 접선의 기울기는 0이므로 이를 미분한 후 0으로 두면 $\dfrac{dLAC}{dQ} = 2Q - 4 = 0$이고 균형생산량

은 $Q = 2$이다. 이를 LAC에 대입하면 최소장기평균비용은 4이고, $P = 4$가 된다.

---

09 완전경쟁시장에서 거래되는 X재에 대해 시장균형가격보다 낮은 수준에서 가격상한제를 실시하였다. 이로 인해 나타날 수 있는 일반적인 현상으로 옳은 것을 모두 고른 것은? (단, X재는 수요와 공급의 법칙을 따른다.)

> ㄱ. X재의 품귀현상이 일어난다.
> ㄴ. X재의 공급과잉이 발생한다.
> ㄷ. X재의 암시장이 발생할 수 있다.
> ㄹ. X재의 품질이 좋아진다.

① ㄱ, ㄴ

② ㄱ, ㄷ

③ ㄴ, ㄷ

④ ㄴ, ㄷ, ㄹ

⑤ ㄱ, ㄴ, ㄷ, ㄹ

🖝 ②

▌정답해설▐

가격상한제(최고가격제)는 시장균형가격이 너무 높다고 판단하는 경우 정부가 시장가격보다 낮은 수준에서 가격을 통제하는 것이다.

ㄱ, ㄴ. 가격이 낮아지므로 수요량은 증가하고 공급량은 감소하여 공급부족(초과수요), 즉 품귀현상이 나타난다.

ㄷ. 품귀현상으로 인해 암시장이 나타날 수 있다.

ㄹ. 정부가 낮은 수준에서 가격을 통제하므로 품질이 저하될 가능성이 있다.

10 완전경쟁시장에서 시장수요함수가 $Q = 1,000 - P$이고 기업들의 장기평균비용은 생산량이 10일 때 100원으로 최소화된다. 이때 장기균형에 관한 설명으로 옳지 <u>않은</u> 것은? (단, Q는 수요량, P는 가격이다.)

① 개별기업의 초과이윤은 0원이다.

② 개별기업의 생산량은 10이다.

③ 균형가격은 100원이다.

④ 시장에는 100개의 기업이 존재하게 된다.

⑤ 소비자들은 가격순응자로서 효용을 극대화한다.

답 ④

┃ 정답해설 ┃

완전경쟁시장의 장기균형은 LAC의 최저점에서 이루어지고 $P = LMC = LAC$의 관계가 성립한다. 주어진 내용으로 보면 장기균형에서 $P = LMC = LAC = 100$원이고, 균형생산량은 10이다.

④ 시장수요함수 $Q = 1,000 - P$에서 $P = 100$이므로 시장의 생산량 $Q = 900$이다. 개별기업의 균형생산량은 10이므로 시장에는 $\dfrac{900}{10} = 90$개의 기업이 존재하게 된다.

① 장기균형에서는 $P = LAC$, 즉 $TR = TC$이므로 개별기업의 초과이윤은 0원이다.

11 완전경쟁시장에서 모든 기업이 이윤을 극대화하고 있는 산업 A는 비용곡선이 $C(Q) = 2 + \dfrac{Q^2}{2}$인 100개의 기업과 $C(Q) = \dfrac{Q^2}{10}$인 60개의 기업으로 구성되어 있다. 신규 기업의 진입이 없을 때, 가격이 2보다 큰 경우 산업 A의 공급곡선은? (단, Q는 생산량이다.) **[35회 기출]**

① $Q = 200P$

② $Q = 300P$

③ $Q = 400P$

④ $Q = 415P$

⑤ $Q = 435P$

답 ③

┃ 정답해설 ┃

첫 번째 비용곡선 $C(Q) = 2 + \dfrac{Q^2}{2}$에서, $MC = Q$이다. 완전경쟁시장에서 $P = MC$이므로, $P = Q$. 그리고 이러한 비용곡선을 가진 기업이 100개 존재하므로, $Q = 100P$이다.

또 다른 비용곡선 $C(Q) = \dfrac{Q^2}{10}$에서, $MC = \dfrac{1}{5}Q$이다. 완전경쟁시장에서 $P = MC$이므로, $P = \dfrac{1}{5}Q$. 그리고 이러한 비용곡선을 가진 기업이 60개 존재하므로, $Q = 300P$이다.

두 공급곡선을 합하면, 산업 A의 공급곡선은 $Q = 400P$이다.

12 완전경쟁시장에 참여하는 모든 기업의 비용함수가 동일하며 평균비용곡선이 U자형이다. 다음 설명 중 옳지 **않은** 것은?

① 기업은 가격수용자로서 행동한다.

② 단기에 경제적 이윤이 발생할 수 있다.

③ 기업의 진입·퇴출이 자유로운 장기에는 경제적 이윤은 0이다.

④ 장기균형에서 가격은 한계비용과 같다.

⑤ 장기균형에서 한계비용은 평균비용보다 높다.

답 ⑤

┃ 정답해설 ┃

완전경쟁시장의 장기균형은 SAC와 LAC의 최저점에서 이루어지고 $P = SAC = LAC = SMC = LMC$의 관계가 성립한다. 장기균형에서 초과이윤은 0이 된다.

---

13 완전경쟁시장에서 이윤극대화를 추구하는 A기업의 총비용함수는 $TC = Q^2 + 3Q + 10$이며, 재화의 가격이 13이다. 이때 A기업의 생산자잉여는? (단, TC는 총비용이고, Q는 생산량이다.)

① 15 　　　　　　　　　② 20

③ 25 　　　　　　　　　④ 30

⑤ 35

답 ③

┃ 정답해설 ┃

총비용함수를 미분하면 $MC = \dfrac{dTC}{dQ} = 2Q + 3$이다. $P = MC$에서 생산량을 정하므로 $2Q + 3 = 13$에서 이윤극대화 생산량은 $Q = 5$이다. MC곡선의 절편이 3이므로 생산자잉여는 $\dfrac{1}{2} \times (13 - 3) \times 5 = 25$이다.

---

14 완전경쟁시장의 한 기업이 단기적으로 초과이윤을 내고 있다고 하자. 이 기업의 이윤 극대화 행동으로부터 유추할 수 있는 사실로 적절한 것은?

① 이 기업은 장기적으로도 초과이윤을 낼 것이다.

② 이 기업이 산출량을 늘리면 총평균비용이 감소할 것이다.

③ 이 기업이 산출량을 늘리면 한계비용이 증가할 것이다.

④ 시장가격은 이 기업의 현재 한계비용보다 높다.

⑤ 이 기업의 현재 한계비용은 총평균비용과 같다.

▌정답해설▐

완전경쟁기업의 단기공급곡선은 평균가변비용곡선과의 교차점에서부터 우상향하는 한계비용곡선이다. 따라서 이 기업이 산출량을 늘리면 (초과이윤이 발생하는지 여부와 관계없이) 한계비용은 반드시 증가한다.

15 완전경쟁산업 내의 한 기업에 대한 설명 중 옳지 <u>않은</u> 것은?

① 한계수입은 시장가격과 같다.

② 시장가격보다 높은 가격을 책정하면 시장점유율은 0이 된다.

③ 이윤극대화 생산량에서는 시장가격과 한계비용이 같다.

④ 장기에 손실(음의 이윤)이 발생하면 퇴출한다.

⑤ 이 기업이 직면하는 수요곡선은 우하향한다.

답 ⑤

▌정답해설▐

완전경쟁시장에서의 기업은 가격수용자이다. 따라서 어느 한 기업이 직면하는 수요곡선은 수평선이 된다.

16 다음 설명 중 옳지 <u>않은</u> 것은? (P : 가격, MR : 한계수입, MC : 한계비용)

① 완전경쟁시장에서는 $P = MC$에서 시장균형이 이루어진다.

② $P > MC$의 경우에는 생산량을 줄이면 효율성이 높아진다.

③ MC를 사회적 한계비용이라고 할 때 음의 외부성이 있는 경우 생산은 $P > MC$가 되는 영역에서 이루어진다.

④ 독점의 경우에는 $P > MR = MC$가 되어서 생산량이 효율적인 생산량에 미치지 못한다.

⑤ 자연독점기업에서는 $P = MC$에서 생산이 이루어질 때 손실이 발생한다.

답 ②

▌정답해설▐

$P > MC$의 경우에 생산량을 증가시키면 총이윤이 증가한다. 따라서 생산량을 늘리면 효율성은 높아진다.

CHAPTER 06 독점시장

제1절 독점의 유형과 발생원인

1. 독점의 의미와 유형

(1) 독점의 뜻

독점(monopoly) 시장이란 한 개의 기업이 시장전체의 공급을 담당하는 시장형태를 말한다.

(2) 독점의 유형

① 독점에는 수요자가 한 기업인 수요독점(monopsony)도 있고, 수요자와 공급자가 모두 한 기업인 쌍방독점(bilateral monopoly)도 있다. 그러나 일반적으로 독점은 공급독점(monopoly)을 의미한다.

② 따라서 독점은 어떤 재화를 생산하는 기업이 하나인 경우, 즉 시장전체에 대한 공급을 한 기업이 담당하는 경우를 말하므로 독점기업이 직면하는 수요곡선은 우하향하는 시장수요곡선이다. 또한 완전한 독점이 되기 위해서는 대체재도 존재하지 말아야한다.

2. 독점의 발생원인

(1) 원료 공급을 독점하는 경우

희귀한 자원이나 요소의 독점 사용권을 가진 경우에 그러한 자원이나 요소를 사용하는 산업은 독점화될 수 있다.

(2) 규모의 경제가 있는 경우(자연독점) 기출 34회

① 생산규모가 확대됨에 따라 장기평균비용(LAC)이 하락하는 규모의 경제가 있는 경우에는 다른 기업이 쉽게 진입할 수 없어 독점이 되기 쉽다. 이 경우를 자연독점(natural monopoly)이라고 한다.

② 자연독점의 경우에는 자원배분의 효율성을 위해 공공적인 차원에서 독점을 인정하는 것이 일반적이다.
   예 전력, 통신, 철도, 상하수도 등

(3) 시장규모가 협소한 경우

시장이 협소해서 한 기업이 시장의 수요를 전부 공급할 수 있는 경우에 독점이 나타나기 쉽다.

(4) 특허권, 독점권 등을 인정받는 경우

정부에 의해서 특허권이나 독점권 등을 인정받는 경우에 독점이 발생하게 되는데 이러한 경우를 법률적 독점이라고 한다.

(5) 기타

예컨대 정부가 특정기업에만 특정한 기계나 원자재의 수입권을 부여한다든가, 저리로 투자자금을 대여하도록 한다든가, 특별히 유리한 산업입지를 배당해 준다든가 함으로써 인위적으로 진입장벽(barriers to entry)을 설정해 주는 경우에 독점이 발생하기 쉽다.

제2절 독점기업의 가격과 산출량

1. 독점기업의 수요곡선과 공급곡선

(1) 독점기업의 수요곡선 기출 31회 · 30회 · 29회 · 28회

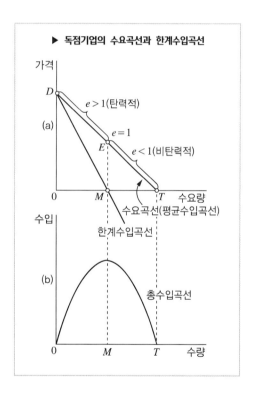

▶ 독점기업의 수요곡선과 한계수입곡선

① 독점시장은 시장전체에 대한 공급을 한 기업이 담당하므로 따라서 독점기업이 직면하는 수요곡선은 우하향하는 시장수요곡선이다.

② 따라서 독점기업의 한계수입(MR) 곡선은 수요곡선의 아래 위치하고 독점기업의 가격은 한계수입보다 높다($P > MR$).

③ 독점기업의 경우에도 평균수입은 가격과 같으므로 평균수입(AR) 곡선은 수요곡선(D)과 일치한다. 반면 독점기업의 한계수입(MR) 곡선은 수요곡선과 가격축의 절편은 같고 기울기는 2배가 된다.

④ 독점기업의 수요곡선과 평균수입 곡선, 한계수입곡선 간의 관계를 살펴보면 다음 〈그림〉과 같다.

⑤ 〈그림〉 (a)에서 DT는 수요곡선이자 평균수입 곡선이고, DM은 한계수입 곡선이다. 〈그림〉 (b)에서는 한계수입과 총수입 간의 관계를 보여주고 있다. 즉 한계수입이 0보다 크면 총수입은 증가하고, 한계수입이 0이면 총수입은 극대, 한계수입이 0보다 작으면 총수입이 감소하는 관계를 보여주고 있다.

⑥ 이러한 사실로부터 우리는 한계수입과 평균수입, 그리고 수요 탄력성 간의 관계를 명확히 할 수 있는데 그 관계는 다음과 같다. 여기서 e는 수요의 가격탄력성을 나타낸다. 이 식을 아모로소-로빈슨 (Amoroso-Robinson) 식이라고 하는데 $MR = \dfrac{dTR}{dQ}$의 정의로부터 수리적으로 증명된다.

$$MR = P\left(1 - \frac{1}{e}\right) = AR\left(1 - \frac{1}{e}\right)$$

⑦ 완전경쟁시장의 경우처럼 수요의 가격탄력성(e)이 무한대이면 $P = AR = MR$의 관계가 성립한다. 또한 수요의 가격탄력성이 1이면 $MR = 0$이 됨을 알 수 있다. 그리고 수요탄력성이 탄력적이면($e > 1$) 한계수 입은 양(+)이고 수요탄력성이 비탄력적($e < 1$)이면 한계수입은 음(-)이 되는 것도 확인할 수 있다.

(2) 독점기업의 공급곡선 기출 28회

완전경쟁 기업의 경우에는 조업 중단점 이상(즉 AVC 이상)의 한계비용 곡선이 개별기업의 공급곡선이었지 만 독점기업의 경우에는 가격과 공급량 간에 일정한 비례관계가 존재하지 않으므로 공급곡선은 존재하지 않는다. 즉 공급곡선은 정의되지 않는다.

2. 독점기업의 단기균형

(1) 단기균형 기출 34회·33회·28회

① 시장수요곡선이 주어지면 이에 따라 독점기업은 독점이윤을 극대화하는 가격과 산출량을 결정한다. 독점 기업의 이윤극대화 조건인 $MR = MC$에서 가격과 산출량을 결정하면 독점기업의 이윤이 극대화된다.

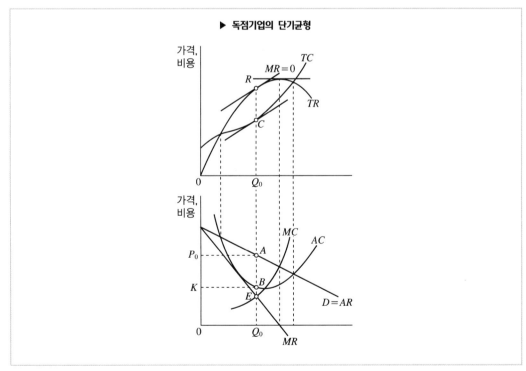

▶ 독점기업의 단기균형

② 독점기업의 이윤극대화 조건은 완전경쟁의 경우와 동일하다. 그러나 MR곡선의 기울기가 완전경쟁과 다르다. 또한 독점기업의 경우에도 항상 초과이윤이 있는 것은 아니고 평균비용(AC) 곡선의 위치가 수요 곡선보다 위에 있는 경우에는 손실을 볼 수도 있다.

③ **독점기업의 장기균형과 독점산업의 균형 :** 독점시장의 경우에는 단기에 초과이윤을 얻고 있다고 해도 장기에 새로운 기업이 진입할 수 있는 것이 아니다. 따라서 장기균형도 단기균형과 차이가 거의 없다. 또한 독점기업은 한 기업이 시장전체를 지배하므로 독점시장의 균형(또는 독점산업의 균형)도 독점기업의 균형과 차이가 없다.

(2) 생산비가 들지 않는 경우 : 순수독점 [기출] 34회

① 독점기업의 균형을 처음으로 분석한 꾸르노(A. Cournot)는 온천의 경우를 예로 들어 독점기업의 가격과 산출량 결정문제를 분석하였다.

② 온천의 경우 고정비용은 들지만 가변비용이 들지 않으므로 $TVC = AVC = MC = 0$이고 따라서 $MR = MC = 0$인 곳에서 가격과 산출량을 결정한다.

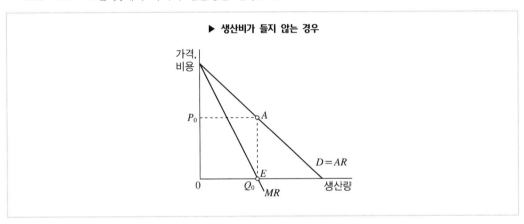

▶ 생산비가 들지 않는 경우

③ 〈그림〉에서 $MR = MC = 0$인 E에서 산출량 Q_0와 가격 P_0를 결정한다. 이 경우 평균비용(AC)의 위치에 따라 초과이윤의 크기가 결정되고, 완전경쟁시장의 생산량보다 적은 양이 생산되므로 자중손실(deadweight loss)이 발생하여 자원의 비효율적 배분이 이루어진다.

3. 독점도

(1) 독점도의 의의

① 독점도(degree of monopoly)는 독점의 강도, 즉 독점기업의 시장 지배력을 나타낸다. 완전경쟁의 경우에는 $P = MC$이었지만 독점의 경우에는 $P > MC$이므로 독점도는 가격(P)과 한계비용(MC)의 차이가 어느 정도 되는가를 나타내는 개념이다.

② 또한 완전경쟁의 경우에는 수요의 가격탄력성이 완전 탄력적이었지만 독점의 경우에는 비탄력적이므로 독점도는 수요탄력성의 크기와도 관련이 있다.

③ 따라서 독점도는 독점기업이 수요곡선에 미치는 영향의 정도를 나타낸다고도 볼 수 있다.

(2) 러너의 독점도 `기출` 35회

① 러너(A.P. Lerner)는 가격과 한계비용의 차이가 클수록 시장지배력이 크다는 점에 착안하여 다음과 같이 독점도의 개념을 제시한다.

$$Dm = \frac{P - MC}{P}$$

② 러너의 독점도는 $0 \leq Dm \leq 1$이다. 완전경쟁의 경우에는 $P = MC$이므로 $Dm = 0$이고 완전독점의 경우 $Dm = 1$이 된다.

(3) 힉스의 독점도

힉스(J.R. Hicks)의 독점도는 러너의 독점도 식으로부터 도출된다. 힉스의 독점도는 수요탄력성의 역수 ($\frac{1}{e_D}$)이다. 따라서 완전경쟁 시장의 경우 수요탄력성이 무한대이므로 독점도는 0이 된다.

4. 가격차별

(1) 가격차별의 의미

가격차별(price discrimination)은 독점기업이 독점이윤 이상으로 이윤을 증대시키기 위하여 동일한 생산물을 서로 다른 가격으로 판매하는 것을 말한다. 예 수출품의 국내시장 가격과 해외시장 가격의 차별, 주야간 전화 전기요금 할인, 영화관의 조조할인이나 학생할인 등

(2) 가격차별의 조건(3급 가격차별의 요건)

① 시장의 분리가 가능해야 하고, 계속적으로 분리되어야 한다.
② 분리된 시장 간에 가격을 차별화한 상품의 유통, 즉 재판매가 허용되지 말아야 한다.
③ 분리된 두 시장에서 수요의 가격탄력성이 달라야한다. 이 경우 수요탄력성이 작은 시장에서 더 높은 가격이 정해진다.
④ 시장 지배력이 있어야 한다. 즉 가격차별화는 독점기업, 또는 과점기업들이 카르텔을 결성하여 공동행위를 하는 경우에 가능하다.

(3) 가격차별의 유형 `기출` 34회·33회·32회·30회·29회·27회

① 1급(first degree) 가격차별 : 완전가격차별
 ㉠ 1급(또는 1차) 가격차별은 각 단위의 재화에 대하여 소비자들의 지불용의가격을 책정하는 것이므로 재화단위마다 가격은 다 다르다.
 ㉡ 소비자잉여는 존재하지 않고, 소비자잉여가 전부 독점기업의 이윤으로 귀속된다.
 ㉢ 보상수요곡선과 한계수입곡선이 일치하고, $P = MC$가 성립하므로 완전경쟁시장과 같은 생산량을 생산하고 자원배분은 효율적이다.

② 2급(second degree) 가격차별

    ㉠ 2급(또는 2차) 가격차별은 재화의 구입수량에 따라 다른 가격을 설정하는 것이다. 대량구입하거나 사용량이 많으면 가격을 할인해주는 것이다.

    ㉡ 소비자 잉여의 일부가 독점기업으로 귀속된다.

    ㉢ 가격차별이 없는 경우와 비교하면 생산량이 증가하므로 자중손실(deadweight loss)이 감소하므로 자원배분의 효율성이 개선된다.

③ 3급(third degree) 가격차별

    ㉠ 3급(또는 3차) 가격차별은 전체시장을 수요의 가격탄력성이 다른 시장으로 분할하여 서로 다른 가격을 설정하는 것이다.

    ㉡ 두 시장의 한계수입을 MR_1, MR_2라고 하면 이윤극대화 조건은 $MR_1 = MR_2 = MC$이다.

    ㉢ $MR_1 = MR_2$에서 앞에서 본 Amoroso-Robinson 공식을 이용하면 다음의 관계가 성립한다.

$$P_1\left(1 - \frac{1}{e_1}\right) = P_2\left(1 - \frac{1}{e_2}\right)$$

    ㉣ 따라서 $e_1 > e_2$이면 $P_1 < P_2$의 관계가 성립하므로 수요의 가격탄력성이 작은 시장에서 높은 가격을 설정한다.

    ㉤ 독점기업은 수요의 가격탄력성이 비탄력적인 수요곡선 상에서는 생산을 하지 않으므로 e_1, $e_2 > 1$이어야 한다.

제3절   독점의 경제적 효과와 독점 규제

1. 독점의 경제적 효과 기출 27회

(1) 유휴시설 보유

① 완전경쟁 기업의 장기균형은 SAC와 LAC의 최저점에서 이루어진다. 그러나 독점기업은 LAC의 최저점에서 생산하지 않는다.

② 즉 독점기업은 과소 규모의 시설을 과소 이용함으로써 유휴시설(즉 초과생산능력)을 보유하게 되어 자원의 비효율적 배분이 이루어진다.

(2) 자원의 비효율적 배분

완전경쟁 기업은 $P = MC$에서 생산량을 결정한다. 그러나 독점기업의 경우에는 항상 $P > MC$에서 가격과 생산량을 결정하므로 자원의 비효율적 배분이 이루어진다.

(3) 경제발전에 유리

기업의 규모가 커짐으로써 ㉠ 규모의 경제 → LAC의 하락, ㉡ R&D투자가 용이해진다. 따라서 독점은 경제발전에 유리하게 작용할 수도 있다.

2. 독점의 규제 `기출` 28회

(1) 최고가격 설정

① 정부가 독점기업에 대해 가격의 상한선인 최고가격을 설정하면 독점기업은 생산량을 증가시킨다. 따라서 가격은 낮아지고 생산량은 증가함으로써 자원배분이 더 효율적이 된다.

② 소비자 잉여의 증가분이 생산자 잉여의 감소분을 초과하게 됨에 따라 최고가격 설정 이전에 비해 사회후생은 증가한다.

(2) 조세 부과

① 총괄세

㉠ 총괄세(lump-sum tax)는 산출량에 관계없이 고정적으로 부과된다. 따라서 기업은 이를 고정비용으로 간주하므로 AC 증가, MC는 불변이다.

㉡ 이에 따라 가격과 생산량은 불변이고, 독점이윤은 감소한다. 소비자 잉여는 변동이 없다.

② 종량세

㉠ 종량세(specific tax)는 산출량 1단위당 일정 액수로 부과되는 조세이다. 따라서 종량세가 부과되면 AC와 MC 모두 증가한다.

㉡ 이에 따라 가격은 상승하고 산출량은 감소한다. 결국 조세 중 일부는 생산자가 부담하고 일부는 소비자가 부담한다. 그리고 자원배분은 더욱 더 비효율적으로 된다.

③ 종가세

㉠ 종가세(ad valorem tax)는 판매가격을 기준으로 부과되는 조세이다. 종가세가 부과되면 AC와 MC는 변화가 없고 수요곡선과 한계수입 곡선만 왼쪽으로 이동한다.

㉡ 이에 따라 가격은 상승하고 산출량은 감소하여 자원배분은 더욱 더 비효율적으로 된다.

④ 이윤세 : 이윤세(profit tax)는 총이윤에 대해 일정 비율로 부과된다. 따라서 이윤세가 부과되면 독점기업의 이윤만 감소하고, 가격과 산출량은 변화가 없다.

확인학습문제

01 독점기업 A의 한계비용은 10이고 고정비용은 없다. A기업 제품에 대한 소비자의 역수요함수는 $P=90-2Q$이다. A기업은 내부적으로 아래와 같이 2차에 걸친 판매 전략을 채택하였다.

- 1차 : 모든 소비자를 대상으로 이윤을 극대화하는 가격을 설정하여 판매
- 2차 : 1차에서 제품을 구매하지 않은 소비자를 대상으로 이윤을 극대화하는 가격을 설정하여 판매

A기업이 설정한 (ㄱ)1차 판매가격과 (ㄴ)2차 판매가격은? (단, 소비자는 제품을 한 번만 구매하고, 소비자 간 재판매할 수 없다.) **[31회 기출]**

	ㄱ	ㄴ
①	30	20
②	40	20
③	40	30
④	50	30
⑤	60	30

답 ④

▌정답해설▐

먼저 모든 소비자를 대상으로 이윤을 극대화하는 가격을 구한다. 수요함수가 $P=90-2Q$이므로 한계수입 $MR=90-4Q$이다. 이윤극대화 조건 $MR=MC$에서 $90-4Q=10$이므로 $Q=20$이다. 이를 수요함수에 대입하면 $P=50$이다.

이제 1차에서 구매하지 않은 소비자를 대상으로 2차 판매하는 경우, 수요량은 시장전체의 수요량에서 1차 판매량 20을 빼주어야 한다. 시장수요함수 $Q=45-\dfrac{1}{2}P$에서 20을 빼면 수요함수 $Q=25-\dfrac{1}{2}P$이므로 $P=50-2Q$이고 한계수입 $MR=50-4Q$이다.

이윤이 극대화되는 2차 판매량을 구하기 위해 $MR=MC$에서 $50-4Q=10$이고 $Q=10$이다. 이를 수요함수에 대입하면 $P=30$이다.

02 독점시장에서 기업 A의 수요함수는 $P = 500 - 2Q$이고, 한계비용은 생산량에 관계없이 100으로 일정하다. 기업 A는 기술진보로 인해 한계비용이 하락하여 이윤극대화 생산량이 20단위 증가하였다. 기술진보 이후에도 한계비용은 생산량에 관계없이 일정하다. 한계비용은 얼마나 하락하였는가? (단, P는 가격, Q는 생산량이다.) **[30회 기출]**

① 20
② 40
③ 50
④ 60
⑤ 80

답 ⑤

──────────────────────────────────────

┃ 정답해설 ┃

독점기업의 수요함수가 $P = 500 - 2Q$이면 한계수입 $MR = 500 - 4Q$이다. 이윤극대화 조건 $MR = MC$에서 이윤극대화 생산량 $Q = 100$, $P = 300$이다.

기술진보 이후의 한계비용을 X라고 하면 $MR = MC$에서 $500 - 4Q = X$이고 생산량이 20단위 증가했으므로 $Q = 120$을 대입하면 기술진보 이후의 한계비용 $X = 20$이 된다. 따라서 한계비용은 80 하락하였다.

03 독점기업 A가 직면한 수요함수는 $Q = -0.5P + 15$, 총비용함수는 $TC = Q^2 + 6Q + 3$이다. 이윤을 극대화할 때, 생산량과 이윤은? (단, P는 가격, Q는 생산량, TC는 총비용이다.) **[29회 기출]**

① 생산량=3, 이윤=45
② 생산량=3, 이윤=48
③ 생산량=4, 이윤=45
④ 생산량=4, 이윤=48
⑤ 생산량=7, 이윤=21

답 ③

──────────────────────────────────────

┃ 정답해설 ┃

수요함수가 $Q = -0.5P + 15$이므로 한계수입 $MR = 30 - 4Q$이다. 총비용함수를 미분하면 $MC = 6 + 2Q$이다. $MR = MC$에서 이윤극대화 생산량 $Q = 4$이다. 이를 수요함수에 대입하면 $P = 22$이다. 총수입 $TR = PQ = 88$이다. 총비용 $TC = 43$이므로 총이윤은 $\pi = TR - TC = 88 - 43 = 45$이다.

04 가격차별의 사례가 <u>아닌</u> 것은?
[29회 기출]

① 영화관 일반 요금은 1만 원, 심야 요금은 8천 원이다.
② 놀이공원 입장료는 성인 5만 원, 청소년 3만 원이다.
③ 동일한 롱패딩 가격은 겨울에 30만 원, 여름에 20만 원이다.
④ 동일한 승용차 가격은 서울에서 2,000만 원, 제주에서 1,500만 원이다.
⑤ 주간 근무자 수당은 1만 원, 야간 근무자의 수당은 1만 5천 원이다.

답 ⑤

▎정답해설▎
가격차별은 동일한 상품에 대해 가격을 달리 정하여 부과하는 것이다. 주간 근무와 야간 근무는 근무여건이 다르므로 가격차별이라고 할 수 없다.

05 甲국 정부는 독점기업 A로 하여금 이윤극대화보다는 완전경쟁시장에서와 같이 사회적으로 효율적인 수준에서 생산하도록 규제하려고 한다. 사회적으로 효율적인 생산량이 달성되는 조건은? (단, 수요곡선은 우하향, 기업의 한계비용곡선은 우상향한다.)
[29회 기출]

① 평균수입＝한계비용
② 평균수입＝한계수입
③ 평균수입＝평균생산
④ 한계수입＝한계비용
⑤ 한계수입＝평균생산

답 ①

▎정답해설▎
완전경쟁시장에서와 같이 사회적으로 효율적인 수준에서 생산하도록 규제하려면 $P = MC$에서 생산하도록 해야 한다. 시장형태와 관계없이 $P = AR$의 관계가 성립하므로 평균수입(AR)＝한계비용(MC)에서 생산하게 하여야 한다.

06 독점기업의 이윤극대화에 관한 설명으로 옳지 <u>않은</u> 것은? (단, 수요곡선은 우하향하고 생산량은 양(+)이고, 가격차별은 없다.) **[28회 기출]**

① 이윤극대화 가격은 한계비용보다 높다.

② 양(+)의 경제적 이윤을 획득할 수 없는 경우도 있다.

③ 현재 생산량에서 한계수입이 한계비용보다 높은 상태라면 이윤극대화를 위하여 가격을 인상하여야 한다.

④ 이윤극대화 가격은 독점 균형거래량에서의 평균수입과 같다.

⑤ 이윤극대화는 한계비용과 한계수입이 일치하는 생산수준에서 이루어진다.

답 ③

┃정답해설┃

③ 독점기업의 이윤극대화는 $MR = MC$에서 이루어진다. 현재 생산량에서 $MR > MC$라면 이윤극대화를 위하여 생산량을 증가시켜야 한다. 독점기업이 직면하는 수요곡선은 우하향하므로 생산량을 증가시키면 가격은 인하하여야 한다.

② 독점기업이라도 $P < AC$인 경우에는 손실을 볼 수 있다.

07 영화관 A의 티켓에 대한 수요함수가 $Q = 160 - 2P$일 때, A의 판매수입이 극대화되는 티켓 가격은? (단, P는 가격, Q는 수량이다.) **[28회 기출]**

① 0

② 10

③ 20

④ 40

⑤ 80

답 ④

┃정답해설┃

수요함수 $Q = 160 - 2P$은 $P = 80 - \dfrac{1}{2}Q$이다. 따라서 $MR = 80 - Q$이다. $MR = 0$이면 판매수입 TR이 극대이므로 생산량 $Q = 80$일 때 TR이 극대가 된다. $Q = 80$일 때 $P = 40$이다.

08 두 공장 1, 2를 운영하고 있는 기업 A의 비용함수는 각각 $C_1(q_1) = q_1^2$, $C_2(q_2) = 2q_2$이다. 총비용을 최소화하여 5단위를 생산하는 경우, 공장 1, 2에서의 생산량은? (단, q_1은 공장 1의 생산량, q_2는 공장 2의 생산량이다.) **[30회 기출]**

① $q_1 = 5$, $q_2 = 0$

② $q_1 = 4$, $q_2 = 1$

③ $q_1 = 3$, $q_2 = 2$

④ $q_1 = 2$, $q_2 = 3$

⑤ $q_1 = 1$, $q_2 = 4$

답 ⑤

▌정답해설▐

두 공장의 비용함수를 각 기업의 생산 q에 대해 미분하면 $MC_1 = 2q_1$, $MC_2 = 2$이다. 여러 공장에서 생산할 때 총비용을 최소화하려면 MC가 같아야 하므로 $MC_1 = MC_2$에서 $2q_1 = 2$이므로 $q_1 = 1$이다. 총생산량이 5단위이고 $q_1 = 1$이므로 $q_2 = 4$이다.

09 독점기업의 가격차별에 관한 설명으로 옳은 것은? **[30회 기출]**

① 1급 가격차별 시 소비자잉여는 0보다 크다.

② 1급 가격차별 시 사중손실(deadweight loss)은 0보다 크다.

③ 2급 가격차별의 대표적인 예로 영화관의 조조할인이 있다.

④ 3급 가격차별 시 한 시장에서의 한계수입은 다른 시장에서의 한계수입보다 크다.

⑤ 3급 가격차별 시 수요의 가격탄력성이 상대적으로 작은 시장에서 더 높은 가격이 설정된다.

답 ⑤

▌정답해설▐

①, ② 1급 가격차별은 모든 소비자가 지불용의금액만큼 가격을 지불하므로 소비자잉여는 0이 되고, 사중손실은 발생하지 않는다.

③ 영화관의 조조할인은 시간을 기준으로 시장을 나눈 것이므로 3급 가격차별의 예가 된다.

④ 3급 가격차별 시 한 시장에서의 한계수입은 다른 시장에서의 한계수입과 같다.

　3급 가격차별의 균형은 $MR_1 = MR_2 = \cdots = MR_n = MC$이다.

10 다음 중 옳은 것을 모두 고른 것은? [28회 기출]

> ㄱ. 기펜재의 경우 수요법칙이 성립하지 않는다.
> ㄴ. 초과이윤이 0이면 정상이윤도 0이라는 것을 의미한다.
> ㄷ. 완전경쟁시장에서 기업의 단기공급곡선은 한계비용곡선에서 도출된다.
> ㄹ. 독점기업의 단기공급곡선은 평균비용곡선에서 도출된다.

① ㄱ, ㄴ   ② ㄱ, ㄷ

③ ㄱ, ㄹ   ④ ㄴ, ㄷ

⑤ ㄴ, ㄹ

답 ②

❚ 정답해설 ❚

ㄱ. 기펜재는 가격이 하락함에도 수요량이 감소하는 재화로 수요법칙의 성립하지 않는 예외적인 재화이다.

ㄴ. 초과이윤이 0인 경우에도 생산을 계속하는데 그 이유는 정상이윤이 있기 때문이다. 정상이윤(normal profit)은 요소비용 증 경영에 대한 비용이므로 생산비에 이미 포함되어 있는 이윤이다. 따라서 초과이윤이 0이어도 정상이윤은 존재하고 생산을 계속하게 만든다.

ㄷ. 완전경쟁시장에서 기업의 단기공급곡선은 조업중단점(shut down point) 이상의 한계비용곡선이다.

ㄹ. 독점기업의 경우에는 가격과 공급량 간에 일정한 양(+)의 관계가 성립되지 않으므로 단기공급곡선은 정의되지 않는다(단기공급곡선은 없다).

11 시장수요함수가 $Q = 100 - P$인 경우, 비용함수가 $C = Q^2$인 독점기업의 이윤극대화 가격은? (단, P는 가격, Q는 수량이다.) [27회 기출]

① 0   ② 25

③ 50   ④ 75

⑤ 100

답 ④

❚ 정답해설 ❚

독점기업의 이윤극대화 조건은 $MR = MC$이다. MR곡선은 직선인 수요곡선과 가격축의 절편은 같고 기울기는 2배이다. 수요곡선이 $P = 100 - Q$이므로 $MR = 100 - 2Q$이다. MC는 총비용함수를 미분한 값으로 $MC = 2Q$이다. 따라서 $100 - 2Q = 2Q$에서 $Q = 25$이다. 이를 시장수요함수에 대입하면 $P = 100 - 25 = 75$이다.

12 그림과 같이 완전경쟁시장이 독점시장으로 전환되었다. 소비자로부터 독점기업에게 이전되는 소비자잉여는? (단, MR은 한계수입, MC는 한계비용, D는 시장수요곡선으로 불변이다. 독점기업은 이윤극대화를 추구한다.) **[31회 기출]**

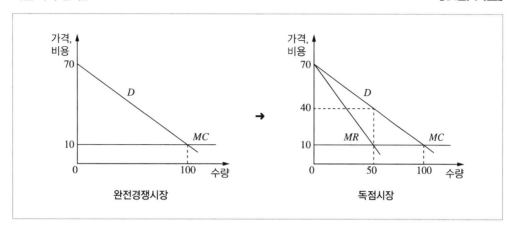

① 0

② 750

③ 1,500

④ 2,250

⑤ 3,000

답 ③

▎**정답해설**▎

독점시장으로 전환된 후 소비자잉여는 가격 40과 10 사이의 사다리꼴 부분이다. 이 중 사각형 부분은 독점기업으로 이전된 부분이고, 오른쪽 삼각형은 자중손실(deadweight loss)로 사라진 부분이다. 독점기업으로 이전된 부분은 $(40-10) \times 50 = 1,500$이다.

13 독점기업 甲은 두 시장 A, B에서 X재를 판매하고 있다. 생산에 있어서 甲의 한계비용은 0이다. 甲이 A, B에서 직면하는 수요함수는 각각 $Q_A = a_1 - b_1 P_A$, $Q_B = a_2 - b_2 P_B$이고, 甲이 각 시장에서 이윤극대화를 한 결과 두 시장의 가격이 같아지게 되는 (a_1, b_1, a_2, b_2)의 조건으로 옳은 것은? (단, a_1, b_1, a_2, b_2는 모두 양(+)의 상수이고, Q_A, Q_B는 각 시장에서 팔린 X재의 판매량이며, P_A, P_B는 각 시장에서 X재의 가격이다.) **[27회 기출]**

① $a_1 a_2 = b_1 b_2$

② $a_1 b_1 = a_2 b_2$

③ $a_1 b_2 = a_2 b_1$

④ $a_1 + b_1 = a_2 + b_2$

⑤ $a_1 + b_2 = a_2 + b_1$

답 ③

▌정답해설 ▌

시장 A의 한계수입 $MR_A = \dfrac{a_1}{b_1} - \dfrac{2}{b_1} Q_A$이고, 시장 B의 한계수입 $MR_B = \dfrac{a_2}{b_2} - \dfrac{2}{b_2} Q_B$이다. $MC = 0$이므로 시장

A의 이윤극대화 생산량은 $MR_A = \dfrac{a_1}{b_1} - \dfrac{2}{b_1} Q_A = 0$에서 $Q_A = \dfrac{a_1}{2}$이고 이를 주어진 수요함수에 대입하면 $P_A = \dfrac{a_1}{2b_1}$

이다. 같은 방법으로 시장 B의 가격을 구하면 $P_B = \dfrac{a_2}{2b_2}$이다.

이제 $P_A = P_B$이면 $P_A = \dfrac{a_1}{2b_1} = P_B = \dfrac{a_2}{2b_2}$이므로 $a_1 b_2 = a_2 b_1$가 성립한다.

14 독점기업 甲이 직면하고 있는 수요곡선은 $Q_D = 100 - 2P$이다. 甲이 가격을 30으로 책정할 때 한계수입은? (단, Q_D는 수요량, P는 가격이다.) **[27회 기출]**

① -20 ② 0

③ 10 ④ 40

⑤ $1,200$

답 ③

▌정답해설▐

비용함수가 주어져 있지 않으므로 Amoroso–Robinson식 $MR = P(1 - \dfrac{1}{e_D})$을 이용하여 MR을 구할 수 있다.

$P = 30$일 때 $Q_D = 40$이다. 수요의 가격탄력성 $e_D = -\dfrac{dQ_D}{dP} \times \dfrac{P}{Q} = -(-2)\dfrac{30}{40} = 1.5$이다.

따라서 $MR = 30(1 - \dfrac{1}{1.5}) = 10$이다.

15 이윤극대화를 추구하는 독점기업과 완전경쟁기업의 차이점에 관한 설명으로 옳지 <u>않은</u> 것은?
[27회 기출]

① 독점기업의 한계수입은 가격보다 낮은 반면, 완전경쟁기업의 한계수입은 시장가격과 같다.
② 독점기업의 한계수입곡선은 우상향하는 반면, 완전경쟁기업의 한계수입곡선은 우하향한다.
③ 독점기업이 직면하는 수요곡선은 우하향하는 반면, 완전경쟁기업이 직면하는 수요곡선은 수평이다.
④ 단기균형에서 독점기업은 가격이 한계비용보다 높은 점에서 생산하는 반면, 완전경쟁기업은 시장가격과 한계비용이 같은 점에서 생산한다.
⑤ 장기균형에서 독점기업은 경제적 이윤을 얻을 수 있는 반면, 완전경쟁기업은 경제적 이윤을 얻을 수 없다.

답 ②

▌정답해설▐

완전경쟁시장의 개별기업은 가격수용자(price taker)이므로 개별기업이 직면하는 수요곡선은 주어진 가격(P) 수준에서 수평이고, $P = MR$이므로 한계수입곡선도 수평이다. 독점기업은 유일한 공급자이므로 우하향하는 시장수요곡선에 직면하고, 따라서 $MR = P(1 - \dfrac{1}{e_D})$이므로 한계수입곡선도 우하향한다.

16 한계비용이 양(+)의 값을 갖는 독점기업의 단기균형에서 수요의 가격탄력성은? (단, 수요곡선은 우하향하는 직선이며 독점기업은 이윤극대화를 목표로 한다.)

① 0이다.

② 0과 0.5 사이에 있다.

③ 0.5와 1 사이에 있다.

④ 1이다.

⑤ 1보다 크다.

답 ⑤

┃정답해설┃

독점기업의 이윤극대화 조건은 $MR= MC$이다. MC가 양(+)의 값을 가지면 MR도 양(+)의 값을 가지므로 수요의 가격탄력성은 1보다 크다. $MR= 0$일 때 수요탄력성은 1이다.

17 독점기업 甲의 시장수요함수는 $P= 1,200- Q_D$이고, 총비용함수는 $C= Q^2$이다. 정부가 甲기업에게 제품 한 단위당 200원의 세금을 부과할 때, 甲기업의 이윤극대화 생산량은? (단, P는 가격, Q는 생산량, Q_D는 수요량이다.)

① 200

② 250

③ 300

④ 350

⑤ 400

답 ②

┃정답해설┃

독점기업의 이윤극대화 조건은 $MR= MC$이다. 여기서 MR은 수요곡선과 가격축의 절편은 같고 기울기는 2배이므로 $MR= 1,200- 2Q_D$이다. $MC= \dfrac{dC}{dQ}$이므로 $MC= 2Q$이다. 단위당 200원의 세금이 부과되면 그만큼 한계비용이 증가하므로 이제 $MC= 2Q+ 200$이다. MR과 MC를 연립하여 풀면 $1,200- 2Q_D= 2Q+ 200$에서 $Q= 250$이 된다.

18 가격차별에 관한 설명으로 옳지 <u>않은</u> 것은?　　　　　　　　　　　　　　　　　**[23회 기출]**

① 1급 가격차별을 하면 소비자 잉여는 모두 생산자잉여가 된다.

② 완전경쟁시장과 가격차별은 양립하지 않는다.

③ 가격차별은 경제적 순손실(deadweight loss)을 항상 증대시킨다.

④ 가격차별은 독점기업의 이윤극대화 전략 중의 하나이다.

⑤ 극장에서의 조조할인 요금제는 가격차별의 일종이다.

答 ③

▌정답해설▌

1급 가격차별은 모든 소비자가 지불용의금액만큼 가격을 지불하므로 소비자잉여는 0이 되고, 경제적 순손실(dead-weight loss)은 발생하지 않는다.

---

19 독점 기업 A의 비용 함수는 $C(Q) = 750 + 5Q$이고, 역수요함수는 $P = 140 - Q$이다. 이 기업이 '독점을 규제하는 법률'에 따라 한계비용과 동일하게 가격을 설정한다면, 이에 관한 설명으로 옳은 것은? (단, Q는 수량, P는 가격이다.)　　　　　　　　　　　　　　　　**[35회 기출]**

① 양(+)의 이윤을 얻는다.

② 이윤은 0이다.

③ 손실이 375이다.

④ 손실이 450이다.

⑤ 손실이 750이다.

答 ⑤

▌정답해설▌

한계비용과 동일하게 가격을 설정한다고 하였으므로 $P = MC = 5$이고 생산량은 $5 = 140 - Q$, $Q = 135$이다. 이때의 이윤 $\pi = TR - TC = 5 \times 135 - (750 + 5 \cdot 135) = -750$

따라서 손실이 750이다.

20 독점기업이 시장을 A, B로 구분하여 가격차별을 통해 이윤을 극대화하고 있다. 독점기업의 한계비용은 생산량과 관계없이 10으로 일정하고 현재 A, B 두 시장의 수요의 가격탄력성은 각각 2와 3이다. A, B 두 시장에서 독점기업이 설정하는 가격은? **[22회 기출]**

	A	B
①	30	20
②	20	15
③	15	10
④	20	30
⑤	25	30

답 ②

∣ 정답해설 ∣

시장을 둘로 구분하여 서로 다른 가격을 설정하는 3급 가격차별에서 이윤극대화 조건은 $MR_A = MR_B = MC$이다. $MR = P(1 - \dfrac{1}{e}) = MC$이므로 $P = \dfrac{MC}{(1 - \dfrac{1}{e})}$ 이다. 두 시장에 적용하면 $P_A = 20$, $P_B = 15$이다.

21 독점시장에 관한 설명으로 옳은 것은? (단, 독점기업은 이윤을 극대화, 수요곡선은 우하향하는 직선) **[22회 기출]**

① 독점기업은 시장수요곡선의 가격탄력성이 1보다 큰 구간에서 재화를 생산한다.
② 가격과 한계비용이 일치하는 점에서 균형이 발생한다.
③ 단기적으로 균형에서 가격이 평균비용보다 낮으면 이익이 발생한다.
④ 공급곡선이 존재한다.
⑤ 독점기업이 직면하는 한계수입곡선은 우상향한다.

답 ①

∣ 정답해설 ∣

① 독점기업의 이윤극대화 조건은 $MR = MC$이다. MC가 0보다 커야 하므로 독점기업은 시장수요곡선의 가격탄력성이 1보다 큰 구간에서 재화를 생산한다. $MC = 0$일 때 수요의 가격탄력성은 1이고 총수입 TR은 극대이다.
② 독점기업 이윤을 극대화하는 경우 $P > MR = MC$이다.
③ 단기적으로 균형에서 $P > AC$일 때, 즉 $TR > TC$일 때 이익(초과이윤)이 발생한다.
④ 완전경쟁기업의 경우에는 조업중단점(shut down point) 이상의 MC곡선이 공급곡선이다. 그러나 독점기업은 공급곡선이 존재하지 않는다. 또는 공급곡선이 정의되지 않는다.
⑤ 독점기업이 직면하는 한계수입곡선은 우하향한다.

22 독점시장에 관한 설명으로 옳지 <u>않은</u> 것은? **[21회 기출]**

① 기업이 직면하는 수요곡선은 우하향한다.

② 기업이 직면하는 평균수입곡선은 우하향한다.

③ 기업이 직면하는 한계수입곡선은 우하향한다.

④ 기업의 균형생산량은 한계수입과 한계비용이 일치하는 점에서 결정된다.

⑤ 균형에서 수요의 가격탄력성은 1보다 작다.

답 ⑤

┃ 정답해설 ┃

독점기업의 균형에서 수요의 가격탄력성은 1보다 크다. 수요의 가격탄력성이 1인 곳은 수요곡선의 가운데 점으로 TR은 극대이고 $MR = 0$이다. 여기에서 수요의 가격탄력성이 비탄력적인 부분으로 생산량을 증가하면 TR은 감소하고 $MR < 0$이 된다.

23 독점기업이 50단위의 재화를 생산하여 10,000원의 총수입을 얻고 있다. 이 기업의 한계비용곡선이 우상향하고 50단위의 재화를 생산할 때 한계비용은 200원이다. 다음 설명 중 옳은 것은?

① 생산량을 감소시킴으로써 이윤을 증가시킬 수 있다.

② 생산량을 증가시킴으로써 이윤을 증가시킬 수 있다.

③ 가격을 인하시킴으로써 이윤을 증가시킬 수 있다.

④ 이윤극대화가 달성되는 산출량을 생산하고 있다.

⑤ 이윤극대화가 달성되는 가격을 설정하고 있다.

답 ①

┃ 정답해설 ┃

50단위의 재화를 생산하여 10,000원의 총수입을 얻고 있다면 가격은 $P = \dfrac{10,000원}{50단위} = 200$원이다. $P = MC = 200$이 성립되는 것은 경쟁기업의 균형상태이다. 독점기업의 이윤극대화 생산량은 경쟁기업보다 적고 가격은 높다. 따라서 이 독점기업이 이윤을 극대화하기 위해서는 생산량을 줄여야 한다.

24 시장구조에 관련된 다음 설명 중 옳은 것을 모두 고르면?

> ㄱ. 완전경쟁기업의 공급곡선은 독점기업의 공급곡선보다 기울기가 완만하다.
> ㄴ. 완전경쟁시장의 균형에서 시장가격은 시장에 참여하고 있는 기업의 한계비용과 같다.
> ㄷ. 독점기업이 이윤을 극대화하고 있다면, 이 독점가격에서 수요는 가격 비탄력적이다.
> ㄹ. 독점기업이 직면하는 수요가 가격 탄력적일수록 독점가격은 완전경쟁가격에 가깝다.

① ㄱ, ㄷ
② ㄱ, ㄹ
③ ㄴ, ㄹ
④ ㄱ, ㄴ, ㄷ
⑤ ㄴ, ㄷ, ㄹ

답 ③

| 정답해설 |

ㄱ. 독점기업은 공급곡선이 없다.
ㄷ. 독점기업이 이윤을 극대화하고 있다면, 이 독점가격에서 수요는 가격 탄력적이다.

25 독점기업이 동일한 제품을 여러 가지 가격으로 판매하는 가격차별을 하는 경우가 있다. 이러한 현상에 대한 설명으로 가장 옳지 <u>않은</u> 것은?

① 독점기업이 기본료와 함께 사용료를 부과하는 이부가격제(two-part tariff)를 실시하면 소비자잉여가 독점기업으로 이전되어 이윤이 증가한다.
② 모든 개별 소비자의 지불용의가격을 알고 있다면, 독점기업은 완전 가격차별을 실시하여 모든 소비자 잉여를 독점기업의 이윤으로 차지하며, 이 경우 효율적인 자원배분이 이루어진다.
③ 재판매가 불가능해야 가격차별이 성립된다.
④ 3차 가격차별은 1차 가격차별에 비해서 사중손실(자중손실, deadweight loss)이 더 크다.
⑤ A소비자 집단의 수요가 B소비자 집단의 수요보다 더 가격탄력적이라면, 독점기업은 B소비자 집단보다 A소비자 집단에 더 높은 가격을 부과한다.

답 ⑤

| 정답해설 |

A소비자 집단의 수요가 B소비자 집단의 수요보다 더 가격탄력적이라면, 독점기업은 B소비자 집단보다 A소비자 집단에 더 낮은 가격을 부과한다.

26 다음의 독점시장에 대한 설명 중 가장 옳지 <u>않은</u> 것은?

① 장기균형에서 독점기업은 동일한 비용조건의 완전경쟁기업보다 생산량이 적다.

② 생산과정에서 규모의 경제가 존재하면 독점이 나타날 수 있다.

③ 독점시장의 수요함수가 $P = 10 - 2Q$이고 독점기업의 한계비용이 2라고 한다면 이 기업은 이윤을 극대화하기 위해 가격을 2로 결정해야 한다.

④ 독점기업의 상품의 공급곡선은 존재하지 않는다.

⑤ 시장간의 상품수요의 가격탄력성이 동일하면 독점기업은 가격차별을 할 수 없다.

답 ③

┃정답해설┃

수요함수가 $P = 10 - 2Q$이고 독점기업의 한계비용이 2일 때 $MR = MC$가 성립하는데서 이윤극대화수량이 결정된다. 주어진 수요함수에서 $MR = 10 - 4Q$가 도출되므로 $10 - 4Q = 2$에서 이윤극대화 생산량은 $Q = 2$가 된다. 이를 수요함수에 대입하면 이윤극대화 가격은 $P = 10 - 4 = 6$에서 결정되어야 한다.

27 독점의 폐해를 시정하기 위해서 독점기업이 공급하는 재화에 대한 물품세를 부과할 경우 다음 설명 중 옳은 것은?

① 생산자잉여는 감소하나 소비자잉여는 변화가 없다.

② 소비자잉여와 생산자잉여 모두 감소하나 잉여의 감소는 조세수입과 같기에 경제적 총잉여의 변화는 없다.

③ 소비자잉여, 생산자잉여, 경제적 총잉여 모두 감소한다.

④ 경제적 총잉여의 감소 혹은 증가여부는 수요탄력성에 달려있다.

⑤ 경제적 총잉여의 감소 혹은 증가여부는 공급탄력성에 달려있다.

답 ③

┃정답해설┃

물품세는 상품의 수량에 따라 부과되므로 가변비용의 성격을 가진다. 따라서 물품세를 부과하면 한계비용곡선이 상방으로 이동하므로 이윤극대화 생산량이 감소하고 가격이 상승한다. 가격이 상승하면 소비자잉여가 감소한다. 판매량이 감소하고 물품세 부담이 증가하면 생산자잉여도 감소한다. 판매량이 감소하므로 경제적 총잉여(소비자잉여 +생산자잉여)도 감소한다.

28 독점기업 A는 완전가격차별을 하고 있다. 이에 관한 설명으로 옳은 것을 모두 고른 것은?

ㄱ. 총잉여 (total surplus, net social benefit)는 가격차별을 하지 않을 때보다 적다.
ㄴ. 총잉여가 A기업에게 귀속된다.
ㄷ. 생산량은 가격차별을 하지 않을 때보다 많다.
ㄹ. A기업의 생산량은 동일한 시장수요와 비용을 지닌 완전경쟁시장에 비해 더 적다.

---

① ㄱ, ㄴ
② ㄴ, ㄷ
③ ㄷ, ㄹ
④ ㄱ, ㄴ, ㄷ
⑤ ㄴ, ㄷ, ㄹ

답 ②

┃정답해설┃

ㄱ. 사회전체의 총잉여는 가격차별을 하지 않을 때보다 증가한다(완전경쟁의 경우와 같다).
ㄴ. 완전가격차별은 모든 수량에 대해 소비자의 지불용의가격을 책정하는 것이므로 소비자잉여가 독점기업으로 전부 이전되어 소비자잉여는 0이 된다.
ㄷ. 생산량은 완전경쟁시장의 생산량과 동일하므로 가격차별이 없을 때보다 증가한다.

---

29 독점기업은 동일한 제품에 대해 가격차별화를 실시하는 경우가 많다. 이 현상에 관한 설명 중에서 올바른 것은 무엇인가?

① 한국통신에서 실시하는 심야 할인 요금제는 가격차별화제도가 아니다.
② 이동전화 요금은 일반적으로 기본료와 사용료로 구성되는데 이러한 요금제는 가격차별화 제도가 아니다.
③ 가격차별화 제도는 재판매가 가능하기 때문에 원칙적으로 성공할 수 없다.
④ 덜 가격탄력적인 시장보다 더 가격탄력적인 시장에 더 낮은 가격을 부과한다.
⑤ 독점기업에 의한 가격차별화는 일반적으로 효율성을 저하시킨다.

답 ④

┃정답해설┃

④ 3차 가격차별 독점기업이 시장을 둘로 구분하고 수요의 가격탄력성에 반비례해서 차별가격을 정하는 것이다. 즉, 덜 가격탄력적인 시장보다 더 가격탄력적인 시장에 더 낮은 가격을 부과하는 것이 3차 가격차별이다.
① 통신요금의 심야 할인 요금제는 1차 가격차별화 제도에 해당한다.
② 기본료와 사용료로 구분하는 것은 이부가격제(two part tariff)로 2차 가격차별화에 해당한다.
③ 가격차별화를 하기 위해서는 분리된 시장 간에 재판매(resale)가 없어야 한다.
⑤ 독점기업에 의한 1차 가격차별화는 완전경쟁시장과 동일한 상황이 되어 효율성을 높이는 효과가 있다.

독점적 경쟁시장과 과점시장

CHAPTER 07

출제포인트

- ☐ 독점적 경쟁의 단기균형과 장기균형의 특징
- ☐ 과점시장의 균형가격 계산
- ☐ 굴절수요곡선
- ☐ 게임이론(내쉬균형과 우월전략균형)
- ☐ 과점시장의 특징

제1절　독점적 경쟁시장

1. 독점적 경쟁시장의 특징

(1) 독점적 경쟁시장의 특징 [기출] 34회 · 27회

① 독점적 경쟁(monopolistic competition) 시장은, 다수의 공급자(완전 경쟁적 요소)가 차별화된 제품(독점적 요소)을 생산하므로 기업이 가격에 영향을 미칠 수 있으나, 큰 영향을 미치지는 못하는 시장이다.

② 독점적 경쟁시장의 특징

ㄱ 상품의 차별화가 이루어지지만 대체성은 높다.

ㄴ 가격 경쟁과 함께 비가격 경쟁이 행해진다. 따라서 가격에는 영향을 미칠 수는 있으나(우하향하는 수요곡선에 직면), 상품의 대체성이 높으므로 수요 탄력성은 아주 크다(완전경쟁과 독점의 중간).

　　예 음식점, 병원, 약국, 주유소, 의상실 등 소규모의 경쟁업종 대부분

(2) 독점적 경쟁기업이 직면하는 수요곡선

① 독점적 경쟁 시장에서 공급자는 어느 정도 가격에 영향을 미칠 수 있으므로 우하향하는 수요곡선에 직면한다.

② 그러나 상품의 대체성이 높으므로 수요 탄력성은 아주 크다. 따라서 독점적 경쟁기업이 판매량을 증가시키기 위해서는 가격을 내려야만 한다.

2. 독점적 경쟁기업의 균형

(1) 단기균형 [기출] 33회

① 독점적 경쟁기업도 독점기업과 마찬가지로 우하향하는 수요곡선에 직면하므로, 이윤의 극대화를 위해 $MR = MC$인 E에서 가격(P_0)과 산출량(Q_0)을 결정한다.

② 독점적 경쟁기업도 직면하는 수요곡선과 평균비용 곡선의 위치에 따라 손실을 볼 수도 있으나 〈그림〉에서는 초과이윤이 존재한다.

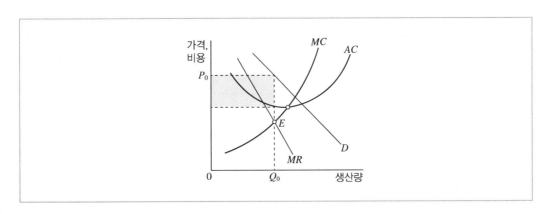

(2) 장기균형 [기출] 34회·27회

① 단기에 초과이윤이 존재하면, 장기에는 새로운 기업이 진입하여 대체성이 높은 유사상품의 공급이 증가한다. 유사상품의 공급이 증가하면 ㉠ 기존기업의 상품에 대한 수요가 감소하여 수요곡선은 좌측으로 이동하여 장기평균비용(LAC) 곡선에 접하고, ㉡ 대체재가 많아지므로 수요탄력성은 커져 거의 무한대에 접근한다.

② 장기균형은 $MR = LMC$인 E에서 생산량 Q_0을 결정하고, 장기평균비용(LAC)곡선과 시장수요곡선 D가 접하는 점에서 가격(P_0)이 결정되며 성립한다. 따라서 장기균형에서 초과이윤은 소멸된다.

③ 결국 독점적 경쟁시장에서는 개별기업이 직면하는 수요곡선이 우하향함에도 불구하고 초과이윤=0인 장기균형에 도달한다.

④ 완전경쟁시장과 독점적 경쟁시장에서 장기에 초과이윤이 영(0)이 되는 것은 새로운 기업의 진입이 자유롭기 때문이다.

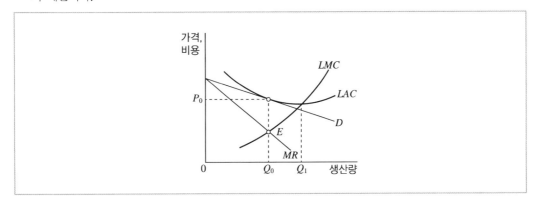

3. 독점적 경쟁의 경제적 효과

(1) 초과생산능력 존재

① 장기에 장기평균비용(LAC)의 최저점보다 높은 비용에서 생산이 이루어지므로 초과생산능력(즉 과잉설비, excess capacity)이 존재하고, 따라서 자원의 비효율적인 배분이 이루어진다.

② 앞에 〈그림〉에서 자원의 효율적 배분이 이루어지는 최적의 생산능력은 LAC의 최저점에 대응하는 Q_1이다. 그러나 Q_0에서 생산이 이루어지므로 $Q_0 Q_1$의 초과생산능력이 존재한다.

(2) 자원의 비효율적 배분

완전경쟁보다 적은 생산량(Q_0)을 보다 높은 가격(즉 $P > MC$의 가격)에 판매하므로 자원의 비효율적 배분이 이루어진다.

(3) 비가격경쟁

가격경쟁과 함께 비가격경쟁에 주력하므로 광고비나 판매비의 부담이 증가하고, 이는 소비자에게 전가되어 소비자의 부담이 증가한다.

제2절 과점시장

1. 과점의 발생원인

(1) 과점의 뜻

동일한, 동종의 상품을 공급하는 기업이 소수(2~4개 기업)인 시장을 과점시장(oligopoly market)이라고 한다. 특히 기업이 2인 경우를 복점(duopoly) 시장이라고 한다.

(2) 과점의 유형

① 순수과점(pure oligopoly) : 완전히 동질적인 상품을 공급하는 경우로, 동질적 과점이라고도 한다.
　예 시멘트, 설탕, 밀가루 시장 등

② 제품차별과점(differentiated oligopoly) : 이질적인 상품을 공급하는 과점시장을 의미한다. 즉 상품의 차별화가 이루어지는 과점시장으로 이질적 과점 또는 차별형 과점이라고도 한다. 예 제조업의 주요 업종, 즉 가전제품, 과자, 승용차 등

(3) 과점의 발생원인

① 절대 비용, 즉 고정 비용이 높은 경우
② 위험 부담률이 높은 경우
③ 기술 수준이 아주 높은 경우
④ 특허권, 정부의 규제, 법률에 의한 경우

2. 과점시장의 특징

(1) 기업 간의 상호의존성(mutual interdependence)

① 과점시장에서는 한 기업이 가격과 생산량을 변화시키고자 할 때 경쟁기업이 어떤 반응을 보일 것인가를 미리 예상한 후 이에 따라 행동을 결정한다. 즉 과점기업들은 전략적 행동을 하는데 과점기업들의 이러한 행동은 게임이론(Game theory)으로 설명할 수 있다.

② 따라서 과점시장 전체를 설명할 수 있는 과점시장에 대한 일반적인 이론은 존재하지 않고, 경쟁기업의 예상되는 반응에 따른 다양한 이론만이 제시되고 있다.

(2) 가격 경직성

과점시장에서는 가격경쟁이 치열하므로 가격이 일단 결정되면 경직적(rigidity) 또는 안정적이다. 과점시장에서의 가격 경직성은 스위지(P. Sweezy)의 굴절 수요곡선 모델에 의해 설명할 수 있다.

(3) 비가격 경쟁

과점시장의 기업들은 가격경쟁을 회피하기 위해 광고·선전활동, 사후(AS) 서비스 등 비가격 경쟁에 주력한다.

(4) 협조적 경향

가격경쟁으로 인한 불확실성을 회피하기 위해 기업 간에 여러 가지 유형으로 담합이 가능하다.

(5) 높은 진입장벽

소수의 기업이 담합하여 새로운 기업의 진입을 저지하므로 경우에 따라서는 독점보다 높은 진입장벽이 형성된다.

3. 과점시장의 수요곡선 : 굴절 수요곡선 기출 32회

(1) 의의

과점기업이 직면하는 수요곡선으로, 스위지(P. Sweezy)의 굴절수요곡선(kinked demand curve) 모델은 과점시장의 가격결정 모델이 아니라, 과점시장의 가격경직성을 설명하는 모델이다. 따라서 최초의 가격결정은 설명해주지 못한다.

(2) 가정

이 모델은 어느 한 기업이 가격을 인하하면 경쟁기업들도 따라서 가격을 인하하지만 가격을 인상하면 경쟁기업은 시장점유율을 높이기 위해 이에 따르지 않는다는 가정하에서 성립되는 모델이다.

(3) 굴절 수요곡선

① 두 개의 수요곡선 중 $D_2D'_2$는 모든 과점 기업들이 동시에 동일한 방법으로 가격을 변화시키는 경우 한 기업이 직면하는 수요곡선이다.

② $D_1D'_1$은 한 기업이 가격을 변화시켜도 경쟁기업이 이에 따르지 않을 때 이 기업이 직면하는 수요곡선으로 $D_2D'_2$보다 탄력적이다.

③ 그 이유는 한 기업이 가격을 인하하면 경쟁기업의 고객을 유인하여 수요량이 크게 증가하기 때문이다.

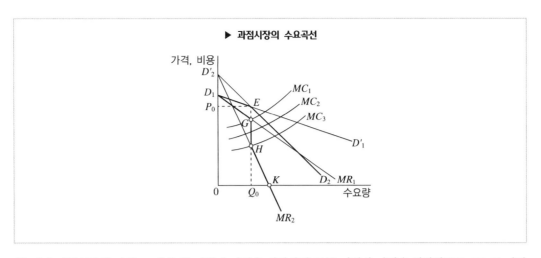

▶ 과점시장의 수요곡선

④ 이제 과점시장의 가격 P_0에서 한 기업이 가격을 인하하면 모든 기업이 가격을 인하하므로 ED_2를 따라 공급이 약간 증가한다. 따라서 가격을 인하할 때의 수요곡선은 ED_2이다.

⑤ 반면 가격을 인상하면 다른 기업은 이에 따르지 않으므로 ED_1을 따라 수요량은 크게 감소한다. 따라서 가격을 인상할 때의 수요곡선은 ED_1이다.

⑥ 따라서 과점시장의 수요곡선은 D_1ED_2이고 한계수입 곡선은 D_1GHK가 된다. 결국 이 기업은 한계비용이 $MC_1 \sim MC_3$ 사이에 있는 한 가격은 P_0에서 고정되고, 공급량은 Q_0에서 결정된다.

4. 과점시장 이론 : 이윤 극대화를 목표로 하는 경우

과점시장의 가격과 산출량 결정에 관한 이론은 과점시장의 상호의존성으로 인한 경쟁기업의 다양한 행동(반응)으로 일반적인 이론은 존재하지 않는다. 과점시장 이론은 이윤 극대화를 목표로 하는 경우와 이윤 극대화를 목표로 하지 않는 경우로 구분할 수 있다.

(1) 비협조적 과점 **기출** 28회

① 비협조적 과점의 의의

㉠ 비협조적 과점은 경쟁기업의 예상되는 반응 행동을 가정한 후, 그 가정 하에서 기업의 이윤을 극대화하는 가격과 산출량 결정한다는 이론이다.

㉡ 가장 초기의 모형인 쿠르노(A. Cournot)의 경쟁모형과 버트란드(J. Bertrand)의 경쟁모형, 에지워스(F.Y. Edgeworth)의 모형, 체임벌린(E.H. Chamberlin)의 모형, 그리고 가장 대표적인 모델인 스탁켈버그(H. von Stackelberg)의 복점모형 등이 있다.

② 쿠르노의 복점모형 **기출** 34회 · 33회 · 32회

㉠ 쿠르노(A. Cournot) 경쟁모형에서는 동질적인 상품을 생산하는 각 기업은 경쟁기업의 생산량을 예상하고, 경쟁기업이 그 생산량 수준을 유지할 것이라는 가정 하에 자신의 생산량을 결정한다.

㉡ 이 경우 과점기업의 균형은 각 기업의 생산량과 경쟁기업이 예상한 각 기업의 생산량이 같을 때 이루어진다.

㉢ 쿠르노 경쟁모형에서의 균형생산량은 독점시장보다는 많고 완전경쟁시장보다는 적은 것이 일반적이다.

③ 버트란드 경쟁모형

  ㉠ 버트란드(J. Bertrand) 또는 베르트랑 모형에서는 과점시장의 각 기업은 경쟁기업의 가격을 예상하고 경쟁기업이 이 가격을 유지할 것이라는 가정 하에 자신의 가격을 결정한다.

  ㉡ 동질적인 상품을 생산하는 과점기업들이 가격에 대해 경쟁할 때의 균형은 과점산업 내의 가장 낮은 한계비용(MC)에 의해 결정된다. 따라서 이 경우에는 $P = MC$인 완전경쟁과 유사한 균형이 성립한다.

(2) 협조적 과점

① 협조적 과점의 의의

  ㉠ 과점시장의 상호의존성으로 인한 불확실성을 회피하기 위해 기업들 간에 공동행위(또는 담합, collusion) 협정이 체결된다.

  ㉡ 공동행위의 유형에는 카르텔(cartel)과 가격선도제가 대표적인데 공개적인 담합은 불법이므로 이 두 가지는 보통 암묵적(implicit)으로 이루어진다.

② 협조적 과점의 유형

  ㉠ 카르텔(cartel)은 참가기업들이 법률적으로는 독립성을 유지하지만 경제적으로는 독립성을 상실하는 형태이다.

  ㉡ 결합이윤 극대화 카르텔은 카르텔 중앙기구가 마치 독점기업처럼 행동하는 것으로 다공장 독점모델과 유사하다.

  ㉢ 이 경우 참여기업의 한계비용을 수평으로 합하여 산업전체의 한계비용(MC) 곡선을 도출한 후, 시장수요 곡선(D)으로부터 도출된 한계수입(MR)과 교차하는 $MR = MC$에서 생산량을 결정하여 결합이윤을 극대화한다. 결정된 생산량은 각 참여기업에 할당한다.

  ㉣ 가격선도제(price leadership)는 어느 한 기업이 가격변화를 선도하면 다른 기업은 이에 따르는 유형이다. 이 경우 가격을 선도하는 기업은 지배적인 기업, 또는 가장 효율적인 기업이다.

5. 과점시장 이론 : 기업의 목표가 이윤 극대화가 아닌 경우

(1) 진입저지 가격설정 이론(limit price theory)

새로운 기업의 진입을 저지할 수 있는 정도의 낮은 가격수준에서 가격을 결정한다는 주장으로, 베인(J.S. Bain), 실로스-라비니(P. Sylos & Labini), 모딜리아니(F. Modigliani), 바과티(J. Bhagwati), 패시지언(B. Pashigian)의 모델 등이 있다.

(2) 평균비용(AC) 가격설정 이론

① 홀과 히치(R.L. Hall & C.T. Hitch)는 미국내 기업을 대상으로 실증분석을 행한 결과 기업은 $MR = MC$에 의해 단기이윤의 극대화를 추구하는 것이 아니라 장기 이윤의 극대화를 추구하고, 따라서 $P = AC(1+m)$에 따라 가격을 결정한다는 사실을 발견하였다(m은 이윤율).

② 즉 기업은 평균비용(AC)을 중심으로 가격을 설정한다는 주장인데 홀과 히치는 이를 비용할증 가격설정 이론(full cost pricing)이라고 불렀다.

③ 한편 이와 유사한 것으로 원가가산 가격설정 이론(mark up pricing)이 있는데 이는 원가에 일정률의 이윤마진을 가산하여 가격을 결정한다는 이론이다.

6. 게임(game)이론

(1) 게임이론의 의의

① 게임이론(game theory)은 1944년 폰 노이만과 몰겐스테른(J. von Neuman & O. Morgenstern)에 의해 체계화되고 존 내쉬(J. Nash) 등에 의해 발전된 이론으로, 과점시장 연구에 중요한 접근 방법을 제시한다.

② 즉 둘 이상의 과점기업들이 상호의존관계 하에서 자신의 이익을 위해 서로 경쟁하는 전략적 상황을 분석하는 이론이다.

(2) 게임이론의 균형

① 게임의 균형은 모든 경기자(player)들이 현재의 결과에 만족하여 더 이상 자신의 전략을 바꿀 유인이 없는 상태를 의미한다.

② 게임이론의 균형에는 우월전략 균형, 내쉬균형, 혼합전략 내쉬균형, 최소극대화전략균형 등이 있다.

(3) 우월전략 균형 `기출` 34회·33회·32회·31회·30회·29회·28회·27회(매년 출제)

① 우월전략 균형의 의의 : 상대방이 어떤 전략을 선택하든 항상 자신에게 최선의 전략이 존재한다면 이것이 우월전략(dominant strategy) 또는 지배전략이다. 모든 참여자가 우월전략을 가지고 있는 경우 성립하는 게임의 균형이 우월전략균형이다.

② 우월전략균형 : 아래 표는 우월전략 균형의 문제를 기업1과 기업2의 전략(광고 여부)으로 나타낸 보수행렬(payoff matrix)이다.

		기업 2	
		광고함(A)	광고안함(NA)
기업 1	광고함(A)	(20, 10)	(30, 5)
	광고안함(NA)	(12, 15)	(20, 8)

㉠ 기업1의 전략 : 기업1은 기업2가 어떤 전략을 선택하든 항상 A를 선택하는 것이 최선이다. 따라서 기업1의 경우 A가 우월전략이다.

㉡ 기업2의 전략 : 기업2의 경우에도 기업1이 어떤 전략을 선택하든 항상 A를 선택하는 것이 우월전략이다.

㉢ 우월전략균형 : 따라서 우월전략균형은 두 기업 모두 A를 선택하는 것이고, 보수는 (20, 10)이다.

(4) 내쉬균형 `기출` 34회·31회·30회·29회·28회·27회(매년 출제)

① 내쉬균형의 의의

㉠ 내쉬균형(Nash equilibrium)은 상대방의 전략을 주어진 것으로 보고 자신에게 최적인 전략을 선택하였을 때 도달하는 균형이다.

㉡ 우월전략균형은 내쉬균형의 일부이다. 즉 우월전략균형은 반드시 내쉬균형이 되지만, 내쉬균형은 우월전략균형이 될 수도 있고 되지 않을 수도 있다.

② 내쉬균형

		기업 2	
		광고함(A)	광고안함(NA)
기업 1	광고함(A)	(20, 11)	(8, 9)
	광고안함(NA)	(10, 8)	(9, 19)

㉠ 기업2가 전략A를 선택한 것을 주어진 사실로 보는 경우 : 기업1은 A를 선택하면 이윤이 20이고, NA를
　　　　선택하면 이윤이 10이므로 전략A를 선택하는 것이 최선이다.

　　　㉡ 기업2가 전략NA를 선택한 것을 주어진 사실로 보는 경우 : 기업1은 전략A를 선택하면 이윤이 8이고
　　　　NA를 선택하면 이윤이 9이므로 전략 NA를 선택하는 것이 최선이다.

　　　㉢ 따라서 내쉬균형은 (20, 11), (9, 19)의 두 개가 존재하며 이때 우월전략균형은 존재하지 않는다.

　③ 내쉬균형의 특징

　　　㉠ 내쉬균형은 쿠르노(Cournot)균형을 일반화시킨 개념이다.

　　　㉡ 일반적으로 우월전략균형은 항상 내쉬균형이지만, 내쉬균형이 반드시 우월전략균형은 아니다. 그 이
　　　　유는 내쉬균형은 상대방의 최적선택에 대한 자신의 최적선택이므로 모든 전략에 대해 우월한 것은
　　　　아니기 때문이다.

　　　㉢ 내쉬균형은 하나 이상 존재할 수 있다.

　　　㉣ 내쉬균형은 현재의 균형상태에서 전략을 변경할 유인이 없으므로 안정적 균형이다.

7. 과점의 경제적 효과

(1) 완전담합

　① 과점기업들 간에 완전담합이 이루어지는 경우에는 독점과 거의 유사하다. 즉 완전경쟁기업과 비교할 때
　　가격은 높고(즉 $P > MC$), 산출량은 적다. 가격은 일반적으로 독점보다는 높고 독점적 경쟁보다는 낮다.

　② 즉 과점기업은 장기평균비용(LAC)의 최저점에서 생산하지 않으므로 유휴 생산시설을 보유하게 되고
　　이에 따라 자원의 비효율적 배분이 이루어진다.

(2) 차별형 과점

　차별형 과점의 경우에는 독점적 경쟁과 유사하다. 상품을 차별화하므로, 따라서 비가격 경쟁에 주력한다.

확인학습문제

01 독점적 경쟁시장의 특성에 해당하는 것을 모두 고른 것은? (단, 독점적 경쟁시장의 개별 기업은 이윤극대화를 추구한다.)
[27회 기출]

> ㄱ. 개별 기업은 한계수입이 한계비용보다 높은 수준에서 산출량을 결정한다.
> ㄴ. 개별 기업은 한계수입이 가격보다 낮은 수준에서 산출량을 결정한다.
> ㄷ. 개별 기업이 직면하는 수요곡선은 우하향한다.
> ㄹ. 개별 기업의 장기적 이윤은 0이다.

① ㄱ, ㄴ   ② ㄱ, ㄷ
③ ㄷ, ㄹ   ④ ㄱ, ㄴ, ㄹ
⑤ ㄴ, ㄷ, ㄹ

답 ⑤

┃정답해설┃

ㄱ. 독점적 경쟁시장의 개별 기업은 이윤극대화를 위해 한계수입 MR과 한계비용 MC가 같은 수준에서 생산량과 가격을 결정한다.
ㄴ. 독점적 경쟁기업의 균형에서 $P > MR = MC$가 성립한다. 독점과 마찬가지로 가격은 항상 한계수입보다 높다.
ㄷ. 독점적 경쟁기업은 가격에 영향을 미칠 수 있으므로 우하향하는 수요곡선에 직면한다.
ㄹ. 독점적 경쟁시장은 새로운 기업의 진입이 자유로우므로 단기에 초과이윤이 존재하면 장기에는 초과이윤이 0될 때까지 새로운 기업이 진입하므로 장기적 이윤은 0이 된다.

02 독점적 경쟁시장의 특징으로 옳은 것은? (단, 수요곡선은 우하향) **[28회 기출]**

① 공급자의 수가 소수이며, 제품의 품질이 동일한 경우이다.

② 장기균형에서 개별기업의 초과이윤은 0이다.

③ 공급자가 하나이고 수요자가 많은 경우이다.

④ 균형가격은 개별기업의 한계수입보다 낮다.

⑤ 균형가격은 한계비용과 같다.

답 ②

▌정답해설▐

② 독점적 경쟁시장의 장기균형에서는 새로운 기업의 진입이 자유롭기 때문에 초과이윤이 있는 한 새로운 기업의 진입이 증가하여 개별기업의 초과이윤은 0이 된다.

①, ③ 독점적 경쟁시장은 다수의 공급자가 차별화 된(이질적인) 상품을 공급하는 시장이다.

④, ⑤ 독점적 경쟁기업은 가격에 영향을 미칠 수 있으므로 균형가격은 개별기업의 한계수입(=한계비용)보다 높다.

03 불완전경쟁시장에 관한 설명으로 옳지 <u>않은</u> 것은? (단, 개별기업의 생산량은 0보다 크다.)

① 독점기업의 한계수입(MR)과 평균수입(AR)은 $MR < AR$의 관계를 갖는다.

② 독점적 경쟁기업의 장기균형에서는 평균수입과 장기평균비용이 일치한다.

③ 과점시장의 모든 기업들이 담합해 카르텔을 결성하면 실질적으로 독점체제를 구축하는 결과를 가져온다.

④ 독점적 경쟁기업은 장기적으로 '가격=한계비용'인 생산량 수준에서 이윤을 극대화한다.

⑤ 독점기업이 가격차별을 하게 되면 가격탄력성이 높은 소비자는 가격탄력성이 낮은 소비자보다 더 낮은 가격을 지불하게 된다.

답 ④

▌정답해설▐

독점적 경쟁기업의 장기균형에서는 '가격 > 한계비용'인 수준에서 생산량을 결정한다. 독점적 경쟁의 장기균형에서 초과이윤은 0이고 초과생산능력을 보유하므로 자중손실(deadweight loss)이 발생하여 자원배분은 비효율적이다.

04 시장구조를 비교하여 요약·정리한 표이다. (ㄱ)~(ㅁ) 중 옳지 <u>않은</u> 것은? (단, MR은 한계수입, MC는 한계비용, P는 가격이다.) **[33회 기출]**

속성	완전경쟁시장	독점적 경쟁시장	독점시장
이윤극대화 조건	(ㄱ) $MR = MC$	$MR = MC$	(ㄴ) $MR = MC$
균형 가격	(ㄷ) $P = MC$	(ㄹ) $P = MC$	$P > MC$
상품 성격	동질적	(ㅁ) 이질적	동질적

① ㄱ
② ㄴ
③ ㄷ
④ ㄹ
⑤ ㅁ

답 ④

▌**정답해설**▐

독점적 경쟁시장은 다수의 공급자가 차별화된(이질적인) 상품을 공급하므로 공급자는 가격에 어느 정도의 영향을 미칠 수 있다. 따라서 독점적 경쟁시장에서 개별기업들은 완만하게 우하향하는 형태의 수요곡선에 직면하게 된다. 개별기업들이 우하향하는 형태의 수요곡선에 직면하므로 $MR = MC$에서 생산량을 결정하면 $P > MC$가 된다.

05 다음 설명 중 옳은 것은?

① 자연독점(natural monopoly)의 경우 한계수입과 한계비용이 일치하는 곳에서 생산하고 있다면 파레토 비효율성이 전혀 없다.
② 자연독점기업이 가격과 평균비용이 일치하는 곳에서 생산량을 정하도록 정부가 규제하는 경우 파레토 비효율성이 존재할 수 있다.
③ 독점적 경쟁(monopolistic competition)의 경우 각 기업의 가격과 생산량은 그 기업이 직면하고 있는 수요곡선과 그 기업의 한계비용곡선이 접하는 점에서 결정된다.
④ 독점적 경쟁시장에서 기업들은 모두 동질의 상품만을 생산한다.
⑤ 자연독점은 독점적 경쟁시장에서 정부의 규제가 과도할 때 발생한다.

답 ②

▌**정답해설**▐

② 파레토 효율성 조건이 성립하려면 가격(P)과 한계비용(MC)이 일치해야 한다. 정부가 가격과 평균비용(AC)이 일치하는 곳에서 생산량을 정하도록 규제하는 경우 생산량은 효율적인 수준보다 적고, $P > MC$가 되어 파레토 비효율성이 존재한다.
① 자연독점 기업이 이윤극대화를 위해 $MR = MC$에서 생산량과 가격을 정하면 효율적인 수준보다 생산량이 적으므로 파레토 비효율적이다.
③ 독점적 경쟁기업의 장기균형은 수요곡선과 평균비용곡선이 접하는 점에서 결정된다.
④ 독점적 경쟁기업들은 이질적인(차별화된) 상품을 생산한다.
⑤ 자연독점은 규모의 경제가 있는 경우 발생하는 독점으로 독점적 경쟁시장과는 아무 관계가 없다.

06 다음 중 독점적 경쟁시장의 특성을 옳게 설명한 것은?

① 제품공급자는 소수이나 이질적인 제품을 생산한다.

② 각 공급자는 시장지배력을 갖고 있지 않다.

③ 독점적 경쟁시장에서는 신규기업의 진입이 곤란하다.

④ 개별기업은 단기에는 초과이윤을 얻을 수 있으나 장기에는 정상이윤만 확보한다.

⑤ 완전경쟁시장의 경우보다 균형가격은 높고 산출량은 낮으며 각 기업은 최적조업점 이상에서 조업을 하고 있는 비효율이 있다.

답 ④

┃정답해설┃

④ 독점적 경쟁시장의 단기균형에서는 초과이윤 또는 손실이 발생할 수 있으나 장기균형에서는 초과이윤이나 손실이 발생하지 않는다.

① 독점적 경쟁시장의 공급자 수는 대단히 많다.

② 독점적 경쟁시장의 공급자는 가격을 약간 상향조정할 수 있다. 그런 의미에서 약간의 시장지배력을 가진다.

③ 독점적 경쟁시장은 경쟁시장이므로 새로운 기업의 진입은 매우 용이하게 이루어진다.

⑤ 독점적 경쟁기업은 최적조업점보다 적은 생산량을 생산하므로 비효율이 있다.

07 단일 가격을 부과하던 독점기업이 제1급(first-degree) 가격차별 또는 완전(perfect) 가격차별을 실행하는 경우에 나타나는 변화로 옳은 것을 모두 고른 것은? **[33회 기출]**

```
ㄱ. 생산량이 증가한다.
ㄴ. 이윤이 증가한다.
ㄷ. 소비자 잉여가 증가한다.
ㄹ. 총잉여가 감소한다.
```

① ㄱ, ㄴ

② ㄱ, ㄷ

③ ㄱ, ㄹ

④ ㄴ, ㄷ

⑤ ㄷ, ㄹ

답 ①

┃정답해설┃

1급(first degree) 가격차별 또는 완전가격차별은 각 단위의 재화에 대하여 소비자들의 지불용의가격(기꺼이 지불할 의사가 있는 가격)을 책정하는 것을 말한다. 따라서 재화 단위마다 가격은 다 다르고, 소비자잉여는 전부 독점기업의 이윤으로 귀속된다.

1급 가격차별을 하는 경우 보상수요곡선과 한계수입곡선이 일치하고, $P=MC$가 성립하므로 완전경쟁시장과 같은 생산량을 생산하고 자원배분은 효율적이다.

08 과점시장(oligopoly)에 관한 설명 중 옳은 것은?

① 과점시장에는 무수히 많은 기업들이 자신의 이윤극대화를 위해 경쟁하고 있으며 이들 각각은 가격수용 자이다.
② 신규기업의 진입은 진입장벽이 전혀 없기 때문에 매우 용이하다.
③ 과점시장에 속한 기업들은 동질의 상품만 생산한다.
④ 과점시장에서 기업들의 담합은 그들이 생산하는 상품들의 가격을 하락시키므로 정부는 이를 유도해야 한다.
⑤ 과점시장에서 각 기업이 책정하는 가격은 서로 다를 수 있다.

답 ⑤

┃ 정답해설 ┃

완전경쟁시장, 독점시장 및 독점적 경쟁시장의 가격은 각각 단기균형점, 장기균형점에서 결정되는 단일 가격인 반면, 과점시장은 단기균형이나 장기균형이 없다. 다시 말하면 과점시장에서는 균일가격이 결정되지 않고, 각 기업이 책정하는 가격이 서로 다를 수 있다.

09 굴절수요곡선 모델이 시사하는 과점의 가장 핵심적인 특징은?

① 과점기업의 생산량과 제품가격이 매우 자주 변한다.
② 과점기업의 생산량과 제품가격이 매우 안정적이다.
③ 과점기업은 가격인상은 원하지만 가격인하는 원하지 않는다.
④ 과점기업은 가격을 인상하거나 인하하고 싶어한다.
⑤ 과점기업의 비용이 변화하면 가격과 생산량을 변화시킨다.

답 ②

┃ 정답해설 ┃

스위지(Sweezy)의 굴절수요곡선의 핵심은 과점시장의 가격이 수요곡선이 꺾이는(굴절하는) 점에서 경직적(즉 안정적)이라는 것이다.

10 다음의 게임이론과 관련된 내용 중 틀린 것은?

① 우월전략을 찾을 수 없는 경우에도 내쉬균형전략은 찾을 수 있다.

② 내쉬균형전략이란 상대방의 전략이 주어져 있을 때 자신의 입장에서 최적인 전략을 뜻한다.

③ 완전균형이란 내쉬조건을 충족시키는 전략의 짝을 뜻한다.

④ 우월전략이란 상대방이 어떤 전략을 선택하느냐에 관계없이 자신에게 언제나 더 유리한 결과를 가져다 주는 전략이다.

⑤ 내쉬조건은 상대방이 현재의 전략을 그대로 유지한다고 할 때, 자신만 일방적으로 전략을 바꿈으로써 이득을 볼 수 없다는 조건이다.

답 ③

정답해설

완전균형이란 (순차게임에서) 내쉬균형뿐 아니라 신뢰성조건(credibility condition)까지 충족시키는 경우를 말한다.

---

11 ( )에 들어갈 내용으로 옳은 것은? **[33회 기출]**

과점시장에서 보수를 극대화하는 두 기업 A와 B가 각각 전략 1과 전략 2를 통해 아래 표와 같은 보수(payoff)를 얻을 수 있다.

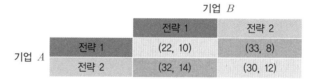

		기업 B	
		전략 1	전략 2
기업 A	전략 1	(22, 10)	(33, 8)
	전략 2	(32, 14)	(30, 12)

※ ( ) 안의 앞의 숫자는 기업 A의 보수, 뒤의 숫자는 기업 B의 보수이다.

• 기업 A와 기업 B가 동시에 전략을 선택할 때, 균형에서 기업 A의 보수는 (ㄱ)이다.

• 기업 A가 먼저 전략을 선택하고 신뢰할 수 있는 방법으로 확약할 때, 균형에서 기업 B의 보수는 (ㄴ)이다.

	ㄱ	ㄴ
①	22	8
②	30	8
③	32	10
④	32	14
⑤	33	12

┃ 정답해설 ┃

기업 A와 기업 B가 동시에 전략을 선택하는 일회성 게임에서 우월전략(dominant strategy)은 (32, 14)이다. 균형에서 기업 A의 보수는 32이다. 우월전략은 상대방의 전략에 관계없이 자신에게 유리한 결과를 가져오는 전략이다. 기업 A가 먼저 전략을 선택하고 신뢰할 수 있는 방법으로 확약하는 경우 A의 우월전략은 (32, 14)이다. 균형에서 기업 B의 보수는 14이다.

12 다음 표는 이동통신시장을 양분하고 있는 甲과 乙의 전략(저가요금제와 고가요금제)에 따른 보수행렬이다. 甲과 乙이 전략을 동시에 선택하는 일회성 게임에 관한 설명으로 옳지 <u>않은</u> 것은? (단, 괄호 속의 왼쪽은 甲의 보수, 오른쪽은 乙의 보수를 나타낸다.)

		乙	
		저가요금제	고가요금제
甲	저가요금제	(500, 500)	(900, 400)
	고가요금제	(300, 800)	(700, 600)

① 甲은 乙의 전략과 무관하게 저가요금제를 선택하는 것이 합리적이다.

② 甲이 고가요금제를 선택할 것으로 乙이 예상하는 경우 乙은 고가요금제를 선택하는 것이 합리적이다.

③ 甲과 乙의 합리적 선택에 따른 결과는 파레토 효율적이지 않다.

④ 내쉬균형(Nash equilibrium)이 한 개 존재한다.

⑤ 乙에게는 우월전략이 존재한다.

┃ 정답해설 ┃

①, ②, ⑤ 甲과 乙 모두 상대방의 전략에 관계없이 저가요금제를 선택할 경우의 보수가 더 크다. 따라서 두 기업의 우월전략은 모두 저가요금제이다. 따라서 (500, 500)이 우월전략균형이 된다.

③ 우월전략균형은 (500, 500)이지만 각 기업이 모두 고가요금제를 선택하면 (700, 600)의 보수를 얻을 수 있다. 따라서 甲과 乙의 합리적 선택에 따른 결과는 파레토 효율적이지 않다.

④ 우월전략균형은 내쉬균형(Nash equilibrium)에 포함되므로 이 게임에는 내쉬균형이 한 개 존재한다.

13 다음은 A국과 B국의 교역관계에 대한 수익행렬(payoff matrix)이다. 이에 관한 설명으로 옳은 것은? (단, 보수쌍에서 왼쪽은 A국의 보수이고, 오른쪽은 B국의 보수이다.) **[27회 기출]**

① 내쉬균형은 2개이다.

② 내쉬균형에 해당하는 보수쌍은 (200, 200)이다.

③ 우월전략균형에 해당하는 보수쌍은 (100, 300)이다.

④ A국의 우월전략은 고관세이다.

⑤ B국의 우월전략은 저관세이다.

답 ⑤

───────────────────────────────

❚ 정답해설 ❚

내쉬전략은 상대방의 전략이 주어졌다는 가정 하에 자신의 최적전략을 선택하는 것이다. 두 나라 모두 상대국의 전략에 관계없이 저관세를 선택할 때 보수가 더 크기 때문에 두 나라의 우월전략은 모두 저관세이다. 따라서 (저관세, 저관세)이다.

14 복점(duopoly)시장에서 기업 A와 B는 각각 1, 2, 3의 생산량 결정 전략을 갖고 있다. 성과보수행렬(payoff matrix)이 다음과 같을 때 내쉬균형은? (단, 게임은 일회성이며, 보수행렬 내 괄호 안 왼쪽은 A, 오른쪽은 B의 보수이다.) **[28회 기출]**

		B		
		전략 1	전략 2	전략 3
A	전략 1	(7, 7)	(5, 8)	(4, 9)
	전략 2	(8, 5)	(6, 6)	(3, 4)
	전략 3	(9, 4)	(4, 3)	(0, 0)

① (7, 7), (6, 6), (0, 0)

② (7, 7), (5, 8), (9, 4)

③ (8, 5), (6, 6), (3, 4)

④ (9, 4), (5, 8), (0, 0)

⑤ (9, 4), (6, 6), (4, 9)

답 ⑤

▌**정답해설**▌

내쉬전략은 게임 상대방의 전략이 주어졌다는 가정 하에 자신의 최적전략을 선택하는 것이다.

기업 B가 전략 1을 선택하면 기업 A는 전략 3을 선택하고, 기업 B가 전략 2를 선택하면 기업 A도 전략 2를 선택하며, 기업 B가 전략 3을 선택하면 기업 A는 전략 1을 선택한다.

또한 기업 A가 전략 1을 선택하면 기업 B는 전략 3을 선택하고, 기업 A가 전략 2를 선택하면 기업 B도 전략 2를 선택하며, 기업 A가 전략 3을 선택하면 기업 B는 전략 1을 선택한다.

따라서 이 게임에는 (전략 1, 전략 3), (전략 2, 전략 2), (전략 3, 전략 1) 3개의 내쉬균형이 존재한다.

15 복점(duopoly)시장에서 기업 A와 B는 각각 1, 2의 전략을 갖고 있다. 성과보수 행렬(payoff matrix)이 다음과 같을 때, 내쉬균형의 보수쌍은? (단, 보수 행렬 내 괄호 안 왼쪽은 A, 오른쪽은 B의 보수이다.) **[29회 기출]**

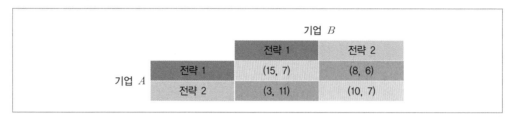

		기업 B	
		전략 1	전략 2
기업 A	전략 1	(15, 7)	(8, 6)
	전략 2	(3, 11)	(10, 7)

① (15, 7)

② (8, 6)

③ (10, 7)

④ (3, 11)과 (8, 6)

⑤ (15, 7)과 (10, 7)

답 ①

┃정답해설┃

기업 B가 전략 1을 선택하면 기업 A는 전략 1을 선택할 때의 보수가 더 크고, 기업 B가 전략 2를 선택하면 기업 A는 전략 2를 선택할 때의 보수가 더 크다. 따라서 기업 A에게는 우월전략이 존재하지 않는다.

기업의 B의 경우 기업 A의 전략에 관계없이 항상 전략 1을 선택할 때의 보수가 더 크기 때문에 전략 1이 기업 B의 우월전략이다.

기업 B는 우월전략인 전략 1을 선택할 것이고, 기업 B가 전략 1을 선택하면 기업 A도 전략 1을 선택할 것이므로 (전략 1, 전략 1), 즉 (15, 7)이 이 게임의 내쉬균형이다.

16 투자자 甲은 100으로 기업 A, B의 주식에만 (기업 A에 x, 기업 B에 $100-x$) 투자한다. 표는 기업 A의 신약 임상실험 성공여부에 따른 기업 A, B의 주식투자 수익률이다. 임상실험의 결과와 관계없이 동일한 수익을 얻을 수 있도록 하는 x는?　**[29회 기출]**

주식투자 수익률 ＼ 기업 A의 임상실험 성공 여부	성공	실패
기업 A	30%	0%
기업 B	-10%	10%

① 20
③ 30
⑤ 50

② 25
④ 40

답 ④

❙정답해설❙

기업 A에 x, 기업 B에 $100-x$를 투자할 때 신약 임상실험 성공여부에 따른 기대수익은 다음과 같다.
- 성공할 때 기대수익 : $0.3 \times x + \{-0.1 \times (100-x)\} = 0.4x - 10$
- 실패할 때 기대수익 : $0 \times x + \{0.1 \times (100-x)\} = -0.1x + 10$

임상실험의 결과와 관계없이 동일한 수익을 얻을 수 있도록 하면 $0.4x - 10 = -0.1x + 10$이고 $x = 40$이다.

17 꾸르노(Cournot) 복점모형에서 시장수요곡선이 $Q = 60 - \dfrac{1}{2}P$이고 두 기업 A, B의 비용함수가 각각

$C_A = 40Q_A + 10$, $C_B = 20Q_B + 50$일 때, 꾸르노 균형에서 총생산량(Q^*)과 가격(P^*)은? (단, Q는 총생산량, P는 가격, Q_A는 기업 A의 생산량, Q_B는 기업 B의 생산량이다.) **[33회 기출]**

① Q^* : 10, P^* : 100

② Q^* : 20, P^* : 80

③ Q^* : 30, P^* : 60

④ Q^* : 40, P^* : 40

⑤ Q^* : 50, P^* : 20

 답 ③

┃정답해설┃

전형적인 꾸르노 모형에 대한 문제이다. 두 기업의 반응함수(reaction function)를 구한 후 이를 이용해 꾸르노 균형을 구하면 된다. 각 기업의 반응함수는 이윤극대화 문제로부터 구할 수 있다.

1) A기업의 $TR_A = P \cdot Q_A = [120 - 2(Q_A + Q_B)]\,Q_A = 120Q_A - 2Q_A^2 - 2Q_A Q_B$이다.

   B기업의 $TR_B = P \cdot Q_B = [120 - 2(Q_A + Q_B)]\,Q_B = 120Q_B - 2Q_B^2 - 2Q_A Q_B$이다.

2) A기업의 $MR_A = \dfrac{dTR_A}{dQ_A} = 120 - 4Q_A - 2Q_B$이고, $MC_A = 40$이다. $MR_A = MC_A$이므로

   A의 반응곡선은 $Q_A = \dfrac{80 - 2Q_B}{4}$이다. 같은 방법으로 B의 반응곡선을 구하면 $Q_B = \dfrac{100 - 2Q_A}{4}$이다.

   A의 반응곡선과 B의 반응곡선을 연립하여 풀면 $Q_A = 20$, $Q_B = 10$이다.

   시장 총생산량 $Q^* = Q_A + Q_B = 20 + 10 = 30$이다.

3) $Q^* = 30$을 시장수요곡선에 대입하여 풀면 꾸르노 균형가격 $P^* = 60$이다.

소득분배

출제포인트

☐ 로렌츠 곡선
☐ 10분위 분배율
☐ 생산요소 시장의 균형

☐ 지니계수
☐ 5분위 배율

제1절 인적 소득분배

1. 소득분배와 인적 소득분배

분배(distribution)는 인적(계층별) 소득분배와 기능적 소득분배로 구분한다. 인적 소득분배는 소득계층간 소득분배의 불평등 문제를 말하고, 기능적 소득분배는 생산요소에 대한 소득분배를 말한다.

2. 인적 소득분배의 측정수단

(1) 로렌츠 곡선 기출 34회·27회·26회

① 로렌츠(Lorentz) 곡선은 소득인구의 누적비율과 소득의 누적점유율 간의 대응관계를 표시한 곡선이다.

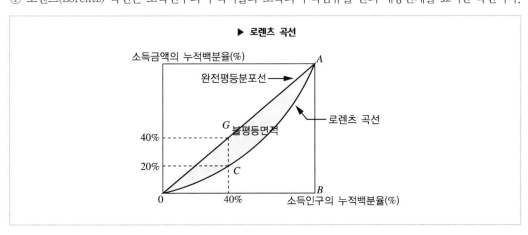

▶ 로렌츠 곡선

② 로렌츠 곡선이 대각선에 가까이 접근할수록 소득분배는 공평한 것으로 평가한다. 로렌츠 곡선은 소득분배의 국가별, 연도별, 직업별 단순한 비교가 가능하지만 정확한 비교가 어렵고, 또한 로렌츠 곡선이 교차하는 경우에는 비교가 어렵다는 문제점이 있다.

(2) 지니 계수(Gini coefficient) [기출] 34회 · 27회 · 26회

① 지니(Gini) 계수(또는 지니 집중계수)는 로렌츠 곡선의 단점을 보완하기 위해 등장한 것으로, 로렌츠 곡선에서 소득 분배의 불평등 면적의 크기를 측정한 것이다. 즉

$$\text{지니 계수} = \frac{\text{불평등면적}\,OAC}{\text{삼각형}\,OAB}$$

이다. 지니 계수의 크기는 $0 \leq G \leq 1$이다. 지니계수가 0에 가까울수록 소득분배는 공평한 것으로 평가한다.

② 지니 계수를 통해 소득분배의 직업별, 국가별 비교 및 한 국가에서의 연도별 정확한 비교가 가능하다. 그러나 지니 계수는 전 계층의 분배를 하나의 숫자로 나타내므로 특정 소득계층의 소득분배 상태를 나타내지는 못하는 문제점이 있다.

③ 일반적으로 지니 계수가 0.50 이상이면 고불균등 분배, 0.40 이하이면 저불균등 분배라고 한다.

(3) 앳킨슨 지수(Atkinson index)

① 앳킨슨(Atkinson)은 기존의 불평등도 지수에 대한 대안으로써 균등분배대등소득(equally distributed equivalent level of income, YE)의 개념을 제시한다.

② 이는 불평등이 존재하는 현실의 분배상태에서 누리는 사회후생과 동일한 후생을 가져다주는 균등분배 상태하의 평균소득을 의미한다.

③ 따라서 현재의 분배가 불평등하다면 YE는 현실의 평균소득(μ)보다 작아지고, 불평등이 커질수록 그 격차는 커진다는 것이다.

④ 앳킨슨 지수는 다음과 같이 표시된다.

$$A = 1 - \frac{YE}{\mu}$$

소득이 균등하게 분배되어 있다면 YE는 μ와 동일하므로 A는 영(0)이고, 반면 극단적인 불평등 상태에 있다면 A는 1이 된다.

(4) 십분위 분배율(deciles distribution ratio : D) [기출] 27회 · 26회

① 단순성 때문에 흔히 사용하는 것으로 십분위 분배율(D)은 하위 소득계층 40%의 소득점유율을 상위 소득계층 20%의 소득점유율로 나눈 값으로 다음과 같이 정의된다.

$$D = \frac{\text{하위 소득계층 40\%의 소득점유율}}{\text{상위 소득계층 20\%의 소득점유율}}$$

으로 계산된다.

② 예를 들어 하위 80% 소득계층의 소득이 전체소득의 60%를 차지하고, 최하위 40% 소득계층의 소득이 전체소득의 20%인 경우 십분위 분배율을 구하면 다음과 같다. 이 경우 상위 20%의 소득은 전체소득의 40%를 차지하므로 십분위 분배율=20%/40%=0.5가 된다.

③ 십분위 분배율이 클수록 소득분배는 평등하다. 십분위 분배율은 0과 2 사이의 값을 갖는데 소득분배가 완전히 균등하면 2, 완전히 불균등하면 0의 값을 갖는다. 일반적으로 0.45 이상이면 고균등 분배, 0.35 이하이면 불균등 분배라고 한다.

④ 십분위 분배율은 소득분배 정책의 주대상이 되는 하위 소득계층 40%의 소득분배 상태를 직접 나타낼 수 있고, 또 이를 상위 소득계층과 비교할 수 있다는 장점이 있다.

(5) 소득 5분위배율(5th quintile over 1st quintile)

① 소득 5분위배율은 소득 상위20% 계층의 평균소득을 소득 하위20% 계층의 평균소득으로 나눈 값으로 다음과 같이 정의된다.

$$\text{소득 5분위배율} = \frac{\text{소득 상위20\% 계층의 소득점유율}}{\text{소득 하위20\% 계층의 소득점유율}}$$

② 소득 5분위배율은 1과 무한대(∞) 사이의 값을 갖는데 소득분배가 완전히 균등하면 1, 완전히 불균등하면 ∞의 값을 갖는다.

예시문제

A, B 두 나라에 각각 다섯 사람씩 살고 있다고 한다. A국과 B국에 사는 사람들의 소득은 각각 (1, 1, 2, 2, 4), (1, 2, 2, 2, 3)이라고 한다. 다음 설명 중 옳은 것은?
① 지니계수상으로 A국이 더 평등하며, 십분위분배율로 보면 B국이 더 평등하다.
② 지니계수상으로 B국이 더 평등하며, 십분위분배율로 보면 A국이 더 평등하다.
③ 지니계수상으로 B국이 더 평등하며, 십분위분배율은 현재의 정보로는 계산할 수 없다.
④ 지니계수상으로나 십분위분배율로나 A국이 더 평등하다.
⑤ 지니계수상으로나 십분위분배율로나 B국이 더 평등하다.

A국과 B국의 총소득은 모두 10으로 동일하다. A국에서는 최하위 40%의 소득이 2이고, 최상위 20%의 소득이 4이므로 십분위분배율 $= \frac{2}{4} = 0.5$이고, B국은 최하위 40% 소득이 3, 최상위 20% 소득이 3이므로 십분위분배율 $= \frac{3}{3} = 1$이므로 B국의 소득분배가 더 평등하다.
지니계수를 파악하기 위해 로렌츠곡선을 확인하면 세로축으로 A국은 (1, 2, 4, 6, 10)을 연결한 선이고, B국은 (1, 3, 5, 7, 10)을 연결한 선이므로 B국의 로렌츠 곡선이 대각선에 더 가깝고 따라서 B국의 소득분배가 더 평등한 것으로 볼 수 있다.

정답 ⑤

1. 신고전학파의 한계생산력설의 의의

(1) 신고전학파의 분배이론

① 신고전학파는 분배이론을 가격이론의 일부로 간주하였다. 즉 생산요소의 소득은 고용량과 그 가격에 의하여 결정되므로, 분배이론은 결국 생산요소에 대한 가격이론이 된다.

② 따라서 신고전학파의 분배이론은 효율성(efficiency)만을 강조하여 공평성(equity)에 대한 고려는 소홀히 한다는 비판을 받는다.

(2) 신고전학파의 한계생산력설

① 신고전학파는 한계생산력의 원리에 따라 소득분배를 설명한다. 즉 생산에 참여하는 각 생산요소는 생산에서의 기여도, 즉 한계생산에 따라 분배를 받는다는 주장이다.

② 즉 요소소득＝요소의 한계생산(MP)×요소 공급량이 된다는 것이다.

2. 생산요소에 대한 수요 : 가변요소가 하나인 경우 단기 요소수요곡선

(1) 생산요소에 대한 수요

생산요소에 대한 수요는 생산물에 대한 수요에 따라 결정된다. 그러므로 생산요소에 대한 수요를 유발수요(또는 파생적 수요, derived demand)라고 한다. 또한 생산요소는 다른 생산요소와 결합되어 생산물을 생산하므로 결합수요(combined demand)라고도 한다.

(2) 한계수입 생산물(marginal revenue products, MRP)

한계수입 생산물은 생산요소 1단위를 추가로 고용할 때, 이 추가로 고용된 생산요소가 생산하는 생산물을 판매할 경우 기업이 얻는 추가수입을 의미한다. 즉

$$MRP = MP \times MR$$

이 된다. 재화시장이 완전 경쟁적이면 $MR = P$이므로

$$MRP = MP \times P$$

가 된다.

> **더 알아보기** 재화시장이 완전 경쟁적인 경우
>
> 재화시장이 완전 경쟁적인 경우 한계수입생산(MRP)을 한계생산물 가치(value of marginal product, VMP)라고도 부른다. 즉
> • 경쟁시장 : $MR = P$이므로 $MRP = VMP$
> • 독점시장 : $MR < P$이므로 $MRP < VMP$

(3) 한계요소비용(marginal factor cost, MFC) [기출] 35회

생산요소 1 단위를 추가로 고용할 때 추가되는 비용, 즉 총비용의 증가분을 한계요소비용이라고 한다. 여기서 W는 생산요소의 가격을 의미한다.

$$MFC = MP \times MC = W$$

(4) 생산요소 고용에서의 이윤극대화 조건 [기출] 33회

① 기업은 이윤 극대화를 위해 생산요소를 1단위 더 고용할 때 이로 인한 한계수입(한계수입 생산물)과 한계비용(한계 요소비용)이 같아지는 수준까지 생산요소를 고용한다. 즉

$$MRP = MFC \text{ 또는 } P \cdot MP = W(\text{요소가격})$$

에서 생산요소의 고용량 결정함으로써 이윤의 극대화를 추구한다. 그리고 $MRP > MFC$인 경우에는 생산요소의 고용량을 증가시켜야 이윤이 증가하고 $MRP < MFC$인 경우에는 기존의 고용량을 감소시켜야 이윤이 증가한다.

② 생산요소의 가격(W)이 하락하면 $P \cdot MP > W$가 된다. 여기서 MP는 수확체감의 법칙의 지배를 받으므로 따라서 이 경우 생산요소의 고용을 증가시키면 MP가 체감하고 $P \cdot MP = W$가 된다.

③ 따라서 생산요소에 대한 개별기업의 수요는 MRP이고, 생산요소에 대한 수요곡선은 우하향하는 MRP곡선(MP가 체감하므로)이 된다. 이 곡선은 MP가 증가하거나, 재화가격이 상승하면 우측으로 이동한다.

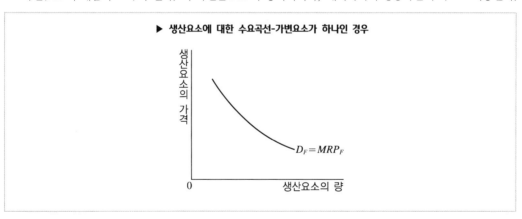

▶ **생산요소에 대한 수요곡선-가변요소가 하나인 경우**

더 알아보기 | **기업의 이윤극대화 조건(비교)**

생산요소 고용에서의 이윤극대화 조건 $P \cdot MP = W$에서 양변을 MP로 나누면 $P = \dfrac{W}{MP} = MC$가 된다. 따라서 MP가 체감하면 MC는 체증한다(한계비용 체증의 법칙). 결국 생산물 시장에서의 이윤극대화 조건 $P(= MR) = MC$와 생산요소 시장에서의 이윤극대화 조건은 동일한 원리이다.

3. 생산요소에 대한 수요 : 가변요소가 둘인 경우 장기요소수요곡선

(1) 가변요소가 둘인 경우 이윤극대화 조건

① 가변요소가 둘 이상인 경우에는 어느 한 요소의 투입량이 변화하면 다른 요소의 한계생산(MP)을 변화시켜 다른 요소의 MRP곡선 자체가 이동한다. 노동(L)과 자본(K) 두 가지 가변요소가 있는 경우 기업은 이윤 극대화를 위하여

$$MRP_L = MFC_L, \ MRP_K = MFC_K$$

의 조건이 동시에 충족되는 수준에서 두 생산요소의 고용량을 결정한다.

② 즉 노동시장과 자본시장이 모두 경쟁적인 경우 $MFC_L = P_L$(노동의 가격), $MFC_K = P_K$(자본의 가격)이 므로, 기업은 $MRP_L = P_L$, $MRP_K = P_K$의 조건이 동시에 충족되는 수준으로 노동과 자본을 고용하여 이윤을 극대화한다.

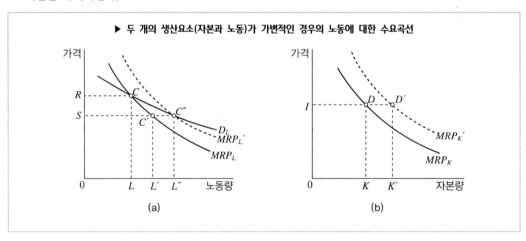

▶ 두 개의 생산요소(자본과 노동)가 가변적인 경우의 노동에 대한 수요곡선

(2) 가변요소가 둘인 경우의 노동수요곡선

〈그림〉에서 노동에 대한 수요곡선은 MRP_L이 아니라, C와 C''을 연결하는 D_L곡선이고, 이는 가변요소가 하나인 경우의 수요곡선인 MRP_L곡선보다 더 탄력적이다.

4. 생산요소에 대한 시장수요와 공급

(1) 생산요소에 대한 시장수요

시장전체의 생산요소에 대한 수요는 개별 기업의 생산요소에 대한 수요를 수평적으로 합한 것이다.

(2) 생산요소에 대한 공급

각각의 가격에서 생산요소의 공급자가 공급하려는 생산요소의 양은 요소가격에 의해 결정된다. 즉 생산요소의 공급은 요소가격에 비례한다. 따라서 우상향하는 생산요소의 공급곡선이 도출된다.

5. 생산요소의 가격결정

(1) 생산요소의 가격결정

생산요소의 수요와 공급이 일치하는 E에서 균형가격 W_0, 균형고용량 Q_0가 결정된다. 만일 생산요소의 가격이 W_1이라면 Q_1Q_2의 공급부족이 발생하고, 따라서 생산요소 수요자 간의 경쟁이 유발되어 생산요소의 가격은 상승한다.

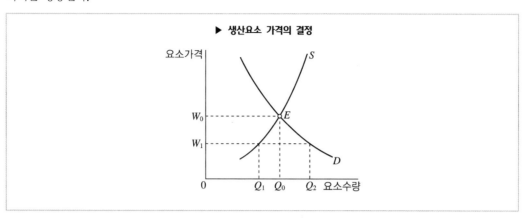

▶ 생산요소 가격의 결정

(2) 신고전학파의 한계생산력설의 의의

이상의 분석은 요소시장이 완전경쟁일 때를 전제로 한 것으로, 이상의 분석이 함축하는 의미는 다음과 같다.

① 동질적이고, 동일한 종류의 생산요소에 대해서는 요소소득이 동일하다. 이를 동일노동에 대한 동일임금의 원칙이라고 한다.

② 시장에서 결정된 생산요소의 가격은 그 요소의 한계수입생산(MRP)과 일치한다. 그리고 완전경쟁적 요소시장의 경우에는 생산요소의 가격이 한계생산가치(VMP)와 일치한다. 따라서 장기적으로 완전경쟁시장에서 각 생산요소는 그 요소의 한계생산가치만큼 분배를 받는데 이처럼 소득분배가 한계생산가치와 일치하는 요소가격에 의해 결정된다는 주장을 소득분배의 한계생산력설이라고 한다.

③ 요소소득은 그 생산요소의 기여도(즉 한계생산)에 따라 결정되므로 생산물은 각 생산요소에 완전히 분배된다(완전분배의 정리). 따라서 소득분배는 공정하다.

CHAPTER

확인학습문제

01 *A*국, *B*국, *C*국의 소득분위별 소득점유비중이 다음과 같다. 소득분배에 관한 설명으로 옳은 것은? (단, 1분위는 최하위 20%, 5분위는 최상위 20%의 가구를 의미한다.)

(단위 : %)

구분	*A*국	*B*국	*C*국
1분위	0	20	6
2분위	0	20	10
3분위	0	20	16
4분위	0	20	20
5분위	100	20	48

① *A*국은 *B*국보다 소득분배가 상대적으로 평등하다.

② *B*국은 *C*국보다 소득분배가 상대적으로 불평등하다.

③ *C*국의 십분위분배율은 1/8이다.

④ *A*국의 지니계수는 0이다.

⑤ *B*국의 지니계수는 *A*국의 지니계수보다 작다.

답 ⑤

▌정답해설▐

⑤ *A*국의 지니계수는 1이고, *B*국의 지니계수는 0이므로 지니계수의 크기는 *B*국< *C*국< *A*국의 순이다. *A*국은 최상위 20%가 소득의 전부를 차지하고 있고(완전불평등), *B*국은 완전균등분포이고 *C*국은 중간이다.

③ 십분위 분배율$=\dfrac{\text{하위 40\% 소득계층의 소득}}{\text{상위 20\% 소득계층의 소득}}$ 이므로 *C*국의 십분위분배율은 $\dfrac{10+6}{48}=\dfrac{1}{3}$ 이다.

④ 지니계수는 0(완전평등)과 1(완전불평등) 사이의 값을 갖는데 *A*국의 지니계수는 1이다.

02 소득분배가 완전히 균등한 경우를 모두 고른 것은? [27회 기출]

> ㄱ. 로렌츠곡선이 대각선이다.
> ㄴ. 지니계수가 0이다.
> ㄷ. 십분위분배율이 2이다.

① ㄱ   ② ㄴ

③ ㄱ, ㄷ   ④ ㄴ, ㄷ

⑤ ㄱ, ㄴ, ㄷ

답 ⑤

┃정답해설┃

ㄱ. 로렌츠 곡선이 45도의 대각선에 접근할수록 불평등 면적이 작아지므로 소득분배는 평등하다. 로렌츠 곡선이 대각선이면 완전 균등분배이다.

ㄴ. 지니계수는 로렌츠 곡선에서 불평등 면적의 크기를 나타낸 것으로 0과 1 사이의 값을 갖는다. 지니계수가 0이면 완전 균등한 분포이다.

ㄷ. 십분위분배율은 소득인구의 하위 40% 점유율을 상위 20%의 점유율로 나눈 값이다. 십분위분배율은 0과 2 사이의 값을 갖고 값이 2이면 완전 균등분배이다.

03 소득분배의 불평등도를 분석하는 방법에 대한 설명 중 가장 옳지 않은 것은?

① 로렌츠곡선은 저소득자로부터 고소득자들의 누적가계들이 전체 소득의 몇 %를 차지하는가를 나타내는 곡선이다.

② 로렌츠곡선이 대각선에 가까울수록 평등한 소득분배에 접근하게 된다.

③ 지니계수는 대각선과 로렌츠곡선 사이의 면적을 대각선 아래 삼각형의 면적으로 나눈 비율이다.

④ 로렌츠곡선은 서수적 평가방법이고 지니계수는 기수적 평가방법이다.

⑤ 로렌츠곡선은 서로 교차하지 않는다.

답 ⑤

┃정답해설┃

로렌츠곡선은 서로 교차할 수 있는데 이런 경우 소득분배의 불평등을 정확히 파악하기 어렵다. 이런 문제를 해결하기 위해 지니계수가 등장하였다.

04 다음 소득분배에 관한 설명 중 가장 적절치 <u>않은</u> 것은?

① 소득분배가 공평할수록 로렌츠곡선(Lorenz curve)은 대각선에 가까워진다.

② 쿠츠네츠(S. Kutznets)의 U자 가설은 경제발전단계와 소득분배의 균등도의 관계를 설명하고 있다.

③ 지니(Gini)계수가 높을수록 소득분배는 공평하다는 것을 나타낸다.

④ 10분위분배율은 최하위 40% 소득계층의 소득점유율을 최상위 20% 소득계층의 소득점유율로 나눈 비율이다.

⑤ 10분위분배율은 이론적으로 0과 2 사이의 값을 가진다.

답 ③

ǀ 정답해설 ǀ

지니계수가 0이면 완전균등분배, 지니계수가 1이면 완전불균등분배를 나타낸다. 따라서 지니계수가 높을수록 소득분배는 불균등함을 나타낸다.

05 생산요소시장과 생산물시장이 모두 완전경쟁적이다. 이에 관한 설명으로 옳지 <u>않은</u> 것은?

① 완전경쟁 기업의 이윤극대화를 위한 조건은 '생산요소의 한계생산물가치＝한계요소비용'이다.

② 완전경쟁 기업의 이윤극대화를 위한 조건은 '생산요소의 한계수입생산물＝생산요소의 가격'이다.

③ 생산물시장이 완전경쟁적일 경우가 독점적일 경우보다 기업의 생산요소 수요가 더 작다.

④ 생산요소의 한계생산곡선이 우측으로 이동하면 완전경쟁 기업의 생산요소 수요가 증가된다.

⑤ 생산물에 대한 수요의 감소는 완전경쟁 기업의 생산요소 수요를 감소시킨다.

답 ③

ǀ 정답해설 ǀ

생산물시장이 독점이면 생산요소시장에서는 수요독점자이고 $MRP = MFC$에서 고용량을 결정한다. 반면 생산요소시장이 완전경쟁이면 MRP곡선과 시장의 생산요소공급곡선이 교차하는 점에서 고용량을 결정한다. 따라서 완전경쟁적일 경우의 생산요소 수요가 더 많다.

06 소득분배에 관한 설명으로 옳은 것을 모두 고른 것은?　　　　　　　　　　　　　**[34회 기출]**

> ㄱ. 국민소득이 임금, 이자, 이윤, 지대 등으로 나누어지는 몫이 얼마인지 보는 것이 계층별 소득분배이다.
> ㄴ. 로렌츠곡선이 대각선에 가까울수록 보다 불평등한 분배 상태를 나타낸다.
> ㄷ. 두 로렌츠곡선이 교차하면 소득분배 상태를 비교하기가 불가능하다.
> ㄹ. 지니계수 값이 1에 가까울수록 보다 불평등한 분배 상태를 나타낸다.

① ㄱ, ㄴ　　　　　　　　　　　　　　　　② ㄱ, ㄷ
③ ㄴ, ㄷ　　　　　　　　　　　　　　　　④ ㄴ, ㄹ
⑤ ㄷ, ㄹ

답 ⑤

┃ 정답해설 ┃

ㄱ. 주어진 지문은 기능적 소득분배에 대한 설명이다. 로렌츠곡선, 지니계수, 10분위 분배율 등이 계층적 소득분배의 측정방법이다.

ㄴ. 로렌츠곡선은 인구의 누적점유율과 소득의 누적점유율 사이의 대응관계를 표시한 곡선으로 로렌츠곡선이 대각선에 가까이 접근할수록 소득분배는 평등한 것으로 평가한다.

ㄹ. 지니계수는 로렌츠곡선에서 소득분배의 불평등 면적의 크기를 측정한 것으로써 지니 계수의 크기는 $0 \leq G \leq 1$ 이다. 지니계수가 1에 가까울수록 소득분배는 불평등한 것으로 평가한다.

CHAPTER 09

임금, 이자, 지대

출제포인트

☐ 노동공급에서 여가−소득의 선택 모형   ☐ 노동에 대한 수요와 공급

☐ 이전수입과 경제지대 개념 및 계산   ☐ 실질임금 계산

제1절 노동과 임금

1. 임금(wage)

(1) 임금과 임금률

노동서비스에 대한 수익을 임금(wage)이라고 하고, 한 단위의 노동서비스에 대한 수익을 임금률(wage rate)이라고 한다.

(2) 명목임금(화폐임금)과 실질임금

화폐액으로 표시된 임금을 명목임금(또는 화폐임금)이라고 하고, 실질임금은 명목임금의 구매력, 즉 일정한 액수의 명목임금으로 구입할 수 있는 상품의 양을 말한다.

$$실질임금(w) = \frac{명목임금(W)}{물가지수(P)}$$

2. 임금학설

(1) 고전학파의 생존비설(subsistence theory)

① 스미스(A. Smith), 리카도(D. Ricardo) 등 고전학파는 임금은 노동자와 그 가족의 생계비와 일치한다는 생존임금설을 주장하였다.

② 리카도는 임금을 자연임금과 시장임금으로 구분하였다. 자연임금(Wn)은 생계유지에 필요한 임금으로 생계비가 상승하면 자연임금은 상승한다. 시장임금(Wm)은 시장에서 수요 공급의 원리에 의해 결정된다. 여기서

$$Wm > Wn \rightarrow 인구\ 증가 \rightarrow 노동공급\ 증가 \rightarrow Wm\ 하락$$
$$Wm < Wn \rightarrow 인구\ 감소 \rightarrow 노동공급\ 감소 \rightarrow Wm\ 상승$$

③ 따라서 노동의 가격인 시장임금(Wm)은 생존비인 자연임금(Wn)과 필연적으로 일치하려는 경향이 있고, 따라서 임금은 생존에 필요한 수준에서 결정된다. 그러나 이 주장은 임금의 변동과 임금격차를 설명하지 못하는 한계가 있다.

(2) 밀의 임금기금설

① 밀(J.S. Mill)은 일정기간동안 한 사회의 임금기금, 즉 임금으로 지불될 총액은 사전적으로 일정한데 이에 따라 노동에 대한 수요가 결정되고, 한편 일정기간동안 한 사회의 노동자수도 일정한데 이에 따라 노동공급이 결정된다고 보았다.

② 따라서

$$임금 = \frac{사전적으로\ 정해진\ 임금기금}{일정한\ 노동자수}$$

이 된다고 보았다. 그러나 이 주장은 생산과정에서 노동과 기계(자본)의 대체를 무시하고 있기 때문에 비현실적인 것으로 평가된다.

(3) 클라크의 한계생산력설

클라크(J.B. Clark)는 임금은 노동의 한계생산력(MP_L)에 의해 결정된다고 주장한다. 즉 기업은 이윤극대화를 위해 $P \cdot MP_L = W$(임금)에서 노동수요를 결정하므로 임금은 노동의 한계생산력에 의해 결정된다는 것이다. 그러나 이 주장은 노동의 공급측면을 고려하지 않고 있다는 점에서 한계가 있다.

(4) 신고전학파의 임금이론

신고전학파는 노동의 가격이 임금이므로, 임금은 노동에 대한 수요와 노동공급에 의해 결정된다고 주장하였다.

3. 신고전학파의 임금결정이론

(1) 신고전학파 이론의 의의

노동에 대한 수요(L_D)와 공급(L_S)이 일치하는 데서 실질임금($\frac{W}{P}$)이 결정되고 그 높이는 MP_L과 일치한다는 이론이다.

$$MRP = P \cdot MP_L = W \ 또는 \ MP_L = \frac{W}{P} = w$$

(2) 경쟁시장의 노동에 대한 수요 [기출] 33회

① 노동에 대한 수요(즉 기업의 고용)가 증가하면 생산량은 증가한다. 그러나 한계생산 체감의 법칙으로 노동에 대한 수요가 증가하는 데는 한계가 있다.

② 따라서 기업은 이윤극대화를 위해 $MP_L = W/P$ 또는 $MRP = W$인 곳에서 노동에 대한 수요를 결정한다. 그리고 이 경우

　㉠ $MP_L > \frac{W}{P}$(또는 $MRP > W$) → 노동수요 증가

　㉡ $MP_L < \frac{W}{P}$(또는 $MRP < W$) → 노동수요 감소

이므로 노동수요곡선(MP_L곡선)은 우하향한다.

③ 노동수요의 증가요인

    ⊙ 노동을 투입하여 생산하는 생산물에 대한 수요 증가

    ⓒ 자본이나 토지 등 다른 생산요소의 가격 상승

    ⓒ 생산기술의 진보로 인한 노동생산성(MP_L)의 증대

(3) 수요독점 노동시장의 노동에 대한 수요

① 수요독점 노동시장

    ⊙ 상품시장이 독점(monopoly)인 경우 노동시장에서는 수요독점(monopsony)이 된다. 이 경우 상품의 가격이 일정하지 않고 기업의 생산량에 따라 달라지고, 따라서 기업의 한계수입(MR)도 달라진다.

    ⓒ 따라서 이러한 조건하에서 수요독점기업의 노동수요 곡선은 한계생산가치(VMP_L)곡선이 아니고, $MR \cdot MP_L$인 한계수입생산(MRP_L) 곡선이 된다.

② 수요독점 노동시장의 노동수요곡선

    ⊙ 경쟁시장에서는 생산물의 가격이 일정하므로 가격(P)과 한계수입(MR)이 같다. 즉, 한계수입 곡선은 수평이다. 그러나 노동에 대한 수요독점기업처럼 기업의 생산물에 대한 수요곡선이 우하향일 때는 한계수입 곡선은 수요곡선보다 아래에 위치하고, 그 기울기는 더 가파르다.

    ⓒ 그러므로 수요독점 노동시장의 노동에 대한 수요곡선(MRP_L곡선)은 경쟁기업의 노동에 대한 수요곡선(VMP_L곡선)보다 기울기가 더 가파르다.

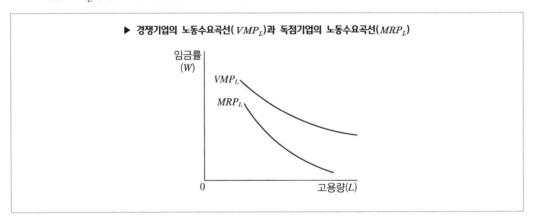

▶ **경쟁기업의 노동수요곡선(VMP_L)과 독점기업의 노동수요곡선(MRP_L)**

(4) 노동에 대한 공급

① 노동의 공급은 2측면이 있다. 즉 노동공급이 증가하면 정신적·육체적 고통, 즉 노동의 한계비효용(MDU_L)은 증가한다.

② 그러나 임금을 수취하므로 재화 소비가 증가하여 효용도 증가한다. 따라서 노동공급은 노동에 따른 노동의 한계비효용(MDU_L)과 실질임금에 의해 결정된다.

③ 즉

    ⊙ 노동의 한계비효용(MDU_L) > 실질임금 → 노동공급 감소

    ⓒ 노동의 한계비효용(MDU_L) < 실질임금 → 노동공급 증가

    따라서 노동공급곡선(MDU_L곡선)은 우상향한다.

(5) 개인의 노동공급곡선(후방굴절형) 기출 30회

① 임금상승의 효과에는 두 가지가 있다. 즉 임금상승의 대체효과는 임금이 상승하면 여가의 기회비용이 증가하므로 여가 대신 노동공급을 증가시킨다.

② 한편 임금상승의 소득효과는 임금상승으로 전보다 적은 노동을 공급해도 전과 동일한 소득을 얻는 효과로 노동공급을 감소시킨다.

③ 따라서 임금상승에 따른 노동공급의 변화는 대체효과와 소득효과의 상대적 크기에 의해 결정되는데
　　㉠ 임금률이 낮을 때 : 대체효과 > 소득효과 → 노동공급 증가
　　㉡ 임금률이 높을 때 : 대체효과 < 소득효과 → 노동공급 감소

④ 따라서 개인의 노동공급곡선은 후방굴절하는 형태가 된다. 그러나 사회전체로는 우상향하는 형태가 된다.

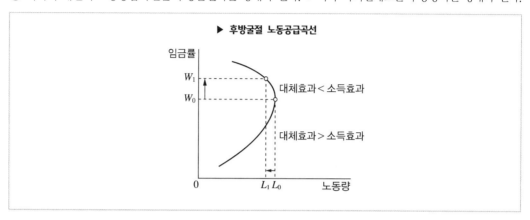

▶ 후방굴절 노동공급곡선

(6) 균형임금의 결정 기출 34회 · 33회

① 경쟁 노동시장의 균형 : 경쟁노동시장에서는 노동에 대한 수요와 노동공급이 일치하는 데서 균형임금이 결정된다.

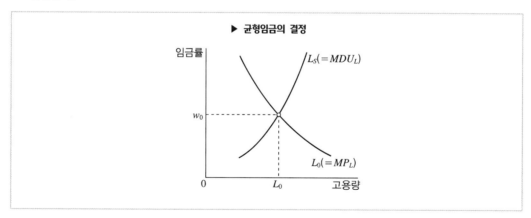

▶ 균형임금의 결정

즉 노동수요곡선과 노동공급곡선이 교차하는 균형점에서 균형임금과 균형고용량(L_0)이 결정되고, L_0에서는 노동의 한계생산(MP_L)과 노동의 한계비효용(MDU_L), 그리고 실질임금(w_0)이 일치한다.

② 수요독점 노동시장의 균형 [기출] 35회

㉠ 상품시장이 불완전경쟁시장이더라도 노동시장이 완전경쟁이면 개별기업의 한계요소비용(한계노동비용, MFC)은 일정하다.

㉡ 상품시장이 완전경쟁이고 노동시장이 수요독점인 경우 임금률(W)은 한계수입생산(MRP_L)보다 낮은 수준에서 결정된다. 임금률은 MFC보다 아래 위치하는 노동공급곡선에 의해 결정되기 때문이다. 그리고 고용량은 $MRP_L = MFC$에서 결정된다.

㉢ 노동시장의 수요독점은 생산요소의 고용량과 가격을 완전경쟁시장에 비해 모두 더 낮은 수준으로 하락시킨다.

예시문제

기술혁신으로 노동의 한계생산이 증가한다면, (ㄱ) 균형 노동량의 변화와 (ㄴ) 균형 임금률의 변화는? (단, 생산물시장과 노동시장은 완전경쟁적이며, 노동공급곡선은 우상향, 노동수요곡선은 우하향하고 있다.) **[33회 기출]**

① ㄱ : 감소, ㄴ : 감소   ② ㄱ : 감소, ㄴ : 증가
③ ㄱ : 감소, ㄴ : 불변   ④ ㄱ : 증가, ㄴ : 감소
⑤ ㄱ : 증가, ㄴ : 증가

기술혁신으로 노동의 한계생산(MP_L)이 증가하면 노동수요곡선, 즉 노동의 한계생산가치($VMP_L = P \cdot MP_L$)곡선은 우측으로 이동한다. 노동수요곡선이 우측으로 이동하면 균형 노동량은 증가하고, 균형 임금률은 상승한다.

정답 ⑤

예시문제

노동시장이 수요독점일 때 이에 관한 설명으로 옳은 것을 모두 고른 것은? (단, 생산물 시장은 완전경쟁시장이며, 노동수요곡선은 우하향, 노동공급곡선은 우상향한다.) **[33회 기출]**

ㄱ. 노동의 한계생산가치(value of marginal product of labor)곡선이 노동수요곡선이다.
ㄴ. 한계요소비용(marginal factor cost)곡선은 노동공급곡선의 아래쪽에 위치한다.
ㄷ. 균형 고용량은 노동의 한계생산가치곡선과 한계요소비용곡선이 만나는 점에서 결정된다.
ㄹ. 노동시장이 완전경쟁인 경우보다 균형 임금률이 낮고 균형 고용량이 많다.

① ㄱ, ㄴ   ② ㄱ, ㄷ
③ ㄱ, ㄹ   ④ ㄴ, ㄷ
⑤ ㄷ, ㄹ

ㄱ, ㄷ. 생산물 시장이 완전경쟁이면 $VMP_L = MRP_L$이므로 노동의 한계생산가치곡선이 노동수요곡선이다.
    $VMP_L = MFC$에서 균형고용량이 결정된다. 균형임금은 균형고용량 수준에서 노동공급곡선에 의해 결정된다.
ㄴ. 한계요소비용(MFC)곡선은 노동공급곡선의 위쪽에 위치한다.
ㄹ. 노동시장이 완전경쟁인 경우보다 균형 임금률이 높고 균형 고용량이 적다.

정답 ②

---

4. 임금격차와 그 원인

(1) 균등화 격차

임금을 적게 받더라도 임금 이외의 비금전적 이유로 노동을 공급하는 경우에 발생하는 임금격차를 균등화 격차라고 한다.

(2) 개인능력의 차이

(3) 노동의 이동성의 제한

(4) 차별대우

(5) 사회적 제도적 요인

(6) 이중구조적 임금체계

제2절 자본과 이자

1. 자본

(1) 자본의 뜻

자본(capital)은 인간에 의해 만들어진 자원(man-made resources)으로 ㉠ 화폐, 유가증권 등의 화폐자본(money capital)과, ㉡ 기계, 공장 등의 실물자본(real capital)으로 구분한다. 그러나 국민경제의 입장에서 자본은 실물자본만을 의미한다.

(2) 자본의 유형

자본은 또한 인간이 지닌 기술이나 지식 등 인적자본(human capital)과 기계, 도구, 생산설비 등 물적자본(physical capital)으로 구분되는데, 이 둘은 생산에 직접 사용되는 반면, 사회간접자본(social overhead capital, SOC)은 간접적으로 생산활동을 지원한다.

2. 이자와 이자율

(1) 이자와 이자율

이자(interest)는 자본의 사용에 지불되는 자본서비스의 보수를 말하고, 이자율(interest rate)은 한 단위의 자본서비스에 대한 수익을 의미한다.

(2) 이자율의 특성

① 가격은 일반적으로 현재의 재화와 현재의 재화와의 교환비율이다. 그러나 이자율은 미래의 재화소비와 현재의 재화소비를 교환하는 비율이다.

② 이자율은 양(+)의 값을 갖는데 이는 같은 재화라도 미래의 재화소비는 현재의 재화소비보다 그 가치가 작다는 것을 의미한다.

(3) 현재가치(PV)와 이자율

미래에 얻을 것으로 기대하는 투자의 순수익의 흐름을 시장이자율로 할인하여 현재가치를 환산한다. 즉 이자율이 r이고 매년 X만큼의 투자수익을 얻을 수 있다면 투자수익의 현재가치(PV)는

$$PV = \frac{X}{r}$$

이 된다.

3. 이자율 결정이론

(1) 고전학파의 실물적 이자론

① 왈라스(L. Walras)와 마셜(A. Marshall)에 의해 체계화된 것으로 이자율은 이자율의 증가함수인 저축(S)과 이자율의 감소함수인 투자(I)가 일치하는 곳에서 결정된다는 것이다.

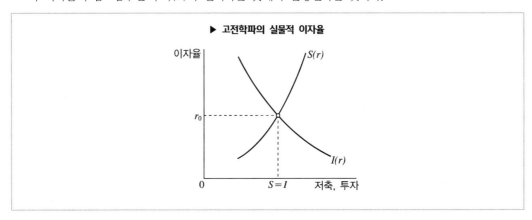

▶ **고전학파의 실물적 이자율**

② 실물변수인 저축과 투자에 의해서 이자율이 결정되기 때문에 고전학파의 경제학 체계에서는 실물부문과 화폐부문을 연결시켜주는 매개변수가 존재하지 않는다.

③ 따라서 고전학파 경제학 체계에서는 실물부문과 화폐부문은 완전히 분리되어 서로 영향을 미치지 못하는데 이를 고전학파의 이분성(classical dichotomy)이라고 한다.

(2) 케인즈의 화폐적 이자론 : 유동성 선호설

① 케인즈(J.M. Keynes)는 화폐에 대한 수요(또는 유동성 선호)와 화폐공급(통화량)이 일치하는 곳에서 이자율이 결정된다고 하였다.

② 화폐공급, 즉 통화량은 통화정책당국의 정책적 판단에 의해 결정되는 정책변수, 즉 외생변수이므로 이자율과는 관계없이 그 크기가 결정된다. 따라서 화폐공급곡선은 수직선의 형태이다.

$$M^s = M_0$$

③ 케인즈는 화폐에 대한 수요, 즉 유동성 선호가 3가지 동기에 의해 결정된다고 보았다. 이 중 거래적 동기와 예비적 동기에 의한 화폐수요는 소득의 증가함수이고, 투자적 동기에 의한 화폐수요는 이자율의 감소함수라고 보았다. 따라서 화폐수요는 이자율과 역(−)관계에 있으므로 우하향하는 형태가 된다.

$$M^d = L(Y, \ r)$$

④ 화폐시장의 균형은 화폐수요곡선과 화폐공급곡선이 교차하는 점에서 성립한다. 그리고 이 점에서 균형이자율이 결정된다.

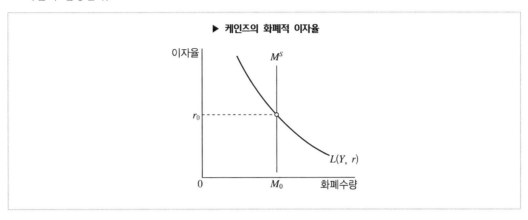

▶ 케인즈의 화폐적 이자율

제3절 지대(rent)

1. 지대와 지대이론

(1) 지대

고전적 의미에서 지대(rent)는 토지서비스에 대한 수익을 의미한다. 그러나 오늘날에는 지대를 토지에 대한 대가만이 아니라 토지처럼 공급이 제한적인 생산요소에 대한 대가로 파악한다.

(2) 지대이론

지대이론은 전통적으로 토지에 대한 수익을 결정하는 요인을 설명하고 있으나 오늘날에는 토지는 물론 자연자원 등 공급이 고정된 생산요소에 귀속되는 소득이론을 의미한다.

2. 지대의 결정이론

(1) 리카도의 차액지대설

① 19C 초 영국의 지대논쟁이 리카도(D. Ricardo)의 차액지대설의 배경이 되었다. 즉 당시 영국과 프랑스와의 나폴레옹 전쟁으로 영국의 곡물가격과 지대가 급등하였는데 그 원인을 놓고 지대논쟁이 벌어졌고 이 과정에서 리카도의 차액지대설이 등장한 것이다.

② 리카도는 토지의 비옥도의 차이로 생산성의 차이가 발생하는 데 이 생산성의 차이가 차액지대(differential rent)의 발생 원인이라는 것이다. 즉

> 어떤 토지의 지대=그 토지의 생산성−한계지의 생산성

이다.

③ 리카도는 인구 증가 → 곡물 수요 증가 → 곡물가격 상승 → 토지에 대한 수요 증가 → 경작지의 확대(즉 열등지가 새로이 한계지화) → 차액지대 상승이라고 주장한다.

④ 한계지(marginal land)는 경작되고 있는 토지 중에서 생산성이 가장 낮은 토지로 모든 토지의 지대를 측정하는 기준이 되는 토지이다. 한계지의 생산비는 곡물가격과 일치하고 따라서 한계지의 지대는 영(0)이 된다.

⑤ 차액지대설의 요지

　　㉠ 지대가 곡물가격을 결정하는 것이 아니고, 곡물가격이 지대를 결정한다.

　　㉡ 지대가 발생하는 것은 토지의 공급이 제한적이기 때문이다.

　　㉢ 어떤 토지의 지대는 그 토지의 생산성과 한계지의 생산성의 차이이다.

(2) 마르크스의 절대지대설

① 마르크스(K. Marx)는 지대는 토지의 생산성과는 무관하게 지주에 의해 강제적으로 요구되는 것이라고 주장한다. 즉 토지를 소유한다는 사실로부터 지대가 발생하는데 이를 절대지대라고 한다.

② 따라서 지주가 지대를 올리면 이로 인해 곡물가격이 상승한다고 하여 리카도의 주장과는 상반되는 주장을 하고 있다.

3. 전용수입과 렌트 [기출] 34회 · 30회 · 26회

(1) 전용수입(transfer earnings)

① 어떤 생산요소가 다른 용도로 전용되지 않도록 하기 위해 현재의 용도에서 지불되어야 하는 최소한의 보수를 전용수입이라고 한다. 즉 전용수입은 생산요소를 생산과정에 이용하기 위해 지급해야 하는 최소한의 대가를 의미한다.

② 토지의 경우 전용수입은 토지소유자에게 지급되는데 이는 토지소유자와 생산자간의 계약에 의해 결정되므로 계약지대라고도 한다.

(2) 경제지대(economic rent)

① 경제지대(또는 렌트)는 생산요소의 실제 수입에서 전용수입을 공제한 부분으로, 전용수입을 초과하여 생산요소에 지급되는 보수를 의미한다.

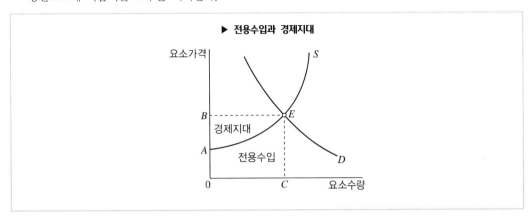

▶ 전용수입과 경제지대

② 〈그림〉에서 최소한 $OAEC$를 지급하면 이 생산요소는 다른 용도에 이용되지 않는다. 즉 이 생산요소의 공급자가 얻기를 원하는 최소한의 대가는 공급곡선 아래 부분의 면적이다. 따라서 $OAEC$는 전용수입이 되고, 전용수입을 초과하는 ABE는 경제지대가 된다.

③ 경제지대의 예로는 유명 연예인이나 운동선수가 받는 높은 보수 등을 들 수 있다. 이들이 높은 보수를 받는 것은 공급이 제한적인데 반하여 수요가 많기 때문이다. 근래에 와서 이러한 경제지대의 개념은 시장에서 발생하는 모든 종류의 프리미엄(premium)을 설명하는 데에도 적용된다. 즉 전망이 좋고 입지가 뛰어난 아파트의 높은 프리미엄은 제한된 공급 때문에 경제지대가 크게 발생한 것으로 볼 수 있다.

(3) 전용수입과 경제지대의 크기

① 결국 생산요소에 대한 대가에는 전용수입과 경제지대 두 가지가 포함되어 있다. 이 경우 전용수입과 경제지대의 상대적 크기는 생산요소의 공급탄력성에 의존한다.

② 경제지대
  ㉠ 생산요소의 공급탄력성이 클수록 경제지대는 작고 전용수입은 크다.
  ㉡ 생산요소의 공급탄력성이 작을수록 경제지대는 크고 전용수입은 작다.
  ㉢ 생산요소의 공급탄력성이 무한대이면 전부 전용수입이다.
  ㉣ 생산요소의 공급탄력성이 영(0)이면 전부 경제지대이다.

(4) 준지대

① 준지대는 마셜(A. Marshall)이 제시한 개념으로 단기적인 초과이윤을 의미한다. 즉 단기에 자본설비에 대한 수요가 증가해도 공급은 증가할 수 없기 때문에 자본설비의 가격, 즉 임대료가 상승하여 초과이윤이 발생하는데 이 초과이윤을 준지대(quasi-rent)라고 한다.

② 그러나 장기에는 자본설비의 공급이 증가하므로 임대료가 다시 하락하여 준지대는 소멸된다. 준지대는 가격여하를 막론하고 공급량이 단기적으로 변화하지 않지만, 장기적으로는 변화할 수 있는 생산요소 모두에 적용되는 개념이다.

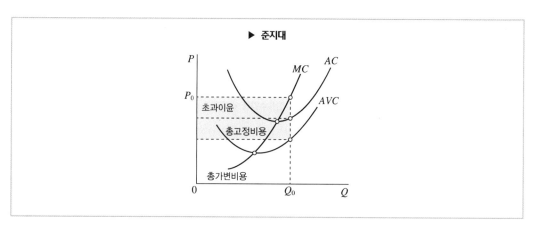

▶ 준지대

> **더 알아보기** 지대추구 행위

- 경제지대는 공급이 제한적일수록 많이 발생한다. 따라서 경제지대는 많은 경우 그 시장으로의 진입이 법적으로나 제도적으로 제한되고 있기 때문에 발생하는 것이다.
- 예컨대 의사나 감정평가사 등이 고소득을 올릴 수 있는 것은 시장으로의 진입이 제한되어 공급이 제한적이기 때문이다.
- 현실적으로 이러한 진입장벽을 제거하는 것은 매우 어렵다. 왜냐하면 기득권을 가진 이익집단(interest group)들이 자신들의 이익(즉 경제지대)을 계속 유지하기 위해 각종 로비활동을 전개하기 때문이다. 이러한 현상을 지대추구 행위(rent seeking behavior)라고 한다.
- 지대추구행위에 소요되는 비용은 사회전체적으로 볼 때 자원의 낭비이다. 왜냐하면 지대추구 행위는 생산을 증가시키기보다는 희소한 자원을 독점하는 데 불과하기 때문이다.

확인학습문제

01 노동의 시장수요함수와 시장공급함수가 다음과 같을 때 균형에서 경제적 지대(economic rent)와 전용 수입(transfer earnings)은? (단, L은 노동량, w는 임금이다.) **[28회 기출]**

> (시장수요함수) $L_D = 24 - 2w$
> (시장공급함수) $L_S = -4 + 2w$

① 0, 70
② 25, 45
③ 35, 35
④ 45, 25
⑤ 70, 0

답 ②

┃ 정답해설 ┃

균형에서 수요곡선 아랫 부분의 면적이 전용수입(transfer earnings)이고, 가격과 수요곡선 사이의 면적이 경제지대 (economic rent)이다. 수요함수와 공급함수를 연립하여 풀면 $24 - 2w = -4 + 2w$에서 $w = 7$이다. 이를 수요함수나 공급함수에 대입하면 $L = 10$이다.

공급함수를 w를 중심으로 정리하면 $w = 2 + \dfrac{1}{2}L$이고 w축의 절편은 2이다.

생산요소 공급자의 총수입은 $7 \times 10 = 70$이다. 이 중 경제지대 $(7 - 2) \times 10 \times \dfrac{1}{2} = 25$이고, 나머지 45가 전용수입 이다.

02 두 생산요소 노동(L)과 자본(K)을 투입하는 생산함수 $Q = 2L^2 + 2K^2$에서 규모 수익 특성과 노동의 한계생산으로 각각 옳은 것은? **[29회 기출]**

① 규모 수익 체증, $4L$

② 규모 수익 체증, $4K$

③ 규모 수익 체감, $4L$

④ 규모 수익 체감, $4K$

⑤ 규모 수익 불변, $4L$

답 ①

┃정답해설┃

생산함수에서 노동(L)과 자본(K)의 투입 모두 t배 증가시키면 $2(tL)^2 + 2(tK)^2 = t^2(2L^2 + 2K^2) = t^2 Q$가 되므로 2차 동차함수이고, 생산량은 t^2배 증가하므로 규모에 대한 수익은 체증한다. 노동의 한계생산은 생산함수를 L에 대해 편미분한 것이므로 $MP_L = 4L$이다.

03 노동시장이 수요독점일 때 이에 관한 설명으로 옳은 것을 모두 고른 것은? (단, 생산물 시장은 완전경쟁시장이며, 노동수요곡선은 우하향, 노동공급곡선은 우상향한다.) **[33회 기출]**

> ㄱ. 노동의 한계생산가치(value of marginal product of labor)곡선이 노동수요곡선이다.
> ㄴ. 한계요소비용(marginal factor cost)곡선은 노동공급곡선의 아래쪽에 위치한다.
> ㄷ. 균형 고용량은 노동의 한계생산가치곡선과 한계요소비용곡선이 만나는 점에서 결정된다.
> ㄹ. 노동시장이 완전경쟁인 경우보다 균형 임금률이 낮고 균형 고용량이 많다.

① ㄱ, ㄴ

② ㄱ, ㄷ

③ ㄱ, ㄹ

④ ㄴ, ㄷ

⑤ ㄷ, ㄹ

답 ②

┃정답해설┃

ㄱ, ㄷ. 노동시장이 수요독점일 때 한계수입생산(MRP_L)곡선 또는 VMP_L곡선이 노동수요곡선이 되고, $VMP_L = MFC$에서 균형고용량이 결정된다. 균형임금은 균형고용량 수준에서 노동공급곡선에 의해 결정된다.

ㄴ. 한계요소비용(MFC)곡선은 노동공급곡선의 위쪽에 위치한다.

ㄹ. 노동시장이 완전경쟁인 경우보다 균형 임금률이 높고 균형 고용량이 적다.

04 실질이자율이 가장 높은 것은? [27회 기출]

① 명목이자율=1%, 물가상승률=1%

② 명목이자율=1%, 물가상승률=-10%

③ 명목이자율=5%, 물가상승률=1%

④ 명목이자율=10%, 물가상승률=1%

⑤ 명목이자율=10%, 물가상승률=10%

답 ②

▎정답해설▎

실질이자율=명목이자율-물가상승률이다. 명목이자율 1%, 물가상승률 -10%일 때 실질이자율이 11%로 가장 높다.

---

05 밑줄 친 변화에 따라 각국의 노동시장에서 예상되는 현상으로 옳은 것은? (단, 노동수요곡선은 우하향, 노동공급곡선은 우상향하고, 다른 조건은 일정하다.) [29회 기출]

- 甲국에서는 (A)인구 감소로 노동시장에 참여하고자 하는 사람들이 감소하였다.
- 乙국의 정부는 (B)규제가 없는 노동시장에 균형임금보다 높은 수준에서 최저임금제를 도입하려고 한다.

	(A)	(B)
①	노동수요 감소	초과수요 발생
②	노동수요 증가	초과공급 발생
③	노동공급 감소	초과수요 발생
④	노동공급 증가	초과공급 발생
⑤	노동공급 감소	초과공급 발생

답 ⑤

▎정답해설▎

(A) 인구 감소로 노동시장에 참여하고자 하는 사람들이 감소하면 노동공급이 감소한다.

(B) 노동시장에 균형임금보다 높은 수준에서 최저임금제를 도입하면 노동수요량은 감소하고, 노동공급량이 증가하므로 노동시장에 초과공급, 즉 실업이 발생한다.

06 임금의 보상격차(compensating differential)에 관한 설명으로 옳지 <u>않은</u> 것은?　　**[30회 기출]**

① 근무조건이 좋지 않은 곳으로 전출되면 임금이 상승한다.

② 성별 임금격차도 일종의 보상격차이다.

③ 비금전적 측면에서 매력적인 일자리는 임금이 상대적으로 낮다.

④ 물가가 높은 곳에서 근무하면 임금이 상승한다.

⑤ 더 높은 비용이 소요되는 훈련을 요구하는 직종의 임금이 상대적으로 높다.

답 ②

❙ 정답해설 ❙

임금의 보상격차(compensating wage differentials)는 노동자들의 직업선택 및 전직이 자유로운 사회에서는 각 직업의 좋은 점과 나쁜 점을 모두 고려한 순이익이 한 사회의 여러 가지 대체적인 직업 사이에서 균등하게 되도록 임금이 조정된다는 것이다. 균등화 격차(equalizing wage differentials)라고 하는데 스미스(A. Smith)는 보상적 임금격차를 가져오는 직업의 성격으로 ㉠ 고용의 안정성 여부, ㉡ 작업의 쾌적성 여부, ㉢ 교육 및 훈련비용, ㉣ 책임의 정도, ㉤ 성공 또는 실패의 가능성을 들었다.

② 성별 임금격차는 동일한 조건하에서 동일한 일을 함에도 불구하고 단지 성별의 차이로 인해 임금을 차별하는 현상으로 보상격차는 아니다.

---

07 A 대학교 근처에는 편의점이 하나밖에 없으며, 편의점 사장에게 아르바이트 학생의 한계생산가치는 $VMP_L = 60 - 3L$ 이다. 아르바이트 학생의 노동공급이 $L = w - 40$ 이라고 하면, 균형고용량과 균형임금은 각각 얼마인가? (단, L 은 노동량, w 는 임금이다.)　　**[30회 기출]**

① 2, 42　　　　　　　　　　② 4, 44

③ 4, 48　　　　　　　　　　④ 6, 42

⑤ 6, 46

답 ②

❙ 정답해설 ❙

편의점이 하나 밖에 없으므로 노동시장은 수요독점(monopsony)이다. 수요독점기업이 직면하는 노동공급곡선이 $L = w - 40$, 즉 $w = 40 + L$ 이므로 총요소비용 $wL = TFC_L = 40L + L^2$ 이다. 이를 L 에 대해 미분하면 한계요소비용 $MFC_L = 40 + 2L$ 이다.

시장의 균형은 $VMP_L = MFC_L$ 에서 이루어지므로 $60 - 3L = 40 + 2L$ 에서 $L = 4$ 이다. 수요독점시장의 임금은 노동공급곡선상에서 결정되므로 $w = 40 + L$ 에 대입하면 $w = 44$ 이다.

08 하루 24시간을 노동을 하는 시간과 여가를 즐기는 시간으로 양분할 때, 후방굴절형 노동공급곡선이 발생하는 이유는? **[30회 기출]**

① 임금이 인상될 경우 여가의 가격이 노동의 가격보다 커지기 때문이다.
② 임금이 인상될 경우 노동 한 시간 공급으로 할 수 있는 것이 많아지기 때문이다.
③ 여가가 정상재이고, 소득효과가 대체효과보다 크기 때문이다.
④ 여가가 정상재이고, 소득효과가 대체효과와 같기 때문이다.
⑤ 노동이 열등재이고, 소득효과가 대체효과와 같기 때문이다.

답 ③

┃ 정답해설 ┃

개인의 노동공급곡선이 후방굴절형으로 나타나는 이유는, 임금수준이 높은 경우에는 임금이 올라도 노동보다 여가 (leisure)를 더 선호하기 때문에 노동공급량을 줄이기 때문이다. 즉 임금상승의 소득효과가 대체효과보다 크기 때문에 나타나는 현상이다.

임금상승의 대체효과는 임금이 상승하면 여가의 기회비용(임금)이 커지기 때문에 여가를 줄이고 노동공급량을 증가시키는 효과이다. 임금상승의 소득효과는 임금이 상승하면 전보다 적은 노동을 공급해도 전과 동일한 소득을 얻게 되므로 노동공급량을 감소시키는 효과이다.

09 소득−여가 결정모형에서 효용극대화를 추구하는 甲의 노동공급에 관한 설명으로 옳은 것은? (단, 소득과 여가는 모두 정상재이며, 소득효과 및 대체효과의 크기 비교는 절댓값을 기준으로 한다.)

① 시간당 임금이 상승할 경우, 대체효과는 노동공급 감소요인이다.
② 시간당 임금이 상승할 경우, 소득효과는 노동공급 증가요인이다.
③ 시간당 임금이 하락할 경우, 소득효과와 대체효과가 동일하다면 노동공급은 감소한다.
④ 시간당 임금이 하락할 경우, 소득효과가 대체효과 보다 크다면 노동공급은 증가한다.
⑤ 시간당 임금의 상승과 하락에 무관하게 소득과 여가가 결정된다.

답 ④

┃ 정답해설 ┃

④ 시간당 임금이 하락할 경우, 소득효과가 대체효과 보다 크다면 노동공급량은 증가한다. 이 경우 노동공급곡선 아랫 부분에서 우하향하는 역S자형 노동공급곡선이 나타난다.
① 시간당 임금이 상승할 경우 여가의 기회비용이 상승하므로 여가 대신 노동공급량을 증가시킨다. 임금상승의 대체효과는 노동공급량 증가요인이다.
② 시간당 임금이 상승하면 전보다 일을 적게 해도 전과 동일한 소득을 얻으므로 노동공급량을 감소시킨다. 임금상승의 소득효과는 노동공급량 감소요인이다.
③ 시간당 임금이 하락할 경우 소득효과와 대체효과가 동일하다면 노동공급량은 변화가 없다.
⑤ 시간당 임금의 상승과 하락 정도에 따라 소득과 여가가 결정된다.

10 물류회사 甲은 지역 내에서 근로자에 대한 수요독점자이다. 다음과 같은 식이 주어졌을 때 이윤극대화를 추구하는 甲이 책정하는 임금은? (단, 노동공급은 완전경쟁적이며, w는 임금, L은 노동량이다.)

> A지역의 노동공급곡선 : $w = 800 + 10L$
> 노동의 한계수입생산 : $MRP_L = 2,000 - 10L$

① 800

② 1,000

③ 1,200

④ 1,400

⑤ 1,600

답 ③

┃정답해설┃

수요독점기업은 이윤극대화를 위해 $MRP_L = MFC$에서 고용량을 결정하고, 임금은 노동공급곡선 상에서 결정한다. 한계요소비용 MFC를 구하기 위해 먼저 총요소비용을 구한다. $TFC = wL = (800 + 10L)L = 800L + 10L^2$이다.

이제 $MFC = \dfrac{dTFC}{dL} = 800 + 20L$이다. MRP_L과 연립하여 풀면 이윤극대화 고용량 $L = 40$이다. 이를 노동공급곡선에 대입하면 $w = 1,200$이다.

11 기업 A의 생산함수는 $Q = \sqrt{L}$이며, 생산물의 가격은 5, 임금률은 0.5이다. 이윤을 극대화하는 노동투입량(L^*)과 산출량(Q^*)은? (단, Q는 산출량, L은 노동투입량이며, 생산물시장과 노동시장은 완전경쟁시장이다.) **[33회 기출]**

① $L^* = 10$, $Q^* = \sqrt{10}$

② $L^* = 15$, $Q^* = \sqrt{15}$

③ $L^* = 20$, $Q^* = 2\sqrt{5}$

④ $L^* = 25$, $Q^* = 5$

⑤ $L^* = 30$, $Q^* = \sqrt{30}$

답 ④

┃정답해설┃

이윤을 극대화하는 노동투입량은 노동의 한계생산가치와 임금률이 일치하는 수준에서 결정된다.

즉 $VMP_L = P \cdot MP_L = W$에서 노동투입량을 결정해야 한다.

기업 A의 생산함수가 $Q = \sqrt{L} = L^{\frac{1}{2}}$이면 $MP_L = \dfrac{1}{2\sqrt{L}}$이다. 따라서 $5\left(\dfrac{1}{2\sqrt{L}}\right) = 0.5$에서 이윤극대화 노동투입량 ($L^*$) = 25, 산출량($Q^*$) = 5이다.

12 다음 (   ) 안의 용어가 순서대로 올바른 것은?

> 후방굴절하는 노동공급곡선은 여가–소득 선택모형에서 임금율의 변화에 따라 도출되는 (ㄱ)소비곡선에서 유도되고, 소득효과와 대체효과를 비교할 경우 노동공급곡선의 우하향하는 구간에서는 (ㄴ)효과가 더 크다.

	ㄱ	ㄴ
①	임금	대체
②	가격	소득
③	가격	대체
④	소득	소득
⑤	소득	대체

답 ②

┃정답해설┃

후방굴절하는 노동공급곡선은 여가–소득 선택모형에서 임금율의 변화에 따라 도출되는 가격소비곡선에서 유도된다. 임금상승의 대체효과 > 소득효과인 경우 노동공급량은 증가하므로 노동공급곡선은 우상향하고, 임금상승의 대체효과 < 소득효과인 경우 노동공급량은 감소하므로 노동공급곡선은 우하향하여 후방굴절하는 노동공급곡선이 유도된다.

13 효용을 극대화하는 근로자 甲은 여가와 근로소득을 선택한다. 다음 중 관찰될 수 있는 경우를 모두 고른 것은? (단, 甲에게 여가는 정상재이다.) **[25회 기출]**

> ㄱ. 시간당 임금이 상승했는데, 甲의 노동공급이 감소했다.
> ㄴ. 시간당 임금이 상승했는데, 甲의 노동공급이 증가했다.
> ㄷ. 시간당 임금에 근로소득세를 부과했더니, 甲의 노동공급이 증가했다.
> ㄹ. 甲에게 비근로소득이 생겨 노동공급이 증가했다.

① ㄱ, ㄴ
③ ㄱ, ㄴ, ㄷ
⑤ ㄴ, ㄷ, ㄹ
② ㄴ, ㄹ
④ ㄱ, ㄷ, ㄹ

답 ③

┃정답해설┃

ㄱ, ㄴ. 여가가 정상재이면 시간당 임금이 상승한 경우 낮은 임금수준에서는 임금상승의 대체효과 > 소득효과이므로 노동공급이 증가하지만, 높은 임금수준에서는 임금상승의 대체효과 < 소득효과이므로 노동공급이 감소한다. 이 경우 개인의 노동공급곡선은 후방굴절한다.

ㄷ. 시간당 임금에 근로소득세를 부과하면 세후 소득의 감소로 예산선이 완만하게 되는데 노동공급곡선이 우상향하는 경우에는 노동공급이 감소하지만, 노동공급곡선이 우하향하는 경우에는 노동공급이 증가한다.

ㄹ. 갑에게 비근로소득이 생기면 예산선이 상방으로 평행이동하므로 노동공급(노동시간)은 감소한다.

14 수요독점 노동시장에 관한 설명으로 옳지 <u>않은</u> 것은? (단, 노동공급곡선은 우상향, 노동의 한계수입생산 (marginal revenue product)곡선은 우하향, 이윤을 극대화하는 수요독점기업은 상품시장에서도 독점 기업임)

① 이 노동시장의 균형고용량은 완전경쟁 노동시장의 균형고용량보다 적다.

② 이 노동시장의 균형임금과 완전경쟁 노동시장의 균형임금 사이에 최저임금을 강제적으로 설정할 경우 고용량이 증가할 수 있다.

③ 이 노동시장의 균형임금은 노동의 한계수입생산보다 낮은 수준에서 결정된다.

④ 이 노동시장의 균형임금은 완전경쟁 노동시장의 균형임금보다 낮다.

⑤ 이 노동시장의 균형임금과 완전경쟁 노동시장의 균형임금 사이에 최저임금을 강제적으로 설정할 경우 노동의 평균요소비용과 한계요소비용이 모두 감소한다.

답 ⑤

┃ 정답해설 ┃

수요독점 노동시장의 균형에서는 $MRP_L = MFC$에서 고용량을 결정한다. 그러나 임금은 더 높은 수준에서 결정된다. 즉 $MRP_L = MFC > w = AFC_L$이 성립한다. 최저임금을 균형임금보다 높은 수준에서 강제적으로 설정할 경우 노동의 평균요소비용이 상승한다.

15 A국의 대표적인 장기명목이자율인 국공채이자율이 5%이다. 현재 인플레이션율은 3%이고 예상인플레 이션율이 2%일 때 사전적(ex ante)인 실질이자율은?

① 2% ② 3%

③ 5% ④ 8%

⑤ 15%

답 ②

┃ 정답해설 ┃

사전적인 실질이자율=명목이자율-예상인플레이션율=5%-2%=3%이다.

16 생산요소시장에 관한 설명으로 옳지 <u>않은</u> 것은? (단, 생산물시장과 생산요소시장을 완전경쟁시장으로 가정함)

① 노동과 같은 생산요소에 대한 수요는 재화와 서비스의 생산을 위해 요소들을 사용하는 기업에서 나오는 파생수요이다.

② 이윤극대화를 추구하는 기업은 한계생산물가치가 요소가격과 같아지는 점에서 요소 고용량을 결정한다.

③ 노동공급곡선이 우상향한다는 것은 임금이 상승하면 여가시간을 늘린다는 뜻이다.

④ 생산요소들은 함께 투입되므로 한 요소의 공급량의 변화는 다른 요소들의 소득에 영향을 미친다.

⑤ 생산요소에 대한 수요는 그 요소의 한계생산물가치를 반영하므로 균형상태에서 각 요소는 한계생산물가치만큼의 보수를 받는다.

답 ③

▌**정답해설**▌

노동공급곡선이 우상향한다는 것은 임금이 상승하면 노동공급량을 늘리고 여가시간을 줄인다는 뜻이다.

17 생산요소수요의 가격탄력성의 주요 결정요인이 <u>아닌</u> 것은?

① 총비용에서 차지하는 비중
② 한계생산이 체감하는 속도
③ 다른 생산요소로 대체가 가능한 속도
④ 상품에 대한 수요의 가격탄력성
⑤ 생산요소가격의 크기

답 ⑤

▌**정답해설**▌

생산요소수요의 가격탄력성은 요소가격이 변화할 때 요소수요량이 변화하는 정도를 나타낸다. 이는 ①, ②, ③, ④가 클수록 커지는 반면, ⑤ 생산요소가격의 크기와는 무관하다.

18 기업 A가 직면하는 노동공급곡선은 $w = 60 + 0.08L$이다. 현재 기업 A가 1000의 노동량을 고용할 때, 노동의 한계요소비용은? (단, w는 임금률, L은 노동량이다.) **[35회 기출]**

① 임금률보다 80 크다.

② 임금률보다 160 크다.

③ 임금률과 같다.

④ 임금률보다 80 작다.

⑤ 임금률보다 160 작다.

답 ①

┃정답해설┃

총요소비용인 $TFC_L = w \times L = (60 + 0.08L) \times L = 60L + 0.08L^2$에서, 노동의 한계요소비용 $MFC_L = \dfrac{dTFC_L}{dL} = 60 + 0.16L$이다.

기업 A가 1,000의 노동량을 고용할 경우, $w = 60 + 0.08 \times 1000 = 140$이고 이때의 $MFC_L = 60 + 0.16 \times 1000 = 220$

따라서, 노동의 한계요소비용은 임금률보다 80만큼 더 크다.

19 지대, 경제적 지대 및 준지대를 설명한 것 중 옳지 <u>않은</u> 것은?

① 리카도(D. Ricardo)에 따르면, 쌀값이 비싸지면 그 쌀을 생산하는 토지의 지대도 높아진다.

② 경제적 지대는 토지뿐만 아니라 공급량이 제한된 노동, 기계설비 등 모든 종류의 시장에서 나타날 수 있다.

③ 생산요소가 받는 보수 중에서 경제적 지대가 차지하는 비중은, 수요가 일정할 때, 공급곡선이 탄력적일수록 작아진다.

④ 마샬(A. Marshall)의 준지대는 장기에 소멸되어 존재하지 않는다.

⑤ 준지대는 산출량의 크기와는 관계없이 총고정비용보다 크다.

답 ⑤

┃정답해설┃

준지대는 단기에 고정된 생산요소의 공급가격이므로 총고정비용과 같다.

20 다음은 노동자의 노동공급에 대해 설명한 것이다. 바르지 못한 것은?

① 임금이 상승하는 경우 여가의 기회비용이 증가하므로 노동공급량을 증가시킬 것이다.

② 만일 여가가 열등재(inferior goods)라면 노동공급곡선은 우상향하는 형태를 보일 것이다.

③ 임금수준이 아주 높거나 아주 낮은 경우 노동공급곡선은 후방굴절(backward kinked)하는 형태를 보일 것이다.

④ 임금수준이 보통수준인 경우 임금상승의 대체효과보다 소득효과가 크기 때문에 노동공급곡선은 우상향하는 형태를 보일 것이다.

⑤ 임금이 상승하는 경우 전보다 일을 적게 해도 전과 동일한 소득을 얻을 수 있기 때문에 노동공급량을 감소시키는데 이를 소득효과라고 한다.

답 ④

┃정답해설┃

임금수준이 보통수준인 경우 임금상승의 대체효과가 소득효과보다 크기 때문에 노동공급곡선은 우상향하는 형태를 보일 것이다.

21 다음 중 경제지대에 관한 설명 중 옳은 것은?

① 지대추구행위는 효율성과 형평성을 제고시켜 사회복지증진에 기여한다.

② 일반적으로 지대추구행위는 수요측면의 확대를 도모하고자 하는 행위를 말한다.

③ 공급곡선이 수평에 가까울수록 경제지대는 줄어든다.

④ 전용수입(이전수입)이 커질수록 경제지대도 커진다.

⑤ 완전경쟁적인 생산요소시장에서는 경제지대가 발생하지 않는다.

답 ③

┃정답해설┃

공급곡선이 수평이면 노동소득은 전용수입으로만 구성되고 경제지대는 발생하지 않는다. 반면에 공급곡선이 수직이면 노동소득은 경제지대로만 구성되고 전용수입(이전수입)은 발생하지 않는다.

22 경제적 지대(economic rent)에 관한 설명으로 옳은 것을 모두 고른 것은? **[30회 기출]**

> ㄱ. 공급이 제한된 생산요소에 발생하는 추가적 보수를 말한다.
> ㄴ. 유명 연예인이나 운동선수의 높은 소득과 관련이 있다.
> ㄷ. 생산요소의 공급자가 받고자 하는 최소한의 금액을 말한다.
> ㄹ. 비용불변산업의 경제적 지대는 양(+)이다.

① ㄱ, ㄴ   ② ㄱ, ㄷ
③ ㄱ, ㄹ   ④ ㄴ, ㄷ
⑤ ㄴ, ㄹ

답 ①

┃정답해설┃

ㄷ. 생산요소의 공급자가 받고자 하는 최소한의 금액은 전용수입(transfer earnings)이다. 전용수입을 초과하여
　　생산요소의 공급자가 받는 부분이 경제지대이다.

ㄹ. 비용불변산업에서는 생산요소의 공급곡선이 수평이므로 경제적 지대는 0이 된다.

CHAPTER 10

일반균형과 후생경제학

출제포인트

□ 외부효과와 외부효과의 내부화
□ 역선택과 도덕적 해이
□ 사회후생함수의 유형
□ 공공재의 특징, 공공재의 최적공급량
□ 일반균형과 파레토 최적
□ 외부성과 코즈정리

제1절 가격의 기능과 균형

1. 시장의 기능

① 경쟁시장에서 성립하는 균형가격은 재화의 기회비용을 반영하는 가격으로, 경쟁시장에서 가격이 형성되면 이 가격은 생산자와 소비자에게 신호(signal)의 역할을 한다.
② 즉 가격은 각 경제주체가 그들의 행동을 조절할 수 있는 가이드 포스트(guidepost)와 같은 역할을 한다. 이를 가격의 정보 전달기능이라고 한다.

2. 균형분석

가격의 결정과 자원배분 등 가격기구의 역할을 분석하는 데는 두 가지 접근방법, 즉 부분균형분석과 일반균형분석이 있다.

(1) 부분균형분석(partial equilibrium analysis)

① 부분균형분석은 마셜(A. Marshall)에 의해 체계화된 분석으로 개별 경제주체와 개별시장의 움직임을 모두 독립적으로 분리해서 다루는 분석방법이다.
② 즉 다른 모든 시장(부문)은 일정불변(ceteris paribus)이라는 가정하에 어느 한 시장만을 분석한다, 따라서 경제주체 간의 상호 관련성이나 시장 간의 상호 관련성은 무시한다.
③ 한 시장의 균형의 변화가 다른 시장의 균형에 미치는 영향이나 다른 시장의 균형의 변화가 이 시장에 미치는 영향(feed back효과)은 무시한다.

(2) 일반균형분석(general equilibrium analysis)

① 일반균형분석은 한 시장의 균형이 변화할 때 다른 시장의 균형에 미치는 영향 및 다른 시장의 균형의 변화가 이 시장에 미치는 영향을 동시에 분석하는 방법이다.
② 즉 모든 경제주체와 시장들이 통합된 하나의 경제 안에서 어떻게 상호연관되어 있는가를 분석한다.

③ 일반균형분석은 모든 시장의 동시적인 균형을 다루므로 개별경제주체와 개별시장의 상호의존 관계를 분명히 하여 경제의 기본문제들이 어떻게 동시에 그리고 상호 의존적으로 해결되는가를 분석한다.

④ 일반균형이론은 왈라스(L. Warlas)에 의해 발전되었고, 1950년대에는 애로우(K. Arrow)와 드브레(G. Debreu) 등에 의해 일반균형의 존재와 특성이 수학적으로 밝혀졌다.

(3) 부분균형분석과 일반균형분석의 관계

이들 두 가지 분석방법은 상호 보완적이다. 즉 복잡한 경제현상의 분석을 보다 단순화하고 용이하게 하기 위해 주로 부분균형 분석을 이용한다.

제2절   자원배분과 파레토 최적성

1. 파레토 최적의 의의

(1) 후생경제학

① 어떤 경제의 상태를 비교·평가하기 위해서는, 여러 가지 상태 중에서 어떤 것이 좋고 어떤 것이 나쁘다라는 객관적인 판단기준이 있어야 한다.

② 후생경제학(welfare economics)은 이러한 판단기준을 정립하고 여러 가지 경제적 상태에서의 사회후생을 비교하는 경제학의 한 분야이다. 마셜(A. Marshall)로부터 시작되어 피구(A. Pigou)에 의해 정립되었다.

(2) 실현 가능성과 파레토 우위

① 경제적인 효율성과 후생을 비교하기 위해 경제학에서 가장 일반적으로 사용되는 기준으로 파레토 최적기준(Pareto optimality criterion)이 있다. 이 기준의 기초가 되는 두 가지 개념이 실현 가능성과 파레토 우위이다.

② 실현 가능성(feasibility)은 어떤 자원이나 생산물의 배분상태가 경제내의 부존(endowment)을 초과하지 않는 배분상태를 말한다.

③ 어떤 두 배분상태를 비교할 때 한 배분상태가 다른 배분상태보다 구성원 어느 누구의 후생을 감소시키지 않으면서 적어도 한 사람의 후생이 증가되면 그 배분상태는 다른 배분상태보다 파레토 우위(Pareto superior) 또는 파레토 개선(Pareto improvement)이라고 한다.

(3) 파레토 최적

① 한 배분상태가 실현가능하고 다른 배분상태와 비교할 때 이보다 우위인 배분상태가 없으면 이 배분상태를 파레토 최적(Pareto optimality) 또는 파레토 효율성(Pareto efficiency)이라고 한다.

② 즉 어느 한 사람의 효용을 감소시키지 않고는 다른 사람의 효용을 증가시킬 수 없는 배분상태를 의미한다. 다시 말하면 파레토 효율적 배분은 경제내의 모든 경제주체의 효용을 동시에 증가시키는 것이 불가능한 배분상태를 말한다.

(4) 파레토 최적의 조건

① 경제 전체에서 자원배분의 파레토 최적을 달성하기 위해서는 세 가지 조건이 충족되어야 한다.

② 즉 교환에서의 최적성과 생산에서의 최적성, 그리고 생산물 구성에서의 최적성이 그 조건이다.

2. 교환에서의 파레토 최적성

(1) 교환에서의 파레토 최적성의 의의

① 교환에서의 최적성은 경제내에 있는 소비자들 사이에 주어진 상품을 배분할 때 사회 내의 어떤 사람의 후생을 감소시키지 않고서는 다른 어느 누구의 후생도 증가시킬 수 없도록 상품을 배분해야 한다는 것이다.

② 이제 논의를 단순화하기 위해 X, Y 두 상품을 A, B 두 소비자에게 배분하는 경우를 살펴보자.

(2) 에지워스 상자(Edgeworth Box)를 이용한 설명

① 두 소비자(A, B)와 두 상품(X, Y재)이 존재하는 경제를 상정하면, E점은 초기 부존점(initial endowment)으로 교환 이전의 배분상태를 표시한다.

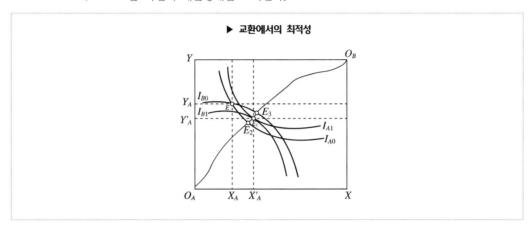

▶ **교환에서의 최적성**

② A, B 두 소비자는 교환을 통해 효용을 증가(무차별곡선의 상방이동)시킬 수 있는 경우 교환을 한다.

③ 따라서 교환 결과 볼록렌즈 부분으로 이동하면 A, B 중 한 소비자, 또는 모두의 효용이 증가하고, 최종적으로는 A, B의 무차별곡선이 접하는 E_1에서 균형을 이루게 된다.

④ 교환 결과 A의 $Y_A Y'_A$만큼의 Y재가 B의 $X_A X'_A$만큼의 X재와 교환된다.

(3) 한계대체율(MRS)을 이용한 설명 **기출** 35회

① E에서는 A의 한계대체율이 B의 한계대체율보다 크다. 이처럼 한계대체율에 차이가 있는 경우 한계대체율이 같아질 때(E_1)까지 교환이 이루어진다. 한계대체율이 같아지면 더 이상 교환을 통한 효용의 증가가 불가능하다.

② 따라서 파레토 최적상태에서는 두 소비자의 두 상품에 대한 한계대체율이 같게 된다.

$$MRS_{XY}^{A} = MRS_{XY}^{B}$$

③ 여기서 한계대체율이 같은 점을 연결한 선을 소비면의 계약곡선(contract curve)이라고 한다.

[주의] 파레토 효율성(efficiency)이 공평성(equity)을 의미하는 것은 아니다. 파레토 효율성은 공평성과는 무관하다.

3. 생산에서의 파레토 최적성

(1) 생산에서의 파레토 효율성의 의의

① 생산에서의 최적성은 주어진 자원을 여러 종류의 상품을 생산하는 데에 어떻게 배분할 것인가에 관한 것이다. 즉 어느 한 상품의 생산량을 감소시키지 않고서는 다른 상품의 생산량을 증가시킬 수 없는 상태를 생산에서의 최적성이라고 한다.

② 이제 X, Y 두 상품을 생산하는 기업에 노동(L)과 자본(K) 두 생산요소를 배분하는 경우를 살펴보자.

(2) 에지워스 상자(Edgeworth Box)를 이용한 설명

① 두 산업(X, Y)과 두 생산요소(L, K)가 존재하는 경제를 상정하면 P는 초기 배분점으로 교환 이전의 상태를 표시한다.

② 초기 배분점에서 두 산업간에 노동과 자본을 교환하면 두 산업 모두, 또는 적어도 어느 한 산업에서는 생산량을 증가시킬 수 있으므로 두 산업 간에 노동과 자본의 교환이 이루어진다.

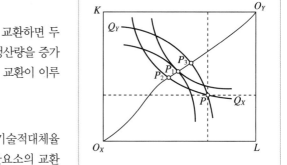

▶ 생산에서의 최적성

(3) 한계기술적대체율에 의한 설명 [기출] 35회

① 초기 배분점 P에서는 두 산업의 한계기술적대체율($MRTS$)이 서로 다르므로 두 산업 간에 생산요소의 교환이 발생하고, 그 교환은 두 산업의 한계기술적대체율이 같아질 때까지 계속된다.

② 따라서 생산에서의 최적성 조건은 두 산업에서의 한계기술적대체율이 같다는 것으로 정리할 수 있다.

$$MRTS_{LK}^X = MRTS_{LK}^Y$$

③ X, Y 산업의 한계기술적대체율이 같은 점들을 연결한 선을 생산면의 계약곡선이라고 한다. 따라서 교환의 결과 P_1, P_2, P_3 상의 어느 한 점에서 균형이 성립한다.

4. 생산물 구성에서의 파레토 최적성

(1) 의의

① 생산물 구성에서의 파레토 최적성이란 생산가능한 범위 내에서 한 사회 구성원의 효용이 극대가 되도록 두 상품(X, Y재)을 조합하여 생산이 이루어져야 한다는 것이다.

② 즉 생산가능성 곡선(PPC)이 주어졌을 때 어떤 상품조합을 선택하는 것이 가장 바람직한가 하는 문제이다.

③ 다시 말하면 생산물 구성에서의 최적성이란 소비와 생산의 최적성을 동시에 만족시키도록 생산물 구성이 이루어져야 한다는 것이다.

(2) 생산물 구성에서의 파레토 최적성 조건

① 한 경제에 주어진 자원으로 최대한 생산가능한 범위를 나타내는 것은 생산가능성 곡선(production possibility curve, PPC)이다. 그리고 한 사회구성원의 효용함수를 나타내는 것은 사회 무차별곡선(social indifference curve, SIC)이다.

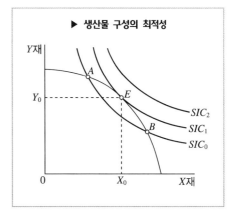

▶ 생산물 구성의 최적성

② 〈그림〉에서와 같이 생산가능성 곡선이 주어지고 사회구성원의 효용함수로부터 사회 무차별곡선이 그려지면 사회구성원의 효용은 생산가능성 곡선상에서 가능한 한 높은 수준의 사회 무차별곡선에 도달함으로써 극대화된다.

③ 이에 따라 생산가능성 곡선과 사회 무차별곡선이 접하는 E점이 파레토 최적이 이루어지는 점이다.

E점에서는 생산가능성 곡선의 기울기와 사회 무차별곡선의 기울기가 같으므로 생산물 구성에서의 파레토 최적성 조건은 다음과 같다.

$$MRT_{XY} = MRS_{XY}$$

5. 경쟁시장에서의 파레토 최적성 기출 34회 · 33회 · 27회

(1) 생산물의 교환조건

① 효용을 극대화하는 A, B 두 소비자의 균형은 무차별곡선과 예산선이 접하는 곳에서 성립한다. 이 경우 두 상품의 상대가격은 두 소비자에게 동일하게 주어지므로 다음의 조건이 성립한다.

$$MRS_{XY}^{A} = \frac{P_X}{P_Y} = MRS_{XY}^{B}$$

② 결국 두 소비자에게 동일하게 주어진 상대가격하에서 효용극대화 행동을 한 결과 파레토 최적조건을 충족시키고, 따라서 가격을 통한 자원배분은 파레토 최적조건을 충족시킨다.

(2) 생산요소의 결합조건

① 노동과 자본의 상대가격은 X, Y 두 산업에 동일하게 주어지므로 생산요소의 배합에 있어서도 다음의 조건이 성립한다.

$$MRTS_{LK}^{X} = \frac{w}{r} = MRTS_{LK}^{Y}$$

② 경쟁적인 생산요소 시장에서 생산자의 균형은 X, Y 두 산업의 한계기술적대체율($MRTS$)이 같은 곳에서 성립한다. 따라서 일반 경쟁균형은 계약곡선위에 위치하는 PPC 상의 한 점에서 성립한다.

③ 그러므로 가격을 통한 생산요소의 배분도 파레토 효율성을 충족시킨다.

(3) 생산물 구성에서 파레토 효율성

① 각 기업은 이윤극대화 조건에 따라 $MC_X = P_X$, $MC_Y = P_Y$에서 생산량을 결정한다, 따라서 생산물 구성에 있어서 다음의 조건이 성립한다.

$$MRT_{XY} = \frac{MC_X}{MC_Y} = \frac{P_X}{P_Y} = MRS_{XY}$$

② 즉 재화의 상대가격이 주어지면 이와 동일한 기울기를 갖는 PPC 상의 한 점에서 생산자 균형이 성립된다.

③ 결국 생산측면에서 일반경쟁균형이 이루어지기 위해서는 생산요소 시장과 생산물 시장이 동시에 균형되어야한다,

(4) 일반 경쟁균형의 특성

① 이제 경제 내에 소비자와 생산자가 모두 존재하는 경우 가격을 통해 이루어지는 일반경쟁균형에서 자원배분이 갖는 특성은 다음과 같다.

② 특성

  ㉠ 교환경제 : $MRS_{XY}^{A} = \frac{P_X}{P_Y} = MRS_{XY}^{B}$

  ㉡ 생산경제

    ⓐ $MRTS_{LK}^{X} = \frac{w}{r} = MRTS_{LK}^{Y}$

    ⓑ $MRT_{XY} = \frac{MC_X}{MC_Y} = \frac{P_X}{P_Y} = MRS_{XY}$

③ 그런데 경쟁시장에서는 소비자와 생산자 모두에게 동일한 상대가격이 주어지므로

$$MRS_{XY}^{A} = MRS_{XY}^{B} = \frac{P_X}{P_Y} = \frac{MC_X}{MC_Y} = MRT_{XY}$$

④ 결국 일반경쟁균형에서 생산, 분배, 소비는 동시에 결정되며, 그 결과는 파레토 최적을 충족한다.

6. 후생경제학의 정리 [기출] 34회 · 33회 · 32회

(1) 후생경제학의 제1정리

① 경제 안에 외부성이 없고, 모든 경제주체의 선호체계가 강단조성을 만족하면 완전경쟁시장에서 달성되는 일반경쟁균형(왈라스 균형)의 자원배분은 파레토 효율적이라는 것을 후생경제학의 제1정리(first welfare theorem)라고 한다.

② 즉 이 정리는 분권화된 경쟁시장에 의해 이루어진 자원배분이 일정한 조건 하에서 반드시 파레토 효율적임을 의미한다. 이런 의미에서 후생경제학 제1정리를 아담스미스의 '보이지 않는 손'을 현대적으로 재해석한 것이라고 평가한다.

(2) 후생경제학의 제2정리

① 초기 부존자원이 적절하게 배분된 상태에서 모든 경제주체의 선호체계가 볼록성을 가지면 파레토 효율적 배분은 일반경쟁균형(왈라스 균형)이 된다는 것을 후생경제학의 제2정리(second welfare theorem)라고 한다.

② 제2정리는 제1정리의 역(reverse)으로 파레토 효율적 자원배분이 일반경쟁균형이 되기 위해 어떤 조건이 필요한지를 제시한다.

③ 제2정리는 정부가 초기배분상태를 조정하여 재분배함으로써, 가장 바람직한 상태를 시장에서 달성할 수 있다는 것으로, 정부가 공평성(equity)을 달성하기 위해 반드시 효율성(efficiency)을 희생해야 하는 것은 아니라는 것을 의미한다.

7. 사회후생함수 `기출` 35회·32회

(1) 사회후생함수의 의의

① 사회전체의 후생(social welfare)은 그 사회구성원들의 효용에 의해 결정된다. 모든 사회구성원의 가능한 선호관계를 고려하여 사회전체를 대표하는 선호관계를 나타내는 것을 사회후생함수(social welfare function)라고 한다.

② 사회후생함수는 두 사람의 효용수준이 U_A, U_B로 주어졌을 때 $SW = f(U_A, U_B)$의 관계를 통해 사회후생의 수준을 그 함수 값으로 나타내 주는 함수를 말한다.

③ 소비자의 효용함수로부터 무차별곡선을 도출한 것처럼 사회후생함수로부터 동일한 수준의 사회후생을 주는 U_A, U_B의 배합점을 연결한 사회무차별곡선(SIC)을 도출할 수 있다.

④ 사회후생함수는 사회후생에 대한 가치판단에 따라 벤담(J. Bentham) 등 공리주의, 평등주의, 롤즈(J. Rawls) 등으로 구분하여 파악할 수 있다.

(2) 사회후생함수와 사회무차별곡선의 유형

① 공리주의적 사회후생함수

㉠ '최대 다수의 최대 행복'을 강조하는 공리주의 철학을 반영하는 사회후생함수로 개인의 효용을 단순히 더한 것으로 사회후생을 정의한다.

㉡ 사회후생함수는 $SW = U_A + U_B$의 선형 사회후생함수이고, 사회무차별곡선은 기울기가 -1인 우하향하는 직선이다.

② 평등주의적 사회후생함수

㉠ 평등주의 가치판단은 높은 효용을 누리는 사람에게는 낮은 가중치를 적용하고, 낮은 효용을 누리는 사람에게는 높은 가중치를 적용해 사회후생을 계산해야 한다는 주장이다.

㉡ 사회후생함수는 $SW = U_A \times U_B$의 콥-더글러스 함수이고, 사회무차별곡선은 원점에 대해 볼록한 형태이다.

③ 롤즈적 사회후생함수

㉠ 롤즈(J. Rawls)는 가장 빈곤한 계층의 효용수준에 의해 그 사회의 후생수준을 평가한다. 따라서 사회후생의 목표는 가장 빈곤한 사람의 효용을 극대화하는 것이고, 이를 최소극대화의 원칙(maximin principle)이라고 한다.

㉡ 롤즈의 주장은 레온티에프(W. Leontief) 사회후생함수 $SW = \min(U_A, U_B)$로 표현된다. 이는 극단적으로 평등주의적인 사회후생함수이다.

㉢ 반면 극단적으로 불평등한 사회후생함수는 $SW = \max(U_A, U_B)$로 표현할 수 있다.

1. 일반경쟁균형의 파레토 최적성 정리가 성립하기 위한 조건

(1) 시장의 실패

① 일반 경쟁균형의 파레토 최적성 정리가 성립하기 위해서는 아래 (2)의 조건들이 충족되어야 한다. 이들 조건 중 어느 하나라도 충족되지 않으면 경쟁적 균형이 성립되지 않거나 성립된다 해도 자원의 효율적 배분은 이루어지지 않는다.

② 즉 시장기구가 자원의 효율적 배분에 실패하게 되는 데 이를 시장의 실패(market failure)라고 한다.

(2) 일반경쟁균형의 파레토 최적성 정리가 성립하기 위한 조건

① 규모의 경제가 존재하지 말아야 한다. 시장규모에 비해 규모의 경제가 크게 작용하면 완전경쟁은 성립하지 않고 독점(자연독점)의 가능성이 높아진다.

② 외부효과가 없어야 한다. 즉 소비자의 효용함수는 그가 소비하는 재화만의 함수이고, 생산함수는 그 기업이 투입하는 생산요소만의 함수이어야 한다.

③ 생산요소의 자유로운 이동이 보장되어야 하고, 가격의 변화에 따라 자원배분이 원활히 조정되어야 한다.

④ 경쟁적 균형은 안정적이며, 시장의 조정작용에 의해 신속히 균형이 성립되어야 한다.

2. 시장의 실패 원인

(1) 규모의 경제(economies to scale)

생산량의 증가에 따라 장기평균비용(LAC)이 하락하는 규모의 경제가 있으면 독점이나 과점이 발생하기 쉽고, 독과점이 존재하면 자원의 비효율적 배분, 즉 시장의 실패가 발생한다.

(2) 외부효과(external effect) 기출 34회·33회·32회·29회·28회·27회

① 외부효과의 뜻

㉠ 어떤 경제주체의 경제활동 결과가 시장의 외부를 통해, 즉 가격기구를 통하지 않고 다른 경제주체의 후생에 영향을 미치는 것을 말한다.

㉡ 가격기구를 통하지 않으므로 그에 대한 대가를 지불하지 않고, 따라서 시장의 실패가 발생한다. 외부효과를 외부성(externality)이라고도 한다.

② 외부효과의 유형

㉠ 외부경제 : 어떤 경제주체의 경제활동 결과가 다른 경제주체의 후생을 증가시키는 경우 이를 외부경제(external economy), 또는 양(+)의 외부효과, 긍정적 외부성이라고 한다. 외부경제는 양봉업자와 과수원, 주택가의 꽃밭, 공원이나 호수를 조성하는 경우 나타날 수 있다.

㉡ 외부불경제 : 다른 경제주체의 후생을 감소키는 경우 이를 외부불경제(external diseconomy), 또는 음(−)의 외부효과, 부정적 외부성이라고 한다. 외부불경제의 예로는 공해나 환경오염 등을 들 수 있다.

③ 사회적 비용과 사회적 편익

㉠ 사회적 한계편익(SMB) = 사적 한계편익(PMB) + 외부 한계편익(EMB)이고, 사회적 한계비용(SMC) = 사적 한계비용(PMC) + 외부 한계비용(EMC)이다.

㉡ 따라서 소비의 긍정적 외부성이 존재하면, 외부 한계편익>0이므로 사회적 한계편익이 사적 한계편익보다 크다.

ⓒ 생산의 부정적 외부성이 존재하면, 외부 한계비용>0이므로 사회적 한계비용이 사적 한계비용보다 크다.

ⓔ 음(−)의 외부비용을 외부편익(external benefit)으로 파악하여 분석하거나 음(−)의 외부편익을 외부비용(external cost)으로 분석하는 경우도 있다.

④ 자원배분에 미치는 영향

ㄱ 기업은 환경오염으로 인한 외부비용을 인식하지 않고 따라서 그에 대한 대가를 지불하지 않는다.

ㄴ 기업은 사적 비용만 인식하므로, 기업은 이윤의 극대화를 위해 $PMC = MR$에서 산출량을 결정한다.

ㄷ 그러나 사회적으로는 $SMC = MR$에서 산출량을 결정하는 것이 바람직하다(즉 자원의 효율적 배분이 이루어진다).

ㄹ 그러나 경쟁시장에서는 외부성에 대한 외부비용을 지불하지 않으므로 $PMC = MR$에서 산출량이 결정되어 사회적으로 최적인 산출량보다 더 많이 생산되므로 시장의 실패가 발생한다.

⑤ 외부효과에 대한 정부의 정책

ㄱ 외부불경제의 경우 : 정부는 자원의 효율적 배분이 이루어지는 산출량, 즉 사회적으로 최적인 산출량 Q_S를 구하고 SMC와 PMC의 차이만큼 조세(피구세)를 부과한다. 그러면 단위당 조세액만큼 PMC 곡선이 상방이동하여 SMC곡선과 같아지므로 사회적으로 바람직한 산출량인 Q_S가 생산된다.

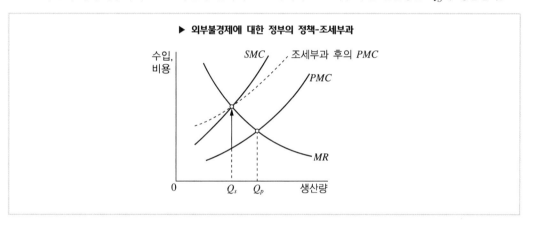

▶ 외부불경제에 대한 정부의 정책-조세부과

ㄴ 외부경제의 경우 : 외부경제가 있는 경우에는 PMC가 SMC보다 크다. 따라서 정부는 $SMC = MR$에서 사회적으로 최적인 산출량 Q_S를 구하고 PMC와 SMC의 차이만큼 보조금(피구 보조금)을 지급한다. 그러면 단위당 보조금만큼 PMC곡선이 하방이동하여 SMC곡선과 같아지므로 사회적으로 바람직한 산출량인 Q_S가 생산된다.

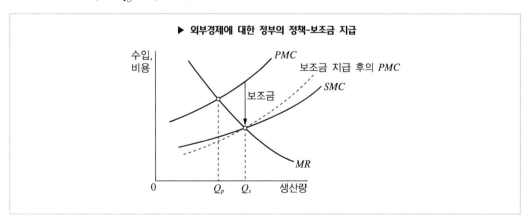

▶ 외부경제에 대한 정부의 정책-보조금 지급

더 알아보기 코즈 정리 **기출** 34회

- 환경오염에 외부불경제가 존재하는 이유는 오염행위자의 오염행위가 제3자에게 손해를 끼치고 있음에도 불구하고 그에 대한 배상이 이루어지지 않기 때문이다. 그런데 손해를 보는 제3자에게 환경에 대한 재산권을 부여하면 오염행위를 마음대로 할 수 없게 된다.
- 코즈(Ronald H. Coase)는 환경에 대한 재산권을 분명하게 해준다면 정부의 개입없이 시장기구가 스스로 외부효과 문제를 효율적으로 해결할 수 있다는 것을 보여 주었는데 이를 코즈 정리(Coase's theorem)라고 한다.
- 코즈는 재산권의 부여를 통하여 환경오염의 수준을 조절할 수 있는 방법으로는 협상(bargain)과 합병(merger) 두 가지를 제시하고 있다. 그러나 협상이나 합병에 의한 해결방법은 오염의 내용이 단순하고 거래비용이 작을 때만 효과적이다. 협상과 합병에 따르는 거래비용이 크다면 협상이나 합병이 이루어지기 어렵다.

(3) 공공재 기출 32회 · 31회

① 공공재와 시장의 실패

공공재(public goods)가 있는 경우에는 공공재의 특성, 즉 소비에서의 비배제성과 소비에서의 비경합성으로 인해 무임승차(free rider)문제가 발생하고 이로 인해 시장의 실패가 유발된다. 따라서 공공재는 민간기업이 생산하지 못하고 정부가 생산한다.

더 알아보기 공공재와 공유자원

- 배제성과 경합성을 기준으로 재화를 구분하는 것이 경우에 따라서는 유용하게 이용될 수 있다.

구분	경합성 있음	경합성 없음
배제성 있음	사적 재화	자연독점
배제성 없음	공유자원	공공재

- 공유자원(common resources)은 경합성은 있으나 배제성이 없는 재화를 말한다. 바닷속의 물고기, 깨끗한 공기와 물, 땅속의 석유 등이다.
- 공유자원의 경우 재산권(property rights)이 명확하게 확립되어 있지 않기 때문에 시장이 자원을 효율적으로 배분하지 못한다.

더 알아보기 공유자원의 비극

- 공유자원의 비극(Tragedy of the Commons), 또는 황무지의 비극은 공유자원에 대해서는 재산권이 명확하게 설정되어 있지 않기 때문에 과도하게 사용되어 자원이 고갈되는 상황에 대한 우화이다. 공유자원의 비극은 외부효과 때문에 발생한 것이다. 즉 음의 외부효과 때문에 공유자원이 과도하게 사용되는 것이다.
- 정부는 이 문제를
  ㉠ 규제를 통해 해결
  ㉡ 세금을 부과하여 외부효과를 내부화
  ㉢ 공유자원에 재산권을 부여하여 해결할 수 있다.

② 순수 공공재

㉠ 비배제성과 비경합성의 성격을 모두 가지고 있는 공공재를 순수 공공재라고 한다. 순수 공공재는 비경합성으로 인해 추가적인 소비가 다른 사람의 소비를 제한하지 않으므로, 소비자가 많아도 개별 소비자가 이용하는 편익은 유지된다.

㉡ 공급량이 사회적 최적 수준에서 결정되려면 사회 전체의 정확한 선호를 파악해야 한다. 이 경우 시장 수요는 개별 소비자 수요의 수직합으로 도출된다.

㉢ 개별 소비자의 한계편익 합계와 공급에 따른 한계비용이 일치하는 수준에서 사회적 최적량이 결정된다.

㉣ 순수 공공재의 공급량이 시장에서 결정되면 사회적 최적량에 비해 과소 공급된다.

(4) 비대칭적 정보 `기출` 34회 · 28회

① 비대칭 정보의 의의

   ㉠ 완전경쟁시장의 경우 완전한 정보를 가정하지만 현실적으로는 수요자와 공급자간, 고용주와 피고용자 간에 정보가 균등하게 존재하지는 않는다.

   ㉡ 그러한 사실을 경제주체들이 인식하는 경우 비대칭 정보(asymmetric information)가 존재한다고 한다.

   ㉢ 비대칭적 정보가 존재하는 경우에는 도덕적 해이나 역(逆)선택의 문제가 발생하여 시장의 실패가 유발된다.

② 도덕적 해이

   ㉠ 화재보험 시장의 경우 일단 보험에 가입한 사람은 화재방지를 위한 노력을 기울이지 않는다. 이에 따라 화재발생 확률이 높아지고, 보험회사는 전보다 많은 보험금을 지급하기 때문에 보험료를 인상함으로써 모든 화재보험 가입자가 높은 보험료를 부담하게 된다.

   ㉡ 이처럼 화재보험 가입자가 화재를 방지하려는 노력을 기울이지 않는 현상을 도덕적 해이(moral hazard)라고 한다.

③ 역선택

   ㉠ 화재보험상품이 만들어지면 화재가 발생할 가능성이 높은 사람들이 우선적으로 보험에 가입하기 때문에 보험회사가 으레 손해를 보게 된다.

   ㉡ 이처럼 화재발생의 위험도가 커 보험금을 탈 가능성이 높은 사람들만 보험에 가입하게 되는 경향을 역선택(adverse selection)이라고 한다.

   ㉢ 보험시장은 위험에 대비하려는 사람들의 욕구를 충족시켜 주지만 도덕적 해이와 역선택 때문에 모든 위험을 피할 수 있게 해주지는 못한다.

3. 정부의 실패

(1) 정부의 시장개입

① 앞에서 경쟁시장에서도 외부효과와 공공재가 존재하면 시장의 실패가 일어날 수 있다는 것을 보았다. 그러나 불완전 경쟁시장에서는 시장의 실패가 훨씬 크게 일어난다.

② 따라서 오늘날 모든 국가가 불완전경쟁을 완화하고 시장의 실패를 해결하기 위해 시장에 개입하고 있다.

(2) 정부의 실패

① **정부의 실패** : 정부의 개입으로 시장의 실패가 해결된다고 볼 수는 없다. 오히려 정부의 과도한 개입이나 잘못된 개입이 자원배분을 더욱 더 비효율적으로 만들기도 하는데 이를 정부의 실패라고 한다. 정부의 실패(government failure)란 정부의 시장개입과 규제가 효율적인 자원배분을 저해하는 현상을 의미한다.

② **정부의 실패 원인**

   ㉠ 규제자의 불완전한 지식 · 정보

   ㉡ 규제수단의 불완전성

   ㉢ 규제의 경직성

   ㉣ 근시안적인 규제

   ㉤ 규제자의 개인적 편견이나 권한확보 욕구

   ㉥ 정치적 제약 등

확인학습문제

01 X재 산업의 역공급함수는 $P = 440 + Q$이고, 역수요함수는 $P = 1,200 - Q$이다. X재의 생산으로 외부편익이 발생하는데, 외부한계편익함수는 $EMB = 60 - 0.05Q$이다. 정부가 X재를 사회적 최적수준으로 생산하도록 보조금 정책을 도입할 때, 생산량 1단위당 보조금은? (단, P는 가격, Q는 수량)

[31회 기출]

① 20   ② 30

③ 40   ④ 50

⑤ 60

답 ③

┃정답해설┃

생산량 1단위당 보조금(Pigou 보조금)을 외부한계편익 EMB만큼 지급하면 사회적 최적수준을 생산하게 된다. 역수요함수에 외부한계편익함수를 더하면 사회적 역수요함수가 구해진다.

즉 사회적 역수요함수 $= 1,200 - Q + 60 - 0.05Q = 1,260 - 1.05Q$이다. 이를 역공급함수와 연립하여 풀면 사회적 최적수준이 구해진다. 즉 $1,260 - 1.05Q = 440 + Q$이고, $820 = 2.05Q$이므로 사회적 최적수준 $Q = 400$이다.

이를 EMB함수 $EMB = 60 - 0.05Q$에 대입하면 $EMB = 40$이다. 따라서 생산량 1단위당 보조금은 40이다.

02　(　)에 들어갈 내용으로 옳은 것은?　[33회 기출]

- 소비의 긍정적 외부성이 존재할 때, (ㄱ)이 (ㄴ)보다 크다.
- 생산의 부정적 외부성이 존재할 때, (ㄷ)이 (ㄹ)보다 작다.

	ㄱ	ㄴ	ㄷ	ㄹ
①	사회적 한계편익	사적 한계편익	사적 한계비용	사회적 한계비용
②	사적 한계편익	사회적 한계편익	사적 한계비용	사회적 한계비용
③	사회적 한계편익	사적 한계편익	사회적 한계비용	사적 한계비용
④	사적 한계편익	사회적 한계편익	사회적 한계비용	사적 한계비용
⑤	사회적 한계편익	사적 한계비용	사적 한계편익	사회적 한계비용

답 ①

정답해설

사회적 한계편익(SMB)=사적 한계편익(PMB)+외부 한계편익(EMB)이고, 사회적 한계비용(SMC)=사적 한계비용(PMC)+외부 한계비용(EMC)이다.

따라서 소비의 긍정적 외부성이 존재하면, 외부 한계편익>0이므로 사회적 한계편익이 사적 한계편익보다 크다.

생산의 부정적 외부성이 존재하면, 외부 한계비용>0이므로 사회적 한계비용이 사적 한계비용보다 크다.

03　다음 (　) 안에 들어갈 내용으로 알맞은 것은?　[28회 기출]

관상용 나무재배는 공기를 정화하는 긍정적 외부효과(externality)를 발생시킨다. 나무재배 시 사회적 효용은 사적 효용보다(과) (ㄱ), 사회적 최적 재배량은 사적 균형 재배량보다(과) (ㄴ).

	ㄱ	ㄴ
①	크며	많다
②	크며	적다
③	작으며	많다
④	작으며	적다
⑤	동일하고	동일하다

답 ①

정답해설

긍정적 외부효과가 있는 경우 사회적 한계편익(SMB)=사적 한계편익(PMB)+외부한계편익(EMB)이므로 사회적 효용은 사적 효용보다 크다. 그리고 이런 경우 사적 균형생산량은 사회적 최적생산량보다 적다.

이 경우 정부가 개입하여 외부한계편익만큼 보조금(피구 보조금)을 지급하면 생산량을 증가시키므로 사회적 최적 생산량을 생산하게 된다.

04 온실가스 배출량(Q)을 저감하기 위한 한계저감비용은 $40 - 2Q$이고, 온실가스 배출로 유발되는 한계피해비용은 $3Q$이다. 최적의 온실가스 배출량과 한계저감비용은? **[28회 기출]**

① 8, 24

② 9, 27

③ 10, 30

④ 11, 33

⑤ 12, 36

답 ①

┃ 정답해설 ┃

최적의 온실가스 배출량은 한계저감비용=한계피해에서 이루어진다. 따라서 $40 - 2Q = 3Q$에서 $Q = 8$이다. 이를 한계저감비용함수에 대입하면 한계저감비용=24이다.

05 사적재화 X재의 개별수요함수가 $P = 7 - q$인 소비자가 10명이 있고, 개별공급함수가 $P = 2 + q$인 공급자가 15명 있다. X재 생산의 기술진보 이후 모든 공급자의 단위당 생산비가 1만큼 하락하는 경우, 새로운 시장균형가격 및 시장균형거래량은? (단, P는 가격, q는 수량이다.) **[28회 기출]**

① 3.4, 36

② 3.8, 38

③ 4.0, 40

④ 4.5, 42

⑤ 5.0, 45

답 ①

┃ 정답해설 ┃

시장수요함수는 개별수요함수의 수평합이므로 시장수요함수는 역수요함수인 경우 개별수요함수와 세로축의 절편은 같고 기울기는 1/10배가 된다. 따라서 시장수요함수는 $P = 7 - \dfrac{1}{10}Q$이다. 시장공급함수도 같은 방법으로 구하면 $P = 2 + \dfrac{1}{15}Q$이다.

기술진보로 단위당 생산비가 1만큼 하락하면 기울기는 그대로이고 절편만 1 감소하므로 시장공급함수 $P = 1 + \dfrac{1}{15}Q$가 된다.

두 함수를 연립하여 풀면 $7 - \dfrac{1}{10}Q = 1 + \dfrac{1}{15}Q$에서 $Q = 36$이고, 이를 시장수요함수나 시장공급함수에 대입하면 $P = 3.4$이다.

06 정보의 비대칭성에 관한 설명으로 옳지 <u>않은</u> 것은? [28회 기출]

① 사고가 발생할 가능성이 높은 사람일수록 보험에 가입할 가능성이 크다는 것은 역선택(adverse selection)에 해당한다.

② 화재보험 가입자가 화재예방 노력을 게을리 할 가능성이 크다는 것은 도덕적 해이(moral hazard)에 해당한다.

③ 통합균형(pooling equilibrium)에서는 서로 다른 선호체계를 갖고 있는 경제주체들이 동일한 전략을 선택한다.

④ 선별(screening)은 정보를 보유하지 못한 측이 역선택 문제를 해결하기 위해 사용할 수 있는 방법이다.

⑤ 항공사가 서로 다른 유형의 소비자에게 각각 다른 요금을 부과하는 행위는 신호발송(signaling)에 해당한다.

답 ⑤

┃ 정답해설 ┃

항공사가 서로 다른 유형의 소비자에게 각각 다른 요금을 부과하는 행위는 신호발송(signaling)이 아니라 선별 (screening)에 해당한다.

07 X재의 생산과정에서 양(+)의 외부효과가 발생할 때 균형산출량 수준에서 옳은 것은? (단, X재 시장은 완전경쟁시장이고, X재에 대한 수요의 법칙과 공급의 법칙이 성립하며, 정부의 개입은 없다고 가정한다. P는 X재의 가격, PMC는 X재의 사적 한계비용, SMC는 X재의 사회적 한계비용이다.) [27회 기출]

① $P = SMC = PMC$

② $P = PMC > SMC$

③ $P = PMC < SMC$

④ $P = SMC < PMC$

⑤ $PMC < SMC < P$

답 ②

┃ 정답해설 ┃

양(+)의 외부효과, 즉 외부편익이 발생하는 경우 외부한계비용은 음(−)이다. 따라서 $SMC = PMC + EMC$에서 $P = PMC > SMC$가 성립한다. 반면 음(−)의 외부효과, 즉 외부비용이 발생하는 경우에는 $P = PMC < SMC$가 성립한다.

08 생산측면에서 외부효과가 발생하는 경우에 관한 설명으로 옳지 <u>않은</u> 것은?

① 부정적 외부효과가 존재할 경우, 시장균형거래량에서 사회적 한계비용이 시장균형가격보다 낮다.

② 긍정적 외부효과가 존재할 경우, 시장균형거래량은 사회적 최적거래량보다 작다.

③ 부정적 외부효과가 존재할 경우, 경제적 순손실(자중손실)이 발생한다.

④ 긍정적 외부효과가 존재할 경우, 경제적 순손실(자중손실)이 발생한다.

⑤ 외부효과는 한 사람의 행위가 제3자의 경제적 후생에 영향을 미치고, 그에 대한 보상이 이루어지지 않을 때 발생한다.

답 ①

┃정답해설┃

부정적 외부효과가 존재할 경우 시장균형거래량은 $PMC = PMB$에서 결정된다. $PMC < SMC$이므로 사회적 한계비용이 시장균형가격보다 높다.

09 다음 표는 소비의 배제성과 경합성의 존재 유무에 따라 재화를 분류하고 있다. 다음 표에서 C에 해당하는 재화로 옳은 것은? **[26회 기출]**

		경합성	
		있음	없음
배제성	있음	A	B
	없음	C	D

① 사적(私的) 재화

② 유료 도로

③ 국방서비스

④ 유료 케이블 TV

⑤ 공해(公海) 상의 물고기

답 ⑤

┃정답해설┃

경합성은 있으나 배제성이 없는 재화는 공유자원이다. 공해(公海) 상의 물고기는 공유자원이다. 공해상에 있으므로 누구나 잡을 수는 있으나(비배제성), 누군가 너무 많이 잡으면 그 양이 줄어든다(경합성).

10 중고차 시장에서 품질에 대한 정보의 비대칭성이 존재하는 경우 나타날 수 있는 현상으로 옳은 것을 모두 고른 것은?

> ㄱ. 정보의 비대칭성이 없는 경우보다 시장에서 거래되는 중고차의 품질이 올라간다.
> ㄴ. 보증(warranty)과 같은 신호발송(signaling)을 통해 정보의 비대칭으로 인한 문제를 완화할 수 있다.
> ㄷ. 역선택(adverse selection)의 문제가 발생할 수 있다.

① ㄱ
② ㄴ
③ ㄱ, ㄴ
④ ㄴ, ㄷ
⑤ ㄱ, ㄴ, ㄷ

답 ④

▌정답해설▐

중고차 시장에서 품질에 대한 정보의 비대칭성이 존재하는 경우 상태가 좋은 중고차는 제대로 된 값을 받을 수 없으므로 시장에서 사라지는 현상, 즉 역선택(adverse selection)의 문제가 발생할 수 있다. 따라서 정보의 비대칭성이 없는 경우보다 시장에서 거래되는 중고차의 품질이 낮아진다. 이런 문제를 해결하기 위해 보증(warranty)과 같은 신호발송 (signaling) 방법을 도입할 수 있다.

11 甲과 乙 두 사람이 사는 사회에서 甲의 소득을 X, 乙의 소득을 Y라 표시하고, 이들의 소득분포는 (X, Y)의 형태로 표시한다. 소득분포 상태를 평가하는 세 가지 원칙은 아래와 같다. 다음 설명으로 옳지 <u>않은</u> 것은?

> A : 사회에서 가장 가난한 사람의 소득이 높을수록 바람직하다.
> B : 모든 사회 구성원들의 소득의 총합이 클수록 바람직하다.
> C : 모든 사회 구성원들의 소득이 균등하게 분포될수록 바람직하다.

① 소득분포 (3, 2)와 (5, 1)을 비교할 때, 원칙 A에 따르면 (3, 2)가 더 바람직하다.
② 소득분포 (3, 2)와 (4, 2)를 비교할 때, 원칙 B에 따르면 (4, 2)가 더 바람직하다.
③ 소득분포 (1, 1)와 (4, 1)을 비교할 때, 원칙 C에 따르면 (1, 1)가 더 바람직하다.
④ 소득분포 (3, 3)와 (2, 3)을 비교할 때, 위 세 가지 원칙 모두 (3, 3)을 더 바람직하다고 판단한다.
⑤ 소득분포 (2, 3)와 (7, 3)을 비교할 때, 위 세 가지 원칙 중 (7, 3)이 명백히 더 바람직하다고 판단하는 원칙은 B뿐이다.

답 ⑤

▌정답해설▐

⑤ 소득분포 (2, 3)와 (7, 3)을 비교할 때, 위 세 가지 원칙 모두 (7, 3)이 더 바람직하다고 판단한다.
① A는 롤스의 사회후생함수로 가장 가난한 사람의 소득이 높을수록 바람직하다. 따라서 (3, 2)가 더 바람직하다.
② B는 공리주의(벤담)의 사회후생함수로 두 사람의 소득의 합이 클수록 바람직하다. 따라서 (4, 2)가 더 바람직하다.
③ C는 평등주의 사회후생함수이다. (1, 1)이 균등분포이므로 더 바람직하다.

12 외부성에 관한 설명으로 옳은 것을 모두 고른 것은?

> ㄱ. 부(−)의 외부성이 존재하면 시장 생산량은 사회적 최적 생산량보다 많다.
> ㄴ. 외부성은 합병이나 보조금 혹은 조세 등을 통해 내부화시킬 수 있다.
> ㄷ. 코우즈(R. Coase)에 의하면 외부성이 존재하더라도 재산권이 확립되어 있으면 정부의 개입이 불필요할 수 있다.

① ㄱ
② ㄱ, ㄴ
③ ㄴ, ㄷ
④ ㄱ, ㄷ
⑤ ㄱ, ㄴ, ㄷ

답 ⑤

▍정답해설▍

ㄱ. 부정적 외부효과가 발생하면 사회적 최적 생산량보다 많이 생산된다. 이 경우 외부한계비용만큼 조세(피구세)를 부과하면 사회적 최적 생산량을 달성할 수 있다.

ㄴ. 긍정적 외부효과가 있는 경우 보조금(피구보조금)을 통해 사회적 최적생산량을 달성할 수 있다. 인수 합병(M&A)도 외부효과를 내부화하는 한 방법이다.

ㄷ. 코우즈(R. Coase)에 의하면 재산권이 확립되어 있고 협상비용이 들지 않으면 당사자간 자발적인 협상을 통해 외부효과를 해결할 수 있다.

---

13 10가구만 살고 있는 마을에서 공공재를 생산하고자 한다. 이 공공재에 대한 개별가구의 수요함수는 $Q = 100 - 10P$로 동일하고, 이 공공재 생산의 한계비용은 5로 일정하다. 이 마을의 사회적 후생을 극대화시키는 공공재 생산량은? (단, Q는 수요량, P는 가격)

① 50
② 95
③ 125
④ 250
⑤ 500

답 ②

▍정답해설▍

공공재의 시장수요함수는 개별수요함수의 수직적 합계이다.

개별수요함수 $Q = 100 - 10P$를 다시 정리하면 $P = 10 - \frac{1}{10}Q$이다. 10가구가 있으므로 개별수요함수를 수직적으로 합계하면 시장수요함수는 $P = 100 - Q$이다. $P = MC$에서 최적생산량을 구할 수 있다. $100 - Q = 5$에서 $Q = 95$이다.

14 X재의 생산으로 오염물질이 발생한다. X재의 수요곡선은 $P = 80 - Q$이고 사적 한계비용(social marginal cost, PMC)은 $PMC = Q + 30$이다. X재의 생산으로 사적 한계비용에 부가적으로 발생하는 **사회적 한계피해액**(social marginal damage, SMD)은 $SMD = 2Q + 10$이다. 이 경우 X재의 사회적 최적 생산량을 달성하기 위해 정부가 부과해야 하는 종량세의 크기는?

① 10
② 20
③ 30
④ 40
⑤ 50

답 ③

┃ 정답해설 ┃

X재의 사회적 최적 생산량을 달성하기 위해서는 한계피해액 SMD(외부한계비용 EMC) 만큼을 종량세(Pigouvian tax)로 부과해야 한다. $SMC = PMC + SMD = Q + 30 + 2Q + 10 = 3Q + 40$이다.
최적생산량을 구하기 위해 수요곡선과 연립하여 풀면 $80 - Q = 3Q + 40$에서 $Q = 10$이 된다. 이를 SMD에 대입하면 $SMD = 2Q + 10 = 30$이다. 즉 단위당 30의 종량세를 부과하면 최적 생산량을 달성할 수 있다.

15 롤즈(J. Rawls)의 사회후생함수를 옳게 표현한 것은? (단, 이 경제에서는 甲, 乙만 존재하며, W는 사회 전체의 후생, U는 甲의 효용, V는 乙의 효용이다.)

① $W = \min(U, V)$
② $W = \max(U, V)$
③ $W = U \times V$
④ $W = (U + V)/2$
⑤ $W = U + V$

답 ①

┃ 정답해설 ┃

① 롤스는 가장 빈곤한 계층의 효용수준에 의해 그 사회의 후생수준을 평가한다. 따라서 사회후생의 목표는 가장 빈곤한 사람의 효용을 극대화하는 것이고, 이를 최소극대화의 원칙(maximin principle)이라고 한다. 롤스의 주장은 레온티에프(W. Leontief) 사회후생함수 $W = \min(U, V)$로 표현된다. 이는 극단적으로 평등주의적인 사회후생함수이다.
② $W = \max(U, V)$는 극단적으로 불평등적인 사회후생함수이다.
③ $W = U \times V$, 즉 콥-더글러스 사회후생함수는 평등주의적 가치관을 반영한 사회후생함수이다. 원점에 대해 볼록한 형태의 사회무차별곡선으로 나타난다.
⑤ $W = U + V$는 선형후생함수로 공리주의적 또는 벤담(J. Bentham)의 사회후생함수이다. 사회후생은 각 개인의 효용의 단순합이다. 최대 다수의 최대 행복을 강조하는 철학을 반영하는 사회후생함수이다.

16 시장실패를 발생시키는 요인으로 옳지 <u>않은</u> 것은?　　　　　　　　　　　[35회 기출]

① 역선택
② 규모에 대한 수익체감 기술
③ 긍정적 외부성
④ 불완전한 정보
⑤ 소비의 비경합성과 배제불가능성

답 ②

┃정답해설┃

② 규모에 대한 수익체감이 아닌, 규모에 대한 수익체증에서 규모의 경제가 발생하여 독점형성으로 이어지므로 시장
실패의 요인이 된다.

① 역선택은 정보가 비대칭적으로 분포된 상황에서 정보를 갖지 못한 측의 입장에서 볼 때 바람직하지 못한 상대방과
거래를 할 가능성이 높아지는 현상으로써, 시장실패의 사례이다.

③ 긍정적 외부성은 제3자가 혜택을 보면서도 그에 따른 대가를 지불하지 않기 때문에 시장실패의 사례이다.

④ 불완전한 정보는 역선택, 도덕적 해이와 관련되는 것으로써 시장실패를 발생시키는 요인이다.

⑤ 비경합성과 비배제성을 갖는 재화는 공공재이다. 공공재는 비경합성과 비배제성으로 인해 민간부문에서는 공급이
이루어지기 어렵고(시장실패), 보통 정부(국가)가 담당한다.

17 완전경쟁시장의 일반균형에 대한 다음 설명 중 가장 옳지 <u>않은</u> 것은?

① 각 생산자의 이윤이 극대화되고 양의 값을 가진다.
② 예산집합에서 각 소비자의 효용이 극대화된다.
③ 일반균형배분은 파레토 효율적이지만 공평성을 보장하지는 않는다.
④ 한 소비자의 후생을 높이려면 반드시 다른 소비자의 후생이 낮아져야 한다.
⑤ 선호체계와 생산기술에 대한 몇 가지 가정이 성립할 때, 초기부존자원을 적절히 재분배하여 임의의
파레토 효율적 배분을 일반균형이 되게 할 수 있다.

답 ①

┃정답해설┃

완전경쟁시장에서 단기에 가격이 평균비용보다 낮으면(또는 총수입이 총비용보다 낮으면) 손실을 볼 수 있다.

18 경제 전체의 파레토 효율성을 만족시키는 상황에 관한 설명으로 옳지 <u>않은</u> 것은?

① 각 재화 생산요소들의 한계기술대체율과 각 재화의 가격비가 일치한다.

② 각 재화의 한계변환율과 한계대체율이 일치한다.

③ 소비자들의 각 재화의 한계대체율이 일치한다.

④ 각 재화 생산요소들의 한계기술대체율이 일치한다.

⑤ 각 재화의 가격비와 한계변환율이 일치한다.

답 ①

┃ 정답해설 ┃

파레토 효율성이 충족되려면 각 재화의 한계대체율과 각 재화의 가격비가 일치해야 한다. 또한 각 생산요소들의 한계기술대체율과 각 생산요소의 가격비가 일치해야 한다.

19 일반균형에 대한 설명 중 옳지 <u>않은</u> 것은?

① 개인의 선호의 형태와는 관계없이 일반균형은 존재한다.

② 일반균형이란 국민경제 내의 모든 시장이 동시에 균형을 이루고 있는 상태를 말한다.

③ 다른 사람의 후생을 감소시키지 않고서는 한 사람의 후생을 증가시킬 수 없는 상태를 파레토 효율이라고 하며, 에지워스상자(Edgeworth box) 내 계약곡선(contract curve)상의 모든 점들이 이를 충족시킨다.

④ 각 재화시장이 불균형 상태에 있을 경우, 두 재화의 상대가격의 변화를 통해 일반균형에 도달할 수 있다.

⑤ 오퍼곡선(offer curve)은 두 시장의 수요-공급곡선을 동시에 나타낼 수 있다.

답 ①

┃ 정답해설 ┃

일반균형이 성립하려면 개인의 선호가 강단조성(strong monotonicity)을 보여야 한다. 즉 상품의 소비량이 늘어날수록 효용이 증가하는 선호구조가 전제될 때만 일반균형이 성립할 수 있다.

20 독점기업이 공급하는 X재의 시장수요곡선은 $Q = 200 - P$이고, 기업의 사적 비용함수는 $C = Q^2 + 20Q + 10$이고, 환경오염에 의한 추가적 비용을 포함한 사회적 비용 함수는 $SC = 2Q^2 + 20Q + 20$이다. 이 경우 사회적으로 바람직한 최적생산량은? (단, Q는 생산량, P는 시장가격이다.) **[33회 기출]**

① 24
② 36
③ 60
④ 140
⑤ 164

目 ②

┃ 정답해설 ┃

사회적으로 바람직한 최적생산량은 사회적 한계편익(SMB) = 사회적 한계비용(SMC)에서 결정된다. 시장수요곡선 $P = 200 - Q$가 사회적 한계편익 SMB이다. 사회적 한계비용 $SMC = PMC + EMC$로 PMC와 EMC의 수직합이다. $PMC = \dfrac{dC}{dQ} = 2Q + 20$이고, $EMC = \dfrac{dSC}{dQ} = 4Q + 20$이고 $SMC = 4Q + 20$이다. $200 - Q = 4Q + 20$에서 최적생산량 $Q^* = 36$이다.

---

21 후생경제학에 관한 설명 중 옳지 <u>않은</u> 것은?

① 후생경제학의 제2정리는 선호의 볼록성과 초기부존자원의 적절한 분배를 전제로 한다.
② 독점에서는 파레토 효율적 배분이 달성될 수 없다.
③ 초기부존자원의 계약곡선상에 있으면 교환이 발생하지 않는다.
④ 파레토효율성이 분배의 공평성을 보장하지는 않는다.
⑤ 선호체계가 강단조성을 갖고 시장실패가 없을 경우 일반경쟁균형은 파레토효율적이다.

目 ②

┃ 정답해설 ┃

독점시장이라도 파레토 효율적 배분이 달성될 수 있는 가능성은 있다. 예를 들어 독점기업이 1차 가격차별을 하는 경우 완전경쟁과 같은 상태가 되므로 파레토 효율적 배분이 달성될 수 있다.

22 파레토효율에 관한 설명으로 옳지 <u>않은</u> 것은?

① 파레토효율적인 사회상태에서는 어떤 경제주체의 효용증대를 위해서는 다른 경제주체의 효용이 감소되어야만 한다.

② 후생경제학의 제1최적정리는 일정한 조건 하에서 완전경쟁 시장경제는 스스로 파레토효율을 달성하게 됨을 보여준다.

③ 생산가능곡선(production possibility frontier)상에서는 생산의 파레토효율이 항상 달성된다.

④ 경제학에서 파레토효율이란 일반적으로 한정된 자원의 효율적인 사용과 관련된 의미이다.

⑤ 경제가 파레토효율적인 상태에 있다면 공정한 분배도 보장된다.

답 ⑤

▌정답해설▌

파레토최적에서는 자원의 효율적 배분이 이루어지지만 소득의 공정한 분배가 보장되지는 않는다.

23 후생경제학 제1정리에 대한 설명으로 옳은 것은?

① 모든 경쟁균형은 공평(fair)하다.

② 경쟁 균형은 항상 존재한다.

③ 파레토 최적일 때 모든 소비자는 반드시 동일한 부의 분배가 이루어진다.

④ 완전경쟁시 개인의 사적 이득 추구행위는 공익에 부합하는 결과를 낳는다.

⑤ 시장달성균형이 계약곡선상에 위치하지 않는다.

답 ④

▌정답해설▌

후생경제학의 제1정리는 시장실패가 발생하지 않으면 완전경쟁시장에서의 자원배분은 파레토최적의 자원배분과 같다는 것이다. 완전경쟁시장에서 각각의 수요자와 공급자가 사적 이득 추구행위를 함으로써 시장의 균형점에서 거래가 이루어지며, 이것이 자원의 효율적 배분이라는 공익추구에 부합하게 된다.

24 사회후생함수에 관한 설명으로 옳지 <u>않은</u> 것은? [35회 기출]

① 평등주의 경향이 강할수록 사회무차별 곡선은 원점에 대해 더 오목한 모양을 갖는다.
② 평등주의적 사회후생함수는 개인들의 효용수준의 차이를 반영해야 한다는 평등주의적 가치판단을 근거로 한다.
③ 공리주의자의 사회후생함수는 사회구성원의 효용수준에 동일한 가중치를 부여한다.
④ 롤즈(J. Rawls)의 가치판단을 반영한 사회무차별곡선은 L자 모양이다.
⑤ 롤즈의 최소극대화 원칙(maxmin principle)은 한 사회에서 가장 가난한 사람의 생활수준을 가능한 한 크게 개선시키는 것이 재분배정책의 최우선 과제라는 주장이다.

답 ①

정답해설

① 평등주의 경향이 강할수록 사회무차별곡선은 원점에 대해 더 볼록한 모양을 갖는다.
② 평등주의 사회후생함수는 저소득층에 대해서는 보다 높은 가중치를, 그리고 고소득층에 대해서는 보다 낮은 가중치를 부여한다. 예로 내쉬의 사회후생함수 $SW = U_A \times U_B$가 있고 사회적 무차별곡선은 원점에 대해서 볼록한 형태를 취하게 된다.
③ 공리주의자의 사회후생함수는 $SW = U_A + U_B$로 사회후생은 소득분배와는 관계없이 개인의 효용을 합한 크기로 결정된다고 본다.
④, ⑤ 롤즈의 사회후생함수는 사회의 후생이 가장 가난한 사람의 효용수준에 의해서 결정된다. 즉 $SW = \min(U_A, U_B)$이 되고, 후생극대화를 위해서는 최소극대화 원칙이 적용되어야 함을 알 수 있다. 그리고 사회적 무차별 곡선은 45도 선상에서 L자 형을 이룬다.

25 외부성에 관한 코즈(Coase)정리의 설명 중 옳지 <u>않은</u> 것은?

① 거래비용의 중요성을 강조하고 있다.
② 시장실패를 교정하기 위해 정부가 반드시 개입할 필요는 없음을 시사한다.
③ 거래비용이 없다면 재산권을 누구에게 귀속시키는가에 따라 자원배분의 효율성이 달라진다.
④ 협상을 통해서 외부성을 내부화시킬 수 있다.
⑤ 소비외부성과 생산외부성에 모두 적용될 수 있다.

답 ③

정답해설

정부가 재산권을 누구에게 귀속시키는가 하는 것은 민간의 자발적 협상의 결과에 아무런 영향도 미치지 못한다. 다시 말하면 재산권을 누구에게 귀속시키는가에 따라 자원배분의 효율성이 달라지는 것이 아니다.

26 다음은 정보의 비대칭성과 관계된 경제적 현상을 설명한 것이다. 가장 <u>부적절한</u> 설명은 어느 것인가?

① 정보를 많이 가진 측의 감추어진 특성으로 인해 발생하는 문제를 역선택(adverse selection)이라 한다.

② 유인설계(incentive system)를 잘 할 경우 도덕적 해이(moral hazard) 문제를 어느 정도 해결할 수 있다.

③ 정부가 자동차 보험의 책임보험을 의무적으로 가입하게 하면 역선택의 문제를 방지할 수 있지만, 이는 사고 위험성이 높은 사람에게는 불리한 제도이다.

④ 선별(screening)이란 불완전하게 정보를 가진 측에서 주어진 자료와 정보를 이용하여 상대방의 특성을 파악하려는 것이고, 신호발송(signaling)이란 정보를 가진 측에서 자발적으로 자신의 특성을 알리려는 노력이다.

⑤ 화재보험에서 화재가 날 경우 손실의 일부분만을 보장해주는 제도를 도입한 것은 도덕적 해이 문제를 완화하기 위해서이다.

답 ③

┃정답해설┃

정부가 자동차 보험의 책임보험을 의무적으로 가입하게 하면 역선택의 문제를 방지할 수 있지만, 이는 사고 위험성이 낮은 사람에게는 불리한 제도이다. 왜냐하면 사고 위험성이 낮은 사람은 자동차보험을 비교적 덜 필요로 하는데 의무적으로 가입해야 하기 때문이다.

27 과수원주인인 甲과 양봉업자인 乙이 인근 지역에서 경제활동을 하고 있는데, 甲이 과실나무를 더 많이 심자 乙의 꿀 생산이 증가하고, 乙이 꿀벌의 수를 증가시키자 과수원 수확이 늘어나는 것을 확인할 수 있었다. 甲과 乙에게 발생하는 외부성에 관한 설명으로 옳은 것을 모두 고른 것은? **[25회 기출]**

> ㄱ. 甲과 乙은 각각 서로에게 양의 외부성을 주게 된다.
> ㄴ. 거래비용이 존재하지 않을 때, 甲과 乙 간의 거래에 의해 사회적 최적 생산량을 합의해낼 수 있다.
> ㄷ. 甲과 乙 사이에 서로 양의 외부성을 주고받는 경우이므로, 시장실패에 대한 교정은 불필요하다.
> ㄹ. 甲이 양봉장을 인수함으로써 사회적 최적 생산량을 달성할 수 있다.

① ㄱ, ㄴ   ② ㄴ, ㄷ
③ ㄷ, ㄹ   ④ ㄱ, ㄴ, ㄹ
⑤ ㄱ, ㄷ, ㄹ

답 ④

▌정답해설 ▌

ㄱ. 양봉업자와 과수원은 각각의 생산활동이 서로에게 양(+)의 외부성을 주는 경우이다.
ㄴ. 이 경우 코즈 정리(Coase's theorem)에 의하면 거래비용이 존재하지 않는 경우 협상을 통해 사회적 최적 생산량에 도달할 수 있다.
ㄷ. 갑과 을 서로 양(+)의 외부성을 주고 받지만 각각의 생산활동에 의해 발생하는 양(+)의 외부효과 크기가 같지 않다면 시장의 실패가 발생하고, 시장의 실패에 대한 교정이 필요하다.
ㄹ. 양봉업자와 과수원 간에 인수·합병(M&A)을 통해 사회적 최적 생산량을 달성할 수 있다.

28 효율적인 자원배분에 관한 설명으로 옳지 <u>않은</u> 것은? (단, X, Y 두 재화 / A, B 2인 / L, K 2 생산요소 경제를 가정한다.)

[25회 기출]

① 소비의 효율성 조건은 두 재화에 대한 A와 B의 한계대체율이 같을 때 만족한다.

② 생산의 효율성 조건은 두 생산요소에 대한 X와 Y의 한계기술대체율이 같을 때 만족한다.

③ 생산의 효율성 조건을 만족하는 점들을 이어서 연결한 선을 생산의 계약곡선이라 한다.

④ 생산의 효율성 조건을 만족하는 점들을 $X-Y$평면으로 옮겨 놓은 것을 생산가능곡선(production possibility curve)이라 한다.

⑤ 생산의 효율성 조건, 소비의 효율성 조건, 종합적 효율성 조건을 모두 만족하는 점들을 $X-Y$평면으로 옮겨 놓은 것을 효용가능곡선(utility possibility curve)이라 한다.

답 ⑤

▎정답해설▎

효용가능곡선(UPC)은 파레토 효율성 조건을 만족하는 소비에서의 계약곡선을 효용공간에 표시한 것이다. 효용공간은 $u_A - u_B$ 평면이다. 생산의 효율성 조건, 소비의 효율성 조건, 종합적 효율성 조건을 모두 만족하는 점들을 효용공간에 표시한 것은 효용가능경계(utility possibility frontier)이다.

29 다음은 바람직한 사회후생함수가 만족해야 할 조건이다. 이 중 한 가지는 다른 조건과 배치되는 성격을 지니고 있는데 그 한 가지는?

① 완비성과 이행성, 연속성

② 비제한성

③ 파레토 원칙

④ 비독재성

⑤ 무관한 대안으로부터의 독립

답 ④

▎정답해설▎

애로(K. Arrow)는 바람직한 사회후생함수가 만족해야 할 조건 5가지를 제시하고, 이 조건을 모두 만족시키는 사회후생함수는 성립할 수 없고, 만일 가능하다면 오직 독재자의 선호를 반영한 사회후생함수일 뿐이라는 것을 증명했는데 이를 애로의 불가능성 정리(Arrow's Impossibility Theorem)라고 한다. 즉 애로는 ①, ②, ③ 및 ⑤를 모두 만족시키는 사회적 선호체계(사회후생함수)는 반드시 ④ 비독재성을 위반한다는 것을 증명하였다.

30 후생경제이론에 관한 설명으로 옳은 것은?

① 파레토(Pareto) 효율적인 상태는 파레토 개선이 가능한 상태를 뜻한다.

② 제2정리는 모든 사람의 선호가 오목성을 가지면 파레토 효율적인 배분은 일반경쟁균형이 된다는 것이다.

③ 제1정리는 모든 소비자의 선호체계가 약 단조성을 갖고 외부성이 존재하면 일반경쟁균형의 배분은 파레토 효율적이라는 것이다.

④ 제1정리는 완전경쟁시장 하에서 사익과 공익은 서로 상충된다는 것이다.

⑤ 제1정리는 아담 스미스(A. Smith)의 '보이지 않는 손'의 역할을 이론적으로 뒷받침해 주는 것이다.

답 ⑤

▌정답해설▐

⑤ 후생경제학의 제1정리는 분권화된 경쟁시장에 의해 이루어진 자원배분은 일정한 조건 하에서 반드시 파레토 효율적임을 의미한다. 이런 점에서 후생경제학 제1정리는 아담스미스의 '보이지 않는 손'을 현대적으로 재해석한 것이라 평가한다.

① 파레토(Pareto) 효율적인 상태는 파레토 개선이 불가능한 상태를 뜻한다.

② 후생경제학의 제2정리는 모든 사람의 선호가 볼록성을 가지면 파레토 효율적인 배분은 일반경쟁균형이 된다는 것이다.

③ 후생경제학의 제1정리는 모든 소비자의 선호체계가 약 단조성을 갖고 외부성이 존재하지 않으면 일반경쟁균형의 배분은 파레토 효율적이라는 것이다.

④ 제1정리는 완전경쟁시장 하에서 사익과 공익은 서로 상충됨을 의미하지는 않는다. 제2정리는 정부의 두 가지 역할인 효율성의 달성과 공평성의 추구가 분리될 수 있음을 의미한다.

시대에듀 감정평가사 1차 경제학원론 기본서

제2편
거시경제학

출제경향 및 수험대책

거시경제학에서는 평균적으로 40% 정도 출제되고 있다. 경제이론에 기반을 둔 계산문제와 여러 분야의 지식을 종합해야 풀 수 있는 계산문제도 자주 출제되고 있다. 거시경제학 전체적인 분야에서 골고루 출제되고 있다. 문제의 난이도는 미시경제학보다 낮은 편이므로 고득점 할 수 있는 분야이다. GDP 디플레이터와 소비자물가지수 관련 내용, AD-AS 모형 관련 내용, 솔로우(Solow)의 외생적 성장모형, 통화승수, 피셔방정식, 단기 및 장기 필립스 곡선, 통화정책, 화폐수량설(교환방정식), 성장회계방정식, IS-LM 모형 관련내용(계산문제와 곡선의 기울기 등), 실업률·경제활동참가율·고용률 계산, 항상소득가설, 화폐의 중립성과 고전학파의 이분법 등은 최근 10년간 4번 이상 출제된 내용들이다. 각 장의 출제 포인트에 제시한 내용들이 가장 출제빈도가 높은 내용이므로 잘 정리해두어야 한다.

거시경제학과 거시경제지표

CHAPTER 01

출제포인트

☐ *GDP* 디플레이터와 *CPI*
☐ 새고전학파와 새케인즈학파의 차이
☐ 고전학파와 케인즈학파의 차이
☐ *GDP*와 *GNI*의 관계
☐ 저축의 역설(절약의 역설)

☐ 실질 *GDP* 계산
☐ 고전학파 경제학의 특징
☐ *GDP* 개념
☐ *GDP*에 포함되는 것

제1절 거시경제학의 과제와 흐름

1. 거시경제학의 과제

(1) 거시경제학의 의미

① 미시경제학(microeconomics)은 개별경제주체의 행동이나 개별시장의 움직임을 분석하고 체계화하는 경제학의 분야이다.

② 반면 거시경제학(macroeconomics)은 전체로서의 국민경제의 구조와 성과를 연구하는 분야이다. 그리고 정부의 경제정책의 과정과 그 효과를 분석한다.

(2) 거시경제학의 연구대상

① 거시경제학의 가장 중요한 두 가지 연구대상은 실업과 인플레이션이다. 그리고 실업과 인플레이션은 국민소득, 고용, 국제수지 등 다른 경제변수들과도 밀접한 관련을 지니고 있으므로 이러한 것들도 거시경제학의 연구대상이다.

② 이와 함께 단기적인 경기변동, 장기적인 경제성장, 정부의 경제정책 등의 문제도 거시경제학의 주요 연구대상이 된다.

(3) 거시경제정책의 주요목표

① 거시경제학은 정책 지향적(policy oriented)인 성격을 지니고 있다. 이는 세계대공황 이후, 극도의 경기침체에서 경기회복을 위한 정부의 적극적인 개입을 주장하며 등장한 케인즈(J.M. Keynes)경제학으로부터 거시경제학이 시작된 것을 보면 쉽게 이해할 수 있다.

② 거시경제정책의 주요목표로는 산출량의 증대와 고용의 증대, 물가안정, 국제수지의 균형 또는 환율의 안정 등을 들 수 있다.

(4) 거시경제학의 두 조류

자본주의 경제를 보는 입장의 차이에 따라 거시경제학은 크게 고전학파 계열의 거시경제학과 케인즈 계열의 거시경제학으로 구분된다.

① 고전학파(classical school)는 자유방임주의에 기초하여, 자본주의 경제의 시장 메커니즘은 보이지 않는 손(invisible hand)에 의한 자동조절 능력을 가지고 있으므로 정부의 재량적이고 적극적인 개입은 문제만 더 복잡하게 한다고 주장한다. 따라서 정부의 역할은 시장 메커니즘이 원활하게 작동할 수 있도록 여건을 조성하는 데 국한해야 한다고 주장한다.

② 이에 반해 케인즈(J.M. Keynes)는 자본주의의 시장 메커니즘은 매우 불완전하므로, 정부가 재량적이고 적극적으로 개입하여 시장 메커니즘을 보완해야 한다고 주장한다.

2. 고전학파의 거시경제학

(1) 고전학파 경제학의 기본전제

① 가격기구(price mechanism)의 완전신축성 : 물가와 임금 등 가격기구의 신축적인 작용으로 경제는 항상 균형을 이루고 또한 생산요소의 완전고용이 항상 보장된다.

② 세이(J.B. Say)의 법칙 : 완전고용 수준에서 생산되는 모든 상품은 전부 판매되고 따라서 일반적인 초과공급은 있을 수 없다.

(2) 세이의 법칙 기출 34회

① '공급은 스스로의 수요를 창조한다'(supply creates its own demand)는 세이의 법칙은 상품시장에서는 항상 균형이 달성된다는 것이다. 따라서 상품의 초과수요나 초과공급은 없다는 명제이다.

② 소득의 순환과정에서 누출(leakage) 만큼의 주입(injection)이 항상 존재한다는 것을 의미한다.

③ 즉 저축(S)=투자(I)의 관계가 항상 성립한다. 결국 세이의 법칙은 저축이 있으면 같은 액수의 투자가 있다는 것이다. 여기서 저축이 투자로 연결되는 것은 이자율의 역할이다(고전학파의 대부자금설).

$$S > I \rightarrow \text{이자율 하락} \rightarrow \text{저축 감소, 투자 증가} \rightarrow S = I$$
$$S < I \rightarrow \text{이자율 상승} \rightarrow \text{저축 증가, 투자 감소} \rightarrow S = I$$

④ 고전학파 경제학에서 이자율은 총생산의 크기를 결정하는 데는 영향을 미치지 못하고 이미 주어진 총생산 가운데서 저축(=투자)과 소비를 가르는 역할만 한다. 그리고 $S = I$의 균형을 통해 세이의 법칙이 항상 성립하도록 하는 역할을 한다.

> **더 알아보기 고전학파의 이자율**
> • 고전학파의 이자율은 이자율의 증가함수인 저축(S)과 이자율의 감소함수인 투자(I)가 일치하는 곳에서 결정된다(대부자금설, 실물적 이자론).
> • 반면 케인즈의 거시이론에서는 이자율이 국민소득(즉 총공급)의 크기를 결정하는데 중요한 역할을 한다.
> • 즉 화폐시장에서 화폐에 대한 수요와 공급이 일치하는 곳에서 이자율이 결정되면, 이자율 → 투자 → 총수요 → 총공급(즉 국민소득)의 메커니즘에 의해 이자율이 총공급, 즉 국민소득의 크기에 영향을 미친다.

⑤ 세이의 법칙에 따르면, 완전고용 수준에서 결정되는 경제의 총공급은 그대로 총소득이 된다. 이에 따라 고전학파 거시이론의 특징은 경제의 국민소득 수준은 공급측면에 의해서만 결정되며 수요측면은 국민소득이나 고용량의 결정에 아무런 영향도 미치지 못한다.

(3) 고전학파의 고용과 생산이론 `기출` 34회

① 고전학파의 고용이론은 노동의 수요와 공급이론으로, 노동시장에서 노동에 대한 수요와 공급에 의해 고용량(완전고용량)이 결정되면, 총생산함수에 따라 경제의 총생산량(즉 국민소득)이 결정된다. 이때의 생산량은 완전고용 생산량(또는 잠재 GDP)이다.

② 실질임금(w_0)과 고용량(L_0)은 노동수요곡선과 노동공급곡선이 교차하는 점(E)에서 결정된다. 이때의 고용량 L_0는 최대 고용량이고, 시장에서 주어진 실질임금 수준에서 노동자들이 공급하고자 하는 노동량을 표시하므로 완전고용량이다.

③ 한편 노동시장에서 완전고용이 이루어지면 총생산량은 국민경제의 기술적 조건을 반영하는 총생산함수에 따라 Y_0에서 결정되는데 Y_0의 생산량은 완전고용 생산량이다.

④ 고전학파 경제학에서는 명목임금의 완전신축성(flexibility)을 가정하므로 명목임금의 신축적인 변화에 의해 노동시장에서는 항상 완전고용이 달성된다.

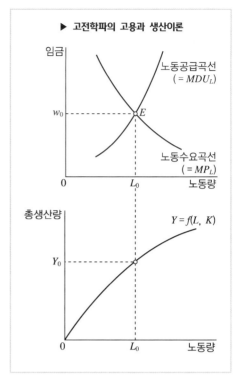

▶ 고전학파의 고용과 생산이론

(4) 고전학파의 화폐이론 `기출` 34회 · 30회 · 28회

① **화폐의 중립성** : 고전학파 거시이론에서 화폐는 고용량이나 총생산량 등 실물변수에는 아무런 영향도 미치지 못하고 오직 물가수준만을 결정하는데 이를 고전학파의 화폐 베일(veil)관, 또는 화폐의 중립성(neutrality of money)이라고 한다.

② **화폐수량설** : 피셔(I. Fisher)의 교환방정식으로 표현되는 고전학파의 화폐수량설은 $MV = Py$로 화폐의 유통속도(V)와 거래량(y)이 고정되어 있다면 통화량(M)은 단지 물가수준(P)만을 결정한다는 주장이다. 거래량(y)은 총생산량이고 실질 GDP이다.

③ **고전학파의 이자율** : 고전학파 거시이론에서 화폐부문은 소비, 투자 등 수요측면에는 영향을 미치지 못한다. 즉 주어진 완전고용국민소득 수준에서 소비, 저축 및 투자는 이자율에 의해서 결정되는데, 이자율은 저축과 투자에 의해 결정되기 때문이다(고전학파의 실물적 이자론).

④ **고전학파의 이분법**

ㄱ 이상의 논의로부터 고전학파 거시이론에서 화폐부문은 물가수준의 결정에만 관여하고 고용, 생산량, 소득, 소비, 투자 등 실물변수에는 아무런 영향도 미치지 못한다.

ㄴ 이처럼 고전학파 경제학에서는 실물부문과 화폐부문이 완전히 분리되어 있는데 이를 고전학파의 이분성(classical dichotomy)이라고 한다.

예시문제

고전학파의 국민소득결정모형에 관한 설명으로 옳지 <u>않은</u> 것은?　　　　　　　　　**[34회 기출]**

① 세이의 법칙(Say's law)이 성립하여, 수요측면은 국민소득 결정에 영향을 미치지 못한다.
② 물가와 임금 등 모든 가격이 완전히 신축적이고, 노동시장은 균형을 달성한다.
③ 노동시장의 수요는 실질임금의 함수이다.
④ 노동의 한계생산이 노동시장의 수요를 결정하는 중요한 요인이다.
⑤ 통화공급이 증가하여 물가가 상승하면, 노동의 한계생산이 증가한다.

화폐의 중립성과 그로 인한 고전학파의 이분성(Classical dichotomy)에 의하면 통화공급의 증가는 물가에만 영향을 미치고 실물변수에는 아무런 영향을 미치지 못한다. 고전학파에서 통화공급의 증가는 노동의 생산성에 아무런 영향을 미치지 못한다.

정답 ⑤

3. 케인즈의 거시경제학

(1) 케인즈 경제학의 등장배경

① 고전학파 경제학은 임금과 물가가 완전신축적이면 항상 완전고용이 달성되고 따라서 실업은 존재할 수 없다는 주장이다.

② 그러나 1929년의 대공황과 1930년대의 장기침체로 인해 대량의 실업이 발생했음에도 가격의 자동조절 기능이 발휘되지 못함으로써 고전학파 경제학은 설득력을 잃었고 이러한 상황을 배경으로 케인즈(J. M. Keynes) 경제학이 등장하였다.

더 알아보기 대공황기의 실업에 대한 고전학파의 견해

당시의 고전학파 경제학자들은 대규모의 실업이 존재함에도 노동조합의 영향으로 인해 실질임금이 하락하지 못하여 실업이 지속되고 있으며, 따라서 노동조합의 활동을 억제하고 가격기구가 제대로 기능을 할 수 있게 해주면 실업은 해결될 것이라는 입장이다.

(2) 케인즈의 고전학파 비판 **기출** 25회

① 케인즈는 고전학파 이론의 비현실성을 지적하고, 『고용, 이자 및 화폐에 관한 일반이론』(1936)에서 고전학파 경제학을 비판하고 자신의 경제학 체계를 구축하였다.

② 케인즈의 고전학파에 대한 비판을 요약하면 다음과 같다.

　㉠ 자본주의 경제는 항상 완전고용 수준에 있는 것이 아니고, 실업이 일반적으로 존재한다.

　㉡ 고용수준은 노동에 대한 수요와 공급에 의해서 결정되는 것이 아니라 상품시장에서의 총수요의 크기에 의해 결정된다.

　㉢ 총수요는 완전고용을 보장해 주는 수준 이하에 머물 수 있으며, 이것이 실업, 즉 불완전 고용의 원인이 된다. 그리고 자본주의 경제에서는 불완전 고용이 완전고용보다 더 일반적이다.

　㉣ 고용 및 소득수준의 결정에는 공급측면이 아니라 수요측면, 즉 총수요가 중요한 역할을 한다.

　㉤ 고전파의 이분법(classical dichotomy)은 잘못이다. 즉 화폐시장에서 결정된 이자율이 투자를 변화시켜 총수요에 영향을 미치고, 총수요는 국민소득과 고용의 크기를 결정하므로 화폐부문과 실물부문은 서로 독립된 것이 아니라 밀접하게 연결되어 있다.

　㉥ 세이의 법칙에서 $S = I$ 가 항상 이루어져야 할 이유가 없다고 본다. 그리고 $S > I$ 일 경우 이자율의 하락이 아니라, 유효수요의 부족으로 국민소득은 감소하고, 실업이 발생한다.

③ 케인즈는 고전학파 경제학이 무시해왔던 총수요가 국민소득의 결정과정에서 중요한 역할을 한다는 점을 지적하고 그 과정을 분석하였다.

④ 결국 유효수요이론으로 불리는 케인즈의 국민소득 결정이론은 기존의 고전학파 이론과는 방향자체가 다르기 때문에 경제학자들은 케인즈 경제학의 등장을 케인즈 혁명(Keynesian revolution)으로 부르고 있다.

4. 케인즈 경제학의 위기

(1) 케인즈 경제학의 확산

① 케인즈 경제학은 1940년대부터 1960년대 말까지 경제학의 주류를 이루면서 확산되었다. 즉 자본주의 경제는 케인즈 경제학의 처방에 입각한 정부의 적극적인 정책에 의하여 완전고용에 가까운 상태를 유지할 수 있었다.

② 이에 따라 케인즈 경제학은 1970년대 초까지만 해도 정부의 적절한 총수요 관리를 통해 실업과 인플레이션을 해소할 수 있는 이론적 기초를 제공하였다.

(2) 케인즈 경제학의 위기

① 1970년대에 들어 두 차례의 석유파동을 계기로 세계경제는 이제까지 경험하지 못했던 새로운 상황에 직면하게 되었다.

② 즉 경기침체와 물가상승이 함께 나타난 스태그플레이션(stagflation)이라는 이상현상에 직면하여 케인즈 경제학은 무력해졌고 이러한 상황을 배경으로 현실경제를 새로운 방향에서 접근하려는 시도가 여러 새로운 학파들에 의해 이루어졌다.

5. 새로운 학파의 등장

1970년대 이후 케인즈 경제학이 무력해짐에 따라 통화주의와 새고전학파, 공급측 경제학 및 새케인즈학파 등이 등장하였다.

(1) 통화주의

① 시카고대학의 프리드먼(M. Friedman)으로 대표되는 통화주의(monetarism)는 제2차 세계대전 이후 고전학파 경제학을 부활시킨 학파이다.

② 이들은 고전학파에 기초하여 통화량의 변화가 경제의 변화를 야기하는 가장 중요한 요인이고 장기적으로는 물가를 결정하는 가장 핵심적인 요인이라고 본다.

(2) 새고전학파

① 통화주의의 실패에 자극받아 1970년대에는 급진적 통화주의라고 불리는 새고전학파(new classical school)가 등장하였다.

② 루카스(R. Lucas)와 사전트(T. Sargent)로 대표되는 이 학파는 고전학파의 물가의 신축성(즉각적인 시장청산) 가정을 수용하면서 통화론자와는 다르게 합리적 기대(rational expectations) 개념을 제시하고 있다.

③ 또한 이들은 예견된 정부의 정책은 단기와 장기 모두에 실물변수에 영향을 미치지 않는다는 정책무력성의 명제를 제시하고 있다.

(3) 공급측 경제학

① 공급측 경제학(supply side economics)은 1980년대 케인즈 경제학이 지나치게 수요중심적이고 시장개입적이며 단기적인 정책을 강조한다고 비판하면서, 공급중심적이고 유인적(incentive)이며 장기적인 정책을 실시할 것을 주장하며 등장하였다.

② 이들은 고전학파의 입장을 극단적으로 수용하고 있기 때문에 이들을 초고전학파(ultra-classicism)라고도 한다. 대표적인 학자로는 래퍼(A. Laffer), 펠트스타인(M. Feldstein) 등이 있다.

(4) 새케인즈학파

① 새케인즈학파(new Keynesian school)는 통화주의가 강조하는 통화량도 중요하다고 인정하고, 합리적 기대이론도 수용하며, 케인즈학파의 기본가정인 임금과 가격의 경직성의 원천을 해명하기 위해 노력하기도 한다.

② 스탠리 피셔(S. Fisher), 맨큐(N.G. Mankiw), 로머(D. Romer) 등이 새케인즈학파의 대표적인 학자들이다.

제2절 국내총생산(GDP)과 국민총소득(GNI)

1. 국내총생산의 정의 기출 35회 · 34회 · 30회 · 26회

(1) 국내총생산의 일반적인 의미

① 국내총생산(gross domestic products, GDP)은 일정기간 동안 한 나라의 국내에서 생산된 최종생산물의 시장가치의 총액을 의미한다.

② 국내총생산은 한 국가의 경제상황을 잘 나타내주는 가장 보편적인 지표로 알려져 있다.

(2) 일정기간 동안에

① GDP는 일정한 기간 동안의 생산과 소득의 흐름을 측정한 것으로 유량(flow)변수이다. 따라서 기간이전에 생산된 재화의 거래는 포함되지 않는다.

② 예컨대 재고품, 중고품, 골동품의 거래는 GDP에 포함되지 않는다.

(3) 국내에서

① GDP는 내외국인을 막론하고 국내에서 생산된 생산물만을 포함한다. 따라서 국내에서 외국인(기업)이 생산한 생산물은 포함되지만, 외국에서 내국인(기업)이 생산한 생산물은 포함되지 않는다.

② 또한 GDP에 수출품은 포함되지만 수입품은 포함되지 않는다.

(4) 생산된

① GDP는 일정 기간에 생산된 것만을 포함한다. 따라서 생산을 수반하지 않은 이전적인 경제행위는 GDP에 포함되지 않는다.

② 예컨대 증여나 상속, 새로운 주식의 발행, 증권이나 국공채의 매매, 토지 등 부동산의 거래는 GDP에 포함되지 않는다.

(5) 최종생산물

① *GDP*는 최종생산물(final products)만을 포함한다. 그러므로 기업간에 거래되는 원료나 반제품과 같은 중간생산물(intermediate products)은 제외된다. 중간생산물은 가공되어 다시 판매되므로 이것을 포함시키면 이중계산이 되기 때문이다.

② 중간생산물의 이중계산을 피하는 방법으로는 ㉠ 최종생산물만을 합계하는 방법과, ㉡ 각 생산단계에서의 부가가치만을 합계하는 방법이 있다. 부가가치(value added)란 어떤 생산자가 생산과정에서 새로 부가한 가치를 말한다. 즉 부가가치＝생산액－원료비－기계설비의 감가상각액(고정자본소모)이다.

(6) 시장가격으로 평가

① *GDP*는 시장가격으로 평가한 총가치를 말한다. 시장가격이란 부가가치세 등 간접세가 포함된 가격이다.

② 그런데 유용한 재화 및 서비스 중에는 시장에서 거래되지 않고 따라서 시장가격이 없는 것들도 있다. 예를 들면 자기가 소유한 주택에 자기가 거주하는 경우 주택이 창출한 주거가치 등의 경우이다.

③ 이런 것들을 *GDP*에 포함시킬 경우에는 귀속가치(imputed value)를 고려하여 포함시킨다. 자기가 소유한 주택에 자기가 거주하는 경우 주택이 창출한 주거가치는 귀속임대료(imputed rent)를 계산하여 *GDP*에 포함시킨다.

(7) 총가치

*GDP*는 최종생산물의 총가치를 말한다. 따라서 생산된 최종생산물을 시장가격을 이용하여 금액으로 합산한다.

(8) 판매를 목적으로 생산된 생산물

① *GDP*개념과 관련하여 또 하나 중요한 기준은 일정기간 동안 판매를 목적으로(production for sale) 생산된 생산물의 가치를 포함한다는 것이다.

② 따라서 자기가 소비하기 위한 생산물, 가정주부의 가사노동은 *GDP*에 포함되지 않는다.

③ 또한 지하경제의 생산물, 예컨대 마약이나 불법무기생산 등은 *GDP*에 포함되지 않는다.

④ 그러나 판매를 목적으로 생산된 것이라는 기준에는 몇 가지 예외가 있다.

　㉠ 주택이 제공하는 서비스는 자기소유 주택이든 임대주택이든 그 임대료(rent)가 *GDP*에 포함된다. 자기소유 주택의 임대료를 귀속임대료(imputed rent)라고 하는데 *GDP*에 포함된다.

　㉡ 자기가 소비하기 위한 생산물 중에서 농가의 자기 소비를 위한 생산물은 *GDP*에 포함된다.

　㉢ 정부의 서비스는 *GDP*에 포함된다. 즉 공무원이 제공하는 서비스에 대한 대가가 공무원의 보수이므로 이는 *GDP*에 포함된다.

2. 국내총생산의 분류

(1) 명목 *GDP*와 실질 *GDP* 기출 30회·27회

① *GDP*는 최종생산물을 시장가격으로 평가하여 합한 것이다. 그런데 이 경우 어느 해의 시장가격으로 평가하느냐에 따라 *GDP*의 크기에는 차이가 있다.

② 명목 *GDP*(nominal *GDP*) 또는 경상가격 *GDP*(current market price *GDP*)는 최종생산물을 당해연도의 시장가격으로 평가한 것이다. 따라서 명목 *GDP*에는 실질생산량의 변화와 함께 물가수준의 변화도 반영되어 있다.

③ 실질 GDP(real GDP) 또는 불변가격 GDP(constant market price GDP)는 실질생산량의 변화만을 측정하기 위하여 기준연도를 정해놓고 기준연도의 시장가격으로 평가한 것이다. 실질 GDP는 실질경제성장률 계산에 사용된다.

④ 따라서 명목 GDP와 실질 GDP의 차이는 당해연도와 기준연도의 물가지수(GDP 디플레이터)만큼 차이가 있다.

$$실질\ GDP = \frac{명목\ GDP}{GDP\ 디플레이터} \times 100$$

⑤ GDP Deflator는 명목 GDP를 실질 GDP로 나누어준 것으로 최종생산물의 가격변동을 모두 반영한 가장 포괄적인 물가지수이다.

(2) 실제 GDP와 잠재 GDP

① 실제 GDP(actual GDP)는 현실에서 실제로 실현된 GDP를 의미한다. 한국은행이 추계하여 매년 발표하는 실질 GDP가 실제 GDP이다.

② 잠재 GDP(potential GDP)는 실질 GDP의 장기추세, 즉 그 경제의 장기적인 생산규모를 나타내는 것으로 물가상승(또는 인플레이션)을 유발하지 않으면서 생산해 낼 수 있는 실질 GDP의 최고수준을 의미한다. 이것은 자연실업률(또는 NAIRU)에 대응하는 실질 GDP 수준이라고도 하고, 완전고용수준에 대응하는 실질 GDP 수준이라고도 할 수 있다.

③ 잠재 GDP와 실제 GDP는 차이가 나는 것이 일반적인데 이 차이를 GDP 갭(GDP gap)이라고 한다. GDP 갭이 크다는 것은 경제가 불황상태에 있다는 것을 의미하고 이 경우 물가는 하락한다.

④ GDP 갭이 작을 때는 경기후퇴(recession), GDP 갭이 클 때는 경기침체(depression)라고 한다.

⑤ 한편 GDP 갭이 마이너스일 때는 경기가 매우 호황이라는 것을 의미하고 이는 경제가 생산능력을 과다하게 사용하는 것을 의미하며 물가는 상승하게 된다.

3. 국민소득 3면 등가의 법칙

(1) 국민소득 3면 등가의 법칙 기출 34회·32회

① 국민소득은 소득순환의 3가지 측면에서 측정할 수 있는데, 3가지 측면의 국민소득은 그 크기가 동일하다는 것을 국민소득 3면 등가의 법칙이라고 한다. 즉

$$생산국민소득 = 지출국민소득 = 분배국민소득$$

이다.

② 이 법칙은 정부부문이 없을 때는 타당하다. 그러나 정부부문이 도입되면 간접세와 보조금으로 인해 약간의 조정을 거쳐야 성립된다.

(2) 생산국민소득

생산국민소득, 즉 생산측면의 GDP는 기초가격으로 평가된 경제활동별 부가가치와 순생산물세(생산물세-생산물보조금)를 합한 것이다.

$$GDP = 경제활동별\ 부가가치 + 순생산물세$$

(3) 지출국민소득

① 지출국민소득, 즉 지출측면의 GDP는 국민소득을 생산물 시장에서의 최종생산물에 대한 지출을 중심으로 파악한 것이다.

② 지출측면의 GDP = 민간 최종소비지출 + 정부 최종소비지출 + 총고정자본형성 + 재고증감 + 수출 - 수입이다.

(4) 분배국민소득

① 분배국민소득, 즉 분배측면의 GDP는 국민소득을 생산요소 시장에 있어서의 요소소득 또는 요소비용을 중심으로 파악한 것으로 국내총소득(GDI)이라고 한다.

② 분배국민소득은 요소소득의 합계 = 임금 + 이자 + 임대료 + 이윤이다. 또는 분배측면의 GDP = 피용자보수 + 영업잉여 + 고정자본소모 + 순생산세 및 수입세이다.

예시문제

국내총생산에 관한 설명으로 옳지 <u>않은</u> 것은?　　　　　　　　　　　　　　**[34회 기출]**
① 국내총생산은 시장에서 거래되는 최종생산물만 포함한다.
② 국내순생산은 국내총생산에서 고정자본소모를 제외한 부분이다.
③ 명목국내총생산은 재화와 서비스의 생산의 가치를 경상가격으로 계산한 것이다.
④ 3면 등가의 원칙으로 국내총생산은 국내총소득과 일치한다.
⑤ 국내총생산은 요소비용국내소득에 순간접세와 고정자본소모를 더한 것이다.

국내총생산은 시장에서 거래되지 않는 최종생산물도 포함된다. 예를 들면 귀속임대료나 농가의 자가소비를 위한 생산물 등은 시장에서 거래되지 않지만 GDP에 포함된다.

정답 ①

---

4. GDP 개념의 유용성과 한계

(1) GDP 개념의 유용성

① GDP의 크기 및 변동은 한 나라의 경제활동수준, 생산능력, 또는 경제성장률을 측정하는데 좋은 지표가 된다. 즉 GDP의 증가는 실질생산과 고용의 증가를 의미하고, 실질 GDP증가율은 경제성장의 속도를 나타내는 지표가 된다.

② GDP는 국민소득 수준을 나타내는 지표로 사용된다. 즉 감가상각비, 보조금, 간접세 등을 정확히 측정하기가 어려우므로 국민소득 지표로써 NDP(국내순생산), NI(국민소득)보다는 GDP를 사용한다.

③ GDP는 국민후생지표로도 사용된다. 1인당 GDP는 경제적 복지의 지표, 즉 국민의 생활수준을 표시한다.

(2) *GDP* 개념의 한계

① *GDP*의 개념 자체가 총생산물을 정확하게 나타내지 못한다. 즉 생산은 상품생산만을 의미하므로 자신의 소비를 위해 생산한 것은 시장을 통해 매매되지 않기 때문에 *GDP*에는 포함되지 않는다. 예컨대 가정주부의 가사노동은 *GDP*에 포함되지 않지만 가사도우미 일을 하게 되면 이는 *GDP*에 포함된다. 이런 문제를 보완하기 위해 농가의 자가소비를 위한 생산물 및 자기소유 주택의 임대료(즉 귀속 임대료)를 *GDP*에 포함시킨다.

② 최종생산물의 합계를 실제로 추계(estimate)하기가 곤란하다. 따라서 실제로는 일부만 조사해서 이를 근거로 *GDP*를 산출하기 때문에 통계자료가 부정확하거나, 지하경제의 규모가 클수록 오차는 커질 수 있다.

③ *GDP*가 경제복지(economic welfare)와 직결되는 것은 아니다. 그 이유 중 하나는 *GDP*에는 소득분배가 고려되지 않는다는 점이다.

④ *GDP*에는 부(wealth)가 포함되지 않는다. 그러나 인간의 경제복지는 그동안 축적되어 온 사회적 부(상하수도 시설, 주택, 도로, 학교, 공원 등)에 크게 의존하는 경향이 있다.

⑤ 또한 *GDP* 중에는 인간의 효용을 위한 필요악적인 지출(즉 수단적 지출)을 많이 포함하고 있다. 예컨대 국방, 교통, 도로정비 등은 최종생산물은 아니지만 *GDP*에는 포함된다.

⑥ *GDP*에는 인간의 후생에 있어서 중요한 여가(leisure)는 포함되지 않는다. 오히려 여가가 증가하면 노동시간이 감소하므로 *GDP*는 감소한다.

⑦ 도시로의 인구집중, 교통혼잡, 공해 등의 외부효과로 인한 효용의 삭감(disamenity)은 *GDP*에서 공제되지 않는다. 오히려 공해제거 비용이 증가하면 *GDP*는 증가한다.

> **더 알아보기** 새로운 후생지표
>
> 후생지표로서의 *GDP*의 문제점을 보완하기 위해 MEW, NEW 등의 새로운 후생지표 개념이 등장하였다.
> • MEW(measure of economic welfare), 즉 경제후생지표는 노드하우스(W.D. Nordhaus)와 토빈(J. Tobin)이 *GDP*의 항목을 일부 조정하여 만든 것이다. 즉 가정주부의 서비스와 여가의 가치를 더하고, 공해비용을 공제한 개념이다.
> • NEW(net economic welfare), 즉 순경제후생은 새뮤얼슨(P.A. Samuelson)이 MEW의 개념을 일부 수정하여 작성한 지표이다.

5. 국민소득의 다른 지표 `기출` 34회 · 25회

(1) 국민총소득(Gross National Income, GNI)

① *GNI*의 의의

㉠ 생산, 지출, 분배의 세 측면 중 분배면에서 국민소득을 측정하기 위해 국민총소득(*GNI*)이 이용된다.

㉡ 즉 국민총소득은 일정기간 동안 한 나라의 국민이 벌어들인 임금, 이자, 배당 등의 소득을 모두 합친 것이다.

㉢ 명목 국민총소득(*GNI*)=명목 *GDP*+명목 국외순수취요소소득이다. 여기서 명목 국외순수취요소소득=국외수취요소소득−국외지급요소소득이다.

② 실질 국민총소득(*GNI*)의 구성

㉠ 실질 *GNI*는 생산활동을 통하여 획득한 소득의 실질구매력을 나타내 주는 지표이다.

㉡ 이는 실질국내총소득(*GDI*)에 국가간 생산요소의 이동에 따른 실질국외순수취요소소득(*NFR*)을 합한 것이다.

ⓒ 그리고 실질 GDI는 실질 GDP에 교역조건의 변화를 반영한 실질무역손익을 합한 것이다. 교역조건 (terms of trade)은 수출가격을 수입가격으로 나눈 것으로 수출입상품 간의 교환비율이다. 따라서

> 실질 GNI＝실질 GDP＋실질국외순수취요소소득(NFR)＋교역조건 변화에 따른 실질무역손익

(2) 기타 국민소득지표

① 국내순생산(NDP)과 국민순소득(NNI)

GDP의 생산과정에서 발생하는 자본장비(예컨대 공장, 생산장비, 주거용 건축물 등)의 가치감소분, 즉 감가상각(고정자본 소모)을 공제해야 순수하게 창출한 생산물만을 계산할 수 있다. 마찬가지로 국민순소득(NNI)은 국민총소득(GNI)에서 감가상각을 뺀 것이다.

> 국내순생산(NDP)＝GDP－감가상각(고정자본 소모)
> 국민순소득(NNI)＝GNI－감가상각(고정자본 소모)

② 국민소득(National Income, NI)

ⓒ 국민소득계정에서 조정을 거쳐야 할 항목으로 판매세와 같은 간접세와 기업에 대한 정부의 보조금이 있다.

ⓒ 간접세는 소비자가 지불하는 가격과 기업이 실제로 얻는 가격의 차액으로, 기업이 얻는 것이 아니므로 기업의 소득이 될 수 없다. 반면 기업에 대한 정부의 보조금은 기업의 소득에 포함된다.

> $NI＝NNI$－간접세＋정부의 기업보조금

③ 가계처분가능소득(Personal Disposible Income, PDI)

ⓒ 가계처분가능소득은 국민소득에서 법인세, 개인소득세 등의 직접세와 법인의 사내유보이윤을 빼고, 사회보장지출과 같은 정부 이전지출을 더해서 구한다.

ⓒ PDI는 가계가 임의로 소비하거나 저축으로 처분할 수 있는 소득이다.

> $PDI＝NI$－법인세－사내유보이윤－개인소득세＋이전지출

6. 국민계정

(1) 국민계정의 뜻

국민계정(national account)은 일정기간 동안 국민경제의 활동 결과와 일정 시점에서의 국민경제의 자산과 부채의 상황을 알아보기 위해 작성하는 것으로, 기업의 재무제표와 같은 성격을 지닌다.

(2) 국민계정의 구성

국민계정은 국민소득통계, 자금순환표, 산업연관표, 국제수지표, 국민대차대조표로 구성되어 있다. 이 중 국민대차대조표는 스톡(stock)계정이고, 나머지는 플로(flow)계정이다.

01 실질 GDP가 증가하는 경우는? **[30회 기출]**

① 기존 아파트 매매가격 상승

② 주식시장의 주가 상승

③ 이자율 상승

④ 사과 가격의 상승

⑤ 배 생산의 증가

답 ⑤

▌**정답해설**▌

⑤ 배 생산의 증가는 최종생산물의 생산이 증가한 것이므로 실질 GDP를 증가시킨다.

①, ② GDP에는 일정기간 동안의 생산물이 포함된다. 기존 아파트 매매가격 상승이나 주식시장의 주가 상승은 생산물이 아니므로 GDP 추계에 반영하지 않는다.

③ 이자율이 상승하면 민간투자가 감소하여 실질 GDP는 감소한다.

④ 사과 가격의 상승은 실질 GDP의 변동없이 명목 GDP를 증가시킨다.

02 명목 GDP 증가율, 물가상승률, 인구증가율은 각각 연간 5%, 3%, 1%이다. 1인당 실질 GDP의 증가율은? **[30회 기출]**

① 1%

② 2%

③ 4%

④ 9%

⑤ 10%

답 ①

▌**정답해설**▌

실질 $GDP = \dfrac{\text{명목 } GDP}{\text{물가지수}} \times 100$이다. 1인당 실질 $GDP = \dfrac{\text{실질 } GDP}{\text{총인구수}}$이다. 따라서 1인당 실질 $GDP = \dfrac{\text{명목 } GDP}{\text{물가} \times \text{인구}}$이다. 이를 증가율로 나타내려면 양변에 로그함수를 취한다.

1인당 실질 GDP 증가율=명목 GDP 증가율−물가상승률−인구증가율이 된다. 따라서 1인당 실질 GDP 증가율 =5%−3%−1%=1%이다.

03 GDP 증가요인을 모두 고른 것은? **[29회 기출]**

> ㄱ. 주택 신축
> ㄴ. 정부의 이전지출
> ㄷ. 외국산 자동차 수입

① ㄱ   ② ㄴ
③ ㄱ, ㄷ   ④ ㄴ, ㄷ
⑤ ㄱ, ㄴ, ㄷ

답 ①

┃ 정답해설 ┃

정부지출(정부구매, government purchase)는 GDP를 증가시키지만 정부의 이전지출은 GDP에 포함되지 않는다. 또한 수출은 GDP에 포함되지만 수입은 포함되지 않는다.

04 B국의 명목 GDP는 2013년 1,000억 달러에서 2014년 3,000억 달러로 증가했다. B국의 GDP 디플레이터가 2013년 100에서 2014년 200으로 상승했다면 B국의 2013년 대비 2014년 실질 GDP 증가율은 얼마인가? **[27회 기출]**

① 5%   ② 10%
③ 25%   ④ 50%
⑤ 100%

답 ④

┃ 정답해설 ┃

실질 $GDP = \dfrac{\text{명목 } GDP}{GDP \text{ 디플레이터}} \times 100$이다. 2013년 실질 $GDP = \dfrac{1{,}000\text{억 달러}}{100} \times 100 = 1{,}000$억 달러이고, 2014년

실질 $GDP = \dfrac{3{,}000\text{억 달러}}{200} \times 100 = 1{,}500$억 달러이다. 500억 달러 증가했으므로 2014년 실질 GDP 증가율은 50%

이다.

05 명목 GDP(국내총생산)와 명목 GNI(국민총소득)에 관한 설명으로 옳은 것을 모두 고른 것은?

> ㄱ. 폐쇄경제에서 명목 GDP는 명목 GNI와 크기가 같다.
> ㄴ. 한국인이 해외에서 벌어들인 요소소득이 외국인이 한국에서 벌어들인 요소소득보다 더 큰 경우에 명목 GDP가 명목 GNI보다 더 크다.
> ㄷ. 외국인이 한국에서 벌어들인 근로소득은 한국의 GDP에 포함된다.
> ㄹ. 한국인이 해외에서 벌어들인 이자수입은 한국의 GDP에 포함된다.

① ㄱ, ㄴ   　　　　　　　　　　② ㄱ, ㄷ
③ ㄴ, ㄷ   　　　　　　　　　　④ ㄴ, ㄹ
⑤ ㄷ, ㄹ

답 ②

❙ 정답해설 ❙
ㄴ. 한국인이 해외에서 벌어들인 요소소득(국외수취 요소소득)이 외국인이 한국에서 벌어들인 요소소득(국외지급 요소소득)보다 더 큰 경우에 명목 GNI가 명목 GDP보다 더 크다.
ㄹ. 한국인이 해외에서 벌어들인 이자수입은 한국의 GDP에는 포함되지 않는다.

06 거시경제변수에 관한 설명으로 옳지 <u>않은</u> 것은?　　　　　　　**[28회 기출]**

① GDP는 유량(flow) 변수이다.
② GDP 디플레이터는 실질 GDP를 명목 GDP로 나눈 것으로 그 경제의 물가수준을 나타낸다.
③ 기준연도의 명목 GDP와 실질 GDP는 같다.
④ 외국인의 한국 내 생산활동은 한국의 GDP 추계에 포함된다.
⑤ 소비, 투자, 정부지출(구입), 순수출이 GDP를 구성하는 네 가지 항목이다.

답 ②

❙ 정답해설 ❙
GDP 디플레이터는 명목 GDP를 실질 GDP로 나눈 것으로 그 경제의 총체적인 물가수준을 나타낸다.

07 쌀과 컴퓨터만 생산하는 국가의 생산량과 가격이 다음과 같다. 2013년을 기준연도로 할 때 2014년의 실질 *GDP*와 실질 *GDP* 성장률은?　　　　　**[27회 기출]**

구분	쌀		컴퓨터	
	가격(원)	생산량(가마)	가격(원)	생산량(대)
2013년	10	50	30	100
2014년	15	100	50	200

① 3,500원, 100%

② 3,500원, 228.6%

③ 7,000원, 100%

④ 7,000원, 228.6%

⑤ 11,500원, 64.3%

답 ③

┃ 정답해설 ┃

2013년의 실질 *GDP* $=(10\times50)+(30\times100)=3,500$이다. 2014년의 실질 *GDP* $=(10\times100)+(30\times200)=7,000$이다. 따라서 2014년의 실질 *GDP* 성장률은 2배가 되었으므로 100%이다. 즉 $\dfrac{7,000-3,500}{3,500}\times100=100\%$이다.

08 *GDP*(gross domestic product)에 관한 설명으로 옳지 <u>않은</u> 것은?

① *GDP*를 측정할 때 중간재의 가치는 제외하고 최종 상품과 최종 서비스의 가치만을 더한다.

② 실질 *GDP*의 단기 변화는 외국에서 자국민이 생산한 금액을 반영한다.

③ 주부의 가사노동으로 생산된 금액은 *GDP* 계산에서 제외된다.

④ 상품의 품질향상은 *GDP* 계산에 제대로 반영되지 못한다.

⑤ *GDP*는 지하경제를 제대로 반영하지 못한다.

답 ②

┃ 정답해설 ┃

국내총생산(*GDP*)은 국내에서 생산된 것만 포함된다. 즉 외국기업이 국내에서 생산한 것은 *GDP*에 포함되지만 자국민(자국기업)이 외국에서 생산한 것은 *GDP*에 포함하지 않는다.

09 다음 중 케인즈 경제학의 내용과 일치하는 것을 고르면?

① 이자율은 이자율의 증가함수인 저축과 이자율의 감소함수인 투자가 일치하는 곳에서 결정된다.

② 한 경제의 국민소득 수준은 그 경제의 공급측면에 의해서 결정된다.

③ 한 경제의 고용수준은 생산물 시장에서의 총수요에 의해 결정된다.

④ 생산물 시장은 항상 균형을 이루기 때문에 일반적인 초과공급은 있을 수 없다.

⑤ 한 경제의 누출(leakage)과 주입(injection)은 항상 일치한다.

답 ③

▎정답해설▎

③ 케인즈 경제학은 국민소득 결정이론이 곧 고용이론이다. 즉 생산물 시장에서의 총수요에 의해 총생산량이 결정되면 그에 따라 고용수준이 결정된다.

①, ②, ④, ⑤ 고전학파의 주장이다.

10 다음 중 우리나라의 국내총생산(*GDP*)에 포함되지 <u>않는</u> 것은?

① 북한에 보내기 위해 올해에 생산된 비료

② 의사가 진료비를 받고 행한 진료행위

③ 목수가 집을 짓기 위해 구입한 목재

④ 일본회사가 우리나라로부터 구입한 컴퓨터부품

⑤ 자기 집을 칠하기 위해 구입한 페인트

답 ③

▎정답해설▎

*GDP*는 일정기간에 한 나라 안에서 생산한 모든 최종생산물의 시장가치를 합한 것이다. 따라서 중간생산물은 *GDP*에 포함되지 않는다.

③ 목수가 집을 짓기 위해서 구입한 목재는 중간생산물이므로 *GDP*에 포함되지 않는다.

11 **국내총생산(Gross Domestic Product, GDP)의 계산과 관련된 다음 설명 중 옳지 <u>않은</u> 것은?**

① GDP를 계산하기 위해 생산된 최종생산물의 가격을 모두 합하는 방법을 사용할 수 있다.

② 자동차 제조기업에서 자동차 재고가 증가하였을 경우 이는 GDP의 계산에 포함되지 않는다.

③ 생산단계별로 발생한 부가가치를 모두 합산함으로써 GDP를 계산할 수 있다.

④ 가구점에서 만든 가구의 부가가치는 GDP에 포함되지만 개인이 자신이 사용할 목적으로 손수 만든 가구는 GDP에 포함되지 않는다.

⑤ 외국인이 소유한 서울의 한 빌딩으로부터 발생한 임대소득은 한국의 GDP에 포함된다.

답 ②

┃정답해설┃

상품의 재고는 기업이 의도하지 않은 재고투자로서 GDP에 포함된다.

12 **국내총생산(GDP)에 포함되는 것은?**

① 국내에 투자한 외국기업이 그 해에 생산하여 국외에 판매한 상품

② 연초에 500만 원에 구입하여 연말에 600만 원에 처분한 중고자동차

③ 정부가 영세민의 생활안정을 위해 지급한 생계보조비

④ 국외에 투자한 우리 기업이 생산하여 국내로 수입한 상품

⑤ 정부에 납부한 간접세와 정부가 지급한 보조금

답 ①

┃정답해설┃

국내에 투자한 외국기업이 생산하여 국외에 판매한 상품은 일정기간 동안 국내에서 생산된 상품은 GDP에 포함된다.

13 다음 중 옳은 것은?

① 소득과 부채는 유량이고 투자는 저량이다.

② 소득과 부채는 저량이고 투자는 유량이다.

③ 소득과 투자는 유량이고 부채는 저량이다.

④ 소득, 투자, 부채 모두 유량이다.

⑤ 소득, 투자, 부채 모두 저량이다.

답 ③

┃정답해설┃

소득, 투자, 소비, 정부지출, 순수출 등은 일정한 기간을 기준으로 측정한 개념이므로 유량(flow)다. 부채, 자본, 자산, 통화량, 화폐수요, 부(wealth) 등은 일정한 시점에서 측정하는 개념으로 저량(stock)이다.

14 고전학파의 국민소득결정모형에 관한 설명으로 옳지 않은 것은? [34회 기출]

① 세이의 법칙(Say's law)이 성립하여, 수요측면은 국민소득 결정에 영향을 미치지 못한다.

② 물가와 임금 등 모든 가격이 완전히 신축적이고, 노동시장은 균형을 달성한다.

③ 노동시장의 수요는 실질임금의 함수이다.

④ 노동의 한계생산이 노동시장의 수요를 결정하는 중요한 요인이다.

⑤ 통화공급이 증가하여 물가가 상승하면, 노동의 한계생산이 증가한다.

답 ⑤

┃정답해설┃

⑤ 고전학파의 국민소득결정모형에 따르면 가격이 신축적이므로, 통화공급이 증가하여 물가(P)가 상승하면 임금 역시 상승하게 되므로 실질임금은 불변이다. ③과 같이 노동시장의 수요는 실질임금의 함수이므로, 실질임금이 변하지 않으면 노동시장의 균형고용량도 변하지 않으므로 노동의 한계생산도 변하지 않는다.

① 세이의 법칙에 의해 공급만이 문제가 된다.

② 노동시장에서의 수요와 공급의 불일치는 신축적인 명목임금에 의하여 신속히 조절되고 균형을 달성하게 된다.

③ 노동에 대한 수요와 공급은 모두 실질임금의 함수이며 노동시장은 완전경쟁시장이다.

CHAPTER

02 균형국민소득의 결정

출제포인트

☐ 승수효과
☐ 균형국민소득의 계산
☐ 단순모형의 특징

☐ 여러 가지 승수의 계산
☐ 국민소득 결정모형
☐ 확장모형에서의 승수효과

제1절　국민경제의 순환

1. 국민소득의 순환

(1) 국민소득의 순환모형

① 국민경제에서 가계와 기업, 정부 사이에는 생산물 시장과 생산요소 시장을 통하여 생산물과 생산요소가 교환되면 그 이면에는 화폐의 흐름이 있게 된다.

② 국민경제의 순환을 화폐소득과 그 지출이라는 측면에서 살펴볼 때 이러한 순환과정을 국민소득의 순환 (circular flow of national income)이라고 한다.

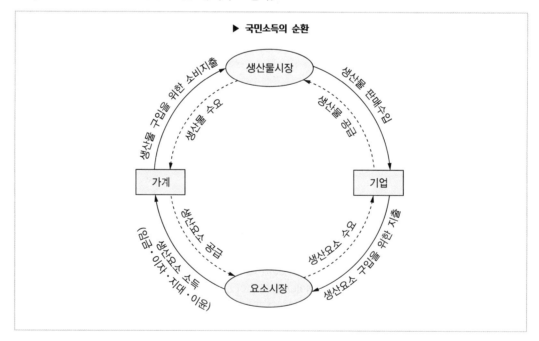

▶ 국민소득의 순환

(2) 총생산과 총소득

① 〈그림〉에서 생산물 시장을 통해서 기업이 생산·판매한 생산물의 가치(총생산)는 생산요소 시장을 통해서 가계가 얻는 총요소소득(총소득)과 같게 된다. 즉 총생산=총소득의 관계가 성립한다.

② 한편 한 경제가 일정기간 동안 생산한 생산물이 처분되는 측면에서 보면 생산물의 일부는 소비재(consumption goods)로서 소비되고, 일부는 자본재(capital goods)로서 소비재 또는 다른 자본재의 생산에 사용되는데 여기서 자본을 마련하기 위한 생산물의 흐름을 투자(investment)라고 한다.

③ 가계의 총소득 중 소비되지 않은 부분을 총저축이라고 하면 총생산=총소득의 관계는 다시 총투자=총저축의 관계로 정리해 볼 수 있다. 즉 저축이 있어야 투자가 이루어질 수 있다는 것이다.

(3) 누출과 주입

① 국민소득의 순환모형에서 소득의 순환을 감소 또는 증가시키는 요인이 작용하는데 이를 누출(leakage)과 주입(leakage)이라고 한다.

② 소득의 순환에서 밖으로 빠져 나가는 소득부분을 누출(leakage)이라고 한다. 예컨대 가계가 소득 중 일부를 저축한다면 그만큼 소득순환은 감소한다. 저축(S)뿐만 아니라 조세(T)나 수입(IM)도 누출에 포함되는데 누출은 소득의 처분과정에서 그 크기가 결정되므로 소득의 증가함수이다.

③ 소득순환의 외부에서 들어와 새로운 소득을 창출하는 지출을 주입(injection)이라고 한다. 주입은 그 원천이 무엇이든 소득순환을 증가시킨다. 그리고 투자(I), 정부지출(G), 수출(EX) 등의 주입은 독립적인 (autonomous) 지출로 소득의 크기를 결정한다.

④ 누출과 주입이 같으면 소득순환은 같은 크기로 반복되고 이 경우 국민소득은 균형을 이룬다. 그리고 주입이 누출을 초과하면 소득순환은 증가한다.

(4) 국민소득의 균형조건

누출과 주입이 같을 경우 국민소득은 균형상태에 있게 된다. 따라서 2부문 경제의 경우 $S=I$, 3부문 경제의 경우에는 $S+T=I+G$, 해외부문이 포함된 개방경제에서는 $S+T+IM=I+G+EX$ 또는 $S+T=I+G+NX$가 국민소득의 균형조건이 된다. NX는 순수출로 $NX=EX-IM$이다.

2. 국민소득의 창출과 처분

(1) 국민소득의 처분

① 생산을 통해 얻어진 국민소득은 각 생산요소에 분배되고 분배된 국민소득은 소비(C), 저축(S), 조세(T), 수입상품에 대한 지출(IM)로 사용된다.

② 따라서 국민소득을 소득처분의 관점에서 보면

$$Y_S = Y = C + S + T + IM$$

이다. 여기서 Y_S는 생산을 통해 얻어진 국민소득, 즉 총공급을 표시한다. 이 식은 항등식이다.

(2) 국민소득의 창출

① 생산활동은 생산물에 대한 수요를 기반으로 이루어지는데 생산물에 대한 총수요(YD)는 소비수요(C), 투자수요(I), 정부수요(G), 해외수요 즉 수출(EX)로 구성된다. 총수요가 증가하면 생산이 증가하고, 이에 따라 국민소득이 증가한다.

② 따라서 국민소득을 소득창출의 관점에서 보면 다음과 같다.

$$Y_D = C + I + G + EX$$

(3) 국민소득의 균형조건 <kbd>기출</kbd> 35회·30회·28회

① 국민소득은 총수요와 총공급이 일치하는 수준에서 결정되므로 균형에서는 $Y_D = Y_S$가 된다.

② 그런데 총수요를 구성하는 항목 중 투자와 정부지출, 수출은 독립적으로(autonomous) 결정되므로 이 관계가 항상 성립하는 것은 아니다.

③ 총수요 > 총공급이면 생산이 증가하고, 이에 따라 국민소득은 증가한다. 반면 총수요 < 총공급이면 생산이 감소하고, 이에 따라 국민소득은 감소한다.

④ 국민소득의 균형조건은 다음과 같다.

$$C + S + T + IM = C + I + G + EX$$
$$S + T + IM = I + G + EX$$

결국 국민소득의 균형조건은 누출과 주입의 균형조건과도 일치한다.

제2절 국민소득 결정이론

1. 고전학파의 국민소득 결정 <kbd>기출</kbd> 34회

(1) 국민소득의 결정

① 고전학파는 일정기간 동안의 경제의 총생산(국민소득)은 그 경제에 주어진 생산요소의 크기(즉 노동, 자본의 양)에 의해 결정된다고 본다.

② 고전학파의 이러한 견해는 총생산함수 $Y = f(L,\ K)$에 반영된다. 즉 노동량 L과 자본량 K의 양에 의해 총생산(국민소득) Y의 크기가 결정된다는 것이다.

③ 〈그림〉에서 보는 것처럼 단기에 자본량이 고정되어 있다고 하면, 경제에 주어진 노동량의 크기에 의해 총생산(국민소득)의 크기가 결정된다.

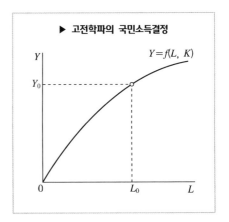

▶ 고전학파의 국민소득결정

(2) 고전학파의 기본적 사고 : 세이(Say)의 법칙

① 공급은 그 스스로의 수요를 창조한다(supply creates its own demand)는 세이의 법칙에 의해 수요는 문제가 되지 않고 공급만이 문제가 된다.

② 따라서 경제의 모든 생산요소를 생산에 투입(완전고용)하여 생산하면 실업(즉 비자발적 실업)은 존재하지 않고, 생산된 생산물은 전부 판매된다.

③ 그러나 고전학파의 이러한 사고방식은 1929년에 시작된 세계대공황으로 설득력을 잃게 되었다.

2. 케인즈의 국민소득 결정

(1) 케인즈 이론의 등장

① 케인즈는 1929년의 세계대공황과 1930년대의 장기침체를 '풍요속의 빈곤(poverty midst plenty)'으로 표현하고, 그 원인을 유효수요(총수요)의 부족으로 설명한다.

② 즉 총생산(국민소득)은 유효수요의 크기에 의해 결정된다고 하여 고전학파와는 달리 수요의 중요성을 강조하는 유효수요 이론을 제시하였다.

(2) 케인즈 이론의 특징

① 단기이론이다. 즉 케인즈의 관심은 장기적인 경제성장이 아니고, 눈앞에 펼쳐진 단기적인 대량실업 문제의 해결에 있었다.

② 국민경제에는 잉여생산능력이 존재한다. 즉 주어진 노동과 자본의 상당부분이 실업상태에 있고 따라서 수요만 있다면 생산의 증가는 언제든지 가능하다.

③ 물가수준은 불변이다. 즉 명목소득의 증가는 곧 실질소득의 증가를 의미한다.

④ 단기에 생산능력은 불변이다. 즉 순투자(자본투입의 증대)에 의한 생산능력의 증가는 고려하지 않는다.

⑤ 고용수준은 국민소득의 변화에 비례한다. 즉 국민소득의 크기가 결정되면 그것을 생산할 수 있을 만큼 고용수준도 함께 결정된다. 따라서 국민소득 이론은 고용이론이다.

제3절 　균형국민소득의 결정(단순모형)

1. 소비와 저축

(1) 소비와 저축은 소득의 증가함수 　기출 　34회

① 소비(consumption, C)는 소득(Y)의 증가함수로 다음과 같은 소비함수로 표시된다.

$$C = a + bY$$

② 소비함수의 세로축 절편에 해당하는 a는 기초소비이다. 즉 소득이 없어도 생계유지를 위해 필요한 최소한의 소비이다. 저축을 인출하여 소비한다고 보면 음($-$)의 저축이 된다. 또한 이는 소득과는 관계없이 그 크기가 결정되므로 독립(autonomous)소비이다.

③ 소비함수의 기울기인 b는 소득증가분(ΔY)에 대한 소비증가분(ΔC)의 비중을 나타내는 한계소비성향(MPC)이다.

④ 한편 저축(savings, S)은 소득에서 소비를 제하고 남은 부분이므로 소비와 마찬가지로 소득의 증가함수이다. 저축함수는 다음과 같이 표시된다.

$$S = Y - C = -a + (1-b)Y$$

⑤ $-a$는 저축함수의 절편인데 소비함수에서의 기초소비에 해당한다. $(1-b)$는 저축함수의 기울기로 소득증가분(ΔY)에 대한 저축증가분(ΔS)의 비중을 나타내는 한계저축성향(MPS)이다.

⑥ 소비함수와 저축함수는 다음의 〈그림〉과 같이 나타낼 수 있다.

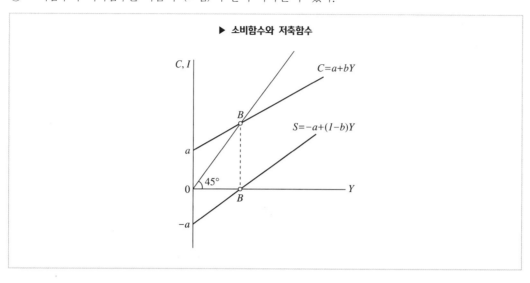

▶ 소비함수와 저축함수

(2) 소비성향과 저축성향 [기출] 34회

① 평균소비성향(APC)은 소득에서 차지하는 소비의 비중, 즉 $\dfrac{C}{Y}$이고, 평균저축성향(APS)은 소득(Y)에서 차지하는 저축(S)의 비중, 즉 $\dfrac{S}{Y}$이다. $APC + APS = 1$이므로 APC와 APS 모두 1과 0 사이의 값을 갖는다.

② 한계소비성향(MPC)은 소득증가분에서 차지하는 소비증가분의 비중, 즉 $\dfrac{\Delta C}{\Delta Y}$이고, 한계저축성향($MPS$)은 $\dfrac{\Delta S}{\Delta Y}$이다. $MPC + MPS = 1$이므로 MPC와 MPS 모두 1과 0 사이의 값을 갖는다.

(3) 파국점

파국점(breakeven point)은 소득을 전부 소비하는 점이다. 즉 $Y = C$이고 따라서 $S = 0$인 점이다. 〈그림〉에서 45°선과 소비함수가 교차하는 점, 또는 저축함수가 가로축과 교차하는 점이 파국점이다. 파국점에서는 $APC = 1$, $APS = 0$이다.

2. 투자

(1) 독립투자만을 가정

① 투자(investment, I)는 소득과 무관하게 기업가의 장래에 대한 기대(예상)에 의해 결정된다고 가정한다. 즉 독립투자만이 있다고 가정한다. 따라서 투자함수는 $I = I_0$이고 수평선의 형태로 나타난다.

② 실제로 케인즈는 투자가 매우 즉흥적이고, 감각적으로 이루어진다고 보고 있다. 즉 투자는 이자율과 예상 수익률을 정확히 고려하여 이루어지는 것이 아니라 기업가의 본능적 판단(animal spirit)에 크게 의존한다고 생각하였다.

(2) 독립투자와 유발투자 기출 34회

① 독립투자(autonomous investment)는 소득의 크기(변화)와 관계없이 기업가의 독자적인 판단에 따라 독립적으로 이루어지는 투자이다. 주로 기업가의 미래에 대한 예상(전망)에 따라 달라진다.

② 유발투자(induced investment)는 소득의 증가에 따라 이루어지는 투자이다. 즉 소득이 증가하면 소비가 증가하여 재화와 서비스의 판매가 증가하므로 기업가의 이윤이 증가한다. 이로 인해 투자가 증가하는데 이를 유발투자라고 한다.

3. 균형국민소득의 결정 기출 30회 · 28회 · 27회

(1) 균형국민소득의 조건

① 가계와 기업으로 구성되는 2부문 경제에서 총수요 $Y_D = C + I$이다. 앞에서의 가정에 의해 이 경제에는 잉여생산능력이 있으므로 총생산, 즉 국민소득은 총수요의 크기에 의해 결정된다.

② 즉 균형국민소득은 총수요(Y_D)와 총공급(Y_S)이 일치하는 데서 결정된다. 국민소득의 균형조건은 $Y_D = Y_S$이므로 $C + I = C + S$ 또는 $I = S$ 역시 국민소득의 균형조건이다.

(2) 총수요에 의한 균형국민소득의 결정

① 〈그림〉에서 45°선은 $Y_S = Y$이므로 총공급함수이다. 총수요는 $Y_D = C + I$이므로 소비함수와 투자함수를 수직으로 합한 것이므로 총수요함수는 $Y_D = a + bY + I_0$이다.

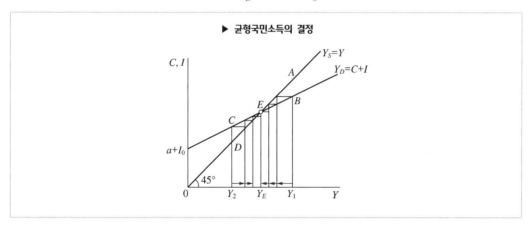

▶ 균형국민소득의 결정

② 균형국민소득은 총수요와 총공급이 일치하는 E에서 결정된다. 따라서 Y_E가 균형국민소득이 된다. 균형국민소득은 한 나라의 국민경제가 균형을 이루도록 하는 국민소득을 의미한다. 따라서 실제 국민소득이나 완전고용국민소득과는 구별되는 개념이다.

③ 만일 실제의 국민소득이 균형국민소득보다 높은 수준인 Y_1이면 총공급이 총수요를 초과하므로 AB만큼 기업들의 초과공급, 즉 재고가 발생하고 기업들은 예상하지 못한 재고만큼 생산을 감소시킨다. 생산이 감소하면 국민소득이 감소하여 국민소득은 Y_E로 돌아간다.

④ 실제의 국민소득이 균형국민소득보다 낮은 수준인 Y_2이면 총수요가 총공급을 초과하므로 CD만큼 기업들의 초과수요가 발생한다. 그러면 기업들은 초과수요만큼 생산을 증가시키고 이에 따라 국민소득이 증가하여 국민소득은 균형국민소득인 Y_E로 돌아간다.

(3) $S = I$에 의한 균형국민소득의 결정

① 균형국민소득은 저축(S)=투자(I)의 균형조건에 의해서 결정된다. 다음의 〈그림〉에서 보는 바와 같이 저축과 투자가 일치하는 균형점 E에서 균형국민소득 Y_E가 결정된다.

② 실제 국민소득이 Y_1이면 AB만큼의 초과공급, 즉 재고(inventory)가 증가하므로 생산이 감소하여 국민소득은 감소한다. 반면 실제 국민소득이 Y_2이면 CD만큼 재고가 감소하므로 생산이 증가하여 국민소득은 증가한다.

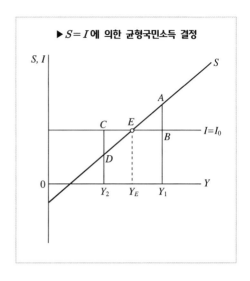

▶ $S = I$에 의한 균형국민소득 결정

(4) 저축과 투자의 조정

① 균형국민소득의 조건 $I = S$에서 투자(I)와 저축(S)은 사전적(ex-ante) 의미, 즉 의도된(intended) 투자와 저축이다. 여기서 투자와 저축의 주체 및 동기는 서로 다르므로 사전적으로는 투자와 저축이 일치하지 않을 수 있다.

② 그러나 사후적(ex-post)으로는 투자와 저축이 항상 일치한다. 사후적은 실현된(realized) 후를 의미한다. 사후적으로 투자와 저축이 항상 일치하는 이유는 재고투자의 조정이 이루어지기 때문이다.

③ 위의 〈그림〉에서 보면 $I = S$인 Y_E에서 국민소득은 균형을 이룬다. 그런데 만일 실제의 국민소득이 Y_1이라면 사전적 저축(AY_1)이 사전적 투자(BY_2)를 초과한다. 이는 수요가 적어 재화와 용역의 판매가 부진한 것을 의미하므로 재고(AB)가 증가하는데 재고는 투자(재고투자)에 포함된다.

④ 따라서 사후적 저축(AY_1)=사후적 투자(AY_1)=사전적 투자(BY_1)+사후적인 재고투자(AB)이다. 결국 AB의 재고투자로 인해 사후적으로는 항상 $I = S$가 된다.

4. 균형국민소득의 변화와 승수효과

(1) 승수효과(multiplier effect) 기출 29회 · 28회

① 2부문 모형에서 독립투자가 증가하면 총수요가 증가하여 국민소득은 증가한다. 이때 국민소득은 투자증가분 이상으로 여러 배가 증가하는데 이러한 효과를 승수효과(multiplier effect)라고 한다.

② 여기서 독립투자의 증가분(ΔI)보다 국민소득의 증가분(ΔY)이 더 큰 이유는 투자 증가 → 소득 증가 → 소비 증가 → 소득 증가 → 소비 증가의 연속적인 과정이 유발되기 때문이다.

(2) 승수(multiplier)의 크기

① 독립투자가 ΔI만큼 증가할 때 국민소득의 증가분 ΔY는 다음과 같다.

$$\Delta Y = \Delta I + b\Delta I + b^2 \Delta I + b^3 \Delta I + \cdots = \Delta I(1 + b + b^2 + b^3 + \cdots) = \Delta I \times \frac{1}{1-b}$$

따라서 독립투자승수 $\dfrac{\Delta Y}{\Delta I} = \dfrac{1}{1-b}$ 이 된다.

② 만일 MPC가 0.6이라면 승수가 2.5이므로 투자가 100억 달러 증가했을 때 국민소득은 그 2.5배인 250억 달러가 증가한다는 것이다.

③ 이것이 바로 케인즈가 대공황으로부터 벗어나기 위해 제시한 유수정책(pump-primming policy)의 핵심적인 아이디어이다.

(3) 승수이론의 전제

① 소비함수가 안정적이어야 한다. 만일 한계소비성향(MPC)이 시간의 변화나 소득의 변화에 따라 변화한다면 승수의 크기는 일정하지 않다.

② 독립투자가 계속적으로 주입되어야한다. 즉 승수효과는 상당한 기간을 두고 단계적인 과정을 거쳐 나타나므로 승수효과만큼의 소득 증가가 있기 위해서는 매 기간 독립지출(투자)이 계속 주입되어야 한다.

③ 국민경제에는 잉여생산능력이 있으며, 물가수준이 일정하여 명목소득의 증가는 곧 실질소득의 증가를 의미한다는 가정이 있어야 성립한다.

5. 모형의 확장(확장모형)

(1) 확장모형의 의의

① 이제 국민소득 결정의 단순모형을 확장하여 정부와 해외부문을 포함한 경우의 국민소득 결정원리를 분석한다.

② 정부부문이 포함되면 정부지출과 조세를 고려하고, 해외부문이 포함되면 수출과 수입을 고려한다.

③ 여기서 정부지출(G)은 정책변수(즉 외생변수)이고 수출(EX)은 해외수요에 의해 결정되는 외생변수이므로 일정한 것으로 가정한다. 반면 조세(T)와 수입(IM)은 소득의 증가함수라고 가정한다.

(2) 확장모형에서의 균형국민소득 `기출` 35회 · 33회 · 32회 · 30회 · 28회

① 확장모형에서의 총수요 $Y_D = C + I + G + (EX - IM)$이고, 총공급 $Y_S = Y = C + S + T$이므로 균형국민소득의 조건식은 다음과 같다.

$$C + I + G + (EX - IM) = C + S + T$$
$$I + G + (EX - IM) = S + T$$

〈그림〉에서 보는 것처럼 총수요함수는 단순모형에서의 총수요함수를 정부지출(G)과 순수출($EX - IM$)만큼 상방으로 이동시킨 것이다.

② 균형국민소득이 총수요와 총공급이 일치하는 수준에서 결정되는 것은 단순모형에서와 같다. 그리고 단순모형에서보다 총수요가 더 크기 때문에 균형국민소득의 크기도 단순모형에서 보다 더 크다.

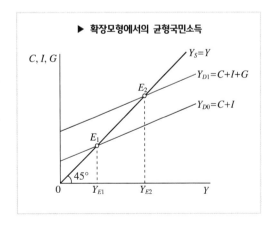

▶ 확장모형에서의 균형국민소득

(3) 확장모형에서의 승수효과 <u>기출</u> 34회·33회·32회·31회·29회·27회

① 투자승수

㉠ 확장모형에서의 승수는 단순승수(또는 독립투자승수)와 복합승수로 구분해 볼 수 있다.

㉡ 단순승수(simple multiplier) 또는 독립투자승수는 독립투자만 있는 경우의 승수로, 단순모형에서의 승수와 동일하다.

$$\text{단순독립투자승수} \quad \frac{\Delta Y}{\Delta I} = \frac{1}{1-b}$$

㉢ 복합승수(compound multiplier)는 유발투자까지 있는 경우의 승수로 이 경우의 투자함수는 $I = I_0 + iY$가 된다. 여기서 i는 유발투자계수 또는 한계투자성향(MPI)이다.

$$\text{복합승수} \quad \frac{\Delta Y}{\Delta I} = \frac{1}{1-b-i}$$

이다. 복합승수는 유발투자까지 고려하므로 단순승수보다 승수의 크기가 더 크다.

② **정부지출승수** : 정부지출은 독립투자와 마찬가지로 독립적인 지출이기 때문에 투자승수와 크기가 같다.

$$\text{정부지출승수} \quad \frac{\Delta Y}{\Delta G} = \frac{1}{1-b}$$

③ 조세승수

㉠ 정액세, 즉 소득의 크기와는 무관한 조세를 부과한다고 가정하면 소비함수는 $C = a + b(Y-T)$가 된다.

$$\text{조세승수} \quad \frac{\Delta Y}{\Delta T} = \frac{-b}{1-b}$$

㉡ 승수에 마이너스(−) 부호가 붙은 것은 조세를 부과하면 승수배 만큼 국민소득이 감소한다는 것을 의미한다.

㉢ 만일 조세를 정액세가 아닌 비례세로 부과하면 승수는 정액세만 있는 경우보다 작아진다.

④ **이전지출승수** : 정부의 이전지출이 R만큼 있게 되면 정액세와는 반대로 소비함수는 $C = a + b(Y+R)$이 된다.

$$\text{이전지출승수} \quad \frac{\Delta Y}{\Delta R} = \frac{b}{1-b}$$

⑤ **균형재정승수** : 케인즈의 국민소득 결정모형에서 정부지출(G)과 조세(정액세, T)를 동시에 같은 금액으로 증가시키면 국민소득(Y)은 ΔG(또는 ΔT)만큼, 즉 1배 증가하는데 이를 균형재정정리라고 하고 이 경우의 승수를 균형재정승수라고 한다. 즉 균형예산승수는 1이다.

$$\text{균형예산승수} \quad \frac{\Delta Y}{\Delta G(=\Delta T)} = \frac{1}{1-b} + \frac{-b}{1-b} = 1$$

⑥ 조세(정액세)와 이전지출이 같은 경우 : ΔT의 조세(정액세)를 부과하여 이를 전부 ΔR의 이전지출로 사용하는 경우의 승수는 0이다. 즉 국민소득은 변동이 없다.

$$\frac{\Delta Y}{\Delta R(=\Delta T)} = \frac{b}{1-b} + \frac{-b}{1-b} = 0$$

⑦ 조세가 비례세인 경우 : 조세가 비례세인 경우 $T = tY$이므로 소비함수는 $C = a + b(Y - tY)$가 되어 위의 승수 모두 분모가 $1 - b + bt$가 된다. t는 한계세율이다.

⑧ 개방경제의 경우 : 개방경제에서는 수입(IM)이 소득(Y)의 증가함수인 경우, 가처분소득($Y_D = Y - T$)인 경우로 구분하여야 한다. 수입함수는 $IM = mY$이다. m은 한계수입성향이다. 이 경우 위의 승수는 모두 분모가 $1 - b + m$이 되어야 한다.

⑨ 모든 경우를 고려한 승수 : 유발투자, 비례세, 개방경제를 모두 고려한 경우 유발투자계수(한계투자성향, 가속도계수) i, 한계세율 t, 한계수입성향 m을 모두 포함하면 위 승수의 분모는 모두 $1 - b + bt + m - i$가 된다. 분자는 동일하다.

6. 완전고용국민소득

(1) 균형국민소득(Y_E)

① 균형국민소득은 국민경제의 균형을 보장하는 국민소득으로 실제의 국민소득과는 다르다.

② 케인즈의 이론에 의하면 균형국민소득은 총수요의 크기에 의해서 그 수준이 결정된다. 즉 균형국민소득은 총수요와 총공급이 일치하는 데서 결정된다.

(2) 완전고용국민소득(Y_F)

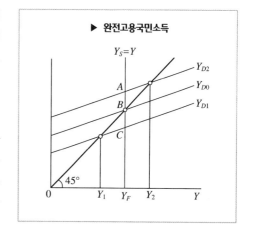
▶ 완전고용국민소득

① 완전고용국민소득(잠재 GDP, 자연산출량과 같은 개념)은 한 경제에 주어진 생산요소를 완전고용했을 때의 국민소득이다. 완전고용국민소득은 그 경제에 주어진 생산요소의 부존량에 의해 결정된다.

② 따라서 총수요의 크기와는 무관하게 단기에는 그 크기가 일정하다. 〈그림〉에서 Y_F가 완전고용국민소득이다.

③ 만일 총수요가 Y_{D2}라면 균형국민소득(Y_2)은 완전고용국민소득(Y_F)을 초과한다. 그러나 완전고용국민소득 이상의 국민소득 증가는 불가능하므로 이때 완전고용국민소득을 초과하게 만드는 총수요의 초과분, 즉 인플레이션 갭(inflationary gap)이 발생한다. 〈그림〉에서 AB가 인플레이션 갭이다. 그리고 인플레이션 갭은 물가상승을 유발한다.

④ 만일 총수요가 Y_{D1}이라면 균형국민소득(Y_1)은 완전고용국민소득(Y_F)에 미달된다. 이때 완전고용국민소득에 미달되게 하는 총수요의 부족분을 디플레이션 갭(deflationary gap)이라고 한다. 〈그림〉에서 BC가 디플레이션 갭이다. 디플레이션 갭은 물가를 하락시킨다.

7. 절약의 역설

(1) 절약의 역설의 의미

① 저축은 개인적으로는 부의 축적수단이다. 그러나 사회적으로는 저축 증가 → 소비 감소 → 총수요 감소 → 소득 감소 → 저축 감소를 유발하는데 이를 절약의 역설(paradox of thrift) 또는 저축의 역설이라고 한다.

② 〈그림〉에서 보는 것처럼 저축이 증가하여 저축함수가 상방으로 이동하면 균형국민소득은 감소하고 이에 따라 저축도 감소한다.

(2) 절약의 역설에 대한 평가

이 역설은 저축이 투자로 연결되지 않는다면 타당하다. 그러나 저축의 증가가 같은 크기의 투자 증가를 유발하면 총수요의 감소도 없고, 오히려 자본스톡을 증가시켜 미래의 경제성장을 가져오게 된다

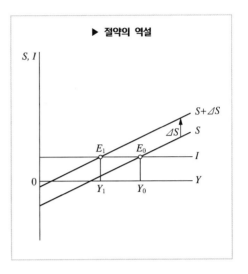

▶ 절약의 역설

확인학습문제

01 케인즈의 국민소득결정모형에서 소비 $C = 0.7Y$이고, 투자 $I = 80$이다. 정부지출이 10에서 20으로 증가할 때, 균형국민소득의 증가분은? (단, C는 소비, Y는 국민소득, I는 투자) **[31회 기출]**

① 10/3
② 5
③ 100/7
④ 100/3
⑤ 50

답 ④

▌정답해설▐

국민소득의 균형조건은 $Y = C + I + G$이다. 정부지출이 10인 경우 균형국민소득은 $Y = 0.7Y + 90$에서 $Y^* = 300$이다. 정부지출이 20이면 $Y = 0.7Y + 100$에서 $Y^* = \dfrac{1,000}{3}$으로 $\dfrac{100}{3}$ 증가한다.

또는 한계소비성향(b)이 0.7이므로 정부지출승수 $\dfrac{\Delta Y}{\Delta G} = \dfrac{1}{1-b} = \dfrac{1}{1-0.7} = \dfrac{1}{0.3}$ 배 증가하여 $\dfrac{100}{3}$ 증가한다.

02 개방경제의 국민소득 결정모형이 아래와 같다. 정부지출(G)과 조세(T)를 똑같이 200에서 300으로 늘리면 균형국민소득은 얼마나 늘어나는가? (단, Y는 국민소득이다.) **[29회 기출]**

- 소비함수 : $C = 300 + 0.6(Y - T)$
- 투자함수 : $I = 200$
- 정부지출 : $G = 200$
- 조세 : $T = 200$
- 수출 : $EX = 400$
- 수입 : $IM = 100 + 0.1(Y - T)$

① 0

② 50

③ 100

④ 200

⑤ 250

답 ③

┃정답해설┃

정부지출(G)과 조세(T)를 똑같이 200에서 300으로 늘리는 경우 균형재정승수를 적용한다. 균형재정승수=1이므로 $\Delta Y = \Delta G = \Delta T = 100$이다.

문제에서 한계소비성향 $MPC(b) = 0.6$, 한계수입성향 $MPM(m) = 0.1$이다. 이 경우 정부지출승수 $\dfrac{dY}{dG} = \dfrac{1}{1 - b + m}$ $= 2$이다. 수입은 처분가능소득의 증가함수이므로 조세승수 $\dfrac{dY}{dT} = \dfrac{-b + m}{1 - b + m} = -1$이다.

정부지출이 100 증가하면 국민소득은 200억 증가하고, 조세가 100 증가하면 국민소득은 100 감소한다. 따라서 정부지출과 조세가 모두 100 증가하면 국민소득은 100만큼 증가한다.

03 정부가 지출을 10만큼 늘렸을 때 총수요가 10보다 적게 늘어났다. 그 이유로 옳은 것은?

[30회 기출]

① 소득변화에 따른 소비증가
② 소득변화에 따른 소비감소
③ 이자율변화에 따른 투자증가
④ 이자율변화에 따른 투자감소
⑤ 그런 경우가 일어날 수 없다.

답 ④

┃ 정답해설 ┃

정부지출을 늘렸지만 총수요가 그보다 적게 늘어났다면 그 이유는 구축효과(crowding out effect)가 발생했기 때문이다. 즉 정부지출의 증가로 총수요가 증가하면 이자율이 상승하여 민간투자가 감소한 것이다.

04 개방경제 甲국의 국민소득 결정모형이 다음과 같다. 특정 정부지출 수준에서 경제가 균형을 이루고 있으며 정부도 균형예산을 달성하고 있을 때, 균형에서 민간저축은? (단, Y는 국민소득, C는 소비, I는 투자, G는 정부지출, T는 조세, X는 수출, M은 수입이다.)

[30회 기출]

- $Y = C + I + G + (X - M)$
- $C = 150 + 0.5(Y - T)$
- $I = 200$
- $T = 0.2Y$
- $X = 100$
- $M = 50$

① 150
② 200
③ 225
④ 250
⑤ 450

답 ④

┃ 정답해설 ┃

특정 정부지출 수준에서 경제가 균형을 이루고 있으며 정부도 균형예산을 달성하고 있으므로 $G = T$이고, 이를 대입하면 총수요 $E = C + I + G + X - M = 400 + 0.6Y$이다. $Y = E$에서 균형을 이루면 균형국민소득 $Y = 1,000$이다. 민간저축 $S = Y_D - C = -150 + 0.4Y = 250$이다.

05 개방경제하에서 국민소득의 구성 항목이 아래와 같을 때 경상수지는? (단, C는 소비, I는 투자, G는 정부지출, T는 조세, S^P는 민간저축이다.) **[33회 기출]**

- $C = 200$
- $I = 50$
- $G = 70$
- $T = 50$
- $S^P = 150$

① 50
② 60
③ 70
④ 80
⑤ 90

답 ④

▍정답해설▍

국민소득 항등식 $Y = C + I + G + (X - M)$을 저축과 투자의 관계로 정리하면 다음과 같다.
$(X - M) = S^P + (T - G) - I$ 이다. $(X - M) = 150 + (50 - 70) - 50 = 80$ 이다.

06 저축의 역설(paradox of saving)에 관한 설명으로 옳은 것은?

① 소득이 증가하면 저축이 감소한다는 가설이다.
② 투자가 GDP와 정(+)의 상관관계를 가질 때에는 저축이 증가하면 소득이 증가한다는 가설이다.
③ 고전학파(Classical School)의 이론에서는 성립되지 않는 가설이다.
④ 저축의 증가는 투자를 증가시킴으로써 경제성장을 촉진시킨다는 가설이다.
⑤ 명목이자율의 상승이 인플레이션을 하락시킨다는 가설이다.

답 ③

▍정답해설▍

저축의 역설(paradox of thrift) 또는 절약의 역설은 '저축 증가→소비 감소→총수요 감소→소득 감소→저축 감소'를 유발한다는 것으로 케인즈의 국민소득 결정이론에 바탕을 둔 이론이다. 이 역설은 경기침체로 인해 투자가 위축되어 저축이 투자로 연결되지 않으면 성립될 수 있다. 그러나 저축과 투자가 항상 일치한다고 보는 고전학파(Classical School)의 이론에서는 성립할 수 없다.

07 정부지출과 조세가 같은 액수만큼 증가했을 경우 경제의 변화는?

① 누출이 주입과 동일한 액수만큼 증가했으므로 경제에 미치는 영향이 없다.

② 조세증가로 인한 소비지출의 감소는 정부지출액이 가지는 효과보다 크므로 국민소득이 감소한다.

③ 조세는 국민소득에 마이너스의 효과를 주므로 국민소득은 감소한다.

④ 이런 경우 국민소득은 증가할 수도 있고 감소할 수도 있다.

⑤ 정부지출의 증가액은 그 전체가 주입이지만 조세의 일부는 저축으로부터의 누출이기 때문에 국민소득이 증가한다.

답 ⑤

┃정답해설┃

이 문제는 균형재정승수가 1이라는 것과 직결된다. 이에 의하면 정부지출과 조세가 같은 액수만큼 증가하면 소득도 이와 같은 액수만큼 증가한다. 그 이유는 정부지출의 증가액은 그 전체가 주입이지만 조세의 일부는 저축으로부터의 누출이기 때문에 국민소득이 증가한다.

08 A국 국민소득계정의 구성항목에서 민간투자가 50, 정부소비와 정부투자가 각각 40과 60, 조세가 50이고, 수출과 수입이 동일할 때, 민간저축은? **[35회 기출]**

① 40

② 50

③ 80

④ 100

⑤ 120

답 ④

┃정답해설┃

$Y = C + I + G + NX$는 다음의 계정으로 변경할 수 있다.

$Y - C - T + T - G - I = NX$

$(Y - C - T) + (T - G) - I = NX$

$(Y - C - T) + (50 - 40) - (50 + 60) = 0$

$\therefore\ Y - C - T = S^p = 100$

09 어떤 개방경제의 국민소득결정 모형이 다음과 같이 주어져 있다. 정부지출을 100에서 200으로 늘리면 균형국민소득은 얼마나 늘어나는가?

$Y = C + I + G + (EX - IM)$

$C = 200 + 0.6(Y - T)$

$I = 100$

$G = T = 100$

$EX = 100$

$IM = 100 + 0.1(Y - T)$

(Y : 국민소득, C : 소비, I : 투자, G : 정부지출, T : 조세, EX : 수출, IM : 수입)

① 100 　　　　　　　　　　　　　　② 150

③ 200 　　　　　　　　　　　　　　④ 250

⑤ 300

답 ③

❚ 정답해설 ❚

$Y = C + I + G + (EX - IM)$에 제시된 수치를 넣어 풀면 $G = 100$인 경우 $Y = 700$이고, $G = 200$인 경우 $Y = 900$이므로 국민소득은 200 증가한다.

더 쉬운 방법은 한계소비성향(b)이 0.6이고 한계수입성향(m)이 0.1이므로 정부지출승수 $= \dfrac{1}{1 - b + m} = 2$이다.

국민소득은 정부지출 증가분 100의 2배, 즉 200 증가한다.

10 케인즈 단순모형에 기초한 총수요·총공급 모형에서 경제는 완전고용상태에 있다고 하자. 정부지출을 증가시키면서 총수요 증가로 인한 물가상승을 유발하지 않으려면 조세를 어떻게 해야 하는가? (단, 단기 총공급곡선은 우상향한다고 가정한다.)

① 줄여야 한다.

② 정부지출보다 적게 늘려도 된다.

③ 정부지출만큼 늘리면 된다.

④ 정부지출보다 많이 늘려야 한다.

⑤ 어떤 조세정책을 써도 물가상승이 유발된다.

┃ 정답해설 ┃

케인즈의 단순모형에서 정부지출승수 $\dfrac{1}{1-b}$ 는 조세승수 $\dfrac{-b}{1-b}$ 보다 절댓값으로 더 크다. 따라서 정부지출 증가로 국민소득이 증가하고 물가가 상승한 경우 이를 원래 수준으로 돌아오게 하여 국민소득과 물가를 유지하려면 조세는 정부지출 보다 더 많이 늘려야 한다.

11 아래의 개방경제 균형국민소득 결정모형에서 수출이 100만큼 늘어나는 경우 (ㄱ)균형소득의 변화분과 (ㄴ)경상수지의 변화분은? (단, C는 소비, Y는 국민소득, T는 세금, I는 투자, G는 정부지출, X는 수출, M은 수입이며, 수출 증가 이전의 경제상태는 균형이다.) **[33회 기출]**

- $C = 200 + 0.7(Y - T)$
- $I = 200$
- $G = 100$
- $T = 100$
- $X = 300$
- $M = 0.2(Y - T)$

	ㄱ	ㄴ
①	1000	100
②	1000/3	100/3
③	1000/3	100
④	200	60
⑤	200	100

답 ④

┃ 정답해설 ┃

이 모형에서 수출승수는 $\dfrac{1}{1-b+m} = \dfrac{1}{1-0.7+0.2} = 2$ 이다. 따라서 수출이 100만큼 늘어나면 국민소득은 2배, 즉 200만큼 증가한다. 경상수지 $X - M$의 변동분 $= 100 - 0.2(200) = 60$이다.

12 개방경제 K국의 국민소득계정이 다음과 같다. 국내총생산이 1,000일 때 실질 이자율은 얼마인가? (단, r은 실질이자율(%), Y는 국민총소득(GNI)이다.) **[25회 기출]**

- 민간소비 : $C = 100 + 0.75(Y - T)$
- 조세 : $T = 0.2Y$
- 정부지출 : $G = 150$
- 투자 : $I = 530 - 100r$
- 순수출 : $X - M = 0$
- 국외순수취요소소득 : $NFI = 200$

① 1.8%　　　　　　　　　　　　② 2.5%

③ 3.8%　　　　　　　　　　　　④ 5.0%

⑤ 6.3%

답 ④

┃ 정답해설 ┃

$GNI = GDP +$ 교역조건 변화에 따른 실질무역손익 $+$ 국외순수취요소소득(NFI)이다. 실질무역손익을 0으로 하면 GNI는 $Y = 1,200$이다. 따라서 $T = 0.2Y = 240$이고, 이를 소비함수에 대입하면 $C = 100 + 0.75(1,200 - 240) = 820$ 이다.

$Y = C + I + G + (X - M) + NFI$이므로 $1,200 = 820 + I + 150 + 0 + 200$에서 투자 $I = 30$이다.

이를 투자함수식 $I = 530 - 100r$에 대입하면 $30 = 530 - 100r$에서 실질이자율 $r = 5\%$이다.

소비 · 투자

출제포인트

- ☐ 항상소득가설
- ☐ 투자의 현재가치법
- ☐ 토빈의 q이론
- ☐ 상대소득 가설
- ☐ 가속도 원리
- ☐ 신고전학파 투자이론
- ☐ 절대소득가설
- ☐ 라이프 사이클(life cycle) 가설
- ☐ 피셔의 기간 간 소비선택이론

제1절 소비

1. 소비함수

(1) 소비의 특성

① 소비(consumption)지출은 국내총생산에 대한 지출 중에서 가장 큰 비중을 차지한다. 대부분의 국가에서 소비지출은 국내총생산의 60% 이상을 차지한다.

② 소비지출은 또한 가장 안정적이다. 즉 경기변동이 심해도 소비지출은 큰 변동이 없이 안정적이다.

(2) 소비지출의 결정요인

① 소비지출은 가계의 소득, 부(wealth), 경기에 대한 전망, 정부의 정책, 소비자의 기호 등에 의해 그 크기가 결정된다. 이 중 가계의 소득, 즉 가처분 소득이 소비지출에 가장 큰 영향을 미친다.

② 따라서 다른 조건이 일정불변이라면 소비지출(C)은 가처분 소득(Y)의 증가함수이다. 즉 소비함수는 $C = C(Y)$로 표시된다.

2. 케인즈의 절대소득가설 기출 35회 · 34회 · 31회 · 29회

(1) 절대소득가설의 의의

케인즈(J.M. Keynes)의 소비함수는 현재소비는 현재소득의 절대적인 크기에 의존한다는 의미에서 절대소득가설(absolute income hypothesis)이라고 한다. 즉 케인즈의 소비함수는 $C = C(Y)$로 나타낼 수 있다.

(2) 케인즈 소비함수의 특징

① 소득이 증가하면 소비지출도 증가하지만, 소비의 증가는 소득의 증가보다 작다. 즉 0 < 한계소비성향(MPC) < 1 인데 이는 미래에 대비하기 위해 저축을 하는 인간의 기본적인 심리에 기초하고 있는 것이다.

② 소득의 증가에 따라 평균소비성향(APC)은 감소한다. 이는 소득이 낮을 때는 일정수준의 기초소비가 존재한다는 것을 의미하는 것으로 소비함수는 $C = a + bY$이다.

③ 즉 소비함수의 절편이 0보다 큰 경우에 소득이 증가하면 평균소비성향(APC)은 감소하고 또한 이 경우에는 $MPC < APC$이다.

④ 기초소비가 0이라면 소비함수는 원점을 지나는 직선이 되고, 이 경우 소득이 증가해도 APC는 일정하고 $MPC = APC$가 된다.

⑤ 소득의 증가에 따라 한계소비성향(MPC)은 감소한다. 즉 소비함수는 원점에 대해 오목한 형태이다.

3. 소비함수에 대한 실증연구

(1) 쿠즈네츠의 실증연구 결과

① 케인즈의 소비함수가 제시된 후, 여러 학자들에 의해 소비함수에 대한 실증연구가 이루어졌다. 그중 대표적인 것이 쿠즈네츠(S. Kuznets)의 실증연구이다.

② 쿠즈네츠는 미국의 소득－소비에 관한 자료를 분석한 결과, 횡단면 분석과 단기 시계열 분석에서는 케인즈의 소비함수가 잘 맞지만, 장기 시계열 분석에서는 케인즈 소비함수가 맞지 않는다는 것을 밝혀냈다.

(2) 횡단면 분석 결과

① 횡단면(cross-section) 분석은 어느 한 시점에서의 소득과 소비의 관계를 분석하는 것으로, 횡단면 분석에서는 소득이 저소득층과 고소득층으로 나뉘어 측정된다.

② 횡단면 분석결과는 $MPC < APC$인 케인즈 소비함수가 잘 맞는 것으로 밝혀졌다. $MPC < APC$인 이유는 소득수준이 높은 계층일수록 평균적으로 낮은 소비성향을 보이고, 소득수준이 낮은 계층일수록 평균적으로 높은 소비성향을 보이기 때문이다.

(3) 시계열 분석 결과

① 연도별, 계절별 또는 월별 등 시간의 흐름에 따라 소득과 소비의 관계를 분석하는 시계열(time-series) 분석 결과는 단기와 장기의 경우에 다르게 나타났다.

② 단기 시계열 분석에서는 평균소비성향이 호황기에는 장기평균보다 낮고 불황기에는 장기평균보다 높다는 것이 밝혀졌다. 그러므로 단기 소비함수에서는 $MPC < APC$로 나타나 케인즈의 소비함수가 잘 맞는 것으로 밝혀졌다.

③ 그러나 쿠즈네츠의 장기 시계열 분석에 의하면 APC가 대략 일정한 크기를 보인다는 사실이 밝혀졌다. APC가 일정하다는 것은 장기 소비함수에서는 $APC = MPC$, 즉 장기 소비함수는 원점에서 그은 직선의 형태라는 것을 의미하므로 케인즈 소비함수의 특성에 어긋난다.

④ 이러한 경험적인 사실이 밝혀진 것을 계기로 소비함수에 관한 여러 연구결과가 제시되었다.

4. 소비함수에 관한 이론 [기출] 35회·33회·31회·29회

(1) 프리드먼의 항상소득가설

① 프리드먼(M. Friedman)은 케인즈의 단기소비함수에서 $APC > MPC$인 것은 소득이 실제소득(measured income)이기 때문이라는 것이다. 그러나 장기적으로 소비는 항상소득의 함수라는 항상소득가설(permanent income hypothesis)을 제시하였다.

② 실제소득은 항상소득과 임시소득으로 구성되는데, 항상소득은 임금이나 이자, 지대처럼 가계가 확실히 예상할 수 있는 기대소득(expected income), 즉 장기적인 평균소득으로 이는 소득이나 인적 또는 물적 부(wealth)에서 비롯된다.

③ 반면 임시소득은 변동소득, 즉 일시적인 소득으로 장기적으로는 0이 된다. 또한 실제소비도 항상소비와 임시소비로 구성된다.

④ 프리드먼은 항상소득(Y^P)과 항상소비(C^P) 간에만 일정한 상관관계가 성립한다고 주장한다. 즉 소비는 항상소득의 함수로 $C^P = m Y^P$의 관계가 성립한다고 주장한다. 여기서 m은 MPC와 유사한 개념이다.

⑤ 항상소득가설에 따르면 케인즈가 매우 효과적이라고 주장한 단기의 재정정책 특히 조세정책은 무력해진다. 정부가 단기적으로 세율을 변화시켜도 임시소득만 변화할 뿐 항상소득은 변화하지 않기 때문에 소비와 총수요에는 별다른 영향을 주지 못한다.

(2) 라이프 사이클(life cycle) 가설

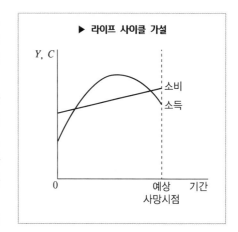

▶ 라이프 사이클 가설

① 모딜리아니(F. Modigliani), 브럼버그(R. Brumberg), 앤도(A. Ando)에 의해 주장된 라이프–사이클 가설, 또는 생애주기가설, MBA 가설은 소비는 소비자의 전 생애를 통한 총소득에 의해 결정된다는 이론이다.

② 〈그림〉에서와 같이 청년기와 노년기에는 소득수준이 상대적으로 낮다. 사람들의 일생을 통해서 볼 때 중년기의 저축으로 청년기와 노년기의 소비를 충당한다는 것이다.

③ 따라서 횡단면 분석을 통해서 보면 고소득층의 APC가 낮고 저소득층의 APC가 높게 나타난다. 여기서 고소득층은 중년기이고 저소득층은 청년기와 노년기이다.

④ 라이프 사이클 가설은 소비의 결정요인으로 장기소득 개념을 사용하고 있다는 점에서 프리드먼의 항상소득가설과 맥락을 같이 한다.

⑤ 그리고 소비가 당기의 소득에 의존하는 것이 아니기 때문에 단기적인 재정정책, 특히 세율의 변화는 소비와 총수요에 별다른 영향을 미치지 못한다.

(3) 듀젠베리의 상대소득가설

① 듀젠베리(J. Duesenberry)는 소비에 영향을 주는 요인으로 소비자 자신의 현재소득은 물론 비교대상이 되는 타인의 소득과 자신의 과거 최고소득을 중요시하였다.

② 이처럼 듀젠베리의 이론은 소비가 자신과 타인, 또는 현재와 과거 사이에서 성립하는 상대소득(relative income)의 함수라고 보는 것이다. 그러므로 듀젠베리의 소비이론을 상대소득가설(relative income hypothesis)이라고 한다.

③ 상호의존성과 전시효과
   ㉠ 소비와 타인의 소득과의 관계는 소비행위의 상호의존성(mutual dependence)에 의해 설명할 수 있다.
   ㉡ 즉 소비는 자신의 소득에 의해서 뿐만 아니라 타인의 소비행위에 의해서도 영향을 받는다는 것이다.
   ㉢ 예컨대 고소득층의 소비행위가 저소득층의 소비행위에 영향을 미치는 경우를 볼 수 있는데 듀젠베리는 이와 같은 소비행위의 상호의존관계를 전시효과(demonstration effect)라고 불렀다.

④ 비가역성과 톱니효과
   ㉠ 한편 소비와 과거소득의 관계는 소비행위의 비가역성(irreversibility)으로 설명한다. 비가역성은 소득이 증가함에 따라 일단 높아진 소비수준은 소득이 감소해도 쉽게 줄어들지 않는다는 것이다.
   ㉡ 비가역성에 의해 현재의 소비가 과거의 최고소비수준, 즉 과거의 최고소득수준에 의해 제약받게 되는 현상을 듀젠베리는 톱니효과(ratchet effect)라고 하였다.

(4) 불확실성하에서의 소비 `기출` 35회 · 31회

① **미래소득의 불확실성** : 케인즈의 소비함수 이후 소비함수논쟁 과정에서 등장한 소비이론들은 미래의 소득을 예측할 수 있다는 가정 하에서 나온 이론들이다. 그러나 미래소득에 대한 불확실성을 전제로 하면 소비지출에 대한 합리적 판단은 그만큼 제약될 수밖에 없다.

② **불규칙보행가설** : 홀과 플라빈(R. Hall and M. Flavin)이 제시한 불규칙보행가설(random walk hypothesis) 또는 임의보행가설은 불확실성 하에서는 현재 및 미래의 소득을 알 수 없기 때문에 소비자는 과거의 소비행태에 의존하여 소비를 한다는 주장이다.[1]

③ **유동성제약가설**

  ㉠ 앞에서 본 라이프 사이클 가설은 효율적으로 잘 움직이는 자본시장을 가정하고 있다. 즉 중년기의 소득을 청년기와 노년기에 이용하기 위해서는 이를 잘 연결해주는 자본시장이 있어야 한다.

  ㉡ 그러나 현실의 자본시장은 불완전하고 한 개인의 미래소득이 불확실하다면 대부자는 자금의 대부를 꺼리므로 개인은 그때 그때의 소득수준에 따라 소비를 할 것이다.

  ㉢ 이처럼 자금의 대부가 어려워지면 개인은 항상소득이나 평생소득보다는 현재소득에 의존하여 소비를 하게 된다는 이론이 유동성제약가설(liquidity constraint hypothesis)이다.

> **더 알아보기** | **소비함수에 관한 가설**
>
> • 소비함수에 관한 가설은
>   ㉠ 현재소득을 중시하는 케인즈의 가설
>   ㉡ 과거소득을 중시하는 듀젠베리의 가설(회고적 이론)
>   ㉢ 미래소득을 중시하는 *MBA* 가설과 프리드먼의 가설(전망적 이론)로 구분해 볼 수 있다.
> • 결국 이 가설들의 차이는 소득개념의 차이에 있다. 그런데 인간의 합리적 행위는 과거의 제약 하에, 현재의 시점에서, 미래의 행동을 계획하므로 이 세 가설은 상호보완적이라고 할 수 있다.

제2절 투자

1. 투자의 개념과 성격

(1) 투자의 뜻

① 투자(investment)는 생산설비나 재고품에 대한 지출을 말한다. 즉 자본재의 증가 또는 유지(대체)를 위한 지출을 투자라고 하는데 주로 기업에 의해서 이루어진다.

② 일반적으로 언급하는 부동산 투자나 주식투자는 국민경제 전체의 입장에서 본다면 단순한 소유권의 이전에 불과하기 때문에 경제학에서 말하는 투자가 아니다.

③ 자본재의 증가를 위한 투자를 신투자(new investment), 자본재의 유지 또는 대체를 위한 투자를 대체투자(replacement investment) 또는 재투자라고 하고 이 둘을 합하여 총투자라고 한다.

---

1) 홀(R. Hall)에 의해 제시된 불규칙보행(random walk)가설은 원래 환율이나 주식가격은 정확히 예측할 수 없다는 점을 강조하는 가설이다. 즉 내일의 환율이나 주식가격은 술취한 사람의 비틀거리는 걸음걸이와 같아서 오르내리는 방향을 정확히 예측할 수 없다는 것이다.

(2) 투자의 성격

① 소비지출은 *GDP*에 대한 지출 중에서 가장 큰 비중을 보일 뿐만 아니라 또한 경기변동에 관계없이 안정적이지만, 투자는 불안정하다. 즉 투자는 경기변동에 따라 심한 기복을 보인다.

② 비록 *GDP*에서 차지하는 비중이 소비지출에 비하면 작지만 투자의 불안정성은 경기변동의 원인이 되기도 한다.

2. 투자수준의 결정

(1) 투자의 동기

① 기업은 이윤, 즉 기대이윤의 확대를 위해 투자를 한다. 투자로부터 기대되는 기대이윤의 크기는 투자로부터의 미래에 얻을 것으로 기대되는 기대수익, 즉 투자의 한계효율과 투자의 비용, 즉 이자율에 의해 결정된다.

② 따라서 투자의 결정요인으로 가장 중요한 두 가지는 투자의 한계효율(또는 내부수익률)과 이자율이다.

(2) 투자의 한계효율

① 기업이 투자로부터 기대하는 기대수익을 수익률로 표시한 것을 투자의 한계효율(marginal efficiency of investment, MEI)이라고 한다. 즉 *MEI*는 투자의 기대수익률을 말한다.[2] 기업은 *MEI*가 큰 투자안을 선택할 것이며 시장 이자율보다 높은 *MEI*를 갖는 투자안을 모두 선택하여 투자하면 기대이윤을 극대화할 수 있다.

② 투자의 한계효율이 큰 투자안부터 낮은 투자안까지 차례로 나열하면 우하향하는 *MEI* 곡선을 얻을 수 있는데, 이 *MEI* 곡선을 투자수요곡선이라고 한다.

③ *MEI* 곡선이 우하향한다는 것은 곧 투자가 증가할수록 좋은 투자기회는 사라지기 때문에 기대수익률은 하락한다는 것을 의미한다.[3]

④ 만일 미래의 경제전망이 낙관적이면 기대수익률은 상승할 것이고 이 경우 *MEI* 곡선은 우측으로 이동하게 된다.

(3) 이자율

이자율(interest rate)은 투자의 비용(즉 기회비용)이다. 이자율이 높으면 투자의 기회비용이 높으므로 투자는 감소하고 이자율이 낮으면 투자의 기회비용이 낮으므로 투자는 증가한다.

---

2) 투자의 한계효율(*MEI*)은 케인즈(J.M. Keynes)에 의해 제시된 것으로, 어떤 투자의 결과 미래에 예상되는 총기대수익의 현재가치와 현재의 투자비용을 같도록 만드는 할인율, 다시 말하면 순현재가치(*NPV*)를 0으로 만드는 할인율을 의미한다. 이는 투자사업 자체에서 계산되므로 내부수익률(internal rate of return, IRR)이라고도 하고, 간단히 기대수익률이라고도 한다.

3) *MEI* 곡선은 가로축은 투자의 양을, 세로축은 이자율을 표시하므로 *MEI* 곡선의 기울기는 투자의 이자율 탄력성으로 나타낼 수 있다. 투자의 이자율 탄력성은 이자율의 변화에 대한 투자의 변화정도를 나타내는 개념으로 투자의 이자율 탄력성이 탄력적이면 *MEI* 곡선은 완만한 형태를 보이고 *MEI* 곡선이 완만하면 뒤에서 보게 될 *IS*곡선도 완만한 형태를 보인다.

(4) 투자의 결정 [기출] 30회

① 〈그림〉에서와 같이 기업은 투자의 한계효율(MEI)과 이자율(r)을 비교하여 투자여부를 결정한다.

② 기업의 기대수익률, 즉 투자의 한계효율(MEI) > 이자율(r)인 경우에는 투자를 늘리면 기대이윤을 증대시킬 수 있다. 반면 투자의 한계효율(MEI) < 이자율(r)인 경우에는 투자를 줄여야 기대이윤을 증대시킬 수 있다.

③ 투자의 한계효율(MEI)=이자율(r)에서 적정투자의 양(I_0)이 결정되고 여기에서 기대이윤이 극대화된다.

④ 또한 미래의 경제전망이 호전되면 MEI 곡선은 우측으로 이동하고 기대이윤을 극대화할 수 있는 적정투자의 양은 증가한다(I_1으로).

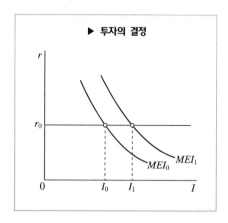

▶ 투자의 결정

3. 기대수익에 의한 투자결정이론

(1) 고전학파의 현재가치 접근법

① 현재가치 접근법의 의의 : 현재가치 접근법은 피셔(I. Fisher)에 의해 정립된 고전학파의 투자결정이론으로 미래에 얻게 될 기대수익의 현재가치(present value, PV)와 투자비용을 비교하여 투자 결정을 하는 방법이다.

② 기대수익의 현재가치

㉠ 기대수익의 현재가치는 미래의 총기대수익을 시장이자율로 할인(discount)하여 현재가치로 환산한 것이다.

㉡ I만큼의 투자금액(투자비용)을 투자하여 1년 후부터 n년 후까지 매년 R_1, R_2, $\cdots$, R_n의 수익이 기대된다고 할 때 기대수익의 현재가치(PV)는 다음과 같이 계산된다.

$$PV = \frac{R_1}{1+r} + \frac{R_2}{(1+r)^2} + \cdots + \frac{R_n}{(1+r)^n}$$

③ 투자의 결정

㉠ 위와 같이 계산된 기대수익의 현재가치(PV)가 투자금액(I)보다 크다면 기업은 투자를 결정할 것이고, 반대로 $PV < I$인 경우에는 투자하지 않을 것이다.

㉡ 다른 여건이 불변인데 시장이자율(r)이 상승하면 기대수익의 현재가치(PV)가 적어질 것이므로 투자를 줄일 것이다. 그러므로 투자는 이자율의 감소함수가 된다.

(2) 케인즈의 내부수익률 접근법(MEI 접근법)

① 투자의 한계효율(MEI), 즉 내부수익률(IRR)과 이자율에 의해서 투자가 결정된다고 보는 케인즈의 투자이론을 내부수익률 접근법이라고 한다. 따라서 내부수익률 접근법도 고전학파의 현재가치법과 마찬가지로 투자가 이자율의 감소함수라는 것을 보여준다.

② 하나의 투자안을 놓고 투자여부를 결정할 때는 현재가치 접근법을 사용하건 내부수익률 접근법을 사용하건 같은 결론에 도달한다.

③ 그러나 여러 투자안 중 어느 것에 투자할 것인가를 결정할 경우에는 두 접근법이 서로 다른 결론에 도달할 수 있다.

④ 이 경우에는 현재가치 접근법이 내부수익률 접근법보다 더 안전하고 정확한 기준을 제시해 줄 수 있다.

4. 가속도원리에 의한 투자 결정

(1) 고전적 가속도원리

① 고전적 가속도원리(acceleration principle)는 클라크(J.B. Clark)에 의해 정립된 것으로, 소비의 증가가 큰 폭의 유발투자의 증가를 초래한다는 것이다.

② 즉 소비의 증가가 생산의 증가를 초래하고 생산의 증가는 투자(유발투자)수요의 증가를 초래하는데 이때 일반적으로 소비의 증가율보다 유발투자의 증가율이 더 크게 나타난다.

③ 고전적 가속도원리를 식으로 표현하면 다음과 같다.

$$I_t = \beta \Delta C_t = \beta(C_t - C_{t-1})$$

여기서 I_t는 t기의 유발투자, ΔC_t는 t기의 소비 증가분을 표시한다. β는 소비 증가분에 대한 유발투자의 비율인데 이를 가속도 계수라고 한다. 가속도계수는 1보다 크다.

(2) 근대적 가속도원리

① 고전적 가속도원리는 소비와 유발투자와의 관계를 설명하는 것이었다. 이에 비해 고전적 가속도원리를 발전시킨 근대적 가속도원리는 새뮤얼슨(P.A. Samuelson)에 의해 정립된 것으로 소득의 변동이 소비의 변동을 통하여 가속도적으로 유발투자의 변동을 야기시키는 원리를 설명하는 것이다.

② 근대적 가속도원리는 다음의 식으로 표현된다.

$$I_t = \alpha\beta(Y_{t-1} - Y_{t-2})$$

즉 소득(Y)의 증가에 따라 다음 기에 일정비율(즉 $\alpha\beta$의 가속도계수만큼)의 투자 증가가 유발된다는 것이다. 여기서 α는 한계소비성향으로 1보다 작기 때문에 $\alpha\beta$는 고전적 가속도 계수 β보다 작다.

③ 가속도원리는 생산시설의 완전가동과 가속도 계수가 일정하다고 가정하고 있는데, 그러나 경기상황에 따라 가속도 계수는 변화한다. 이러한 상황을 설명하기 위해 등장한 것이 자본스톡 조정모형이다.

(3) 자본스톡 조정모형

① 자본스톡 조정모형은 근대적 가속도원리의 한계를 극복하기 위해 나타난 이론으로 신축적 가속도원리라고도 한다.

② 기업은 이윤극대화를 위해 자본의 한계생산(MP_K) = 실질 임대료 수준에서 자본스톡을 유지(K^*)하려 하고, 이 K^*와 기존 자본스톡의 갭을 신투자를 통해 줄여 나간다는 원리이다.

③ 자본스톡 조정모형은 다음의 식으로 표현된다. 이 식에서 I_t는 t기의 신투자를 나타낸다.

$$I_t = K_t - K_{t-1} = \lambda(K^* - K_{t-1}),\ 0 < \lambda < 1$$

④ 자본스톡 조정모형은 신고전파적 투자수요 이론으로 불리면서 가장 대표적인 신투자 수요이론으로 인정받고 있다.

(4) 토빈의 q이론 기출 33회·29회

① 토빈(J. Tobin)에 의해서 정립된 q이론은 투자의 수요는 ⊙ 투자로 인한 순한계생산력(즉 자본의 한계생산력−투자비용)과 ⓛ 실질이자율의 비율에 의해 결정된다는 것이다.

② q이론은 케인즈의 투자이론을 기초로 기업의 이윤극대화 조건으로부터 q를 도출함으로써 신고전파의 투자이론을 흡수했다는 평가를 받는다. 그 전개과정은 자본스톡 조정모형과 유사하다.

③ 토빈의 q는 주식시장에서 평가된 기업의 시장가치를 기업의 실물자본 대체비용으로 나눈 것이다. 주식가격이 투자에 미치는 영향을 설명할 수 있다.

$$q = \frac{\text{설치되어 있는 자본의 시장가치}}{\text{설치되어 있는 자본의 대체비용}}$$

④ $q > 1$인 경우 자본을 새로 설치하는 비용보다 새로 설치한 자본에서 발생하는 수익의 흐름이 더 크기 때문에 기업은 투자를 증가시킨다. 반면 $q < 1$이면 투자를 감소시킨다.

확인학습문제

01 소비이론에 관한 설명으로 옳지 <u>않은</u> 것은? **[31회 기출]**

① 생애주기가설에 따르면 장기적으로 평균소비성향이 일정하다.

② 항상소득가설에 따르면 단기적으로 소득 증가는 평균소비성향을 감소시킨다.

③ 케인즈(J.M. Keynes)의 소비가설에서 이자율은 소비에 영향을 주지 않는다.

④ 피셔(I. Fisher)의 기간 간 소비선택이론에 따르면 이자율은 소비에 영향을 준다.

⑤ 임의보행(random walk)가설에 따르면 소비의 변화는 예측할 수 있다.

답 ⑤

❙ 정답해설 ❙

임의보행가설(random walk hypothesis) 또는 불규칙보행가설은 불확실성 하에서는 현재 및 미래의 소득을 알 수 없기 때문에 소비자는 과거의 소비행태에 의존하여 소비를 한다는 주장이다. 따라서 소비의 변화도 예측할 수 없다.

02 다음은 소비이론에 대해 설명한 것이다. 옳지 <u>않은</u> 것은?

① 항상소득가설에 의하면 소득이 높은 가계가 평균적으로 낮은 평균소비성향을 보인다.

② 생애주기가설에 의하면 고령인구의 비율이 높아질수록 민간부문의 저축률은 하락한다.

③ 상대소득가설은 소비의 가역성과 소비의 상호작용성을 강조한다.

④ 케인즈의 절대소득가설에 의하면 평균소비성향은 한계소비성향보다 크다.

⑤ 항상소득가설에 의하면 정부가 단기에만 조세를 변화시키는 경우 장기간 변화시키는 경우보다 소비에 미치는 효과가 작아진다.

답 ③

❙ 정답해설 ❙

뒤젠베리의 상대소득가설은 톱니효과를 통해 소비의 비가역성(irreversibility)을 강조한다. 소비의 상호작용성을 강조하는 것은 전시효과(demonstration effect)이다.

03 소비이론에 관한 설명으로 옳은 것을 모두 고른 것은? [29회 기출]

> ㄱ. 케인즈 소비함수에 의하면 평균소비성향이 한계소비성향보다 크다.
> ㄴ. 상대소득가설에 의하면 장기소비함수는 원점을 통과하는 직선으로 나타난다.
> ㄷ. 항상소득가설에 의하면 항상소비는 평생 부(wealth)와 관계없이 결정된다.
> ㄹ. 생애주기가설에 의하면 중년층 인구비중이 상승하면 국민저축률이 하락한다.

① ㄱ, ㄴ ② ㄱ, ㄷ
③ ㄴ, ㄷ ④ ㄴ, ㄹ
⑤ ㄷ, ㄹ

답 ①

┃정답해설┃

ㄱ. 케인즈 소비함수(절대소득가설)에 의하면 기초소비(basic consumption)로 인해 평균소비성향(APC)이 한계소비성향(MPC)보다 크다. 그러나 기초소비=0이면 소비함수는 원점을 통과하는 직선형태이므로 $APC = MPC$이다.

ㄴ. 전시효과와 톱니효과 두 가설을 이용하여 단기소비함수와 장기소비함수의 괴리를 설명하는 상대소득가설에 의하면 장기소비함수는 원점을 통과하는 직선으로 나타난다.

ㄷ. 프리드먼의 항상소득가설에서 부(wealth)가 증가하면 항상소득이 증가하므로 항상소비는 증가한다.

ㄹ. 생애주기가설에 의하면 중년층은 저축을 많이 하므로 중년층 인구비중이 높아지면 국민저축률은 높아진다.

04 피셔(I. Fisher)의 기간간 선택(intertemporal choice) 모형에서 최적소비 선택에 관한 설명으로 옳은 것을 모두 고른 것은? (단, 기간은 현재와 미래이며, 현재소비와 미래소비는 모두 정상재이다. 무차별곡선은 우하향하며 원점에 대하여 볼록한 곡선이다.) [30회 기출]

> ㄱ. 실질이자율이 상승하면, 현재 대부자인 소비자는 미래소비를 증가시킨다.
> ㄴ. 실질이자율이 하락하면, 현재 대부자인 소비자는 현재저축을 감소시킨다.
> ㄷ. 실질이자율이 상승하면, 현재 차입자인 소비자는 현재소비를 감소시킨다.
> ㄹ. 미래소득이 증가하여도 현재 차입제약에 구속된(binding) 소비자의 현재소비는 변하지 않는다.

① ㄱ, ㄴ ② ㄴ, ㄷ
③ ㄷ, ㄹ ④ ㄱ, ㄷ, ㄹ
⑤ ㄴ, ㄷ, ㄹ

❚ 정답해설 ❚

ㄴ. 실질이자율이 하락하면 현재소비의 상대가격이 하락하므로 현재 대부자인 소비자는 대체효과에 의해 현재소비가 증가하므로 현재저축이 감소한다. 그러나 한편, 실질이자율 하락으로 실질소득이 감소하면 소득효과에 의해 현재 소비가 감소하므로 현재저축이 증가한다.

따라서 실질이자율이 하락할 때 대체효과와 소득효과가 다르므로 현재저축의 증감여부는 불분명하다.

05 소비이론에 관한 설명으로 옳지 않은 것은? [27회 기출]

① 절대소득가설에 의하면 소비의 이자율탄력성은 0이다.
② 절대소득가설에 의하면 기초소비가 있는 경우, 평균소비성향이 한계소비성향보다 크다.
③ 항상소득가설에 의하면 임시소비는 임시소득에 의해 결정된다.
④ 상대소득가설에 의하면 장기소비함수는 원점을 통과하는 직선의 형태로 도출된다.
⑤ 생애주기가설에 의하면 사람들은 일생에 걸친 소득의 변화 양상을 염두에 두고 적절한 소비수준을 결정한다.

답 ③

❚ 정답해설 ❚

프리드먼의 항상소득가설에 의하면 항상소득만이 소비에 영향을 미친다. 임시소득은 임시소비에 영향을 미치지 못한다.

06 甲기업이 새로운 투자프로젝트 비용으로 현재 250원을 지출하였다. 1년 후 120원, 2년 후 144원의 수익을 얻을 수 있다. 연간 시장이자율(할인율)이 20%일 때, 이 투자프로젝트의 순현재가치(Net Present Value)는?

① -50원
② -30원
③ -3원
④ 14원
⑤ 50원

답 ①

❚ 정답해설 ❚

미래 기대수익의 현재가치를 구하려면 시장이자율(r)로 할인해야 한다. 기대수익의 현재가치 $PV = \dfrac{R_n}{(1+r)^n}$ 이다.

1년 후 120원과 2년 후 144원의 $PV = \dfrac{120}{(1+0.2)} + \dfrac{144}{(1+0.2)^2} = 200$원이다. 현재의 투자비용은 250원이므로 순현재가치(NPV)는 -50원이다.

07 효용을 극대화하는 甲은 1기의 소비(c_1)와 2기의 소비(c_2)로 구성된 효용함수 $U(c_1,\ c_2) = c_1 c_2^2$을 가지고 있다. 甲은 시점 간 선택(intertemporal choice) 모형에서 1기에 3,000만 원, 2기에 3,300만 원의 소득을 얻고, 이자율 10%로 저축하거나 빌릴 수 있다. 1기의 최적 선택에 관한 설명으로 옳은 것은? (단, 인플레이션은 고려하지 않는다.) **[29회 기출]**

① 1,000만 원을 저축할 것이다.

② 1,000만 원을 빌릴 것이다.

③ 저축하지도 빌리지도 않을 것이다.

④ 1,400만 원을 저축할 것이다.

⑤ 1,400만 원을 빌릴 것이다.

답 ①

┃ 정답해설 ┃

현재소비와 미래소비 간의 한계대체율 $MRS_{C1\,C2} = \dfrac{MU_{C1}}{MU_{C2}} = \dfrac{C_2^2}{2C_1 C_2} = \dfrac{C_2}{2C_1}$이다.

소비자균형점에서는 $MRS = (1+r)$이고 $r = 0.1$이므로 $\dfrac{C_2}{2C_1} = 1.1$, 따라서 $C_2 = 2.2C_1$이다.

1기 소득 $Y_1 = 3,000$, 2기 소득 $Y_2 = 3,300$, 이자율 $r = 0.1$을

두 기간 모형의 예산제약식 $Y_1 + \dfrac{Y_2}{(1+r)} = C_1 + \dfrac{C_2}{(1+r)}$에 대입하면 $3,000 + \dfrac{3,300}{1.1} = C_1 + \dfrac{C_2}{1.1}$이 된다.

이를 다시 정리하면 $1.1C_1 + C_2 = 6,600$이 된다.

소비자균형조건을 예산제약식에 대입하여 풀면 $1.1C_1 + 2.2C_1 = 6,600$이고, $C_1 = 2,000$이다.

1기 소득이 3,000만 원이고, 1기 소비가 2,000원이므로 1기 저축은 1,000만 원이다.

---

08 어빙 피셔(Irving Fisher)의 2기간 최적 소비선택 모형에서 도출되는 결론으로 옳은 것만을 모두 고른 것은? (단, 기간별로 소비되는 재화는 모두 정상재, 차입제약은 없고, 각 기간의 소비는 모두 0보다 큼)

> ㄱ. 제1기의 소득증가는 제1기의 소비를 증가시킨다.
> ㄴ. 제2기의 소득증가는 제2기의 소비를 감소시킨다.
> ㄷ. 실질이자율이 상승하면 제2기의 소비는 증가한다.
> ㄹ. 제2기의 소득증가는 제1기의 소비를 감소시킨다.

① ㄱ   ② ㄴ

③ ㄴ, ㄷ   ④ ㄴ, ㄹ

⑤ ㄷ, ㄹ

┃정답해설┃

ㄱ. 제1기에 소비되는 재화는 정상재이므로 제1기의 소득이 증가하면 제1기의 소비는 증가한다.

ㄴ. 제2기에 소비되는 재화는 정상재이므로 제2기의 소득이 증가하면 제2기의 소비는 증가한다.

ㄷ. 실질이자율이 상승하면 차입자의 현재소비는 감소하고 대부자(저축자)의 미래소비는 증가한다.

ㄹ. 제2기의 소득이 증가하면 정상재이므로 제1기의 소비는 증가한다.

09 소비이론에 관한 설명으로 옳은 것은?

① 피셔(I. Fisher)의 기간 간 소비선택이론에 따르면 차입제약이 없는 경우 이자율은 현재소비에 영향을 줄 수 없다.

② 항상소득가설(permanent income hypothesis)은 소비자들이 유동성제약에 처해있다고 전제한다.

③ 생애주기가설(life cycle hypothesis)은 현재 소비는 현재소득에만 의존한다고 전제한다.

④ 항상소득가설에 따르면 평균소비성향은 현재소득에 대한 항상소득의 비율에 의존한다.

⑤ 케인즈 소비함수에서 소득이 증가할 때 평균소비성향은 항상 일정하다.

┃정답해설┃

④ 프리드먼(M. Friedman)의 항상소득가설에 따르면 평균소비성향은 $APC = \frac{\beta Y_P}{Y}$ 이다. 즉 평균소비성향은 현재소득에 대한 항상소득의 비율에 의존한다.

① 피셔(I. Fisher)의 기간 간 소비선택이론에 따르면 차입제약이 없는 경우 이자율이 현재소비에 미치는 영향은 차입자와 저축자의 경우에 다르게 나타난다. 이자율이 상승하면 차입자의 현재소비는 감소한다. 그러나 저축자(대부자)의 현재소비는 알 수 없다.

② 항상소득가설은 소비자들이 유동성제약에 처해있지 않다고 가정한다.

③ 생애주기가설(life cycle hypothesis)은 현재 소비는 평생소득에 의존한다고 전제한다.

⑤ 케인즈 소비함수(절대소득가설)에서는 기초소비로 인하여 소득이 증가할 때 평균소비성향은 감소한다.

10 프리드만의 항상소득가설에 대한 설명 중 가장 적절한 것은?

① 현재소비는 현재소득에만 의존한다.

② 항상소득과 일시소득 사이에 높은 상관관계가 있다.

③ 현재소득이 일시적으로 항상소득 이상으로 증가하면 평균소비성향은 일시적으로 하락한다.

④ 항상소득가설은 유동성 제약이 없는 소비자의 경우보다 유동성제약이 있는 소비자의 경우에 부합한다.

⑤ 소득의 변동이 일시적인 요인에 의한 경우에 소비의 변동이 소득의 변동보다 커진다.

답 ③

┃ 정답해설 ┃

호황기에는 임시소득이 오르므로 현재소득이 일시적으로 항상소득 이상으로 증가한다. 그러나 소비는 항상소득을 기준으로 결정되므로 임시소득이 증가한다고 해도 별로 증가하지 않는다. 그 결과 평균소비성향은 일시적으로 하락한다.

11 저축과 소비에 관한 이론 중 틀린 것은?

① 케인즈의 절대소득가설에 의하면 장기에는 평균소비성향과 한계소비성향이 동일하다.

② 절대소득가설에 의하면 당기 소비는 가처분소득에 의해서 결정된다.

③ 평생소득가설에 의하면 평생에 걸쳐 소비를 균등하게 하는 것이 효용을 극대화시킬 수 있다고 가정했다.

④ 항상소득가설에 의하면 복권당첨이나 보너스 소득과 일시적인 소득이 많은 사람들은 보다 높은 저축률을 지니게 될 것이다.

⑤ 상대소득가설에 의하면 사람들은 과거 자신들의 소비행태를 유지하려는 속성을 가정한다.

답 ①

┃ 정답해설 ┃

케인즈의 절대소득가설은 단기소비함수에 대한 분석이다. 단기소비함수 $C = a + bY$에서 기초소비 a로 인하여 단기에는 평균소비성향이 한계소비성향보다 크다. 케인즈의 장기소비함수는 없다.

12 다음 중 소비함수에 관한 이론의 설명으로서 옳지 <u>않은</u> 것은?

① 절대소득가설에 의하면 당기의 소비는 당기의 소득수준에 의하여 결정되며 한계소비 성향은 평균소비 성향보다 작다.

② 상대소득가설에 의하면 당기의 소비는 당기의 소득수준 빛 과거의 최고 소득수준에 의존하며 단기적으로 한계소비성향이 평균소비성향보다 작을 수 있지만 장기적으로 한계소비성향과 평균소비성향은 일치한다.

③ 항상소득가설에 의하면 소비의 평균적인 수준은 평균적인 소득수준에 의하여 결정되며 단기적으로 관찰된 한계소비성향이 평균소비성향보다 작을 수 있지만 장기적으로 한계소비성향과 평균소비성향은 일치한다.

④ 생애주기가설에 의하면 개인의 소비는 평생의 소득−소비 패턴에 의하여 결정되며 경제전체의 소득−소비의 관계에서는 장기적으로 한계소비성향과 평균소비성향은 일치한다.

⑤ 1998년도에 우리나라에서 소득의 감소에도 불구하고 저축이 증가한 것은 종래의 소비 함수이론으로는 설명하기 어렵다.

답 ③

▮ 정답해설 ▮

항상소득가설에 의하면 소비는 평균소득이 아니라 항상소득에 의해서 결정된다. 가령 경기가 오르면 (임시소득이 오르므로) 소득의 평균수준은 오르겠지만 항상소득이 일정하게 유지되면 소비의 평균적인 수준은 오르지 않을 것이다.

13 정부가 불황을 극복하기 위해 일시적으로 재정조세정책을 변경시키려고 한다. 생애주기(life−cycle) 가설에 입각할 때, 다음 중 경제전체의 소비를 증가시키는 데 가장 기여할 것으로 보이는 조치는?

① 노년층에 대한 재정지출을 집중적으로 증가시킨다.

② 근로소득세를 일률적으로 인하한다.

③ 법인세를 일률적으로 인하한다.

④ 청장년층에 대한 조세를 집중적으로 감면한다.

⑤ 공공근로사업을 확대한다.

답 ①

▮ 정답해설 ▮

생애주기가설에 의하면 청년층과 노년층의 평균소비성향이 높은 반면, 장년층의 평균소비성향은 낮다. 따라서 노년층에 대한 재정지출을 증가시키면 경제전체의 소비를 증가시키는 효과가 크다.

14 신고전학파(Neoclassical) **투자이론에 관한 설명으로 옳지 않은 것은?** (단, 모든 단위는 실질 단위이며 자본비용은 자본 한 단위당 비용이다.) **[28회 기출]**

① 자본량이 증가하면 자본의 한계생산물은 감소한다.

② 감가상각률이 증가하면 자본비용도 증가한다.

③ 자본량이 균제상태(steady state) 수준에 도달되면 자본의 한계생산물은 자본비용과 일치한다.

④ 자본의 한계생산물이 자본비용보다 크다면 기업은 자본량을 증가시킨다.

⑤ 실질이자율이 상승하면 자본비용은 감소한다.

답 ⑤

┃정답해설┃

신고전학파 투자이론은 기업이 실물자본투자의 한계비용과 한계수익을 비교하여 투자를 결정한다는 이론이다. 여기서 실물자본투자의 한계비용을 자본의 사용자비용이라고 한다. 실질이자율을 r, 감가상각률을 δ라고 하면 자본의 사용자비용은 $ucc = (r + \delta) P^K$이다. r이나 δ가 상승하면 자본비용은 증가한다.

15 **투자에 관한 다음 설명 중 옳지 않은 것은?**

① 투자는 이자율의 감소함수이다.

② 가속도원리에 의하면 투자는 소득 또는 생산의 증가함수이다.

③ 토빈의 q는 주식시장에서 평가된 기업의 시장가치를 기업의 실물자본 대체비용으로 나눈 값이다.

④ 투자지출은 소비지출보다 GDP에서 차지하는 비중은 작지만 경기변동에 더 민감하게 반응한다.

⑤ 주어진 이자율에서 자본의 한계생산성이 증가하면 투자수요가 감소한다.

답 ⑤

┃정답해설┃

케인즈의 내부수익률법에 의하면 주어진 이자율에서 자본의 한계생산성이 증가하면 투자수요가 증가한다.

16 투자이론에 대한 다음 설명 중 가장 옳지 <u>않은</u> 것은?

① 케인즈는 투자의 한계효율(marginal efficiency)과 이자율이 일치하는 수준에서 투자수준이 결정된다고 보았다.

② 가속도원리에 의하면 투자는 소득변화의 증가함수이다.

③ 신고전학파의 투자이론에 의하면 자본의 한계생산성이 투자의 주요 결정요인이다.

④ 토빈(Tobin)의 q이론에 의하면 주식시장에서 평가된 어느 기업의 시장가치가 그 기업의 실물자본 대체비용보다 큰 경우 이 기업의 투자는 감소한다.

⑤ 딕싯(Dixit)의 투자옵션모형에 의하면 투자는 불확실성의 감소함수이다.

답 ④

┃정답해설┃

토빈(Tobin)의 q이론에 의하면 주식시장에서 평가된 어느 기업의 시장가치가 그 기업의 실물자본 대체비용보다 큰 경우, 즉 토빈의 q가 1보다 큰 경우 이 기업의 투자는 증가한다.

---

17 토빈(J. Tobin)의 q에 관한 설명으로 옳은 것은? **[29회 기출]**

① 자본 1단위 구입비용이다.

② 자본의 한계생산에서 자본 1단위 구입비용을 뺀 값이다.

③ 기존 자본을 대체하는 데 드는 비용이다.

④ 시장에서 평가된 기존 자본의 가치이다.

⑤ q값이 1보다 큰 경우 투자를 증가시켜야 한다.

답 ⑤

┃정답해설┃

토빈(J. Tobin)의 q란 주식시장에서 평가된 기업의 시장가치를 기업의 실물자본 대체비용으로 나눈 것

$$\left(=\frac{\text{설치되어 있는 자본의 시장가치}}{\text{설치되어 있는 자본의 대체비용}}\right)$$으로 주식가격이 투자에 미치는 영향을 설명할 수 있다.

$q>1$인 경우 자본을 새로 설치하는 비용보다 새로 설치한 자본에서 발생하는 수익의 흐름이 더 크기 때문에 기업은 투자를 증가시킨다. 반면 $q<1$이면 투자를 감소시킨다.

18 소비이론에 관한 설명으로 옳은 것은?   **[33회 기출]**

① 항상소득가설(permanent income hypothesis)에 따르면, 현재소득이 일시적으로 항상소득보다 작게 되면 평균소비성향은 일시적으로 증가한다.

② 생애주기가설(life-cycle hypothesis)은 소비자가 저축은 할 수 있으나 차입에는 제약(borrowing constraints)이 있다고 가정한다.

③ 케인즈 소비함수는 이자율에 대한 소비의 기간별 대체효과를 반영하고 있다.

④ 소비에 대한 임의보행(random walk)가설은 소비자가 근시안적(myopic)으로 소비를 결정한다고 가정한다.

⑤ 항상소득가설은 소비자가 차입제약에 직면한다고 가정한다.

 답 ①

▌정답해설▐

① 항상소득가설에 따르면, 단기적으로 소득(Y)이 감소하면 평균소비성향($\frac{C}{Y}$)은 일시적으로 증가한다. 그러나 장기적으로 항상소득에 변화가 없으면 평균소비성향을 불변이라고 주장한다.

② 생애주기가설은 소비자는 차입에 제약이 없다고 가정한다.

③ 이자율에 대한 소비의 기간별 대체효과를 반영하는 소비이론은 피셔(I. Fisher)의 기간간 선택(intertemporal choice)이론이다. 케인즈(J.M. Keynes)의 소비이론은 소비는 현재의 가처분소득에 의해 현재의 소비가 결정된다고 주장하는 절대소득가설이다.

④ 홀(R. Hall)의 임의보행가설은 항상소득가설을 기초로 소비자는 합리적 기대를 한다고 가정한다.

⑤ 항상소득가설은 소비자는 차입제약, 즉 유동성 제약에 처해있지 않다고 가정한다.

19 소비의 항상소득가설과 생애주기가설에 관한 설명으로 옳은 것을 모두 고른 것은?   **[25회 기출]**

> ㄱ. 소비자들은 가능한 한 소비수준을 일정하게 유지하려는 성향이 있다.
> ㄴ. 생애주기가설에 의하면 고령인구의 비율이 높아질수록 민간부문의 저축률이 하락할 것이다.
> ㄷ. 프리드만(Friedman)의 항상소득가설에 의하면 높은 소득의 가계가 평균적으로 낮은 평균소비성향을 갖는다.
> ㄹ. 케인즈(Keynes)는 항상소득가설을 이용하여 승수효과를 설명하였다.

① ㄱ, ㄴ   ② ㄱ, ㄹ
③ ㄴ, ㄷ   ④ ㄱ, ㄴ, ㄷ
⑤ ㄴ, ㄷ, ㄹ

답 ④

▌정답해설▐

ㄹ. 케인즈(Keynes)는 현재의 절대소득의 크기에 기초한 절대소득가설을 이용하여 승수효과를 설명한다. 항상소득가설은 프리드먼(M. Friedman)의 소비이론이다.

20 신고전학파의 투자이론에 관한 설명으로 옳지 <u>않은</u> 것은? (단, 감가상각률과 자본재 가격의 변화율 및 조세의 영향은 고려하지 않는다.)   **[25회 기출]**

① 실질이자율이 상승하면 기업의 투자는 감소한다.
② 실질이자율이 하락하면 자본의 한계생산도 하락한다.
③ 경제 전체의 기술진보로 인하여 자본의 한계생산이 높아지면 기업의 투자수요는 증가한다.
④ 경제 전체의 기술진보로 인하여 자본의 한계생산이 높아지면 이자율은 상승한다.
⑤ 감가상각률을 고려하지 않으므로 자본재 1단위에 대한 투자의 기회비용은 자본재 1단위의 매매가격과 같다.

답 ⑤

▌정답해설▐

⑤ 감가상각을 고려하는 경우 자본재 1단위를 사용할 때 기회비용은 자본의 사용자비용 $C = (r + d) P_K$ 이다. 그러나 감가상각을 고려하지 않으면 자본재 1단위를 사용할 때 기회비용은 자본재의 매매가격이 아니라 $r P_K$ 가 된다.
② 실질이자율의 변화는 자본의 한계생산(MP_K)에 직접적인 영향을 미치지는 않는다. 그런데 실질이자율의 하락으로 자본재 투입량이 증가하면 지본의 경우에도 수확체감이 작용하므로 자본의 한계생산은 체감한다.

CHAPTER 04 재정과 재정정책

출제포인트

□ 구축효과
□ 재정정책의 시차
□ 재량적 정책과 재정의 자동안정화장치
□ 리카도 동등성 정리

제1절 재정의 의의와 기능

1. 정부의 경제적 역할

(1) 고전학파

① 고전학파는 스미스(A. Smith)의 '보이지 않는 손(invisible hand)'의 원리에 기초하여 정부의 역할은 국방, 치안 등에만 국한해야 한다고 생각하였다. 이러한 고전학파의 입장은 흔히 자유방임주의(laissez faire) 또는 값싼 정부론(cheap government) 또는 작은정부론으로 표현된다.

② 따라서 고전학파는 정부의 국민경제활동에 대한 적극적인 개입에 반대하는 자유주의의 입장을 보인다.

(2) 케인즈와 케인즈학파

① 세계대공황을 배경으로 등장한 케인즈학파는 실업과 인플레이션의 해소를 위해 정부의 적극적인 개입을 주장한다.

② 케인즈경제학은 재정정책과 금융정책을 통한 총수요 관리정책의 효과를 강조함으로써 제2차 세계대전 이후 1960년대 말까지의 자본주의 경제의 고도성장에 기여하였다.

(3) 통화주의와 새고전학파, 공급측 경제학

① 1970년대 세계적으로 극심한 인플레이션과 스태그플레이션이 나타나면서 케인즈경제학이 위기에 직면하면서 새로운 이론들이 등장하였다.

② 즉 통화주의(monetarism)와 공급측 경제학(supply-side economics), 새고전학파(new classical school) 등이 등장하였는데 이들 학파들은 고전학파의 자유주의적 사고를 계승하여 시장기구를 신뢰하고, 정부의 적극적인 개입에는 반대하는 입장을 보인다.

2. 재정의 의의와 기능

(1) 재정의 의의

① 정부는 국방과 치안은 물론 시장의 실패를 해결하고, 경제발전과 국민복지 향상을 위한 역할 등 다양한 기능을 수행한다.

② 이러한 다양한 기능을 수행하기 위하여 정부는 필요한 자금을 마련하고 그 자금으로 여러 가지 지출을 하게 되는데 이와 같은 정부의 활동을 재정(public finance)이라고 한다. 즉 정부의 수입과 지출에 관련된 정부의 모든 경제활동을 재정이라 한다.

(2) 재정의 기능

① 재정, 특히 중앙정부의 재정은 자원의 효율적 배분기능, 공평한 소득분배의 기능, 그리고 경제의 안정화 기능 등 세 가지 주요 기능을 수행한다.

② 자원의 효율적 배분기능은 시장의 실패(market failure)를 해결하는 기능, 특히 공공재를 공급하는 기능을 말한다.

③ 공평한 소득분배의 기능은 빈부의 격차를 완화하여 사회의 안정을 이루는 기능을 말한다.

④ 경제의 안정화 기능은 경기변동의 진폭을 줄여 국민경제의 안정적 성장을 지속시키는 기능을 말한다.

제2절 **재정정책**

1. 재정정책의 의의

(1) 재정정책의 뜻

재정정책(fiscal policy)은 정부지출과 조세를 수단으로 하여 국민경제의 안정적인 성장과 국민의 복지를 증대시키려는 정부의 정책을 의미한다.

(2) 재정정책의 목표

① 재정정책의 최종목표는 물가안정과 완전고용, 국제수지의 균형, 경제성장, 공정한 소득분배 등을 들 수 있다.

② 그리고 이들 목표는 크게 국민경제의 안정적 성장과 국민의 복지증대로 요약할 수 있다.

2. 조세

(1) 조세의 의의

① 정부의 재정수입은 크게 조세 수입과 조세외 수입, 그리고 자본수입으로 나누어진다. 조세 수입과 조세외 수입을 합하여 경상수입이라고 한다. 이 중 가장 큰 비중을 차지하는 것은 역시 조세수입이다.

② 어느 한 해의 명목 GDP에 대한 조세의 비율을 조세부담률이라고 한다. 조세부담률은 한 나라 국민의 조세부담의 정도를 나타내는 지표인데 사회보장제도가 잘 마련된 선진국일수록 조세부담률은 높은 것으로 나타나고 있다.

③ 조세(tax)는 민간으로부터 정부로의 부(wealth)의 강제적 이전을 의미하기 때문에 국민의 경제활동 수준, 자원배분, 소득재분배 등에 큰 영향을 미친다.

(2) 세율에 따른 조세

① 납세자의 소득이 얼마이든 세율이 일정하여 조세부담이 납세자의 소득에 비례하여 변화하는 조세를 비례세(proportional tax)라고 한다. 비례세는 역진적인 성격이 있기 때문에 세 부담의 형평성 문제를 야기하고 빈부의 격차를 심화시키는 효과가 있다.

② 소득의 증가에 따라 세율이 높아지는 조세를 누진세(progressive tax)라고 한다. 일반적으로 소득세와 법인세 등에 누진세를 적용한다. 누진세는 세부담의 형평성을 실현하여 소득의 재분배에 크게 기여할 수 있는 조세이다.

③ 소득의 증가에 따라 세율이 낮아지는 조세를 역진세(regressive tax)라고 한다. 주민세처럼 소득이나 자산의 크기와 관계없이 일정한 금액을 부담해야 하는 정액세(lump-sum tax)나 생활필수품에 부과되는 소비세는 역진세의 효과가 있다.

(3) 조세의 기능

① 소득분배 및 재분배 기능
② 투자에 대한 세액공제(tax credit), 특정이윤에 대한 비과세 제도 등으로 기업의 투자에 영향
③ 자원배분에 영향
④ 거시적으로국민의 경제활동과 경제성장에 영향

3. 정부지출

(1) 경제적 성격에 따른 분류

① 정부지출을 경제적 성격에 따라 분류하면 경상지출(current expenditure)과 자본지출(capital expenditure)로 구분할 수 있다.

② 경상지출은 정부의 소비지출과 이전지출로 구성되는데 이 중에서 정부의 소비지출(즉 정부구매)만 국내총생산(GDP)에 포함된다.

③ 자본지출은 정부와 토지와 각종 자본재 등을 취득하는데 따른 지출로 정부의 투자지출이다.

(2) 지출대상을 기준으로 한 분류

① 정부지출의 대상을 기준으로 분류하면 그 기간의 생산물을 구입하기 위한 지출, 개인이나 단체에 대한 보조금, 민간에의 대여 등으로 구분할 수 있다.

② 그 기간의 생산물을 구입하기 위한 지출은 정부의 소비지출(경상지출)과 투자지출(자본지출)로 구성되는데 이는 그 기간의 국민소득을 증가시킨다.

③ 정부의 투자지출은 공공사업에 대한 투자나 교육에 대한 투자, 사회간접자본의 형성을 위한 지출로 국민소득에 대한 효과가 가장 강력하고, 따라서 경제성장에 기여하는 정도는 매우 크다.

④ 개인이나 기업, 또는 단체에 대한 보조금(subsidy)은 이전지출(transfer payment)이라고 부르는데 여기에는 두 가지가 있다. 하나는 실업자나 생활무능력자에 등 개인에 대한 이전지출이고, 다른 하나는 수출보조금 등과 같이 기업이나 단체에 대한 이전지출이다.

⑤ 개인에 대한 이전지출은 소득재분배의 효과가 있고, 기업이나 단체에 대한 이전지출은 특정산업이나 특정경제활동에 대한 보호 및 육성책으로 사용된다. 이전지출은 국내총생산(GDP)에는 포함되지 않는다.

1. 재량적 재정정책

(1) 재량적 재정정책의 의의 기출 29회

① 정부가 '의도적으로' 국민경제에 개입하여 정부지출과 조세의 조정을 통해 국민소득의 증가 및 경제안정을 이루고자 취하는 정책을 재량적 재정정책(discretionary fiscal policy)이라고 한다.

② 즉 재량적 재정정책은 그때 그때의 경제상황에 따라 정부가 개입하여 총수요를 조정하는 총수요 관리정책을 의미한다. 그러나 케인즈의 이러한 주장에 대해 고전학파는 재량적 재정정책의 효과를 인정하지 않는다.

(2) 디플레이션 갭의 경우

① 정부부문이 포함된 국민소득 결정모형에서 균형국민소득의 조건식은 $I + G = S + T$이다. 케인즈는 이때의 균형국민소득(Y_E)은 완전고용국민소득(Y_F)에 미달할 수 있다고 본다.

② 따라서 이 경우에 경제를 완전고용 수준으로 회복하기 위해서는 총수요의 부족분, 즉 디플레이션 갭(deflationary gap)을 조세를 줄이거나 정부지출을 늘리는 확장적 재정정책을 통해 보전해야 한다는 것이다. 그렇게 하면 국민소득이 증가하여 완전고용국민소득 수준을 달성할 수 있다는 것이다.

(3) 인플레이션 갭의 경우

인플레이션 갭이 존재하는 경우에는 완전고용국민소득(Y_F)을 초과하도록 만드는 총수요의 초과분, 즉 인플레이션 갭(inflationary gap)을 조세를 늘리거나 정부지출을 줄이는 긴축적 재정정책을 통해 조정할 수 있다는 것이다.

2. 재정의 자동안정화 장치

(1) 재정의 자동안정화 장치의 의미 기출 29회

① 재정의 자동안정화 장치(built-in stabilizer, automatic stabilizer)는 케인즈의 재량적 재정정책과 대비되는 개념으로 경기침체나 호황에서 정부가 의도적으로 정부지출과 조세를 변동시키지 않아도 자동적으로 정부지출이나 조세가 변화하여 경기침체나 호황의 강도를 완화시켜주는 재정제도 말한다.

② 재정의 자동안정화 장치의 역할을 하는 것
  ㉠ 누진적인 소득세
  ㉡ 실업보험
  ㉢ 사회보장을 위한 이전지출

(2) 고전학파의 견해

고전학파는 이 자동안정화 장치가 시장의 자율적인 조정기구의 일부라고 본다. 그리고 이 장치만으로 조정되지 않는 총수요는 이자율의 신축적인 조정을 통해 총공급과 같아지도록 조정된다고 생각하여 정부의 국민경제에 대한 개입은 필요가 없다고 주장한다.

(3) 케인즈의 견해

이러한 고전학파의 주장에 대해 케인즈는 이 장치만으로는 단기적인 경기조절이 어려우므로 적극적이고 재량적인 재정정책의 사용을 주장하였다.

1. 구축효과 [기출] 30회

(1) 구축효과의 뜻

① 어떤 지출의 증가가 다른 지출을 상쇄시키는 효과를 구축효과(crowding out effect), 또는 상쇄효과, 잠식효과라고 한다.

② 즉 일반적으로 정부지출(G)의 증가는 총수요의 증가를 통해 국민소득을 증가시키지만 구축효과가 있는 경우 정부지출(G)의 증가는 민간의 투자(I)를 감소시켜 국민소득을 증가시키지 못한다는 것이다.

③ 구축효과는 케인즈가 주장하는 재정정책은 효과가 없다는 것을 강조하기 위한 근거로 고전학파나 통화주의자가 주장하는 것이다.

(2) 구축효과의 메커니즘

① 구축효과의 메커니즘은 여러 가지 파급경로로 설명할 수 있다. 그중 한 가지 경로는 다음과 같다. 즉 정부의 확장적 재정정책에 의해 정부지출(G) 증가 → 국민소득(Y) 증가 → 화폐시장에서 화폐수요 증가 → 이자율(r) 상승 → 민간투자(I) 감소 → 국민소득(Y) 감소가 나타난다.

② 또한 통화량(M)의 증가 없이 정부지출(G)을 증가시키기 위해 국채를 발행하는 경우 민간부문은 국채매입으로 자금 부족 → 투자 감소를 가져오고, 또한 국채 판매 증가 → 국채가격 하락 → 이자율 상승[4] → 민간투자 감소하여 국민소득을 감소시킨다는 것이다.

(3) 고전학파의 견해

① 고전학파 모형에서 국민소득은 공급측면에 의하여 결정되고 수요측면은 국민소득의 결정에 아무런 영향을 미치지 못한다. 따라서 수요측면의 재정정책의 효과를 논하는 것은 별 의의가 없다.

② 재무성 견해(Treasury view)가 재정정책에 대한 고전학파의 입장을 나타낸다고 볼 수 있다. 재무성 견해는

> **총저축＝총투자＝정부투자(G)＋민간투자(I)**

이라는 것이다. 따라서 정부투자의 증가는 그만큼 민간투자를 감소시키므로 구축효과가 100% 나타나고 따라서 재정정책은 전혀 효과가 없게 된다.[5]

③ 고전학파의 견해는 뒤에서 보게 될 $IS-LM$ 모형에 의해서도 설명이 된다. 즉 고전학파의 화폐의 중립성 가정과 이자율 결정이론, 고전파의 이분성에 근거하여 보면 화폐수요의 이자율 탄력성이 0이므로 LM곡선은 수직선의 형태가 된다.

④ 따라서 정부지출을 증가시켜 IS곡선이 오른쪽으로 이동해도 국민소득은 전혀 증가하지 못하므로 구축효과는 100%가 된다.

---

4) 정부가 국채의 발행을 늘리면 국채의 공급이 증가하여 국채의 가격은 하락하는데, 국채의 가격 하락은 이자율의 상승을 의미한다는 점에 유의해야 한다. 즉 국채의 가격과 이자율은 역(−)관계에 있다.

5) 재무성 견해(Treasury view)는 영국 재무성의 견해를 나타내는 것으로 고전학파 경제학의 전제가 되는 세이의 법칙과 부합된다. 즉 총저축과 총투자는 항상 일치하므로 총저축이 일정할 때 정부지출이 증가하면 민간투자는 그만큼 감소할 수 밖에 없다는 것이다.

(4) 케인즈의 견해

① 케인즈는 정부지출의 증가로 국민소득이 증가하면 이자율이 상승하기는 하지만 투자의 한계효율(MEI) 곡선이 비탄력적이므로(즉 가파르므로) 민간투자의 감소효과는 작다고 보아 재정정책의 효과는 매우 크다고 본다.

② 더구나 대공황과 같은 극도의 경기침체 상황에서 유동성 함정(liquidity trap)이 나타나면 구축효과는 0이 되고, 따라서 이런 경우에는 재정정책만이 강력한 효과를 나타낼 수 있다고 주장한다.

(5) 통화주의자의 견해

① 프리드먼(M. Friedman) 등의 통화주의자(monetarists)는 구축효과가 거의 100%에 가깝다고 본다.

② 즉 정부지출의 증가로 인한 국민소득의 증가로 화폐수요가 증가하면 이자율의 급격한 상승이 유발되고, 따라서 민간투자를 크게 감소시키므로 구축효과는 매우 크고 따라서 재정정책은 별 효과가 없다고 주장한다.

2. 정책의 시차

(1) 시차의 의의

① 정책의 시차(time-lag) 문제도 정책의 유효성 문제를 제시할 때 매우 중요한 근거로 작용한다.

② 만일 정책의 효과가 나타날 때까지 길고 가변적인 시차가 있다면 그러한 정책은 별로 효과가 없을 뿐만 아니라 오히려 경제의 불안정성을 확대시킬 수 있다.

(2) 시차의 유형 기출 29회

① 현실의 경제상황을 정확히 인식하고 정책의 필요성을 인식할 때까지의 시차를 인식시차(recognition lag)라고 하고, 정책의 필요성을 인식한 후 정책을 실행에 옮길 때까지의 시차를 실행시차(implementation lag)라고 한다.

② 그리고 인식시차와 실행시차를 합하여 내부시차(inside lag)라고 한다. 한편 정책을 실행에 옮긴 이후 정책의 효과가 나타날 때까지의 시차를 외부시차(outside lag)라고 한다.

③ 시차가 길수록 재량적 재정정책의 효과는 작고, 경우에 따라서는 정반대의 결과를 가져올 수도 있다.

④ 일반적으로 재정정책은 내부시차(특히 실행시차)가 길고 외부시차는 짧은 것으로 알려져 있다. 반면 통화정책(monetary policy)은 내부시차는 짧지만 외부시차가 긴 것으로 알려져 있다.

3. 리카도 동등성 정리 기출 35회·31회·30회·28회

(1) 리카도 동등성 정리의 의의

① 케인즈학파는 정부지출을 증대시키기 위해 조세를 부과하면 소비를 감소시키기 때문에 효과가 별로 없지만 국공채를 발행하여 재원을 조달하는 것은 민간의 저축을 대신하므로 효과적이라고 본다.

② 리카도(D. Ricardo) 등 고전학파와 새고전학파 학자들은 케인즈학파와 달리 정부지출의 변화 없이 조세수입만의 변화에 의한 재정적자 규모의 변화는 경제에 아무런 영향을 미치지 못한다고 주장하는데 이들의 주장을 리카도 동등성 정리(Ricardian equivalence theorem) 또는 리카도 대등정리(등가정리)라고 한다.

③ 즉 정부지출의 변화 없이 현재의 조세를 감소시키는 것은 정부부채의 증가를 의미하기 때문에 정부지출의 재원을 현재 조세로 충당하든지 정부부채로 충당하든지 경제의 실질변수에 미치는 영향은 동일하다는 것이다.

④ 이러한 주장은 리카도에 의해 제시되었지만 1970년대 배로(R. Barro)에 의해 발전되어 리카도-배로 정리(Ricardo-Barro theorem)라고도 한다.

(2) 리카도 동등성 정리가 성립하기 위한 조건

① 리카도 동등성 정리는 정부가 국채를 발행하여 재원을 조달하면 만기에는 국채를 상환할 것이므로 장기적으로 정부는 균형재정을 유지하는 것으로 가정한다.

② 리카도 대등정리가 성립하려면 주어진 이자율 수준에서 자유롭게 저축과 차입이 가능해야 한다. 즉, 유동성 제약(차입의 제약)이 없어야 한다.

③ 또한 경제활동인구 증가율이 0이 되어야 한다.

④ 경제주체들이 합리적이어서 현재시점에서 조세가 감면되면 미래의 조세증가를 예견할 수 있어야 한다. 즉, 경제주체들은 '합리적 기대'에 따라 합리적으로, 미래지향적으로 행동한다고 가정한다.

(3) 리카도 동등성 정리가 성립하지 않는 경우

따라서 민간이 근시안적 소비를 하는 경우, 민간의 소비가 절대소득에 반응하는 경우(지금 조세를 부과하지 않고 공채를 발행하는 경우), 국민들이 현재 유동성 계약이나 차입 제약에 빠져 있는 경우, 조세를 부담할 경제활동인구가 증가하는 경우에는 리카도 동등성 정리가 성립할 수 없다.

확인학습문제

---

01 경기안정화 정책에 관한 설명으로 옳은 것은? **[29회 기출]**

① 재정지출 증가로 이자율이 상승하지 않으면 구축효과는 크게 나타난다.

② 투자가 이자율에 비탄력적일수록 구축효과는 크게 나타난다.

③ 한계소비성향이 클수록 정부지출의 국민소득 증대효과는 작게 나타난다.

④ 소득이 증가할 때 수입재 수요가 크게 증가할수록 정부지출의 국민소득 증대효과는 크게 나타난다.

⑤ 소득세가 비례세보다는 정액세일 경우에 정부지출의 국민소득 증대효과는 크게 나타난다.

답 ⑤

┃정답해설┃

⑤ 정액세일 경우 정부지출승수 $\dfrac{1}{1-c}$ 는 비례세일 경우 정부지출승수 $\dfrac{1}{1-c(1-t)}$ 보다 크다. 따라서 국민소득 증대

　효과가 크게 나타난다.

① 재정지출 증가로 이자율이 상승하지 않으면 투자 감소가 없으므로 구축효과는 나타나지 않는다.

② 투자가 이자율에 비탄력적일수록 구축효과는 작게 나타난다.

　구축효과의 메커니즘은 $G\uparrow \rightarrow Y\uparrow \rightarrow M^D\uparrow \rightarrow r\uparrow \rightarrow I\downarrow \rightarrow Y\downarrow$ 이다. r이 크게 올라도 I가 조금 하락하면,

　즉 투자의 이자율탄력성이 비탄력적이면 구축효과는 작게 나타난다.

③ 한계소비성향(MPC)을 c라고 하면 단순모형에서 정부지출승수는 $\dfrac{1}{1-c}$ 이다. 따라서 한계소비성향이 클수록 정부

　지출의 국민소득 증대효과는 크게 나타난다.

④ 수입을 고려하는 경우 한계수입성향(MPM)을 m이라고 하면 정부지출승수는 $\dfrac{1}{1-c+m}$ 이다. 한계수입성향(m)

　이 커서 소득이 증가할 때 수입재 수요가 크게 증가할수록 정부지출의 국민소득 증대효과는 작게 나타난다.

02 경제정책에 관한 설명으로 옳은 것을 모두 고른 것은? [29회 기출]

> ㄱ. 외부시차는 경제에 충격이 발생한 시점과 이에 대한 정책 시행 시점 사이의 기간이다.
> ㄴ. 자동안정화장치는 내부시차를 줄여준다.
> ㄷ. 루카스(R. Lucas)는 정책이 변하면 경제주체의 기대도 바뀌게 되는 것을 고려해야 한다고 주장하였다.
> ㄹ. 시간적 불일치성 문제가 있는 경우 자유재량적 정책이 바람직하다.

① ㄱ, ㄴ   ② ㄱ, ㄷ
③ ㄱ, ㄹ   ④ ㄴ, ㄷ
⑤ ㄴ, ㄹ

답 ④

┃ 정답해설 ┃

ㄱ. 경제에 충격이 발생한 시점과 이에 대한 정책 시행 시점 사이의 기간은 내부시차(inside time lag)이다. 내부시차는 인식시차와 실행시차로 구분한다.

ㄹ. 시간적 불일치성 문제가 있는 경우 자유재량적 정책은 일관성을 상실하게 되므로 준칙(rule)을 도입하는 것이 바람직하다.

03 구축효과(crowding-out effect)에 관한 설명으로 옳은 것은? [21회 기출]

① 조세를 인하할 경우 총수요 증가효과가 이자율 상승으로 인한 민간투자의 감소로 상쇄되는 현상을 의미한다.
② 조세를 인상할 경우 민간부문의 가처분소득이 감소하여 소비지출이 감소하는 현상을 의미한다.
③ 정부지출을 확대할 경우 민간부문의 투자지출이 증가하는 현상을 의미한다.
④ 통화공급량을 감소시킬 경우 이자율이 상승하여 민간부문의 투자지출이 감소하는 현상을 의미한다.
⑤ 자국 환율을 평가절하시킬 경우 해외제품 수입증가로 인하여 국내제품에 대한 수요가 감소하는 현상을 의미한다.

답 ①

┃ 정답해설 ┃

구축효과(crowding-out effect)는 정부지출의 증가로 총수요가 증가해도 이자율이 상승하여 민간투자가 감소하므로 총수요를 감소시키는 것을 말한다.

케인즈학파가 강조하는 재정정책의 효과를 비판하기 위한 주장으로 고전학파는 구축효과가 완전하므로 재정정책은 전혀 효과가 없다고 본다. 통화주의는 투자의 이자율 탄력성이 크기 때문에 구축효과가 매우 크다고 주장한다.

04 리카디언 등가(Ricardian equivalence) 정리에 관한 설명으로 옳지 <u>않은</u> 것은?　　　**[31회 기출]**

① 민간 경제주체는 합리적 기대를 한다.

② 소비자가 차입 제약에 직면하면 이 정리는 성립되지 않는다.

③ 소비자가 근시안적 견해를 가지면 이 정리는 성립되지 않는다.

④ 현재의 감세가 현재의 민간소비를 증가시킨다는 주장과는 상반된 것이다.

⑤ 정부가 미래의 정부지출을 축소한다는 조건에서 현재 조세를 줄이는 경우에 현재의 민간소비는 변하지 않는다.

답 ⑤

▌정답해설▐

리카디언 등가(Ricardian equivalence theorem)는 정부지출의 흐름이 일정하게 주어진 경우 재정적자(또는 정부부채)의 변동이 저축이나 자본축적에 어떤 영향도 미치지 않는다는 것이다. 정부가 국채를 발행하여 재원을 조달하면 만기에는 국채를 상환할 것이므로 장기적으로 정부는 균형재정을 유지하는 것으로 가정한다.
⑤ 정부가 미래의 정부지출을 축소한다는 조건에서 현재 조세를 줄이는 경우라면 현재의 민간소비는 증가할 수 있다.

05 다음은 무엇에 관한 설명인가?

> 정부지출 수준이 일정하게 주어졌을 때 정부지출의 재원조달방법의 변화는 민간부문의 경제활동에 아무런 영향을 주지 않는다.

① 리카디언(Ricardian)의 동등성 정리

② 모딜리아니-밀러(Modigliani-Miller) 정리

③ 정책의 동태적 비일관성 정리

④ 애로(Arrow)의 불가능성 정리

⑤ 오쿤(Okun)의 법칙

답 ①

▌정답해설▐

제시된 내용은 리카디언(Ricardian)의 동등성 정리에 대한 설명이다. 정부지출의 변화없이 현재의 조세를 감소시키는 것은 정부부채의 증가를 의미하므로 정부지출의 재원을 현재 조세로 충당하든지 정부부채로 충당하든지 그 경제적 효과는 동일하다는 것이다.

06 리카디언 등가정리(Ricardian equivalence theorem)가 성립할 경우 옳은 설명을 모두 고른 것은?

[28회 기출]

ㄱ. 현재소비는 기대되는 미래소득과 현재소득을 모두 포함한 평생소득(lifetime income)에 의존한다.
ㄴ. 소비자는 현재 차입제약 상태에 있다.
ㄷ. 다른 조건이 일정할 때, 공채발행을 통한 조세삭감은 소비에 영향을 줄 수 없다.
ㄹ. 정부지출 확대정책은 어떠한 경우에도 경제에 영향을 줄 수 없다.

① ㄱ, ㄷ
② ㄱ, ㄹ
③ ㄴ, ㄷ
④ ㄱ, ㄷ, ㄹ
⑤ ㄴ, ㄷ, ㄹ

답 ①

┃ 정답해설 ┃

리카도(D. Ricardo) 등 고전학파 학자들은 케인스학파와 달리 재정지출의 변화 없이 조세수입만의 변화에 의한 재정적자 규모의 변화는 경제에 아무런 영향을 미치지 못한다고 주장한다. 이들의 주장을 리카디언 등가정리(Ricardian equivalence theorem)라고 한다. 즉 재정지출의 변화없이 현재의 조세를 감소시키는 것은 정부부채의 증가를 의미하므로 재정지출의 재원을 현재 조세로 충당하든지 정부부채로 충당하든지 그 경제적 효과는 동일하다는 것이다.
ㄴ. 리카도 등가정리가 성립하려면 주어진 이자율 수준에서 자유롭게 저축과 차입이 가능해야 한다. 즉, 소비자는 현재 차입의 제약(유동성 제약)이 없어야 한다.
ㄹ. 리카도 등가정리는 정부지출 확대정책이 효과가 없다는 것을 의미하는 것이 아니다.

07 리카도 대등정리(Ricardian equivalence theorem)는 정부지출의 재원조달 방식에 나타나는 변화가 민간부문의 경제활동에 아무런 영향을 주지 못한다는 것이다. 이 정리가 성립하기 위한 가정으로 옳은 것을 모두 고른 것은?

[30회 기출]

ㄱ. 유동성 제약
ㄴ. 경제활동인구 증가율 양(+)의 값
ㄷ. 일정한 정부지출수준과 균형재정
ㄹ. '합리적 기대'에 따라 합리적으로 행동하는 경제주체

① ㄱ, ㄴ
② ㄴ, ㄷ
③ ㄷ, ㄹ
④ ㄱ, ㄷ, ㄹ
⑤ ㄴ, ㄷ, ㄹ

┃ 정답해설 ┃

리카도 대등정리(Ricardian equivalence theorem)는 정부가 국채를 발행하여 재원을 조달하면 만기에는 국채를 상환할 것이므로 장기적으로 정부는 균형재정을 유지하는 것으로 가정한다.

ㄱ. 리카도 대등정리가 성립하려면 주어진 이자율 수준에서 자유롭게 저축과 차입이 가능해야 한다. 즉, 유동성 제약(차입의 제약)이 없어야 한다.

ㄴ, ㄹ. 또한 경제활동인구 증가율이 0이 되어야 하며, 경제주체들이 합리적이어서 현재시점에서 조세가 감면되면 미래의 조세증가를 예견할 수 있어야 한다. 즉, 경제주체들은 '합리적 기대'에 따라 합리적으로 행동한다고 가정한다.

08 다음 ( ) 안에 알맞은 것은?

> 정부의 재정적자는 정부차입으로 인한 민간투자의 감소를 초래하는데, 이러한 현상을 ( )(이)라고 한다. 이는 정부차입이 이자율을 ( )시키기 때문이다.

① 분산투자, 상승
② 금융중개, 하락
③ 승수효과, 하락
④ 위험분산, 하락
⑤ 구축효과, 상승

┃ 정답해설 ┃

정부가 국채를 발행하여 정부차입으로 적자재정을 운영하면 국채가격은 하락하고 이자율이 상승하여 민간투자를 감소시킨다. 이러한 현상을 구축효과라고 한다. 구축효과의 메커니즘은 여러 경로를 통해 설명할 수 있다.

09 단기적 재정정책이 가장 큰 효과를 발휘하는 경우는 다음 중 어느 것인가?

① 소비과정에 항상소득가설이 적용된다.
② 화폐수요가 이자율에 민감하게 영향을 받는다.
③ 사람들이 합리적으로 미래에 대한 기대를 형성한다.
④ 투자가 이자율에 민감하게 영향을 받는다.
⑤ 소비가 이자율에 민감하게 영향을 받는다.

답 ②

▌정답해설▌

단기적 재정정책이 큰 효과를 발휘하기 위해서는 구축효과(crowding out effect)가 작아야 한다. 정부지출의 증가로 국민소득이 증가하면 화폐수요가 증가하고 이자율이 상승하여 민간투자를 감소시킨다. 이 경우 화폐수요가 이자율에 민감하게 영향을 받아 화폐수요의 이자율탄력성이 크면 화폐수요곡선이 완만해지므로 화폐수요가 증가해도 이자율이 조금 상승하므로 민간투자는 적게 감소한다(즉 구축효과가 작다). 이 내용은 $IS-LM$ 모형으로도 설명할 수 있다.

---

10 정부가 재정적자를 확대시키면서 예산을 팽창할 경우 나타나는 현상이 <u>아닌</u> 것은?

① 대부자금시장에서 이자율을 상승시킨다.
② 정부저축과 국민저축의 감소를 가져온다.
③ 대부자금시장에서 공급곡선이 왼쪽으로 이동한다.
④ 민간투자의 감소를 초래한다.
⑤ 총수요의 감소를 초래한다.

답 ⑤

▌정답해설▌

⑤ 정부가 예산을 팽창하려면 조세를 증가시켜야 한다. 조세의 증가는 가처분소득과 소비를 감소시키므로 총수요가 감소한다. 그러나 재정적자를 확대하면 조세징수액보다 정부지출이 더 크기 때문에 총수요는 증가한다.
①, ②, ③, ④ 재정적자가 확대되면 정부저축($T-G$)이 감소하고 국민저축도 감소한다. 저축이 감소하면 대부자금시장의 공급이 감소하므로(공급곡선의 왼쪽 이동) 이자율이 상승한다. 이자율의 상승은 민간투자를 감소시킨다.

11 개방경제의 국민소득 항등식(identity)에서 정부의 재정적자를 충당하는 방법을 바르게 나열한 것은?

① 민간저축 증가, 민간투자 감소, 해외자본 차입
② 민간저축 증가, 민간투자 증가, 해외자본 대출
③ 민간저축 감소, 민간투자 감소, 해외자본 차입
④ 민간저축 감소, 민간투자 증가, 해외자본 대출
⑤ 민간저축 증가, 민간투자 증가, 해외자본 차입

답 ①

┃ 정답해설 ┃

생산물 시장의 균형조건 $I + G + EX = S + T + IM$을 다시 정리하면 $(G - T) = (S - I) + (IM - EX)$이다. 좌변 $(G - T)$는 재정수지를 나타내는데 S가 증가하거나 I가 감소하는 경우, 해외자본을 차입하는 경우 증가한다.

12 다음 중 자동안정화 장치에 대한 예로서 옳은 것은?

(a) 누진적 소득세
(b) 실업보험
(c) 법인의 이윤에 부과하는 조세

① (a)만 해당
② (a)와 (b)만 해당
③ (a), (b), (c) 모두
④ 위의 것 모두 아님
⑤ (a)와 (c)만 해당

답 ③

┃ 정답해설 ┃

자동안정화 장치의 예로는 누진세, 실업보험 등 사회보장제도를 들 수 있다. 법인의 이윤에 부과하는 조세인 법인세도 누진세이므로 자동안정화 장치에 해당한다.

13 정부의 정책과 관련된 설명 중 옳은 것을 모두 고르면?

> ㄱ. 시간 불일치(time inconsistency)의 문제를 완화하려면 준칙에 따른 정책을 수행해야 한다.
> ㄴ. 균형을 회복하는 시장의 조정과정이 빠를수록 재량적 정책이 선호된다.
> ㄷ. 정책 시차가 길고 정책의 효과가 불확실할수록 재량적 정책이 선호된다.

① ㄱ   ② ㄴ

③ ㄷ   ④ ㄱ, ㄴ

⑤ ㄱ, ㄷ

답 ①

┃ 정답해설 ┃

준칙(rule)을 강조하는 통화주의는 케인즈학파의 재량적 정책은 불확실성을 야기하고, 정책의 시차가 있고, 시간 불일치(동태적 비일관성) 등으로 경제를 더욱 불안정하게 만든다고 비판한다.

ㄱ. 통화주의는 시간 불일치(time inconsistency)의 문제를 완화하려면 준칙에 따른 정책을 수행해야 한다고 주장 한다.

ㄴ. 균형을 회복하는 시장의 조정과정이 빠르면 준칙을 도입하는 것이 바람직하다.

ㄷ. 정책의 시차가 길고 정책의 효과가 불확실할수록 준칙을 도입하는 것이 바람직하다.

화폐와 금융

CHAPTER 05

출제포인트

□ 통화승수
□ 통화정책
□ 고전학파의 이분성과 화폐의 중립성
□ 대부자금 시장
□ 화폐공급의 내생성과 외생성
□ 케인즈의 유동성선호이론

□ 피셔(Fisher) 방정식
□ 화폐수량설
□ 케인즈(Keynes)의 유동성 함정
□ 통화량 증가와 이자율 효과
□ 테일러 준칙

제1절 화폐의 공급

1. 화폐의 기능

(1) 교환의 매개수단

화폐는 교환의 매개수단(medium of exchange)으로서의 기능을 하는데 이는 회계단위로서의 기능과 함께 화폐의 가장 본질적인 기능이다. 고전학파는 화폐를 단순한 교환수단으로서만 인식한다.

(2) 가치의 저장수단

① 화폐는 가치의 저장수단(store of value)으로서의 기능, 즉 저축수단으로서의 기능을 한다. 이러한 기능 때문에 화폐는 현재와 미래간의 기간간 자원배분(intertemporal resource allocation)을 더욱 효율적으로 할 수 있게 한다.

② 이 기능이 제대로 수행되기 위해서는 물가안정, 즉 화폐가치의 안정이 전제가 된다.

③ 가치 저장수단의 기능은 케인즈(J. M. Keynes)와 케임브리지 학파에 의해 인식된 기능으로, 화폐가 실물 경제활동에 중요한 영향을 미치는 요소라는 현실로부터 유도된 것이다.

(3) 회계의 단위

화폐는 회계의 단위(unit of account)로서의 기능을 한다. 또는 가치척도의 기능이라고도 한다.

2. 본원통화의 공급

화폐의 공급은 두 가지 경로를 통해 이루어진다. 중앙은행은 중앙은행의 기능을 통해 본원통화(현금통화)를 공급하고, 예금은행은 신용창조 기능을 통해 파생통화(예금통화)를 공급한다.

(1) 본원통화의 뜻 `기출` 34회·31회·28회

① 본원통화(reserve base)는 중앙은행의 창구를 통하여 시중에 나온 현금을 말한다. 본원통화는 민간의 수중으로 들어가기도 하고 예금취급기관의 수중으로 들어가기도 한다.

② 따라서

> 본원통화＝현금통화＋예금취급기관의 지급준비금
> 　　　　＝현금통화＋예금취급기관의 시재금＋중앙은행 지준예치금
> 　　　　＝화폐발행액＋중앙은행 지준예치금

의 관계가 성립한다. 본원통화는 중앙은행이 정부부문, 민간은행부문, 해외부문을 통해 공급한다.

③ 본원통화가 공급되면 이를 기초로 예금은행의 신용창조 과정에서 몇 배의 요구불예금을 창조하기 때문에 본원통화를 고성능 화폐(high-powered money)라고 한다.

(2) 본원통화의 공급경로 `기출` 34회

① 본원통화는 정부부문을 통하여 공급된다. 즉 중앙은행의 대정부여신이 증가하면 본원통화가 증가하고, 정부의 예금이 증가하면 본원통화는 감소한다. 또한 재정적자가 발생하여 정부가 직접 차입하거나 정부가 발행한 국채를 중앙은행이 인수하면 본원통화는 증가한다.

② 본원통화는 민간은행부문을 통하여 공급된다. 민간은행의 자금이 부족하여 중앙으로부터 자금을 차입하면 중앙은행의 대민간은행여신이 증가하고 본원통화는 증가한다. 또한 민간은행이 보유한 어음을 중앙은행이 재할인(rediscount)하면 본원통화는 증가한다.

③ 본원통화는 해외부문을 통하여 공급된다. 수출이 증가하여 중앙은행의 외환매입액이 증가하면 본원통화는 증가하고, 수입이 증가하여 중앙은행의 외환매출액이 증가하면 본원통화는 감소한다.

④ 중앙은행은 기타자산의 순증가를 통해 본원통화를 증가시킬 수 있다. 중앙은행이 국공채와 같은 유가증권을 매입하면 본원통화는 증가한다.

3. 예금은행의 신용창조와 예금통화의 공급

(1) 신용창조의 뜻

중앙은행을 통해 본원통화가 공급되면 예금은행은 이를 기초로 본원통화의 여러 배에 해당하는 예금통화를 창조하는데 이를 신용창조(credit creation)라고 한다.

(2) 신용창조의 원리

① 요구불예금만 존재하고, 예금은행 밖으로의 현금유출이 없으며, 은행은 법정지급준비금만 보유한다고 가정한다. 즉 법정지급준비율을 r, 은행은 예금을 수취하면 법정지급준비금을 제외한 전액을 대출하고, 차입자는 대부받은 자금을 전액 예금한다고 가정한다.

② 이 경우 본원통화가 B만큼 공급되어 전액 요구불예금(본원적 예금)으로 예금되면 전체 은행조직을 통해 대출과 예금이 반복되는 과정에서 신용창조가 이루어진다. 여기서

$$\text{은행조직의 요구불 예금의 합계} = \frac{B}{r}$$

이고, 신용창조액은 은행조직의 요구불예금의 합계에서 최초의 본원적 예금(본원통화)을 뺀 금액이다. 따라서

$$\text{신용창조액} = \frac{B}{r} - B = \left(\frac{1-r}{r}\right)B$$

가 된다. 여기서 $\frac{1}{r}$, 즉 법정지급준비율의 역수를 신용승수(credit multiplier)라고 한다. $\frac{1-r}{r}$ 을 순신용승수라고 한다.

> **더 알아보기** **지급준비금(reserves)**
>
> • 지급준비금은 법정지급준비금과 초과지급준비금으로 나누어진다. 법정지급준비금의 비율은 중앙은행이 정하고 초과지급준비금의 비율은 예금은행이 결정한다.
> • 예금은행은 지급준비금의 일부를 중앙은행에 예치해야 한다. 따라서
>
> $$\text{지급준비금} = \text{법정지급준비금} + \text{초과지급준비금}$$
> $$= \text{중앙은행 예치금} + \text{시재금(vault cash)}$$
>
> 의 관계가 성립된다.

4. 통화량의 결정

(1) 본원통화와 통화량 [기출] 35회·31회·30회·28회·27회

앞에서 본 것처럼 통화량=본원통화(현금통화)+예금통화이다. 이 관계를 이용하여 본원통화와 통화량 간의 관계, 즉 통화공급 방정식을 만들면 다음과 같다.

$$M = mB$$

여기서 M은 통화량, B는 본원통화이고, 통화량을 본원통화로 나눈 값 m을 통화승수(money multiplier)라고 한다. 은행조직 밖으로 현금유출이 있는 것으로 가정하여 통화승수를 계산하여 정리하면

$$M = mB = \frac{1}{c + r - cr} B$$

가 된다. 여기서 c는 민간이 통화량 중에서 현금으로 보유하려는 비율, 즉 현금보유비율(currency ratio)이고, r은 지급준비율이다. 통화승수 m은 c와 r이 작을수록 커진다.

(2) 통화량의 결정요인

① 결국 통화량의 크기, 즉 통화공급에 영향을 미치는 요인은 3가지이다. 본원통화(B)가 클수록, 현금보유 비율(c)이 낮을수록, 지급준비율(r)이 낮을수록 통화량은 커진다.

② 그런데 현금보유비율은 단기적으로 안정적이며, 초과지급준비율은 은행의 관행에 따르므로 역시 단기적으로 안정적이다. 따라서 통화량의 크기는 단기적으로는 주로 본원통화에 달려있다.

③ 그러므로 통화량의 조절은 중앙은행의 재량에 달려있다고 할 수 있으며 이런 의미에서 통화량은 정책변수(외생변수)이다.

제2절　화폐수요

1. 화폐수요이론

(1) 화폐수요의 뜻

화폐수요(demand of money)는 일정 시점에서 사람들이 보유하고자 하는 화폐의 양을 말한다. 따라서 화폐수요는 일반 재화에 대한 수요와는 달리 일정 시점에서의 저량수요(stock demand)이다.

(2) 화폐수요이론

① 화폐수요는 물가수준, 실질소득 및 지출, 사회의 지불제도 및 관습, 인플레이션율, 이자율 등에 의해 변화한다.

② 이러한 요인들 중 어느 것이 가장 중요한 요인이 무엇인가를 밝히려는 이론이 화폐수요이론이다.

2. 화폐수량설

(1) 화폐수량설의 의의

① 화폐수량설(quantity theory of money)은 화폐수요에 대한 가장 전형적인 초기이론이다. 화폐수량설은 18세기 유명한 철학자인 흄(D. Hume)에 의해 주장되었고, 피셔(I. Fisher)에 의해 교환방정식으로 정리되었으며, 근래에 들어서는 프리드먼(M. Friedman)에 의해 지지되고 있다.

② 화폐수량설은 원래 통화량의 변화 → 같은 비율로 총지출의 변화 → 같은 비율로 물가 변화, 즉 통화량의 변화는 같은 비율로 물가를 변화시킨다는 고전학파의 물가이론이다. 그러나 오늘날에는 고전학파의 화폐수요이론으로 해석하기도 한다.

③ 화폐수량설에는 피셔의 교환방정식과 케임브리지(Cambridge) 학파의 현금잔고 방정식의 두 형태가 있지만 근본적인 차이는 없다.

(2) 교환방정식

① 어빙 피셔의 교환방정식(equation of exchange)은 거래수량설이라고도 하는데 다음과 같이 표시된다.

$$MV \equiv PT$$

여기서 M은 통화량, V는 화폐의 거래유통속도[6], P는 물가수준 그리고 T는 거래량을 나타낸다.

② 이는 일정기간동안 재화의 거래액(PT)은 그 대가로 지출되는 화폐지출액(MV)과 항상 일치한다는 것이다. 이 식을 변형하면

$$M = \left(\frac{T}{V}\right)P$$

가 되는데 V와 T가 단기에 불변이라고 보면 물가(P)는 통화량(M)에 정비례한다는 고전학파의 물가이론이 된다.

③ 이 교환방정식은 거래개념을 사용했지만 소득개념으로 보는 것이 더 일반적이다. 따라서 거래량 T를 실질소득 y로 바꾸면[7]

$$MV = Py$$

가 된다. 이 경우의 V를 화폐의 소득유통속도라고 하는데 최종생산물의 구매에 화폐 1단위가 평균적으로 몇 번 사용되었는가를 나타낸다.

④ 교환방정식은 화폐수요이론으로 해석할 수 있다. 즉 균형상태에서는 화폐공급(통화량)과 화폐수요가 일치하므로 M을 경제전체의 화폐수요로 보면 다음과 같은 화폐수요함수로 변형될 수 있다.

$$M = M^D = \left(\frac{1}{V}\right)Py$$

즉 경제 전체의 화폐수요는 명목소득 Py에 의해 결정된다는 것이다.

⑤ 또한 단기에는 V와 y가 일정하므로 통화량의 변화는 동일한 비율로 물가를 변화시키고, 나아가 명목소득(명목산출량) Py를 동일한 비율로 변화시킨다는 것이다. 이것이 피셔의 화폐수량설의 핵심이다.

---

[6] 화폐의 거래유통속도란 일정기간동안 일어난 재화의 모든 거래에서 화폐의 각 단위가 평균적으로 몇 번씩 사용되었는가 하는 사용횟수를 말한다. 예컨대 일정기간동안 100원짜리가 5번 사용되었고 1,000원짜리가 3번 사용되었다면 $V = (5 \times 100 + 3 \times 1000)/(100 + 1000) = 3.18$이 된다. 고전학파는 화폐의 유통속도는 그 사회의 상거래 관습에 의해 결정되기 때문에 단기에는 일정하다고 본다.

[7] 고전학파는 세이의 법칙에 기초하므로 생산된 것은 전부 팔리는 것으로 본다면 생산량=거래량이 된다. 따라서 거래량 T는 생산량을 의미한다고 볼 수 있으므로 실질소득으로 볼 수 있다.

(3) 현금잔고 방정식

① 고전학파의 화폐수량설은 마셜(A. Marshall)과 피구(A. Pigou) 등 케임브리지(Cambridge) 학파에 의해 발전하였다. 케임브리지 학파의 화폐수요함수는

$$M_d = kPQ$$

로 나타낸다. 여기서 P는 물가수준, Q는 일정기간 동안 재화의 거래량이므로 PQ는 총거래액(소득)이다. 따라서 일정기간 동안의 총거래액 중 k의 비율만큼 화폐를 수요한다는 것이다.

② 이 식을 케임브리지 방정식, 또는 현금잔고 방정식(cash balance equation)이라고 한다. k를 Marshall의 k라고 하고 이는 단기에 일정하다고 본다.

③ 따라서 교환방정식과 마찬가지로 물가는 통화량에 비례하고, 총거래액(명목소득)이 증가하면 화폐수요가 증가한다는 것이다.

④ 차이가 있다면 교환방정식의 경우에는 화폐를 교환의 매개수단으로만 인식한데 반해, 현금잔고 방정식에서는 화폐를 가치의 저장수단으로 인식하고 있다는 점이다.

3. 유동성 선호이론

(1) 유동성 선호

① 유동성(liquidity)이란 어떤 자산이 가치의 감소 없이 즉시 화폐와 교환될 수 있는 가능성의 정도를 의미한다.

② 화폐는 완전한 유동성을 가지고 있으므로 케인즈의 용어인 유동성 선호(liquidity preference)는 곧 화폐수요를 의미한다.

(2) 유동성 선호의 동기

케인즈(J.M. Keynes)는 사람들이 화폐를 보유하려는 동기가 무엇인가에 착안하여 그의 화폐수요이론인 유동성 선호이론을 제시한다. 케인즈는 화폐보유의 동기, 즉 유동성 선호의 동기를 3가지로 구분한다.

① 거래적 동기(transactions motive) : 거래적 동기는 일상에서의 거래를 위하여 화폐를 보유하려는 것을 말한다. 거래적 화폐수요는 교환의 매개수단으로서의 화폐의 기능에 기초하고 있고, 명목소득(명목 산출량)의 증가함수이다.

② 예비적 동기(precautionary motive) : 예상하지 못한 지출에 대비하기 위하여 화폐를 보유하려는 것을 말한다. 케인즈는 소득이 크면 예비적 수요도 크다고 보고 소득의 증가함수로 본다.

③ 투기적 동기(speculative motive) : 좋은 투자기회가 발생할 경우 투자하기 위하여 화폐를 보유하려는 것을 말한다. 또는 증권시장에서의 자본손실(capital loss)을 피하기 위하여 일시적으로 증권 대신 화폐로 보유하려는 것이다. 따라서 이는 가치의 저장수단으로서의 기능에 기초하고 있다. 케인즈는 투기적 화폐수요는 이자율의 감소함수로 본다.[8]

---

8) 투기적 화폐수요를 근래에는 투자적 화폐수요로 번역하는 경우도 있다. 투기적 화폐수요가 이자율의 감소함수인 것은, 이자율(r) 상승 → 증권가격($1/r$) 하락 → 증권가격의 상승을 예상하여 증권매입 → 투기적 화폐수요 감소이기 때문이다. 여기서 이자율과 증권(또는 채권)의 가격이 역수인 점에 주의해야 한다.

(3) 유동성 함정 기출 31회

① 유동성 함정의 의의

    ㉠ 케인즈 경제학에서 가장 중요한 개념 중의 하나가 유동성 함정(liquidity trap)이다. 이 개념은 케인즈가 고전학파를 비판하고 자신의 주장을 옹호할 때 이용하는 아주 강력한 무기이다.

    ㉡ 유동성 함정은 경기가 극도의 침체상태에 빠져 있을 때 나타날 수 있는 현상이다. 즉 극도로 경기가 침체하면 이자율(r)은 아주 낮은 수준으로 하락하고 증권가격($1/r$)은 최고수준이 된다.

    ㉢ 그러면 사람들은 증권가격의 하락을 예상하여 보유하고 증권을 전부 매각하고 자산의 전부를 화폐로만 보유하려 한다는 것이다.

② 유동성 함정의 특징

    ㉠ 유동성 함정에서는 화폐수요의 이자율 탄력성(L_r)은 무한대가 되고 따라서 화폐수요곡선은 수평, 나아가 LM곡선도 수평이 된다.

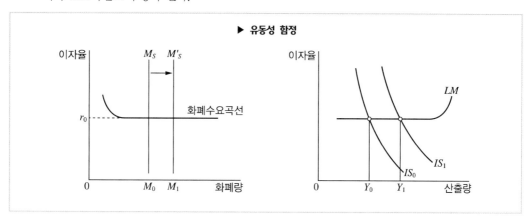

▶ **유동성 함정**

    ㉡ 경제가 유동성 함정에 빠지면 고전학파와 통화주의자가 주장하는 통화정책은 전혀 효력을 발휘할 수 없고, 오직 재정정책만이 경기를 회복시킬 수 있다(이 경우 구축효과는 0이다).

(4) 총화폐수요(유동성 선호)

① 앞의 논의를 요약하면 거래적 동기와 예비적 동기에 의한 화폐수요(L_1)는 소득의 증가함수이고, 투기적 동기에 의한 화폐수요(L_2)는 이자율의 감소함수이다.

② 따라서 화폐수요함수는 $L = L_1(Y) + L_2(r)$ 또는 $L = L(Y, r)$로 나타낼 수 있다.

③ 결국 화폐수요의 결정요인으로 고전학파가 강조한 소득(Y)에 더하여 이자율(r)을 포함시킨 것이다. 그러나 케인즈는 소득보다는 이자율을 더 중요한 요인으로 파악한다. 즉 케인즈는 화폐수요의 이자율탄력성(L_r) > 화폐수요의 소득탄력성(L_Y)인 것으로 주장한다.

④ 화폐수요의 이자율탄력성(L_r)은 이자율이 변화할 때 화폐수요의 변화정도를 나타내는 개념으로 화폐수요곡선의 기울기로 표시된다.

⑤ 여기서 소득이 증가하면 화폐수요함수는 오른쪽으로 이동하는 데 그 이동정도는 화폐수요의 소득탄력성(L_Y)으로 나타낸다.

4. 신화폐수량설

(1) 의의

① 신화폐수량설은 프리드먼(M. Friedman)에 의해 제시된 화폐수요이론으로 고전학파의 화폐수량설의 결론과 유사하기 때문에 신화폐수량설이라고 한다.

② 프리드먼은 화폐보유의 동기와는 관계없이 이론적으로 화폐수요에 영향을 미치는 요인들에 직접 관심을 갖는다.

③ 따라서 프리드먼은 화폐도 하나의 자산에 불과하므로 화폐수요는 미시이론에서처럼 ⊙ 예산제약 조건과 ⓒ 화폐보유의 기회비용에 의해서 결정된다고 주장한다.

④ ⊙ 예산제약 조건은 실질소득(항상소득)이고, ⓒ 화폐보유의 기회비용은 화폐 이외의 자산을 보유할 경우 예상되는 수익률(즉 실질이자율)과 물가상승률이다.

(2) 프리드먼의 화폐수요함수

① 프리드먼의 화폐수요함수는 다음과 같이 표시할 수 있다.

$$\frac{M^d}{P} = f(r,\ Y,\ \pi)$$

여기서 실질소득(Y)이 클수록 화폐수요는 증가하고, 실질이자율(r)과 인플레이션율(π)이 작을수록 화폐수요는 증가한다.

② 프리드먼은 이 중 화폐수요에 결정적 영향을 미치는 것은 실질소득이라고 주장한다. 즉 화폐수요의 소득탄력성(L_Y)은 크고, 화폐수요의 이자율 탄력성(L_r)은 작다고 본다.

5. 자산선택이론

(1) 의의

① 자산선택이론(portfolio selection theory)은 토빈(J. Tobin)에 의해서 제시된 이론으로, 자산을 보유할 때 어느 하나의 자산이 아니고 여러 유형을 자산을 배합하여 보유함으로써 위험을 피하고 나아가 결합이익을 극대화할 수 있다는 주장이다.

② 토빈은 화폐도 금융자산의 하나로 간주하여 자산의 구성항목 중 얼마를 화폐로 보유할 것인가를 설명한다.

(2) 자산의 선택기준

① 자산 중 얼마를 화폐로 보유할 것인가는 자산의 수익성, 안전성을 비교하여 결정한다.

② 불확실성 하에서 모험을 회피하는 주체(risk averter)는 수익성 대신 안전성을 선호하고, 불확실성 하에서 모험을 선호하는 주체(risk lover)는 안전성 대신 수익성을 선호한다.

1. 이자율의 뜻과 의의

(1) 이자율의 뜻

① 다른 자산과 마찬가지로 화폐도 소유가격과 임대가격 두 가지 가격을 가지고 있다.

ㄱ 화폐의 소유가격은 화폐 1단위로 구매할 수 있는 재화의 양을 말한다. 따라서 화폐의 소유가격은 물가와 반비례한다.

ㄴ 화폐의 임대가격은 화폐 1단위를 일정기간 동안 빌려준 경우의 임대료를 말하는데 실질적인 임대료와 화폐가치의 하락에 대한 보상으로 구성된다.

② 이 경우 임대가격(즉 임대료)을 임대한 자금의 크기에 대한 비율로 표시한 것이 이자율(interest), 즉 명목이자율이다.

③ 따라서 명목이자율은 두 가지 항목으로 구성된다. 실질임대료에 해당하는 부분이 실질이자율이고 물가상승으로 인한 화폐가치 하락에 대한 보상이 인플레이션 보상(inflation premium)이다. 즉

> 명목이자율＝실질이자율＋인플레이션 보상

이 된다.

④ 명목이자율에 인플레이션 보상(inflation premium)이 가산된다는 것을 처음 밝힌 학자는 미국의 경제학자인 어빙 피셔(I. Fisher)이다. 따라서 이 식을 피셔관계식(Fisherian relation), 피셔 효과라고 한다.

(2) 이자율의 의의

① 고전학파는 실물부문과 화폐부문은 서로 영향을 미치지 못하고 독립적으로 움직인다고 생각하였다(고전파의 이분성).

② 그러나 케인즈의 단순모형에서 소득은 소비와 투자의 합계인 총수요에 의해 결정되고, 이 중 투자는 이자율에 의해 영향을 받는다. 이자율은 화폐시장에서 화폐의 수요와 공급에 의해 결정되기 때문에 이자율은 실물부문과 화폐부문을 연결시켜주는 역할을 한다.

2. 이자율의 종류

(1) 명목이자율과 실질이자율 [기출] 31회 · 30회 · 29회 · 28회 · 27회

① 명목이자율(nominal interest rate)은 화폐단위로 나타낸 이자율이다. 우리가 흔히 대출이자율, 시장이자율이라고 할 때의 이자율은 명목이자율이다. 명목이자율에는 인플레이션율이 반영되어 있기 때문에 물가가 상승하면 명목이자율은 상승한다.

② 실질이자율(real interest rate)은 실물단위로 나타낸 이자율이다. 따라서 미래의 실질이자율은 명목이자율에서 예상인플레이션율을 공제하여 구한다. 즉

> 실질이자율＝명목이자율－예상인플레이션율

이다.

(2) 명목이자율의 다양성

① 현실에는 매우 다양한 이자율이 존재한다. 은행의 경우에도 예금이자율이 있고 대출이자율이 있으며 예금의 종류마다 이자율이 서로 다르다. 이자율의 크기에 영향을 미치는 요인들은 다음과 같다.

② 기간(또는 만기)이 이자율에 영향을 미친다. 기간이 길수록 불확실성이 더 커지므로 단기이자율보다 장기 이자율이 더 높다.

③ 위험도(risk)에 따라 이자율에 차이가 있다. 통상 위험이 클수록 이에 대한 보상으로 인해 이자율은 높다. 위험에는 채무불이행(default)의 위험, 즉 신용위험과 시장위험이 있다.

④ 유동성(liquidity)의 정도가 이자율 수준에 영향을 미친다. 일반적으로 유동성이 클수록 이자율은 낮다.

⑤ 경기순환에 따라 이자율이 달라진다. 일반적으로 경기의 수축국면에서는 이자율이 떨어지고 경기의 확장국면에서는 이자율이 상승한다.

---

1. 통화정책의 의의

(1) 통화정책의 뜻

① 통화정책(monetary policy)은 통화당국이 통화량이나 이자율 등 통화관련변수를 조정함으로써 국민경제의 안정적 성장을 이루고자 하는 경제정책을 말한다.

② 재정정책(fiscal policy)이 국민소득의 흐름에 직접적인 영향을 미치는 것과는 달리 통화정책은 통화량과 이자율의 조정을 통해 간접적으로, 즉 총수요의 변화를 통해 국민소득의 흐름에 영향을 미친다.

(2) 통화정책의 파급경로 `기출` 35회

① 통화정책은 다음의 〈그림〉에서 보는 것처럼 일반적으로 최종목표(goals), 운용목표(operating targets), 정책수단(instruments)의 세 가지 요소로 구성된다.

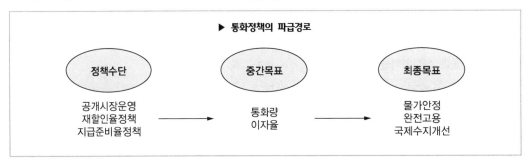

▶ 통화정책의 파급경로

정책수단	중간목표	최종목표
공개시장운영 재할인율정책 지급준비율정책	통화량 이자율	물가안정 완전고용 국제수지개선

② 통화정책은 통화당국이 통화정책 수단을 사용하여 통화량과 이자율 등 통화정책의 운용목표(중간목표)에 영향을 마치고, 나아가 국민경제의 안정적 성장이라는 최종목표를 달성하고자 하는 것을 뜻한다. 이러한 일련의 과정을 통화정책의 파급경로(transmission mechanism)라고 한다.

(3) 물가안정목표제 기출 32회

  ① 물가안정목표제의 의의

    ⊙ 물가안정목표제(inflation targeting)는 중앙은행이 일정 기간 동안 달성해야 할 물가상승률 목표치를 미리 제시하고 이에 맞추어 통화정책을 운영하는 방식이다. 1990년 이후 우리나라를 포함한 대부분의 선진국들이 채택하고 있다.

    ⓒ 이때 물가는 중앙은행이 통제하기 어려운 비곡물 농산물과 석유류의 가격을 뺀 소비자 물가의 상승, 즉 근원 인플레이션(core inflation)을 말한다. 그리고 한국은행은 설정된 물가목표를 달성하기 위해 기준금리(call rate)를 운용목표로 하는 금리 중시 통화정책을 활용하고 있다.

  ② 물가안정목표제의 장점

    ⊙ 물가안정목표제는 중앙은행이 최종적인 물가목표를 공개적으로 제시함에 따라 명목기준지표가 명료하고, 민간의 기대인플레이션 형성이 용이하며, 목표달성 여부를 직접 쉽게 확인할 수 있다는 장점이 있다.

    ⓒ 또한 인플레이션 기대를 목표물가 수준에 맞도록 안정화시켜 재량적 통화정책이 초래할 수 있는 인플레이션 기대 편의(bias)를 극복할 수 있다.

(4) 물가수준목표제

  ① 물가수준목표제의 의의

    ⊙ 물가수준목표제(price level targeting)는 중앙은행이 물가상승률 대신 물가수준의 장래 목표경로를 사전에 제시하고 이를 달성하려는 방식이다.

    ⓒ 물가수준이 목표경로를 벗어나면 중앙은행이 조정을 통해 물가수준을 목표경로로 복귀시켜야 한다.

  ② 물가수준목표제의 특징

    ⊙ 과거의 충격이 현재 및 장래의 통화정책에 영향을 미치는 역사의존성(history dependence)이 나타나게 된다. 반면 물가안정목표제는 과거의 충격이 현재 및 장래의 통화정책에 영향을 미치지 않는다.

    ⓒ 물가수준목표제는 장기적인 물가수준의 예측이 가능하다. 또한 경제주체의 인플레이션 기대에 영향을 미치고 이를 통해 인플레이션 및 총산출량의 변동성을 줄일 수 있다.

    ⓒ 그러나 지속적인 비용 상승 충격이 나타나는 경우 물가수준목표제는 오히려 인플레이션과 총산출량의 변동성을 늘릴 수도 있다.

2. 통화정책의 수단

(1) 일반적 정책수단

일반적 정책수단(general control)은 통화량의 크기와 이자율을 조정함으로써 국민경제 전체에 영향을 미치고자 하는 정책을 말한다. 공개시장운영, 재할인율정책(여·수신제도), 지급준비율정책(지급준비제도) 세 가지가 있다.

  ① 지급준비율(reserve requirement)정책 : 중앙은행이 법정지급준비율을 변경시킴으로써 통화량의 크기를 조절하는 것을 말한다. 법정지급준비율을 인상하면 통화량은 감소한다.

  ② 재할인율(rediscount rate)정책 : 중앙은행이 예금취급기관을 상대로 재할인율을 변동시켜 통화량을 조정하고 시중금리에 영향을 미치는 것을 말한다. 재할인율을 인상하면 통화량은 감소한다.

③ 공개시장운영(open market operation) : 중앙은행이 국공채의 매매를 통해 통화량을 조절하는 것을 말한다. 중앙은행이 보유하고 있던 국공채를 매각하면 통화량이 감소한다. 공개시장조작은 우리나라를 포함하여 증권시장이 잘 발달된 선진국에서 보편적으로 이용하는 정책수단이다.

④ 각종 한도제(ceiling)

  ㉠ 창구규제라고도 하는데 앞에서 본 정책수단만 가지고는 통화량 규제의 효과를 보기가 어려운 경우에 보다 직접적인 통화량 규제수단으로 채택되는 것이다.

  ㉡ 예컨대 대출한도제(국내 여신한도제), 통화량 최고한도제, 중앙은행과 예금은행의 자산 규제 등이 있다.

(2) 테일러 준칙 기출 35회 · 34회 · 31회

① 테일러 준칙의 의의 : 현재 대부분의 중앙은행은 자국의 경제상황에 맞게 기준금리를 조정하여 통화정책을 수행하고 있다. 이 경우 중앙은행이 기준금리 수준을 설정할 때 참고로 하는 것이 테일러 준칙(Taylor rule)이다.

② 테일러 준칙의 내용

  ㉠ 테일러 준칙은 다음과 같이 간략하게 나타낼 수 있다.

  > 목표 명목기준금리=균형 명목기준금리$+\alpha \cdot$총생산갭$+\beta \cdot$인플레이션갭

  여기서 각 항은 다음을 의미한다.

  > 균형 명목기준금리=실제 인플레이션율+균형 실질기준금리
  >
  > 총생산갭$=\dfrac{\text{실제 실질 } GDP - \text{잠재 실질 } GDP}{\text{잠재 실질 } GDP} \times 100$
  >
  > 인플레이션갭=실제 인플레이션율−목표 인플레이션율

  ㉡ 예를 들어 이를 수식으로 나타내면 다음과 같다.

  $$i = 0.05 + \pi + 0.5(\pi - \pi^*) - 0.5\left(\frac{Y^* - Y}{Y^*}\right)$$

  여기서 i는 명목이자율, π는 인플레이션율, π^*는 목표 인플레이션율, Y^*는 잠재 GDP, Y는 실제 GDP이고 따라서 $(Y^* - Y)/Y^*$는 총생산갭이다.

③ 테일러 준칙의 해석 : 테일러 준칙에 의하면 중앙은행은 실제 인플레이션율과 목표 인플레이션율의 차이가 클수록, 실제 GDP와 잠재 GDP의 차이가 클수록 명목 목표기준금리를 올린다는 것이다. 이는 곧 긴축적인 통화정책을 의미한다.

01 다음은 화폐수량설에 대해 설명한 것이다. 바르지 못한 것은?

① 흄(D. Hume)이 주장하고 피셔(I. Fisher)가 정리하였으며, 프리드먼(M. Friedman)이 지지한 이론이다.

② 통화량이 증가하면 물가는 비례적으로 상승한다는 주장이다.

③ 화폐의 유통속도가 일정하면 통화량의 증가는 실질국민소득을 증가시킨다는 주장이다.

④ 명목국민소득이 증가하면 화폐수요는 비례적으로 증가한다는 이론이다.

⑤ 화폐의 기능 중 교환의 매개수단으로서의 기능을 중시하는 이론이다.

답 ③

정답해설

화폐수량설에서 통화량의 증가는 실질국민소득은 증가시키지 못하고 물가만 비례적으로 상승한다. 이는 고전학파가 주장한 것으로 화폐의 중립성(neutrality of money)이라고 한다.

실물부문과 화폐부문은 서로 영향을 미치지 못하고 완전히 분리되어 있다는 고전학파의 이분성(classical dichotomy)의 근거가 되는 주장이다.

02 유동성함정(liquidity trap)에 관한 설명으로 옳은 것을 모두 고른 것은?　　　**[31회 기출]**

> ㄱ. *IS*곡선이 수직선이다.
> ㄴ. *LM*곡선이 수평선이다.
> ㄷ. 재정정책이 국민소득에 영향을 주지 않는다.
> ㄹ. 화폐수요의 이자율 탄력성이 무한대일 때 나타난다.

① ㄱ, ㄷ　　　　　　　　　　② ㄴ, ㄹ
③ ㄷ, ㄹ　　　　　　　　　　④ ㄱ, ㄴ, ㄷ
⑤ ㄴ, ㄷ, ㄹ

답 ②

┃정답해설┃

유동성 함정(liquidity trap)은 극도로 경기가 침체하여 투자수요가 거의 없어 이자율이 최저수준으로 하락했을 때 나타나는 현상으로 케인즈에 의해 주장된 것이다. 화폐수요의 이자율탄력성이 무한대가 되어, 화폐수요곡선과 *LM*곡선은 수평선이 된다.
유동성 함정이 존재하면 통화량을 증가시키는 통화정책은 전혀 효과가 없고, 구축효과는 0이 되어 재정정책의 효과는 매우 강력하다.

03 *A*국에서 인플레이션 갭과 산출량 갭이 모두 확대될 때, 테일러 준칙(Taylor's rule)에 따른 중앙은행의 정책은?　　　**[31회 기출]**

① 정책금리를 인상한다.
② 정책금리를 인하한다.
③ 정책금리를 조정하지 않는다.
④ 지급준비율을 인하한다.
⑤ 지급준비율을 변경하지 않는다.

답 ①

┃정답해설┃

테일러 준칙을 간략하게 나타내면 목표 명목기준금리＝균형 명목기준금리＋α·산출량 갭＋β·인플레이션 갭이다.
① 인플레이션 갭과 산출량 갭이 모두 확대되면 중앙은행은 정책금리를 인상한다.

04 어느 경제에서 1년 동안 쌀만 100kg 생산되어 거래되었다고 하자. 쌀 가격은 1kg당 2만 원이고 공급된 화폐량은 50만 원이다. 이 경우 화폐의 유통속도는 얼마인가? (단, 화폐수량설이 성립한다.)

[30회 기출]

① 1

② 2

③ 3

④ 4

⑤ 5

답 ④

┃ 정답해설 ┃

화폐수량설에서 교환방정식은 $MV = Py$이고 화폐의 유통속도 $V = \dfrac{Py}{M}$이다.

여기에 주어진 조건을 대입하면 $V = \dfrac{2만\ 원 \times 100kg}{50만\ 원} = 4$가 된다.

---

05 화폐수요함수는 $\dfrac{M^d}{P} = \dfrac{Y}{5i}$이다. 다음 중 옳은 것을 모두 고른 것은? (단, $\dfrac{M^d}{P}$는 실질화폐잔고, i는 명목이자율, Y는 실질생산량, P는 물가이다.)

[28회 기출]

> ㄱ. 명목이자율이 일정하면, 실질생산량이 $k\%$ 증가할 경우 실질화폐잔고도 $k\%$ 증가한다.
> ㄴ. 화폐유통속도는 $\dfrac{5i}{Y}$이다.
> ㄷ. 명목이자율이 일정하면 화폐유통속도는 일정하다.
> ㄹ. 실질생산량이 증가하면 화폐유통속도는 감소한다.

① ㄱ, ㄴ

② ㄱ, ㄷ

③ ㄴ, ㄷ

④ ㄴ, ㄹ

⑤ ㄷ, ㄹ

답 ②

┃ 정답해설 ┃

ㄱ. 화폐수요함수가 $\dfrac{M^d}{P} = \dfrac{Y}{5i}$이므로 실질화폐잔고 $\dfrac{M^d}{P}$는 실질생산량 Y와 정비례 관계에 있다.

실질생산량이 $k\%$ 증가할 경우 실질화폐잔고도 $k\%$ 증가한다.

ㄴ. 교환방정식 $MV = PY$에서 화폐의 유통속도 $V = \dfrac{PY}{M}$이다.

균형에서는 $M^d = M^s = M$이므로 $V = \dfrac{PY}{M} = 5i$이다.

ㄷ, ㄹ. $V = 5i$이므로 명목이자율이 일정하면 화폐의 유통속도는 일정하고, 화폐의 유통속도와 실질생산량은 아무 관계가 없다.

06 실질화폐수요가 이자율과는 음(−)의 관계이고 실질국민소득과는 양(+)의 관계이다. 화폐시장이 균형일 때, 새로운 균형을 이루기 위한 변수들의 변화에 관한 설명으로 옳지 <u>않은</u> 것은? (단, 화폐시장만 고려하며, 화폐수량설이 성립한다. 명목통화량과 물가수준은 외생변수이다.) **[30회 기출]**

① 물가수준이 하락하는 경우, 이자율이 변하지 않는다면 화폐유통속도도 변하지 않는다.

② 물가수준이 하락하는 경우, 이자율이 변하지 않는다면 실질국민소득은 증가한다.

③ 실질국민소득이 증가하면, 화폐유통속도는 증가한다.

④ 명목통화량이 감소하는 경우, 실질국민소득이 변하지 않는다면 화폐유통속도는 증가한다.

⑤ 명목통화량이 증가하는 경우, 실질국민소득이 변하지 않는다면 이자율은 하락한다.

답 모두 정답

┃정답해설┃

① 물가수준(P)이 하락하는 경우, 이자율이 변하지 않는다면 실질국민소득(y)이 증가하는데, 이때 명목국민소득(Py)는 P하락률과 y증가율의 상대적인 크기에 의해 결정되므로 증감여부가 불분명하다. $MV = Py$에서 M이 주어진 상태에서 Py가 증가하면 화폐유통속도 V가 증가하지만 Py가 감소하면 V가 감소한다. 그런데 P가 하락할 때 Py의 변화가 불분명하므로 V의 변화도 불분명하다. 따라서 옳지 않은 지문이다.

②, ⑤ 확실히 옳다.

③ M과 P에 대한 가정이 주어져야 성립할 수 있다.

④ P에 대한 가정이 주어져야 명확하게 성립할 수 있다(수험생 이의제기 수용).

※ 출제측에서 논란이 생길 것을 감안하여, 이 문제를 모두정답 처리하였습니다.

---

07 수량방정식($MV = PY$)과 피셔효과가 성립하는 폐쇄경제에서 화폐유통속도(V)가 일정하고, 인플레이션율이 2%, 통화증가율이 5%, 명목이자율이 6%라고 할 때, 다음 중 옳은 것을 모두 고른 것은? (단, M은 통화량, P는 물가, Y는 실질소득이다.) **[29회 기출]**

> ㄱ. 실질이자율은 4%이다.
> ㄴ. 실질경제성장률은 4%이다.
> ㄷ. 명목경제성장률은 5%이다.

① ㄱ   ② ㄴ

③ ㄱ, ㄷ   ④ ㄴ, ㄷ

⑤ ㄱ, ㄴ, ㄷ

답 ③

┃정답해설┃

피셔효과가 성립하면 실질이자율＝명목이자율−인플레이션율이므로＝6%−2%＝4%이다. $MV = PY$를 증가율로 나타내면 $\dfrac{dM}{M} + \dfrac{dV}{V} = \dfrac{dP}{P} + \dfrac{dY}{Y}$ 이고 여기에 주어진 조건을 대입하면 5%+0%＝2%+$\dfrac{dY}{Y}$ 이므로 실질경제성장률 $\dfrac{dY}{Y} = 3$%이다. 따라서 명목경제성장률은 5%이다.

08 폐쇄경제인 A국에서 화폐수량설과 피셔방정식(Fisher equation)이 성립한다. 화폐유통속도가 일정하고, 실질 경제성장률이 2%, 명목이자율이 5%, 실질이자율이 3%인 경우 통화증가율은?

[28회 기출]

① 1%

② 2%

③ 3%

④ 4%

⑤ 5%

目 ④

▌정답해설▌

피셔 방정식에 따르면 실질이자율＝명목이자율－예상인플레이션이다. 그리고 고전학파의 세계에서는 예상인플레이션율의 변화가 동일한 크기의 명목이자율 변화를 가져오는데 이를 피셔효과(Fisher effect)라고 한다. 주어진 조건에서 예상인플레이션율＝5%－3%＝2%이다.

화폐수량설 $MV = Py$, $M = \dfrac{Py}{V}$ 에서 백분율로 나타내면 통화증가율＝예상인플레이션율＋실질경제성장률＝4% 이다.

---

09 통화공급 과정에 관한 설명으로 옳은 것을 모두 고른 것은?

[30회 기출]

> ㄱ. 100% 지급준비제도가 실행될 경우, 민간이 현금통화비율을 높이면 통화승수는 감소한다.
> ㄴ. 민간이 현금은 보유하지 않고 예금만 보유할 경우, 예금은행의 지급준비율이 높아지면 통화승수는 감소한다.
> ㄷ. 중앙은행이 민간이 보유한 국채를 매입하면 통화승수는 증가한다.

① ㄱ

② ㄴ

③ ㄱ, ㄴ

④ ㄱ, ㄷ

⑤ ㄴ, ㄷ

目 ②

▌정답해설▌

ㄱ. 통화승수 $m = \dfrac{1}{c + r(1-c)}$ 이다. r은 지급준비율, c는 현금보유비율이다.

100% 지급준비제도가 시행되어 $r = 1$이면 c의 크기에 관계없이 통화승수는 항상 1이 된다.

ㄷ. 중앙은행이 민간이 보유한 국채를 매입하면 본원통화만 증가하고, 통화승수는 변화하지 않는다.

10 甲국과 乙국의 실질이자율과 인플레이션율은 다음 표와 같다. 명목이자소득에 대해 각각 25%의 세금이 부과될 경우, 甲국과 乙국의 세후 실질이자율은 각각 얼마인가? (단, 피셔효과가 성립한다.)

[30회 기출]

구분	甲국	乙국
실질이자율	4%	4%
인플레이션율	0%	8%

① 3%, 1%   ② 3%, 3%

③ 3%, 9%   ④ 4%, 4%

⑤ 4%, 12%

답 ①

▮ 정답해설 ▮

명목이자율＝실질이자율＋인플레이션율이다. 갑국의 명목이자율은 4%인데 25%, 즉 1/4을 세금으로 납부하면 세후 명목이자율은 3%, 세후 실질이자율은 3%－0%＝3%이다.

을국의 명목이자율은 12%인데 1/4을 세금으로 납부하면 세후 명목이자율은 3/4에 해당하는 9%이다. 세후 실질이자율은 9%－8%＝1%이다.

11 통화량 변동에 관한 설명으로 옳지 <u>않은</u> 것은?

[28회 기출]

① 법정지급준비율의 변동은 본원통화량을 변화시키지 않는다.

② 중앙은행이 통화안정증권을 발행하여 시장에 매각하면 통화량이 감소한다.

③ 중앙은행이 시중은행으로부터 채권을 매입하면 통화량이 감소한다.

④ 은행의 법정지급준비율을 100 %로 규제한다면 본원통화량과 통화량은 동일하다.

⑤ 정부의 중앙은행차입이 증가하면 통화량은 증가한다.

답 ③

▮ 정답해설 ▮

③ 중앙은행이 시중은행으로부터 채권을 매입하면 채권 매입대금이 시중은행으로 나가므로 본원통화가 증가하고 통화량은 증가한다.

④ 현금보유비율을 c, 법정지급준비율을 r이라고 하면 통화승수 $m = \dfrac{1}{c+r(1-c)}$ 이므로 법정지급준비율이 100%로 규제하면 $r=1$이 되므로 통화승수도 1이 된다. 통화승수가 1이면 본원통화량과 통화량은 크기가 같다.

12 통화량(M)을 현금(C)과 요구불예금(D)의 합으로, 본원통화(B)를 현금(C)과 지급준비금(R)의 합으로 정의하자. 이 경우 현금보유비율(cr)은 C/D, 지급준비금 비율(rr)은 R/D로 나타낼 수 있다. 중앙은행이 본원통화를 공급할 때 민간은 현금 보유분을 제외하고는 모두 은행에 예금하며, 은행은 수취한 예금 중 지급준비금을 제외하고는 모두 대출한다고 가정한다. cr이 0.2, rr이 0.1이면 통화승수의 크기는?

[27회 기출]

① 1.5

② 2.0

③ 3.7

④ 4.0

⑤ 5.3

답 ④

❚ 정답해설 ❚

통화승수 $m = \dfrac{M}{B} = \dfrac{C+D}{C+R}$ 에서 양변을 D로 나누면 $m = \dfrac{(C/D)+1}{(C/D)+(R/D)} = \dfrac{cr+1}{cr+rr} = \dfrac{0.2+1}{0.2+0.1} = 4$ 이다.

13 이자율과 관련된 피셔효과(Fisher effect)의 설명으로 옳은 것은?

① 기대 인플레이션율이 상승하면 명목이자율은 상승한다.

② 피셔효과는 실질이자율에서 물가상승율을 뺀 것이다.

③ 통화량이 증가하면 이자율은 하락한다.

④ 소득이 증가하면 이자율은 상승한다.

⑤ 통화량 증가와 이자율과는 연관이 없다.

답 ①

❚ 정답해설 ❚

피셔효과(Fisher effect)는 명목이자율 = 실질이자율 + 기대인플레이션율로 표현된다. 따라서 ① 기대 인플레이션율이 상승하면 명목이자율은 상승한다.

14 A국 경제가 유동성함정(LM곡선이 수평)에 빠졌을 경우 이에 관한 설명으로 옳은 것은?

[27회 기출]

① 투자가 이자율에 대해 매우 탄력적이다.

② 확대통화정책이 확대재정정책보다 국민소득을 더 많이 증가시킨다.

③ 확대재정정책을 시행하면 구축효과로 인해 국민소득의 변화가 없다.

④ 화폐수요가 이자율에 대해 완전비탄력적이다.

⑤ 확대통화정책을 시행하더라도 이자율의 변화가 없다.

답 ⑤

▎정답해설▎

유동성 함정(liquidity trap)은 극도로 경기가 침체하여 투자수요가 거의 없어 이자율이 최저수준으로 하락했을 때 나타나는 현상으로 케인즈에 의해 주장된 것이다. 화폐수요의 이자율탄력성이 무한대가 되어, 화폐수요곡선과 LM 곡선은 수평선이 된다.

유동성 함정이 존재하면 통화량을 증가시키는 통화정책은 이자율의 변화가 없으므로 전혀 효과가 없고, 재정정책의 효과는 구축효과는 0이 되므로 매우 강력하다.

15 중앙은행의 통화량 조절 방법에 관한 설명으로 옳은 것은?

① 법정지급준비율을 인상하면 시중은행이 예금액 중에서 대출할 수 있는 금액이 증가한다.

② 중앙은행이 국채를 시중은행 A에 매도하면 시중은행 A의 지급준비금은 증가한다.

③ 법정지급준비율을 인하하면 예금통화승수는 감소한다.

④ 재할인율을 인상하면 통화량이 증가한다.

⑤ 중앙은행이 민간인들이 보유하고 있는 국채를 매입하면 통화량은 증가한다.

답 ⑤

▎정답해설▎

⑤ 중앙은행이 공개시장 운영을 통해 민간이 보유하고 있는 국채를 매입하면 통화량은 증가한다.

① 법정지급준비율을 인상하면 시중은행이 예금액 중에서 대출할 수 있는 금액이 감소하여 통화량은 감소한다.

② 중앙은행이 국채를 시중은행에 매각하더라도 시중은행의 지급준비금은 변화하지 않는다.

③ 법정지급준비율을 인하하면 예금통화승수는 증가한다.

④ 재할인율을 인상하면 통화량은 감소한다.

16 A국에는 2개의 은행이 있는데, 지급준비율을 제1은행은 20%, 제2은행은 10%로 항상 유지한다. 甲은 기존에 보유하고 있던 현금 100만 원을 제1은행에 예금하였고 제1은행은 지급준비금을 제외한 금액을 乙에게 대출하였다. 乙은 이 돈으로 丙에게서 물품을 구입하였고, 丙은 이 대금을 제2은행에 예금하였다. 제2은행은 지급준비금을 제외한 금액을 丁에게 대출하였다. 이상의 거래로부터 추가적으로 창출된 통화량은?

① 144만 원

② 152만 원

③ 160만 원

④ 232만 원

⑤ 332만 원

답 ②

┃ 정답해설 ┃

은행이 예금으로 받은 돈을 다른 사람에게 대출하면 현금통화가 증가하여 통화량이 증가한다. 문제에서 통화량이 증가하는 경우는 제1은행과 제2은행이 대출하는 경우이다.
제1은행은 갑의 예금 100만 원 중 80%인 80만 원을 대출하였고, 제2은행은 병의 예금 80만 원 중 90%인 72만 원을 대출하였다. 따라서 추가적으로 창출된 통화량은 80만 원+72만 원=152만 원이다.

17 유동성 함정 상태에서 통화량을 증가시키는 경우 발생할 수 있는 현상으로 옳은 것은?

① 이자율은 변하지 않는다.

② 주식가격이 상승한다.

③ 부동산 가격이 상승한다.

④ 채권가격이 상승한다.

⑤ 물가는 하락한다.

답 ①

┃ 정답해설 ┃

유동성 함정(liquidity trap)은 극도로 경기가 침체하여 투자수요가 거의 없어 이자율이 최저수준으로 하락했을 때 나타나는 현상으로 케인즈에 의해 주장된 것이다. 화폐수요의 이자율탄력성이 무한대가 되어, 화폐수요곡선과 LM곡선은 수평선이 된다.
① 유동성 함정에서는 화폐수요곡선이 수평이므로 통화량이 증가하여 화폐공급이 증가해도 이자율은 하락하지 않는다.

18 다음과 같은 특징을 가진 화폐시장의 균형에 관한 설명으로 옳지 <u>않은</u> 것은? (단, 폐쇄경제를 가정한다)

[34회 기출]

> • 실질화폐수요는 이자율의 감소함수이다.
> • 실질화폐수요는 국민소득의 증가함수이다.
> • 명목화폐공급은 중앙은행에 의해 외생적으로 결정된다.
> • 물가수준은 단기적으로 고정되어 있으며, 장기적으로 신축적이다.
> • 화폐공급이 증가하면 장기적으로 물가수준은 상승한다.

① LM곡선은 우상향한다.
② 명목화폐공급이 증가하면 단기적으로 LM곡선이 우측으로 이동한다.
③ 국민소득이 일정할 때, 명목화폐공급이 이자율에 미치는 영향은 단기보다 장기에서 더 작다.
④ 실질화폐공급이 증가하면 LM곡선은 우측으로 이동한다.
⑤ 장기적으로 실질화폐공급이 변화하지 않는다면, LM곡선은 수직이다.

답 ⑤

∥ 정답해설 ∥

⑤ LM곡선의 기울기는 $\dfrac{k}{h}$ 로써 화폐수요의 소득탄력성(k)과 화폐수요의 이자율탄력성(h)으로 결정된다. 실질화폐공급은 LM곡선의 절편값을 결정하므로 LM곡선의 좌우 이동요인이다.

② LM곡선의 방정식 $r = \dfrac{k}{h} Y - \dfrac{1}{h} \cdot \dfrac{M_0}{P_0}$ 에서 명목화폐공급이 증가하면 단기에 물가는 고정되어 있으므로 LM곡선을 오른쪽으로 이동시킨다.

③ 단기에는 명목변수인 명목화폐공급이 실질변수인 이자율에 영향을 미치지만 장기에 고전적 이분성이 성립하게 되면, 명목변수의 변화는 실질변수인 이자율에 영향을 미칠 수 없게 된다.

19 통화량을 증가시키기 위한 중앙은행의 정책으로 ( ) 안에 들어갈 내용을 순서대로 옳게 연결한 것은?

> • 국공채 (ㄱ)
> • 법정지급준비율 (ㄴ)
> • 재할인율 (ㄷ)

	ㄱ	ㄴ	ㄷ
①	매입	인하	인하
②	매입	인하	인상
③	매각	인하	인상
④	매각	인상	인하
⑤	매각	인상	인상

답 ①

▌정답해설▐

중앙은행이 통화량을 증가시키기 위해서는 공개시장운영을 통해 국공채를 매입하고, 법정지급준비율을 인하해야 한다. 그리고 재할인율을 인하해야 한다.

20 화폐수량설에 따른 화폐수량방정식은 $M \times V = P \times Y$이다. 이에 관한 설명으로 옳지 <u>않은</u> 것은? (단, M은 통화량, V는 화폐유통속도, P는 산출물의 가격, Y는 산출량이다.)

① 장기적으로 화폐의 중립성이 성립한다.
② 화폐유통속도는 오랜 기간에 걸쳐 비교적 안정적이다.
③ 중앙은행이 통화량을 증가시키면 물가는 상승한다.
④ 중앙은행이 통화량을 증가시키면 장기적으로 산출량이 증가한다.
⑤ 중앙은행이 통화량을 변화시키면 산출량의 명목가치는 비례적으로 변한다.

답 ④

▌정답해설▐

화폐수량설에서 통화량의 증가는 실질국민소득(산출량)은 증가시키지 못하고 물가만 비례적으로 상승한다. 이는 고전학파가 주장한 것으로 화폐의 중립성(neutrality of money)이라고 한다.
고전학파는 장기적으로 산출량은 그 경제에 주어진 생산요소의 양에 의해 결정된다고 주장한다.

21 전통적 화폐수량설에 근거한 화폐의 중립성이 성립할 경우 다음 설명 중 옳지 <u>않은</u> 것은?

① 통화량 증가율을 증가시키면 명목이자율이 상승한다.

② 통화량 증가율을 증가시키면 인플레이션율이 상승한다.

③ 통화량을 증가시켜도 실질 국민소득수준은 변화하지 않는다.

④ 통화량을 증가시키면 실업률은 하락한다.

⑤ 통화량을 증가시켜도 실질이자율은 변화하지 않는다.

답 ④

▌정답해설▐

고전학파의 화폐수량설에 근거한 화폐의 중립성(neutrality of money)은 화폐는 물가수준에만 영향을 미치고 실물변수에는 아무런 영향을 미치지 못한다는 것이다. 따라서 통화량을 증가시켜도 총생산량이나 고용수준(또는 실업률)에는 아무런 변화가 없다는 주장이다.

22 고전학파의 화폐수량설에 따를 때, 통화량이 증가하는 경우 다음 설명 중 옳은 것은? **[23회 기출]**

① 화폐유통속도가 감소한다.

② 화폐유통속도가 증가한다.

③ 물가가 상승한다.

④ 물가가 하락한다.

⑤ 명목 GDP는 불변이다.

답 ③

▌정답해설▐

고전학파의 화폐수량설에 의하면 통화량이 증가하면 물가에만 영향을 미치고 다른 실물변수에는 영향을 미치지 못한다. 화폐의 유통속도와 실질 GDP는 일정하다고 가정한다. 물가가 상승하므로 명목 GDP는 증가한다.

23 중앙은행은 아래와 같은 테일러 준칙(Taylor rule)에 따라 명목이자율을 조정한다. 이에 관한 설명으로 옳지 <u>않은</u> 것은? (단, i는 명목이자율, π는 인플레이션율, π^*는 목표 인플레이션율, Y^*는 잠재 GDP, Y는 실제 GDP, $(Y^* - Y)/Y^*$는 총생산 갭이다.) **[23회 기출]**

$$i = 0.05 + \pi + 0.5(\pi - \pi^*) - 0.5(Y^* - Y)/Y^*$$

① 목표 인플레이션율이 낮아지면 중앙은행은 명목이자율을 인상한다.

② 실제 GDP가 잠재 GDP보다 더 큰 경우에 중앙은행은 명목이자율을 인상한다.

③ 총생산 갭은 0이고 인플레이션율이 3%에서 4%로 상승하는 경우에, 중앙은행은 명목이자율을 0.5% 포인트(%p) 인상한다.

④ 인플레이션율이 목표치와 같고 실제 GDP가 잠재 GDP와 같다면 실질이자율은 5%가 된다.

⑤ 인플레이션율은 목표치와 같고 총생산 갭이 0%이 1%로 상승하는 경우에, 중앙은행은 명목이자율을 0.5%포인트(%p) 인하한다.

답 ③

┃ **정답해설** ┃

총생산 갭 $(Y^* - Y)/Y^*$은 0이고 인플레이션율 π가 3%에서 4%로 1%p 상승하는 경우에, 중앙은행은 명목이자율을 1.5%p 인상해야 한다.

24 A국 중앙은행은 아래의 테일러 규칙(Taylor rule)에 따라 명목정책금리를 조정한다. 이에 관한 설명으로 옳지 <u>않은</u> 것은? [단, 총생산 갭=(실질 GDP-완전고용 실질 GDP)/완전고용 실질 GDP이다.]

[33회 기출]

> 명목정책금리=인플레이션율+0.02+0.5×(인플레이션율-0.03)+0.5×(총생산 갭)

① A국 중앙은행의 인플레이션율 목표치는 3%이다.

② 인플레이션율 목표치를 2%로 낮추려면 명목정책금리를 0.5%p 인하해야 한다.

③ 인플레이션율이 목표치와 동일하고 총생산 갭이 1%인 경우 실질 이자율은 2.5%이다.

④ 완전고용 상태에서 인플레이션율이 2%인 경우에 명목정책금리는 3.5%로 설정해야한다.

⑤ 인플레이션율이 목표치보다 1%p 더 높은 경우에 명목정책금리를 0.5%p 인상한다.

답 ②, ⑤

▌정답해설▐

② 주어진 테일러 준칙에서 현재의 목표 인플레이션율은 3%이다. 이를 2%로 1%p 낮추려면 식에서 0.5×(인플레이션율-0.03) 부분이 0.05만큼 커지므로 명목정책금리를 0.5%p 인상해야 한다.

⑤ 인플레이션율이 목표치보다 1%p 더 높은 경우에 명목정책금리를 1.5%p 인상한다. 단순화를 위해 총생산 갭이 0인 경우를 상정한다. 인플레이션율 목표치가 3%라면 명목정책금리는 0.05이지만, 인플레이션 목표치가 1%p 높은 4%라면 명목정책금리는 0.065이므로 1.5%p 인상해야 한다.

① 테일러 준칙은 목표 명목정책금리=균형 명목정책금리+α·총생산갭+β·인플레이션갭이다.
인플레이션갭=(인플레이션율-목표 인플레이션율)로 식에서 ( ) 안의 0.03, 즉 3%가 인플에이션율 목표치이다.

③ 명목정책금리=인플레이션율+0.02+0.5×(인플레이션율-0.03)+0.5×(총생산 갭)에서 인플레이션율이 목표치와 동일하고 총생산 갭이 1%인 경우 명목정책금리=인플레이션율+0.02+0+(0.5×0.01)이다. 실질이자율=명목정책금리-인플레이션율=0.02+(0.5×0.01)=0.025, 즉 2.5%이다.

④ 완전고용 상태에서는 총생산 갭이 0이므로 인플레이션율이 2%인 경우에 명목정책금리=0.02+0.5×(0.02-0.03)=0.035이다. 명목정책금리는 3.5%로 설정해야한다.

25 고전학파의 대부자금설이 성립할 경우 정부가 저축을 촉진하기 위해 이자소득세를 인하하고 동시에 투자를 촉진하는 투자세액공제제도를 도입할 때 예상되는 대부자금 시장의 변화로 옳은 것은? (단, 수요곡선은 우하향, 공급곡선은 우상향)

① 균형이자율 상승, 균형거래량 증가
② 균형이자율 상승, 균형거래량 감소
③ 균형이자율 하락, 균형거래량 증가
④ 균형이자율 하락, 균형거래량 증감 불분명
⑤ 균형이자율 등락 불분명, 균형거래량 증가

답 ⑤

❚정답해설❚
대부자금설은 저축과 투자가 일치할 때 균형이자율이 결정된다는 것이다. 정부가 저축을 촉진하기 위해 이자소득세를 인하하고 동시에 투자를 촉진하는 투자세액공제제도를 도입하면 저축과 투자 모두 증가하므로 대부자금의 균형거래량은 증가한다. 그러나 이자율은 불확실하다. 저축과 투자의 증가 정도에 따라 이자율은 달라진다.

26 다음은 화폐수요이론에 대한 설명이다. 옳지 <u>않은</u> 것은?

① 예비적 화폐수요란 미래의 불확실한 위험에 대비하기 위한 화폐수요로 소득의 증가함수이다.
② 거래적 화폐수요란 예상되는 거래지출을 위해서 화폐를 보유하는 것으로 소득의 증가함수이다.
③ 투자적 화폐수요란 자본이득을 얻거나 자본손실을 방지하기 위하여 자산소유자가 재산의 일부를 화폐형태로 보유하는 것으로서 이자율의 감소함수이다.
④ 유동성선호설에 따르면 이자율이 상승할 경우 투자적 동기에 의한 화폐의 수요량은 증가한다.
⑤ 일반적으로 화폐에 대한 수요는 소득과는 정(+)의 관계에 있고, 이자율과는 역(−)의 관계에 있다.

답 ④

❚정답해설❚
유동성선호설에 따르면 이자율이 상승할 경우 투자적 동기에 의한 화폐의 수요량은 감소한다. 투자적 동기에 의한 화폐수요는 이자율의 감소함수이다.

27 민간은 화폐를 현금과 요구불예금으로 각각 1/2씩 보유하고, 은행은 예금의 1/3을 지급준비금으로 보유한다. 통화공급을 150만큼 늘리기 위한 중앙은행의 본원통화 증가분은? (단, 통화량은 현금과 요구불예금의 합계이다.)

[31회 기출]

① 50

② 100

③ 150

④ 200

⑤ 250

답 ②

┃정답해설┃

현금보유비율 $c = \dfrac{1}{2}$ 이고, 지급준비율 $r = \dfrac{1}{3}$ 이므로 통화승수 $m = \dfrac{1}{c + r(1-c)} = \dfrac{3}{2} = 1.5$ 이다.

통화공급을 150 증가시키려면 본원통화는 100 증가해야 한다.

28 화폐수요함수는 $\dfrac{M}{P} = L(i,\ Y)$ 이고, i가 낮을수록, Y가 높을수록 화폐수요는 증가한다. 중앙은행이 내년부터 통화량 증가율을 높이기로 발표할 때 모든 개인들이 이 발표를 그대로 신뢰한다면, 금년도 이 경제에서 발생되는 현상으로 옳은 것은? (단, P는 물가, M은 통화량, r은 실질이자율, π^e은 예상물가상승률, 명목이자율 $i = r + \pi^e$이며, Y는 실질 GDP이며, 물가는 항상 신축적으로 조정된다.)

[25회 기출]

① 아직 통화량 증가가 발생한 것은 아니므로 π^e도 변하지 않을 것이다.

② 아직 통화량 증가가 발생한 것은 아니지만 현재 물가 P는 하락할 것이다.

③ 아직 통화량 증가가 발생한 것은 아니지만 현재 물가 P는 상승할 것이다.

④ π^e가 상승할 것이므로 화폐수요가 증가할 것이다.

⑤ π^e가 하락할 것이므로 화폐공급이 증가할 것이다.

답 ③

┃정답해설┃

③ 중앙은행이 내년부터 통화량 증가율을 높이기로 하면 예상인플레이션율이 상승한다. 이 경우 노동자들은 더 높은 임금인상을 요구하므로 총공급곡선이 왼쪽으로 이동하게 된다. 이에 따라 물가는 상승하고 실질 GDP는 감소한다.

④ 예상인플레이션율이 상승하면 명목이자율이 상승하므로 화폐수요는 감소한다.

CHAPTER 06

총수요 · 총공급 이론

출제포인트

□ 총수요-총공급($AD-AS$) 균형
□ 총수요곡선(AD)이 우하향하는 이유
□ 부(wealth)의 효과(피구효과)
□ $IS-LM$에서 불균형의 특징과 균형으로의 조정

□ $IS-LM$ 균형, $IS-LM$ 곡선의 기울기와 정책효과
□ 단기와 장기의 총공급곡선(AS)
□ 단기와 장기의 차이

제1절　생산물시장의 균형과 IS곡선

1. $IS-LM$모형의 의의

(1) 생산물시장의 분석

① 앞에서 본 케인즈의 단순모형에서 생산물시장(또는 실물부문)만을 대상으로 하여 총수요의 크기에 의해 국민소득(또는 산출량)이 결정되는 과정을 살펴보았다.

② 그러나 이러한 분석은 총수요에 영향을 미치는 다른 요인이나 다른 시장은 일정불변이라는 가정 하에서 이루어진 것이다.

(2) 화폐시장의 도입

① 생산물시장은 화폐시장(또는 화폐부문)과 밀접한 연관을 맺고 있다. 즉 화폐시장에서 화폐공급이나 화폐 수요가 변화하면 이자율이 변화하고 이자율이 변화하면 투자가 변화하여 국민소득이 변화하게 된다. 즉 생산물시장과 화폐시장은 이자율을 매개로 밀접하게 연관이 되어 있다.

② 따라서 국민소득(또는 산출량)이 결정되는 원리를 좀 더 본질적으로 이해하기 위해서는 두 시장에 대한 동시적인 분석이 필요한데, 두 시장의 동시적인 균형분석은 힉스(J.R. Hicks)와 한센(A. Hansen)에 의해 개발되어 이를 힉스-한센분석 또는 $IS-LM$분석이라고 한다.[9]

(3) 국민경제의 일반균형의 의의

① 국민경제의 일반균형을 분석하기 위해 국민경제를 4개의 시장으로 구분한다. 즉 생산물시장, 화폐시장, 노동시장 및 증권시장으로 구분한다.

② 4개의 시장은 상호 연관되어 있다. 따라서 어느 한 시장에서 불균형이 발생하면 이는 다른 시장에 파급되어 다른 시장의 균형을 파괴한다.

---

9) $IS-LM$분석에서 IS는 생산물시장의 균형을 의미한다. 즉 생산물시장의 균형은 $I=S$, 즉 투자와 저축이 같은 곳에서 이루어지므로 생산물시장의 균형을 나타내는 곡선을 IS곡선이라고 한다. 한편 LM은 화폐시장의 균형을 의미하는데 화폐시장의 균형은 $L=M$, 즉 화폐수요와 화폐공급이 같은 곳에서 이루어지므로 화폐시장의 균형을 나타내는 곡선을 LM곡선이라고 한다.

(4) 왈라스의 법칙

국민경제의 일반균형을 분석하기 위해서는 4개 시장에 대한 동시적인 분석이 필요하지만 왈라스의 법칙 (Walras' law)에 의거하여 3개의 시장이 동시균형을 이루면 나머지 하나의 시장도 균형을 이루기 때문에 3개 시장의 동시균형만 분석하면 된다.

(5) 일반균형의 체계

따라서 앞으로 분석하게 될 국민경제의 일반균형의 체계를 정리하면 다음과 같다.

2. IS곡선의 도출

(1) IS곡선의 뜻

IS곡선은 생산물시장의 균형을 보장하는 이자율(r)과 국민소득(Y)의 조합점을 연결한 선이다. 따라서 IS곡선 위에서는 생산물시장이 균형상태에 있게 된다.

(2) IS곡선의 도출

① IS곡선은 생산물시장의 균형으로부터 도출한다. 즉 생산물시장의 균형 조건 $I(r) = S(Y)$로부터 IS곡선을 도출한다.

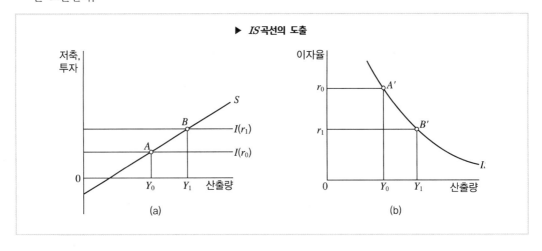

② 〈그림〉(a)에서 A 점은 이자율이 r_0 일 때 생산물시장의 균형점이다. 즉 이자율이 r_0 일 때 생산물시장의 균형을 보장하는 국민소득은 Y_0 이다. 따라서 A 점을 공간을 바꾸어 이자율(r)과 국민소득(Y) 공간에 표시하면 A' 이 된다.

③ 이제 이자율이 r_0 에서 r_1 으로 하락하면 투자는 $I(r_0)$ 에서 $I(r_1)$ 으로 증가하므로 생산물시장의 균형점은 B 가 된다. B 는 이자율이 r_1 일 때 생산물시장의 균형을 보장하는 국민소득은 Y_1 이라는 것을 의미한다.

④ 마찬가지 방법으로 이를 이자율, 국민소득 공간에 표시하면 B' 이 되고, A' 과 B' 을 연결하면 우하향하는 IS 곡선이 도출된다.

3. IS 곡선의 기울기 [기출] 34회

(1) IS 곡선의 기울기의 결정요인

① 우하향하는 IS 곡선의 기울기는 투자의 이자율 탄력성(Ir)과 한계저축성향(MPS)에 의해서 결정된다.

② 투자의 이자율 탄력성은 앞의 〈그림〉(a)에서 이자율이 하락할 때 투자가 증가하는 정도를, 한계저축성향은 저축함수의 기울기를 나타낸다.

③ 따라서 투자의 이자율 탄력성이 클수록, 한계저축성향이 작을수록 IS 곡선의 기울기는 완만하다.

(2) IS 곡선의 기울기에 대한 각 학파의 견해

① 고전학파, 통화주의 : 고전학파의 경우 저축(S)과 투자(I)에 의해 이자율이 결정되므로 투자의 이자율 탄력성은 매우 크고, 따라서 IS 곡선의 기울기는 매우 완만하다고 본다.

② 케인즈학파 : 케인즈는 투자는 이자율보다는 기업가의 동물적 본능(animal spirit)에 많이 의존하고, 또한 이자율은 화폐시장에서 화폐의 수요와 공급에 의해 결정되기 때문에 따라서 투자의 이자율 탄력성은 매우 작고, IS 곡선의 기울기는 가파르다고 본다.

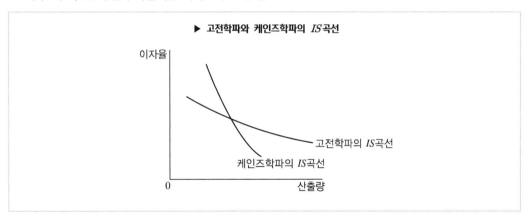

▶ 고전학파와 케인즈학파의 IS 곡선

4. IS 곡선의 이동

생산물 시장의 균형이 변화하면 IS 곡선이 이동한다. 따라서 정부부문을 포함한 생산물 시장의 균형조건 $I+G=S+T$ 에서 주입(I, G)이 증가하거나 누출(S, T)이 감소하면 IS 곡선은 오른쪽으로 이동한다.

5. 생산물시장의 불균형

① IS곡선은 생산물시장의 균형을 보장하는 이자율과 국민소득의 조합점을 연결한 선이므로 IS곡선 위에서 는 어디서나 생산물 시장이 균형상태에 있다. 그러나 IS곡선 이외의 점은 생산물시장이 불균형상태에 있음을 의미한다.

② 이 경우 IS곡선의 윗부분(오른쪽 부분)은 생산물시장의 초과공급, 즉 $I < S$인 상태이고, IS곡선의 아랫 부분(왼쪽 부분)은 생산물시장의 초과수요, 즉 $I > S$인 상태를 의미한다.

③ 생산물 시장에 초과공급이 있게 되면 기업들은 생산량을 줄이므로 국민소득이 감소하는 방향으로 조정이 이루어진다.

---

1. LM곡선의 도출

(1) LM곡선의 뜻

LM곡선은 화폐시장의 균형을 보장하는 이자율(r)과 국민소득(Y)의 조합점을 연결한 선이다. 따라서 LM 곡선 위에서는 화폐시장이 균형상태에 있게 된다.

(2) LM곡선의 도출

① LM곡선은 화폐시장의 균형으로부터 도출된다. 즉 화폐에 대한 수요함수는 $M^D = L(Y, r)$이고 화폐공 급함수는 $M^S = M_0$이므로 화폐시장의 균형조건은 $M^D = M^S$, 즉 $L(Y, r) = M_0$이다.

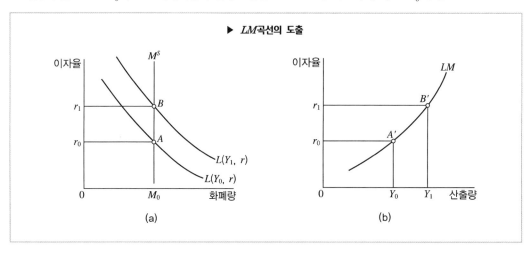

▶ LM곡선의 도출

② 〈그림〉(a)에서 국민소득이 Y_0일 때 화폐수요함수는 $L(Y_0)$이므로 화폐시장의 균형점은 A이고 따라서 화폐시장의 균형을 보장하는 이자율은 r_0이다. 이를 이자율과 국민소득 공간에 표시하면 A'이 된다.

③ 한편 국민소득이 Y_1으로 증가하면 화폐수요함수는 오른쪽으로 이동하여 $L(Y_1)$이 되고 화폐시장의 균형점은 B가 되어 화폐시장의 균형을 보장하는 이자율은 r_1이 된다. 이를 이자율과 국민소득 공간에 표시하면 B'이 되고 A'과 B'을 연결하면 우상향하는 LM곡선이 도출된다.

2. *LM*곡선의 기울기 기출 35회 · 34회

(1) 기울기의 결정요인

우상향하는 LM곡선의 기울기는 화폐수요의 이자율 탄력성과 화폐수요의 소득탄력성에 의해서 결정된다. 화폐수요의 이자율 탄력성이 클수록, 화폐수요의 소득탄력성이 작을수록 LM곡선의 기울기는 완만하다.

(2) *LM*곡선의 기울기에 대한 각 학파의 견해

① 고전학파 : 고전학파는 화폐는 거래목적으로만 보유하고, 이자율은 투자와 저축에 의해서 결정된다고 본다. 즉 화폐의 중립성과 고전학파의 이분성에 근거하여 보면 화폐수요의 이자율 탄력성은 0이므로, 화폐수요곡선은 수직이 되고, LM곡선도 수직의 형태를 보인다.

② 통화주의자 : 프리드먼(M. Friedman)의 신화폐수량설에 의하면 화폐수요의 소득탄력성은 크고, 화폐수요의 이자율 탄력성은 매우 작으므로 LM곡선은 매우 가파른 형태를 보인다.

③ 케인즈 : 케인즈(J. M. Keynes)의 유동성 함정에서 화폐수요의 이자율 탄력성은 무한대가 된다. 따라서 LM곡선은 수평의 형태를 보인다.

④ 케인즈학파 : 케인즈의 이자율 결정이론에 기초하여 화폐수요의 이자율 탄력성은 크고 화폐수요의 소득 탄력성은 작으므로 LM곡선은 완만한 형태를 보인다.

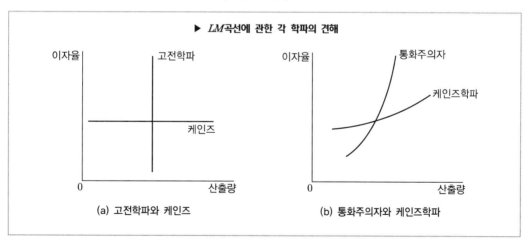

▶ *LM*곡선에 관한 각 학파의 견해

(a) 고전학파와 케인즈

(b) 통화주의자와 케인즈학파

3. *LM*곡선의 이동

화폐시장의 균형이 변화하면 *LM*곡선이 이동한다. 따라서 화폐공급(통화량)의 증가, 화폐수요의 감소, 물가하락이 있으면 *LM*곡선은 오른쪽으로 이동한다.

4. 화폐시장의 불균형

(1) *LM*곡선은 화폐시장의 균형을 보장하는 이자율과 국민소득의 조합점을 연결한 선이므로 *LM*곡선 위에서는 어느 점에서나 화폐시장이 균형상태($M_D = M_S$)에 있다.

(2) 그러나 *LM*곡선 이외의 점에서는 화폐시장이 불균형상태에 있음을 의미한다. 이 경우 *LM*곡선의 윗부분은 화폐시장이 초과공급 상태, *LM*곡선의 아랫부분은 화폐시장이 초과수요 상태에 있게 된다.

(3) 화폐시장이 초과공급이면 이자율이 하락하는 방향으로 균형으로의 조정이 이루어진다. 초과수요이면 이자율이 상승하는 방향으로 균형으로의 조정이 이루어진다.

제3절 *IS−LM*의 균형

1. 두 시장의 동시균형 기출 33회·31회·28회

생산물시장과 화폐시장의 동시균형은 *IS*곡선과 *LM*곡선이 교차하는 *E*점에서 이루어진다. 즉 $E(r_0, Y_0)$는 양시장의 동시균형을 보장하는 이자율, 국민소득이고, *E* 이외의 점은 두 시장 중 어느 하나, 또는 두 시장 모두에 불균형이 있음을 의미한다.

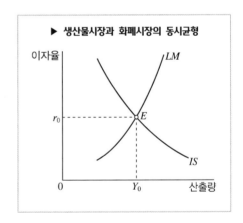

▶ **생산물시장과 화폐시장의 동시균형**

2. 균형이자율과 균형국민소득의 변화 기출 34회·33회·32회·27회

(1) 균형의 변화요인

① *IS*곡선과 *LM*곡선의 교차점은 생산물시장과 화폐시장의 동시균형점, 즉 국민경제의 수요측면의 일반균형점으로 이 균형점은 *IS*곡선과 *LM*곡선이 이동하면 변화한다.

② 즉 투자, 정부지출, 저축, 조세 등의 변동으로 *IS*곡선이 이동하거나, 화폐공급(통화량), 화폐수요 등의 변동으로 *LM*곡선이 이동하면 균형이자율과 균형국민소득은 변화한다.

(2) 화폐공급(통화량)의 변화

① 화폐공급(통화량)이 증가하면 LM곡선이 우측으로 이동한다. 이에 따라 이자율이 하락하고 국민소득은 증가한다.

② 이 경우 이자율의 하락효과를 세분화해서 보면 다음과 같다. 즉 화폐공급(통화량) 증가 → 이자율 하락(r_0에서 r_2로) → 투자 증가 → 국민소득 증가, 그런데 국민소득의 증가로 화폐수요 증가 → 이자율 상승(r_2에서 r_1으로)

③ 즉 화폐공급의 증가는 이자율을 하락시키지만 화폐시장만을 고려했을 때 화폐공급 증가의 완전효과(r_0에서 r_2로의)를 반영하지는 못한다.

④ 따라서 이자율은 r_0에서 r_1까지만 하락한다. 이는 생산물 시장을 함께 고려했기 때문이다.

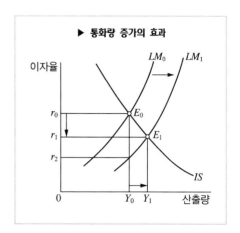

▶ 통화량 증가의 효과

(3) 정부지출의 변화

① 정부지출(G)이 증가하면 IS곡선은 오른쪽으로 이동하고 이에 따라 이자율이 상승하고 국민소득은 증가한다.

② 만일 정부지출이 증가할 때 생산물시장만을 고려하면(즉 이자율이 상승하지 않는 것으로 가정하면) 국민소득은 Y_0에서 Y_2까지 증가한다.

③ 그러나 화폐시장을 함께 고려하면 이자율이 상승하므로 투자는 감소하고 이에 따라 국민소득은 감소한다(Y_2에서 Y_1으로).

④ 결과적으로 생산물시장과 화폐시장을 함께 고려하면 정부지출이 증가할 때 국민소득은 Y_0에서 Y_1으로 까지만 증가한다.

⑤ 즉 정부지출(G)의 증가로 인한 국민소득의 증가를 민간투자(I)가 감소함으로써 상쇄하게 되는데 이를 구축효과(crowding out effect), 또는 밀어내기 효과, 상쇄효과, 잠식효과라고 한다.

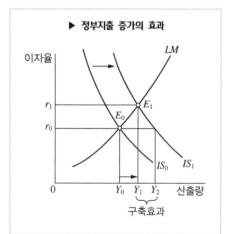

▶ 정부지출 증가의 효과

(4) 구축효과에 대한 각 학파의 견해

구축효과의 크기는 LM곡선의 기울기와 밀접한 관계가 있으므로 각 학파가 상이한 견해를 보이고 있다. 각 학파의 견해를 비교하면 다음과 같다.

① 고전학파 : 화폐수요의 이자율 탄력성이 0이므로 LM곡선은 수직의 형태를 보인다. 따라서 정부지출이 증가하여 IS곡선이 오른쪽으로 이동해도 국민소득은 증가할 수 없다. 즉 구축효과가 100%이다.

② 통화주의자 : 화폐수요의 이자율 탄력성이 매우 작다고 보기 때문에 LM곡선의 기울기는 가파른 형태이다. 따라서 정부지출의 증가로 IS곡선이 오른쪽으로 이동하면 국민소득은 조금밖에 증가하지 못한다. 즉 구축효과가 매우 크다.

③ 케인즈 : 유동성 함정에서 화폐수요의 이자율 탄력성이 무한대이므로 LM곡선은 수평의 형태이고 따라서 구축효과는 0이다.

④ 케인즈학파 : 화폐수요의 이자율 탄력성이 크기 때문에 LM곡선은 완만한 형태이다. 따라서 구축효과는 작고 따라서 정부지출을 증가시키는 재정정책은 효과가 크다.

3. 재정정책과 통화정책의 유효성 `기출` 35회 · 34회 · 33회 · 32회 · 27회

재정정책과 통화정책의 목표를 국민소득(Y)의 증가라고 하면 정책의 효과는 IS곡선과 LM곡선의 기울기에 따라 차이가 있다.

(1) 재정정책의 효과

재정정책은 정부지출(G) 증가, 조세(T) 감소를 통해 IS곡선을 오른쪽으로 이동시켜 국민소득을 늘리는데 목적이 있다.

① 화폐수요의 이자율 탄력성이 0, 즉 LM곡선이 수직인 경우 : 고전학파의 견해로 IS곡선의 기울기가 어떻든 구축효과가 완전하기 때문에 재정정책은 효과가 없다.

② 투자의 이자율 탄력성이 무한대, 즉 IS곡선이 수평인 경우 : LM곡선의 기울기가 어떻든 재정정책은 효과가 없다.

③ 화폐수요의 이자율 탄력성이 무한대, 즉 LM곡선이 수평인 경우 : 케인즈의 유동성 함정(liquidity trap)에서는 IS곡선의 기울기가 수평만 아니라면 재정정책의 효과는 아주 강력하다.

④ IS곡선과 LM곡선이 정상인 경우 : 재정정책을 실시하면 이자율도 상승하지만 국민소득도 증가한다.

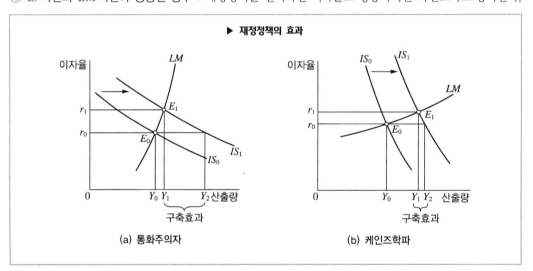

▶ 재정정책의 효과

(a) 통화주의자

(b) 케인즈학파

(2) 통화정책의 효과

통화정책은 화폐공급(통화량)을 늘려 LM곡선을 오른쪽으로 이동시킴으로써 국민소득(Y)을 늘리는데 목적이 있다.

① LM곡선이 수평인 경우 : 케인즈의 유동성 함정(liquidity trap)에서는 수평의 LM곡선을 이동시킬 수가 없기 때문에 통화정책은 전혀 효과가 없다.

② IS곡선이 수직인 경우 : 투자의 이자율 탄력성이 0인 경우로 화폐공급을 늘려 이자율이 하락해도 투자가 전혀 증가하지 못하므로 통화정책은 전혀 효과가 없다.

③ LM곡선이 수직인 경우 : 고전학파의 주장으로 통화정책의 효과는 매우 강력하다.

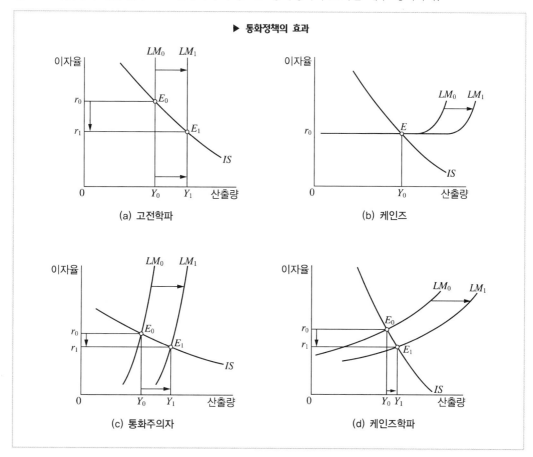

▶ 통화정책의 효과

(a) 고전학파

(b) 케인즈

(c) 통화주의자

(d) 케인즈학파

(3) 재정정책과 통화정책의 유효성 논쟁 기출 28회

케인즈 이후 재정정책과 통화정책의 유효성을 놓고 케인즈학파와 통화론자 간에 치열한 논쟁이 전개되었다. 이 논쟁의 내용은 주로 IS곡선과 LM곡선의 기울기에 관한 것이다.

① 케인즈학파

　㉠ 케인즈학파(Keynesian)는 자본주의 경제의 민간부문은 불안정하므로 정부가 개입하여 불안정을 제거하고 재량적 재정정책을 이용하여 경제를 안정화시켜야 한다는 입장이다.

　㉡ 케인즈학파는 투자의 이자율 탄력성이 작기 때문에 따라서 IS곡선은 가파른 반면, 화폐수요의 이자율 탄력성은 크기 때문에 LM곡선은 완만하다고 본다.

　㉢ 따라서 통화정책의 효과는 작고, 재정정책의 효과가 강력하다고 주장한다.

② 통화론자
  ㉠ 통화론자(Monetarists)는 자본주의 시장경제는 안정적이기 때문에 따라서 경제에 대한 정부의 지나친 개입은 경제를 오히려 불안정하게 만든다는 입장이다.
  ㉡ 통화주의자는 투자의 이자율 탄력성은 크기 때문에 IS곡선은 완만하고, 반면 화폐수요의 이자율 탄력성은 거의 0에 가까우므로 LM곡선은 수직에 가깝다고 본다.
  ㉢ 따라서 재정정책은 구축효과로 인해 효과가 별로 없고, 통화공급의 일정한 준칙(money supply rule)을 도입하는 통화정책의 효과가 크다고 주장한다.
③ 논쟁 결과
  ㉠ 경기침체시에 아주 낮은 이자율 수준에서는 LM곡선이 수평선에 접근하고, 완전고용국민소득 수준에 가까워짐에 따라 LM곡선은 점점 가파르게 된다. 그러다가 완전고용국민소득 수준에 이르면 LM곡선은 수직선이 된다.
  ㉡ 여기서 LM곡선이 수평인 부분을 케인즈 영역, 우상향하는 부분을 중간영역, 수직인 부분을 고전학파 영역이라고 한다.
  ㉢ 케인즈 영역에서는 재정정책만이 효과가 있고, 중간영역에서는 재정정책과 통화정책이 모두 효과가 있다. 그리고 고전파 영역에서는 통화정책만이 효과가 있다.

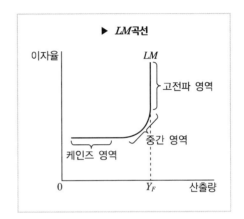

  ㉣ 따라서 경기가 침체상태에 있을 때는 정부가 적극적으로 개입하여 확대재정정책을 통해 경기를 회복시키고, 경제가 완전고용 수준에 이르면 정부의 개입을 줄여 시장경제 원리에 맡기는 것이 바람직하다는 하다는 것이다.

4. 피구효과 [기출] 35회·29회

(1) 피구효과의 의의
피구효과(Pigou effect)는 피구가 고전학파의 입장에서, 케인즈의 적극적인 재정정책의 유효성 주장에 대한 반론으로 제시한 것이다.

(2) 케인즈의 견해
① 케인즈는 대공황과 같은 경기침체상태에서 나타나는 유동성 함정에서는 통화정책은 효과가 없고 재정정책 만이 효과가 있다고 주장한다. 따라서 확대재정정책으로 대량의 실업을 구제하고 국민소득을 증가시켜야 한다고 주장한다.
② 이에 대해 고전학파의 전통을 유지하는 피구(A. Pigou)는 피구효과, 또는 실질잔고효과(real balance effect)를 제시하여 반론을 제기한다.

(3) 피구효과

① 피구는 고전학파의 물가와 임금의 신축성을 가정하면 유동성 함정에서는 물가가 하락한다고 본다. 물가가 하락하면 경제주체들이 보유하고 있는 화폐잔액(현금잔고)의 실질가치(즉 화폐가치, 또는 실질잔고)가 상승하여 소비가 증가한다.

② 소비의 증가는 IS곡선을 오른쪽으로 이동시키므로 국민소득이 증가하는데, 이 효과를 피구효과, 실질잔고효과, 또는 자산효과, 부의 효과(wealth effect)라고 한다.

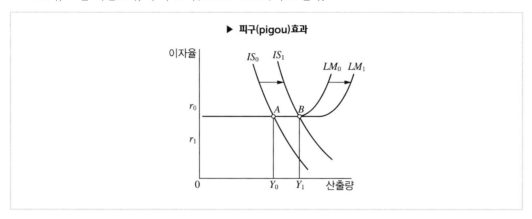

▶ **피구(pigou)효과**

③ 최초에 균형점 A에서 균형국민소득 Y_0는 완전고용국민소득에 미달되므로 실업이 존재한다. 실업과 경기침체가 장기화되면 물가가 하락하여 화폐의 실질잔고(즉 화폐가치)가 증가하면 LM곡선이 오른쪽으로 이동한다.

④ 이와 함께 소비의 증가로 IS곡선은 오른쪽으로 이동하므로 B에서 균형이 이루어지고 국민소득은 완전고용국민소득 수준에 이르게 된다.

⑤ 즉 피구는 유동성 함정이 존재해도 물가하락이 실질잔고를 증가시키는 효과(즉 피구효과)를 통해 IS곡선과 LM곡선을 오른쪽으로 이동시켜 완전고용균형을 달성한다는 것이다.

⑥ 그러나 피구의 주장은 물가의 신축성을 전제로 해야 성립될 수 있다. 또 이 경우 경기회복을 위한 정부의 개입은 필요하지 않다.

(4) 피구효과의 문제점

① 물가가 하락해도 소비가 증가하지 않을 수도 있다. 즉 물가 하락이 계속될 것으로 예상하면 현재의 소비를 감소시키고, 미래의 소비를 증가시키려고 할 수도 있다.

② 물가하락은 부(wealth)의 재분배 효과를 발생시킬 수 있다. 그리고 이로 인해 가계와 기업의 행동은 차이를 보인다. 즉 화폐의 실질가치의 상승으로 소비가 증가하지만 채무자인 기업의 경우 이자 부담과 자금조달 비용의 상승으로 투자를 감소시킨다. 따라서 국민소득 증가는 없을 수도 있다.

③ 물가하락으로 정부의 부채는 증가하고 민간부문의 자산가치는 상승한다. 이 경우 정부의 이자지급이 결국은 조세 증가에 의해 이루어질 것으로 인식하면 물가 하락으로 인한 피구효과의 상당부분이 상쇄된다.

5. IS—LM모형의 한계

IS—LM모형은 재정정책과 통화정책의 효과를 분석하는 데 매우 유용한 도구로 이용된다. 그러나 다음과 같은 몇 가지의 한계를 지니고 있다.

(1) IS—LM모형은 현실경제의 불확실성과 심리적 기대 측면을 반영하지 못하는 한계가 있다.

(2) IS—LM모형은 공급측면을 고려하지 못하는 문제점이 있다. 따라서 기술 진보, 원자재 가격의 변동, 노동생산성의 향상 등 공급측면의 요인이 변동하는 경우에는 분석상의 한계가 있다.

(3) IS—LM모형은 폐쇄경제를 가정한다. 따라서 환율 변동 등의 영향을 고려하지 못하는 한계가 있다. 이 문제는 개방경제에서 수지균형곡선(BP curve) 도입하여 해결된다.

(4) IS—LM모형은 기본적으로 정태모형(static model)이다. 따라서 자본형성과정, 인플레이션 등의 동태 분석에는 한계가 있다.

제4절 총수요곡선

1. 총수요곡선의 의의

(1) 총수요곡선의 뜻 기출 34회

생산물시장과 화폐시장의 동시적인 균형을 보장하는 물가수준(P)과 국민소득수준(Y)의 조합점을 연결한 선을 총수요(aggregate demand, AD)곡선이라고 한다. 수요측면의 균형을 나타내는 선이다.

(2) 고전학파의 총수요곡선(AD)

① 고전학파의 총수요곡선은 고전파의 이분성에 기초하여 화폐시장에서 도출되므로 생산물시장과 무관하게 유도된다.

② 즉 피셔(I. Fisher)의 교환방정식

$$MV = Py, \quad \text{따라서} \quad y = \frac{MV}{P}$$

에서 화폐의 유통속도 V는 단기에 일정하다. 따라서 통화량 M을 일정하게 유지하면 실질국민소득 y와 물가 P는 역관계에 있게 된다.

③ 이를 물가(P), 국민소득(y) 공간에 표시하면 우하향하는 AD곡선이 유도된다. 그리고 여기서 Py는 일정하므로 AD곡선은 직각쌍곡선의 형태를 보이게 된다.

④ 여기서 통화량 M이 증가하면 명목국민소득 Py가 증가하므로 AD곡선은 오른쪽으로 이동한다. 따라서 고전학파의 총수요곡선은 통화량의 크기에 의해 그 위치가 결정된다.

⑤ 그러므로 고전학파의 총수요곡선에서 정부지출(G), 조세(T) 등 재정정책 수단은 총수요에 전혀 영향을 미치지 못한다. 그 이유는 구축효과가 크기 때문이다.

2. 케인즈학파의 총수요곡선

(1) 총수요곡선(AD)의 유도 기출 33회

① 케인즈학파는 물가수준(P)이 변화할 때 $IS-LM$모형의 균형점의 변화를 추적하여 AD곡선을 도출한다.

② 즉 물가수준(P)이 상승하면 명목화폐수요가 증가하여 LM곡선이 왼쪽으로 이동하고, 이에 따라 이자율은 상승하고 국민소득은 감소한다. 이 경우 물가와 국민소득이 역($-$)관계에 있게 되므로 우하향하는 AD곡선이 유도된다.

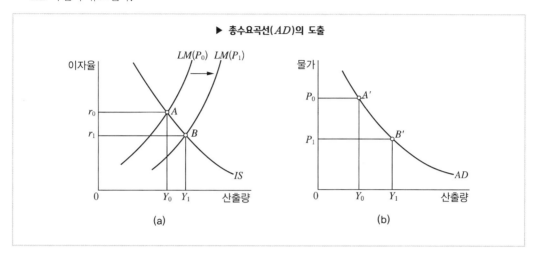

▶ 총수요곡선(AD)의 도출

③ 〈그림〉 (a)에서 A는 물가가 P_0일 때의 균형점이다. 즉 물가가 P_0일 때의 LM곡선은 $LM(P_0)$이므로 이 경우의 균형국민소득은 Y_0이다. 이 관계를 물가, 국민소득 공간에 표시하면 A'이 된다.

④ 물가가 P_1으로 하락하면 LM곡선은 오른쪽으로 이동하여 $LM(P_1)$이 되고 균형점 B에서 국민소득은 Y_1이 되는데 마찬가지 방법으로 이 균형점을 물가, 국민소득 공간에 표시하면 B'이 된다. 여기서 A'과 B'을 연결한 선이 우하향하는 AD곡선이다.

(2) 총수요곡선(AD)의 이동 기출 34회 · 29회

① 케인즈학파의 AD곡선은 IS곡선이나 LM곡선을 이동시키는 요인이 작용하면 이동한다.

② 즉 정부지출(G), 투자(I), 소비(C), 통화량(M)이 증가하거나 조세(T), 저축(S)이 감소하면 AD곡선은 오른쪽으로 이동한다.

③ 결국 케인즈학파의 경우 총수요가 총공급을 창출하게 된다.

(3) 특이한 형태의 총수요곡선(AD) 기출 34회

① 극단적인 경우에는 수직형태의 AD곡선이 유도되기도 한다. 즉 LM곡선이 수평이면 물가의 변화로 LM곡선이 이동해도 국민소득은 불변이므로 수직의 AD곡선이 유도된다.

② 또한 IS곡선이 수직이면 물가의 변화로 LM곡선이 이동해도 국민소득은 불변이므로 수직의 AD곡선이 유도된다.

3. 총수요곡선이 우하향하는 이유 `기출` 27회

(1) 총수요의 구성

① 물가와 총수요(또는 국민소득) 사이에 역(−)관계가 존재하는 이유를 설명하기 위해 국민소득(Y)이 소비 (C), 투자(I), 정부지출(G), 순수출(NX)의 합이라는 사실을 떠올릴 필요가 있다.

② 여기서 정부지출은 정책변수로서 고정된 것으로 가정하면 나머지 소비, 투자, 순수출은 물가수준의 영향을 받는다.

③ 따라서 AD곡선이 우하향하는 이유를 알기 위해서는 물가수준이 소비, 투자, 순수출을 위한 총수요에 어떤 영향을 미치는지 살펴보아야 한다.

(2) 총수요곡선(AD)이 우하향하는 이유

① 물가수준과 소비 : 피구효과

물가가 하락하면 화폐의 실질가치(실질잔고)가 상승한다. 이에 따라 소비가 증가하여 재화 및 서비스에 대한 총수요는 증가한다. 이를 피구효과(Pigou effect), 또는 자산효과(wealth effect), 부(wealth)의 효과, 실질잔고효과라고 한다.

② 물가수준과 투자 : 이자율효과

물가가 하락하면 명목화폐수요가 감소하여 이자율은 하락한다. 이자율의 하락은 투자를 증가시켜 재화 및 서비스에 대한 총수요는 증가하는데 이를 이자율효과라고 한다. 이자율효과는 케인즈에 의해 처음으로 강조되었기 때문에 케인즈효과(Keynes effect)라고 한다.

③ 물가수준과 순수출 : 환율효과

물가가 하락하면 이자율이 하락하고 실질환율이 상승하여(즉 절하) 수출이 증가하고 수입이 감소한다. 즉 순수출이 증가하여 총수요를 증가시키는데 이를 환율효과라고 한다.

제5절 총공급곡선

1. 총공급곡선의 의의

(1) 총공급곡선의 뜻

① 다른 조건들이 일정할 때, 주어진 물가수준에서 한 경제의 모든 기업들이 생산·판매하려는 재화와 서비스의 양을 나타내는 것을 총공급(aggregate supply, AS)곡선이라고 한다.

② 총공급(AS)곡선은 국가경제의 공급측면의 균형을 나타내므로 노동시장의 균형과 총생산함수로부터 도출된다.

(2) 총공급곡선의 형태 `기출` 34회·27회

① AD곡선이 항상 우하향하는데 반해 AS곡선은 노동시장을 보는 각 학파의 입장에 따라 여러 가지 형태의 AS곡선이 유도된다.

② 즉 물가와 임금의 완전신축성을 가정하는 고전학파의 경우에는 수직의 AS곡선, 케인즈학파의 경우 고정물가에서는 수평의 AS곡선과 변동물가에서는 우상향하는 AS곡선이 유도된다.

③ 새고전학파의 경우에는 루카스(R. Lucas) 공급곡선에 기초하여 우상향하는 AS곡선이 유도된다.

④ 그러나 근래에는 이러한 다양한 주장들이 장기 AS곡선과 단기 AS곡선으로 설명되고 있다.

2. 고전학파의 총공급곡선 : 장기 총공급곡선

(1) 장기 총공급의 결정 [기출] 32회

① 장기적으로 한 경제의 재화와 서비스의 공급량(즉 실질국민소득)은 그 경제가 지니고 있는 노동과 자본의 양, 그리고 생산기술에 의해 좌우된다.

② 따라서 물가수준은 장기 총공급에 영향을 주지 않으므로 장기 AS곡선은 〈그림〉에서 보는 것처럼 완전고용국민소득(또는 자연산출량[10]) 수준에서 수직이다.

③ 수직인 장기 AS곡선은 고전학파의 이분성과 화폐의 중립성, 물가와 임금의 완전신축성이라는 고전학파 경제학의 기본명제가 그대로 AS곡선에 적용된 것이다.[11]

④ 즉 장기 AS곡선이 수직이면 산출량이라는 실질변수가 물가수준이라는 명목변수에 의해 영향을 받지 않는다는 고전학파의 이분성에 부합된다.

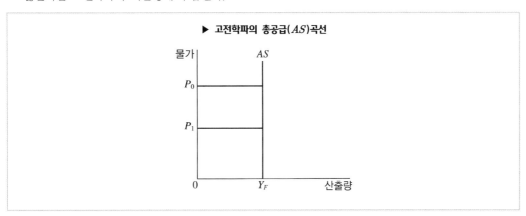

▶ 고전학파의 총공급(AS)곡선

(2) 장기 총공급곡선의 이동

① 장기 AS곡선은 자연산출량 수준에 위치하므로 어떤 요인에 의해 자연산출량이 변화하면 장기 AS곡선이 이동한다.

② 고전학파의 모형에서는 산출량이 노동, 자본, 자연자원, 생산기술과 지식 등에 의해 결정되기 때문에 이들 요인이 변화하면 장기 AS곡선이 이동한다.

---

10) 장기 AS곡선의 위치는 완전고용국민소득 또는 잠재산출량(potential output)이라고 불린다. 그러나 단기적으로 실제 산출량이 잠재산출량 수준보다 높을 수도 있고 낮을 수도 있기 때문에 이 산출량 수준을 자연산출량(natural rate of output)이라고 부른다. 자연산출량은 실업률이 자연실업률이나 정상실업률 수준에 있을 때의 산출량을 나타내기 때문이다. 자연실업률은 한 나라 경제의 산출량이 장기적으로 수렴하는 수준을 말한다.

11) 고전학파는 노동에 대한 수요와 노동공급이 모두 실질임금의 함수라고 보고, 노동시장의 균형상태에서는 완전고용이 이루어진다고 본다. 그리고 물가와 임금의 완전신축성 가정에 기초하여 노동시장에 불균형이 발생하면 명목임금이 신속히 변화하여 다시 균형으로 회복되고 완전고용이 이루어진다고 본다. 따라서 물가수준이 얼마이건 항상 완전고용국민소득(또는 자연산출량) 수준에 있게 되므로 수직의 AS곡선이 유도된다.

3. 단기 총공급곡선

(1) 케인즈학파의 총공급곡선

① 케인즈의 노동시장에 대한 가정

    ⊙ 케인즈는 일반이론에서 화폐임금의 하방경직성과 고정물가를 가정하기도 하고, 화폐임금의 하방경직성(wage rigidity)과 변동물가를 가정하기도 한다.

    ⓛ 케인즈는 노동수요는 실질임금의 함수이나, 노동공급은 노동자들이 화폐환상(money illusion)[12]을 가지고 있으므로 화폐임금의 함수라고 본다.

    ⓒ 또한 불균형이 발생했을 때 가격조정은 신속하지 않으며, 세이(J.B. Say)의 법칙은 성립하지 않는다고 본다.

② 고정물가-화폐임금의 하방경직성 하의 AS곡선 : 경제에 광범위한 실업이 존재하고, 실업이 있으면 물가상승 없이도 AS의 증가가 가능하다. 즉 P_0의 물가수준에서 실업이 있는 한 AS의 증가가 가능하기 때문에 AS곡선은 수평이라는 것이다.

③ 변동물가-화폐임금의 하방경직성 하의 AS곡선

    ⊙ 케인즈는 화폐임금의 상승은 가능하지만, 하락은 어렵다고 생각하였는데 이를 화폐임금의 하방경직성이라고 한다.

    ⓛ 따라서 화폐임금이 일정수준에 고정되어 있으면 실제 고용량은 노동수요에 의해 결정되므로 물가가 상승하여 노동수요가 증가하면 고용량은 증가하고 이에 따라 산출량도 증가한다고 생각하여 우상향하는 AS곡선이 유도된다.[13]

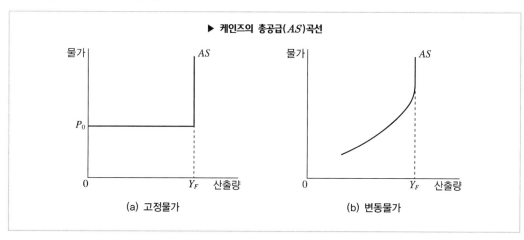

▶ 케인즈의 총공급(AS)곡선

(a) 고정물가   (b) 변동물가

---

12) 노동자들은 물가에 대한 정보가 불완전하기 때문에 화폐임금(즉 명목임금)의 변화에 반응한다는 것을 화폐환상(money illusion)이라고 한다. 즉 화폐임금이 상승하면, 물가가 더 많이 상승하여 실질임금이 하락함에도 불구하고 노동공급량을 증가시킨다는 것이다. 고전학파는 완전한 정보를 전제로 하기 때문에 화폐환상을 인정하지 않는다.

13) 노동수요는 노동의 한계생산가치($VMP_L = P \cdot MP_L$)에 의해서 결정되므로 물가가 상승하면 노동수요는 증가하고 고용량이 증가한다.

(2) 단기 총공급곡선이 우상향하는 이유 기출 28회

① **착각이론** : 물가수준의 하락을 상대가격의 하락으로 잘못 인식하여 공급자들이 재화와 서비스의 공급량을 줄이게 되기 때문에 물가가 하락하면 공급량이 감소하는 것이다.

② **임금경직성 이론**

⊙ 단기에는 명목임금이 경직적(sticky)이고 자유롭게 변동하지 않기 때문에 AS곡선이 우상향한다.

⊙ 즉 물가가 변동할 때 임금은 즉각적으로 변동하지 않기 때문에, 물가수준이 낮아지면 고용과 생산의 수익성이 하락하여 기업들이 재화와 서비스의 생산을 줄인다는 것이다.

③ **가격경직성 이론** : 물가수준이 예상보다 낮으면 일부 기업의 가격이 바람직한 수준보다 높아 판매가 감소하고 이에 따라 생산을 줄인다.

④ **루카스 공급함수**

⊙ 세 가지 이론에 대해서는 학자들 간에 논란이 있지만 공통점이 있다. 즉 실제물가가 사람들이 예상한 수준과 다르면 산출량이 자연산출량과 달라진다는 사실이다.

⊙ 이는 다음과 같은 루카스(R. Lucas) 공급함수로 표시할 수 있다. 여기서 Y_N은 자연산출량, P^e는 예상 물가수준을 나타낸다. 그리고 α는 산출량이 예상하지 못한 물가수준 변동에 얼마나 민감하게 반응하는 지를 나타낸다.

$$Y = Y_N + \alpha(P - P^e)$$

⊙ 즉 물가가 예상한 수준보다 높으면 산출량이 자연산출량을 초과하고, 물가가 예상한 수준보다 낮으면 산출량이 자연산출량에 미달한다는 것이다.

(3) 단기 총공급곡선의 이동요인

① 단기 AS곡선이 이동하는 요인은 장기 AS곡선이 이동하는 요인에 더하여 착각, 경직적 임금, 경직적 가격에 영향을 미치는 예상물가수준이라는 변수를 고려해야 한다.

② 따라서 단기 AS곡선은 노동, 자본, 자연자원, 기술지식의 변동에 더하여 예상 물가수준이 변화하면 이동한다.

제6절 $AD-AS$에 의한 국민경제의 균형

1. 국민경제의 일반균형

(1) 일반균형의 의의

한 경제를 구성하는 모든 시장이 동시에 균형을 이룰 때 이를 일반균형이라고 한다. 즉 생산물 시장과 화폐시장, 노동시장, 증권시장이 동시에 균형을 이루는 경우 이를 국민경제의 일반균형이라고 한다.

(2) $AD-AS$의 균형 기출 34회 · 33회 · 32회

① 이미 본 바와 같이 AD곡선은 생산물시장과 화폐시장, 즉 수요측면의 균형을 나타내고, AS곡선은 공급측면의 균형을 나타낸다.

② 따라서 AS곡선과 AD곡선이 교차하는 곳에서 한 경제의 균형 물가수준(P)과 균형 실질국민소득 수준(Y)이 결정된다.

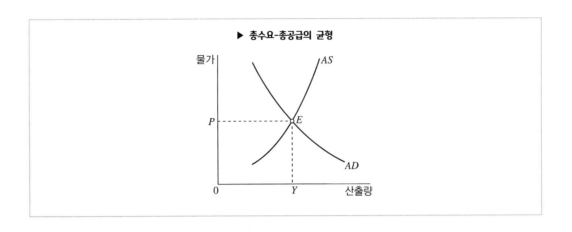

▶ 총수요-총공급의 균형

2. 각 학파의 견해

(1) 고전학파

AS곡선이 수직이므로 산출량(실질국민소득)은 AD곡선에 관계없이 AS곡선에 의해 결정되고, AD곡선은 AS과 결합하여 물가수준 만을 결정한다.

(2) 케인즈의 고정물가 모형

아주 낮은 물가수준에서 AS곡선이 수평이므로, 따라서 국민소득은 AD곡선의 변동에 의해 결정된다. 즉 총수요가 증가하여 AD곡선이 오른쪽으로 이동하면 물가상승 없이 산출량의 증가가 이루어진다.

(3) 케인즈의 변동물가 모형

변동물가 모형에서는 AS곡선이 우상향하므로 물가수준과 국민소득은 AS곡선과 AD곡선의 교차점에서 결정된다.

(4) 종합적 이해

AS곡선이 수평인 부분을 케인즈 영역, 우상향하는 부분을 중간영역, 수직인 부분을 고전학파 영역이라고 한다.

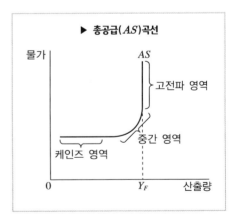

▶ 총공급(AS)곡선

① 케인즈 영역

   ⊙ 극심한 불황에는 AS곡선이 주어지면 물가상승 없이 국민소득 증가가 가능하므로 설득력이 있다. 즉 이 경우 총수요(AD)가 증가 하면 물가상승 없이도 국민소득 증가가 이루어진다.

   ⓒ 따라서 정부지출이나 순수출이 증가하거나, 조세가 감소하면 총수요(AD)가 증가하여 물가상승 없이 국민소득이 증가한다.

② **중간 영역** : 중간영역에서는 총수요(AD)가 증가하면 물가상승과 동시에 국민소득이 증가한다.

③ **고전파 영역** : 완전고용국민소득 수준에 이르면 총수요(AD)가 증가해도 물가만 상승하고 국민소득의 증가는 이루어지지 않는다.

확인학습문제

01 폐쇄경제의 $IS-LM$ 모형에서 물가수준이 하락할 경우 새로운 균형에 관한 설명으로 옳은 것을 모두 고른 것은? (단, 초기 경제는 균형상태이며, IS곡선은 우하향, LM곡선은 우상향) **[31회 기출]**

> ㄱ. 명목 이자율이 하락한다.
> ㄴ. 투자가 감소한다.
> ㄷ. 명목 통화량이 증가한다.

① ㄱ   ② ㄴ
③ ㄱ, ㄷ   ④ ㄴ, ㄷ
⑤ ㄱ, ㄴ, ㄷ

답 ①

┃정답해설┃

ㄱ. 폐쇄경제의 $IS-LM$ 모형에서 물가수준의 하락은 LM곡선을 우측으로 이동시킨다. LM곡선이 우측으로 이동하면 명목 이자율은 하락하고 국민소득은 증가한다.

ㄴ, ㄷ. 명목 이자율이 하락하면 투자는 증가한다. 명목 통화량은 통화당국(중앙은행)이 정책적 판단에 의해 결정하는 것으로 명목 이자율에 영향을 받지 않는다.

02 총수요-총공급 모형의 단기 균형 분석에 관한 설명으로 옳은 것은? (단, 총수요곡선은 우하향하고, 총공급곡선은 우상향한다.) **[28회 기출]**

① 물가수준이 하락하면 총수요곡선이 오른쪽으로 이동하여 총생산은 증가된다.

② 단기적인 경기변동이 총수요충격으로 발생되면 물가수준은 경기역행적(countercyclical)으로 변동한다.

③ 정부지출이 증가하면 총공급곡선이 오른쪽으로 이동하여 총생산은 증가한다.

④ 에너지 가격의 상승과 같은 음(−)의 공급충격은 총공급곡선을 오른쪽으로 이동시켜 총생산은 감소된다.

⑤ 중앙은행이 민간 보유 국채를 대량 매입하면 총수요곡선이 오른쪽으로 이동하여 총생산은 증가한다.

답 ⑤

▌**정답해설**▐

⑤ 중앙은행이 민간 보유 국채를 대량 매입하면 통화량이 증가하므로 총수요곡선이 오른쪽으로 이동하여 총생산은 증가한다.

① 물가수준은 내생변수이므로 물가수준이 하락하면 총수요곡선상의 한 점에서 아래쪽의 한 점으로 이동한다.

② 단기적인 경기변동이 총수요충격으로 발생되면 물가수준은 경기순응적(procyclical)으로 변동한다. 실질 GDP의 변동과 양(+)의 상관관계를 가지면 경기순응적이다.

③ 정부지출이 증가하면 총수요곡선이 오른쪽으로 이동하여 총생산은 증가한다.

④ 에너지 가격의 상승과 같은 음(−)의 공급충격은 총공급곡선을 왼쪽으로 이동시켜 총생산은 감소한다.

---

03 다음의 경제모형에서 균형 국민소득과 균형 이자율은 각각 얼마인가? (단, Y는 국민소득, C는 소비, I는 투자, G는 정부지출, L은 화폐수요, M은 화폐공급, r은 이자율이다.) **[21회 기출]**

> $Y = C + I + G$ (생산물시장의 균형식)
> $L = M$ (화폐시장의 균형식)
> $C = 100 + 0.8Y$
> $I = 50 - 2r$
> $G = 150$
> $L = 0.2Y - 2r$
> $M = 100$

	균형 국민소득	균형 이자율
①	600	10
②	700	20
③	800	30
④	900	40
⑤	1,000	50

▌정답해설▐

$IS-LM$의 균형점을 계산하는 문제이다. 먼저 생산물 시장의 균형을 나타내는 IS곡선은 $Y=C+I+G$이므로 $Y=100+0.8Y+50-2r+150$이고 $0.2Y+2r=300$이다. LM곡선은 $L=M$이므로 $0.2Y-2r=100$이다. 두 식을 연립하여 풀면 $4r=200$이므로 균형 이자율 $r^*=50$, 균형 국민소득 $Y^*=1,000$이다.

04 다음의 폐쇄경제 모형에서 생산물시장과 화폐시장을 동시에 균형시키는 물가수준은? (단, Y는 국민소득, C는 소비, I는 투자, G는 정부지출, r은 이자율, M^d는 명목화폐수요, M^s는 명목화폐공급, P는 물가수준이다.) **[23회 기출]**

> $Y=C+I+G$ (생산물시장의 균형)
>
> $Y=100$
>
> $C=20+0.5Y$
>
> $I=30-50r$
>
> $G=10$
>
> $M^s=M^d$ (화폐시장의 균형)
>
> $\dfrac{M^d}{P}=0.01Y-r$
>
> $M^s=20$

① 15   ② 25

③ 50   ④ 75

⑤ 100

답 ②

▌정답해설▐

IS곡선은 $Y=C+I+G=20+0.5Y+30-50r+10$에서 $0.5Y+50r=60$이므로 IS곡선 식은 $Y=120-100r$이다. $Y=100$을 대입하면 $r=0.2$이다.

LM곡선은 $\dfrac{M^s}{P}=\dfrac{M^d}{P}$에서 $0.01Y-r=\dfrac{20}{P}$이다. 여기에 $Y=100$, $r=0.2$를 대입하면 $P=25$이다.

05 단기 총공급곡선에 관한 설명으로 옳은 것은? [28회 기출]

① 케인즈(J.M. Keynes)에 따르면 명목임금이 고정되어 있는 단기에서 물가가 상승하면 고용량이 증가하여 생산량이 증가한다.

② 가격경직성 모형(sticky-price model)에서 물가수준이 기대 물가수준보다 낮다면 생산량은 자연산출량 수준보다 높다.

③ 가격경직성 모형은 기업들이 가격수용자라고 전제한다.

④ 불완전정보 모형(imperfect information model)은 가격에 대한 불완전한 정보로 인하여 시장은 불균형을 이룬다고 가정한다.

⑤ 불완전정보 모형에서 기대 물가수준이 상승하면 단기 총공급곡선은 오른쪽으로 이동된다.

답 ①

┃ **정답해설** ┃

① 케인즈(J.M. Keynes)에 따르면 명목임금이 고정(임금 경직성)되어 있는 단기에서 물가가 상승하면 재화·서비스의 가격이 생산요소의 가격(예컨대 임금)보다 더 빨리 오르기 때문에 기업의 이윤이 증가하므로 생산량이 증가한다.

② 새케인스학파의 AS곡선 또는 가격경직성 모형과 유사한 의미를 지니는 루카스(Lucas) 공급함수 $Y = Y_N + \alpha(P - P^e)$에서 물가수준($P$)이 기대물가수준($P^e$)보다 낮으면 $Y < Y_N$이 된다.

③ 가격경직성 모형에서 기업들은 가격설정자라고 전제한다.

④ 새고전학파의 불완전정보 모형(imperfect information model)은 재화가격이 신축적이므로 시장은 균형상태에 있는 것으로 가정한다.

⑤ 불완전정보 모형에서 기대 물가수준이 상승하면 루카스 공급함수에서 보는 것처럼 단기 총공급곡선은 왼쪽으로 이동한다.

06 아래의 폐쇄경제 $IS-LM$ 모형에서 도출된 총수요곡선으로 옳은 것은? (단, r은 이자율, Y는 국민소득, M^d는 명목화폐수요량, P는 물가수준, M^s는 명목화폐공급량이고, $Y > 20$이다.) **[33회 기출]**

- IS곡선 : $r = 10 - 0.4Y$

- 실질화폐수요함수 : $\dfrac{M^d}{P} = 0.1Y - r$

- 명목화폐공급함수 : $M^s = 4$

① $P = \dfrac{1}{2(Y-20)}$

② $P = \dfrac{1}{(Y-20)}$

③ $P = \dfrac{2}{(Y-20)}$

④ $P = \dfrac{4}{(Y-20)}$

⑤ $P = \dfrac{8}{(Y-20)}$

답 ⑤

┃ 정답해설 ┃

주어진 조건을 이용하여 먼저 LM곡선을 구하고 $IS-LM$ 균형점에서 AD곡선을 구한다. $M^d = P(0.1Y - r)$이므로 $P(0.1Y - r) = 4$에서 LM곡선은 $r = 0.1Y - \dfrac{4}{P}$이다. IS곡선 식과 연립하여 P를 구한다.

즉 $0.1Y - \dfrac{4}{P} = 10 - 0.4Y$에서 P를 구하면 총수요곡선은 $P = \dfrac{8}{(Y-20)}$이다.

07 폭설로 도로가 막혀 교통이 두절되고 농촌 비닐하우스가 무너져 농작물 피해가 발생하였다. 우하향하는 총수요곡선과 우상향하는 총공급곡선을 이용하여 이러한 자연재해가 단기적으로 경제에 미치는 영향은?

① 물가수준은 상승하고 실질 GDP는 감소한다.

② 물가수준은 하락하고 실질 GDP는 감소한다.

③ 물가수준은 상승하고 실질 GDP는 증가한다.

④ 물가수준은 상승하고 실질 GDP는 불변이다.

⑤ 물가수준은 하락하고 실질 GDP는 증가한다.

답 ①

┃ 정답해설 ┃

자연재해로 농작물 피해가 발생한 것은 부$(-)$의 공급충격으로 총공급곡선이 왼쪽으로 이동한다. 그 결과 실질 GDP는 감소하고 물가는 상승한다.

08 물가수준이 하락할 때 총수요가 증가하는 이유를 모두 고른 것은? **[21회 기출]**

> ㄱ. 실질 화폐공급이 증가하여 실질이자율이 하락하고 투자가 증가
> ㄴ. 수입가격에 비해 수출가격이 상대적으로 하락하여 순수출이 증가
> ㄷ. 가계의 실질자산가치가 하락하여 소비가 증가

① ㄱ   ② ㄴ
③ ㄱ, ㄴ   ④ ㄴ, ㄷ
⑤ ㄱ, ㄴ, ㄷ

답 ③

┃정답해설┃

물가수준이 하락할 때 총수요가 증가하는 이유=총수요(AD)곡선이 우하향하는 이유이다. 그 이유로 피구효과(자산효과), 이자율 효과(케인즈 효과) 및 환율효과(무역수지 효과)를 들 수 있다. ㄱ은 이자율 효과, ㄴ은 환율효과이다.
ㄷ. 물가수준이 하락하면 가계의 실질자산가치가 상승하므로 소비가 증가한다. 이를 피구효과(Pogou effect) 또는 자산효과(wealth effect)라고 한다.

09 총수요-총공급 모형에서 총수요곡선을 이동시키는 요인으로 옳지 <u>않은</u> 것은? **[23회 기출]**

① 원유 등 주요 원자재 가격의 하락
② 가계의 신용카드 사용액에 대한 소득공제 축소
③ 신용카드 사기의 증가로 현금사용 증가
④ 가계의 미래소득에 대한 낙관적인 전망
⑤ 유럽의 재정위기로 인한 유로지역 수출 감소

답 ①

┃정답해설┃

총수요곡선의 이동요인은 C, I, G, T, NX, M 등에 영향을 미치는 요인들이다.
① 원유 등 주요 원자재 가격의 하락은 생산비에 영향을 미치는 정(+)의 공급충격이므로 총공급곡선을 오른쪽으로 이동시킨다.

10 甲국의 국민소득(Y)은 소비(C), 민간투자(I), 정부지출(G), 순수출(NX)의 합과 같다. 2016년과 같이 2017년에도 조세(T)와 정부지출의 차이($T-G$)는 음($-$)이었고 절대크기는 감소하였으며, 순수출은 양($+$)이었지만 절대크기는 감소하였다. 이로부터 유추할 수 있는 2017년의 상황으로 옳은 것을 모두 고른 것은? **[29회 기출]**

> ㄱ. 국가채무는 2016년 말에 비해 감소하였다.
> ㄴ. 순대외채권은 2016년 말에 비해 감소하였다.
> ㄷ. 민간저축은 민간투자보다 더 많았다.
> ㄹ. 민간저축과 민간투자의 차이는 2016년보다 그 절대크기가 감소하였다.

① ㄱ, ㄴ ② ㄱ, ㄷ
③ ㄴ, ㄷ ④ ㄴ, ㄹ
⑤ ㄷ, ㄹ

답 ⑤

┃ 정답해설 ┃

GDP 항등식 $Y = C + I + G + NX$을 저축과 투자의 관계로 나타내면 $NX = (S_p - I) + (T - G)$가 된다.

ㄱ. 2017년에 ($T-G$)는 음($-$)이면 국채가 발행되었고 국가채무는 2016년 말에 비해 증가한다.

ㄴ. 2017년의 순수출 NX가 양($+$)이면 순대외채권은 2016년 말에 비해 증가한다.

ㄷ, ㄹ. 2017년에 ($T-G$)는 음($-$)이며 절대크기가 감소하고, NX가 양($+$)이며 절대크기는 감소하면 (S_p-I)는 양이며 절대크기가 감소한다. 따라서 2017년에는 민간저축은 민간투자보다 더 많고, 그 차이는 2016년보다 그 절대크기가 감소한다.

11 총수요곡선이 오른쪽으로 이동하는 이유로 옳은 것을 모두 고른 것은? **[29회 기출]**

> ㄱ. 자율주행 자동차 개발지원 정책으로 투자지출이 증가한다.
> ㄴ. 환율이 하락하여 국내 제품의 순수출이 감소한다.
> ㄷ. 주식가격이 상승하여 실질자산가치와 소비지출이 증가한다.
> ㄹ. 물가가 하락하여 실질통화량이 늘어나 투자지출이 증가한다.

① ㄱ, ㄴ   ② ㄱ, ㄷ

③ ㄴ, ㄷ   ④ ㄴ, ㄹ

⑤ ㄷ, ㄹ

답 ②

┃ 정답해설 ┃

$Y = C + I + G + NX$에서 C, I, G, NX 등이 증가하거나 통화량(M) 증가, 통화수요(M^D)가 감소하는 경우 총수요곡선은 우측이동한다. 물가(P)가 하락하는 경우에는 총수요곡선 상에서의 이동으로 나타난다.

12 총수요-총공급 모형에서 일시적인 음(−)의 총공급 충격이 발생한 경우를 분석한 설명으로 옳지 <u>않은</u> 것은? (단, 총수요곡선은 우하향, 총공급곡선은 우상향한다.) **[29회 기출]**

① 확장적 통화정책은 국민소득을 감소시킨다.
② 스태그플레이션을 발생시킨다.
③ 단기 총공급곡선을 왼쪽으로 이동시킨다.
④ 통화정책으로 물가 하락과 국민소득 증가를 동시에 달성할 수 없다.
⑤ 재정정책으로 물가 하락과 국민소득 증가를 동시에 달성할 수 없다.

답 ①

┃ 정답해설 ┃

과거의 석유파동(oil shock)처럼 총수요-총공급 모형에서 일시적인 음(−)의 총공급 충격이 있게 되면 단기 총공급(AS)곡선이 왼쪽으로 이동하여 물가(P) 상승과 국민소득(Y) 감소, 즉 스태그플레이션(stagflation) 현상이 나타난다. 이 경우 총수요에 영향을 주는 통화정책이나 재정정책으로 물가 하락과 국민소득 증가를 동시에 달성할 수는 없다.

① 스태그플레이션이 발생한 경우 확장적 통화정책을 사용하면 국민소득은 증가하지만 물가는 더 크게 상승한다.

13 총수요 증가 요인으로 옳은 것을 모두 고른 것은? [30회 기출]

> ㄱ. 정부지출 감소
> ㄴ. 국내 이자율 하락
> ㄷ. 무역 상대국의 소득 증가
> ㄹ. 국내 소득세 인상

① ㄱ, ㄴ
③ ㄴ, ㄷ
⑤ ㄷ, ㄹ

② ㄱ, ㄷ
④ ㄴ, ㄹ

답 ③

▌정답해설▌

총수요는 소비, 투자, 정부지출 및 순수출을 합한 것이다. 국내 이자율이 하락하면 투자가 증가하여 총수요를 증가시킨다. 무역 상대국의 소득이 증가하면 국내 수출이 증가하여 총수요를 증가시킨다.

14 어떤 경제의 총수요곡선과 총공급곡선이 각각 $P = -Y^D + 2$, $P = P^e + (Y^S - 1)$이다. P^e가 1.5일 때, 다음 설명 중 옳은 것을 모두 고른 것은? (단, P는 물가수준, Y^D는 총수요, Y^S는 총공급, P^e는 기대물가수준이다.) [27회 기출]

> ㄱ. 이 경제의 균형은 $P = 1.25$, $Y = 0.75$이다.
> ㄴ. 이 경제는 장기균형 상태이다.
> ㄷ. 합리적 기대가설 하에서는 기대물가수준 P^e는 1.25이다.

① ㄱ
③ ㄱ, ㄷ
⑤ ㄱ, ㄴ, ㄷ

② ㄴ
④ ㄴ, ㄷ

답 ①

▌정답해설▌

ㄱ. 총공급곡선 $P = P^e + (Y^S - 1)$에 $P^e = 1.5$를 대입한 후 총수요곡선과 연립하여 계산하면 $-Y + 2 = 1.5 + Y - 1$이므로 $2Y = 1.5$이고 균형국민소득 $Y = 0.75$이다. 이를 총수요곡선이나 총공급곡선 식에 대입하면 균형물가수준 $P = 1.25$이다.

ㄴ. 장기에는 물가예상이 정확해지므로 $P = P^e = 1.25$이다. 이를 총공급곡선에 대입하면 잠재 GDP $Y = 1$이다. 현재 균형국민소득이 0.75이므로 장기균형은 아니다.

ㄷ. 기대물가 P^e가 1.5인데 실제 물가는 1.25이다. 이런 상황에서 기대물가수준 P^e를 1.25로 한다면 이는 적응적(adaptive) 기대가설이 반영된 것이다.

15 $IS-LM$ 모형에 관한 설명으로 옳은 것을 모두 고른 것은? **[27회 기출]**

> ㄱ. IS곡선이 우하향할 때, 확장적 재정정책은 IS곡선을 왼쪽으로 이동시킨다.
> ㄴ. LM곡선이 우상향할 때, 중앙은행의 공개시장을 통한 채권 매입은 LM곡선을 오른쪽으로 이동시킨다.
> ㄷ. 투자가 이자율의 영향을 받지 않는다면 IS곡선은 수직선이다.

① ㄱ   ② ㄴ
③ ㄱ, ㄷ   ④ ㄴ, ㄷ
⑤ ㄱ, ㄴ, ㄷ

답 ④

┃정답해설┃
ㄱ. 정부지출을 증가시키거나 조세를 감면하는 확장적 재정정책을 실시하면 IS곡선은 오른쪽으로 이동한다.
ㄴ. 중앙은행이 공개시장 매입을 통해 통화량을 증가시키면 LM곡선은 오른쪽으로 이동한다.
ㄷ. 투자가 이자율의 영향을 받지 않으면 투자의 이자율 탄력성은 0이 되고, 이 경우 IS곡선은 수직선의 형태이다.

16 단기 또는 장기 총공급곡선을 오른쪽으로 이동시키는 요인으로 옳지 <u>않은</u> 것은? **[27회 기출]**

① 물적자본 증가
② 노동인구 증가
③ 기술지식 진보
④ 예상 물가수준 하락
⑤ 자연실업률 상승

답 ⑤

┃정답해설┃
⑤ 자연실업률이 상승하면 자연산출량(잠재 GDP)이 감소하므로 수직인 장기 총공급곡선을 왼쪽으로 이동시킨다.
①, ②, ③, ④ 물적자본 증가, 노동인구 증가, 기술지식의 진보는 경제의 생산능력을 확대시키므로 단기와 장기 총공급곡선 모두를 오른쪽으로 이동시킨다. 예상물가수준의 하락은 단기 총공급곡선만 오른쪽으로 이동시킨다.

17 다음 ( ) 안의 내용을 옳게 연결한 것은?

> 소비함수에 자산효과가 도입되면 물가수준의 하락에 따라 실질자산이 (ㄱ)하고, 이는 소비의 (ㄴ)를 통해 (ㄷ)곡선을 (ㄹ)으로 이동시켜 국민소득 증가를 가져와 유동성함정 문제를 해결할 수 있다. 이것을 (ㅁ) 효과라고 한다.

	ㄱ	ㄴ	ㄷ	ㄹ	ㅁ
①	증가	증가	IS	우측	케인즈
②	증가	증가	IS	우측	피구
③	감소	감소	IS	좌측	마샬
④	증가	감소	LM	좌측	피구
⑤	감소	증가	LM	우측	마샬

답 ②

━━

▍정답해설▍

피구효과(Pigou effect) 또는 자산효과(실질잔고효과)는 극도로 경기가 침체된 유동성 함정의 상황(liquidity trap)에 서 물가↓ → 실질자산↑ → 소비↑ → IS곡선 우측 이동 → 국민소득↑를 가져온다는 피구의 주장으로 케인즈가 주장하는 유동성 함정의 문제를 해결하는 과정이다.

유동성 함정에서 통화정책은 효과가 없으므로 적극적인 재정정책을 통해 경기를 회복시켜야 한다는 케인즈의 주장에 대해, 피구는 자산효과로 인해 경기가 회복되므로 정부가 개입할 필요가 없다는 주장을 내세운다.

18 다음의 $IS - LM$ 모형에 관한 설명으로 옳지 <u>않은</u> 것은? [21회 기출]

> $Y = C + I + G$ (생산물시장의 균형식)
> $L = M$ (화폐시장의 균형식)
> $C = a_1 + a_2 Y$ $(0 < a_2 < 1)$
> $I = b_1 + b_2 r$ $(b_2 < 0)$
> $L = d_1 + d_2 Y + d_3 r$ $(d_2 > 0, \ d_3 < 0)$
> G와 M은 정책변수
> a_1, a_2, b_1, b_2, d_1, d_2, d_3은 모두 상수

① a_2의 절댓값이 증가하면 정부지출이 국민소득에 미치는 영향이 커진다.

② b_2의 절댓값이 증가하면 정부지출이 국민소득에 미치는 영향이 작아진다.

③ d_2의 절댓값이 증가하면 정부지출이 국민소득에 미치는 영향이 작아진다.

④ d_3의 절댓값이 증가하면 정부지출이 국민소득에 미치는 영향이 작아진다.

⑤ d_3의 절댓값이 증가하면 정부지출이 이자율에 미치는 영향이 작아진다.

답 ④

┃정답해설┃

④ d_3는 화폐수요의 이자율탄력성이다. d_3의 절댓값이 증가하면 LM곡선이 완만하게 되어 구축효과가 작아지므로 정부지출이 국민소득에 미치는 영향이 커진다(케인즈학파의 주장).

① a_2는 한계소비성향(MPC)이다. 한계소비성향이 증가하면 승수효과는 커지고 정부지출이 국민소득에 미치는 영향은 커진다.

② b_2는 투자의 이자율탄력성이다. b_2의 절댓값이 증가하면 구축효과가 커지므로 정부지출이 국민소득에 미치는 영향이 작아진다.

③ d_2는 화폐수요의 소득탄력성으로 d_2의 절댓값이 증가하면 LM곡선의 기울기가 가파르게 되고, 정부지출이 국민소득에 미치는 영향이 작아진다.

19 *IS*곡선에 관련된 설명으로 옳지 **않은** 것은? (단, *IS*곡선은 우하향)

① *IS*곡선은 생산물시장의 균형을 이루는 이자율과 국민소득의 조합을 나타낸다.
② 현재의 이자율과 국민소득의 조합점이 *IS*곡선보다 위쪽에 있다면, 생산물시장에서 수요가 공급을 초과하고 있음을 의미한다.
③ 조세부담이 증가하면 *IS*곡선은 좌측으로 이동한다.
④ 정부의 재정지출이 증가하면 *IS*곡선은 우측으로 이동한다.
⑤ 한계소비성향이 높아질수록 *IS*곡선은 더 완만해진다.

답 ②

▌정답해설▐

현재의 이자율과 국민소득의 조합점이 *IS*곡선보다 위쪽에 있다면 생산물시장이 초과공급 상태에 있다는 것을 의미한다. 또한 현재의 이자율과 국민소득의 조합점이 *LM*곡선보다 위쪽에 있다면 화폐시장이 초과공급 상태에 있다는 것을 의미한다.

20 폐쇄경제 *IS*−*LM* 모형과 관련된 설명으로 옳은 것은? (단, *IS*곡선은 우하향, *LM*곡선은 우상향한다.)

① *IS*곡선과 *LM*곡선에서 총공급 곡선이 도출된다.
② 정부지출의 구축효과는 발생하지 않는다.
③ 현재 경제상태가 *IS*곡선의 왼쪽, *LM*곡선의 오른쪽에 있다면 상품시장은 초과공급, 화폐시장은 초과수요 상태이다.
④ 피구효과(Pigou effect)에 의하면 물가수준이 하락할 때 IS곡선이 우측으로 이동하여 국민소득이 증가한다.
⑤ *IS*−*LM* 모형에서 물가수준은 내생변수이다.

답 ④

▌정답해설▐

① *IS*곡선과 *LM*곡선에서 도출되는 것은 총수요 곡선이다.
② *IS*곡선은 우하향, *LM*곡선은 우상향하면 정부지출의 구축효과가 발생한다. 유동성함정이 존재하여 *LM*곡선이 수평이라면 구축효과는 발생하지 않는다.
③ 현재 경제상태가 *IS*곡선의 왼쪽(*IS*곡선의 아랫부분), *LM*곡선의 오른쪽(*LM*곡선의 아랫부분)에 있다면 상품시장과 화폐시장 모두 초과수요 상태이다.
⑤ *IS*−*LM* 모형에서는 이자율(r)만 내생변수이다. 물가수준(P)은 외생변수로 물가수준이 변화하면 *LM*곡선이 이동한다.

21 폐쇄경제의 $IS-LM$ 모형에서 정부는 지출을 증가시키고, 중앙은행은 통화량을 증가시켰다. 이 경우 나타나는 효과로 옳은 것은? (단, IS곡선은 우하향, LM곡선은 우상향한다.)

① 국민소득은 증가하고, 이자율은 하락한다.

② 국민소득은 증가하고, 이자율은 상승한다.

③ 국민소득은 증가하고, 이자율의 변화 방향은 알 수 없다.

④ 국민소득은 감소하고, 이자율은 상승한다.

⑤ 국민소득은 감소하고, 이자율의 변화 방향은 알 수 없다.

답 ③

▌정답해설▐

$IS-LM$ 모형에서 정부지출을 증가시키고, 통화량이 증가하면 IS곡선과 LM곡선 모두 오른쪽으로 이동한다. 따라서 국민소득은 증가하지만 물가수준은 불확실하다. 물가수준은 IS곡선과 LM곡선의 이동 크기에 따라 달라진다.

22 다음은 개방경제의 균형에 대해 설명한 것이다. 바르지 못한 것은?

① 국가 간에 불완전한 자본이동이 이루어지는 경우 BP곡선은 우상향의 기울기를 보인다.

② 변동환율제도에서의 LM곡선의 기울기는 폐쇄경제에 비해 더 완만하다.

③ 변동환율제도에서 국제수지의 흑자가 발생하면 LM곡선은 우측으로 이동한다.

④ 폐쇄경제에 비해 IS곡선의 기울기는 더 가파르다.

⑤ 환율의 상승은 IS곡선을 우측으로 이동시킨다.

답 ②

▌정답해설▐

변동환율제도에서의 환율변동에 따른 영향으로 LM곡선의 기울기는 폐쇄경제에 비해 더 가파르다.

23 거시경제의 총공급(AS)과 총수요(AD)에 대한 다음의 내용 중 바르지 못한 것은?

① 단기 경기변동에서 소비와 투자는 모두 경기순응적이며, 소비의 변동성은 투자의 변동성보다 작다.

② 케인즈의 유동성 선호이론에 의하면 경제가 유동성 함정에 있는 경우 추가적인 화폐공급은 모두 투자적 화폐수요로 흡수된다.

③ 공급측 경제학에 의하면 근로소득세율의 인하는 단기 총공급곡선의 오른쪽 이동을 가져온다.

④ 변동환율제도에서 확장적 재정정책의 구축효과는 폐쇄경제에서 동일한 정책의 구축효과보다 더 크게 나타날 수 있다.

⑤ 명목임금의 경직성 하에서 물가수준이 하락하면 기업의 이윤이 감소하여 생산이 감소하므로 단기 총공급곡선은 왼쪽으로 이동한다.

답 ⑤

❚ 정답해설 ❚

총수요곡선과 총공급곡선에서 물가(P)는 내생변수이다. 내생변수가 변화하면 곡선상에서의 이동이 나타난다. 물가수준이 하락하면 단기 총공급곡선은 이동하지 않는다.

24 피구효과(Pigou effect)에 대한 다음의 설명 중 바르지 못한 것은?

① 소비가 가처분소득뿐만 아니라 가계가 보유하고 있는 금융자산의 실질가치에 의해서도 영향을 받는다는 것을 전제로 한 것이다.

② 경기침체시 재량적이고 적극적인 재정정책만이 효과가 있다는 케인즈의 주장에 대한 반론으로 제시된 것이다.

③ 경제가 유동성 함정에 빠져 있는 경우 물가 하락이 LM곡선뿐만 아니라 IS곡선도 오른쪽으로 이동시킨다는 것이다.

④ 물가가 하락하면 이자율이 상승하여 투자가 감소하므로 총수요가 감소한다는 것이다.

⑤ 유동성 함정과 같은 상황에서 정부의 개입 없이도 경기가 회복될 수 있다는 것이고 통화정책이 유효하다는 의미를 갖고 있기도 하다.

답 ④

❚ 정답해설 ❚

④는 총수요곡선이 우하향하는 이유를 설명하는 케인즈 효과(이자율 효과)이다.

25 단기 총공급 곡선은 우상향하는데 그 이유로 볼 수 없는 것을 고르면?

① 단기에는 명목임금이 하방경직적이고 자유롭게 변동하지 않기 때문이다.

② 물가수준이 예상보다 낮으면 일부 공급자들이 자신의 상대가격이 하락했다고 생각하여 생산을 줄이기 때문이다.

③ 물가수준이 하락하면 이자율이 하락하고 이에 따라 투자가 증가하기 때문이다.

④ 물가수준이 예상보다 낮으면 일부 기업의 가격이 바람직한 수준보다 높아 판매가 감소하고 이에 따라 생산을 줄이기 때문이다.

⑤ 독점적 경쟁기업의 최적화 행위의 결과로 나타나는 가격경직성 때문이다.

답 ③

▌정답해설▐

③은 총수요 곡선이 우하향하는 이유의 하나로 이자율 효과에 대한 설명이다.

단기 AS곡선이 우상향하는 이유를 설명하는 이론에는 ① 임금경직성 이론, ② 착각이론, ⑤ 가격경직성 이론 등이 있다.

---

26 다음은 IS곡선에 대해 설명한 것이다. 바르지 못한 것은?

① 케인즈는 기업가의 투자는 주로 야성적 충동(animal spirit)에 의존하기 때문에 IS곡선의 기울기는 완만한 형태를 보인다고 주장한다.

② IS곡선 상에서 생산물시장은 균형을 이루기 때문에 저축과 투자는 항상 일치한다.

③ IS곡선의 오른쪽 영역은 생산물시장의 초과공급, 왼쪽 영역은 초과수요를 보인다.

④ 고전학파는 이자율의 함수인 저축과 투자에 의해 이자율이 결정되므로 투자의 이자율탄력성이 매우 크다고 주장한다.

⑤ IS곡선은 생산물 시장의 균형을 보장하는 이자율과 국민소득의 배합점을 연결한 선을 의미한다.

답 ①

▌정답해설▐

케인즈는 기업가의 투자는 주로 야성적 충동(animal spirit)에 의존하기 때문에 투자의 이자율 탄력성은 작고 따라서 IS곡선의 기울기는 매우 가파르다고 주장한다.

27 화폐시장을 설명하는 다음의 내용 중 올바르지 못한 것은?

① LM곡선은 유동성 선호와 화폐공급이 일치한다는 것을 나타낸다.

② 화폐수요는 명목소득과는 양(+)의 관계를 갖고, 이자율과는 음(−)의 관계를 갖는다.

③ 중앙은행에 의해 화폐공급이 증가하면 이자율은 하락한다.

④ 이자율이 높아지면 채권수익률이 높아지므로 채권가격은 상승한다.

⑤ 일반적으로 중앙은행은 목표 이자율을 선택하고, 이를 달성하기 위해 화폐공급을 변경시킨다.

답 ④

┃정답해설┃

채권가격은 채권에서 나오는 이자의 현재가치의 합계이다. 따라서 이자율이 높아지면 채권가격은 하락한다.

---

28 $IS-LM$ 모형에서 거시경제정책이 국민소득에 미치는 영향에 대한 다음 설명 중 가장 옳지 **않은** 것은? (단, IS곡선은 우하향하고 LM곡선은 우상향한다.)

① 투자가 이자율에 민감하게 반응할수록 확장적 통화정책은 국민소득을 크게 증가시킨다.

② 한계소비성향이 클수록 긴축적 통화정책은 국민소득을 크게 감소시킨다.

③ 화폐수요가 소득에 민감하게 반응할수록 확장적 재정정책은 국민소득을 크게 증가시킨다.

④ 화폐수요가 이자율에 민감하게 반응할수록 긴축적 재정정책은 국민소득을 크게 감소시킨다.

⑤ 소득세율이 낮을수록 확장적 통화정책은 국민소득을 크게 증가시킨다.

답 ③

┃정답해설┃

화폐수요가 소득에 민감하게 반응할수록 LM곡선은 가파르게 우상향한다. 이 경우 확장적 재정정책을 실시하면 구축효과의 부작용이 커서 국민소득은 별로 증가하지 않는다.

29 장기총공급곡선에 관한 설명으로 옳지 않은 것은?

① 장기적으로 한 나라 경제의 재화와 서비스 공급량은 그 경제가 가지고 있는 노동과 자본 그리고 생산기술에 의해 좌우된다.

② 장기총공급곡선은 고전학파의 이분성을 뒷받침해 준다.

③ 확장적 통화정책으로 통화량이 증가하더라도 장기총공급곡선은 이동하지 않는다.

④ 장기총공급량은 명목임금이 경직적이고 자유롭게 변동하지 않기 때문에 물가수준이 얼마가 되든 변하지 않는다.

⑤ 장기총공급곡선은 수직이다.

답 ④

▌정답해설▐

장기총공급량은 변하지 않는 이유는 명목임금이 경직적이기 때문이 아니라 장기적으로는 경제활동수준이 자연산출량 수준에서 이루어지기 때문이다.

30 총공급곡선이 우상향하는 이유가 될 수 없는 것은?

① 물가의 변화에 따라 명목임금이 신축적으로 변동하고 이에 따라 생산도 변한다.

② 불완전정보로 인하여 전반적인 물가수준의 변화와 상대가격의 변화를 혼동한다.

③ 수요의 변화에 따라 기업들이 가격을 즉각적으로 조정할 수 없다.

④ 노동수요는 실질임금에 의존하지만 노동공급은 기대실질임금의 함수이다.

⑤ 임금이 장기계약에 의해 정해진다.

답 ①

▌정답해설▐

물가의 변화에 따라 명목임금이 신축적으로 변동하면 실질임금이 변화하지 않으므로 고용수준이 변화하지 않고 따라서 생산량도 변화하지 않는다. 그 결과 총공급곡선은 수직선이 된다.

31 총공급곡선(AS)에 대한 학파별 설명 중 틀린 것은?

① 고전학파의 총공급곡선은 화폐환상의 부재로 수직이다.
② 케인즈학파의 총공급곡선은 노동시장에서 결정된 균형고용량을 생산함수에 대입하여 얻는다.
③ 고전학파의 총공급곡선은 물가에 대해 완전비탄력적이다.
④ 수평적인 총공급곡선은 불완전고용을 전제하고 있다.
⑤ 합리적 기대론자의 총공급곡선은 수직이다.

답 ②

▌정답해설▐
②는 고전학파의 AS모형을 설명하고 있다. 케인즈(학파)의 경우에는 생산물에 대한 총수요(AD)의 크기에 따라 노동수요가 결정되고 그 결과 고용량과 총공급(AS)이 결정된다.

32 총수요 충격 및 총공급 충격에 관한 설명으로 옳지 <u>않은</u> 것은? (단, 총수요곡선은 우하향, 총공급곡선은 우상향)
[31회 기출]

① 총수요 충격으로 인한 경기변동에서 물가는 경기순행적이다.
② 총공급 충격으로 인한 경기변동에서 물가는 경기역행적이다.
③ 총공급 충격에 의한 스태그플레이션은 합리적 기대가설이 주장하는 정책무력성의 근거가 될 수 있다.
④ 명목임금이 하방 경직적일 경우 음(−)의 총공급 충격이 발생하면 거시경제의 불균형이 지속될 수 있다.
⑤ 기술진보로 인한 양(+)의 총공급 충격은 자연실업률 수준을 하락시킬 수 있다.

답 ③

▌정답해설▐
새고전학파로 분류되는 루카스(R. Lucas)가 주장한 정책무력성의 명제(policy)는 경제주체들이 합리적 기대에 따라 이용 가능한 모든 정보를 활용하여 자신의 효용과 이윤을 극대화하기 때문에 정부의 예견된 정책은 장기는 물론이고 단기에도 아무런 효과를 보지 못한다는 것이다.
정책무력성의 명제의 전제가 되는 것은 합리적 기대와 모든 시장이 항상 청산되는 가정이다. 총공급 충격에 의한 스태그플레이션은 정책무력성의 명제와는 아무런 관련이 없다.

33 아래의 $IS-LM$ 모형에서 균형민간저축(private saving)은? (단, C는 소비, Y는 국민소득, T는 조세, I는 투자, r은 이자율, G는 정부지출, M^s는 명목화폐공급량, P는 물가수준, M^d는 명목화폐수요량이다.)　　　　　　　　　**[33회 기출]**

- $C = 8 + 0.8(Y - T)$
- $I = 14 - 2r$
- $G = 2$
- $T = 5$
- $M^s = 10$
- $P = 1$
- $M^d = Y - 10r$

① 2　　　　　　　　　　　　　② 4

③ 5　　　　　　　　　　　　　④ 8

⑤ 10

답 ①

▌정답해설▌

균형민간저축 $S_P = Y - C - T$이다. IS곡선과 LM곡선을 도출한 후 균형국민소득을 구해서 S_P식에 대입한다.

IS곡선 : $Y = C + I + G = 8 + 0.8(Y - 5) + 14 - 2r + 2$에서 $Y = 100 - 10r$이다.

LM곡선 : $M^s = M^d$, $10 = Y - 10r$에서 $Y = 10 + 10r$이다.

두 식을 연립하여 풀면 균형국민소득 $Y = 55$, 균형이자율 $r = 4.5$이다. 이 값을 균형민간저축 $S_P = Y - C - T$식에 대입하여 값을 구하면 $S_P = 2$이다.

34 루카스 총공급곡선이 우상향하는 이유는?　　　　　　　　　**[25회 기출]**

① 재화시장 가격의 경직성

② 기술진보

③ 실질임금의 경직성

④ 재화가격에 대한 불완전 정보

⑤ 완전신축적인 가격결정

답 ④

▌정답해설▌

루카스 공급곡선 $Y = Y_N + \alpha(P - P^e)$에서 물가($P$)가 상승할 때 재화가격에 대한 불완전한 정보로 $P > P^e$가 되어 국민소득(Y)이 상승하기 때문이다.

CHAPTER

07 실업과 인플레이션

출제포인트

□ 실업률 □ 경제활동참가율 및 고용률 계산

□ 각 실업의 특징과 원인 및 대책 □ 인플레이션 조세

□ 인플레이션의 유형 □ 자연실업률 이론

□ 필립스 곡선 □ 오쿤의 법칙

□ 예상치 못한 인플레이션

제1절 실업

1. 실업의 의의

(1) 실업의 뜻 기출 28회

① 실업(unemployment)은 일할 능력과 의사가 있음에도 불구하고 취업기회가 주어지지 않는 상태를 말한다.

② 따라서 사회적으로는 유용한 생산자원의 유휴, 낭비를 의미한다. 실업이 있는 경우의 GDP는 잠재 GDP 보다 작게 된다.

(2) 실업에 대한 관심

① 고전학파는 임금, 물가의 신축성을 가정하므로 따라서 항상 완전고용이 이루어지고 실업은 있을 수 없다는 입장을 보인다. 즉 현실의 실업은 모두 자발적이라는 것이다. 노동조합의 압력으로 임금이 경직적이라면 실업이 발생할 수 있다고 보았다.

② 그러나 1930년대 대공황을 계기로 고전학파의 주장은 설득력을 잃었고 케인즈 경제학이 등장하였다.

③ 케인즈 경제학은 대공황으로 인한 대량실업의 해결을 목적으로 등장하였다. 케인즈는 총수요가 부족하여 생산이 완전고용 수준 이하에 머물면 비자발적 실업(unvoluntary unemployment)이 존재할 수 있음을 보였다.

2. 실업의 측정 기출 35회 · 33회 · 32회 · 30회 · 29회 · 28회 · 27회

(1) 경제활동인구

① 총인구에서 15세 미만의 인구(재소자와 군인 포함)를 제외한 것을 생산가능인구(15세 이상 인구)라고 한다.

② 여기서 일할 의사가 없고 따라서 구직활동을 하지 않는 비경제활동인구를 제외하면 경제활동인구가 된다. 비경제활동인구는 학생(통학)이나 전업주부, 노령인구, 자원봉사자, 심신장애인, 구직단념자, 취업준비자 등을 말한다.

③ 경제활동인구는 다시 취업자와 실업자로 분류된다. 따라서 다음의 관계가 성립한다.

> 경제활동인구＝생산가능인구(15세 이상 인구)－비경제활동인구
> ＝취업자수＋실업자수

(2) 경제활동참가율과 실업률

① 경제활동참가율은 생산가능인구(15세 이상 인구)에 대한 경제활동인구의 비율이다. 일반적으로 경제가 발전할수록 여성의 경제활동 참가가 높아지기 때문에 경제활동참가율은 높아지는 경향이 있다.

② 실업률(unemployment rate)은 경제활동인구에서 차지하는 실업자의 비율이다. 또한 고용률은 생산가능인구에서 차지하는 취업자수의 비율이다.

$$경제활동참가율(\%) = \frac{경제활동인구}{생산가능인구(15세\ 이상\ 인구)}$$

$$실업율(\%) = \frac{실업자수}{경제활동인구}$$

$$고용률(\%) = \frac{취업자수}{생산가능인구(15세\ 이상\ 인구)}$$

(3) 자연실업률 기출 28회 · 27회

① 특정한 해의 실업률은 정상적인 실업률을 중심으로 위아래로 변동하는데 이와 같은 정상적인 실업률을 자연실업률(또는 NAIRU)이라고 하고, 자연실업률을 벗어난 실제 실업을 경기적 실업이라고 한다.

② 자연실업률은 마찰적 실업과 구조적 실업 만이 있는 경우의 실업률이다. 완전고용 실업률이라고도 한다.

3. 실업의 형태

(1) 마찰적 실업

① 어떤 노동자가 다른 일자리를 찾기 위해 정보수집활동을 하며 실업을 택하고 있을 때 이를 마찰적 실업(frictional unemployment)이라고 한다. 마찰적 실업은 더 나은 일자리를 탐색한다는 의미에서 탐색적 실업(search unemployment)이라고도 한다.

② 마찰적 실업은 노동시장의 정보부족으로 발생하는 것이므로 고용기회에 관한 정보의 흐름을 원활하게 하면 해결될 수 있다. 마찰적 실업은 자발적이고 불가피한 실업이다.

③ 전통적으로 마찰적 실업만이 있는 상태를 완전고용이라고 하고, 이때의 실업률을 자연실업률(natural rate of unemployment)이라고 한다. 그러나 최근 맨큐(N.G. Mankiw)나 크루그먼(P. Krugman) 등의 교과서에서는 마찰적 실업과 구조적 실업만이 있는 상태를 완전고용으로 파악하고 있다.

(2) 경기적 실업 [기출] 28회

경기적 실업(cyclical unemployment)은 불경기에 수반하여 발생하는 실업이다. 따라서 총수요의 부족으로 인해 발생하는 것이므로 장기적인 대량실업으로 나타난다. 케인즈에 의해 그 가능성이 제시되어 케인즈(Keynes)적 실업이라고도 한다.

(3) 구조적 실업 [기출] 29회 · 28회

① 구조적 실업(structural unemployment)은 어떤 특수한 종류의 노동에 대한 수요부족으로 발생하는 실업이다. 산업간, 지역간의 불균등한 발전이나 노동의 이동성 부족(immobility)에서 원인을 찾는다.

② 예컨대 소비유형이 변화하면 소비가 감소한 재화의 생산이 감소하여 이 부문(사양산업)에서 실업이 발생하는데 이런 경우의 실업을 구조적 실업이라고 한다.

③ 최근 맨큐(N.G. Mankiw)나 크루그먼(P. Krugman) 등의 교과서에서는 구조적 실업을 높은 임금으로 인하여 발생하는 실업으로 설명한다. 그 원인으로는 노동조합의 저항, 최저임금제 및 기업주의 효율임금 정책을 제시한다.

(4) 기술적 실업

① 기술적 실업(technological unemployment)은 마르크스(K. Marx)가 제시한 것으로 기술진보로 인해 노동대신 기계를 사용하게 됨으로써 발생하는 실업이다.

② 그러나 기술진보는 실업을 창출하기도 하지만 일자리도 함께 창출하므로 그 존재는 미미한 것으로 알려져 있다.

(5) 계절적 실업

계절적 실업(seasonal unemployment)은 계절에 따른 고용기회의 감소로 발생하는 외생적 실업이다. 정부는 공공근로사업 등을 통해 계절적 실업자들의 최저생활을 보장한다.

(6) 위장실업

① 위장실업(disguised unemployment)은 조앤 로빈슨(J. Robinson)이 제시하는 개념으로 외형상으로는 취업상태에 있으나 노동의 한계생산성이 0이거나 0에 가까운 경우를 말한다.

② 루이스(Lewis) 모델과 페이-래니스(Fei-Ranis) 모델은 위장실업을 이용하는 저개발국의 경제발전 모델로 유명하다.

4. 실업대책

완전고용은 마찰적 실업을 제외하고는 실업자가 없는 상태, 즉 경제가 자연실업률에 있는 상태를 의미하므로 정부의 고용정책은 경기적 실업과 구조적 실업을 제거하고자 하는 것으로 볼 수 있다.

(1) 경기적 실업대책 [기출] 28회

경기적 실업은 총수요의 부족으로 발생하므로 조세 감면, 정부지출 증가, 화폐공급 증대 등 확장적 재정정책과 통화정책을 통한 총수요의 증대를 통해 해결할 수 있다. 그러나 이 경우 실업은 해소되지만 인플레이션이 발생할 수 있다.

(2) 구조적 실업대책 `기출` 29회

① 구조적 실업은 인력정책(human power policy), 즉 노동력에 대한 수요변화에 따라 노동력의 공급구조를 변화시키는 정책을 통해서 해결할 수 있다.

② 인력정책
- ㉠ 직업 소개 및 보도 등 취업 알선
- ㉡ 교육, 훈련 및 재훈련
- ㉢ 노동자의 지역적 이동을 촉진하는 방안 등 노동의 이동성(mobility)을 증대시키는 정책 포함

5. 실업의 존재이유

(1) 구조적 실업에 대한 새로운 설명

현실적으로 실업은 임금이 시장의 균형임금보다 높게 유지되는 경우에 발생한다. 임금이 높기 때문에 기업의 노동수요량보다 노동자의 노동공급량이 많고 따라서 노동의 초과공급량, 즉 실업이 발생하는 것이다.

(2) 높은 임금이 나타나는 이유

임금이 시장의 균형임금보다 높게 유지되는 이유로 맨큐(N.G. Mankiw), 크루그먼(P. Krugman) 등은 세 가지를 제시하고 있다.

① 최저임금제
- ㉠ 최저임금(minimum wage)은 시장의 균형임금보다 높게 설정되므로 노동의 초과공급량, 즉 실업을 발생시킨다. 최저임금제가 전체 실업의 주된 원인은 아니지만 숙련도와 경험이 부족한 계층의 실업을 설명하는 데는 설득력이 있다.
- ㉡ 노동수요의 임금탄력성과 노동공급의 임금탄력성이 비탄력적일수록 최저임금으로 인한 실업은 적게 발생한다.

② 노동조합과 단체교섭
- ㉠ 노동조합은 일종의 카르텔(cartel)이다. 노동조합이 임금을 균형임금 수준 이상으로 인상하면 노동의 공급량은 늘고 수요량은 감소하여 실업이 발생한다.
- ㉡ 노동조합은 내부자(insiders)와 외부자(outsiders) 사이의 갈등을 야기하고, 노동조합이 결성되어 있지 않은 직종을 임금을 하락시킨다.

③ 효율임금 `기출` 31회 · 28회
- ㉠ 효율임금(efficiency wages)은 기업이 균형임금보다 더 높은 임금을 지불하면 효율이 높아지기 때문에, 노동의 초과공급이 있는 경우에도 높은 임금을 유지하는 것이 기업에게 더 이익이라는 것이다.
- ㉡ 효율성 임금 이론은 균형임금보다 높은 실질임금이 노동자의 생산성 또는 근로의욕(work effort)을 높일 수 있다고 전제한다.
- ㉢ 그 이유로는 높은 실질임금은 이직률을 낮춘다는 노동이직 모형(labor turnover model), 높은 실질임금은 노동자의 근무태만이나 태업을 방지하여 생산성을 높일 수 있다는 태업방지 모형(shirking model), 노동의 생산성에 대한 정보가 비대칭적으로 존재할 때 효율성 임금이 노동의 평균적인 질을 향상시킬 수 있다는 역선택 모형(adverse selection model) 등이 제시되고 있다.

인플레이션(inflation)은 일반물가수준의 지속적인 상승과정, 즉 물가지수의 상승현상을 의미한다.

1. 물가지수의 의의

(1) 가격지수

가격지수(price index)는 개별상품의 가격변화를 측정한다. 가격지수＝비교시점의 가격/기준시점의 가격이다.

(2) 물가지수

① 물가지수(prices index)는 여러 상품의 가격변화를 종합한 것으로, 어떤 기준연도의 재화 및 서비스의 가격을 100으로 놓고 비교연도의 이들 가격을 평균하여 지수로 나타낸 것이다. 물가지수는 측정방법에 따라 단순물가지수와 가중물가지수로 구분한다.

② 가중물가지수는 대상상품의 경제적 중요성, 거래량 등을 고려하여 각 상품마다 서로 다른 가중치(weight)를 부여하여 가중평균하여 산출한 물가지수이다. 현실적인 물가지수는 전부 가중 물가지수이다.

(3) 물가지수의 측정방법 `기출` 34회

가중물가지수는 가중치를 어떻게 구하는가(또는 가중치로 무엇을 이용하는가)에 따라 세 가지 방식이 이용된다.

① 라스파이레스(Laspeyres) 방식 : 기준시 가중 산술평균법이라고 하는데 기준시점의 상품거래량을 가중치로 이용한다. 우리나라에서는 이 방식의 수정방식을 이용하여 소비자물가지수(CPI)와 생산자물가지수(PPI)를 계산한다.

② 파셰(Paasche) 방식 : 비교시 가중 산술평균법이라고 하는데, 비교시점의 상품거래량을 가중치로 이용한다. GDP 디플레이터(deflator)는 그 해에 생산된 최종생산물을 추계하는데 관련되어 있으므로 파셰 방식과 관련이 있다.

③ 피셔(Fisher) 방식 : 피셔 방식은 라스파이레스 방식과 파셰 방식의 기하평균치이다. 즉 기준연도에는 기준연도의 상품 거래량을, 비교연도에는 비교연도의 상품 거래량을 가중치로 이용한다. 수출입 물가지수의 작성에 이용된다.

2. 물가지수의 종류

현재 우리나라에서 흔히 쓰이는 일반적인 물가지수로는 소비자 물가지수, 생산자 물가지수, GDP 디플레이터 등이 있다. 소비자 물가지수는 통계청이, 생산자 물가지수는 한국은행이 작성하는데 기준연도는 5년마다 개편된다.

(1) 소비자 물가지수 `기출` 33회 · 32회 · 28회

① 소비자 물가지수(consumer price index, CPI)는 가계의 소비생활에 필요한 재화 및 서비스의 가격변동을 측정하기 위해 작성되는 물가지수로, 최종적으로 소비자에게 판매되는 소비재와 서비스의 소비자 가격을 기준으로 작성된다.

② 도시근로자의 생계비와 밀접한 관련이 있기 때문에 생계비지수라고도 한다. 현재는 전국 40개 도시지역에서 거래되는 458개 품목의 가격변화를 조사하여 통계청이 작성하고 있다(2021년 기준).

(2) 생산자 물가지수 기출 33회

생산자 물가지수(producer price index, PPI)는 기업 상호간에 거래되는 재화와 서비스의 가격을 기준으로 작성한다. 871개 재화와 서비스 품목을 대상으로 한국은행이 작성하고 있다.

(3) *GDP* 디플레이터 기출 34회·33회·27회

① *GDP* 디플레이터(deflator)는 경상가격 *GDP*를 불변가격 *GDP*로 환산하기 위한 일종의 물가지수이다. *GDP* 디플레이터=(명목 *GDP*/실질 *GDP*)×100이다.

② *GDP*추계시에는 생산자물가지수(*PPI*)나 소비자물가지수(*CPI*) 뿐만 아니라 수출입물가지수, 임금, 환율 등 각종 가격지수가 종합적으로 이용되고 있기 때문에 *GDP*디플레이터는 국민소득에 영향을 주는 모든 물가요인을 포괄하는 종합적인 물가지수로서 *GDP*라는 상품의 가격수준을 나타낸다고 할 수 있다.

(4) 차이점 기출 33회·27회

앞의 세 가지 물가지수에 의한 물가변동은 대체로 같은 방향으로 움직이지만 똑같은 크기로 나타나지는 않는다. 대상품목과 가중치, 포착하는 거래단계가 다르기 때문이다.

① *CPI*에는 소비재와 서비스의 가격이 반영되지만 *PPI*에 포함되는 원재료와 중간재, 그리고 최종재 중 자본재의 가격은 포함되지 않는다. 석유파동 등 해외부문의 충격은 *PPI*에는 직접적인 영향을 주지만 *CPI*에는 간접적으로만 영향을 미친다. *GDP* 디플레이터에는 최종생산물이 모두 포함되기 때문에 가장 광범위한 물가지수이다.

② 수입품의 가격은 *CPI*에만 반영된다.

③ 주택이나 토지 등 부동산의 가격은 *CPI*와 *PPI*에 포함되지 않는다. 그러나 신축주택이나 건물 등의 가격은 *GDP* 디플레이터에는 포함되지 않는다. 주택임대료가 상승하면 이는 *CPI*, *PPI*와 *GDP* 디플레이터 모두에 포함된다.

3. 인플레이션의 영향 기출 34회·32회

(1) 예상하지 못한 인플레이션

① 예상하지 못한 인플레이션은 채권자와 채무자 사이에 부와 소득을 재분배한다.[14] 또한 일시적으로 생산이 증가하여 고용을 증가시킬 수 있다.

② 그러나 예상하지 못한 인플레이션에 따른 불확실성이 경제의 효율성은 낮추는데 이것이 인플레이션의 경제적 비용이다.

(2) 예상된 인플레이션

① 예상된 인플레이션이 발생하는 경우 채권자로부터 채무자로의 소득의 재분배는 일어나지 않는다.

② 인플레이션이 예상된 경우에는 생산과 고용에 별다른 영향을 미치지 않는다. 이는 루카스 공급함수를 통해 확인할 수 있다.

---

14) 예상하지 못한 인플레이션은 민간으로부터 정부로 부와 소득을 재분배한다. 화폐와 공채는 일종의 정부의 부채이기 때문이다. 따라서 인플레이션은 화폐라는 세원에 대하여 부과하는 조세와 같다는 의미에서 인플레이션을 인플레이션 조세(inflation tax), 강제저축(forced savings)이라고 한다. 또한 인플레이션이 일어날 때 채무자, 기업부문(순적자지출), 정부부문, 실물보유자, 수입업자는 이득을 보고, 채권자, 가계부문(순흑자지출), 민간부문, 화폐보유자, 수출업자는 손해를 본다. 또한 금리생활자, 연금생활자, 봉급생활자 등 정액소득자는 손해를 보게 된다.

③ 예상된 인플레이션이 지속되면 국민경제의 효율성이 낮아진다. 인플레이션으로 인한 손해를 줄이기 위해 실물자산에 대한 투기가 증가하여 자원배분을 비효율적으로 만든다.

> **더 알아보기** **인플레이션 비용** **기출** 34회
>
> 맨큐(N.G. Mankiw)는 인플레이션 비용을 여섯 가지로 요약하고 있다. 구두창 비용(shoeleather costs), 메뉴비용(menu costs), 상대가격 변화에 의한 자원배분의 왜곡, 의도하지 않은 세금 부담, 혼란과 불편, 부(wealth)의 자의적 재분배 등이다.

제3절 인플레이션의 유형

1. 수요견인 인플레이션

(1) 의의

① 총수요가 증가하여 총공급을 초과하면 물가상승이 유발되는데 수요견인 인플레이션(demand pull inflation), 또는 초과수요 인플레이션이라고 한다.

② 즉, 과잉투자, 적자재정, 수출 증가, 과소비 등으로 총수요가 증가하면 총수요가 총공급을 초과하여 초과수요가 발생하고, 이로 인해 물가상승이 유발된다. 이 경우 생산과 고용은 증가한다. 가장 전형적인 인플레이션이다.

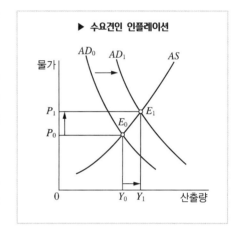

(2) 수요견인설

① 수요견인 인플레이션을 설명하는 이론으로는 고전학파의 화폐수량설이 가장 전형적이고, 통화주의와 케인즈의 이론이 있다.

② 화폐수량설은 통화량의 증가에 비례하여 물가가 상승하므로 인플레이션의 원인은 통화량의 증가가 유일하다고 본다.

③ 통화주의자인 프리드먼(M. Friedman)은 신화폐수량설을 통해 물가가 통화량에 비례한다고는 할 수 없으나 인플레이션은 언제 어디서나 화폐적 현상이라고 주장한다. 이들은 인플레이션의 원인이 된 통화팽창은 정부의 방만한 재정운영(즉 재정적자), 중앙은행의 무책임한 통화신용정책에 기인한다고 본다.

④ 케인즈(J.M. Keynes)는 물가와 통화량 간에 직접적인 관계는 없다고 생각하였다. 즉 통화량의 증가는 투자와 저축을 통해 간접적으로 물가상승을 가져올 뿐 직접적인 관계는 없다고 주장한다.

> **더 알아보기** **케인즈의 인플레이션**
>
> 케인즈(J.M. Keynes)는 인플레이션을 두 가지로 설명한다.
> • 총수요가 증가하여 총수요가 완전고용 산출량 수준을 초과할 때, 즉 인플레이션 갭(inflationary gap)이 존재할 때 물가가 상승하는 데 이를 진성 인플레이션(true inflation)이라고 하였다.
> • 총수요가 완전고용 산출량 수준에 접근해감에 따라 수확체감의 법칙이 작용하고, 또 일부 생산요소의 부족현상으로 임금, 원료비 상승하여 물가가 상승하게 되는데 이를 애로 인플레이션(bottle neck inflation)이라고 하였다.

(3) 총수요 억제정책

① 수요견인 인플레이션에 대한 대책으로는 총수요 억제정책(또는 긴축정책)이 있다. 즉 재정정책과 통화정책을 통해 총수요를 억제하면 총수요와 총공급이 균형을 이룸으로써 물가가 안정된다는 것이다.

② 즉 정부지출의 억제와 조세 인상 등의 긴축재정, 통화량을 축소하는 긴축통화정책을 통해 물가안정을 이룰 수 있다.

2. 비용상승 인플레이션

(1) 의의

① 생산비의 상승으로 총공급이 감소하여 물가상승을 유발할 때 이를 비용상승 인플레이션(cost push inflation)이라고 한다. 즉, 인플레이션의 원인을 공급측면에서 찾는 것이다.

② 이 경우에 생산은 감소하고 고용도 감소한다. 즉 경기침체와 함께 발생하는 인플레이션이다.

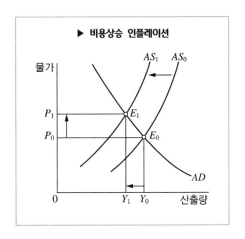

▶ 비용상승 인플레이션

(2) 생산비 상승의 원인

생산비를 상승시키는 주요 원인으로는 노동생산성의 증가율을 초과하는 과도한 임금인상(이 경우에는 임금-물가의 악순환을 초래한다), 기업의 이윤인상, 원자재 가격의 상승, 환율 인상으로 수입원자재의 국내가격 상승, 독점이윤의 인상 등이 있다.

(3) 비용상승설

① 비용상승 인플레이션은 1970년대에 들어와 두 차례의 석유파동을 계기로 가속화된 것이다. 공급측면에서 그 원인을 찾기 때문에 통화론자(monetarists)들은 비용상승 인플레이션의 존재를 인정하지 않는다.

② 그러나 케인즈는 물가는 생산비에 의해 결정되며, 생산비 중에서는 임금이 압도적인 비중을 차지하므로 임금이 상승하면 물가가 상승한다고 본다.

(4) 소득정책

① 비용상승 인플레이션에 대한 대책으로 가장 대표적인 것은 소득정책(income policy)이다.

② 즉 노동생산성을 초과하는 임금인상이 이루어지는 경우 기술개발이나 투자효율의 증대를 통해 생산성을 향상시키는 것도 한 가지 방법이지만 이는 단기적으로는 실현될 수 없기 때문에 소득정책을 실시할 수 있다.

③ 소득정책(income policy)은 정부가 직접 중요한 가격과 임금의 과도한 상승을 억제하는 것이다. 예컨대 임금 가이드 라인(guide line) 정책 같은 것들이다.

3. 스태그플레이션 [기출] 31회 · 29회 · 28회

(1) 스태그플레이션의 의미

① 1970년대 이후 두 차례의 석유파동(oil shock)을 계기로 본격화된 스태그플레이션(stagflation)은 경기침체(stagnation)와 물가상승(inflation)이 동시에 진행되는 현상이다.

② 즉 실업률의 증대와 인플레이션이 동시에 진행되는 현상이다. 제2차 세계대전 이후에도 간헐적으로 발생하였으나, 1970년대 2차례의 오일 쇼크 이후 가속화되었다.

(2) 스태그플레이션의 원인

① 스태그플레이션의 원인은 임금, 원자재의 가격 상승으로 인한 총공급의 감소에 있다.

② 비용상승 인플레이션과 동일한 현상으로 파악되지만 1970년대 이후에는 물가상승률과 실업률 간의 관계가 불안정하게 나타남에 따라 비용상승 인플레이션으로는 스태그플레이션을 만족스럽게 설명하지 못한다.

③ 케인즈학파 이론의 이런 한계를 극복하고 스태그플레이션을 만족스럽게 설명하기 위해 등장한 이론이 자연실업률 이론이다.

④ 스태그플레이션은 단기 필립스 곡선(Phillips curve)의 우상방 이동을 의미한다. 그리고 필립스 곡선의 우상방 이동은 총공급(AS) 곡선의 왼쪽 이동을 의미한다.

제4절 자연실업률 이론

1. 필립스 곡선 [기출] 35회 · 34회 · 33회 · 32회 · 29회 · 28회 · 27회

(1) 의미

① 필립스 곡선(Phillips Curve)은 1958년 영국의 경제학자인 필립스(A.W. Phillips)가 1861~1957년 간의 영국경제를 대상으로 실증분석을 한 결과, 명목임금상승률과 실업률 간에 매우 안정적인 역(trade-off)관계가 있다는 것을 나타낸 곡선이다.

② 후에 립시(R. Lipsey)는 명목임금상승률과 물가상승률은 비례관계가 있는데 착안하여 이를 물가상승률(인플레이션율)과 실업률 간의 역(−)관계로 추가하였다.

③ 인플레이션율을 π, 실제실업률을 u, 자연실업률을 u_N이라고 하면 필립스곡선은 다음과 같다.

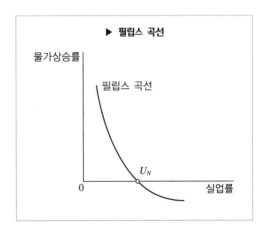

$$\pi = -\alpha(u - u_N)$$

(2) 정책적 함의

① 물가상승률과 실업률 간에 안정적인 역관계가 존재한다는 것은, 정책당국이 실업률을 낮추려면 물가상승을 감수해야하고, 물가상승률을 억제하려면 어느 정도의 실업을 받아들여야 함을 의미한다.

② 즉 완전고용과 물가안정이라는 두 가지 정책목표 간의 모순을 지적하는 것이다.

(3) 필립스 곡선과 총공급(AS)곡선

① 필립스 곡선의 형태와 총공급(AS)곡선은 매우 밀접한 관계에 있다. 여기서 필립스 곡선과 AS곡선을 연결하는 고리는 오쿤(Okun)의 법칙이다. 정상적인 경우 필립스 곡선이 우하향하는 형태인 경우 AS곡선은 우상향한다.

② 그러나 장기 필립스 곡선처럼 필립스 곡선이 수직인 경우에는 물가와 실업률, 즉 역으로 하면 산출량 간에 아무런 관계가 없다는 것을 의미하므로 AS곡선도 수직의 형태가 된다.

(4) 오쿤의 법칙

① 오쿤의 법칙의 의의

㉠ 미국의 경제학자인 아서 오쿤(A. Okun)이 미국경제에 대한 실증분석을 통해서 찾아낸 실업률과 GDP갭 간의 상관관계를 말한다.

㉡ 잠재 GDP와 실제 GDP를 각각 Y_P와 Y, 자연실업률과 실업률을 u_N과 u로 표시하면 오쿤의 법칙을 다음과 같이 나타낼 수 있다.

$$\frac{Y_P - Y}{Y_P} = \alpha(u - u_N)$$

② 오쿤의 법칙의 의미

㉠ 오쿤의 법칙은 GDP 갭($Y_P - Y$)과 실업률 간의 정(+)의 상관관계를 나타낸다. 산출량(Y)의 증가는 GDP 갭을 감소시켜 실업률을 하락시킨다.

㉡ 이는 산출량과 실업률 간의 음(−)의 관계를 나타내고 AS곡선과 필립스 곡선의 관계를 도출하는데 활용된다.

2. 자연실업률과 적응적 기대가설 `기출` 34회·28회

(1) 기대가설

① 기대가설은 경제주체가 경제활동을 하려고 할 때 미래에 일어날 경제현상을 미리 예상(expectations) 또는 기대하여 경제활동을 한다는 가정하에서 성립된다.

② 적응적 기대가설(adaptive expectations hypothesis)은 프리드먼(M. Friedman), 펠프스(E.S. Phelps) 등 통화론자(Monetarists)들이 주장하는 것으로, 예컨대 경제주체는 전기의 물가상승률을 보고 이번기의 물가상승률을 예상하고, 이 예상(기대)물가상승률을 근거로 노동계약을 체결한다는 것이다.

③ 합리적 기대가설(rational expectations hypothesis)은 루카스(R. Lucas), 사전트(T. Sargent) 등 합리적 기대학파, 즉 새고전학파가 주장하는 것으로 이용가능한 모든 정보를 근거로 미래를 예상하고 이에 따라 경제활동을 한다는 가설이다.

(2) 자연실업률 이론의 의의

① 프리드먼(M. Friedman) 등 통화론자는 적응적 기대가설에 기초하여 단기 필립스 곡선은 우하향하지만, 장기 필립스 곡선은 자연실업률에서 수직이라고 주장한다.

② 즉 단기적으로는 실업률과 물가상승률 간에 역관계가 존재하지만, 장기적으로는 관계가 없다.[15]

③ 여기서 자연실업률은 장기적으로 평균적인 실업률로 인플레이션과는 관계없이 결정되는 실업률이다.[16]

④ 따라서 자연실업률 이하로 실업률을 줄이려는 재량적 재정정책이나 통화정책은 장기적으로 물가만 상승시키고 실업률은 줄일 수 없다.

⑤ 그러므로 통화공급의 증가율을 $k\%$로 일정하게 유지하는 통화준칙($k\%$ rule)을 도입하는 정책이 필요하다고 주장한다.

(3) 자연실업률 이론의 전개

① 자연실업률 이론에서 중요한 것은 예상물가가 상승하면 단기 필립스곡선은 상방으로 이동한다는 점이다. 〈그림〉에서 최초의 상태는 자연실업률 수준인 A점이다.

② A점에서 정부가 자연실업률 수준 이하로 실업률을 줄이기 위해 확대 재정정책을 실시하면 단기적으로 실업률은 감소하지만 물가는 상승하여 경제는 B점으로 이동한다.

③ 시간이 흐르면서 노동자들은 물가상승을 인식하게 되고 실질임금이 하락한 것을 알게 되므로 명목임금의 인상을 요구한다.

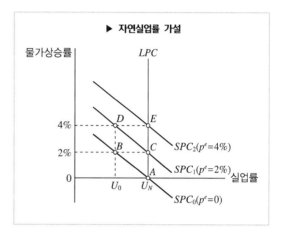

④ 이에 따라 명목임금이 상승하므로 기업은 노동수요를 줄이게 되어 실업률이 상승하여 경제는 C점으로 이동한다. 또한 예상물가가 상승하게 되므로 단기 필립스 곡선은 SPC_0에서 SPC_1으로 이동한다.

⑤ 이러한 상황이 반복되면 장기적으로 경제는 $A \rightarrow C \rightarrow E$로 이동하게 되고 이 수직선이 장기 필립스 곡선이 된다.

더 알아보기 | 재량적 안정화정책의 효과에 대한 견해

- **케인즈학파** : 케인즈학파(Keynesian)는 재량적인 총수요 확대정책의 효과에 대해 단기에 효과가 있으면 그 효과는 장기에도 지속된다고 주장한다.
- **통화주의자** : 통화주의자(monetarists)는 자연실업률 이론에 기초하여 재량적인 총수요 확대정책은 단기에는 실업률을 줄이는 효과가 있지만 장기에는 아무런 효과가 없다고 주장한다.
- **새고전학파** : 새고전학파(new classical)는 경제주체들이 합리적 기대를 갖게 되면 실제물가를 정확하게 예상할 수 있기 때문에 재량적인 안정화정책은 장기는 물론 단기에도 효력이 없다고 주장한다. 이를 정책무력성의 명제(policy ineffectiveness proposition)라고 한다.

---

15) 자연실업률 이론에 대한 실증분석 결과 이 이론은 1960년대 후반 이후 지금까지 선진국들이 보이고 있는 인플레이션과 실업과의 상호관계를 잘 설명해주는 모형으로 밝혀졌다. 따라서 자연실업률 이론은 오늘날 대부분의 케인즈학파나 새케인즈학파 경제학자들도 받아들이는 이론이 되었다.

16) 자연실업률(natural unemployment rate)은 정부의 재량적인 안정화정책에 관계없이 생산물시장의 불완전 경쟁의 정도, 구직자와 구인기업의 탐색비용, 노동의 이동가능성, 최저임금제, 노동조합의 역할, 효율성 임금 등 생산물시장과 노동시장의 구조적 특성에 의해 결정된다.

CHAPTER 07

확인학습문제

01 실업에 관한 설명으로 옳지 **않은** 것은? **[28회 기출]**

① 일자리를 가지고 있지 않으나 취업할 의사가 없는 사람은 경제활동인구에 포함되지 않는다.

② 실업이란 사람들이 일할 능력과 의사를 가지고 일자리를 찾고 있으나 일자리를 얻지 못한 상태를 말한다.

③ 자연실업률은 구조적 실업만이 존재하는 실업률이다.

④ 실업자가 구직을 단념하여 비경제활동인구로 전환되면 실업률이 감소한다.

⑤ 경기변동 때문에 발생하는 실업은 경기적(cyclical) 실업이다.

답 ③

┃ 정답해설 ┃

③ 자연실업률은 마찰적 실업과 구조적 실업만이 존재하는 경우의 실업률을 의미한다. 자연실업률은 잠재산출량(자연산출량)에 대응되는 실업률이다. 총수요 변동과 관계없이 구조적·마찰적 요인에 따라 결정되는 실업률 또는 공급측면의 교란 요인이 없을 때 장기적으로 인플레이션 압력을 유발하지 않는 수준의 실업률, 즉 NAIRU(non-accelerating inflation rate of unemployment)를 의미한다. 자연실업률은 노동시장에서 수요와 공급이 균형을 이루어 실제 자발적 실업만 존재하는 경우의 실업률을 의미한다.

④ 실업자가 구직을 단념하여 비경제활동인구로 전환되면(실망노동자, 구직단념자) 경제활동인구와 실업자수가 감소하므로 경제활동참가율과 실업률은 감소한다(실망노동자 효과).

02 실업에 관한 설명으로 옳지 <u>않은</u> 것은? [29회 기출]

① 균형임금을 초과한 법정 최저임금의 인상은 비자발적 실업을 증가시킨다.

② 실업급여 인상과 기간 연장은 자발적 실업 기간을 증가시킨다.

③ 정부의 확장적 재정정책은 경기적 실업을 감소시킨다.

④ 인공지능 로봇의 도입은 경기적 실업을 증가시킨다.

⑤ 구직자와 구인자의 연결을 촉진하는 정책은 마찰적 실업을 감소시킨다.

답 ④

┃ 정답해설 ┃

④ 인공지능 로봇의 도입은 산업구조의 변화를 가져와 실업을 증가시키므로 구조적 실업을 증가시킨다.

① 최저임금제, 노동조합의 임금인상 요구, 고용주의 효율임금(efficiency wage)정책 등으로 임금이 시장임금보다 높은 수준에서 발생하는 실업은 구조적 실업이다.

② 실업급여 인상과 기간 연장으로 인해 자발적 실업기간이 증가하는데 이를 실업함정(unemployment trap)이라고 한다.

---

03 실업에 관한 설명으로 옳은 것은? [27회 기출]

① 만 15세 미만 인구도 실업률 측정 대상에 포함된다.

② 마찰적 실업은 자연실업률 측정에 포함되지 않는다.

③ 더 좋은 직장을 구하기 위해 잠시 직장을 그만둔 경우는 경기적 실업에 해당한다.

④ 경기적 실업은 자연실업률 측정에 포함된다.

⑤ 현재의 실업률에서 실망실업자(discouraged workers)가 많아지면 실업률은 하락한다.

답 ⑤

┃ 정답해설 ┃

⑤ 실망실업자(discouraged workers)가 많아지면 실업자가 비경제활동인구로 전환된 것이다. 따라서 실업자 수가 감소하므로 실업률은 하락한다. 이를 실망실업자 효과라고 한다.

① 만 15세 미만 인구는 생산가능인구에 포함시키지 않으므로 실업률 측정 대상에 포함되지 않는다.

② 마찰적 실업은 자발적 실업이므로 불가피하게 존재한다. 따라서 마찰적 실업만 있는(또는 마찰적 실업과 구조적 실업만이 있는) 상태를 자연실업률이라고 한다.

③ 경기적 실업은 총수요의 감소로 경기가 침체하여 발생하는 실업이다.

04 만 15세 이상 인구(생산가능인구) 1,250만 명, 비경제활동인구 250만 명, 취업자 900만 명인 甲국의 경제활동참가율, 실업률, 고용률은? **[30회 기출]**

① 80%, 10%, 72%

② 80%, 20%, 72%

③ 80%, 30%, 90%

④ 90%, 20%, 72%

⑤ 90%, 20%, 90%

답 ①

┃ 정답해설 ┃

경제활동인구＝15세 이상 인구－비경제활동인구＝1,250만 명－250만 명＝1,000만 명이다.

실업자＝경제활동인구－취업자＝1,000만 명－900만 명＝100만 명이다.

경제활동참가율＝경제활동인구/생산가능인구＝1,000만 명/1,250만 명＝80%이다.

실업률＝실업자/경제활동인구＝100만 명/1,000만 명＝10%이다.

고용률＝취업자/생산가능인구＝900만 명/1,250만 명＝72%이다.

05 A국의 생산가능인구는 100만 명, 경제활동인구는 60만 명, 실업자는 6만 명이다. 실망실업자(구직단념자)에 속했던 10만 명이 구직활동을 재개하여, 그중 9만 명이 일자리를 구했다. 그 결과 실업률과 고용률은 각각 얼마인가? **[33회 기출]**

① 6%, 54%

② 10%, 54%

③ 10%, 63%

④ 10%, 90%

⑤ 15%, 90%

답 ③

┃ 정답해설 ┃

실망실업자(구직단념자)는 비경제활동인구에 포함되므로 그 수가 변화하여도 실업률에는 영향을 미치지 않는다.

실업율(%)＝$\dfrac{실업자}{경제활동인구}$＝$\dfrac{6만\ 명}{60만\ 명}$×100(%)＝10%이다.

취업자는 경제활동인구에서 실업자를 뺀 것으로 54만 명에서 9만 명이 증가하였으므로 63만 명이 되었고,

따라서 고용률(%)＝$\dfrac{취업자}{생산가능인구}$＝$\dfrac{63만\ 명}{100만\ 명}$×100(%)＝63%이다.

06 甲국은 경제활동인구가 1,000만 명으로 고정되어 있으며 실업률은 변하지 않는다. 매 기간 동안, 실업자 중 새로운 일자리를 얻는 사람의 수가 47만 명이고, 취업자 중 일자리를 잃는 사람의 비율(실직률)이 5%로 일정하다. 甲국의 실업률은? **[30회 기출]**

① 3% ② 4%

③ 4.7% ④ 5%

⑤ 6%

답 ⑤

▌정답해설▌

실업률이 변화하지 않는다는 것은 실업자 중 새로운 일자리를 얻는 사람의 수와 취업자 중 일자리를 잃는 사람의 수가 같다는 것이다. 매 기간 취업자(E) 중 5%가 잃는데 그 수가 47만 명이므로 $0.05E = 47$만 명이고, 취업자 수$= \dfrac{47만 명}{0.05} = 940$만 명이다.

따라서 실업자 수$=1,000$만 명-940만 명$=60$만 명이고, 이 나라의 실업률$= \dfrac{실업자 수}{경제활동인구} = \dfrac{60만 명}{1,000만 명} = 6\%$이다.

---

07 A국의 단기 필립스곡선은 $\pi = \pi^e - 0.4(u - u_n)$이다. 현재 실제인플레이션율이 기대인플레이션율과 동일하고 기대인플레이션율이 변하지 않을 경우, 실제인플레이션율을 2%p 낮추기 위해 추가로 감수해야 하는 실업률의 크기는? (단, u는 실제실업률, u_n는 자연실업률, π는 실제인플레이션율, π^e는 기대인플레이션율이고, 자연실업률은 6%이다.) **[27회 기출]**

① 5.0%p ② 5.2%p

③ 5.4%p ④ 5.6%p

⑤ 5.8%p

답 ①

▌정답해설▌

필립스곡선 식에서 실제 실업률이 1%p 상승하면 인플레이션율은 0.4%p 하락한다. 이 경우 실제 인플레이션율을 2%p 낮추려면 $\dfrac{2\%p}{0.4\%p} = 5$이므로 실업률이 5%p 상승해야 한다.

08 필립스(Phillips)곡선에 관한 설명으로 옳은 것은?　　　　　　　　　　　　　　**[28회 기출]**

① 필립스(A.W. Phillips)는 적응적 기대 가설을 이용하여 최초로 영국의 실업률과 인플레이션 간의 관계가 수직임을 그래프로 보였다.

② 1970년대 석유파동 때 미국의 단기 필립스곡선은 왼쪽으로 이동되었다.

③ 단기 총공급곡선이 가파를수록 단기 필립스곡선은 가파른 모양을 가진다.

④ 프리드먼(M. Friedman)과 펠프스(E. Phelps)에 따르면 실업률과 인플레이션 간에는 장기 상충(trade-off)관계가 존재한다.

⑤ 자연실업률가설은 장기 필립스곡선이 우상향함을 설명한다.

답 ③

┃정답해설┃

① 프리드먼(M. Friedman)과 펠프스(E. Phelps)는 적응적 기대 가설에 기초하여 최초로 실업률과 인플레이션 간의 장기적 관계가 자연실업률 수준에서 수직임을 그래프로 보였다.

② 1970년대 석유파동은 공급충격으로 물가상승과 경기침체가 함께 진행하는 스태그플레이션을 야기하였다. 이는 단기 필립스곡선의 우상방(또는 우측) 이동을 가져온다.

④, ⑤ 프리드먼(M. Friedman)과 펠프스(E. Phelps)의 자연실업률 이론에 따르면 장기에는 실업률과 인플레이션 간에는 아무런 관계가 존재하지 않는다.

---

09 사과와 오렌지만 생산하는 A국의 생산량과 가격이 다음과 같을 때 2014년 대비 2015년의 GDP 디플레이터로 계산한 물가상승률은 얼마인가? (단, 2014년을 기준연도로 한다.)　　　　　**[27회 기출]**

연도	사과		오렌지	
	수량	가격	수량	가격
2014	5	2	30	1
2015	10	3	20	1

① 20%　　　　　　　　　　　　　　② 25%

③ 35%　　　　　　　　　　　　　　④ 45%

⑤ 50%

답 ②

┃정답해설┃

2015년의 명목 $GDP = (3 \times 10) + (1 \times 20) = 50$이다. 2015년 실질 $GDP = (2 \times 10) + (1 \times 20) = 40$이다. 따라서 2015년의 GDP 디플레이터 $= \dfrac{50}{40} \times 100 = 125$이다. 기준연도인 2014년의 GDP 디플레이터는 100이므로 물가상승률은 25%이다.

10 효율성 임금(efficiency wage) 이론에 따르면 기업은 노동자에게 균형임금 보다 높은 수준의 임금을 지급한다. 옳은 것을 모두 고른 것은? **[28회 기출]**

> ㄱ. 노동자의 생산성을 높일 수 있다.
> ㄴ. 노동자의 근무태만이 늘어난다.
> ㄷ. 노동자의 이직률을 낮출 수 있다.

① ㄷ
② ㄱ, ㄴ
③ ㄱ, ㄷ
④ ㄴ, ㄷ
⑤ ㄱ, ㄴ, ㄷ

답 ③

┃ **정답해설** ┃

효율성 임금 이론은 균형임금보다 높은 실질임금이 노동자의 생산성 또는 근로의욕(work effort)을 높일 수 있다고 전제한다. 이를 설명할 수 있는 미시적 근거를 3가지 제할 수 있다.

첫째, 높은 실질임금은 이직률을 낮춘다는 노동이직 모형(labor turnover model)이다.

둘째, 높은 실질임금은 노동자의 근무태만이나 태업을 방지하여 생산성을 방지하여 생산성을 높일 수 있다는 태업방지 모형(shirking model)이다.

셋째, 노동의 생산성에 대한 정보가 비대칭적으로 존재할 때 효율성 임금이 노동의 평균적인 질을 질을 향상시킬 수 있다는 역선택 모형(adverse selection model)이다.

11 효율임금이론에 관한 설명으로 옳지 <u>않은</u> 것은? [31회 기출]

① 높은 임금을 지급할수록 노동자 생산성이 높아진다.

② 높은 임금은 이직률을 낮출 수 있다.

③ 높은 임금은 노동자의 도덕적 해이 가능성을 낮출 수 있다.

④ 효율임금은 시장균형임금보다 높다.

⑤ 기업이 임금을 낮출 경우 생산성이 낮은 노동자보다 높은 노동자가 기업에 남을 확률이 높다.

답 ⑤

┃정답해설┃

기업이 효율임금을 도입하면서 임금을 낮출 경우에는 생산성이 높은 노동자보다 낮은 노동자가 기업에 남을 확률이 높다.

12 인플레이션에 관한 설명으로 옳지 <u>않은</u> 것은? [28회 기출]

① 프리드만(M. Friedman)에 따르면 인플레이션은 언제나 화폐적 현상이다.

② 정부가 화폐공급을 통해 얻게 되는 추가적인 재정수입이 토빈세(Tobin tax)이다.

③ 비용상승 인플레이션은 총수요관리를 통한 단기 경기안정화정책을 어렵게 만든다.

④ 예상하지 못한 인플레이션은 채권자에서 채무자에게로 소득재분배를 야기한다.

⑤ 인플레이션이 예상되는 경우에도 메뉴비용(menu cost)이 발생할 수 있다.

답 ②

┃정답해설┃

정부가 화폐공급을 통해 얻게 되는 추가적인 재정수입은 인플레이션 조세(inflation tax)이다. 즉 정부지출을 보전하기 위해 화폐를 발행하여 인플레이션이 발생하면 국민이 보유하고 있는 화폐가치가 하락하는 것을 의미한다.

토빈세(Tobin tax)는 투기를 목적으로 하는 단기적인 외환거래에 부과하는 세금으로 토빈(J. Tobin)에 의해 주장되었다.

13 감정평가사 A의 2000년 연봉, 1,000만 원을 2018년 기준으로 환산한 금액은? (단, 2000년 물가지수는 40, 2018년 물가지수는 120이다.) **[30회 기출]**

① 1,000만 원

② 2,000만 원

③ 3,000만 원

④ 4,000만 원

⑤ 5,000만 원

답 ③

▎정답해설▎

2000년 물가지수는 40, 2018년 물가지수는 120이므로 2000년을 100으로 하면

2018년의 물가지수 $= \left(\dfrac{120}{40} \times 100 \right) = 300$이다. 따라서 2000년 연봉 1,000만 원은 2018년에는 3,000만 원이 된다.

14 물가지수에 관한 설명으로 옳은 것은? **[29회 기출]**

① GDP 디플레이터에는 국내산 최종 소비재만이 포함된다.

② GDP 디플레이터 작성 시 재화와 서비스의 가격에 적용되는 가중치가 매년 달라진다.

③ 소비자물가지수 산정에는 국내에서 생산되는 재화만 포함된다.

④ 소비자물가지수에는 국민이 구매한 모든 재화와 서비스가 포함된다.

⑤ 생산자물가지수에는 기업이 구매하는 품목 중 원자재를 제외한 품목이 포함된다.

답 ②

▎정답해설▎

① GDP 디플레이터에는 소비재 뿐만 아니라 국내에서 생산된 모든 최종생산물(재화와 서비스)이 반영된다.

③ 소비자물가지수(CPI) 산정에는 국내에서 생산되는 재화는 물론 수입품의 가격도 포함된다.

④ 소비자물가지수는 가구에서 일상생활을 영위하기 위해 구입하는 458개 상품과 서비스가 포함된다.

⑤ 생산자물가지수(PPI)에는 기업이 구매하는 원자재와 서비스를 포함한 891개 품목을 대상으로 한국은행이 산출한다.

15 소비자물가지수를 구성하는 소비지출 구성이 다음과 같다. 전년도에 비해 올해 식료품비가 10%, 교육비가 10%, 주거비가 5% 상승하였고 나머지 품목에는 변화가 없다면 소비자물가지수 상승률은?

[28회 기출]

식료품비 : 40%

교육비 : 20%

교통비 및 통신비 : 10%

주거비 : 20%

기타 : 10%

① 5%
② 7%
③ 9%
④ 10%
⑤ 12.5%

답 ②

▍정답해설▍

소비자물가지수 상승률=$(0.1\times0.4)+(0.1\times0.2)+(0.05\times0.2)=0.07$이다. 즉 7%가 상승한다.

16 인플레이션 조세(inflation tax)에 관한 설명으로 옳은 것은?

① 물가가 상승함에 따라 납세자들이 더 높은 세율등급을 적용받아 납부하는 소득세로 정의된다.

② 물가가 상승함에 따라 경제주체가 보유하고 있는 통화의 실질가치가 상승할 때 발생한다.

③ 세율이 인상됨에 따라 인플레이션율이 상승하는 것을 의미한다.

④ 정부가 정부채권을 시중금융기관으로부터 매입함으로써 발생한 이자율 하락으로 인한 금융자산의 가격하락을 의미한다.

⑤ 정부가 통화량을 증가시켜 재정자금을 조달할 때 발생한다.

답 ⑤

▍정답해설▍

정부가 통화량을 증가시켜 재정자금을 조달하면 인플레이션이 나타나 화폐의 구매력이 감소하여 화폐를 보유한 사람의 실질소득이 감소한다. 이는 정부가 세금을 부과한 것과 같은 결과를 가져온다고 해서 인플레이션 조세(inflation tax)라고 한다.

17 다음 중 옳은 것을 모두 고른 것은? (단, 피셔효과가 성립한다.) [27회 기출]

> ㄱ. 실질이자율은 명목이자율에서 인플레이션율을 뺀 것이다.
> ㄴ. 예상보다 높은 인플레이션율은 채무자에게 유리하고 채권자에게는 불리하다.
> ㄷ. 예상되는 미래인플레이션율의 상승은 예상되는 실질이자율을 상승시킨다.

① ㄱ

② ㄴ

③ ㄱ, ㄴ

④ ㄱ, ㄷ

⑤ ㄴ, ㄷ

답 ③

┃정답해설┃

ㄱ. 피셔방정식에 의하면 실질이자율은 명목이자율에서 인플레이션율을 뺀 것이다.

ㄴ. 예상보다 높은 인플레이션율은 화폐가치를 하락시키므로 채무자에게 유리하고 채권자에게는 불리하다.

ㄷ. 피셔방정식에 의하면 예상되는 미래인플레이션율의 상승은 예상되는 실질이자율을 하락시킨다.

18 오쿤의 법칙(Okun's Law)에 따라 실업률이 1% 포인트 증가하면 실질 GDP는 약 2% 포인트 감소한다고 가정하자. 만약, 중앙은행이 화폐공급 증가율을 낮추어 인플레이션율은 10%에서 8%로 하락하였으나 실업률은 4%에서 8%로 증가하였을 경우 희생비율(sacrifice ratio)은? (단, 희생비율=실질 GDP 감소율/인플레이션 하락률) [28회 기출]

① 약 2

② 약 4

③ 약 6

④ 약 8

⑤ 약 10

답 ②

┃정답해설┃

오쿤의 법칙(Okun's Law)에 따라 실업률이 1% 포인트 증가하면 실질 GDP는 약 2% 포인트 감소하므로 긴축적인 통화정책으로 실업률이 4%p 상승하는 경우 실질 GDP는 8%p 감소한다. 인플레이션이 2%p 하락하고 실질 GDP가 8%p 하락하는 경우 희생비율은 $\dfrac{8\%\text{p}}{2\%\text{p}}=4$가 된다.

19 甲국 통화당국의 손실함수와 필립스곡선이 다음과 같다. 인플레이션율에 대한 민간의 기대가 형성되었다. 이후, 통화당국이 손실을 최소화하기 위한 목표 인플레이션율은? (단, π, π^e, u, u_n은 각각 인플레이션율, 민간의 기대인플레이션율, 실업률, 자연실업률이고, 단위는 %이다.) **[29회 기출]**

> 통화당국의 손실함수 : $L(\pi, u) = u + \dfrac{1}{2}\pi^2$
>
> 필립스곡선 : $\pi = \pi^e - \dfrac{1}{2}(u - u_n)$

① 0%   ② 1%

③ 2%   ④ 3%

⑤ 4%

답 ③

┃ 정답해설 ┃

통화당국의 손실함수 $L(\pi, u) = u + \dfrac{1}{2}\pi^2$에 따르면 u와 π가 낮아질수록 통화당국의 손실은 감소하지만

u와 π 간의 역관계로 인해 u와 π를 모두 낮추는 것은 불가능하다. 이 경우 통화당국이 손실을 최소화하기 위한 목표 인플레이션율을 구하려면 필립스 곡선 식을 u에 관해 정리한 후 통화당국의 손실함수에 대입하여 손실함수를 인플레이션의 함수로 나타낸 후, 이 손실함수를 π에 관하여 미분한 값을 0으로 하면 된다.

필립스곡선 $\pi = \pi^e - \dfrac{1}{2}(u - u_n)$를 u에 대해 정리하면 $u = u_n + 2(\pi^e - \pi)$이다.

이를 손실함수에 대입하면 $L(\pi, u) = u_n + 2(\pi^e - \pi) + \dfrac{1}{2}\pi^2$가 된다. 이를 π에 관하여 미분하고 0으로 하면

$\dfrac{dL}{d\pi} = -2 + \pi = 0$이 된다. $\pi = 2$, 즉 통화당국이 손실을 최소화하기 위한 목표 인플레이션율은 2%이다.

20 A국의 연간 실질 GDP 변화율과 실업률의 변화가 다음과 같은 관계에 있다. 이에 관한 설명으로 옳은 것은? **[23회 기출]**

> 실질 GDP 변화율(%) = 3% − 2 × 실업률(%)의 변화

① 자연실업률은 3%이다.

② 실업률이 5%에서 6%로 상승하면 실질 GDP는 2% 감소한다.

③ 실질 GDP가 1% 하락하면 실업률은 5%에서 5.5%로 상승한다.

④ 물가가 상승하면 단기적으로 실질 GDP가 감소한다.

⑤ 실업률이 변화하지 않을 경우 실질 GDP는 3% 증가한다.

▌정답해설▌

① 이 식에서 자연산출량의 변화율은 3%이지만 자연실업률은 알 수 없다.

② 실업률이 5%에서 6%로 1%p 상승하면 실질 GDP는 1% 감소한다.

③ 실질 GDP가 1% 하락하면 실업률은 2%p 상승한다. $-1\%=3\%-2\times$실업률(%)의 변화에서 실업률의 변화는 2%p 이다.

21 다음 그림은 A국의 인플레이션율과 실업률 사이의 단기적 상충관계를 나타내는 필립스곡선이다. 이 관계에 근거하여 단기적으로 실업률을 낮추기 위한 정부의 정책 방향으로 옳은 것은? (단, 세로축은 인플레이션율, 가로축은 실업률이고, 단위는 %이다.)

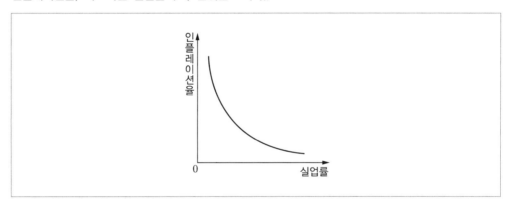

① 정부지출을 감소시킨다.

② 소득세를 인하한다.

③ 통화량을 감소시킨다.

④ 기준금리를 인상한다.

⑤ 법인세를 인상한다.

탑 ②

▌정답해설▌

단기적으로 실업률을 낮추기 위해서는 총수요를 증가시키는 확장 통화정책과 확장 재정정책을 실시해야 한다.

22 수요견인(demand pull) 인플레이션이 발생되는 경우에 해당하는 것은?

① 수입 자본재 가격의 상승

② 임금의 삭감

③ 정부지출의 증가

④ 환경오염의 증가

⑤ 국제 원자재 가격의 상승

답 ③

▌정답해설▐

③ 정부지출의 증가, 통화량의 증가는 총수요를 증가시켜 국민소득은 증가하지만 물가 상승, 즉 수요견인 인플레이션을 야기한다.

①, ④, ⑤는 비용상승 인플레이션의 원인이 된다.

23 우리나라에서 산정되는 물가지수에 관한 설명으로 옳은 것은? **[23회 기출]**

① 소비자물가지수 산정에 포함되는 재화와 서비스는 매년 달라진다.

② GDP 디플레이터 산정에는 파셰 지수(Paasche Index) 산식을 사용하다.

③ 소비자물가지수 산정에는 국내에서 생산되는 재화와 서비스만 포함된다.

④ 생산자물가지수 산정에 포함되는 재화와 서비스는 해마다 달라진다.

⑤ GDP 디플레이터 산정에 포함되는 재화와 용역은 5년마다 달라진다.

답 ②

▌정답해설▐

② 파셰지수(Paasche Index)는 비교시점의 상품거래량을 가중치로 이용하는 물가지수 측정방식으로 GDP 디플레이터 산정에 사용된다. 소비자 물가지수(CPI)와 생산자 물가지수(PPI) 산정에는 라스파이레스 지수(Laspeyres index)가 사용된다.

①, ④ 소비자 물가지수나 생산자 물가지수 산정에 포함되는 재화와 서비스는 5년 마다 가중치를 조정하면서 품목을 조정한다.

③ 소비자 물가지수 산정에는 수입품도 포함된다.

⑤ GDP 디플레이터 산정에 포함되는 재화와 서비스는 매년 달라진다.

24 마찰적 실업의 원인을 모두 고른 것은?

> ㄱ. 노동자들이 자신에게 가장 잘 맞는 직장을 찾는데 시간이 걸리기 때문이다.
> ㄴ. 기업이 생산성을 재고하기 위해 시장균형임금보다 높은 수준의 임금을 지불하는 경향이 있기 때문이다.
> ㄷ. 노동조합의 존재로 인해 조합원의 임금이 생산성보다 높게 설정되기 때문이다.

① ㄱ
② ㄴ
③ ㄷ
④ ㄱ, ㄴ
⑤ ㄴ, ㄷ

답 ①

┃정답해설┃

ㄱ. 마찰적 실업은 주로 직업 탐색과정에서 정보의 불일치로 시간이 걸리기 때문에 발생한다.

ㄴ, ㄷ. 기업이 효율임금정책을 실시하거나 노동조합의 저항으로 임금이 시장임금 보다 높아져 발생하는 실업은 구조적 실업이다.

25 A국의 단기 필립스 곡선이 아래와 같을 때 이에 관한 설명으로 옳지 <u>않은</u> 것은? (단, π, π^e, u, u_n은 각각 인플레이션율, 기대 인플레이션율, 실업률, 자연 실업률이다.) **[33회 기출]**

$$\pi - \pi^e = -0.5(u - u_n)$$

① 총공급 곡선이 수직선인 경우에 나타날 수 있는 관계이다.
② 총수요 충격이 발생하는 경우에 나타날 수 있는 관계이다.
③ 인플레이션율과 실업률 사이에 단기적으로 상충관계가 있음을 나타낸다.
④ 고용이 완전고용수준보다 높은 경우에 인플레이션율은 기대 인플레이션율보다 높다.
⑤ 인플레이션율을 1%p 낮추려면 실업률은 2%p 증가되어야 한다.

답 ①

┃정답해설┃

필립스 곡선이 수직이 되는 경우는 $\pi = \pi^e - \beta(u - u_n)$에서 $\pi = \pi^e$인 경우, 또는 $u = u_n$인 경우이다. 이 경우 총공급 곡선은 수직이 된다.

26 필립스곡선에 관한 설명으로 옳은 것만을 모두 고른 것은? **[22회 기출]**

> ㄱ. 합리적 기대이론에 따르면 기대 인플레이션율이 0%인 경우에만 단기 필립스곡선은 수직이 된다.
> ㄴ. 자연실업률가설에 따르면 통화정책에 의해서 장기적으로 자연실업률을 변화시킬 수 있다.
> ㄷ. 적응적 기대가설 하에서 정부의 재량적 안정화정책은 단기적으로 실업률을 낮출 수 있다.
> ㄹ. 자연실업률가설에 따르면 장기 필립스곡선은 수직이다.

① ㄱ, ㄴ   ② ㄴ, ㄷ
③ ㄴ, ㄹ   ④ ㄱ, ㄹ
⑤ ㄷ, ㄹ

답 ⑤

▌**정답해설**▐

ㄱ. 합리적 기대에 기대에 기초하여 물가예상이 완전예견, 즉 $\pi = \pi^e - \beta(u - u_N)$ 에서 $\pi = \pi^e$ 라면 필립스곡선은 단기에도 수직선이 된다.
ㄴ. 자연실업률가설에 따르면 통화정책에 의해서는 장기적으로 자연실업률을 변화시킬 수 없다.
ㄷ, ㄹ. 자연실업률가설의 전제가 되는 적응적 기대가설 하에서 정부의 재량적 안정화정책은 단기적으로 실업률을 낮출 수 있다. 그러나 장기에는 다시 실업률이 높아져 장기 필립스곡선은 수직이 된다.

---

27 자연실업률에 관한 설명으로 옳은 것을 모두 고른 것은? **[21회 기출]**

> ㄱ. 자연실업은 구조적 실업과 경기적 실업의 합계를 말한다.
> ㄴ. 자연실업률은 실제 실업률이 상승·하락하는 기준이 되는 정상적인 실업률이다.
> ㄷ. 마찰적 실업의 증가는 자연실업률을 증가시킨다.

① ㄱ   ② ㄴ
③ ㄷ   ④ ㄱ, ㄴ
⑤ ㄴ, ㄷ

답 ⑤

▌**정답해설**▐

ㄱ. 자연실업은 마찰적 실업과 구조적 실업의 합계를 말하는 것으로 자연실업만 존재하는 경우 완전고용으로 판단한다. 자연실업만 존재하는 경우의 산출량은 자연산출량으로 잠재 GDP와 같은 개념이다.

28 적응적 기대가설에 기초한 필립스곡선에 관한 설명으로 옳지 <u>않은</u> 것은?　　　**[21회 기출]**

① 정부지출이 증가하면 단기적으로 경제의 균형은 필립스곡선을 따라 실업률이 더 낮고 인플레이션율이 더 높은 점으로 옮겨간다.

② 통화량이 증가하면 장기적으로 경제의 균형은 필립스곡선을 따라 실업률은 변하지 않고 인플레이션율만 더 높은 점으로 옮겨간다.

③ 유가상승과 같은 공급충격은 단기적으로 필립스곡선을 왼쪽으로 이동시켜 경제의 균형은 실업률과 인플레이션율이 모두 낮은 점으로 옮겨간다.

④ 예상인플레이션율이 더 높을수록 단기 필립스곡선은 더 높은 곳에 위치한다.

⑤ 프리드만(M. Friedman)에 의하면 장기적으로는 실업률과 인플레이션율 사이에 상충관계가 성립하지 않는다.

답 ③

▌**정답해설**▌

유가상승과 같은 공급충격은 단기적으로 필립스곡선을 오른쪽으로(우상방으로) 이동시켜 경제의 균형은 실업률과 인플레이션율이 모두 높은 점으로 옮겨간다. 이때 나타나는 현상이 스태그플레이션(stagflation)이다.

---

29 인플레이션에 관한 설명으로 옳은 것은? (단, 다른 조건은 일정하다.)　　　**[21회 기출]**

① 예상인플레이션율이 증가하면 실질이자율이 상승한다.

② 합리적 기대가설에 의하면 예상인플레이션율이 증가할 경우 인플레이션이 심화된다.

③ 예상치 못한 인플레이션이 발생하면 자연실업률이 하락한다.

④ 인플레이션율이 예상보다 높으면 고정된 연금으로 생활하는 사람들에게 유리해진다.

⑤ 인플레이션을 완전히 예상할 수 있다면 메뉴 비용이 발생하지 않는다.

답 ②

▌**정답해설**▌

② 합리적 기대가설에 의하면 예상인플레이션율이 증가할 경우 노동자들은 더 높은 명목임금을 요구할 것이고, 이는 AS곡선을 왼쪽으로 이동시켜 인플레이션이 심화된다.

① 실질이자율＝명목이자율－예상인플레이션율이므로 예상인플레이션율이 증가하면 실질이자율이 하락한다.

③ 자연실업률은 예상치 못한 인플레이션이 발생하더라도 변화하지 않는다.

④ 인플레이션율이 예상보다 높으면 화폐의 구매력이 하락하여 고정된 연금으로 생활하는 사람들에게 불리해진다.

⑤ 인플레이션이 예상되면 가격을 변화시켜야 하므로 메뉴 비용이 발생한다.

30 실업과 인플레이션에 대한 다음의 설명 중 바르지 못한 것은?

① 자연실업률은 현재 진행되고 있는 인플레이션을 가속화시키지 않고 달성할 수 있는 실업률이다.

② 미래 인플레이션에 대한 합리적 기대 하에서 예상하지 못한 확장적 재정정책은 단기적으로 실업과 인플레이션 간 상충관계를 가져온다.

③ 인플레이션과 실업률이 동시에 상승하는 현상은 필립스 곡선의 우상방 이동으로 설명될 수 있다.

④ 프리드먼-펠프스의 자연실업률 이론에 의하면 자연실업률 아래로 실업을 줄이고자 하는 어떠한 정책도 장기와 단기를 막론하고 효과가 없다.

⑤ 이력현상(hysteresis)이 나타나면 인플레이션과 실업률 간에 음(−)의 상관관계가 명확하게 존재하지 않을 수 있다.

답 ④

┃ 정답해설 ┃

자연실업률 이론에 따르면 자연실업률 아래로 실업을 줄이고자 하는 정책은 장기에는 효과가 없지만 단기적으로는 효과가 있다.

31 필립스곡선에 관한 설명으로 옳지 않은 것은?　　　　　　　　　**[34회 기출]**

① 필립스(A. W. Phillips)는 임금상승률과 실업률간 음(−)의 경험적 관계를 발견했다.

② 우상향하는 단기 총공급곡선과 오쿤의 법칙(Okun's Law)을 결합하면 필립스곡선의 이론적 근거를 찾을 수 있다.

③ 적응적 기대를 가정하면 장기에서도 필립스곡선은 우하향한다.

④ 단기 총공급곡선이 가파른 기울기를 가질수록 필립스곡선은 가파른 기울기를 가진다.

⑤ 새고전학파(New Classical)는 합리적 기대를 가정할 경우 국민소득의 감소 없이 인플레이션을 낮출 수 있다고 주장한다.

답 ③

┃ 정답해설 ┃

③ 적응적 기대하에서 장기에는 사람들이 인플레이션율을 정확히 예상하므로 인플레이션율 수준에 상관없이 실제실업률이 자연실업률과 일치하게 되고 장기 필립스곡선은 자연실업률 수준에서의 수직선이 된다.

① 필립스곡선은 경제학자 필립스가 영국의 자료를 통해 명목임금상승률과 실업률 간에 역의 상관관계가 있음을 발견함으로써 시작된 것으로 현재는 인플레이션율과 실업률 간의 역의 상관관계를 나타내는 곡선을 말한다.

④ 단기 총공급곡선이 가파른 기울기를 가질 때에는 총수요가 증가하면 물가가 큰 폭으로 상승하는데 비해 국민소득은 별로 증가하지 않으므로 실업률이 별로 낮아지지 않는다. 그러므로 필립스곡선의 기울기도 가파른 모양이 된다.

⑤ 합리적 기대하에서 민간이 정부정책을 신뢰하는 경우, 정부가 인플레이션을 낮추겠다는 정책을 사전에 발표하고 경제주체들이 이를 신뢰한다면 기대인플레이션율이 즉각 조정되고 단기 필립스 곡선이 하방 이동하므로 실업률을 증가시키지 않고도 인플레이션율을 낮출 수 있게된다.

32 경제활동인구가 6,000만 명으로 불변인 A국에서 매기 취업자 중 직업을 잃는 비율인 실직률이 0.05이고, 매기 실업자 중 새로이 직업을 얻는 비율인 구직률이 0.2이다. 균제상태(steady-state)에서의 실업자의 수는? **[33회 기출]**

① 500만 명
② 800만 명
③ 900만 명
④ 1,000만 명
⑤ 1,200만 명

답 ⑤

┃ 정답해설 ┃

균제상태(steady-state)에서는 자본량과 산출량은 인구증가율(n)로 증가한다. 따라서 실업률은 불변이다. 실업률이 변화하지 않는다는 것은 실업자 중 새로운 일자리를 얻는 사람의 수와 취업자 중 일자리를 잃는 사람의 수가 같다는 것이다. 경제활동인구＝취업자 수＋실업자 수이다.
매 기간 취업자 수를 E라고 하면 매 기간 실업자 수＝(6,000만－E)이다. 따라서 0.05E＝0.2(6,000만－E)이다.
매 기간 취업자 수(E)＝4,800만 명이다.
따라서 실업자 수＝6,000만명－4,800만 명＝1,200만 명이다.

33 다음 (　　) 안의 내용으로 알맞은 것은? **[25회 기출]**

> 원유수입가격 상승시 원유수입국의 소비자물가지수는 (ㄱ)하고, 생산자물가지수는 (ㄴ)하며, GDP 디플레이터는 (ㄷ)한다.

	ㄱ	ㄴ	ㄷ
①	불변	불변	상승
②	상승	상승	불변
③	상승	불변	상승
④	불변	상승	상승
⑤	상승	상승	상승

답 ⑤

┃ 정답해설 ┃

소비자물가지수(CPI)에는 수입품의 가격이 포함되므로 원유 수입가격이 상승하면 소비자물가지수는 상승한다. 원유 수입가격이 상승하면 기업의 생산비가 상승하므로 생산자물가지수(PPI)는 상승한다. 또한 전반적인 물가수준이 상승하므로 GDP 디플레이터(deflator)도 상승한다.

34 단기 필립스곡선은 $\pi_t = \pi^e - 0.5(u_t - u^n)$ 이다. 중앙은행이 실업률을 u^n 수준으로 달성하기 위한 방법으로 옳은 것은? (단, π_t는 t기의 물가상승률, π^e는 예상 물가상승률, u_t는 t기의 실업률, u^n은 자연실업률이다.) **[25회 기출]**

① 통화량 증가율을 높이다가 예고 없이 갑자기 낮춘다.
② 통화량 증가율을 낮추다가 예고 없이 갑자기 높인다.
③ 통화량 증가율을 일정하게 유지한다고 공표를 한 다음 그대로 지킨다.
④ 통화량 증가율을 일정하게 유지한다고 공표를 한 다음 더 높은 수준으로 바꾼다.
⑤ 통화량 증가율을 일정하게 유지한다고 공표를 한 다음 더 낮은 수준으로 바꾼다.

답 ③

┃ 정답해설 ┃

$\pi_t = \pi^e$ 가 성립하면 실제실업률과 자연실업률이 일치한다. 따라서 실업률을 자연실업률 u^n 수준으로 달성하기 위해서는 경제주체들이 인플레이션을 정확하게 예상하도록 해주어야 한다. 중앙은행이 통화량 증가율을 일정하게 유지한다고 공표를 한 다음 그대로 지키면 경제주체들이 인플레이션을 정확하게 예상할 것이고, 실제실업률은 자연실업률 수준으로 달성될 것이다.

35 일부 사람들이 실업급여를 계속 받기 위해 채용될 가능성이 매우 낮은 곳에서만 일자리를 탐색하며 실업 상태를 유지하고 있다. 다음 중 이러한 사람들이 실업자가 아니라 일할 의사가 없다는 이유로 비경제활동인구로 분류될 때 나타나는 현상으로 옳은 것은? **[25회 기출]**

① 실업률과 경제활동참가율 모두 높아진다.
② 실업률과 경제활동참가율 모두 낮아진다.
③ 실업률은 낮아지는 반면, 경제활동참가율은 높아진다.
④ 실업률은 높아지는 반면, 경제활동참가율은 낮아진다.
⑤ 실업률은 낮아지는 반면, 경제활동참가율은 변하지 않는다.

답 ②

┃ 정답해설 ┃

채용될 가능성이 매우 낮은 곳에서만 일자리를 탐색하며 실업 상태를 유지하고 있는 사람들이 실업자가 아니라 비경제활동인구로 분류되면 실업자수가 감소하고, 따라서 경제활동인구 수가 감소하므로 실업률(=실업자 수/경제활동인구 수)과 경제활동참가율(=경제활동인구 수/15세 이상 노동가능인구 수) 모두 낮아진다.

CHAPTER 08 경기변동과 안정화정책

출제포인트

□ 실물적 경기변동이론
□ 합리적 기대와 정책무력성의 명제
□ 안정화정책의 효과(재정정책, 통화정책)

□ 재량과 준칙
□ 경기종합지수

제1절 경기변동

1. 경기변동의 의의

(1) 경기변동의 뜻

자본주의 경제의 경제활동은 어느 정도의 규칙성을 띠고 호황과 불황이 반복되는데 이러한 현상을 경기순환(business cycle), 경기변동 또는 경제변동(economic fluctuation)이라고 한다.

(2) 경기변동의 국면

① 경기변동 이론의 대표적인 학자인 미첼(W.C. Mitchell)은 경기변동(business cycle)을 경제활동 변화의 일종으로 보고, 하나의 순환과정은 네 국면을 거친다고 주장하였다.

② 거의 동시에 모든 경제활동이 확대되는 확장국면(expansion), 정점(peak)을 지나 경제활동이 활기를 상실하는 후퇴국면(recession), 경제가 침체상태로 진입하는 수축국면(contraction), 저점(trough)을 지나 경제활동이 활기를 회복하는 회복국면(recovery) 등으로 구분하였다.

(3) 경기변동의 특징

① 경기변동은 불규칙적이고 예측하기가 어렵다.

② 경기변동은 반복적이지만 비주기적이다. 즉 경기변동의 주기와 진폭은 경기변동마다 다르다.

③ 경기변동은 지속적이고 비대칭적이다. 경기가 후퇴하면 상당기간동안 경기는 더 나빠진다. 그리고 확장국면이 수축국면보다 길게 나타난다.

④ 대부분의 거시경제변수들은 함께 움직인다. 많은 거시경제변수들이 경기변동 과정에서 예측가능한 방향으로 같이 움직이는 현상을 공행(comovement)이라고 한다.

(4) 경기변동의 측정지표 `기출` 33회 · 26회

어떤 경제가 경기변동의 4국면 중 어디에 위치하는가를 판단하기 위해 경기종합지수(composite indexes of business indicators)를 작성한다. 우리 나라의 경기종합지수는 21개 계열의 경기지표를 이용하는데 크게 세 가지가 있다(2021년 19개 지표에서 21개 계열로 개편).

① 동행종합지수(coincident composite index)는 경기전체의 움직임과 시간적으로 함께 움직이는 것으로 공급측면의 광공업생산지수, 도소매업을 제외한 서비스업생산지수, 실질가격 기준 수입액, 비농림어업 취업자수 등과 수요측면의 소매판매액지수, 내수출하지수, 건설기성액 등 7개 지표로 구성된다.

② 선행종합지수(leading composite index)는 실제경기의 움직임에 선행하는 것으로 경기예측에 주로 이용한다. 선행종합지수는 제조업 재고순환지표, 기계류내수출하지수, 국제원자재가격지수, 수출입물가비율, 코스피지수, 장단기금리차, 구인구직비율, 건설수주액, 소비자기대지수 등 9개 지표로 구성된다.

③ 후행종합지수(lagging composite index)는 실제경기의 움직임에 뒤이어 따라가는 지수이다. 상용근로자수, 생산자제품재고지수, 도시가계소비지출(실질), 비재수입액(실질), 회사채유통수익률 등 5개 지표로 구성된다.

2. 경기변동의 유형

(1) 단기순환

① 단기순환은 키친순환(Kitchin cycle)이라고도 하고 주기가 가장 짧기 때문에 소순환(minor cycle) 또는 재고순환이라고 한다.

② 단기순환은 기업의 재고투자의 변동, 통화공급이나 이자율의 변동에서 원인을 찾는다. 주기는 30~40개월 정도이다. 재고순환 과정은 가속도원리와 유사하다.

(2) 중기순환

① 중기순환은 8~10년을 주기로 하는 경기변동으로 주글라순환(Juglar cycle) 또는 주순환(major cycle)이라고 한다.

② 주로 기업의 설비투자의 변동으로 발생하는데 자본주의 경제가 성립된 후 가장 빈번하고 뚜렷하게 관찰되는 경기변동이다.

(3) 건축순환

18~20년을 주기로 하는 경기변동으로 쿠즈네츠순환(Kuznets cycle)이라고 한다. 건축투자의 변동으로 발생하는 경기변동이다.

(4) 장기파동

① 장기파동은 콘드라티에프파동(Kondratiev's wave)이라고 하는데 자본주의 경제가 시작된 후 약 50년을 주기로 하는 파동이다.

② 콘드라티에프(Kondratiev)는 전쟁, 혁명 등 주요 사회변동을 원인으로 제시하고 있고, 슘페터(J.A. Schumpeter)는 대발명이나 발견 등 기술혁신과 새로운 자원의 개발을 원인으로 제시하고 있다.

(5) 3가지 순환의 도식

미첼(W. Mitchell)에 따르면 3가지 순환은 동시적으로 진행된다고 한다. 즉 장파의 하강과정에서 중파의 상승은 짧아지고 중파의 하강은 길어지며, 장파의 상승과정에서 중파의 상승은 길어지고 중파의 하강은 짧아진다고 본다.

3. 새고전학파의 경기변동이론 : 균형경기변동이론 `기출` 31회 · 27회

(1) 의의

① 새고전학파는 기존의 이론과는 달리 경기변동 현상을 각 경제주체들이 합리적 기대 하에서 최적화 행동을 추구하는 과정에서 발생한다고 주장한다.

② 새고전학파는 고전학파에 기초하여 모든 시장이 항상 균형상태에 있다는, 즉 완전히 신축적인 물가와 임금을 가정하면서도 외부의 충격이 산출량과 고용의 순환적 변동을 야기시킨다는 것이다.

③ 이 경우 경제에 충격을 주는 요인이 화폐적 요인이면 화폐적 균형경기변동이론, 경제에 충격을 주는 요인이 실물적 요인이면 실물적 경기변동이론이라고 한다.

(2) 화폐적 균형경기변동이론

① 이는 루카스(R. Lucas)에 의해 주장된 것이다. 루카스는 명목통화량의 불규칙적 교란(random monetary shock)과 이에 따른 경제주체의 상대가격 구조에 대한 잘못된 인식이 경기변동의 원인이라는 것이다.

② 이론의 핵심은 루카스 공급함수 $Y = Y_N + \alpha(P - P^e)$로 설명되는데 루카스에 의해 제시된 이 인식오류 모형을 불완전 정보이론이라고도 한다.

(3) 실물적 균형경기변동이론 `기출` 35회 · 33회 · 31회 · 28회 · 27회

① 1980년대 들어 쉬들란(F. Kydland), 프레스콧(E.C. Prescott) 등 새고전학파 경제학자들은 기술혁신, 경영혁신, 석유파동, 노사분규, 기후 등과 같은 생산물의 총공급(AS)곡선에 영향을 미치는 요인들이 경기변동의 주요 원인이라는 이론을 전개하였다. 이 이론을 실물적 균형경기변동이론이라고 한다.

② 실물적 균형경기변동이론은 기본적으로 고전학파의 수직의 AS곡선을 받아들인다. 따라서 총수요 측면은 경기변동을 일으키는 주요 원인이 아니라고 본다.

③ 실물적 경기순환이론을 실질 경기순환이론(real business cycle theory)라고도 하는데 고전학파의 가정 하에서 이론을 전개한다. 즉 고전학파의 수직의 AS곡선을 받아들이는데 이는 단기적으로도 가격은 완전 신축적이라는 가정, 따라서 고전학파의 이분법을 전제로 한다는 것이다.

4. 새케인즈학파의 경기변동이론 `기출` 35회 · 33회 · 28회

(1) 케인즈학파의 경기변동이론

케인즈학파는 명목임금과 물가는 경직적인 경향이 있으며 따라서 AS곡선은 수직이 아니라는 가정에 기초하여 경기변동은 기본적으로 총수요의 변화에 의하여 야기된다는 입장을 보이고 있다. 그리고 정부가 개입하여 이러한 경기변동의 진폭을 줄이는 것이 바람직하다는 입장이다.

(2) 새케인즈학파의 경기변동이론

① 기본적인 케인즈학파의 경기변동 모형은 명목임금과 물가의 변동이 단순히 가정된 것이고 미시경제학적 기초를 갖지 못하고 있다는 사실 때문에 많은 비판을 받았다.

② 새케인즈학파(new Keynesian school)는 새고전학파가 제시하는 합리적 기대와 최적화 행동원리를 받아들이고 있으나 명목임금과 물가의 경직성이 경제주체들의 합리적인 최적화 행동의 결과라는 것을 보임으로써, 시장이 즉각적으로 청산된다는 사실을 받아들이지 않고 있다.

③ 경직성을 유발하는 요인으로 새케인즈학파는 여러 가지의 시장불완전성 요소들을 제시하고 있다. 예컨대 고용의 장기계약, 노동조합의 임금결정, 암묵적 계약, 효율 임금, 메뉴비용 등을 제시하고 있다.

제2절　안정화 정책

1. 안정화 정책의 의의와 효과

(1) 안정화 정책의 의의

① 경기가 지나친 호황을 보이면 인플레이션의 가능성이 높아지고, 지나친 불황을 보이고 실업의 가능성이 높아진다. 따라서 경기변동의 진폭이 너무 큰 것은 바람직하지 않다.

② 안정화 정책(stabilization policy)은 경기변동의 진폭을 줄여 경제가 안정적 성장을 이루도록 하려는 정책이다. 앞에서 본 재정정책과 통화정책은 총수요에만 영향을 미치기 때문에 총수요 관리정책이라고도 하는데, 안정화 정책은 이를 포함하는 보다 포괄적인 개념이다.

(2) 단기와 장기

① 미시경제 분석에서와는 달리 거시경제 분석에서는 단기에는 물가와 임금이 경직적(또는 비신축적)이고 장기에는 물가와 임금이 신축적이라고 봄으로써 단기와 장기를 구분한다.

② 즉 고전학파의 이분법과 화폐의 중립성이 단기에는 성립하지 않지만 장기에는 성립한다고 본다.

③ 또한 단기에는 필립스 곡선이 우하향하고 AS곡선이 우상향하지만, 장기에는 필립스 곡선과 AS곡선이 모두 수직이다.

(3) 안정화 정책의 효과 : 단기와 장기

① 케인즈 모형이나 기대물가가 고정된 루카스 공급함수는 단기모형이고 고전학파 모형은 장기모형이다. 따라서 안정화 정책은 단기에는 생산과 고용을 변화시키지만 장기에는 물가만 변화시킨다.

② 경기가 침체되어 있을 때 확장적인 재정정책과 통화정책이 단기적으로는 생산과 고용을 증가시킨다는 것은 고전학파도 인정한다. 그리고 안정화 정책이 장기에는 생산과 고용에 별다른 영향을 주지 못하고 물가에만 영향을 미친다는 것은 케인즈학파도 인정한다.

2. 안정화 정책의 효과 : 재정정책과 통화정책

(1) 재정정책과 통화정책

① 통화주의자의 주장처럼 투자의 이자율 탄력성이 탄력적이어서 IS곡선이 완만하거나 화폐수요의 이자율 탄력성이 비탄력적이어서 LM곡선이 가파른 경우에는, 구축효과(crowding out effect)가 크기 때문에 재정정책은 별 효과가 없고 통화정책은 큰 효과를 거둘 수 있다.

② 그러나 케인즈학파의 주장처럼 투자의 이자율 탄력성이 비탄력적이거나 화폐수요의 이자율 탄력성이 탄력적인 경우에는 통화정책은 효과가 적고 재정정책의 효과가 크다.

(2) 안정화 정책의 효과

① 경기가 침체되어 있는 경우에 케인즈 학파는 화폐수요의 이자율 탄력성이 크고 투자의 이자율 탄력성이 작기 때문에 확장적인 재정정책이 효과가 크다고 주장한다.

② 반면 프리드먼(M. Friedman) 등 통화주의자는 확장적인 통화정책이 효과가 크다고 주장한다.

③ 두 학파의 주장 큰 차이를 보이는 것은 투자와 화폐수요의 이자율 탄력성과 안정화 정책의 전달장치에 대한 입장이 다르기 때문이다.

3. 안정화 정책의 효과 : 재량과 준칙

(1) 재량과 준칙

① 재량정책(discretionary policy)은 경기상황에 따라 정부가 의도적으로 개입하여 재정정책과 통화정책을 통해 총수요를 조절하는 정책이다.

② 반면 준칙정책(rules policy)은 경제운영에서 정부의 권한을 제한하고 일정한 준칙(rule)을 도입하는 것이다.

(2) 안정화 정책의 효과

① 재정정책에서도 케인즈학파의 재량적 재정정책에 대한 자동안정화 장치(build-in stabilizer)에서 보는 것처럼 준칙에 대한 여러 주장들이 있지만, 재량과 준칙에 대한 논의는 주로 통화정책을 중심으로 전개되고 있다.

② 통화정책을 일정한 준칙에 따라 집행해야 한다는 통화준칙으로 가장 대표적인 것은 프리드먼의 $k\%$ 통화준칙($k\%$ monetary rule)이다. 경제성장률과 연계하여 통화량을 일정한 율($k\%$)로 증가시키는 것이 경제 안정을 위해 바람직하다는 것이다. 그러나 이러한 주장은 화폐의 유통속도가 안정적이지 않으면 설득력이 없어진다.

4. 합리적 기대와 안정화 정책

(1) 합리적 기대의 뜻

① 합리적 기대(rational expectations)란 경제주체들이 물가를 비롯한 미래의 경제변수를 예측할 때, 그 변수에 영향을 미치는 과거, 현재 및 미래의 이용가능한 모든 정보를 이용하여 합리적으로 예측한다는 것이다.

② 합리적 기대는 루카스(Robert Lucas), 사전트(T. Sargent) 등의 새고전학파에 의해 도입되었는데 새케인즈학파도 이를 수용한다.

(2) 새고전학파 : 안정화 정책의 무력성 기출 31회

① 새고전학파는 경제주체들이 합리적 기대를 가지면 변동하는 물가를 평균적으로 정확하게 예상할 수 있다.

② 루카스 공급함수 $Y = Y_N + \alpha(P - P^e)$ 에서 물가예상이 정확하여 평균적으로 $P = P^e$ 이면 안정화 정책에 관계없이 단기에 총공급은 평균적으로 $Y = Y_N$ 이 되어 안정화 정책은 무력하고 따라서 불필요해진다. 이를 정책무력성의 명제(policy ineffectiveness preposition)라고 한다.

③ 그러나 경제주체가 예상하지 못한 깜짝정책(surprise policy)으로 실제물가와 기대물가 사이에 괴리가 발생하면 정부의 안정화 정책은 효과를 볼 수 있다고 주장한다.

(3) 새케인즈학파 : 안정화 정책의 옹호

① 새케인즈학파는 물가와 임금 등 가격변수들이 단기에 완전신축적으로 변하지 않는 이유를 연구하여 안정화 정책이 유효하고 필요하다고 주장한다.

② 물가의 비신축성(경직성)과 관련해서는 테일러(J.B. Taylor)와 피셔(S. Fisher)의 엇갈리는 가격설정(staggered price setting) 모형과 맨큐(N.G. Mankiw)의 메뉴비용(menu cost) 모형이 있다.

ㄱ 엇갈리는 가격설정 모형은 현실적으로 독과점 기업들이 가격을 동시에 조정하지 않기 때문에 단기에 체계적인 안정화 정책은 효과가 있다는 것이다.

ㄴ 그리고 메뉴비용 모형은 가격을 변화시키는데 따르는 비용 때문에 기업들은 시장수요가 변화해도 즉각적으로 가격을 변화시키지 않는다는 것이다.

③ 임금의 비신축성(경직성)과 관련해서는 고용의 장기계약, 효율임금, 노동조합의 저항과 노동자의 저항(화폐환상으로 인한) 등의 이유를 제시하여 현실적인 실업을 설명하고 있다.

확인학습문제

01 경기변동이론에 관한 설명으로 옳은 것은?　　　　　　　　　　　　　　　　**[31회 기출]**

① 실물경기변동(real business cycle)이론에서 가계는 기간별로 최적의 소비 선택을 한다.

② 실물경기변동이론은 가격의 경직성을 전제한다.

③ 실물경기변동이론은 화폐의 중립성을 가정하지 않는다.

④ 가격의 비동조성(staggering pricing)이론은 새고전학파(New Classical) 경기변동이론에 속한다.

⑤ 새케인즈학파(New Keynesian)는 공급충격이 경기변동의 원인이라고 주장한다.

답 ①

│정답해설│

①, ②, ③ 실물경기변동이론은 고전학파 계열의 새고전학파의 주장으로 고전학파의 기본 가정을 수용한다. 즉 가격의 신축성과 화폐의 중립성을 기본 전제로 한다. 또한 가계는 기간별로 최적의 소비 선택을 하는 것으로 가정한다.

④, ⑤ 가격의 비동조성 이론(또는 중첩가격설정, 엇갈리는 가격설정)은 스탠리 피셔(S. Fisher), 존 테일러(J. Taylor) 등 새케인즈학파의 경기변동이론이다. 새케인즈학파는 경기변동의 원인으로 수요충격을 중요시한다.

02 경기변동이론에 관한 설명으로 옳은 것은?

① 실물경기변동이론(real business cycle theory)은 통화량 변동 정책이 장기적으로 실질 국민소득에 영향을 준다고 주장한다.

② 실물경기변동이론은 단기에는 임금이 경직적이라고 전제한다.

③ 가격의 비동조성(staggered pricing)이론은 새고전학파(New Classical) 경기변동이론에 포함된다.

④ 새케인즈학파(New Keynesian) 경기변동이론은 기술충격과 같은 공급충격이 경기변동의 근본 원인이라고 주장한다.

⑤ 실물경기변동이론에 따르면 불경기에도 가계는 기간별 소비선택의 최적조건에 따라 소비를 결정한다.

답 ⑤

▌정답해설▐

① 실물경기변동이론(real business cycle theory)은 총요소생산성(TFP)이나 기술충격 등 실물적 요인이 경기변동의 가장 중요한 원인이라고 주장한다. 새고전학파 학자들에 의해 주장된 것으로 화폐는 경기변동에 중립적이라고 주장한다.

② 실물경기변동이론은 새고전학파의 주장이므로 장기는 물론이고 단기에도 물가와 임금 등 가격변수는 신축적이라고 전제한다.

③ 가격의 비동조성(staggered pricing)이론은 새케인스학파(New Keynesian) 경기변동이론에 포함된다.

④ 기술충격과 같은 공급충격이 경기변동의 근본 원인이라고 주장하는 것은 새고전학파 중 실물경기변동이론의 주장이다. 새케인즈학파(New Keynesian) 경기변동이론은 수요측 충격을 강조한다.

03
실물경기변동이론(real business cycle theory)에 관한 설명으로 옳은 것을 모두 고른 것은?

[27회 기출]

ㄱ. 임금 및 가격이 경직적이다.
ㄴ. 불경기에는 생산의 효율성이 달성되지 않는다.
ㄷ. 화폐의 중립성(neutrality of money)이 성립된다.
ㄹ. 경기변동은 시간에 따른 균형의 변화로 나타난다.

① ㄱ, ㄴ   ② ㄱ, ㄷ
③ ㄴ, ㄷ   ④ ㄴ, ㄹ
⑤ ㄷ, ㄹ

답 ⑤

▌정답해설▌
실물경기변동이론은 고전학파 계열의 새고전학파의 주장으로 고전학파의 기본 가정을 수용한다. 즉 임금 및 가격의 신축성과 화폐의 중립성(neutrality of money)을 기본 전제로 한다. 또한 경기변동은 시간의 변화에 따른 균형의 변화로 나타나는 현상으로 파악한다.
ㄴ. 불경기에도 모든 주체가 합리적으로 행동한다고 가정하므로 생산의 효율성이 나타난다.

04
각 경제학파별 경제안정화정책에 관한 설명으로 옳지 <u>않은</u> 것은?

[28회 기출]

① 고전학파는 구축효과, 화폐의 중립성을 들어 경제안정화정책을 쓸 필요가 없다고 주장한다.
② 케인즈경제학자(Keynesian)는 IS곡선이 가파르고, LM곡선은 완만하므로 적극적인 재정정책이 경제안정화정책으로 바람직하다고 주장한다.
③ 통화주의자(Monetarist)는 신화폐수량설, 자연실업률 가설을 들어 재량적인 경제안정화정책을 주장한다.
④ 새고전학파(New Classical School)는 예상치 못한 경제안정화정책은 일시적으로 유효할 수 있다는 점을 인정한다.
⑤ 새케인즈학파(New Keynesian School)는 임금과 물가가 경직적인 경우에는 경제안정화정책이 유효하다고 주장한다.

답 ③

▌정답해설▌
통화주의자(Monetarist)는 신화폐수량설, 자연실업률 가설을 들어 재량적인 경제안정화정책을 비판하고, 준칙(rule)을 도입해야 한다고 주장한다.

05 2015년 현재 우리나라 경기종합지수 중 동행종합지수의 구성지표로 옳은 것은?

① 구인구직비율
② 코스피지수
③ 장단기금리차
④ 광공업생산지수
⑤ 생산자제품재고지수

답 ④

│정답해설│

동행종합지수(coincident composite index)는 경기전체의 움직임과 시간적으로 함께 움직이는 것으로 공급측면의 광공업생산지수, 도소매업을 제외한 서비스업생산지수, 실질가격 기준 수입액, 비농림어업취업자수 등과 수요측면의 소매판매액지수, 내수출하지수, 건설기성액 등 7개 지표로 구성된다(2021년 개정).
①, ②는 선행종합지수에, ③, ⑤는 후행종합지수에 포함된다.

06 다음 중 총수요 확대 정책을 모두 고른 것은? [27회 기출]

ㄱ. 근로소득세율 인상
ㄴ. 정부의 재정지출 증대
ㄷ. 법정 지급준비율 인상
ㄹ. 한국은행의 국공채 매입

① ㄱ, ㄴ   ② ㄱ, ㄷ
③ ㄴ, ㄷ   ④ ㄴ, ㄹ
⑤ ㄷ, ㄹ

답 ④

│정답해설│

총수요 확대 정책에는 정부지출 증대와 조세 감면 등 확장적 재정정책과 통화량 증대 등 확장적 통화정책이 있다. 법정 지급준비율 인상은 통화량을 감소시키고, 한국은행의 국공채 매입은 통화량을 증가시킨다.

07 실물경기변동이론(real business cycle theory)에 관한 설명으로 옳지 <u>않은</u> 것은?

① 경기변동의 요인으로 기술 충격의 중요성을 강조한다.

② 노동시장은 항상 균형을 이룬다.

③ 경기변동은 시간에 따른 균형의 변화로 나타난다.

④ 불경기에도 생산의 효율성은 달성된다.

⑤ 생산성은 경기역행적(counter-cyclical)이다.

답 ⑤

┃정답해설┃

실물경기변동이론은 새고전학파의 균형경기변동이론에 해당하는 이론으로 개별 경제주체들의 최적화와 시장균형의 결과로 경기변동을 설명한다. 단기적 경기변동의 주요 요인으로 총요소생산성의 변화나 기술 충격(technology shock)의 중요성을 강조한다.

⑤ 새고전학파의 실물경기변동이론에서 생산성이 증가하면 국민소득이 증가하므로 생산성은 경기순응적(procyclical)이다.

08 다음 중 옳은 것만을 모두 고른 것은?

> ㄱ. 프리드만(M.Friedman)은 통화량을 일정률로 증가시키는 통화준칙을 주장한다.
> ㄴ. 새고전학파(New Classical School)는 예측되는 정책은 항상 긍정적인 효과가 있다고 주장한다.
> ㄷ. 새케인즈학파(New Keynesian School) 이론 중에는 메뉴비용(menu cost)의 존재로 총수요관리정책이 효과가 있다는 주장이 있다.
> ㄹ. 실물경기변동론자들은 기술충격에 의한 총공급의 변동으로 경기변동을 설명한다.
> ㅁ. 케인즈학파(Keynesian School)는 총공급의 변동이 경기변동의 가장 중요한 원인이라고 주장한다.

① ㄱ, ㄴ, ㅁ

② ㄱ, ㄴ, ㄷ

③ ㄱ, ㄷ, ㄹ

④ ㄴ, ㄷ, ㅁ

⑤ ㄴ, ㄷ, ㄹ

답 ③

┃정답해설┃

ㄴ. 루카스(R. Lucas) 등 새고전학파(New Classical School)는 경제주체가 예상한 정책은 단기에도 효과가 없다고 주장한다(정책무력성의 명제).

ㅁ. 케인즈학파(Keynesian School)는 총수요의 변동이 경기변동의 가장 중요한 원인이라고 주장한다.

09 1980년대 등장한 실물경기변동이론(real business cycle theory)에 관련된 설명으로 바르지 못한 것은?

① 경기변동을 경제 전체의 충격(aggregate shock)에 대한 개별 경제주체들의 동태적 최적화 및 시장청산 결과 나타나는 균형현상으로 파악하는 이론이다.

② 경기변동을 유발하는 요인으로 총요소생산성(TFP)이나 기술의 변화와 같은 실물적 요인을 강조한다.

③ 케인스의 화폐환상을 합리적 기대에서의 물가예상 착오로 발전시켰으며, 적응적 기대에서의 자연실업률 이론을 합리적 기대에서의 필립스 곡선으로 발전시켰다는 점에서 그 의의를 찾을 수 있다.

④ 일회적인 실물충격에 의해 균형수준 자체가 내생적으로 변화하게 되므로 경기변동이 지속성을 보인다고 주장한다.

⑤ 경기변동은 경제주체들의 최적화 행동의 결과이고 피할 수 없는 효율적 경제현상이므로 정부의 개입은 후생을 감소시킨다고 본다.

답 ③

▌정답해설▐

③은 루카스(R. Lucas)의 화폐경기변동이론에 대한 설명이다. 화폐경기변동이론은 정보가 불확실한 상황에서 예상하지 못한 통화정책의 결과로 나타난 물가수준의 변화에 대해 예상착오를 일으킬 수 있다. 그 결과 단기적으로 명목임금의 변화를 실질임금의 변화로 착각하여 노동공급을 조정함으로써 경기변동이 시작된다는 주장이다.

10 정부는 경기침체를 극복하기 위해 대규모의 국채 발행을 통해 재정지출을 확대하기로 하였다. 이러한 정책이 경제에 미치는 효과에 대한 설명 중 가장 옳지 <u>않은</u> 것은?

① 국채공급이 늘어 시장이자율이 상승한다.

② 승수효과에 따라 생산이 증가한다.

③ 자본시장이 개방된 경우에는 자본유출이 증가한다.

④ 장기적으로 물가상승을 유발한다.

⑤ 투자의 구축효과(crowding-out effect)가 발생한다.

답 ③

▌정답해설▐

국채를 발행하면 국채공급이 늘어나서 국채가격은 하락하지만 이자율이 오르므로 자본이 외국에서 국내로 유입된다.

11 다음은 재정정책과 통화정책의 유효성에 대해 설명한 것이다. 올바르게 기술된 것은? (단, 정책의 목표는 GDP를 증가시키는 것이다.)

① 투자의 이자율 탄력성이 0이라면 통화정책의 효과는 매우 강력하다.

② 화폐수요의 이자율탄력성이 무한대이면 구축효과는 100%가 되어 통화정책은 효과가 전혀 없다.

③ 화폐수요의 소득탄력성이 작을수록 통화정책의 효과는 작고 재정정책의 효과는 강력하다.

④ 한계저축성향이 클수록 통화정책의 효과는 크고 재정정책의 효과는 작다.

⑤ 화폐수요의 이자율탄력성이 무한대이면 통화정책의 효과는 매우 크지만 재정정책은 아무런 효과가 없다.

답 ③

▮정답해설▮

화폐수요의 소득탄력성이 작을수록 LM곡선의 기울기는 완만하므로 재정정책을 통해 IS곡선을 우측으로 이동시키면 국민소득은 크게 증가한다.

12 한국은행이 콜금리를 인하했을 때 경기가 부양되는 파급과정에 대한 설명 중 가장 옳지 <u>않은</u> 것은?

① 주식가격이 상승하면 소비의 자산효과(wealth effect)에 의해서 소비가 증가한다.

② 화폐의 기회비용이 하락하므로 화폐수요가 감소하고 소비지출이 증가한다.

③ 시장이자율의 하락으로 기업의 투자가 증가한다.

④ 은행의 대출이 증가하여 기업의 투자가 증가한다.

⑤ 자본유출로 국내통화의 가치가 절하되므로 수출이 증가한다.

답 ②

▮정답해설▮

한국은행이 콜금리(기준금리)를 인하하여 이자율이 하락하면 화폐를 보유하기 위해서 포기해야 하는 이자소득(기회비용)이 하락하므로 화폐수요가 증가하고 소비지출이 증가한다.

13 물가수준이 고정되어 있고 국민경제의 생산능력에 여유가 있다고 가정하자. 다음 중 화폐공급의 증가가 이자율을 하락시키고, 투자와 국민소득을 가장 많이 증가시키는 경우를 바르게 설명한 것은?

① 화폐수요가 이자율에 대해 탄력적이고, 투자수요가 이자율에 대해 탄력적이며, 승수의 크기가 클 경우
② 화폐수요가 이자율에 대해 비탄력적이고, 투자수요가 이자율에 대해 비탄력적이며, 승수의 크기가 클 경우
③ 화폐수요가 이자율에 대해 비탄력적이고, 투자수요가 이자율에 대해 탄력적이며, 승수의 크기가 작을 경우
④ 화폐수요가 이자율에 대해 비탄력적이고, 투자수요가 이자율에 대해 탄력적이며, 승수의 크기가 클 경우
⑤ 화폐수요가 이자율에 대해 탄력적이고, 투자수요가 이자율에 대해 비탄력적이며, 승수의 크기가 클 경우

답 ④

▌정답해설▐

확장적 통화정책의 효과가 크게 나타나기 위해서는 IS곡선이 완만하게 우하향하고, LM곡선이 가파르게 우상향해야 한다. 즉 화폐수요가 이자율에 대해 비탄력적이고, 투자수요가 이자율에 대해 탄력적이어야 한다. 또한 이자율이 하락할 때 투자가 증가하면 소득이 큰 폭으로 증가해야 하므로 승수의 크기가 클수록 확대효과가 크다.

---

14 경제안정화정책에 관한 학파별 입장을 설명한 것 중 옳지 <u>않은</u> 것은?

① 케인즈학파는 투자수요의 이자율 탄력성이 작고 화폐수요의 이자율 탄력성이 크기 때문에 재정정책의 효과가 크다고 본다.
② 통화주의학파는 투자수요의 이자율 탄력성이 크고 화폐수요의 이자율 탄력성이 작기 때문에 통화정책을 재량적으로 운영할 것을 주장한다.
③ 고전학파는 안정화정책에 대해 부정적인 입장이지만 기간이 지극히 짧은 단기에는 효과가 있다는 점을 인정한다.
④ 새고전학파는 합리적 기대를 도입하여 안정화정책이 불필요하다는 입장이지만 예상하지 못한 경제정책이 실물변수에 영향을 미칠 수 있다는 점을 인정한다.
⑤ 새케인즈학파는 단기에 물가, 임금 등과 같은 가격변수들이 완전히 신축적으로 변하지 않기 때문에 안정화정책이 필요하고 유효하다는 입장이다.

답 ②

▌정답해설▐

통화주의학파는 투자의 이자율 탄력성이 크고 화폐수요의 이자율 탄력성이 작기 때문에 통화정책의 효과가 크게 나타날 수 있음을 인정한다. 그러나 그 효과가 정부가 원하는 시점에서 나타나는 것이 아니라 시차(time-lag)를 두고 엉뚱한 시점에서 나타남으로써 오히려 경기변동을 가져올 수 있다고 보고 재량적인 운영보다는 준칙(rule)에 따른 운영을 주장한다.

15 재량에 의한 통화정책보다 준칙에 의한 통화정책이 더 바람직한 이유가 <u>아닌</u> 것은?

① 통화정책은 외부시차가 길고 가변적이므로

② 재량정책은 시간적 비일관성(time-inconsistency) 문제를 야기할 수 있으므로

③ 재량정책 하에서는 통화당국의 대리인 문제가 심각할 수 있으므로

④ 신축적인 안정화정책이 필요하므로

⑤ 재량정책 하에서는 정치적 경기변동이 발생할 수 있으므로

🖩 ④

▌정답해설▐

재량에 의한 통화정책은 케인즈학파가 주장한 것으로 정부가 경기변동에 따라 통화량을 재량적으로 조절하여 경기를 안정화시키는 정책을 말한다. 반면에 준칙에 의한 통화정책은 통화론자가 주장한 것으로 경기변동에 관계없이 중·장 기적인 준칙에 따라 통화량을 일관성있게 늘려나가는 정책을 말한다.

전자의 경우는 신축적인 안정화정책이 필요하다고 생각되는 경우에 실행되는 반면, 후자는 재량적 정책이 오히려 비일관성의 문제를 야기할 수 있다고 생각되는 경우에 실행된다.

---

16 1980년대 영국의 대처정부는 인플레이션을 억제하기 위하여 긴축정책을 실시하였고 그 결과 인플레이션 율은 크게 낮아졌다. 그러나 자연실업률이 종전보다 크게 높아져 장기적인 경제의 균형자체가 변화하였 다. 이에 대한 이유로 볼 수 <u>없는</u> 것은?

① 불황으로 해고된 사람들의 생산성이 낮아져 직장을 구하기가 어렵기 때문이다.

② 실업자들의 기대 인플레이션율 상승으로 더 높은 임금을 요구하여 취업이 어렵기 때문이다.

③ 경기가 회복되는 데 시간이 걸리고 그 기간동안 새로운 노동력이 시장에 진입하기 때문이다.

④ 실업기간이 길어지면 구직활동을 아예 포기하는 실망실업자가 크게 늘어나기 때문이다.

⑤ 외부자가 된 노동자는 임금협상 과정에서 소외되어 계속 실업자로 남기 때문이다.

🖩 ②

▌정답해설▐

문제에서처럼 자연실업률이 종전보다 크게 높아져 장기적인 경제의 균형자체가 변화하고 장기 필립스곡선의 모양을 변화시킬 수 있다. 이처럼 불황 이후 실업이 지속적일 수 있는 현상을 기억효과 또는 이력현상(hysteresis)라고 한다. 이러한 현상이 나타나는 이유를 설명하는 주장에는 불황이 해고된 사람들의 생산성에 영구적인 영향을 미친다는 주장, 노동에 대한 태도 변화(실망실업자), 내부자-외부자 모형 등이 있다.

② 소수의 내부자(노동자)들이 더 높은 임금을 요구하여 한 번 실직한 외부자(실업자)는 취업이 어렵기 때문이다.

17 루카스 공급곡선에 관한 설명으로 옳지 <u>않은</u> 것은?

① 기대물가와 실제물가가 같을 때의 실업률과 생산량을 각각 자연실업률과 완전고용생산량이라고 한다.

② 기대물가가 실제물가보다 높을 때의 생산량은 완전고용생산량보다 적다.

③ 유가가 상승할 경우 생산량은 완전고용생산량 이하로 떨어진다.

④ 기대물가가 고정되어 있는 경우 총공급곡선은 우상향한다.

⑤ 기대물가가 상승하면 생산량은 증가한다.

답 ⑤

▌정답해설▐

루카스 공급함수는 $AS = Y_n + \alpha(P - P^e)$ 이다. 따라서 기대물가(P^e)가 상승하면 생산량은 감소한다.

18 실업률과 인플레이션율 사이에 명확한 상충관계가 존재하지 않는다고 할 때 그 원인에 대해 가장 옳지 <u>않은</u> 것은?

① 원자재가격 등 공급 요인의 변화로 필립스곡선이 이동하였기 때문이다.

② 사람들의 인플레이션에 대한 기대가 변했기 때문이다.

③ 인구 구성의 변화에 따라 자연실업률이 변했기 때문이다.

④ 통화량 증가로 자연실업률이 변했기 때문이다.

⑤ 장기간 경기침체로 이력현상(hysteresis)이 발생했기 때문이다.

답 ④

▌정답해설▐

케인즈학파는 총수요가 증가하면 물가가 상승함과 동시에 소득도 올라서 실업률이 낮아진다고 생각하며 이 경우 필립스곡선은 우하향한다. 그러나 통화론자는 총수요가 증가하더라도 소득은 오르지 않고 물가만 오르므로 실업률과 인플레이션율 사이에 명확한 상충관계가 존재하지 않음을 주장한다. 이러한 주장은 통화량을 증가시키더라도 자연실업률에는 아무런 변화가 없고 단기적으로 실제실업률이 낮아졌다가 장기적으로 자연실업률 수준으로 회복된다는 적응적 기대가설에 근거를 두고 있다.

19 경기변동이론에 관한 설명으로 옳은 것은? **[33회 기출]**

① 신케인즈 학파(new Keynesian)는 완전경쟁적 시장구조를 가정한다.

② 신케인즈 학파는 총수요 외부효과(aggregate-demand externality)를 통해 가격경직성을 설명한다.

③ 신케인즈 학파는 총공급 충격이 경기변동의 근본 원인이라고 주장한다.

④ 실물경기변동이론은 실질임금의 경직성을 가정한다.

⑤ 실물경기변동이론에 따르면 불경기에는 비용 최소화가 달성되지 않는다.

답 ②

┃ 정답해설 ┃

① 신케인즈 학파(new Keynesian)는 불완전한 시장을 가정하고, 시장의 불완전 요소들이 가격경직성을 가져온다고 주장한다.

③ 신케인즈 학파는 총수요 충격이 경기변동의 근본 원인이라고 주장한다. 총공급 충격을 경기변동의 원인으로 강조하는 것은 새고전학파이다.

④ 실물경기변동이론은 새고전파 경제학자들의 주장으로 완전 신축적인 물가와 임금을 가정한다.

⑤ 실물경기변동이론은 물가와 임금의 신축성을 가정하므로 불경기에도 비용 최소화가 달성된다.

---

20 거시경제의 단기균형과 장기균형에 관한 설명으로 옳은 것은? **[25회 기출]**

① 물가가 하방경직적일 때 총수요는 단기적으로 실질 GDP에 영향을 미친다.

② 통화정책과 재정정책은 장기적으로만 실질 GDP에 영향을 미친다.

③ 고전적 이분성은 단기에만 성립하고 장기에는 성립하지 않는다.

④ 물가와 임금은 장기에 있어서만 경직적이다.

⑤ 통화정책은 단기적으로는 명목 GDP에 영향을 미치며 장기적으로는 실질 GDP에 영향을 미친다.

답 ①

┃ 정답해설 ┃

① 물가가 하락하지 않는 하방경직적인 상황이면 총공급곡선은 수평이다. 이런 상황에서 총수요가 증가하면 실질 GDP는 증가한다.

② 장기에는 AS곡선이 수직이므로 통화정책과 재정정책은 단기적으로만 실질 GDP에 영향을 미치고 장기에는 실질 GDP에 영향을 미치지 못한다.

③ 화폐의 중립성에 근거한 고전적 이분성(classical dichotomy)은 단기와 장기에 모두 성립한다.

④ 물가와 임금은 단기에는 경직적일 수 있으나 장기에 있어서는 신축적이라는 것이 고전학파의 주장이다.

⑤ 통화정책은 단기에는 명목 GDP와 실질 GDP 모두에 영향을 미칠 수 있다. 그러나 장기에는 AS곡선이 수직이므로 명목 GDP에만 영향을 미치고 실질 GDP에는 아무런 영향을 미칠 수 없다.

21 총공급곡선이 $Y = \overline{Y} + \alpha(P - P^e)$인 총수요-총공급 모형에서 경제가 현재 장기균형상태에 있다. 이 경제의 중앙은행이 통화량을 감소시킬 경우, 물가 예상이 합리적으로 형성되고 통화량 감소가 미리 예측된다면 다음 설명 중 옳은 것은? (단, Y는 실질 GDP, $\overline{Y}$는 실질 GDP의 장기균형 수준, α는 0보다 큰 상수, P는 물가, P^e는 예상물가수준이다.) **[25회 기출]**

① 실질 GDP는 즉시 감소한 다음 서서히 원래 수준으로 복귀한다.

② 물가는 즉시 감소한 다음 서서히 원래 수준으로 복귀한다.

③ 물가는 즉시 감소하고 실질 GDP도 즉시 감소한다.

④ 물가는 서서히 감소하고 실질 GDP는 즉시 감소한다.

⑤ 물가는 즉시 감소하고 실질 GDP는 원래 수준을 유지한다.

답 ⑤

┃정답해설┃

장기균형에서 중앙은행이 통화량을 감소시킬 경우, 물가 예상이 합리적으로 형성되고 통화량 감소가 미리 예측된다면 단기에도 실질 GDP에 아무런 영향을 미칠 수 없다. 그러나 물가수준은 즉시 하락하게 된다.

경제성장

출제포인트

□ 경제성장 요인
□ 성장회계
□ 성장회계방정식과 솔로우 잔차

□ 경제성장에서의 정형화된 사실
□ 솔로우(Solow)의 성장모형
□ 내생적 성장이론

제1절   경제성장과 그 요인

1. 경제성장의 의의

(1) 경제성장의 뜻 [기출] 35회

① 경제성장(economic growth)은 시간의 흐름에 따라 경제활동규모(실질 GDP로 측정)가 확대되는 현상을 의미한다. 따라서 경제성장의 속도, 즉 경제성장률은 실질 GDP의 증가율을 의미한다.

$$실질경제성장률 = \frac{금년도 \ 실질 \ GDP - 전년도 \ 실질 \ GDP}{전년도 \ 실질 \ GDP} \times 100$$

② 여기서 실질 GDP가 항상 증가만 하는 것은 아니고 증가와 감소가 반복(순환)되는 형태를 취하지만 장기적으로 보면 추세적 성장(trend growth), 즉 동태적 성장(dynamic growth)이 이루어진다.

(2) 경제성장의 표현

비교정태분석에서는 경제성장을 생산함수의 상방이동, 생산가능곡선(PPC)의 확장, AD곡선과 AS곡선의 오른쪽 이동으로 설명한다.

2. 경제성장의 요인 [기출] 34회 · 33회

(1) 생산요소의 양(요소부존량)

① 토지 등 자연자원은 공급이 고정되어 있다. 따라서 자본이나 노동의 증가, 또는 노동생산성의 향상이 경제성장의 주요 요인이 된다. 생산요소의 증가는 수확체감의 법칙의 지배 하에서도 총생산량을 증가시킨다. 고전학파가 중요시하는 요인이다.

② 여기서 자본과 노동의 성장기여도는 생산요소의 한계생산성(MP)에 의해 결정되므로 따라서 생산요소의 부존도(endowment)에 따라 자본과 노동의 성장기여도는 차이가 있다.

(2) 기술의 진보(기술적 지식의 진보)

① 기술진보(technological progress)는 생산요소의 생산성을 향상시키는 요인으로 슘페터(J.A. Schumpeter)가 중요시하는 요인이다.

② 기술진보는 생산함수 자체의 상방이동, 또는 생산가능곡선(PPC)의 확장을 의미한다.

> **더 알아보기** 경제성장의 4대요인
>
> ① 인적자원(또는 인간자본) : 단순한 노동공급량뿐만 아니라 노동자들이 교육, 훈련, 경험, 동기 부여 등을 통해 얻은 지식과 기술 등 노동의 질적인 측면도 포함된다. 예컨대 기업가정신(entrepreneurial spirit)도 인적자원이다.
>
> ② 자연자원 : 토지, 광물, 기후 등 자연에 의하여 제공된 생산투입물을 말한다. 자연자원은 재생가능 자연자원과 재생불가능 자연자원으로 나누어진다.
>
> ③ 자본형성(또는 실물자본) : 기계, 공장처럼 재화와 서비스을 생산하기 위해 사용되는 설비나 구조물의 총스톡을 말한다. 자본이라고 할 때는 도로, 항만, 공항, 댐 등 사회간접자본(social overhead capital, SOC) 또는 경제하부구조(infrastructure) 등도 포함한다.
>
> ④ 기술 : 성장을 결정하고 생산성을 높이며 따라서 생활수준을 결정하는 가장 중요한 요소는 기술진보 또는 기술적 지식의 진보이다. 기술혁신을 위해서는 기업가정신의 부양이 무엇보다 중요하다.

3. 성장회계

(1) 성장회계의 의의

① 경제성장의 요인을 분석하기 위해 자본투입과 노동투입을 K와 L, 기술수준을 A로 나타내면 국가경제의 총생산함수는 $Y = AF(K, L)$로 나타낼 수 있다. 여기서 기술수준 A는 K와 L의 생산성에 영향을 미치는 총요소생산성(TFP : total factor productivity)이라고 한다.

② 이 총생산함수에서 경제성장(Y 증가)에 대한 TFP, K, L의 상대적 기여도를 파악하는 것을 성장회계(growth accounting)라고 한다.

(2) 성장회계 방정식 [기출] 35회 · 33회 · 27회

① 총생산함수는 $Y = AK^\alpha L^\beta$인 경우 성장회계에 의한 총요소생산성의 경제성장 기여율을 계산해 보자. 단, Y는 총소득, A는 총요소생산성, K는 자본스톡, L은 노동, α는 자본소득분배율, β는 노동소득분배율이다.

② 한 국가의 통계자료로부터 Y와 K 및 L 값은 구할 수 있지만 A 값은 측정할 수 없으므로 성장회계 방정식을 이용하여 추정하여야 한다.

③ 총생산함수를 성장회계방정식으로 나타내면 $\dfrac{\Delta Y}{Y} = \dfrac{\Delta A}{A} + \alpha \dfrac{\Delta K}{K} + \beta \dfrac{\Delta L}{L}$ 이다. 여기에서 총요소생산성의 기여율 $\dfrac{\Delta A}{A} = \dfrac{\Delta Y}{Y} - \alpha \dfrac{\Delta K}{K} - \beta \dfrac{\Delta L}{L}$ 이다. 이러한 의미에서 이를 솔로우 잔차(Solw residual)라고 한다.

1. 경제성장에서의 규칙성

(1) 의의

① 1958년 칼도(N. Kaldor)는 1880년대 이후 선진자본주의 국가의 경제성장 과정을 분석한 결과 경제성장 과정에서 나타나는 4가지의 장기적인 규칙성을 발견하였다. 이를 경제성장에서의 정형화된 사실(stylized facts of growth)이라고 한다.

② 이는 경제성장률, 생산요소 증가율, 자본과 노동의 상대적 분배율 간에 나타나는 규칙성으로 이 규칙성을 이론적, 논리적으로 해명하는 것이 경제성장이론의 과제이다. 그 내용은 다음과 같다.

(2) 정형화된 사실의 내용

① 자본-산출비율(capital-output ratio), 즉 자본계수는 일정하다. 자본-산출비율(K/Y)은 자본계수(capital coefficient)라고도 하는데 산출량 1단위 생산에 필요한 자본량을 나타낸다. 자본의 평균생산(AP_K)의 역수이다.

② 자본량 증가율($\Delta K/K$)은 대체로 일정하고, 따라서 ①, ②에서 자본량 증가율($\Delta K/K$)=산출량(국민소득) 증가율($\Delta Y/Y$)이며 또한 일정하다.

③ 자본-노동비율(1인당 자본, K/L)과 1인당 소득(Y/L)은 일정비율로 증가한다. 이는 자본량 증가율($\Delta K/K$)과 국민소득 증가율($\Delta Y/Y$)은 같으며 노동량 증가율($\Delta L/L$) 보다 크다는 것을 의미한다. 자본-노동비율이 증가하는 것을 자본의 심화(deepening of capital)라고 한다.

④ 실질이자율은 지속적으로 증가하거나 감소하는 추세를 보이지 않는다.

⑤ 자본(K)과 노동(L)의 상대적 분배율(=노동소득/자본소득)은 대체로 일정하다. 이는 경제성장 과정에서 분배상태는 큰 변동이 없다는 것을 의미한다.

2. 고전학파의 성장이론 [기출] 26회

(1) 의의

스미스(A. Smith)와 리카도(D. Ricardo) 등 고전학파는 경제성장의 원동력으로 자본축적을 중시한다. 이와 함께 인구의 증가, 즉 노동력의 증가도 성장의 원동력으로 중시한다.

(2) 스미스의 성장이론

Smith는 경제성장의 원동력으로 자본축적을 특히 중요시하였다. 스미스는 노동가치설에 근거하여 국민경제에서 부를 생산하는 근원은 노동인데, 자본축적이 이루어지면 노동수요가 증가하여 총인구 중 생산적 노동이 증가하고, 또한 분업이 확대되어 노동생산성이 증대됨으로써 경제성장이 이루어진다고 보았다.

3. 신고전파의 성장이론 : 솔로우 모형 [기출] 35회·34회·33회·32회·31회·29회·28회·27회·25회(매년 출제)

(1) 신고전파 성장이론의 의의

① 솔로우(R.M. Solow)는 이전의 성장이론을 발전시켜 오늘날 경제성장 이론의 기초를 마련했다. 솔로우 성장모형을 신고전파적 성장모형(neoclassical growth model)이라고 한다. 신고전파 모형의 새로운 요소는 자본과 기술변화이다.

② 솔로우 모형은 자본주의 경제를 안정적인 성장경로로 이끄는 내재적인 힘이 작용하고 있다고 본다.

③ 그리고 그러한 내재적인 힘을 자본과 노동 등 생산요소의 대체가능성과 생산요소 가격의 신축적인 조정, 그리고 한계생산 체감의 법칙이라는 신고전파적 전제에서 찾고 있다.

(2) 솔로우 모형의 가정

솔로우는 노동과 자본 간의 대체가능성을 전제로, 경제의 자율적인 시장조정을 통한 완전고용을 상정하고, 규모에 대한 보수가 불변인 생산함수를 가정한다.

(3) 기본적 사고

솔로우 모형의 기본적 사고는 노동과 자본 중 자본은 완전고용되고 노동이 과잉상태에 있으면 노동의 가격이 하락하여 노동수요가 증가하고 이에 따라 노동의 완전고용이 이루어짐으로써 두 생산요소 모두 완전고용된다는 것이다.

(4) 모형의 내용

① 노동 한 단위당 산출량을 y, 자본－노동비율을 k라고 하면 $y = Y/L$이므로 $Y = yL$이고, $k = K/L$이므로 $K = kL$이다. 규모에 대한 보수 불변이므로 노동 한단위당 산출량은 자본－노동비율에만 의존하게 되므로 생산함수 $Y = F(K, L)$는

$$y = f(k)$$

로 나타낼 수 있다.

② 한편 소득의 일부는 저축되고 저축은 투자와 같다고 하면, 투자는 자본의 증가분이므로 $S = I = \Delta K = sY$가 된다. 따라서 자본증가율은

$$\frac{\Delta K}{K} = \frac{sY}{kL} = \frac{sf(k)}{k}$$

이 된다.

③ 따라서 자본(K)과 노동(L)이 완전고용을 이루면서 경제가 성장하기 위해서는 $sf(k)/k = n$, 또는 $sf(k) = nk$의 조건이 충족되어야 한다.

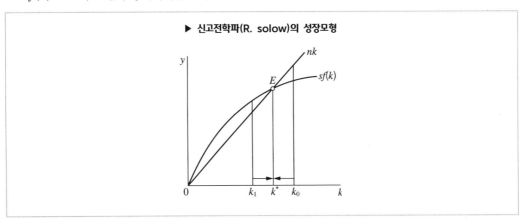

▶ 신고전학파(R. solow)의 성장모형

〈그림〉에서 가로축은 자본－노동비율(k)이므로 이를 45°선으로 나타낼 수 있다. 자본－노동비율이 증가함에 따라 $f(k)$곡선이 체감하는 것은 한계생산 체감의 법칙이 작용하기 때문이다.[17]

---

17) 솔로우의 모형에서 자본－산출비율(v)이 일정하고 자본증가율도 일정하다면 경제성장률＝자본증가율이다. 한편 자본－노동비율(k)과 1인당 소득은 일정한 비율로 증가하는데 솔로우는 이 비율을 기술진보율로 보았다. 따라서 경제성장률＝인구증가율＋기술진보율이다. 따라서 솔로우에 의하면 장기에 1인당 실질소득의 증가율을 결정하는 것은 인구증가율과 기술진보율이다.

④ $sf(k) > nk$인 경우에는 자본증가율이 더 크므로 자본이 상대적으로 과잉상태에 있게 되고 따라서 자본의 가격이 하락하여 자본의 고용이 증가한다. 이에 따라 1인당 자본량 k가 증가하여 $sf(k) = nk$가 된다. 반대로 $sf(k) < nk$인 경우에는 노동증가율이 더 크므로 노동이 상대적으로 과잉이고, 따라서 노동의 가격아 하락하여 노동의 고용이 증가한다. 이에 따라 1인당 자본량 k가 감소하여 $sf(k) = nk$가 된다.

⑤ 즉 조건이 충족되지 못해도 경제는 자율적인 조정을 통해 조건을 만족시키는 자본−노동비율인 k^*(신고 전파 성장모형의 균형)로 수렴한다. 노동과 자본의 완전고용이 동시에 달성되는 상태를 균제성장경로(steady growth path)라고 하고, 일단 이 상태에 도달하면 그 다음에는 이에 따른 성장이 계속된다.

(5) 솔로우 모형의 한계

① 솔로우 모형에서 1인당 소득증가율을 결정하는 유일한 요소는 기술진보율이다. 그러나 솔로우 모형은 이러한 결론만 제시하고 기술진보를 가져오는 원인에 대해서는 언급하지 않고 있다.

② 즉 기술이라는 성장의 원동력을 외생변수로 취급하고 있는 것이다. 그렇기 때문에 솔로우의 모형을 외생적 성장이론(exogenous growth theory)이라고 한다.

③ 이 모형에서는 화폐의 역할이나 물가변동, 그리고 금융시장이나 자본시장이 야기하는 여러 가지 심리적 요소 등이 고려되고 있지 않다는 것이다.

4. 내생적 성장이론 기출 33회 · 29회

(1) 등장 배경

① 솔로우 모형의 균형성장 조건에 따르면 각국의 경제성장률은 비슷해야 하고 개발도상국의 경제성장률이 선진국보다 높아야 한다. 그렇지만 현실세계에서는 나라마다 경제성장률이 크게 다르고 선진국과 후진국 간의 생활수준의 격차가 오히려 확대되고 있다.

② 그리고 솔로우 모형은 기술진보율이 어떻게 결정되는가에 대해서는 언급하지 않고 있다. 이러한 한계를 극복하기 위해 1980년대에 등장한 이론이 내생적 성장이론(endogenous growth theory) 또는 새 성장이론(new growth theory)이다.

(2) 내생적 성장이론

① 내생적 성장이론은 로머(Paul Romer)와 루카스(R. Lucas)에 의해 처음 제기된 후 비약적인 연구가 이루어지고 있다.

② 내생적 성장이론의 접근방법은 크게 두 가지로 구분할 수 있다. R&D 모형은 솔로우 모형처럼 수확체감의 법칙과 경제성장의 원동력으로 기술진보를 인정하면서, 기술진보가 내생적이고 지속적으로 유도되도록 하는 모형이다.

③ AK모형은 솔로우 모형과는 달리 경제성장의 원동력으로 자본축적을 인정하는 한편, 수확체감이 발생하지 않도록 모형을 구성한다. AK모형은 생산함수가 $Y = AK$의 형태를 갖기 때문에 붙여진 이름이다.

④ 내생적 성장이론에 의하면 기술진보의 핵심은 새로운 지식의 창출이다. 따라서 내생적 성장이론은 저축률의 제고, 교육과 훈련, 사회간접자본 투자, 연구 개발 등을 위해 정부가 적극 지원해야 한다는 정책처방을 제시하고 있다.

CHAPTER
09

확인학습문제

01 경제성장이론에 관한 설명으로 옳은 것은? **[29회 기출]**

① 내생적 성장이론(endogenous growth theory)에 따르면 저소득 국가는 고소득 국가보다 빨리 성장하여 수렴현상이 발생한다.

② 내생적 성장이론에 따르면 균제상태의 경제성장률은 외생적 기술진보 증가율이다.

③ 솔로우 경제성장 모형에서 황금률은 경제성장률을 극대화하는 조건이다.

④ 솔로우 경제성장 모형에서 인구 증가율이 감소하면, 균제상태에서의 1인당 소득은 감소한다.

⑤ 솔로우 경제성장 모형에서 균제상태에 있으면, 총자본스톡 증가율과 인구 증가율이 같다.

답 ⑤

┃ 정답해설 ┃

① 솔로우(Solow) 모형에서는 수렴가설(절대적 수렴가설)이 성립하지만, 내생적 성장이론(endogenous growth theory)에서는 경제성장률이 국가들의 구조적인 차이(기술수준 또는 총요소생산성, 생산함수, 저축률, 인구증가율 등의 차이)에 의해 성립하므로 국가간 소득수준의 수렴이 발생하지 않을 수 있다.

② 내생적 성장이론에서 경제성장률은 기술진보 증가율과 일치하는 것은 아니다.

③ 솔로우 경제성장 모형에서 황금률은 경제성장률을 극대화하는 조건이 아니라 1인당 소비가 극대화되는 균형성장경로를 의미한다.

④ 솔로우 경제성장 모형에서 인구 증가율이 감소하면 1인당 자본량(k)이 증가하므로 1인당 소득(y)이 증가한다.

02 A국의 생산함수는 $Y = AK^{\alpha}L^{\beta}$이다. 다음 자료를 바탕으로 성장회계에 의한 총요소생산성의 경제성장 기여율을 계산하면 얼마인가? (단, Y는 총소득, A는 총요소생산성, K는 자본스톡, L은 노동, α는 자본소득분배율, β는 노동소득분배율이다.)

- 연간 경제성장률 : 5%
- 연간 자본스톡증가율 : 7%
- 연간 노동증가율 : 1%
- $\alpha = 0.5$
- $\beta = 0.5$

① 10% ② 15%

③ 20% ④ 25%

⑤ 30%

답 ③

▌정답해설▌

생산함수를 성장회계방정식으로 나타내면 $\dfrac{\Delta Y}{Y} = \dfrac{\Delta A}{A} + \alpha\dfrac{\Delta K}{K} + \beta\dfrac{\Delta L}{L}$이고, 여기에 주어진 자료를 대입하면

$5\% = \dfrac{\Delta A}{A} + 0.5(7\%) + 0.5(1\%)$이다. 따라서 TFP증가율 $\dfrac{\Delta A}{A} = 1\%$이다.

이는 연간 경제성장률의 5%의 $\dfrac{1\%}{5\%} = 20\%$에 해당한다.

03 모든 시장이 완전경쟁 상태인 경제에서 총생산함수는 $Y = A L^{\frac{2}{3}} K^{\frac{1}{3}}$ 이다. 매년 L, K, A가 각각 3%씩 증가하는 경제에 관한 설명으로 옳은 것을 모두 고른 것은? (단, Y는 국내총생산, L은 노동량, K는 자본량, A는 상수이다.) **[29회 기출]**

> ㄱ. 총생산함수는 규모 수익 불변이다.
> ㄴ. 노동소득분배율은 2/30다.
> ㄷ. 경제성장률은 6%이다.

① ㄱ   ② ㄴ

③ ㄱ, ㄴ   ④ ㄴ, ㄷ

⑤ ㄱ, ㄴ, ㄷ

답 ⑤

┃ 정답해설 ┃

총생산함수 $Y = A L^{\frac{2}{3}} K^{\frac{1}{3}}$ 는 1차 동차 생산함수이므로 규모에 대한 수익 불변이다. 노동소득분배율은 $\frac{2}{3}$ 이고, 자본소득분배율은 $\frac{1}{3}$ 이다. 규모에 대한 수익 불변이므로 L과 K가 모두 3% 증가하면 Y는 3% 증가하고, 또 A가 3% 증가하면 Y는 3% 증가하므로 매년 L, K, A가 각각 3%씩 증가하면 경제성장률은 6%이다.

04 수확체감의 법칙이 적용되는 성장이론에 관한 설명으로 옳지 <u>않은</u> 것은? **[21회 기출]**

① 저축률이 증가하면 자원이 자본재 생산에 더 많이 투입된다.

② 저축률이 증가하면 일시적으로만 높은 성장률이 유지된다.

③ 저축률이 증가하면 노동생산성이 높아지지만 장기적으로 노동생산성의 증가율은 높아지지 않는다.

④ 다른 조건이 같을 경우 상대적으로 가난한 상태에서 출발하는 나라가 빠른 속도로 성장하기 어렵다.

⑤ 국내저축뿐만 아니라 해외저축에 의한 투자도 생산증대와 실질임금 상승에 기여할 수 있다.

답 ④

▍정답해설▍

솔로우 모형에 따르면 인구증가율, 저축률 등 경제의 기본적인 여건이 동일할 경우 1인당 자본량(k)이 낮은 저개발국의 경제성장률이 선진국보다 높아 수렴이 이루어진다.

05 甲국의 생산함수는 $Y = A K^{\frac{1}{3}} L^{\frac{2}{3}}$ 이다. 노동자 1인당 생산량증가율이 10%이고, 총요소생산성증가율은 7%일 경우, 성장회계에 따른 노동자 1인당 자본량증가율은? (단, Y는 총생산량, A는 총요소생산성, K는 자본량, L은 노동량이다.) **[28회 기출]**

① 3% 　　　　　　　　　　　② 4.5%

③ 6% 　　　　　　　　　　　④ 7%

⑤ 9%

답 ⑤

▍정답해설▍

생산함수 $Y = A K^{\frac{1}{3}} L^{\frac{2}{3}}$ 의 양변을 L로 나누면 1인당 생산함수는 $y = A k^{\frac{1}{3}}$ 이 된다.

1인당 생산함수를 증가율로 나타내면 $\dfrac{\Delta y}{y} = \dfrac{\Delta A}{A} + \dfrac{1}{3}\left(\dfrac{\Delta k}{k}\right)$ 이다.

주어진 조건을 대입하면 $10\% = 7\% + \dfrac{1}{3}\left(\dfrac{\Delta k}{k}\right)$ 이 된다. 여기서 $\dfrac{\Delta k}{k} = 9\%$ 이다.

06 B국의 총생산함수는 $Y = A K^{\frac{1}{4}} L^{\frac{3}{4}}$ 이다. 2015년 B국의 총생산 증가율이 4%, 총요소생산성 증가율이 2%, 노동량 증가율이 1%일 경우 성장회계에 따른 2015년 **자본량 증가율은?** (단, Y는 총생산, A는 **총요소생산성**, K는 자본량, L은 노동량이다.) **[27회 기출]**

① 1%

② 2%

③ 2.5%

④ 4%

⑤ 5%

답 ⑤

▍정답해설 ▍

생산함수 $Y = A K^{\frac{1}{4}} L^{\frac{3}{4}}$ 를 증가율로 나타내면 $\dfrac{\Delta Y}{Y} = \dfrac{\Delta A}{A} + \dfrac{1}{4}\left(\dfrac{\Delta K}{K}\right) + \dfrac{3}{4}\left(\dfrac{\Delta L}{L}\right)$ 이다.

주어진 조건을 대입하면 자본량 증가율 $\dfrac{\Delta K}{K} = 5\%$

---

07 경제성장모형에서 생산함수가 $Y = AK$일 때 다음 설명 중 옳은 것만을 모두 고른 것은? (단, Y는 생산량, A는 생산성수준이며 0보다 큰 상수, K는 자본량)

> ㄱ. 자본량의 한계생산물은 일정하다.
> ㄴ. 자본량이 증가할 때 생산량은 증가한다.
> ㄷ. 노동량이 증가할 때 생산량은 증가한다.
> ㄹ. 자본의 증가율과 생산량의 증가율은 같다.

① ㄱ, ㄴ

② ㄱ, ㄴ, ㄹ

③ ㄱ, ㄷ, ㄹ

④ ㄴ, ㄷ, ㄹ

⑤ ㄱ, ㄴ, ㄷ, ㄹ

답 ②

▍정답해설 ▍

생산함수가 $Y = AK$이면 생산량은 총요소생산성과 자본량에 의해서만 결정된다. 자본투입량이 증가하면 생산량은 비례적으로 증가한다. 즉 자본의 증가율과 생산량의 증가율은 같다. 자본의 한계생산은 $MP_K = \dfrac{dY}{dK} = A$로 일정하다.

08 솔로우(Solow) 단순경제성장모형에서 총생산함수가 $Y = 2L^{0.5}K^{0.5}$이고, 다음과 같은 조건이 주어진 경우 균제상태(steady state)에서 1인당 국민소득(y)의 값은? (단, Y는 총국민소득, L은 노동투입량, K는 자본투입량, $y = \dfrac{Y}{L}$, $k = \dfrac{K}{L}$, $y > 0$, $k > 0$)

- 민간부문만 있는 폐쇄경제이다.
- 인구증가율은 0이다.
- 저축함수는 $S = 0.2Y$ (S는 저축)
- 각 기간의 저축과 투자는 일치한다.
- 자본의 감가상각율은 0.1이다.

① 2   ② 4

③ 8   ④ 12

⑤ 16

답 ③

┃정답해설┃

총생산함수 $Y = 2L^{0.5}K^{0.5}$의 양변을 L로 나누어 1인당 생산함수를 구하면 $y = f(k) = 2\sqrt{k}$이다.
균제상태(steady state)에서는 $sf(k) = (n+d)k$가 성립하므로 제시된 수치를 대입하면 $0.2 \times 2\sqrt{k} = (0 + 0.1)k$이다. $0.4\sqrt{k} = 0.1k$이고 $k = 16$이다. 이를 1인당 생산함수에 대입하면 $y = 8$이다.

09 솔로우(R. Solow) 성장모형에서 일인당 생산함수는 $y = k^{\frac{1}{2}}$, 저축율은 12%, 인구증가율은 1%, 자본의 감가상각률은 2%이다. 다음 설명 중 옳은 것을 모두 고른 것은? (단, y는 일인당 생산량, k는 일인당 자본량이다.)

- ㄱ. 균제상태(steady state)에서 일인당 산출량은 4이다.
- ㄴ. 자본소득분배율과 노동소득분배율은 같다.
- ㄷ. 균제상태에서 황금률(golden rule)이 달성되고 있다.

① ㄱ   ② ㄴ

③ ㄱ, ㄴ   ④ ㄴ, ㄷ

⑤ ㄱ, ㄴ, ㄷ

답 ③

정답해설

ㄱ. 솔로우 모형의 균제상태 $sf(k) = (n+d)k$에 문제에 제시된 수치를 대입한다. $0.12\sqrt{k} = (0.01 + 0.02)k$이다. $4\sqrt{k} = k$에서 $\sqrt{k} = 4$이고 $k = 16$이다. 따라서 균제상태에서의 1인당 산출량 $y = \sqrt{k} = \sqrt{16} = 4$이다.

ㄴ. 1인당 생산함수가 $y = k^{\frac{1}{2}}$이므로 총생산함수는 $Y = K^{\frac{1}{2}}L^{\frac{1}{2}}$이다. 따라서 자본소득분배율과 노동소득분배율은 같다.

ㄷ. 자본축적의 황금률에서는 $f'(k) = n + d$가 성립한다. 먼저 1인당 생산함수 y를 k에 관해서 미분하면

$\dfrac{dy}{dk} = \dfrac{1}{2}k^{-\frac{1}{2}} = \dfrac{1}{2\sqrt{k}}$ 이므로 황금률에서는 $\dfrac{1}{2\sqrt{k}} = (0.01 + 0.02)$가 성립한다.

여기서 $\sqrt{k} = \dfrac{1}{0.06}$이고, $k = \dfrac{1}{0.0036} = 278$이다. 균제상태에서의 자본량 $k = 16$은 황금률의 자본량에 미치지 못한다.

10 솔로우(Solow) 경제성장모형에서 1인당 생산함수는 $y = 2k^{\frac{1}{2}}$이다. 감가상각률이 0.2, 인구증가율과 기술진보율이 모두 0이라면, 이 경제의 1인당 소비의 황금률 수준(golden rule level)은? (단, y는 1인당 생산, k는 1인당 자본량이다.) **[27회 기출]**

① 2

② 5

③ 10

④ 2

⑤ 100

답 ②

정답해설

솔로우(Solow) 경제성장모형에서 인구증가율과 기술진보율이 모두 0인 경우 자본축적의 황금률에서는 $MP_K = d$가 성립한다. $MP_K = k^{-\frac{1}{2}} = \dfrac{1}{\sqrt{k}}$이다. 황금률에서의 1인당 자본량을 구하기 위해 $MP_K = d$로 하면 $\dfrac{1}{\sqrt{k}} = 0.2$이고 $k = 25$이다. 이를 1인당 생산함수에 대입하면 1인당 생산량은 $y = 10$이다.

1인당 생산함수를 기초로 총생산함수를 구하면 $Y = 2K^{\frac{1}{2}}L^{\frac{1}{2}}$이다. 노동소득분배율은 50%이므로 황금률에서의 1인당 소비는 $10 \times \dfrac{1}{2} = 5$이다.

11 기술진보가 없는 솔로우(Solow)의 경제성장모형에서 1인당 생산함수는 $y = k^{0.2}$, 저축률은 0.4, 자본의 감가상각률은 0.15, 인구증가율은 0.05이다. 현재 경제가 균제상태(steady state)일 때 다음 중 옳은 것을 모두 고른 것은? (단, y는 1인당 생산량, k는 1인당 자본량이다.) **[28회 기출]**

> ㄱ. 현재 균제상태의 1인당 자본량은 황금률 수준(golden rule level)의 1인당 자본량보다 작다.
> ㄴ. 황금률을 달성시키는 저축률은 0.20이다.
> ㄷ. 인구증가율이 증가하면 황금률 수준의 1인당 자본량도 증가한다.
> ㄹ. 감가상각률이 증가하면 황금률 수준의 1인당 자본량은 감소한다.

① ㄱ, ㄴ   ② ㄱ, ㄷ
③ ㄴ, ㄹ   ④ ㄱ, ㄴ, ㄹ
⑤ ㄴ, ㄷ, ㄹ

답 ③

┃ 정답해설 ┃

ㄱ, ㄴ. 1인당 생산함수가 $y = k^{0.2}$이므로 $(\frac{Y}{L}) = (\frac{K}{L})^{0.2}$이고, 양변에 L을 곱해 주면 총생산함수는 $Y = K^{0.2} L^{0.8}$이다. 황금률에서는 노동소득분배율이 소비율과 같으므로 저축률은 0.2이다. 제시된 저축률은 0.4이므로 황금률보다 높은 수준이다.

ㄷ, ㄹ. 1인당 생산함수를 k에 대해 미분하면 $f'(k) = 0.2k^{-0.8} = \dfrac{0.2}{k^{0.8}}$이다. 황금률에서의 1인당 자본량을 구하기 위해 $f'(k) = n + d$로 두면 $\dfrac{0.2}{k^{0.8}} = (n + d)$이다. 이로부터 $k^{0.8} = \dfrac{0.2}{n+d}$, $k = (\dfrac{0.2}{n+d})^{\frac{5}{4}}$의 관계가 도출된다. 이 관계로부터 n이나 d가 상승하면 황금률에서의 1인당 자본량이 감소한다는 것을 알 수 있다.

12 갑국의 생산함수는 $Y = AK^{0.5}L^{0.5}$ 이다. 자본량과 노동량의 증가율은 각각 4%와 −2%이고 총생산량 증가율이 5%라면, 솔로우 잔차(Solow residual)는? (단, Y는 총생산량, K는 자본량, L은 노동량, $A > 0$ 이다.) **[35회 기출]**

① 1%

② 2%

③ 3%

④ 4%

⑤ 5%

답 ④

┃ 정답해설 ┃

생산함수를 변화율로 정리하면, $Y = AK^{0.5}L^{0.5}$ 에서 $\dfrac{\triangle Y}{Y} = \dfrac{\triangle A}{A} + 0.5\dfrac{\triangle K}{K} + 0.5\dfrac{\triangle L}{L}$ 이다.

$5\% = \dfrac{\triangle A}{A} + 0.5 \times 4\% + 0.5 \times (-2\%)$, $\therefore \dfrac{\triangle A}{A} = 4\%$

13 인적자본과 실물자본이 갖는 경합성과 배제가능성을 바탕으로 R&D 모형만으로 설명하기 어려웠던 국가 간 지속적인 성장률 격차를 설명하는데 유용한 모형은?

① 물적 · 인적자본의 동시축적 모형

② 지식자본의 외부효과 모형

③ 학습효과 모형

④ 루카스(Lucas)의 인적자본 모형

⑤ 로머(Romer)의 모형

답 ④

┃ 정답해설 ┃

R&D 모형만으로 설명하기 어려웠던 국가간 지속적인 성장률 격차를 설명하는데 유용한 모형은 루카스의 인적자본 모형이다.

14 경제성장과 관련된 다음 주장 중 옳지 <u>않은</u> 것은?

① 생활수준의 향상을 양적인 성장으로 측정하고자 할 때 대표적으로 쓰이는 지표는 명목 국민소득의 증가율이다.

② 성장회계를 통하여 경제성장 요인을 분해하면 노동투입의 증가로 인한 기여분, 자본투입의 증가로 인한 기여분, 총요소생산성의 증가로 나눌 수 있다.

③ 솔로우 경제성장모형에서 균제상태(steady state)에 도달하기 전에는 소득이 증가함에 따라 성장률이 하락한다.

④ 전체인구 중 취업자 비중이 동일하고 일인당 노동시간이 동일하다면, 일인당 평균 노동생산성이 높을수록 일인당 국민소득이 높다.

⑤ 두 나라의 근로자 일인당 국민소득이 동일하다면 전체인구 중 취업자 비중이 높은 나라의 일인당 국민소득이 더 높다.

답 ①

▌정답해설▐

생활수준의 향상을 양적인 성장으로 측정하고자 할 때 대표적으로 쓰이는 지표는 (명목국민소득이 아니라) 실질국민소득의 증가율이다.

15 내생적 성장이론(endogenous growth theory)이 주장하는 지속적 성장의 요인은?

① 인적자본, 연구-개발 투자

② 인구성장률, 한계저축성향

③ 자본계수, 자본-노동 비율

④ 인구성장률, 자본계수

⑤ 1인당 최적소비

답 ①

▌정답해설▐

내생적 성장이론에 의하면 가계, 기업, 정부가 모두 노동의 생산성을 높이는데 주력할 때 경제성장률이 높아진다. 즉, 가계는 소득의 일부를 자신의 능력을 계발하는 상품을 소비하는데 지출함으로써 노동의 생산성이 높아지고 그럼으로써 경제성장에 필요한 인적자본을 공급할 수 있다.

기업은 인적자본과 물적자본(첨단시설)에 대한 투자를 함으로써 학습효과(learning-by-doing)를 높인다. 이를 위해서 인재를 양성하고 고급노동자를 확보한다.

정부는 세율을 낮춤으로써 기업의 조세부담을 줄인다. 그러려면 정부 지출이 감소해야 한다. 그러나 인적자본을 구축하는데 필요한 이른바 생산성 지출은 높임으로써 인적자본(human capital)을 구축한다.

16 내생적 성장이론에 대한 다음 설명 중 가장 옳지 <u>않은</u> 것은?

① 장기적으로 지속적 성장을 위해서는 생산함수가 모든 투입요소에 대하여 한계생산 체감을 보이지 않아야 한다.

② R&D모형에 의하면 비경합성과 배제가능성을 갖는 지식의 축적으로 지속적 성장이 가능해진다.

③ 인적자본모형에 의하면 효율적인 교육정책은 경제성장률을 영구적으로 높일 수 있다.

④ 물적자본과 인적자본의 동시축적으로 자본의 한계생산성이 체감하지 않도록 함으로써 1인당 소득의 지속적 증가를 설명할 수 있다.

⑤ 가난한 나라와 부유한 나라의 1인당 소득수준이 장기적으로 수렴하지 않는 현상을 설명할 수 있다.

답 ①

┃정답해설┃

생산함수는 모든 투입요소에 대하여 한계생산 체감을 보일 수밖에 없다. 이러한 상황에서 장기적으로 지속적 성장을 위해서는 R&D를 통해서 생산성을 높임으로써 한계생산 체감을 극복해야 한다.

17 다음 중 내생적 성장이론에 대한 설명으로 옳지 <u>않은</u> 것은?

① 루카스(R. Lucas)의 인적자본 모형에 의하면 교육 또는 기술습득의 효율성이 장기 경제성장률에는 영향을 미치지 못한다.

② 각국의 지속적인 성장률 격차를 모형 안의 내생변수의 상호작용에 의해 설명하는 이론이다.

③ 로머(P. Romer)의 R&D모형에 의하면 연구인력의 증가만으로도 장기 경제성장률을 높일 수 있다.

④ R&D 모형에 의하면 비경합성과 배제가능성을 갖는 지식의 축적으로 지속적 성장이 가능해진다.

⑤ AK모형에서 지속적인 성장이 가능한 것은 자본의 외부경제성으로 인해 자본의 한계생산이 체감하지 않기 때문이다.

답 ①

┃정답해설┃

루카스(R. Lucas)는 인적자본의 축적이 장기 경제성장률을 결정하는 가장 중요한 요인이라고 주장한다.

18 인구 증가와 기술진보가 없는 솔로우(Solow) 경제성장모형에서 1인당 생산함수는 $y = 5k^{0.4}$, 자본의 감가상각률은 0.2일 때, 황금률(Golden rule)을 달성하게 하는 저축률은? (단, y는 1인당 생산량, k는 1인당 자본량이다.) **[33회 기출]**

① 0.1

② 0.2

③ 0.25

④ 0.4

⑤ 0.8

답 ④

▌정답해설▐

1인당 생산함수가 $y = 5k^{0.4} = \left(\dfrac{Y}{L}\right) = 5\left(\dfrac{K}{L}\right)^{0.4}$ 이므로 양변에 L을 곱해주면 총생산함수는 $Y = 5K^{0.4}L^{0.6}$ 이다. 황금률에서는 노동소득 분배율이 소비율과 같고, 저축율이 자본소득 분배율과 일치하므로 황금률 수준에서의 저축률은 0.4이다.

---

19 경제성장모형인 $Y = AK$ 모형에서 A는 0.5이고 저축률은 s, 감가상각률은 δ일 때 이에 관한 설명으로 옳은 것은? (단, Y는 생산량, K는 자본량, $0 < s < 1$, $0 < \delta < 1$이다.) **[33회 기출]**

① 자본의 한계생산은 체감한다.

② $\delta = 0.1$이고 $s = 0.4$이면 경제는 지속적으로 성장한다.

③ 감가상각률이 자본의 한계생산과 동일하면 경제는 지속적으로 성장한다.

④ $\delta = s$이면 경제는 균제상태(steady-tate)이다.

⑤ 자본의 한계생산이 자본의 평균생산보다 크다.

답 ②

▌정답해설▐

② AK 모형에서 자본축적 증가율 $\dfrac{\Delta K}{K} = \dfrac{\Delta Y}{Y} = sA - \delta > 0$이면 지속적인 성장이 가능하다.

① AK 모형에서는 자본의 한계생산은 자본이 축적되어도 체감하지 않고 $Y = AK$에서 A로 일정하다.

③ 감가상각률 보다 자본의 한계생산과 커야만 경제는 지속적으로 성장할 수 있다.

⑤ 자본의 한계생산이 일정하므로 자본의 한계생산과 자본의 평균생산은 같다.

20 갑국의 생산함수는 $Y = AL^{0.6}K^{0.4}$이다. 총요소생산성 증가율은 5%이고, 노동량과 자본량 증가율은 각각 −2%와 5%일 경우, 성장회계에 따른 노동량 1단위당 생산량 증가율은? (단, Y는 총생산량, A는 총요소생산성, L은 노동량, K는 자본량이다.) **[33회 기출]**

① 5%

② 5.5%

③ 6.2%

④ 7.2%

⑤ 7.8%

답 ⑤

▌정답해설▐

총생산함수를 증가율에 관한 식으로 바꾸면 성장회계방정식이 된다. 즉, $\frac{\Delta Y}{Y} = \frac{\Delta A}{A} + 0.6\frac{\Delta L}{L} + 0.4\frac{\Delta K}{K}$ 이다.

여기에 주어진 조건들을 대입하여 정리하면 생산량 증가율($\frac{\Delta Y}{Y}$)=5.8%이고, 노동자 1인당 생산량 증가율은 생산량 증가율(5.8%)에서 노동량 증가율(−2%)을 빼면 7.8%이다.

---

21 솔로우(Solow) 성장모형에 따를 때 저축의 증가가 지속적인 성장을 초래하지 <u>않는</u> 원인은? **[25회 기출]**

① 자본의 한계생산성 감소

② 자본의 한계생산성 증가

③ 노동의 한계생산성 감소

④ 노동의 한계생산성 증가

⑤ 노동의 한계생산성 불변

답 ①

▌정답해설▐

솔로우 성장모형에서 저축률이 상승해도 지속적으로 경제성장률이 높아지지 않는 것은 자본에 대해 수확체감, 즉 자본의 한계생산성이 감소하기 때문이다.

솔로우 모형에서 저축률이 상승하면 저축이 증가하고, 그로 인해 투자가 증가하여 1인당 자본량(k)이 증가하고 1인당 소득(y)도 증가한다. 그런데 k가 증가하면 자본의 한계생산성이 지속적으로 감소하므로 새로운 균제상태(steady state)에 도달하면 경제성장률은 최초의 균제상태와 같아진다.

22 생산함수가 $Y = AK^{0.7}L^{0.3}$인 경제에서 총요소생산성(A)이 2%, 자본투입량(K)이 10%, 노동투입량(L)이 5% 증가한다면 노동자 1인당 소득의 증가율은 얼마인가? **[25회 기출]**

① 3.5%   ② 5.5%

③ 7.0%   ④ 9.0%

⑤ 10.5%

답 ②

┃정답해설┃

노동자 1인당 소득의 증가율을 구해야 하므로 주어진 함수를 증가율 형태로 바꾼 후 $\dfrac{\Delta A}{A} = 2\%$, $\dfrac{\Delta K}{K} = 10\%$,

$\dfrac{\Delta L}{L} = 5\%$를 대입하면 $\dfrac{\Delta Y}{Y} = 10.5\%$가 된다.

따라서 $\dfrac{\Delta Y}{Y} = \dfrac{\Delta A}{A} + 0.7(\dfrac{\Delta K}{K}) + 0.3(\dfrac{\Delta L}{L}) = 2\% + (0.7 \times 10\%) + (0.3 \times 5\%) = 10.5\%$이다.

경제성장률이 10.5%이고 노동증가율이 5%이므로 노동자 1인당 소득의 증가율 = 10.5% − 5% = 5.5%이다.

23 솔로우(Solow) 성장모형에서 1인당 생산함수 $y = k^{\frac{1}{2}}$ 이다. 저축률이 0.2, 감가상각률이 0.1, 인구증가율과 기술진보율은 모두 0이라면, 이 경제의 균제상태(steady state)의 1인당 자본스톡의 값은? (단, y는 1인당 생산, k는 1인당 자본스톡이다.) **[25회 기출]**

① 1   ② $2^{\frac{1}{2}}$

③ 2   ④ 4

⑤ 8

답 ④

┃정답해설┃

1인당 생산함수 $y = k^{1/2} = \sqrt{k}$, $s = 0.2, d = 0.1$을 $sf(k) = dk$에 대입하면 $0.2\sqrt{k} = 0.1k$, $\sqrt{k} = 2$, $k = 4$이다. 따라서 균제상태(steady state)의 1인당 자본스톡의 값은 $k = 4$이다.

모든 일에 있어서, 시간이 부족하지 않을까를 걱정하지 말고,

다만 내가 마음을 바쳐 최선을 다할 수 있을지, 그것을 걱정하라.

– 정조 –

제3편

국제경제학

출제경향 및 수험대책

최근 국제경제학에서는 3~5문제(10% 정도)가 출제되고 있다. 국제무역에서는 비교우위론, 헥셔-올린 정리, 관세부과의 일반적 효과와 사회후생에 미치는 영향, 교역조건 등이 자주 출제되고 있다. 기본적인 내용만 정리해두면 어렵지 않게 풀 수 있는 수준의 문제들이다. 환율 및 국제수지분야에서는 환율결정이론, 환율과 원화가치, 국제수지표, 먼델-플레밍 모형 등이 자주 출제된다. 최근에는 미시경제학과 거시경제학의 이론을 개방경제로 확장한 문제도 출제되고 있으나 크게 어려운 내용은 아니다.

CHAPTER 01 국제무역

출제포인트

□ 비교우위론
□ 관세부과가 사회후생에 미치는 효과
  (소비자잉여, 생산자잉여, 경제적 순손실의 변화 등)
□ 교역조건 계산

□ 헥셔–올린 정리
□ 관세부과의 일반적 효과

□ 수입할당제

제1절 국제무역의 의의

1. 국제무역

(1) 국제무역의 특징

국제무역(international trade)은 국내거래와는 달리 다음과 같은 몇 가지 차이점을 지니고 있다.

① 거래 당사자 간에 화폐단위의 차이가 있기 때문에 이로 인해 각국화폐 간의 교환비율, 즉 환율문제가 발생한다.

② 생산물의 국가 간의 이동은 비교적 자유로우나 생산요소의 국가 간의 이동은 제한적이다. 그러므로 전통적인 국제경제이론은 생산요소의 비이동성(immobility)을 가정한다.

③ 국제무역은 국민경제에 대해 국제수지의 문제를 야기한다. 대부분의 국가에서 국제수지의 균형은 주요 경제정책 목표의 하나이다.

(2) 국제무역의 분류

국제무역, 즉 국제거래는 크게 재화 및 서비스의 거래와 생산요소의 거래로 구분할 수 있다. 재화 및 서비스의 거래는 다시 재화(상품)의 거래와 서비스의 거래로 구분한다. 흔히 재화의 거래를 보이는 무역(visible trade)이라고 하고 서비스의 거래를 보이지 않는 무역(invisible trade)라고 한다. 그리고 생산요소의 거래는 노동이나 자본, 기술의 이동 등을 의미한다.

2. 국제무역의 발생원리

(1) 국제경제의 형성

교환(exchange)은 교환당사자 모두에게 이익을 주기 때문에 발생한다. 국제무역에서는 분업의 정도가 더 현저하므로 국내교역에 비해 더 큰 이익을 준다. 국제경제(international economy)는 자본주의의 발전, 교통 및 통신의 발전, 산업혁명으로 생산 및 교환의 영역이 확대되고 국가 간의 교역이 증대함에 따라 형성되었다.

(2) 국제무역의 발생 원리

국제무역이 발생하는 가장 큰 이유는 무역을 통해 무역 당사국이 모두 이익을 얻기 때문이다. 무역 당사국이 모두 이익을 얻게 만드는 요인으로는 생산조건의 차이, 규모의 경제, 기호의 차이 등을 들 수 있다.

① 나라마다 토지, 천연자원, 노동 등 생산요소 부존량과 기술수준 등 생산조건의 차이가 있기 때문에 무역은 당사국 모두에게 이익을 준다. 스웨덴의 경제학자인 헥셔(E. Heckscher)와 올린(B. Ohlin)은 두 나라 사이에 다른 모든 조건이 같더라도 생산요소의 부존량이 다르면 무역이 일어난다는 것을 보였다.

② 수출을 위해 생산량을 늘리면 규모의 경제가 발생하여 평균생산비를 감소시킨다. 규모의 경제는 산업내 무역(intra-industry trade), 즉 한 산업 안에서도 수출과 수입이 일어나는 것을 설명할 수 있다.[1]

③ 모든 국가에서 생산조건이 같다고 해도 재화에 대한 소비자의 기호(taste)가 다르면 무역을 통해 이익을 얻을 수 있다.

제2절 국제무역의 이익

1. 절대우위설

(1) 절대우위설

스미스의 절대우위설(theory of absolute advantage)은 각국이 다른 나라에 비해 생산비가 적게 드는 상품만을 생산하여 교환하면 무역 당사국 모두 이익을 얻는다는 것이다.

(2) 절대우위의 예

한 나라가 어떤 상품 1단위를 생산하는 데 다른 나라보다 적은 양의 생산요소를 사용할 때 그 나라는 다른 나라에 대하여 그 상품생산에 절대우위를 가진다고 한다. 예컨대 영국과 포르투갈이 옷감과 와인 1단위를 생산할 때 투입되는 노동량이 다음 [표]와 같다고 하자.

구분	옷감	와인
영국	8단위	10단위
포르투갈	12단위	9단위

이 경우 영국의 옷감생산비는 포르투갈의 2/3 수준이고, 포르투갈의 와인생산비는 영국의 9/10 수준이다. 따라서 영국은 옷감생산에 절대우위를 가지고 포르투갈은 와인생산에 절대우위를 가진다고 한다. 그러므로 영국은 옷감만 생산하고 포르투갈은 와인만 생산하여 두 나라가 교환하면 두 나라 모두 이익을 얻는다는 이론이 절대우위설이다.

> **더 알아보기** 교역조건
>
> 교역조건(terms of trade, T/T)은 수출품 1단위와 교환되는 수입품의 단위수를 말한다. 교역조건은 보통 '수출품 가격지수/수입품 가격지수'로 나타내는 데 100을 넘으면 수출국에 유리한 것이다.

---

[1] 전통적으로 국제무역은 산업간 무역이 중심을 이루었다. 그러나 근래에는 산업내 무역이 보편적으로 행해지고 있다. 산업간 무역(inter-industry trade)은 예컨대 미국의 자동차와 우리나라의 섬유제품을 서로 교환하는 형태이다. 반면 산업내 무역(intra-industry trade)은 미국이 자동차와 섬유제품을 우리나라에 수출하고, 우리나라도 마찬가지로 자동차와 섬유제품을 미국에 수출하는 경우를 말한다.

2. 비교우위설

(1) 비교우위

① 한 나라가 다른 나라보다 어떤 상품을 상대적으로 적은 기회비용으로 생산할 수 있을 때 그 나라는 그 상품생산에 비교우위(comparative advantage)가 있다고 한다.

② 절대우위는 두 나라의 생산성을 비교하는 개념인데 비해 비교우위는 두 나라의 기회비용을 비교하는 개념으로 사용된다.

(2) 비교우위설

① 리카도(D. Ricardo)의 비교우위설(theory of comparative advantage)은 생산비에 절대우위가 없어도 상대적인 우위, 즉 비교우위가 있는 상품 생산에 전문화 또는 특화(specialization)하여 교환(무역)을 하게 되면 무역 당사국이 모두 이익을 얻는다는 것을 말한다.

② 비교우위는 노동생산성의 차이에서 발생하지만, 실제로는 기술이나 생산요소 부존(endowment)의 차이로 인한 상대적 생산비의 차이가 원인이 된다.

(3) 비교우위의 예

① 영국과 포르투갈이 각각 옷감과 와인 1단위를 생산할 때 투입되는 노동량이 다음 [표]와 같다.

구분	옷감	와인
영국	8단위	9단위
포르투갈	12단위	10단위

② 이 경우 영국은 옷감생산과 와인생산 모두에 절대우위를 가지고 있다. 스미스의 절대우위설에 따르면 한 나라가 두 재화생산 모두에 절대우위를 가지고 있으므로 무역은 일어나지 않는다.

③ 그러나 리카도의 비교우위설에 따르면 포르투갈과 비교할 때 영국의 옷감생산비는 8/12(=67%)이고 와인생산비는 9/10(=90%)이므로 영국은 옷감생산에 23%의 비교우위가 있다.

④ 반면 영국과 비교할 때 포르투갈의 와인생산비는 10/9(=111%)이고 옷감생산비는 12/8(=150%)이므로 포르투갈은 와인생산에 39%의 비교우위가 있다.

⑤ 이제 두 나라는 비교우위가 있는 상품생산에 특화하여 두 나라가 교환하면 두 나라 모두 이익을 얻게 된다.

⑥ 이처럼 비교우위가 있는 상품만 생산하고 비교열위가 있는 상품은 전혀 생산하지 않는 것을 완전특화(complete specialization)라고 한다. 반면 비교우위가 있는 상품을 주로 생산하면서 비교열위가 있는 상품도 함께 생산할 때 부분특화라고 한다. 스미스의 절대우위설과 리카도의 비교우위설은 완전특화를 전제로 한 이론이다. 그리고 헥셔-올린 정리는 부분특화를 전제로 한다.

(4) 비교우위론의 평가

리카도의 비교우위설은 주어진 가정, 즉 임금과 가격이 신축적으로 조정되고, 생산요소의 이동성(mobility)이 완전하며, 비자발적 실업이 없는 경우에는 타당하지만 다음과 같은 한계를 가지고 있다.

① 이 이론은 노동가치설에 입각하여 생산요소로서 노동만이 투입된다는 가정에 입각하고 있는데 이는 비현실적이다.

② 생산요소 투입에서의 수확체감의 법칙을 무시하고 있다는 한계가 있다.

③ 교역국 전체에는 이익이지만 교역국의 국민은 이익을 보지 못하고 실업이 발생할 가능성이 있다.

④ 오늘날의 무역 추세는 산업간 무역(inter-industry trade)에서 산업내 무역(intra-industry trade)으로 변화하고 있기 때문에 따라서 비교우위설의 이론적 타당성은 줄어든다.

⑤ 비교우위가 있는 상품생산에만 특화하는 경우 후진국은 1차 산업만 육성해야 하는데 그렇다면 후진국의 공업화는 어려워진다.

⑥ 비교우위설은 정태(static) 이론이다. 그러나 비교우위는 계속 변화하므로 설득력이 떨어진다.

3. 헥셔-올린 정리

(1) 헥셔-올린 정리의 의의

① 스웨덴의 경제학자인 헥셔(E. Heckscher)와 올린(B. Ohlin)은 리카도의 노동가치설에 입각한 비교우위설을 발전시켜, 노동 이외에도 자본 등 모든 생산요소를 투입한다고 했을 때 무역이 이루어지는 원리를 설명하는 데 이를 헥셔-올린 정리(Heckscher-Ohlin theorem)라고 한다.

② 리카도는 노동생산성의 차이로부터 비교우위가 발생한다고 했지만, 헥셔-올린 정리에서는 각국의 서로 다른 생산요소의 부존량의 차이와 요소집약도의 차이에서 비교우위가 발생한다고 본다.

(2) 헥셔-올린 정리의 가정

① 2국가-2재화-2생산요소의 무역모형을 전제로 한다.

② 두 나라의 생산기술, 즉 생산함수는 동일하다.

③ 생산함수는 규모에 대한 수익 불변의 생산함수이고 수확체감의 법칙이 작용한다.

④ 두 나라는 어느 한 상품에 완전 특화하지는 않는다. 즉 부분 특화한다.

⑤ 생산물 시장과 생산요소 시장은 완전경쟁시장이다.

⑥ 두 나라 사이에 생산요소의 부존량은 다르고, 양국간 생산요소의 이동은 없다.

⑦ 두 나라의 수요패턴은 같다.

(3) 헥셔-올린 정리의 내용

헥셔-올린 정리의 결론은 두 가지로 요약해 볼 수 있다.

① 노동이 상대적으로 풍부한 국가는 노동집약적 상품생산에 특화하여 수출하고 자본이 상대적으로 풍부한 국가는 자본집약적 상품생산에 특화하여 수출하면 두 나라는 모두 무역을 통해서 이익을 얻게 된다.

② 생산요소가 국가 간에 이동하지 않더라도 상품의 교환에 의해 생산요소의 가격이 국가 간에 같아져 생산요소의 이동이 있는 것과 동일한 결과를 가져온다. 이를 요소가격 균등화 정리라고 한다.

4. 기타 무역이론

(1) 스톨퍼-새뮤얼슨 정리

① 스톨퍼-새뮤얼슨(Stolper-Samuelson) 정리는 어느 한 재화의 상대가격이 상승하면 그 재화에 집약적으로 사용된 생산요소의 가격을 재화가격의 상승에 비해 더 높게 상승시키며, 다른 생산요소의 가격은 절대적으로 하락하게 된다는 자본과 노동의 실질소득 변화에 관한 이론이다.

② 따라서 자유무역을 하게 되면 노동집약적인 상품을 수출하는 국가에서는 노동자의 실질소득이 증가하고, 자본집약적인 상품을 수출하는 국가에서는 자본가의 실질소득이 증가한다는 것이다.

(2) 립진스키 정리

립진스키(Rybczynski) 정리는 모든 재화의 상대가격이 일정불변인 경우에 어느 한 생산요소의 공급이 증가하면 그 생산요소를 집약적으로 사용하는 재화의 생산량은 증가하고, 다른 요소를 집약적으로 사용하는 재화의 생산량은 감소한다는 이론이다.

제3절 무역정책

1. 자유무역주의

(1) 자유무역주의의 뜻

① 자유무역주의는 비교우위설에 입각하여 국가가 간섭하지 말고 무역을 자유롭게 방임해야한다는 주장이다. 전통적인 경제학, 즉 고전학파와 신고전학파의 기본 입장이다.

② 그 이론적 근거는 스미스(A. Smith)의 절대우위설, 리카도(D Ricardo)의 비교우위설, 헥셔-올린(Hecksher-Ohlin) 정리 등에 두고 있다.

(2) 자유무역의 이점 [기출] 33회

① 자유무역은 각국이 비교우위를 가진 상품만을 생산하여 교환하므로 국제분업의 이익이 실현되고 국가 간에 자원의 효율적인 배분이 이루어진다. 또한 소비자 후생이 증가하고 사회전체의 후생도 증가한다.

② 자유무역의 이익을 다음 〈그림〉을 통해서 살펴보자.

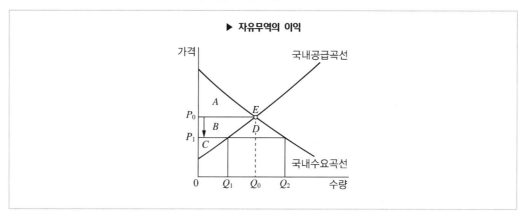

▶ 자유무역의 이익

③ 무역이 없는 경우 E에서 균형을 이루고 P_0의 가격으로 Q_0만큼의 거래가 이루어진다. 수입이 개방되면 P_1의 세계시장 가격으로 수입이 이루어지는 데 여기서 P_1은 국내수요에 의해 영향을 받지 않으므로 수평이다. 국내상품의 가격도 P_1으로 하락하고, P_1의 가격에서 국내기업은 $0Q_1$을 생산하여 판매한다. 수요자들은 $0Q_2$를 수요하므로 따라서 공급부족량 Q_1Q_2를 수입한다.

④ 이 경우 소비자잉여는 $B+D$만큼 증가하고, 생산자잉여는 B만큼 감소하므로 따라서 D만큼의 순수한 사회후생 증가가 발생한다.

2. 보호무역주의

(1) 보호무역주의의 의미

보호무역주의는 국가산업을 보호, 육성하기 위하여 국가가 적극적으로 수출을 장려하고 수입을 제한해야 한다는 주장을 말한다.

(2) 보호무역론의 근거 `기출` 34회

① 유치산업 보호론 : 독일의 역사학파 경제학자인 리스트(F. List)는 유치산업(infant industry)이 국제경 쟁력(비교우위)을 갖게 될 때까지 국가가 수입제한을 통해 보호해야 한다고 주장한다.

② 정부 관세수입의 증대 : 정부의 관세수입 증대를 위해 수입상품에 대해 관세를 부과해야 한다는 주장이다.

③ 교역조건의 개선 : 수입관세를 부과하여 교역조건(terms of trade)을 개선해야 한다는 주장이다. 이 경우 상대국도 보복관세를 부과하면 관세전쟁이 일어나고 무역규모 축소될 수도 있다.

④ 비경제적 목적 : 대외의존도의 심화 방지, 국방산업의 확보, 국민의 자존심이 걸린 산업 등의 보호 등도 보호무역의 근거가 된다.

(3) 신보호주의

1970년대 중반이후 선진국들이 주로 신흥 공업국(NICs)를 상대로 유치산업이 아닌 자국의 산업을 보호하기 위해 보호무역정책을 실시하였는데 이를 신보호주의라고 한다. 신보호주의는 주로 비관세 수단을 통해 보호 무역을 실시하였다.

(4) 보호무역 정책수단

보호무역의 정책수단은 크게 간접 통제수단과 직접 통제수단으로 구분한다.

① 간접 통제수단은 수출상품과 수입상품의 가격조정을 통해 무역을 규제하는 것으로 관세, 과징금, 보조금, 복수 환율제 등이 있다.

② 직접 통제수단은 특정한 상품의 수출입량을 직접 규제하는 것으로 수입허가제, 수입할당제, 국영 무역 등이 있다. 직접 통제수단은 국가 간의 자원배분을 비효율적으로 만드는 결과를 초래한다.

3. 관세

(1) 관세의 의의

관세(tariff)는 수입을 억제하기 위해 높은 세율로 수입상품에 대해 부과된다. 후진국의 소비억제를 위해서도 관세가 이용된다. 관세는 일반적으로 수입품의 수입가격에 일정비율로 과세하는 종가세(ad valorem tax)의 형태이다.

(2) 관세의 경제적 효과

아래 〈그림〉에서와 같이 수입품 단위당 t원씩의 관세를 부과하면 세계공급곡선은 P_1에서 수평이 된다. 관세 만큼 가격이 상승했기 때문에 국내기업의 공급량은 Q_3Q_1만큼 증가하여 $0Q_1$으로 증가하고 수요량은 Q_4Q_2만 큼 감소하여 $0Q_2$로 감소하였다. 따라서 수입량은 Q_1Q_2로 감소하였다. 관세부과의 효과를 정리해보면 다음 과 같다.

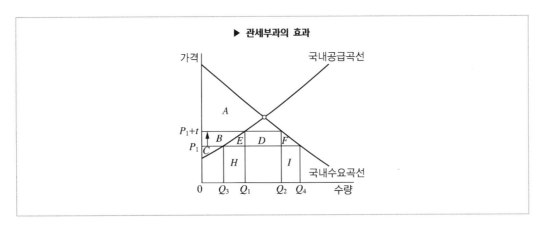

▶ 관세부과의 효과

① **산출량 증가효과** : 관세를 부과하면 국내생산량은 $Q_1 Q_3$만큼 증가하고 고용도 증가한다. 이를 관세의 고용증대 효과, 국내산업 보호 효과라고 한다.

② **소비억제효과** : 관세가 부과되어 수입상품의 국내가격이 높아짐에 따라 $Q_4 Q_2$만큼 국내소비가 감소한다.

③ **재정수입 증대효과** : 정부의 재정수입이 사각형 D만큼 증가한다.

④ **국제수지 개선효과** : 관세부과로 수입이 $Q_1 Q_3 + Q_4 Q_2$만큼 감소하여 수입액도 $H + I$만큼 감소하는데 그만큼 국제수지가 개선된 것이다.

⑤ **교역조건 개선효과** : 관세가 부과되면 교역조건은 개선된다.

⑥ **소비자 잉여 및 사회후생의 손실효과** : 관세가 부과되면 수입상품의 가격이 P_1으로 상승하므로 소비자 잉여는 $B + E + D + F$만큼 감소한다. 그러나 이중 B만큼은 국내 생산자 잉여의 증가, D는 재정수입이므로 사회후생의 순손실(deadweight loss)이 $E + F$만큼 발생한다.

⑦ **소득의 재분배효과** : 관세 부과로 소비자 부담은 증가하지만 생산자나 정부는 이익을 본다. 따라서 관세는 소득을 소비자로부터 정부와 생산자로 재분배한다.

(3) 탄력관세제도

탄력관세제도는 국제경제의 변화에 민감하게 대응할 수 있도록 관세율의 범위를 정해놓고 필요에 따라 관세율을 변화시킬 수 있는 제도를 의미한다.

① **상계관세(countervailing duties)** : 수출국이 수출산업에 주는 수출 장려금, 보조금을 상계하기 위한 관세이다.

② **보복관세(retaliatory duties)** : 상대국이 자국의 수출상품에 대해 차별대우를 하는 경우, 상대국의 수입상품에 대해 보복적으로 부과하는 관세이다.

③ **반(反)덤핑관세(anti dumping duties)** : 생산원가 이하로 수출하는 수출국의 상품에 부과하는 관세이다.

④ **기타** : 긴급관세, 물가평형 관세, 관세할당제 등이 있다.

01 소국 개방경제(small open economy)인 A국이 해외로부터의 수입 농산물에 관세를 부과할 때 나타나는 현상으로 옳은 것을 모두 고르면? (단, 국내산 농산물과 수입 농산물은 동질적이다. 또한 농산물에 대한 A국의 국내 수요곡선은 우하향하고, 국내 공급곡선은 우상향한다고 가정한다.)

> ㄱ. A국에서 국내 생산에 의한 농산물 공급량이 감소한다.
> ㄴ. A국에서 해외로부터의 농산물 수입량이 감소한다.
> ㄷ. A국에서 생산자 잉여는 증가하고 소비자 잉여는 감소한다.

① ㄱ   ② ㄴ
③ ㄷ   ④ ㄱ, ㄴ
⑤ ㄴ, ㄷ

답 ⑤

┃ 정답해설 ┃

ㄱ. 소국 개방경제(small open economy)인 A국이 수입 농산물에 관세를 부과하면 그 농산물의 국내가격은 상승하고 국내 농산물 공급량은 증가한다.

ㄴ. 이로 인해 국내 생산량은 증가하고 국내 수요량은 감소한다. 국내 생산량의 증가분과 국내 수요량의 감소분을 더한 것만큼 수입량은 감소한다.

ㄷ. 국내가격이 상승하므로 생산자 잉여는 증가하고 소비자 잉여는 감소한다.

02 국제무역과 관련된 다음 설명 중 적절하지 <u>않은</u> 것은? (단, 국내 수요곡선은 우하향하고, 국내 공급곡선은 우상향하는 것으로 가정한다.)

① 관세를 부과하면 생산자의 후생은 감소하고 소비자의 후생은 증가한다.
② 비교우위론에 따르면 각 국가는 생산의 기회비용이 상대적으로 낮은 재화에 특화하는 것이 유리하다.
③ 헥셔-올린 정리에 따르면 각국은 상대적으로 풍부한 생산요소를 많이 사용하는 재화에 비교우위가 있다.
④ 수입쿼터를 부과하면 수입 한 단위당 국내가격과 국제가격의 차이에 해당하는 액수가 수입업자에게 돌아간다.
⑤ 유치산업보호론에 따르면 저개발국가의 기업들은 해외의 기업들과 경쟁할 수 있을 때까지 보호받아야 한다.

답 ①

┃정답해설┃
관세를 부과하면 국내 시장가격이 상승한다. 따라서 생산자잉여는 증가하고 소비자잉여는 감소한다. 정부의 관세수입은 증가하고, 사회후생의 손실(deadweight loss)이 발생한다.

03 A국은 자본이 상대적으로 풍부하고 B국은 노동이 상대적으로 풍부하다. 양국 간의 상품이동이 완전히 자유로워지고 양 국가가 부분 특화하는 경우, 헥셔-올린(Hecksher-Ohlin) 정리와 스톨퍼-새뮤얼슨(Stolper-Samuelson) 정리에서의 결과와 부합하는 것을 모두 고른 것은? **[28회 기출]**

> ㄱ. 두 국가의 자본가격은 같아진다.
> ㄴ. B국 자본가의 실질소득이 증가한다.
> ㄷ. A국 노동자의 실질소득이 감소하는 반면, B국 노동자의 실질소득은 증가한다.

① ㄱ
② ㄱ, ㄴ
③ ㄱ, ㄷ
④ ㄴ, ㄷ
⑤ ㄱ, ㄴ, ㄷ

답 ③

┃정답해설┃
ㄱ. 헥셔-올린 정리(Heckscher-Ohlin theorem)의 내용 중 하나인 요소가격 균등화 정리에 의하면 생산요소가 국가 간에 이동하지 않더라도 상품의 교환에 의해 생산요소의 가격이 국가 간에 같아져 생산요소의 이동이 있는 것과 동일한 결과를 가져온다.
ㄴ, ㄷ. 스톨퍼-새뮤얼슨(Stolper-Samuelson) 정리는 자유무역을 하게 되면 노동집약적인 상품을 수출하는 국가에서는 노동자의 실질소득이 증가하고, 자본집약적인 상품을 수출하는 국가에서는 자본가의 실질소득이 증가한다는 것이다. 노동이 풍부한 B국 노동자의 실질소득은 증가하지만 자본가의 실질소득은 감소한다.

04 A국은 자본이동이 완전히 자유로운 소규모 개방경제이다. 변동환율제도 하에서 A국의 거시경제모형이 다음과 같을 때, 정책효과에 관한 설명으로 옳지 <u>않은</u> 것은? (단, Y, M, r, e, p, r^*, p^*는 각각 국민소득, 통화량, 이자율, 명목환율, 물가, 외국이자율, 외국물가이다.) **[29회 기출]**

소비함수 : $C = 1000 + 0.5(Y - T)$

투자함수 : $I = 1200 - 10000r$

순수출 : $NX = 1000 - 1000\epsilon$

조세 : $T = 1000$

정부지출 : $G = 2000$

실질환율 : $\epsilon = e\dfrac{p}{p^*}$

실질화폐수요 : $L^D = 40 - 1000r + 0.01Y$

실질화폐공급 : $L^S = \dfrac{M}{p}$

$M = 5000$, $p = 100$, $p^* = 100$, $r^* = 0.02$

① 정부지출을 증가시켜도 균형소득은 변하지 않는다.

② 조세를 감면해도 균형소득은 변하지 않는다.

③ 통화공급을 증가시키면 균형소득은 증가한다.

④ 확장적 재정정책을 실시하면 e가 상승한다.

⑤ 확장적 통화정책을 실시하면 r이 하락한다.

🅐 ⑤

┃ 정답해설 ┃

제시된 내용으로 IS곡선이나 LM곡선을 계산할 필요는 없다.

⑤ 자본이동이 완전히 자유로운 변동환율제도 하의 소규모 개방경제에서 재정정책은 국민소득에 아무런 영향을 미칠 수 없지만 통화정책은 매우 효과적이다. 즉 확장적 통화정책 결과 고용과 국민소득(Y)이 증가하고, 소비(C)가 증가한다. 주어진 국제이자율이 변하지 않는 한 투자(I)는 불변이고 r도 불변이다.

①, ②, ③, ④ 변동환율제도에서 확장적 재정정책(정부지출 증가, 조세 감면)은 환율하락으로 인한 순수출 감소로 국민소득 불변, 소비·투자 불변, 쌍둥이 적자(재정적자와 경상수지 적자)를 야기한다. 변동환율제도에서 확장적 통화정책은 국민소득 증가, 소비 증가, 투자 불변, 경상수지 호전을 야기한다.

05 개방경제인 A국의 국민소득 결정모형이 다음과 같을 때, A국의 국내총소득, 국민총소득, 처분가능소득은? (단, 제시된 항목 외 다른 것은 고려하지 않는다.) **[30회 기출]**

- 국내총생산 : 1,000
- 대외 순수취 요소소득 : 20
- 교역조건 변화에 따른 실질무역 손익 : 50
- 감가상각 : 10
- 사내유보이윤 : 10
- 각종세금 : 3
- 이전지출 : 3

① 1,000, 980, 960
② 1,000, 1,020, 1,000
③ 1,050, 1,050, 1,050
④ 1,050, 1,070, 1,050
⑤ 1,070, 1,050, 1,030

답 ④

┃ 정답해설 ┃

국내총소득(GDI) $=GDP+$교역조건 변화에 따른 실질무역손익$=1,000+50=1,050$이다.
국민총소득(GNI) $=GDI+$국외순수취요소소득$=1,050+20=1,070$이다.
처분가능소득$=GNI-$감가상각$-$사내유보이윤$=1,070-10-10=1,050$이다.

06 甲과 乙만으로 구성된 A국에서 두 사람이 각각 하루 10시간 일하며, X재와 Y재만을 생산한다. 甲은 시간당 X재 2단위 또는 Y재 1단위를 생산할 수 있으며, 乙은 시간당 X재 1단위 또는 Y재 2단위를 생산할 수 있다. 다음 설명 중 옳지 <u>않은</u> 것은? **[27회 기출]**

① A국의 X재 하루 최대 생산량은 30이다.
② A국의 Y재 하루 최대 생산량은 30이다.
③ A국의 생산가능곡선은 기울기가 -1인 직선형태를 지닌다.
④ 두 사람 모두 하루에 5시간씩 X재와 Y재를 생산하는 것은 비효율적이다.
⑤ 甲은 X재 생산에, 乙은 Y재 생산에 비교우위가 있다.

정답해설

③ 주어진 조건에 따라 생산가능곡선(PPF)을 그려보면 X, Y재 (20, 20)의 배합점으로부터 Y절편(0, 30)과 X절편(30, 0)이 직선으로 이어진다. 따라서 X, Y재 (20, 20)의 배합점까지 기울기는 $-\dfrac{10}{20} = -\dfrac{1}{2}$이고,

X절편까지의 기울기는 $-\dfrac{20}{10} = -2$인 직선형태이다.

④ 두 사람 모두 하루에 5시간씩 X재와 Y재를 생산하면 (15, 15) 단위가 생산되므로 생산가능곡선 내부에 있게 되므로 비효율적이다.

07 A국과 B국의 무역 개시 이전의 X재와 Y재에 대한 단위당 생산비가 다음과 같다. 무역을 개시하여 두 나라 모두 이익을 얻을 수 있는 교역조건(P_X / P_Y)에 해당하는 것은? (단, P_X는 X재의 가격이고, P_Y는 Y재의 가격이다.) **[27회 기출]**

구분	X재	Y재
甲국	5	10
乙국	8	13

① 0.45
② 0.55
③ 0.65
④ 0.75
⑤ 0.85

정답해설

Y재로 표시한 X재의 기회비용(생산가능곡선의 기울기)이 X재의 상대가격($\dfrac{P_X}{P_Y}$)으로 나타낸 교역조건이다. A국에서 X재의 기회비용은 $\dfrac{5}{10} = 0.5$이고 B국의 X재의 기회비용은 $\dfrac{8}{13} = 0.62$이다. $0.5 < \dfrac{P_X}{P_Y} < 0.62$에서 교역조건이 결정되어야 두 나라 모두 이익을 얻을 수 있다. 이에 해당하는 것은 ② 0.55이다.

08 소규모 경제가 밀의 교역을 시작할 때 나타나는 효과에 대한 다음 설명 중 적절하지 <u>않은</u> 것은? (단, 국내 수요곡선은 우하향하고, 국내 공급곡선은 우상향하며, 교역에 수반되는 제반비용은 없는 것으로 가정한다.)

① 무역 전의 국내 시장가격이 국제가격보다 높다면 이 나라는 밀의 수입국이 될 것이다.
② 무역 전의 국내 시장가격이 국제가격보다 낮다면 이 나라는 밀의 수출국이 될 것이다.
③ 무역 전의 국내 시장가격이 국제가격보다 높다면 소비자잉여는 증가할 것이다.
④ 무역 전의 국내 시장가격이 국제가격보다 높다면 생산자잉여는 증가할 것이다.
⑤ 무역 전의 국내 시장가격이 국제가격과 다르면 총잉여는 증가할 것이다.

답 ⑤

┃정답해설┃
소규모 경제의 경우 무역 이전의 국내 시장가격이 국제가격보다 높다면 무역 이후 국내 시장가격이 하락하므로 소비자잉여는 증가하지만 생산자잉여는 감소한다.

09 유일한 생산요소인 노동을 90단위 가지고 있는 국가를 상정해 보자. 이 국가는 치즈와 포도주를 생산할 수 있는데, 1kg의 치즈와 1리터의 포도주를 생산하기 위해 각각 2단위와 3단위의 노동량이 필요하다. 다음의 설명 중 가장 옳지 <u>않은</u> 것은?

① 치즈의 최대 생산가능량은 45kg이다.
② 치즈로 표시한 포도주의 기회비용은 3/2이다.
③ 세계시장에서 치즈로 표시한 포도주의 상대가격이 2/3이라면, 이 국가는 포도주의 생산에 완전특화한다.
④ 생산가능곡선은 우하향하는 직선의 형태로 나타난다.
⑤ 노동의 부존량이 변화하더라도 이 국가가 비교우위를 갖는 재화는 바뀌지 않는다.

답 ③

┃정답해설┃
국제시장에서 포도주 가격은 치즈가격의 2/3에 불과한 반면 포도주의 생산비용은 치즈의 생산비용보다 높으므로 포도주를 생산하는 것은 불리하다. 따라서 이 국가는 치즈생산에 완전특화하는 것이 유리하다.

10 산업내 무역에 대한 설명 중 옳지 <u>않은</u> 것은?

① 동종 산업에서 차별화된 제품에 대한 무역이 이루어진다.

② 산업내 무역의 중요한 원인은 규모의 경제이다.

③ 부존자원의 차이 때문에 발생하는 국제무역을 잘 설명해 준다.

④ 어떤 나라가 구체적으로 어떤 제품에 특화할 것인가에 대한 예측이 어렵다.

⑤ 반도체 산업에서 한국이 메모리 부문에, 미국이 비메모리 부문에 특화하는 것이 하나의 예다.

답 ③

┃정답해설┃

산업내 무역에 의하면 제품의 차별화와 규모의 경제(economies of scale)로 인하여 무역이 발생한다. 부존자원의 차이 때문에 발생하는 국제무역을 설명해주는 것은 헥셔-올린 정리이다.

11 2국가(A, B), 2재화(X, Y) 모형에 있어서 A국은 B국보다 X재의 Y재에 대한 기회비용이 낮다고 하자. 두 나라의 무역에 대한 설명으로 올바른 것은?

① A국은 Y재에 특화를 하여 B국에 수출을 하고, B국은 X재에 특화를 하여 A국에 수출을 하면, 두 국가는 이득을 얻는다.

② A국은 X재에 특화를 하여 B국에 수출을 하고, B국은 Y재에 특화를 하여 A국에 수출을 하면, 두 국가는 이득을 얻는다.

③ 두 국가는 두 재화를 모두 생산하여 각 재화를 반씩 서로 수출과 수입을 하면, 두 국가 모두 이득을 얻는다.

④ 두 나라는 두 재화에 어떤 양상의 무역을 하더라도, 무역 전에 비해서 두 나라의 후생이 증진될 수 없다.

⑤ 두 나라가 어떤 재화든 생산을 해서 무역을 하기만 하면, 무역 전에 비해서 두 나라의 후생이 증진된다.

답 ②

┃정답해설┃

A국이 B국보다 X재의 Y재에 대한 기회비용이 낮다면 A국은 X재에 B국은 Y재에 비교우위가 있다. 따라서 A국은 X재에 특화하고, B국은 Y재에 특화하여 무역을 하면 두 국가 모두 이득을 얻는다.

12 두 나라 사이에 교역이 이루어지는 기본 원리와 관련하여 옳은 설명을 모두 고르면?

> ㄱ. 각국은 기회비용이 작은 재화를 생산한다.
> ㄴ. 한 나라가 모든 재화에 절대적인 우위가 있는 경우 교역은 이루어지지 않는다.
> ㄷ. 교역이 이루어지는 경우 한 나라가 이득을 보면 다른 나라는 손해를 본다.
> ㄹ. 기회비용의 크기는 비교우위를 결정한다.

① ㄱ, ㄴ   ② ㄱ, ㄹ
③ ㄴ, ㄷ   ④ ㄴ, ㄹ
⑤ ㄷ, ㄹ

답 ②

▌정답해설▐

ㄱ, ㄹ. 리카도(D. Ricardo)의 비교우위론에 의하면 각국은 무역상대국보다 기회비용(상대가격)이 작은 재화에 비교우위를 갖게 된다.
ㄴ. 한 나라가 모든 재화에 절대적인 우위가 있는 경우에도 각국은 어느 한 재화에 비교우위가 있을 수 있고, 이 경우 교역을 통해서 이득을 볼 수 있다.
ㄷ. 교역이 이루어지는 경우 두 나라가 두 재화의 상대가격 사이에서 교역을 하면 두 나라 모두 이득을 본다.

13 A국가는 상대적으로 노동력이 풍부하고 B국가는 상대적으로 자본이 풍부하다. 헥셔-올린 정리에 입각할 때 경제적 교류가 전혀 없던 두 국가간에 자유무역이 이루어진다면, 무역 이전과 비교하여 A국가의 임금과 이자율의 변화는?

① 임금은 상승하고 이자율은 하락할 것이다.
② 임금은 하락하고 이자율은 상승할 것이다.
③ 임금과 이자율 모두 하락할 것이다.
④ 임금과 이자율 모두 상승할 것이다.
⑤ 임금과 이자율 모두 불변일 것이다.

답 ①

▌정답해설▐

스톨퍼-새뮤얼슨(Stolper-Samuelson) 정리에 따르면 자유무역을 하게 되면 노동이 풍부한 A국가는 노동집약적인 상품에 비교우위가 있으므로 이에 특화하여 수출하면 노동자의 임금(실질소득)이 증가한다. 반면 A국에서 이자율(자본소득)은 하락한다.

국제수지와 환율

출제포인트

☐ 구매력평가설
☐ 환율과 원화가치
☐ 실질환율,
☐ 개방경제의 국민소득결정 모형
☐ 고정환율제도와 변동환율제도의 차이
☐ 먼델-플레밍 모형
☐ 국제수지표의 구성내용
☐ 이자율평가설
☐ J-커브 효과

제1절 국제수지

1. 국제수지의 의의

(1) 국제수지의 정의

국제수지(balance of payments)란 일정기간 동안에 한 나라의 거주자와 다른 나라에 있는 비거주자 사이에 이루어진 모든 경제적 거래에서의 수지를 말한다.

(2) 국제수지의 개념상 주의할 점

① '일정기간 동안에'라는 말은 국제수지가 유량(flow) 개념이라는 것이다. 반면 국제대차(balance of international indebtness)는 어느 한 시점에서 한 나라의 거주자가 다른 나라에 있는 비거주자에 대해 가지고 있는 채권과 채무의 잔고를 말하므로 저량(stock)이다. 이 경우 채권의 잔고를 대외채권, 채무의 잔고를 총외채라고 하고 총외채에서 대외채권을 뺀 나머지를 순외채라고 한다.

② '한 나라의 거주자와 다른 나라에 있는 비거주자'라는 말은 경제주체들의 국적을 따지지 않고 경제활동에서의 이익의 중심이 어디에 있는가를 기준으로 구분한다는 것이다. 외국기업이 우리나라에서 영업활동을 하고 있다면 거주자(resident)가 된다. 그러나 정부기관은 해외에 있어도 우리나라의 거주자로 본다.

③ '모든 경제적 거래'라는 말은 국제수지에는 재화 및 서비스의 거래, 자본거래, 외환거래 및 국가 간의 증여 등 일체의 대외거래를 포함한다는 것이다.

2. 국제수지표

(1) 경상계정

경상계정(current account)은 상품수지, 서비스수지, 본원소득수지, 이전소득수지로 구성된다.

① 상품수지와 서비스수지는 상품과 서비스의 수출입을 의미한다. 상품수출액과 상품수입액의 차이를 상품수지라고 한다. 서비스수지는 운수·여행·통신·보험·사업서비스·정부서비스 및 지적재산권 사용료 등 각종 서비스의 수출입이 기록된다.

② 본원소득수지는 노동이나 자본과 같은 생산요소를 공급하거나 사용한 대가로 수취하거나 지급하는 임금, 이자, 배당 등을 기록한다.

③ 이전소득수지는 나라 간의 무상 증여·국제기구 출연금·상금·장학금처럼 반대급부 없이 일방적으로 이루어지는 거래를 말한다.

(2) 자본금융계정

① 자본금융계정(capital and financial account)은 자본계정과 금융계정으로 구성된다. 자본계정은 국가 간 부채의 탕감, 이민에 따른 자산의 국제이동(해외이주비), 군대주둔지의 소유권 이전과 같은 국가간 자산의 이전거래를 기록한다.

② 금융계정은 투자수지라고도 하는데 금융자산을 포함한 자산의 국제거래를 기록한다. 금융계정은 거래되는 자산의 성격에 따라 직접투자, 증권투자, 파생금융상품, 기타 투자, 준비자산증감으로 나눠진다.

(3) 준비자산 증감

① 준비자산(reserve assets) 증감은 중앙은행이 국제수지의 불균형을 바로 잡기 위해 사용할 수 있는 대외준비자산의 증감을 기록한다.

② 중앙은행의 대외준비자산에는 화폐용 금, IMF의 특별인출권(SDR), IMF 리저브포지션(reserve position), 외화자산(현금·예금 및 증권) 등이 기록된다.

3. 국제수지의 원리

(1) 국제수지의 원리

① 앞에서 본 내용에 따르면 다음의 관계가 성립한다.

경상수지＋자본수지＝준비자산 증가

경상수지와 자본수지의 합이 양이면 준비자산은 그만큼 증가하고 경상수지와 자본수지의 합이 음이면 준비자산은 그만큼 감소한다.

② 따라서 앞의 식은 다음과 같이 바꾸어 쓸 수 있다.

경상수지＋자본수지＋준비자산 증(－)감(＋)＝0

이 식은 항상 성립해야 한다. 그러나 현실의 국제수지표에서는 이 식이 항상 성립하는 것이 아니기 때문에 '오차 및 누락'이라는 조정항목을 둔다.

③ 따라서 국제수지표에서는 항상 다음의 관계가 성립한다.

> 경상수지+(자본수지+준비자산 증감+오차 및 누락)=0

일반적으로 경상수지와 자본수지의 합이 0이라고 할 때 자본수지는 광의의 자본수지로 자본수지와 준비자산 증감, 오차와 누락을 포함하는 개념이다.

(2) 경상수지와 자본수지, 저축 및 투자 `기출` 33회

① 앞에서 본 바와 같이 다음의 관계가 성립한다.

$$GDP = C + I + G + NX$$

여기에 국외순수취요소소득을 더하면 국민총소득(GNI)이 된다. 그리고 여기에 국외순수취경상이전을 더하면 국민총처분가능소득($GNDI$)이 된다. 즉, 다음과 같다.

$$GNDI = C + I + G + 경상수지$$

이 관계식을 정리하면 경상수지는 다음과 같다.

$$경상수지 = S - I$$

② 따라서 한 나라의 총저축이 국내총투자보다 많으면 경상수지 흑자가 이루어진다. 반대로 총저축보다 국내총투자가 많으면 경상수지는 적자가 된다.
③ 그렇기 때문에 정부가 재정적자를 시현하면 정부저축이 마이너스가 되어 총저축이 감소하고 경상수지는 적자를 보이게 된다.
④ 정부의 재정적자는 결과적으로 경상수지의 적자로 귀결되기 쉽다. 즉 재정적자와 경상수지의 적자가 함께 나타나게 되는 것이 일반적인데 이를 쌍둥이 적자(twin deficits)라고 한다.
⑤ 총저축이 국내총투자보다 많으면 그 차액만큼이 국외투자로 나타나고, 이 국외투자는 흔히 순해외투자(net foreign investment, NFI)라고 한다.
⑥ 해외순투자가 있게 되면 자본수지는 적자가 된다. 즉 $S - I$ 만큼이 자본수지의 적자가 되므로 다음과 같은 관계가 성립한다.

> 경상수지=−자본수지
> 경상수지+자본수지=0

4. 국제수지가 경제에 미치는 영향

국제수지는 일반적으로 경상수지를 의미하는데, 경상수지의 흑자가 국민경제에 미치는 영향은 다음과 같다.

(1) 생산 및 고용 증가

상품수지가 흑자인 경우, 즉 수출이 수입을 초과하는 경우에는 순수출이 증가하므로 총수요가 증가하고 이에 따라 국내생산과 고용을 증가시킨다.

(2) 외채 감소

경상수지의 흑자가 발생하면 대외채무를 상환할 수 있기 때문에 외채가 감소한다. 또는 외환자산이 증가한다.

(3) 원자재의 안정적 공급 확보

외화자산이 증가하므로 주요 원자재의 안정적인 공급을 확보할 수 있고 해외 직접투자가 증가한다.

(4) 인플레이션 유발

경상수지의 흑자는 중앙은행의 외환매입액을 증가시키고 이에 따라 국내 통화량이 증가하며 인플레이션이 유발된다.

(5) 무역마찰 증대

경상수지의 흑자는 교역 상대국에 대해 무역마찰을 유발할 수 있다.

제2절 환율

1. 환율의 결정

(1) 환율의 뜻

① 환율(exchange rate)은 두 나라 화폐간의 교환비율을 말한다. 즉 환율은 한 나라의 화폐단위로 표시한 외화의 가격으로 화폐의 대외가치를 표시한다.

② 결국 환율은 외환의 가격이므로 외환에 대한 수요와 공급에 의해서 결정된다.

(2) 명목환율과 실질환율

① 명목환율(nominal exchange rate)은 통화단위로 표시되는 데 비해 실질환율은 교환되는 상품수량으로 표시된다.

② 실질환율(real exchange rate)은 한 나라의 환율이 다른 나라의 환율과 교환되는 비율을 말한다.

$$\text{실질환율}(\epsilon) = \frac{\text{명목환율}(e) \times \text{해외물가}}{\text{국내물가}} = \frac{e \times P^f}{P}$$

이므로 실질환율은 우리나라 상품수량으로 표시한 외국상품의 가치를 나타낸다.

③ 이를 변화율로 표시하면 실질환율 변화율 = 명목환율 변화율 + 해외물가상승률 − 국내물가상승률 관계가 성립한다.

(2) 환율의 결정

① 외환에 대한 수요

ㄱ 외환수요는 외국의 생산물에 대한 수요, 외국의 금융자산 및 실물자산에 대한 수요에 의해 결정된다.

ㄴ 즉 수입대금의 지급, 외국의 금융자산 구입, 해외 투자, 외채 상환, 외화 송금을 위해 외환 수요가 발생한다.

ㄷ 환율이 상승하면 수입이 감소하고 외환 수요는 감소하므로 환율과 외환 수요는 음(−)의 관계에 있고 외환수요곡선은 우하향한다.

② 외환공급

ㄱ 수출대금의 수취, 외자 도입, 해외로부터의 송금에 의해 외환 공급이 발생한다.

ㄴ 환율이 상승하면 수출이 증가하고 외환 공급이 증가하므로 환율과 외환 공급은 양(+)의 관계에 있고 외환공급곡선은 우상향한다.

③ 균형환율의 결정

ㄱ 외환시장을 균형시키는 균형환율은 외환에 대한 수요와 공급이 일치하는 E점에서 결정된다.

ㄴ 환율이 e_1인 경우에는 외환 수요량보다 외환 공급량이 많으므로 외환에 대한 초과공급, 즉 국제수지의 흑자가 발생하여 환율은 하락한다.

ㄷ 반면에 환율이 e_2인 경우에는 외환 수요량이 외환 공급량을 초과하므로 외환에 대한 초과수요, 즉 국제수지의 적자가 발생하여 환율은 상승한다.

ㄹ 환율이 e_0인 경우 외환 수요량과 외환 공급량이 일치하므로 균형환율이 결정된다.

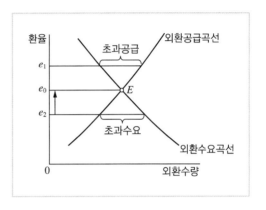

2. 균형환율의 변동

외생적 요인에 의해 외환에 대한 수요와 공급이 변화하면 외환수요곡선과 외환공급곡선이 이동하고 이에 따라 균형환율은 변동한다.

(1) 두 나라 간의 경제성장의 차이(또는 국민소득의 차이)

예컨대 외국의 성장이 둔화되면 국내로부터의 수입이 감소한다. 이로 인해 국내 수출이 감소하면 외환공급이 감소하여 환율은 상승한다.

(2) 두 나라 간의 물가상승률의 차이

국내의 물가상승률이 외국의 물가상승률보다 높으면 외국의 상품가격이 상대적으로 싸지므로 국내수입이 증가하고 수출은 감소한다. 따라서 외환수요가 증가하고 외환공급은 감소하므로 환율은 상승한다.

(3) 이자율의 차이

이자율의 차이는 국가 간에 자본이동을 야기하여 환율을 변동시킨다. 즉 국내 이자율이 외국의 이자율보다 높으면 외국자본의 국내유입이 증가하여 외환공급을 증가시키므로 환율이 하락한다.

(4) 예상(또는 기대)

경제주체들의 예상이 외화의 수요와 공급에 영향을 미쳐 환율을 변화시킨다. 예컨대 환율이 상승할 것으로 예상되면 수출은 가급적 늦추고 수입은 앞당기는(leads and lags) 현상이 나타난다. 이에 따라 외환공급은 감소하고 외환수요는 증가하여 환율은 상승한다.

(5) 정부의 정책

확대통화정책을 실시하면 이자율이 하락하므로 환율은 상승한다. 확대재정정책은 이자율을 상승시키므로 환율은 하락한다.

3. 환율상승과 환율하락[2] 기출 35회

(1) 환율상승

환율이 상승하면 자국화폐로 표시한 외국화폐의 가격은 상승한다. 즉 자국화폐의 가치가 하락하므로 이를 절하(depreciation)라고 한다. 환율상승이 미치는 영향은 다음과 같다.

① 수출업자의 수출경쟁력이 높아져 수출은 증가한다. 그러나 수입업자가 지급해야 하는 원화가격이 높아지므로 수입은 감소한다. 이에 따라 경상수지는 개선된다.

② 해외에서 수입하는 수입상품이나 수입 원자재의 국내가격이 높아지므로 국내물가가 상승한다. 이를 환인플레이션(foreign exchange inflation)이라고 하는데 넓게는 비용상승(cost push) 인플레이션에 포함된다.

③ 대외채무에 대한 상환부담이 증가한다.

(2) 환율하락

① 환율이 하락하면 자국화폐로 표시한 외국화폐의 가격이 하락한다. 즉 자국화폐의 가치가 상승하므로 이를 절상(appreciation)이라고 한다.

② 환율 하락, 즉 원화절상이 미치는 효과는 절하와 반대로 이해하면 된다. 즉 수출이 감소하고 수입이 증가하여 경상수지는 악화되고, 국내물가는 하락하며, 대외채무의 상환부담은 줄어든다.

4. 구매력 평가설 기출 29회

(1) 구매력 평가설의 의의

① 카셀(G. Cassel)이 제시한 구매력평가설(purchasing power parity theory)은 장기에서의 균형환율의 결정과 변동을 두 나라 간의 간 화폐의 구매력의 차이로 설명하려는 가장 고전적이고 단순한 환율결정이론이다.

② 구매력 평가설은 기본적으로 일물일가의 법칙(law of one price)에 바탕을 두고 있다. 일물일가의 법칙은 한 상품에는 하나의 가격만 있어야 한다는 것으로 완전경쟁시장에서 성립될 수 있다.

---

2) 고정환율제도 하에서는 필요한 경우 정부가 개입하여 환율을 올리거나 내리므로 환율인상, 환율인하라는 표현을 사용하고 이에 따른 원화가치의 변동도 평가절하(devaluation), 평가절상(revaluation)이라고 한다. 그러나 변동환율제도 하에서는 시장에서 환율이 결정되고 변동하므로 환율상승, 환율하락이라고 하고 이에 따른 원화가치의 변동도 절하(depreciation), 절상(appreciation)이라고 쓰는 것이 올바르다.

(2) 구매력 평가

① 구매력평가(purchasing power parity, PPP)는 다음의 식으로 나타낼 수 있다. 즉 다음과 같다.

$$국내가격(P) = 해외가격(P^f) \times 환율(e)$$

② 따라서 국내가격을 국내물가로, 해외가격을 해외물가로 보면 다음의 식이 성립하는데 이를 구매력 평가설이라고 한다.

$$환율상승률(= 원화절하율) = 국내물가상승률 - 해외물가상승률$$

(3) 구매력 평가설

① 앞의 식에서 본 것처럼 구매력 평가설은 환율상승이 국내외 인플레이션율의 차이만큼 같은 비율로 이루어진다는 이론이다.

② 즉 두 나라 간의 환율은 두 나라의 물가수준의 차이를 반영하여 조정된다는 주장이다.

③ 이에 따라 자유무역 하에서는 장기적으로 같은 재화를 어느 나라에서 구입하든지 가격이 같아지도록 환율이 조정된다.

④ 따라서 환율은 양국의 물가수준, 즉 화폐의 구매력을 반영하게 되는데 이 이론은 인플레이션이 장기적으로 환율에 미치는 영향을 예측하는데 이용된다.

(4) 구매력 평가와 빅맥지수

① 영국의 시사주간지 이코노미스트(The Economist)는 1986년부터 여러나라에서 팔리는 맥도날드의 빅맥 가격을 미국의 빅맥가격과 비교하여 구매력평가설에 따른 빅맥지수(명목환율)와 각국의 실제 환율을 비교하여 발표하고 있다.

② 예컨대 한국에서 빅맥 1개의 가격이 2,600원이고 미국의 경우 2.56달러라면 구매력평가에 따른 환율은 2,600원/2.56달러로 1달러당 1,016원이다.

③ 그러나 실제 통용환율은 1달러당 1,474원이라면 우리나라의 원화 가치는 구매력 평가가 시사하는 것보다 약 31% 저평가되고 있다는 것이다.

---

1. 변동환율제도

(1) 의미

① 변동환율제도(flexible exchange rate system)는 각국의 정부나 중앙은행에 의한 시장개입이 없이 자유롭게 외환이 매매되도록 하는 제도를 말한다.

② 자유변동환율제도와 관리변동환율제도로 구분하는데 일반적으로 변동환율제도라고 하면 자유변동환율제도를 말한다.

③ 반면 관리변동환율제도는 환율이 외환시장에서 자유롭게 결정되도록 하고 필요에 따라 수시로 정부나 중앙은행이 외환시장에 개입하는 제도이다.

(2) 장단점

① 변동환율제도하에서는 외환시장의 수요와 공급에 의해 균형환율이 결정되므로 국제수지의 불균형이 자동적으로 조정된다는 장점이 있다.

② 그러나 교역당사자에게 환위험(exchange rate risk)을 부담하게 함으로써 국제거래를 위축시킨다. 또한 외환시장에 투기가 발생함으로써 환율을 불안정하게 만들기도 하는 문제점이 있다.

2. 고정환율제도

(1) 의미

① 고정환율제도(fixed exchange rate system)는 각국의 환율을 일정수준에 고정시키는 제도이다.

② 1870년대 이후의 금본위제도[3]와 제2차 세계대전 이후 국제통화기금(IMF)에 의해 운영된 브레튼우즈 체제(Bretton Woods)체제가 대표적인 고정환율제도이다.

③ 금본위제도(gold stanard system)에서는 각국의 환율이 금을 통해 고정되어 있었고, 브레튼우즈 체제에 서는 미국의 달러화가 금과 일정한 교환비율을 유지하고, 각국의 통화는 달러화와 일정한 교환비율을 유지함으로써 환율이 고정되었다.

(2) 장단점

① 고정환율제도에서는 환율의 일정한 수준에 고정되어있으므로 국제거래가 안정되고 이에 따라 국제거래 가 촉진되어 국제시장이 확대된다. 실제 제2차 세계대전 이후 자본주의의 고도성장은 고정환율제도 하에 서 이루어진 것이다.

② 그러나 고정환율제도는 국제수지의 만성적인 불균형을 초래한다. 따라서 이 경우에는 다른 방법으로 국 제수지를 조정해야 한다.

(3) 고정환율제도하에서의 국제수지의 조정방법 `기출` 35회

예컨대 국제수지가 적자인 경우 국제수지의 조정방법을 보면 다음과 같다.

① **강력한 긴축정책** : 강력한 긴축정책을 실시하면 수입수요가 감소하여 국제수지가 개선된다. 그러나 국민 경제에 불황과 실업을 야기할 위험이 있다.

② **수입규제 정책** : 수입을 줄이기 위한 각종 규제정책 실시하여 수입을 줄일 수 있다. 그러나 이 경우 장기적 으로는 국가 간의 자원배분을 왜곡시키고 무역마찰을 초래할 수 있다.

---

3) 금본위제도(gold standard system)는 1870년대 이후 세계 주요국가들이 채택했던 국제통화제도이다. 1930년대 세계대 공황을 계기로 붕괴되었는데 금의 일정량을 화폐단위로 하는 제도이다. 이 제도하에서는 각국 간의 환율이 금을 통하여 고정된다.

CHAPTER 02

확인학습문제

01 국제수지표의 금융계정(financial account)에 포함되는 거래가 아닌 것은? **[29회 기출]**

① 한국 기업이 외국인 투자자에게 배당금을 지불한다.

② 한국 기업이 베트남 기업에 대해 50% 이상의 주식지분을 매입한다.

③ 외국 금융기관이 한국 국채를 매입한다.

④ 한국 금융기관이 외화자금을 차입한다.

⑤ 한국은행이 미국 재무성 채권을 매입한다.

답 ①

┃ 정답해설 ┃

한국 기업이 외국인 투자자에게 배당금을 지불한 것은 경상계정(current account) 중 본원소득수지에 포함된다.
국제수지표는 크게 경상계정(상품수지, 서비스수지, 본원소득수지, 이전소득수지), 자본계정(기타자본수지), 그리고
금융계정으로 구성된다. 금융계정은 직접투자, 증권투자, 파생금융상품, 기타 투자 및 준비자산으로 구성된다.

02 개방경제인 A국의 $GDP(Y)$는 100, 소비(C)는 $C = 0.7Y$, 투자(I)는 $I = 30 - 2r$이다. r이 5일 경우, A국의 순수출은 얼마인가? (단, A국의 경제는 균형상태이며, 정부부문은 고려하지 않고 r은 이자율이다.) **[27회 기출]**

① −10　　　　　　　　　　　　　② 10

③ 0　　　　　　　　　　　　　　④ 20

⑤ 40

답 ②

┃ 정답해설 ┃

$Y = 100$을 소비함수에 대입하면 $C = 70$이고, 이자율 $r = 5$를 투자함수에 대입하면 $I = 20$이다.
GDP 항등식에 주어진 수치를 대입하면 $Y = C + I + (EX - IM)$이다. 즉 $100 = 70 + 20 + (EX - IM)$이므로 순수출은
10이 된다.

03 국민소득 항등식을 기초로 하여 경상수지가 개선되는 경우로 옳은 것을 모두 고른 것은?

[28회 기출]

> ㄱ. 민간소비 증가
> ㄴ. 민간저축 증가
> ㄷ. 민간투자 감소
> ㄹ. 재정적자 감소

① ㄱ, ㄴ   ② ㄴ, ㄷ

③ ㄴ, ㄹ   ④ ㄱ, ㄷ, ㄹ

⑤ ㄴ, ㄷ, ㄹ

답 ⑤

┃ 정답해설 ┃

국민소득 항등식 $Y = C + I + G + (X - M)$을 저축과 투자의 관계로 정리하면 다음과 같다.

$(X - M) = S_P + (T - G) - I$이다.

ㄱ. 민간소비가 증가하면 민간저축(S_P)이 감소하고 $(X - M)$이 감소하여 경상수지는 악화된다.

04 국제거래 중 우리나라의 경상수지 흑자를 증가시키는 것은?

① 외국인이 우리나라 기업의 주식을 매입하였다.
② 우리나라 학생의 해외 유학이 증가하였다.
③ 미국 기업이 우리나라에 자동차 공장을 건설하였다.
④ 우리나라 기업이 중국 기업으로부터 특허료를 지급받았다.
⑤ 우리나라 기업이 외국인에게 주식투자에 대한 배당금을 지급하였다.

답 ④

┃ 정답해설 ┃

④ 특허료를 받았으면 경상수지(서비스수지)의 흑자이다. 서비스수지에는 운송, 여행, 통신, 건설, 보험, 금융, 사업서비스, 정부서비스 및 지적재산권 사용료 등이 포함된다.

①은 금융계정(증권투자)의 흑자, ②는 경상수지(이전소득수지)의 적자, ③은 금융계정(직접투자)의 흑자, ⑤는 경상수지(본원소득수지)의 적자이다.

05 한국의 경상수지에 기록되지 않는 항목은?

① 한국에서 생산된 쌀의 해외 수출

② 중국인의 한국 내 관광 지출

③ 한국의 해외 빈국에 대한 원조

④ 한국 노동자의 해외 근로소득 국내 송금

⑤ 한국인의 해외 주식 취득

답 ⑤

┃ 정답해설 ┃

⑤ 한국인의 해외 주식 취득은 금융계정(증권투자)에 기록된다.

①은 경상수지의 상품수지에, ②는 경상수지의 서비스수지에, ③은 경상수지의 이전소득수지에, ④는 경상수지의
본원소득수지에 기록된다. 경상계정은 상품수지, 서비스수지, 본원소득수지, 이전소득수지로 구성된다.

06 국제수지표의 경상수지에 포함되는 거래가 아닌 것은?

① 외국인의 국내주식 구입

② 해외교포의 국내송금

③ 재화의 수출입

④ 정부 간 무상원조

⑤ 외국인의 국내관광 지출

답 ①

┃ 정답해설 ┃

외국인의 국내주식 구입은 금융계정의 증권투자에 기록된다. 자본계정은 자본계정과 금융계정으로 세분된다. 자본계
정에는 해외이주비 같은 자본이전을 포함한다. 금융계정은 직접투자, 증권투자, 파생금융상품(순자산), 기타투자,
준비자산으로 구분된다.

07 국제수지와 환율에 대한 다음 설명 중 옳지 <u>않은</u> 것은?

① 국제수지는 경제적 거래의 형태에 따라 크게 경상수지와 자본수지로 나눌 수 있다.

② 개방경제의 총수요에는 순수출이 포함된다.

③ 명목환율은 서로 다른 나라 화폐간의 교환비율이다.

④ 실질환율은 우리나라에서 생산된 재화 한 단위가 다른 나라에서 생산된 재화 몇 단위와 교환되는지를 나타내는 척도이다.

⑤ 국민소득계정 항등식에 의하면 국내저축이 국내투자보다 크면 순수출은 항상 0보다 작다.

답 ⑤

┃ 정답해설 ┃

국민소득계정 항등식에 의하면 해외저축=수입-수출 또는 국내저축=순수출(수출-수입)이 성립한다. 따라서 국내 저축이 음(-)일 때 순수출은 0보다 작다.

08 자본이동이 자유로운 소규모 개방경제가 자유변동환율제도를 채택하고 있으며 정책변화가 있기 전에는 균형상태를 유지하고 있다. 먼델-플레밍(Mundell-Fleming) 모형에 의하면?

① 통화량을 증가시키면 자본이 국내로 유입된다.

② 통화량을 증가시키면 국내통화의 대외가치가 상승한다.

③ 정부지출을 증가시키면 자본이 해외로 유출된다.

④ 정부지출을 증가시키면 국내통화의 대외가치가 상승한다.

⑤ 해외 이자율이 인상되면 국내통화의 대외가치가 상승한다.

답 ④

┃ 정답해설 ┃

먼델-플레밍(Mundell-Fleming) 모형은 국가간 자본이동을 고려한 $IS-LM$ 모형을 말한다.

④ 정부지출을 증가시키면 국민소득의 증가, 화폐수요의 증가로 이자율이 상승하므로 외화자본이 국내로 유입된다. 외환공급이 증가하면 환율이 하락하므로 국내통화의 대외가치는 상승한다.

① 통화량을 증가시키면 이자율이 하락하므로 자본이 국외로 유출된다.

② 통화량을 증가시키면 국내통화의 대외가치가 하락한다.

③ 정부지출을 증가시키면 이자율이 오르므로 자본이 국내로 유입된다.

⑤ 해외 이자율이 인상되면 자본이 국외로 유출되므로 국내통화의 대외가치가 하락한다.

09 구매력평가설에 대한 설명으로 옳지 <u>않은</u> 것은?

① 일물일가법칙에 근거한 환율이론이다.

② 차익거래가 균형환율을 결정한다고 본다.

③ 국제자본의 이동이 환율결정에서 가장 중요하다는 관점이다.

④ 거래비용과 비교역재가 없다면 성립할 가능성이 크다.

⑤ 빅맥지수(bigmac index)는 구매력평가설을 활용한 한 예이다.

답 ③

▌정답해설▌

카셀(G. Cassell)은 각국화폐의 교환비율(환율)은 각국화폐의 구매력, 즉 물가수준의 비율에 의해서 결정된다고 하였다. 이는 (자본의 국제적인 이동은 고려하지 않고) 각국이 자유무역을 한다는 가정하에서 성립하는 이론으로 경상수지와 관련이 있고 자본수지와는 무관하다.

10 환율에 관한 설명 중 가장 적절하지 <u>않은</u> 것은?

① 환율의 기대상승률이 주어진 상황에서 한 나라의 이자율이 상승하면 그 나라 화폐의 가치는 상대적으로 낮아진다.

② 구매력평가설에 따르면 한 나라의 화폐는 어느 나라에서나 동일한 구매력을 지녀야 한다.

③ 실질환율은 두 나라 사이에 재화와 서비스가 교환되는 비율이다.

④ 비교역재가 존재하는 경우에는 구매력평가설이 적용되기 어렵다.

⑤ 구매력평가설은 인플레이션과 환율간의 장기관계를 설명하는데 유효하다.

답 ①

▌정답해설▌

한 나라의 이자율이 상승하면 외환이 유입되므로 외환가치는 하락하고 그 나라 화폐의 가치는 상대적으로 상승한다. ②, ③, ④, ⑤는 모두 구매력평가설에 관한 옳은 설명이다.

11 환율에 관한 다음의 내용 중 바르지 못한 것은?

① 구매력 평가설에 의하면 차익거래(arbitrage)가 균형환율을 결정한다.

② 미국의 물가상승률이 EU의 물가상승률보다 높으면 미국의 달러가치는 하락한다.

③ 거래비용과 비교역재가 존재하지 않고 상품이 동질적이라면 환율은 각국 화폐의 구매력을 반영하여 결정될 가능성이 크다.

④ 구매력 평가설은 환율결정에서 국제자본의 이동이 가장 중요하다는 입장이다.

⑤ 변동환율제에서는 각국의 이자율 수준이 환율결정에 영향을 미친다.

답 ④

▌정답해설▐

구매력 평가설은 환율결정에서 물가의 변동이 가장 중요하다는 입장이다. 환율결정에서 국제자본의 이동이 가장 중요하다는 것은 이자율 평가설이다.

---

12 자유변동환율제도(free floating exchange rate system)에 관한 설명으로 옳지 <u>않은</u> 것은?

① 고정환율제도에 비해서 상대적으로 통화정책의 자주성을 확보할 수 있다.

② 환율의 신속한 시장수급 조절기능은 대외 균형을 유지하는데 도움이 된다.

③ 환율변동에 다른 교역당사자의 환위험 부담이 있다.

④ 각국의 정책당국들이 경쟁적으로 평가절상 정책을 실시한다.

⑤ 각국의 이자율 수준이 환율 결정에 영향을 미친다.

답 ④

▌정답해설▐

④ 자유변동환율제도는 중앙은행의 개입 없이 외환시장의 수요와 공급에 의해 환율이 자유롭게 결정되도록 하는 제도이다. 정책당국은 외환시장에 개입하지 않는다.

13 달러화에 대한 원화의 실질환율과 명목환율에 관한 설명으로 옳지 <u>않은</u> 것은? **[21회 기출]**

① 명목환율이 일정할 때 실질환율이 상승(절하)되면 미국 제품에 비해 우리나라 제품의 가격이 더 비싸진다.

② 양국의 물가수준이 일정할 때 명목환율이 상승(절하)하면 실질환율도 상승(절하)한다.

③ 실질환율이 하락(절상)되면 장기적으로 우리나라의 순수출은 감소한다.

④ 구매력평가설에 따르면 미국의 물가수준이 상승하고 우리나라 물가수준이 하락할 때 명목환율이 변한다.

⑤ 구매력평가설에 따르면 우리나라 제품의 가격과 미국 제품의 원화표시 가격의 상대적 비율은 일정하다.

답 ①

▌정답해설▐

실질환율은 자국통화로 표시된 외국재화의 물가(eP^f)와 국내재화의 물가(P) 간의 비율 $\dfrac{eP^f}{P}$ 로, 외국재화 1단위와 교환되는 국내생산재화의 수량(두 나라에서 생산된 재화의 상대가격)을 나타낸다. 따라서 실질환율의 상승은 국내에서 생산된 재화의 상대가격이 하락하였다는 것이다.

14 다음 (   ) 안에 들어갈 내용이 순서대로 올바른 것은? **[22회 기출]**

> J-curve 효과는 '환율이 (ㄱ)하면 한국의 경상수지가 초기에는 (ㄴ)되고 시간이 경과된 후에는(도) (ㄷ)되는 효과가 나타나는 것'을 의미한다. (단, 환율은 미국 달러에 대한 원화의 환율 : ₩/$, 양국의 물가수준은 불변)

	ㄱ	ㄴ	ㄷ
①	상승	악화	개선
②	상승	개선	개선
③	상승	악화	악화
④	하락	악화	개선
⑤	하락	악화	불변

답 ①

▌정답해설▐

J-curve 효과는 환율이 상승하면 한국의 경상수지가 초기에는 악화되지만 시간이 경과된 후에는 개선되는 효과가 나타나는 것을 의미한다. 가로축에 시간변수를 표시하고 세로축에 경상수지를 나타내면 환율 상승시 경상수지의 변화가 J자 모양을 보이며 변화한다는 것이다.

15 고정환율제인 먼델-플레밍 모형에서 해외이자율이 상승할 경우, 자국에 나타나는 경제변화에 관한 설명으로 옳은 것은? (단, 자국은 자본이동이 완전히 자유로운 소규모 개방경제국이다.) **[28회 기출]**

① 환율은 불변이고, 생산량은 감소한다.

② 환율은 불변이고, 무역수지는 증가한다.

③ 환율은 불변이고, 국내투자수요가 증가한다.

④ 환율에 대한 하락압력으로 통화량이 증가한다.

⑤ 국내이자율이 하락함에 따라 국내투자수요가 증가한다.

답 ①

▮정답해설▮

$IS-LM-BP$ 모형에서 해외이자율이 상승하면 수평인 BP곡선은 상방으로 이동한다. 또한 해외이자율 상승으로 자본유출이 이루어져 외환수요가 증가하여 환율상승 압력이 발생한다. 고정환율제하에서 환율을 일정하게 유지하려면 중앙은행이 외환을 매각해야 한다. 중앙은행이 외환을 매각하면 통화량이 감소하므로 LM곡선은 왼쪽으로 이동한다. 따라서 환율은 불변이고 국내이자율은 상승하며 생산량(국민소득)은 감소한다.

16 고정환율제를 채택하고 있는 정부가 시장균형환율보다 높은 수준의 환율을 설정했다고 할 때, 즉 자국통화가치를 균형수준보다 낮게 설정한 경우, 옳은 것을 모두 고른 것은? **[35회 기출]**

> ㄱ. 투기적 공격이 발생하면 국내 통화공급이 감소한다.
> ㄴ. 투기적 공격이 발생하면 외환보유고가 감소한다.
> ㄷ. 자본이동이 완전히 자유로운 경우, 중앙은행은 독립적으로 통화공급을 결정할 수 없다.
> ㄹ. 투자자들이 국내통화의 평가절상을 기대하게 되면, 국내통화로 계산된 외국채권의 기대수익률이 하락한다.

① ㄱ, ㄴ
② ㄱ, ㄹ
③ ㄴ, ㄷ
④ ㄷ, ㄹ
⑤ ㄴ, ㄷ, ㄹ

답 ④

| 정답해설 |

ㄱ. 현재 시장균형환율보다 높은 수준이여서 자국통화가 약세이므로 투기세력 입장에서는 해당국의 통화가치가 상승하리라고 예상, 달러를 공급하여 해당국 통화로 교환하고자 한다. 투기적 공격으로 달러공급이 늘어나면 환율의 하락 우려가 발생하고, 이에 정부는 달러를 매입하게 되므로 국내 통화량은 증가한다.

ㄴ. 투기적 공격으로 달러공급이 늘어나면 환율의 하락 우려가 발생하고, 이에 정부는 달러를 매입하게 되므로 외환보유고는 증가한다.

ㄷ. 불가능의 삼각정리(Impossible Trinity)로, 환율의 안정, 통화정책의 독립성, 자본이동의 자유화 이 세 가지 목표는 동시에 달성하는 것이 불가능하며, 따라서 이 세 가지 목표 중에서 적어도 어느 하나는 포기해야 하는 현상을 말한다.

ㄹ. 국내통화의 평가절상은 환율의 하락을 기대하게 된다는 것이므로, 국내통화로 계산된 외국채권의 기대수익률이 하락한다.

17 원/달러 환율의 하락(원화 강세)을 야기하는 요인으로 옳은 것은? [28회 기출]

① 재미교포의 국내송금 감소
② 미국인의 국내주식에 대한 투자 증가
③ 미국산 수입품에 대한 국내수요 증가
④ 미국 기준금리 상승
⑤ 미국인 관광객의 국내 유입 감소로 인한 관광수입 감소

답 ②

▍정답해설▍

원/달러 환율의 하락은 달러화에 대한 수요가 감소하거나 달러화의 공급이 증가할 때 나타난다.
② 미국인의 국내주식에 대한 투자가 증가하면 달러화의 국내공급이 증가하므로 환율은 하락한다.
①, ⑤ 재미교포의 국내송금 감소나 관광수입이 감소하면 달러화의 공급이 감소하므로 환율은 상승한다.
③, ④ 미국산 수입품에 대한 국내수요 증가나 미국 기준금리 상승의 경우 달러화의 수요가 증가하므로 환율은 상승한다.

18 현재 우리나라 채권의 연간 명목수익률이 5%이고 동일 위험을 갖는 미국 채권의 연간 명목수익률이 2.5%일 때, 현물환율이 달러당 1,200원인 경우 연간 선물환율은? (단, 이자율 평가설이 성립한다고 가정한다.) [30회 기출]

① 1,200원/달러   ② 1,210원/달러
③ 1,220원/달러   ④ 1,230원/달러
⑤ 1,240원/달러

답 ④

▍정답해설▍

이자율평가설에 의하면 선물환 프리미엄(forward premium)은 두 나라의 이자율 차이와 같다.

즉 $i = i_f + \dfrac{f_t - e_t}{e_t}$ 의 관계가 성립한다. 따라서 $0.05 = 0.025 + \dfrac{f_t - 1,200}{1,200}$ 에서 $f_t = 1,230$이 된다.

즉 우리나라의 명목이자율이 미국의 명목이자율보다 2.5% 높으므로 선물환율이 현물환율보다 2.5% 높아야 한다.
따라서 선물환율 $= 1,200 \times 1.025 = 1,230$원이다.

19 한국과 미국의 연간 물가상승률은 각각 4%와 6%이고 환율은 달러당 1,200원에서 1,260원으로 변하였다고 가정할 때, 원화의 실질환율의 변화는? **[30회 기출]**

① 3% 평가절하

② 3% 평가절상

③ 7% 평가절하

④ 7% 평가절상

⑤ 변화 없다.

답 ③

┃ 정답해설 ┃

실질환율의 변화율＝명목환율의 변화율＋외국의 물가상승률－국내 물가상승률이다.

명목환율의 변화율＝$\dfrac{1,260-1,200}{1,200}$＝5%이므로, 실질환율변화율＝5%＋6%－4%＝7% 상승이다.

7%의 환율상승은 곧 평가절하를 의미한다.

20 다음은 개방경제에서 거시경제정책의 유효성을 설명한 것이다. 바르지 못한 것은?

① 변동환율제도에서 정부지출의 증가는 수요측면에서 국민소득을 증가시키는데 효과가 없다.

② 변동환율제도에서 통화량의 증가는 수요측면에서 국민소득을 증가시키는데 효과가 있지만, 이 경우 경상수지는 악화된다.

③ 고정환율제도에서 확장적 재정정책은 수요측면에서 국민소득을 증가시키는데 효과가 있다.

④ 자본이동이 자유로운 고정환율제도에서 확장적 통화정책은 국민소득을 증가시키는 효과가 없고 경상수지도 변화가 없다.

⑤ 변동환율제도에서 확정적 재정정책을 실시하면 재정적자와 경상수지 적자가 동시에 발생하는 쌍둥이 적자 현상이 나타난다.

답 ②

┃ 정답해설 ┃

변동환율제도에서 통화량의 증가는 수요측면에서 국민소득을 증가시키는데 효과가 있다. 이 경우 환율이 상승하므로 순수출이 증가하여 경상수지는 개선된다.

21 자본이동이 완전한 소규모 개방경제의 먼델-플레밍(Mundell-Fleming) 모형에서 변동환율제도인 경우, 긴축 통화정책을 시행할 때 나타나는 경제적 효과를 모두 고른 것은? (단, 물가수준은 고정이다.)

[33회 기출]

ㄱ. 소득 감소
ㄴ. 경상수지 개선
ㄷ. 자국 통화가치 절하
ㄹ. 해외자본 유입

① ㄱ, ㄴ   ② ㄱ, ㄷ
③ ㄱ, ㄹ   ④ ㄴ, ㄷ
⑤ ㄷ, ㄹ

답 ③

▎정답해설▎

먼델-플레밍(Mundell-Fleming) 모형은 국가간 자본이동을 고려한 $IS-LM-BP$ 모형이다. 변동환율제도인 경우 통화량을 줄이면 이자율이 상승하므로 투자가 감소하여 소득은 감소하고, 해외자본이 유입된다. 통화량을 줄이면 자국통화의 대외가치는 상승(절상)하고 경상수지는 악화된다.

---

22 고정환율제도하에서 자본이동이 완전한 경우 정부지출과 조세를 동일한 크기만큼 증가시켰을 때 장기 거시경제 균형의 변화에 관한 설명으로 옳지 <u>않은</u> 것은? [25회 기출]

① 물가 상승
② 명목임금 상승
③ 재화와 서비스에 대한 총수요량 불변
④ 실질 GDP 불변
⑤ 순수출 불변

답 ⑤

▎정답해설▎

정부지출과 조세를 동일한 크기만큼 증가시키면 IS곡선과 AD곡선이 우측이동한다. 국민소득은 1배 증가하고(균형재 정승수=1), 이자율과 물가는 상승한다. 국민소득의 증가로 인해 노동수요가 증가하므로 명목임금은 상승한다. 국민소 득이 증가하면 수입이 증가하므로 순수출(=수출-수입)은 감소한다.

23 소규모 개방국가인 A국과 B국의 통화량 증가율은 매년 각각 5%와 3%이다. 두 국가의 실질 GDP 증가율은 매년 2%로 일정하고 여타 면에서도 서로 동일하다. 이때 두 국가의 장기균형에 관한 설명으로 옳지 <u>않은</u> 것은? (단, 두 국가의 명목환율은 A국 통화 1단위와 교환되는 B국 통화의 양으로 정의한다.)

[25회 기출]

① 명목환율은 하락할 것이다.
② A국의 물가상승률이 B국보다 더 높을 것이다.
③ B국의 명목이자율이 A국보다 더 낮을 것이다.
④ A국의 명목 GDP 성장률이 B국보다 더 높을 것이다.
⑤ A국은 무역수지 흑자, B국은 무역수지 적자가 발생할 것이다.

답 ⑤

▎정답해설▎

A국의 통화량 증가율이 더 크기 때문에 B국에 비해 A국의 물가상승률은 더 높고, 따라서 A국의 명목이자율이 더 높고, 명목 성장률도 높을 것이다. 또한 A국의 물가상승률이 B국에 비해 높으므로 A국은 수출보다 수입이 클 것이므로 무역수지 적자, 반면 B국은 무역수지 흑자가 발생할 것이다.

24 자국통화를 지속적으로 저평가(undervaluation)할 때 나타나는 현상으로 옳은 것은? [25회 기출]

① 자국통화의 공급이 감소된다.
② 디플레이션이 발생한다.
③ 국내 재화와 서비스의 가격이 상승한다.
④ 자국 이자율이 하락한다.
⑤ 외환보유고가 고갈된다.

답 ③

▎정답해설▎

자국통화를 저평가하는 것은 통화당국이 환율을 올리는 것을 의미한다. 환율이 상승하면 수출은 증가하고 수입은 감소하여 무역수지는 흑자를 보인다. 수출이 증가하면 중앙은행의 외화매입이 증가하므로 통화량은 증가하고 인플레이션이 유발된다. 또한 외환보유고는 증가하고 통화량 증가로 자국의 이자율은 하락한다.

합 격 의
공 식
시대에듀

S D E D U

"오늘 당신의 노력은 아름다운 꽃의 물이 될 것입니다."

그러나, 이 꽃을 볼 때 사람들은 이 꽃의 아름다움과 향기만을 사랑하고 칭찬하였지, 이 꽃을 그렇게 아름답게 어여쁘게 만들어 주는 병 속의 물은 조금도 생각지 않는 것이 보통입니다.

아무리 아름답고 어여쁜 꽃이기로서니 단 한 송이의 꽃을 피울 수 있으며, 단 한 번이라도 꽃 향기를 날릴 수 있겠는가? 우리는 여기서 아무리 본바탕이 좋고 아름다운 꽃이라도 보이지 않는 물의 숨은 힘이 없으면 도저히 그 빛과 향기를 자랑할 수 없는 것을 알았습니다.

– 방정환의 우리 뒤에 숨은 힘 중

할 수 있다고 믿는 사람은 그렇게 되고,
할 수 없다고 믿는 사람도 역시 그렇게 된다.

- 샤를 드골 -

2025 시대에듀 감정평가사 1차 경제학원론 기본서

개정1판1쇄 발행	2024년 09월 20일(인쇄 2024년 08월 29일)
초 판 발 행	2023년 09월 08일(인쇄 2023년 08월 31일)
발 행 인	박영일
책 임 편 집	이해욱
편 저	황사빈 · 시대감정평가연구소
편 집 진 행	석지연
표 지 디 자 인	박종우
편 집 디 자 인	김민설 · 고현준
발 행 처	(주)시대고시기획
출 판 등 록	제10-1521호
주 소	서울시 마포구 큰우물로 75 [도화동 538 성지 B/D] 9F
전 화	1600-3600
팩 스	02-701-8823
홈 페 이 지	www.sdedu.co.kr
I S B N	979-11-383-7568-9 (13320)
정 가	32,000원

※ 이 책은 저작권법의 보호를 받는 저작물이므로 동영상 제작 및 무단전재와 배포를 금합니다.
※ 잘못된 책은 구입하신 서점에서 바꾸어 드립니다.

혼자 공부하기 힘드시다면 방법이 있습니다.
시대에듀의 동영상 강의를 이용하시면 됩니다.
www.sdedu.co.kr ➜ 회원가입(로그인) ➜ 강의 살펴보기